Uni-Taschenbücher 62

UTB FÜR WISSENSCHAFT

Eine Arbeitsgemeinschaft der Verlage

Wilhelm Fink Verlag München
Gustav Fischer Verlag Jena und Stuttgart
Francke Verlag Tübingen und Basel
Paul Haupt Verlag Bern · Stuttgart · Wien
Hüthig Verlagsgemeinschaft
Decker & Müller GmbH Heidelberg
Leske Verlag + Budrich GmbH Opladen
J. C. B. Mohr (Paul Siebeck) Tübingen
Quelle & Meyer Heidelberg · Wiesbaden
Ernst Reinhardt Verlag München und Basel
F. K. Schattauer Verlag Stuttgart · New York
Ferdinand Schöningh Verlag Paderborn · München · Wien · Zürich
Eugen Ulmer Verlag Stuttgart
Vandenhoeck & Ruprecht in Göttingen und Zürich

Focko Weberling
Hans Otto Schwantes

Pflanzensystematik

Einführung in die Systematische Botanik
Grundzüge des Pflanzensystems

Sechste, neubearbeitete Auflage
118 Abbildungen

Verlag Eugen Ulmer Stuttgart

Focko Weberling, geb. 1926 in Goslar. Studium der Biologie, Chemie und Physik in Göttingen, Tübingen und Mainz. 1953 Promotion zum Doktor der Naturwissenschaften in Mainz, 1955 Staatsexamen. Ab 1954 Assistent in Mainz. 1958 Forschungsaufenthalt in Mittelamerika. 1961 Habilitation in Mainz für das Fach Botanik, 1963 Umhabilitation in Gießen für die Fächer Morphologie und Systematische Botanik. 1966 Außerplanmäßiger Professor, 1969 Wissenschaftlicher Rat und Professor. Seit 1975 o. Professor und Leiter der Abteilung Spezielle Botanik an der Universität Ulm. Hauptarbeitsgebiete: Morphologie und Systematik der Angiospermen.

H. O. Schwantes, geb. 1921 in Ratibor (Oberschlesien). Studium der Biologie, Chemie und Geographie in Münster. 1951 Promotion zum Doktor der Naturwissenschaften in Münster, ab 1951 Assistent in Münster, 1952 Assistent in Gießen, anschließend Kustos und Oberkustos. 1963 Habilitation in Gießen für das Fach Botanik, 1968 Außerplanmäßiger Professor, 1970 Wissenschaftlicher Rat und Professor, zuletzt Professor an der Universität Gießen, Leiter der Abteilung für Ökologie der Mikroorganismen am Institut für Pflanzenökologie der Universität Gießen. Hauptarbeitsgebiete: Mykologie und Phykologie.

Die Deutsche Bibliothek – CIP-Einheitsaufnahme

Weberling, Focko:
Pflanzensystematik : Einführung in die systematische Botanik ;
Grundzüge des Pflanzensystems / Focko Weberling ; Hans Otto
Schwantes. – 6., neubearb. Aufl. – Stuttgart : Ulmer, 1992.
(UTB für Wissenschaft : Uni-Taschenbücher : 62)
ISBN 3-8252-0062-0 (UTB)
ISBN 3-8001-2647-8 (Ulmer)

NE: Schwantes, Hans Otto:; UTB für Wissenschaft / Uni-Taschenbücher

Wollgrasweg 41, 7000 Stuttgart 70 (Hohenheim)
Printed in Germany
Lektorat: Dr. Steffen Volk
Herstellung: Steffen Meier
Einbandgestaltung: A. Krugmann
Satz: IBV Satz- und Datentechnik GmbH, Berlin
Druck: Offsetdruckerei Karl Grammlich, Pliezhausen
Gebunden bei Reclam, Ditzingen
ISBN 3-8252-0062-0 (UTB-Bestellnummer)

Vorwort

Wilhelm Troll
3. 11. 1897–28. 12. 1978
zum Gedächtnis

Aus der ersten und zweiten Auflage

Das vorliegende Kurzlehrbuch soll einführend über die Grundlagen, Ziele und Arbeitsmethoden der Systematischen Botanik unterrichten und dem Anfänger, aber auch dem Fortgeschrittenen einen Überblick über die Gruppen des Natürlichen Systems und ihre vermutlichen verwandtschaftlichen Zusammenhänge geben, wobei selbstverständlich auch unsere Erkenntnisse über die Evolution der Organismen eine wichtige Rolle spielen. Wir haben versucht, ein möglichst breites Spektrum pflanzlicher Formen darzustellen und auch solchen Gruppen ein besonderes Augenmerk zu schenken, die im Haushalt der Natur und im Leben des Menschen - etwa als Nutzpflanzen oder als Erreger pflanzlicher, tierischer oder menschlicher Krankheiten – eine wichtige Rolle spielen.
Wenngleich wir annehmen, daß das Buch für die Studierenden vieler Fächer bereits ausreichende Kenntnisse auf dem Gebiete der Systematischen Botanik vermitteln kann, so möchten wir es doch nicht als Konkurrenz zu den umfassenderen Lehrbüchern, sondern gerade in seiner Form als Kurzlehrbuch und Taschenbuch als eine für den Studierenden nützliche Ergänzung zu diesen verstanden wissen.
Die Literaturangaben sind so ausgewählt, daß auf alle Fälle ein tieferes Eindringen in die verschiedensten Teilgebiete der Systematik ermöglicht wird. In einem Teil der genannten Werke finden sich umfangreiche Verzeichnisse über die weiterführende Literatur, so daß wir uns hier auf verhältnismäßig wenige Angaben beschränken konnten.

Gießen 1975 F. Weberling, H. O. Schwantes

Zur sechsten Auflage

Vier Jahre nach dem Erscheinen der letzten Auflage ist wieder eine Neuauflage unseres Kurzlehrbuches erforderlich geworden. Wir haben daher mit Freude die Gelegenheit wahrgenommen, notwendige Korrekturen und wünschenswerte Erweiterungen des Textes vorzunehmen. Zum Teil gehen diese auf Verbesserungsvorschläge und die wohlmeinende Kritik von Kollegen zurück, die schon im Vorwort zu den früheren Auflagen dankend erwähnt wurden. In diesen Dank möchten wir heute noch ganz besonders Herrn Prof. Dr. W. Barthlott, Bonn, Herrn J. Bogner, München und Herrn Prof. Dr. E. J. Jäger, Halle (Saale) und Herrn Dr. Dr. h. c. P. Kornmann, Helgoland einbeziehen. Frau Dipl. Biol. Monika Briechle-Mäck, Frau Dipl. Biol. Josefine Schneidt, Herrn Dr. J. Hoppe, Herrn Prof. Dr. R. Schnetter, Gießen und Herrn Prof. Dr. Th. Stützel, Ulm/Bochum möchten wir ebenfalls für Hinweise und Kritik danken. Frau Dipl. Biol. Monika Briechle-Mäck und Frau Dipl. Biol. Josefine Schneidt sowie Frau Ulrike Obermüller und Frau Christel Necker danken wir für die Unterstützung beim Korrekturlesen und bei der Erstellung des Registers.
Bei der Besprechung der einzelnen Pflanzengruppen haben wir uns auch diesmal bemüht, der Weiterentwicklung der wissenschaftlichen Erkenntnisse Rechnung zu tragen. Das gilt vor allem für neuere Vorstellungen über die verwandtschaftlichen Beziehungen zwischen den Gruppen der Angiospermen und zwischen den verschiedenen Gruppen der Grünalgen. In beiden Fällen kommt dies im Text schon durch die veränderte Anordnung dieser Gruppen zum Ausdruck. Die Gruppierungen der Angiospermenordnungen folgt weitgehend dem neu aufgenommenen Schema nach W. Barthlott in Abbildung 7b, das uns als Zusammenfassung der derzeitigen Ansichten über die Verwandtschaftsbeziehungen am besten geeignet erschien, aber nicht als Darstellung einer gesicherten Theorie mißdeutet werden sollte.

Ulm und Gießen, Frühjahr 1992 F. Weberling, H. O. Schwantes

Inhaltsverzeichnis

Grundlagen, Ziele und Arbeitsweisen der Systematischen Botanik

Filum ariadneum Botanices est Systema, sine quo Chaos est Res herbaria.

CARL V. LINNÉ

Trotz des beträchtlichen Übergewichtes, das die physiologischen Disziplinen heute in Forschung und Lehre erlangt haben, hat die Systematik keineswegs an Bedeutung für die Biologie verloren. Sie ist es nämlich, welche nach wie vor grundlegende Voraussetzungen für die Arbeit der anderen Disziplinen sichert. Über Ziele und Arbeitsweise der biologischen Systematik herrschen freilich weithin falsche Vorstellungen. Danach erschöpft sich ihre Tätigkeit in der bloßen Beschreibung und Unterscheidung von Arten und gewissermaßen deren Verteilung auf ein bestimmtes „Schubladensystem". In Wirklichkeit geht es um sehr viel mehr, nämlich um ein vollständiges Bild von der Mannigfaltigkeit der Organismen, zugleich aber auch um ein Verständnis der Formzusammenhänge und die Erkenntnis allgemeiner biologischer Gesetzmäßigkeiten. Beides ist nur zu gewinnen, wenn man soviel wie möglich an Daten über Form, Lebensweise, Verbreitung, Veränderlichkeit, Inhaltsstoffe und alle anderen Eigenschaften dieser Lebewesen zu erfahren sucht. Dazu gehört, daß man 1. eine eindeutige Kennzeichnung und Abgrenzung der als „gleichartig" oder „ungleichartig" angesehenen Organismen vornimmt und 2. die Formenfülle in einem übersichtlichen System gliedert, das allerdings – wie wir sehen werden – weit mehr ist und weit mehr zu leisten vermag als ein bloßes „Schubladensystem". Diese Aufgaben werden innerhalb der Systematischen Botanik von zwei einander ergänzenden Arbeitsrichtungen wahrgenommen, nämlich der analytisch-deskriptiv arbeitenden **Phytographie** und **Taxonomie** sowie der vergleichend-synthetisch orientierten **Systematik** im engeren Sinne.

Aufgabe der **Phytographie** ist es, von allen systematischen Einheiten (Pflanzen„sippen") eine so vollständige Beschreibung zu geben, daß man die beschriebene Sippe jederzeit wiedererkennen und von anderen, eventuell sehr ähnlichen, unterscheiden kann. Oft wird diese Tätigkeit etwas oberflächlich als „Artbeschreibung" charakterisiert, im strengen Sinne umfaßt die Phytographie jedoch nur die Technik einer analysierenden Beschreibung der Pflanze und ihrer einzelnen Organe unter Zuhilfenahme einer festgelegten Terminologie (vgl. Seite 61/62), während die Feststellung der gegenseitigen Abgrenzung von Organismengruppen – und zwar nicht nur von Arten, sondern auch Sippen höheren oder

niedrigeren Ranges – als **Taxonomie** bezeichnet wird. In der Praxis sind beide Tätigkeiten allerdings meist eng miteinander verknüpft.
Die voneinander unterschiedenen und ihrer Kategorie nach bestimmten Sippen (Taxa, Einzahl: Taxon) müssen durch eindeutige Namen gekennzeichnet werden. Dafür benutzt man lateinische Bezeichnungen, z. B. *Anemone nemorosa* für das weißblühende Buschwindröschen, *Anemone ranunculoides* für das durch viele Merkmale davon zu unterscheidende Gelbe Windröschen. Aufstellung und Gebrauch dieser Namen sind durch die Internationalen Regeln der Botanischen **Nomenklatur** (vgl. Seite 32) festgelegt.
Bei alledem ist zu bedenken, daß man stets von Untersuchungen an Individuen und nicht von der Betrachtung von Arten oder anderen systematischen Einheiten ausgeht. Daß eine Unterscheidung von Sippen, also Gruppen ähnlicher Individuen, überhaupt möglich ist, darf nicht als selbstverständlich betrachtet werden. Es wäre durchaus denkbar, daß die mannigfaltigen organismischen Formen kontinuierlich durch Übergangsformen miteinander verbunden wären. Man beobachtet jedoch im Gegenteil eine diskontinuierliche Verteilung vieler Eigenschaften, und zwar in der Weise, daß wir einerseits bei einer Gruppe von Individuen – etwa Angehörigen ein und derselben Art *(Anemone nemorosa)* eine starke Gleichförmigkeit beobachten, andererseits eine Ungleichförmigkeit zwischen Angehörigen verschiedener Arten *(A. nemorosa – A. ranunculoides)* vorfinden, die nicht durch Zwischenformen überbrückt wird. Diese **diskontinuierliche Variabilität** ist es, die uns die Unterscheidung „natürlicher Sippen" ermöglicht, wobei gewöhnlich (nur) einzelne besonders hervorstechende und konstante Eigenschaften (z. B. die gelben Blüten von *Anemone ranunculoides* gegenüber den weißen von *A. nemorosa*) als **Merkmale** dienen.
Der Wert dieser „registrierenden" und „inventarisierenden" Tätigkeit für die gesamte Botanik darf nicht gering eingeschätzt werden. Sie allein schafft nämlich erst die Grundlage dafür, daß man sich über Beobachtungen an Lebewesen verständigen und sie für eine Gruppe von Organismen verallgemeinern kann. Biologische Untersuchungen, gleich welcher Art, werden ja stets nur an einer beschränkten Anzahl von Individuen vorgenommen, die der Systematiker zu einer bestimmten – etwa als *Vicia faba* L. bezeichneten – Sippe stellt. Streng genommen würden die Resultate solcher Untersuchungen nur für diese Individuen gelten. In Wirklichkeit verallgemeinert man sie jedoch mit der Nennung des Artnamens für eine vielfache Zahl von Individuen und für viele Generationen, die vom Systematiker sämtlich dieser einen Sippe zugerechnet werden. Man wertet also die von der Systematik ermittelten natürlichen Gruppen als **Verallgemeinerungseinheiten**, d. h. man betrachtet alle Individuen einer solchen Sippe nicht nur als mehr oder minder isomorph, sondern auch als isoreagent (vgl. Remane 1956). Die Erfahrung hat gezeigt, daß man auch bei den größeren Gruppen höheren systematischen

Ranges bis zu einem gewissen Grade verallgemeinern darf, sofern man sich auf Kategorien des Natürlichen Systems (s. unten) bezieht. Voraussetzung ist dabei aber, daß wir die Verallgemeinerungseinheiten genau kennen und daß sie innerhalb der geforderten Genauigkeit echte Einheiten darstellen.
Die Aufgabe der Phytographie und Taxonomie, die Unterschiede und Abgrenzungen zwischen den Organismengruppen möglichst genau herauszufinden, wird mit zunehmender Anzahl der erfaßten Organismen immer schwieriger. Sie erfordert die Berücksichtigung immer neuer Merkmale und eine ständige Verfeinerung der Betrachtungsweise. Man bedenke nur, daß zu den seit LINNÉ (und früher) bekannten ca. 20 *Anemone*-Arten, zu denen außer *A. nemorosa* und *A. ranunculoides* auch die großblütige weiße behaarte *A. sylvestris* und die Küchenschelle, *A. pulsatilla* (heute korrekt: *Pulsatilla vulgaris* Mill.) gehören, inzwischen etwa 100 weitere Arten beschrieben wurden! Noch vor Abschluß einer ersten Inventarisierung besteht daher bereits wieder die Notwendigkeit, die Merkmalskataloge schon bekannter Sippen zu vervollkommnen und die Abgrenzungen zwischen einander ähnlichen Sippen zu überprüfen. Man bedient sich dabei der verschiedensten Methoden, z. B. der statistischen Erfassung der Merkmalsvariabilität (Variationsstatistik) oder numerischer Methoden bei der Auswertung der Merkmalskataloge, um nur ja die bei der Begrenzung von Sippen unweigerlich auftretenden subjektiven Momente so weit irgend möglich auszuschalten.

Die „Bestandsaufnahme“ der Pflanzensippen ist auch heute noch von einem vorläufigen Abschluß weit entfernt. Es wird sicherlich noch einige Jahrzehnte dauern, bis wir nur die Gefäßpflanzen der bereits besser durchforschten Floren gemäßigter Zonen auch nur einigermaßen kennen; für die Tropen wird man ein Mehrfaches dieser Zeit ansetzen müssen. Insgesamt schätzt man die Anzahl der Blütenpflanzen auf 250 000–300 000 Arten, wobei schon einkalkuliert ist, daß immer wieder ein gewisser Prozentsatz der beschriebenen Arten bei näheren Überprüfungen der betreffenden Verwandtschaftskreise in die bereits bekannten Arten einbezogen werden muß (unter Umständen als besondere Unterarten). Der bisher bekannte Artenbestand der einzelnen Pflanzengruppen ist auf Seite 38–41 angegeben.

Einander ähnliche, in zahlreichen Merkmalen übereinstimmende Arten pflegt man schon seit CASPAR BAUHIN (1550–1624) zu **Gattungen** zusammenzufassen (etwa das Gelbe Windröschen, das Buschwindröschen und andere Arten in der Gattung *Anemone*). Als „Vater des Gattungsbegriffes“ moderner Form wird jedoch J. P. TOURNEFORT (1656–1708) angesehen, von dem viele der heute gebräuchlichen Gattungsnamen (*Salix, Populus, Lathyrus, Acer* u. a.) stammen. Schließlich vereinigte man Gattungen, die in allen oder den meisten „wesentlichen" Merkmalen Übereinstimmungen zeigten (z. B. *Anemone, Ranunculus* u. a.), zu Familien (A. L. DE JUSSIEU, 1748–1836, von diesem jedoch als „Ordnungen" bezeichnet), und diese wiederum ordnete man zu Einheiten höheren Ranges. Damit erhielt man eine abgestufte Rangordnung „systematischer Kategorien": Arten, Gattungen, Familien, Ordnungen, Klassen usw., wobei die höheren Katagorien jeweils die Kategorien niedrigeren Ranges umfassen („enkaptische Struktur"), bis hinab zu den Arten, die in den biologischen Systemen gewissermaßen die Grundeinheiten darstellen, selbst aber ebenfalls noch weiter gegliedert sein können. Die Rangordnung der Kategorien und ihre Benennungsweise ist im „Internationalen Code der Botanischen Nomenklatur" in der unten dargestellten Weise festgelegt. Dabei wird zugleich empfohlen, die Namen der verschiedenen Organismengruppen zur Kennzeichnung der jeweiligen Rangstufe mit jeweils bestimmten Endungen zu versehen. Von dieser Empfehlung weicht man jedoch häufig ab, auch wir sind ihr nur zum Teil gefolgt, um herkömmliche Namen nicht unnötig zu verändern. Verbindlich ist die Kennzeichnung der Rangstufe durch bestimmte Endungen erst von der Ordnung an abwärts. Eine Anzahl abweichender Familiennamen sind jedoch wegen ihres langjährigen Gebrauches als Ausnahmen zugelassen (*Cruciferae, Gramineae, Labiatae* u. a.).

Die systematischen Kategorien und ihre Kennzeichnung

Abteilung (phylum, divisio): -phyta, bei den Pilzen -mycota

Unterabteilung (subphylum, subdivisio): -phytina bzw. mycotina

Klasse (classis): bei den Algen -phyceae
bei den Pilzen -mycetes
bei den Flechten -lichenes
bei den Gefäßpflanzen -opsida oder -atae

Unterklasse (subclassis): -idae
bei den Algen -phycidae
bei den Pilzen —mycetidae

Überordnung (superordo, cohors): anae

Ordnung, Reihe (ordo): -ales

Unterordnung (subordo): -ineae

(Familiengruppe: -ineales)

Familie (familia): -aceae

Unterfamilie (subfamilia): -oideae

Tribus (tribus): -eae

Subtribus (subtribus): -inae

Gattung (genus)

Untergattung (subgenus)

Sektion (sectio)

Untersektion (subsectio)
Serie (series)
Art (species)
Unterart (subspecies)
Varietät (varietas)
Untervarietät (subvarietas)
Form (forma)

Der Umfang der einzelnen systematischen Einheiten kann recht verschieden sein. Es gibt große und kleine Familien und Gattungen. Die Gattung *Euphorbia* (Wolfsmilch) umfaßt 1600 Arten, *Fagus* (Buche) hingegen nur 10. Von *Cannabis* (Hanf) kennt man nur 1 Art, solche Gattungen nennt man monotypisch. Es gibt auch monotypische Familien mit nur 1 Gattung und 1 Art, so etwa die *Welwitschiaceae* mit *Welwitschia mirabilis* oder die *Adoxaceae* mit *Adoxa moschatellina* (Moschuskraut). Die Compositengattung *Senecio* (Greiskraut) umfaßt etwa 1500 Arten, die eng verwandte Gattung *Tussilago* dagegen nur eine, *T. farfara*, den Huflattich; die gesamte Familie der *Compositae* gliedert sich in etwa 920 Gattungen mit insgesamt ca. 20000 Arten.

Die Forderung nach Übersicht über die Vielfalt der pflanzlichen Organismen ist mit Hilfe eines derartigen hierarchisch gegliederten Systems verschiedener Kategorien erfüllt. Sie wird daher bereits in hohem Maße durch die sog. **künstlichen Systeme** gewährleistet, unter denen das von Carl v. Linné (1707–1778) 1735 veröffentlichte Sexualsystem der Pflanzen das bekannteste ist. Das Kennzeichen der künstlichen Systeme ist, daß sie zur Einteilung möglichst leicht feststellbare und mit großer Sicherheit zur richtigen Einordnung oder Bestimmung der einzelnen Arten führende Eigenschaften herausgreifen, ohne jedoch dabei auch der im übrigen bestehenden mehr oder minder großen Ähnlichkeit oder Unähnlichkeit der Organismen gerecht zu werden. Damit wird aber, selbst wenn die zur Klassifikation benutzten Merkmale der Natur entnommen sind, ein künstliches Einteilungsprinzip verwendet.* Das trifft ganz besonders für das Linnésche Sexualsystem zu. In diesem, 24 Klassen umfassenden System werden einer Klasse von blütenlosen Pflanzen *(Cryptogamia)* 23 Klassen von Blütenpflanzen *(Phanerogamia)* gegenübergestellt. Die Einteilung in diese 23 Blütenpflanzenklassen richtet sich nach der Verteilung der Geschlechter auf verschiedene Blüten, Zahl und Längenverhältnissen der Staubblätter und anderen derartigen Merkmalen. Dieses einfache Einteilungsprinzip ermöglicht eine rasche und sichere Einordnung von Pflanzen, führt aber dazu, daß z. B. in der Klasse der *Tetrandria*, die durch 4 Staubblätter charakterisiert wird,

---

* Bei einer Anzahl von Pflanzengruppen muß man sich mangels ausreichender Verwandtschaftskriterien auch heute noch mit gänzlich oder teilweise künstlichen Systemen behelfen. Bei den *Deuteromycetes* beruhen diese z. B. auf den Nebenfruchtformen (vgl. Seite 326).

unter anderen folgende Pflanzengattungen aufgeführt werden: *Globularia* (Kugelblume), *Dipsacus* (Karde), *Buddleja* (Sommerflieder), *Sanguisorba* (Wiesenknopf), *Epimedium* (Sockenblume), *Trapa* (Wassernuß), *Cuscuta* (Seide), *Potamogeton* (Laichkraut), davon die ersten sechs sogar in derselben Ordnung *Monogynia*. Abgesehen davon, daß alle diese Gattungen die allgemeinen Merkmale der Blütenpflanzen besitzen, sind sie so verschieden, daß sich über die zur Einteilung verwendete Vierzahl der Staubblätter hinaus kaum viele Gemeinsamkeiten finden lassen.

Offensichtlich gibt es aber zwischen den verschiedenen Arten und Gruppen pflanzlicher Lebewesen derartige Gemeinsamkeiten und objektiv feststellbare natürliche Zusammenhänge; sie werden ja schon in manchen vom Volksmund geprägten Bezeichnungen wie z. B. „Gräser“, „Palmen“, „Nadelhölzer“ zum Ausdruck gebracht. Das Streben der Systematik ist daher auf ein System gerichtet, das diese natürlichen Zusammenhänge widerspiegelt. Der Schlüssel zu diesem **Natürlichen System** liegt jedoch nicht in der bloßen Feststellung mehr oder minder zahlreicher Übereinstimmungen. Würde man allein die äußere Ähnlichkeit der Organismen zugrunde legen, so könnte man zweifellos einen Säulenkaktus, eine sukkulente Wolfsmilch *(Euphorbia)*, eine *Stapelia* und eine *Kleinia* (vgl. Abb. 1) als Sukkulenten in einer Einheit von verhältnismäßig niedriger Rangstufe zusammenfassen, während man eine Wasserlinse und einen Philodendron wohl nicht einmal in dieselbe Klasse einreihen würde. Bei den genannten Sukkulenten könnte man freilich auf die beträchtlichen Unterschiede im Blütenbau dieser Pflanzen hinweisen und damit ihre verschiedene Einordnung im System rechtfertigen. Damit erhebt sich aber zugleich die Frage, welche Ähnlichkeiten denn für die Systematik als relevant anzusehen sind und welche nicht; oder anders ausgedrückt, welches denn eigentlich die vorhin schon angeführten „wesentlichen“ Merkmale sind. Immer wieder zeigt aber die Beobachtung, daß ein für die eine Pflanzengruppe konstant ausgeprägtes und in charakteristischer Weise immer wieder abgewandeltes Merkmal (z. B. die Vereinigung der Blütenkronblätter bei vielen dikotylen Ordnungen) bei einer anderen *(Liliales)* ziemlich inkonstant und unwesentlich sein kann. Daraus ergibt sich, daß die Frage nach den „wesentlichen“ Merkmalen nicht allgemein zu beantworten ist. Grundlegend für die Entwicklung des Natürlichen Systems war vielmehr die Erkenntnis, daß den verschiedenen natürlichen Organismengruppen jeweils ein spezifischer, einheitlicher, jedoch in mannigfacher Weise variierter **Bauplan** (Typus) zugrunde liegt. Der hierarchische Aufbau des Systems, d. h. die Einschachtelung der kleineren Gruppen in größere, der an sich als allgemeines, der besseren Orientierung dienendes Prinzip nicht nur der biologischen Systeme gelten kann, stellt für das Natürliche System der Organismen demnach nicht das Ergebnis praktischer Erwägungen dar; er ergibt sich vielmehr als allein adäquate Darstellungs-

Abb. 1. Parallelismus in der Ausbildung der Kakteenform (Stammsukkulenz) bei Vertretern der I *Cactaceae (Binghamia melanostele)*, II *Euphorbiaceae (Euphorbia cereiformis)*, III *Asclepiadaceae (Stapelia grandiflora)* und IV *Compositae (Kleinia stapeliaeformis)*, (nach TROLL).

form für die Tatsache, daß die den höheren systematischen Einheiten zugrunde liegenden Baupläne nach dem „Prinzip der variablen Proportionen" abgewandelt werden können. Aus diesen Abwandlungen ergeben sich wiederum Typen niedrigeren Ranges. Wir haben es demnach mit einem System abgestufter Ähnlichkeiten zu tun. Zwei Lebewesen, bei denen eine Identifikation zahlreicher Strukturelemente (homologer Elemente) auf Grund gleicher oder gesetzmäßig abgewandelter Lage und gleichartiger Verknüpfung möglich ist, dürfen somit als Varianten desselben Bauplans betrachtet werden. Den Bauplänen kommt dabei nicht nur die Bedeutung rein geometrischer **Konstruktionspläne** zu. Sie sind vielmehr immer zugleich als biologische **Funktionspläne** aufzufassen. Das heißt aber, daß zur Kenntnis eines Bauplans ebenso die von anderen Disziplinen beigebrachten Befunde etwa ökologischer, physiologischer oder biochemischer Art gehören, welche die Systematik ja in ihre Betrachtungen einbezieht. Dies macht verständlich, warum man die Einheiten des Natürlichen Systems in so hohem Maße als Verallgemeinerungseinheiten werten darf. Es erklärt zusammen mit der Berücksichtigung der Umweltfaktoren (exogene **Selektion**, vgl. Seite 22) auch bis zu einem gewissen Grade die Tatsache der diskontinuierlichen Variabilität, da ein derartiger Konstruktionsplan stets ein funktionsfähiges und bis in den molekularen Bereich (Genphysiologie!) hinein ausbalanciertes Ganzes sein muß, wenn der betreffende Organismus lebensfähig sein soll („endogene Selektion"). Die verschiedenen Eigenschaften eines Organismus können also nicht beliebig abgewandelt werden.

Die Tatsache, daß die Einheiten des Natürlichen Systems biologische Verallgemeinerungseinheiten darstellen, bringt es mit sich, daß bereits die anhand bestimmter Merkmale vollzogene Zuordnung einer Sippe zu einer systematischen Gruppe eine Fülle zutreffender Voraussagen über nicht untersuchte Strukturen und Eigenschaften erlaubt, deren man sich in der Biologie wieder bedient.

Die Funktionen der Systematik innerhalb der Botanik reichen somit weit über die Möglichkeiten einer bloßen Ordnungslehre hinaus. Sie ist die „Wissenschaft vom Vergleich der Pflanzen" (MERXMÜLLER). Dieser Vergleich begnügt sich nicht mit der Erfassung von Einzeldaten, sondern versucht, mit Hilfe erprobter, gegebenenfalls auch zu korrigierender Modellvorstellungen – der Baupläne – einen umfassenden Überblick zu gewinnen.

Verbunden mit der Beobachtung, daß es Lebewesen verschiedenster Organisationsstufen (vgl. Abb. 2) gibt – angefangen bei einfach gebauten Einzellern bis hin zu hochorganisierten Vielzellern –, gab die Feststellung der abgestuften strukturellen Übereinstimmung der Lebewesen einen der entscheidenden Anstöße für die Entwicklung der **Deszendenztheorie** oder **Abstammungslehre.** Diese behauptet, daß sich die Lebewesen im Laufe der Erdgeschichte aus einfachsten Anfängen zur heutigen Formenfülle oft hochgradig kompliziert gebauter und in mannigfacher Weise an ihre Umwelt angepaßter Organismen entwickelt haben. Damit war zum ersten Male eine naturwissenschaftlich fundierte Erklärungsmöglichkeit für die bis dahin rätselhaften Formzusammenhänge im Organismenreich gegeben, die nunmehr als Zeichen einer gemeinsamen Abstammung interpretiert wurden. Der mehr oder minder großen strukturellen Ähnlichkeit der Organismen, der **Formverwandtschaft**, liegt demnach ein entsprechender Grad von **Stammesverwandtschaft** zugrunde, ein Schluß, der – wie man schon von der Ähnlichkeit oder Unähnlichkeit verwandter oder nicht verwandter Menschen her weiß – stets nur mit größter Vorsicht gezogen werden darf. Demnach ergibt sich nun die Forderung, mit der Anordnung und Kategorisierung der einzelnen Gruppen in einem „Natürlichen System" zugleich auch deren natürliche Verwandtschaft (Stammesverwandtschaft) zum Ausdruck zu bringen bzw. mit dieser Anordnung eine Projektion der stammesgeschichtlichen Zusammenhänge zu geben. Das heißt nun allerdings nicht, daß – wie so oft behauptet – das natürliche System auf unserer Kenntnis von der Stammesgeschichte der Organismen, der **Phylogenetik**, beruht. Vielmehr geht aus dem soeben Gesagten hervor, daß das methodische wie auch das historische Verhältnis gerade umgekehrt ist. Im übrigen bieten uns die fossilen Reste von Pflanzen früherer Erdzeitalter, mit denen sich die **Paläobotanik** befaßt, zwar nicht selten wichtige Hinweise und manche Bestätigung vermuteter Verwandtschaftsbeziehungen, geben uns andererseits aber auch viele Rätsel auf. Auch wenn man das bisher bekannte fossile Material in die Untersuchungen und

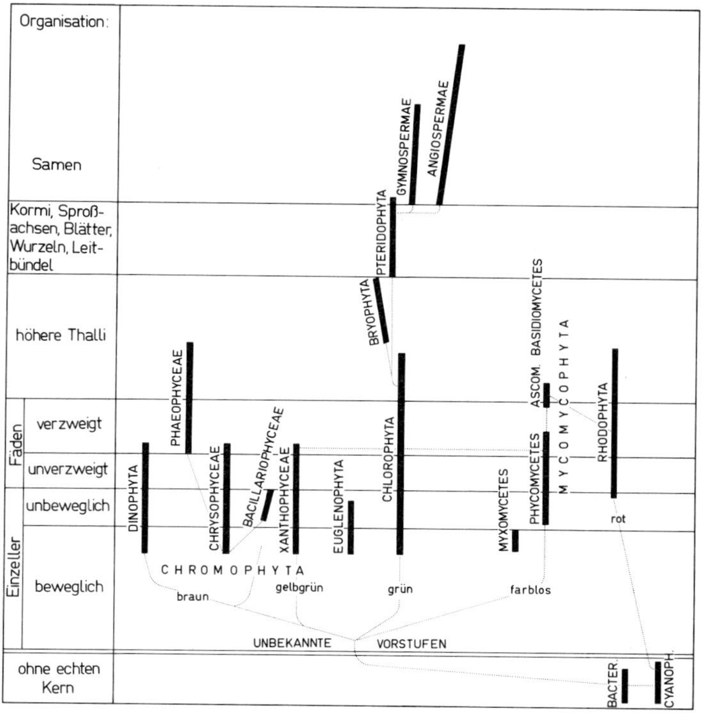

Abb. 2. Organisationsstufen der Hauptgruppen des Pflanzenreiches (nach HARDER in STRASBURGER, verändert).

Überlegungen einbezieht, bleibt man bei der Beurteilung verwandtschaftlicher Zusammenhänge im wesentlichen doch auf die vergleichende Betrachtung der jetzt lebenden (rezenten) Organismen angewiesen, deren Gesamtheit jedoch nur einen Querschnitt durch die Vielfalt der Entwicklungslinien in ihrer augenblicklichen Phase bietet. Bei dem Versuch, aus der **Formverwandtschaft** die **natürliche Verwandtschaft** zu erschließen, ist jedoch zu bedenken, daß das durch die rezente Pflanzenwelt gegebene Querschnittsbild in mannigfacher Weise, z. B. durch konvergente Entwicklung nichtverwandter Gruppen, verzerrt ist. Außerdem ist zu berücksichtigen, daß man zwar häufig Formenreihen mit zunehmender Abänderung bestimmter Strukturen – etwa im Sinne einer Spezialisation oder Reduktion –, sog. **Progressionsreihen**, aufstellen kann (vgl. *Dipsacales,* Seite 143, *Fagales*-Diagramme, Abb. 27), daß aber die Weiterentwicklung verschiedener Strukturen offensichtlich

nicht immer gleichsinnig und gleichmäßig erfolgte, so daß „fortgeschrittene" (oder abgeleitete) Merkmale (vgl. Seite 33) in verschiedenster Weise mit sog. „primitiven" Merkmalen kombiniert auftreten können (Blütenachse der *Calycanthaceae,* Seite 92/93; Chorikarpie bei *Rutaceae,* Seite 122), eine Erscheinung, die als **Heterobathmie** bezeichnet wird. Überdies ist die morphologische Deutung vieler Strukturen und Merkmale noch umstritten, und zwar nicht zuletzt in bezug auf die Frage, ob sie als primitiv oder abgeleitet gelten dürfen.
Die Deszendenztheorie schließt zugleich die für die Systematik wichtige Erkenntnis ein, daß im Gegensatz zu der noch von LINNÉ in den „Fundamenta botanica" (1736) vertretenen Auffassung von der Konstanz der Arten („Species... tot numeramus, quot diversae formae in principio sunt creatae", p. 18) Pflanzen- und Tiersippen innerhalb längerer Zeiträume gewissen Wandlungen unterliegen, wodurch eine Evolution überhaupt erst möglich wird.
Diese Wandlungen stehen nicht im Zusammenhang mit den sog. **Modifikationen**, d. h. nicht vererbbaren Abänderungen, welche sich bei jedem Individuum infolge einer gewissen Veränderlichkeit von Größe und Gestalt in Abhängigkeit von den jeweiligen Standortfaktoren (z. B. Licht oder Schatten, Nährstoffreichtum oder -armut) einstellen, dabei jedoch innerhalb artgebundener Grenzen bleiben: „Reaktionsnorm"! (Abb. 3). Der Anstoß für die hier gemeinten Abänderungen der Sippen wird vielmehr durch unregelmäßig bei einzelnen Individuen auftretende **erbliche Änderung von Eigenschaften**, sogenannte **Mutationen** gegeben. Diese bei jeder Sippe unter gleichbleibenden Bedingungen mit einer bestimmten Häufigkeit (Mutationsrate) auftretenden Erbänderungen können sehr verschiedener Natur sein (Gen-, Chromosomen-, Genommutationen, Plastidenmutationen, Plasmonmutationen) und sich auf alle möglichen Eigenschaften erstrecken (bei 10000 Genen können bis zu 10% der Individuen einer Nachkommenschaft Träger von Mutationen sein). Sie wirken sich für das betroffene Individuum selten günstig, häufig sogar nachteilig aus (bei schwerwiegender Störung lebenswichtiger Vorgänge sogar tödlich: „Letalfaktoren"). In der Mehrzahl der Fälle, vor allem bei Genmutationen höherer Pflanzen, treten sie jedoch zunächst gar nicht in Erscheinung, weil die mutierten Gene rezessiv sind, d. h. erst bei homozygoten („reinerbigen") Individuen voll zur Wirkung kommen, in deren diploiden Körperzellen das abgeänderte Gen in beiden homologen Chromosomensätzen vorhanden ist. Schon damit ist gesagt, daß sich jede Erbänderung – gleichviel ob vorteilhaft oder nicht – innerhalb der ein bestimmtes Gebiet besiedelnden Gemeinschaft von Individuen einer Sippe, einer **Population**, erst „durchsetzen" muß. Bei einer hinreichend **großen Population tritt** die dazu notwendige **Kreuzung** von Individuen mit gleichartig mutierten Genen verhältnismäßig selten ein, in kleineren Populationen hingegen ist diese Möglichkeit eher gegeben (die schädlichen Folgen der In-

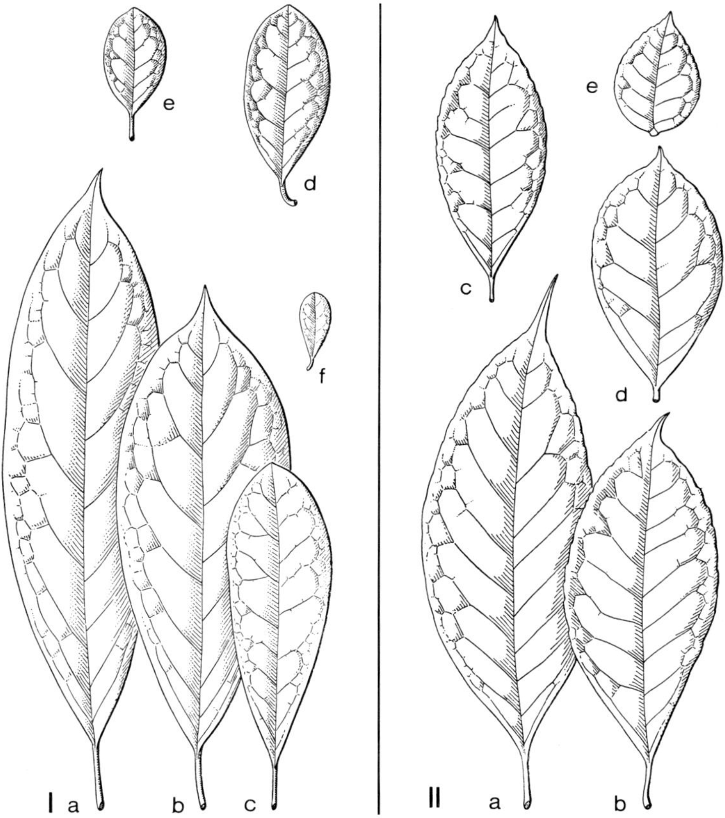

Abb. 3. I *Pittosporum pullifolium* BURKILL, Einfluß der Meereshöhe des Standortes auf die Blattgröße und -form eines kleinen tropischen Baumes. Die Blätter a–f wurden auf Neuguinea von Pflanzen in 100 m, 1750 m, 2150 m, 3560 m, 3800 m und (?) 4000 m Höhe gesammelt. II *Symplocos laurina* (RETZ.) WALL., die Blätter a–e wurden auf Java und auf Engano (a) von Pflanzen gesammelt, die in 100 m, 1600 m, (?) 1800 m, 2000 m und 3000 m Meereshöhe wuchsen. Aus VAN STEENIS 1957.

zucht beruhen bekanntlich auf einer Häufung nachteilig veränderter Gene). Auch das Verhältnis zwischen Selbstbefruchtung und Fremdbefruchtung, die Verbreitungsmöglichkeiten der Sporen, Samen oder Früchte und das Zusammenspiel zwischen geschlechtlicher Fortpflanzung und ungeschlechtlicher Vermehrung, im Extremfall die völlige

Ausschaltung der geschlechtlichen Fortpflanzung (Apomixis) spielen eine wesentliche Rolle.
Gewöhnlich besitzen Populationen höherer Pflanzen einen recht großen Bestand verdeckter Erbanlagen, die sich allenfalls vorübergehend bei einzelnen Individuen äußern, gelegentlich aber auch eine Anpassung an veränderte Umweltbedingungen ermöglichen könnten; dies vor allem in Kombination mit anderen, unter den neuartigen Bedingungen vorteilhaften Mutationen. Diese Bildung neuer Genkombinationen auf Grund der sexuellen Fortpflanzung gewährleistet aber nicht nur eine gewisse Anpassungsfähigkeit der Populationen, sondern kann zugleich auch der Beginn einer Differenzierung neuer Sippen sein. Abgesehen von der Auslese der unter den gegebenen Bedingungen lebensfähigen Formen, der **Selektion**, spielen dabei die **geographische** und die **ökologische Isolation** und schließlich die **Ausbildung von Kreuzungsbarrieren** die entscheidende Rolle.

Besonders deutlich ist die **geographische Isolierung**, wenn sie sich auf bestimmte Gebirgsstöcke, Inseln oder durch hohe Gebirge getrennte Gebiete erstreckt; oft ist sie jedoch weniger scharf ausgeprägt. Sie bewirkt vor allem, daß die neuentstandenen Merkmalskombinationen nicht alsbald wieder durch Vermischung in der viel größeren Ausgangspopulation „untergehen“. Außerdem wird die unmittelbare Konkurrenz mit den Individuen der Ausgangspopulation vermieden. Dabei können auch Merkmalskombinationen ohne besonderen Auslesewert erhalten bleiben („indifferente Merkmale“). Die zumindest anfänglich geringe Populationsgröße kann sich sogar dahin auswirken, daß rezessive und bisher verdeckte Gene durch Kreuzung erbgleicher Individuen als „neue“ Merkmale in Erscheinung treten. Zwischen diesen „geographischen Rassen“ können daher unter Umständen erhebliche Verschiedenheiten, vor allem auch in morphologischer Hinsicht auftreten, bis hin zur Ausbildung neuer Arten (Abb. 4).
Auch die **ökologische Isolation** mit der Ausbildung ökologischer Rassen (Ökotypen) mit besserer Anpassung an bestimmte Standortfaktoren, etwa an trockenere oder feuchtere Standorte, oder Spezialisierung auf bestimmte Böden (Kalk, Urgestein, Serpentin) schließt ein Vorkommen am gleichen Standort weitgehend aus, nicht immer aber auch eine gelegentliche Vermischung mit der Ausgangssippe. Die Frage ist dann, wie weit die Bastarde geeignete Lebensbedingungen antreffen. Als Beispiel kann man hier die Bachnelkenwurz *(Geum rivale)* und die Echte Nelkenwurz *(G. urbanum)* anführen, zwei in Mittel- und Nordeuropa etwa gleichweit verbreitete Arten von recht verschiedenem Aussehen, die auch unterschiedliche Ansprüche an die Standortverhältnisse stellen: *Geum rivale* kommt nur an feuchten, *G. urbanum* an frisch-feuchten Standorten vor. Beide Arten bilden, wo sie einander begegnen, nicht selten völlig fertile Bastarde aus, unter deren Nachkommen (F_2) neben den intermediären Formen auch die Elternformen wieder auftreten. In der freien Natur sind jedoch allein die Elternformen hinreichend konkurrenzfähig.
Da die ökologische Spezialisierung die Möglichkeit zur Besiedlung neuer, von der Ausgangssippe bisher nicht bewohnter oder sogar vollkommen unbesiedelter Standorte erschließt, ist auch hier eine Gelegenheit für den Fortbestand neuer günstiger Merkmalskombinationen gegeben. Es ist daher kaum verwunderlich, daß man gerade in Gebirgsregionen Arten oft in einer großen Anzahl räumlich

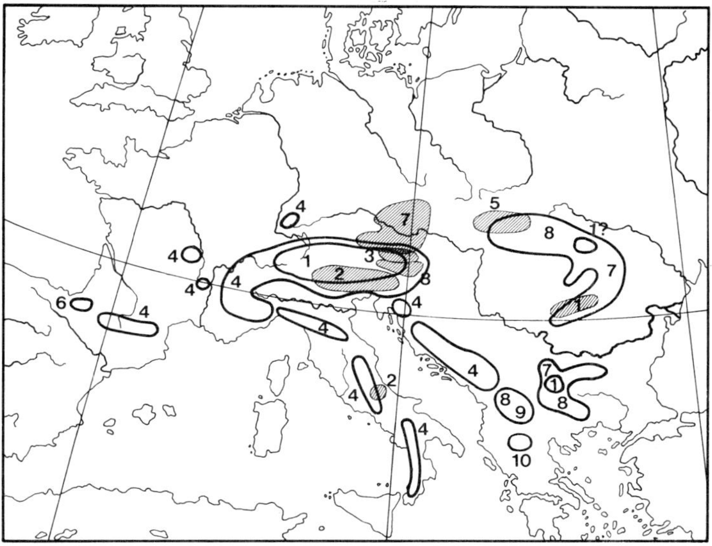

Abb. 4. Verbreitung der Gattung *Soldanella*. 1 *S. pusilla*, 2 *S. minima*, 3 *S. austriaca*, 4 *S. alpina*, 5 *S. carpatica*, 6 *S. villosa*, 7 *S. montana*, 8 *S. hungarica*, 9 *S. dimoniei*, 10 *S. pindicola*, dazu kommt ein kleines Areal von *S. armena* in Armenien. (Nach VIERHAPPER aus WALTER/STRAKA, graphisch verändert.)

getrennter in ihren Merkmalen oft geringfügig divergierender Kleinpopulationen antrifft. Nicht selten korrespondiert die ökologische Differenzierung von Teilsippen mit der Ausnutzung neu entstandener „ökologischer Nischen", die sich als Folge geomorphologischer oder klimatischer Änderungen ergeben. Daß auch die ökologische Differenzierung mit der Ausbildung neuer morphologischer und anatomischer Eigenschaften verknüpft, ja oft durch diese bedingt ist (z. B. Behaarung, Blattgröße, Wuchsform), zeigen z. B. die Hochgebirgspflanzen.

Wenn sich in dieser Weise aus einer Ausgangssippe erblich verschiedene und geographisch mehr oder minder voneinander getrennte Rassen mit unterschiedlichen ökologischen Ansprüchen herausgebildet haben, so bedarf es zu einer völligen Abtrennung dieser Untersippen nur noch der geschlechtlichen Isolierung durch sog. **Kreuzungsbarrieren**, d. h. die betreffenden Arten bilden keine oder nur unfruchtbare Bastarde miteinander. „Präzygotische" Barrieren können schon durch verschiedene Blütezeiten gegeben sein, außerdem durch Hemmung der Gametenvereinigung, bei den Blütenpflanzen etwa durch die Unverträglichkeit zwischen Pollenschlauch und Narbe (vgl. Seite 79) sowie durch andere Faktoren. Allzu große Unterschiede in der Chromosomenstruktur können (postzygotisch) bei den Bastarden zu Störungen der Chromosomenpaarung während der Meiose führen (Bastardsterilität); noch mehr gilt dies für Kreuzungen zwischen Partnern mit verschiedenen Chromosomenzahlen oder gar für den Fall, daß bei einem Partner eine Verdoppelung oder Vervielfachung des Chromosomensatzes, also **Polyploidie**, vorliegt. Eine geschlechtliche Isolierung braucht übrigens nicht mit einer morphologischen oder ökologischen Differenzierung einherzugehen („kryptische Arten"). Einen Überblick über Möglichkeiten der Ausbildung neuer Sippen verschiedener Kategorien durch das Zusammenwirken von morphologischer, ökophysiologischer und geschlechtlicher Differenzierung in der Population eines bestimmten Gebietes mag die nebenstehende Tabelle vermitteln.

Ausnahmsweise kann auch die Ausbildung fruchtbarer Bastarde zwischen bereits weit divergierenden Sippen gelingen, bei starker chromosomaler Divergenz z. B. durch Allopolyploidie, d. h. Addition der Chromosomenbestände beider Eltern. Ein Beispiel dafür ist das heute in den Marschen auch unserer Nordseeküste verbreitete und zur Schlickbefestigung angepflanzte Hohe Schlickgras, *Spartina* × *townsendii.* Dieser fertile allopolyploide Bastard entstand offensichtlich zwischen 1870 und 1890 im Southampton Water durch Kreuzung der an der Kanalküste heimischen *S. maritima* (2n = 60) mit der aus Nordamerika eingewanderten *S. alterniflora* (2n = 62). Da die Bastardpopulationen entweder aus fast sterilen Bastarden (*S.* × *townsendii* s.str., 2n = 61) oder aus fertilen Allopolyploiden (*S. anglica,* 2n = 122) bestehen, darf man vermuten, daß aus der Kreuzung zunächst der fast sterile, aber stark vegetativ sich vermehrende Bastard hervorging und daraus erst die fertile Allopolyploide entstand, [in deren Chromosomensatz die Chromosomen der beiden Ausgangsarten durch ihre verschiedene Größe gut zu unterscheiden sind].
Eines unserer wichtigsten Futtergräser, das Lieschgras (*Phleum pratense,* 2n = 42), wird als allopolyploider Bastard aus dem an trockenen Wildstandorten in niedrigen Höhenlagen wachsenden, diploiden *Phleum nodosum (P. pratense* subsp. *nodosum,* 2n = 14) und dem tetraploiden, an feuchten Gebirgsstandorten gedeihenden *P. alpinum* subsp. *commutatum* (2n = 28) angesehen. Die erste erfolgreiche „künstliche Synthese" einer natürlichen Art unserer heimischen Flora gelang MÜNTZING 1929 mit der Kreuzung von *Galeopsis speciosa* (2n = 16) und *G. pubescens* (2n = 16); sie erbrachte (allotetraploide) Bastarde, welche von der natürlichen *Galeopsis tetrahit* (2n = 32) nicht zu unterscheiden waren.
Aus der Allopolyploidie könnten sich vor allem auch entscheidende Anstöße für die Bildung neuer Entwicklungslinien ergeben. Beispiele sind die künstlichen Kreuzungen bei Kulturpflanzen (Weizen, Seite 170; Raps, Tabak, Seite 146).
Als Beispiel für die Ausbildung vikariierender Sippen durch Polyploidie bei schwacher morphologischer Differenzierung mag die von POLATSCHEK (1966) untersuchte *Thlaspi montanum*-Gruppe dienen (Abb. 5); für die Ausbildung polyploider Reihen bietet die Gattung *Rumex* (vgl. Seite 132) ein gutes Beispiel.

Aus der Tatsache, daß morphologische, ökologische, chromosomale und geschlechtliche Differenzierung sich völlig unabhängig voneinander vollziehen können, wie auch daraus, daß am Ausgangspunkt der Entwicklung jeweils Mutationen sehr verschiedener Form stehen, folgt, daß es sehr verschiedene Wege der Sippenentstehung und somit auch **Arten sehr verschiedener Wertigkeit** gibt.
Durch vielfältige und kombinierte Studien, insbesondere auch durch Beobachtungen am Standort und Anbau unter gleichartigen Bedingungen, Kreuzungsexperimente und karyologische Untersuchungen hat

Sippenbildung bei morphologischer, ökologischer und geschlechtlicher Differenzierung
(kombiniert in Anlehnung an CLAUSEN, MAYR, PORTER u. a.)

Morphologische Divergenz	ökologische Isolation	Fortpflanzungsverhalten		
Morphologisch-anatomische Differenzierung	ökologische Differenzierung	geschlechtlich nicht isoliert (F_1 völlig fertil)	geschlechtlich teilw. isoliert (F_1 teilw. steril, F_2 wenig vital)	geschlechtlich isoliert (F_1 steril oder fehlend)
Individuen morphologisch identisch	wachsen unter gleichen Standortbedingungen	Populationen einer Art („Taxonomically the same entity“ PORTER)	Versteckte („kryptische“) Sippen	
	wachsen unter verschiedenen Standortbedingungen	infraspezifische Sippen (verschiedene **Ökotypen** der gleichen Art)		
Individuen morphologisch verschieden	wachsen unter gleichen Standortbedingungen	Varianten einer polymorphen Sippe (**Biotypen**)	Populationen zweier oder mehrerer verschiedener Arten, eventuell mit Hybriden-schwärmen	Populationen zweier oder mehrerer verschiedener Arten
	wachsen unter verschiedenen Standortbedingungen	infraspezifische Sippen (verschiedene **Ökotypen** der gleichen Art)		

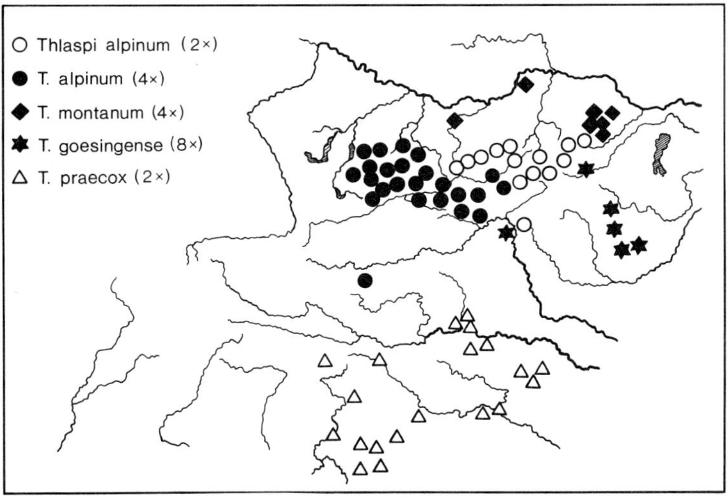

Abb. 5. Die *Thlaspi montanum*-Gruppe in den Ostalpen (nach POLATSCHEK 1966, verändert durch EHRENDORFER 1968).

man im Bereich niederer Kategorien des Systems (bei Arten, Artengruppen, evtl. auch bei ganzen Gattungen) Entwicklungslinien nachzeichnen und auf diese Weise zugleich eine Präzisierung unserer Vorstellungen über Evolution und Sippendifferenzierung erreichen können. Im Bereich der höheren Kategorien des Systems erscheint dies jedoch kaum im gleichen Maße möglich.

Will man die Ähnlichkeitsbeziehungen ermitteln und aus diesen die **natürliche Verwandtschaft** erschließen, so erfordert das die Berücksichtigung aller nur erreichbaren, von den verschiedensten – nicht nur botanischen – Disziplinen erarbeiteten Daten. Das Gewicht, das dabei den Aussagen der einzelnen Disziplinen zukommt, kann je nach der Organismengruppe, um die es sich handelt, sehr unterschiedlich sein.

Die erste, wichtigste Grundlage für den Vergleich pflanzlicher Organismen – gewissermaßen das Bezugssystem – liefert weithin die **Morphologie.** Das gilt vor allem für die Gefäßpflanzen. Dabei kommt es sowohl auf einen Vergleich des Gesamtaufbaues an als auch auf vergleichende Untersuchungen über die Struktur der einzelnen vegetativen Organe und der Fortpflanzungsorgane – bei den Angiospermen vor allem der Blüten und Blütenstände. Nur die Vergleichende Morphologie gibt uns dabei die Möglichkeit, die gleichwertigen, homologen Bauelemente zu identifizieren, auf die allein sich der Vergleich der organismischen Strukturen beziehen darf, wenn er zur Ermittlung echter Formverwandtschaft führen soll. Erst nachdem festgestellt ist, welche Teile bei verschiedenen Pflanzen einander entsprechen, ist die Vergleichsbasis für eine Beurteilung von Ähnlichkeiten und Unterschieden gegeben. Man vergleiche nur die Blüte und das Blütendiagramm der Kreuzblume *Polygala)* mit denen von Papilionaceen (Abb. 31), um zu ermessen, wie leicht man durch rein äußerlich bestehende Ähnlichkeiten getäuscht werden kann. Es gilt also, unter Anwendung der sog. Homologiekriterien* sehr sorgfältig zwischen **Homologie**, d. h. Bauplanähnlichkeit und **Analogie**, d. h. nicht auf bauplanmäßiger Entsprechung beruhender Ähnlichkeit im Erscheinungsbild, zu unterscheiden.

Vielfach erklären sich Analogien aus Ähnlichkeiten in der Lebensweise. Das gilt z. B. für die weitgehenden Gemeinsamkeiten im Erscheinungsbild des Fichtenspargels *(Monotropa hypopitys)* und der Vogelnest-Orchidee *(Neottia nidus -avis)*: sie sind als Anpassungen an die heterotrophe Lebensweise zu verstehen und dürfen nicht darüber hinwegtäuschen, daß es sich beim Fichtenspargel um eine Pyrolacee, bei der Vogelnest-Orchidee um eine Orchidee handelt, was im Blütenbau und zahlreichen anderen Merkmalen (Leitbündelanatomie!) zum Ausdruck kommt. Ähnlich verhält es sich mit der Stammsukkulenz in Verbindung mit der Reduktion der Blattorgane und der Verzweigung. Dieser sog. Kakteenhabitus ist nicht allein für die *Cactaceae* typisch, sondern hat sich auch innerhalb anderer Verwandtschaftskreise *(Euphorbiaceae, Asclepiadaceae, Compositae,* Abb. 1) in Anpassung an das Leben in trocken-heißen Klimaten herausgebildet (parallele Entwicklung). Als weitere Beispiele mögen nur noch die starke Zerteilung der untergetauchten „Wasserblätter" bei zahlreichen Wasserpflanzen oder die einander so ähnliche Form der Schwimmblätter bei der zu den *Gentinaceae* gehörenden Seekanne *(Nymphoides peltata)* und den See- und Teichrosen *(Nymphaea, Nuphar, Nymphaeaceae)* dienen.

Mit der Analyse des Gesamtaufbaues kommt der Morphologie auch die Aufgabe zu, jenen sonst nur unscharf zu bestimmenden Merkmalskomplex zu durchdringen, der das bedingt, was man gemeinhin als **„Habitus"** (Erscheinungsbild) einer Pflanze umschreibt. Im übrigen sind die Möglichkeiten noch keineswegs ausgeschöpft, durch ständig verfeinerte Untersuchungen gestaltliche Zusammenhänge und Unterschiede deutlicher zu erkennen. Vor allem gilt es, dabei die **Entwicklungsweise** der einzelnen Organe wie auch den Entwicklungszyklus der ganzen Pflanze zu berücksichtigen.

Selbstverständlich erstrecken sich derartige Untersuchungen auch auf den anatomischen Bau aller Organe, wobei sich zahlreiche, für kleinere oder größere Sippen konstante, charakteristische Strukturen auffinden lassen. Dazu gehören etwa Bau und Anordnung der Leitgewebe und der histologische Aufbau des sekundären Xylems bei den Samenpflanzen, die Struktur der Blattknoten, das Vorkommen gegliederter *(Composi-*

---

* Homologiekriterien (nach Remane): 1. Kriterium der Lage; 2. Kriterium der Speziellen Qualität der Strukturen; 3. Kriterium der Verknüpfung durch Zwischenformen (Stetigkeitskriterium).

tae) oder ungegliederter *(Euphorbiaceae)* Milchröhren, das Auftreten von Cystolithen *(Urticales)* oder die Ausbildung ganz bestimmter Haarformen in allen möglichen Varianten, wie man sie etwa bei den samt und sonders einzelligen Haaren der Cruciferen findet. Für die systematische Gliederung der Angiospermen geben die Feinstrukturen der Wachsauflagerungen auf der Epidermis wertvolle Hinweise, die – neben anderen Befunden – auch für die Darstellung der Verwandtschaftsbeziehungen im Schema Abb. 7a ausgewertet wurden.
Wichtige Beiträge, namentlich für die Systematik der Samenpflanzen, liefern die **Embryologie** und die **Palynologie**, die Embryologie etwa mit der Feststellung spezifischer Eigenschaften im Bau der Samenanlagen (äußere Form, Zahl der Integumente, Entwicklung des Embryosacks, des Embryos und des Nährgewebes usw., vgl. z. B. die *Caryophyllales,* Seite 127) oder der Antherenstrukturen, die Palynologie durch den Vergleich der formenreichen Sporen und Pollenkörner und ihrer komplizierten und charakteristischen Wandstrukturen (Abb. 18).
Bei den Gruppen niederer Organismen, die gestaltlich weniger reich gegliedert sind, ist man um so mehr auf den Vergleich von Zellstrukturen, also auf die **Cytologie**, ferner auf **physiologische** Kriterien (z. B. stoffwechselphysiologische Spezialisierung der verschiedenen Bakterien) und auf **phytochemische** Merkmale angewiesen, z. B. Assimilationsfarbstoffe und Reservestoffe der einzelnen Algengruppen, ferner die bei der Bestimmung von Flechtenarten wichtigen Flechtensäuren. Im Bereich der höheren Pflanzen gewinnt die Bestandsaufnahme vor allem von sog. **sekundären Inhaltsstoffen** mehr und mehr an Bedeutung für die Beurteilung verwandtschaftlicher Beziehungen, z. B. der Nachweis bestimmter Isochinolinalkaloide sowohl bei den *Ranunculaceae* und *Berberidaceae* als auch bei den *Papaveraceae,* ferner der Senfölglykoside bei den *Capparales*-Familien oder das Vorkommen charakteristischer **Blütenfarbstoffe**, wie etwa das ausschließliche Auftreten der Betacyane bei den Centrospermen. Daß man hier mit sehr viel Kritik zu Werke gehen muß, zeigt das Vorkommen des Coffeins nicht nur beim Kaffeestrauch oder anderen Rubiaceen, sondern auch beim Reiherschnabel, der Stechpalme und zahlreichen anderen, nicht näher miteinander verwandten Pflanzen. Diese starke Streuung überrascht nicht, wenn man weiß, daß Coffein durch Methylierung des Xanthins, eines häufig auftretenden Stoffwechselproduktes, entstehen kann. Von Interesse ist daher vor allem die Aufklärung der einzelnen Synthesewege.

Zumindest vielen der sekundären Inhaltsstoffe kommt vermutlich die Rolle von Abwehrstoffen gegen Fraßschädlinge zu. Die „Erfindung“ immer neuer Typen solcher Abwehrstoffe im Laufe der Evolution soll die Entfaltung vieler Verwandtschaftskreise begünstigt, wenn nicht überhaupt erst ermöglicht haben.
Beträchtliche Erfolge (so etwa für die systematische Gliederung der *Ranunculaceae*) wurden durch verfeinerte Methoden der **Serologie** erzielt. Bekanntlich

werden im Blutserum von Säugetieren nach Injektion von Fremdeiweiß Antikörper gebildet, welche mit Fremdeiweiß der injizierten oder verwandten Art (als Antigen) einen Niederschlag ergeben (Präzipitation). Dabei ist die Reaktion um so stärker, je ähnlicher die Eiweißkörper einander sind.
Neben diesen serologischen Methoden wird auch der unmittelbare Vergleich von Proteinen mit Hilfe der Elektrophorese, vor allem aber die Aufklärung der Primärstruktur von Proteinen, d. h. die Reihenfolge der Aminosäuren (Aminosäuresequenz), und die Reihenfolge der Basen in den Nucleinsäuren zur Ermittlung der Verwandtschaftsverhältnisse herangezogen. Vorausgesetzt wird dabei, daß Unterschiede in den Aminosäuresequenzen als Ergebnis einer divergierenden Entwicklung zu werten sind, die von ursprünglich übereinstimmenden Sequenzen ausging. Solche Vergleiche werden vor allem an wichtigen Enzymen von allgemeiner Verbreitung (z. B. Cytochrom c) vorgenommen. Bei verschiedenen Bakterien- und Pilzgruppen haben sich die unterschiedlichen Anteile der Basenpaare GC und dementsprechend AT in der DNS als wichtige systematische Kriterien erwiesen.
Grundlegende Übereinstimmungen und Verschiedenheiten zwischen größeren Gruppen des Pflanzensystems bestehen im Bau der Ribosomen und der Ribosomen-RNS (rRNS, vgl. z. B. Seiten 179, 187).
Auch aus der Spezialisierung verschiedener Bakterien, Pilze und phytophager Insekten auf bestimmte Pflanzensippen lassen sich durch Erkenntnisse der **Phytopathologie** verwandtschaftliche Zusammenhänge erschließen. Ein gutes Beispiel geben die *Uredinales* (Rostpilze). Bei den *Rosaceae* werden die *Rosoideae* nur durch *Phragmidium*arten, die *Pomoideae* nur durch *Gymnosporangium*- und die *Prunoideae* nur durch *Thecospora*-Arten infiziert.

Wenn die **Physiologie** von der Kennzeichnung niederer Organismen abgesehen bisher verhältnismäßig wenig an systematischen Merkmalen beisteuerte, so liegt das weithin am Fehlen vergleichend-physiologischer Arbeiten, was wiederum darauf zurückzuführen ist, daß man wegen der oft umfangreichen technischen Voraussetzungen für physiologische Untersuchungen sich meist auf ganz bestimmte wenige, in ihrer Reaktionsweise bereits gut bekannte Objekte konzentriert hat.
In stärkerem Maße tragen jedoch schon seit längerem die Ergebnisse der **Ökologie** bzw. der Ökophysiologie durch die exaktere Erfassung der Standortbeziehungen von Pflanzen bei, die auch bei größeren Gruppen nicht selten eine Anzahl gemeinsamer Züge aufweisen (z. B. *Chenopodiaceae* als Pflanzen der Salz- und Ruderalstandorte, *Ericaceae* als Rohhumuspflanzen; diurnaler Säurezyklus der *Crassulaceae* und anderer Sukkulenten im Zusammenhang mit der Einschränkung der stomatären Transpiration). Die Bedeutung der ökologischen Spezialisierung für die Aufspaltung von Sippen wurde bereits erwähnt.
Verwandtschaftshinweise ergeben sich vielfach auch aus den wechselseitigen Anpassungen zwischen Blüten und ihren tierischen Bestäubern oder Einrichtungen zur Windbestäubung, ferner aus den Anpassungen der Früchte, Samen oder sonstigen Verbreitungseinheiten an die Aus-

breitung durch Wind, Wasser oder Tiere. Diese von der **Blütenbiologie** und der **Verbreitungsbiologie** bearbeiteten Erscheinungen verdienen insofern ein besonderes Interesse, als es sich dabei oft um hochgradig komplizierte Baueigentümlichkeiten handelt, die nur in einer langwierigen, im Falle tierischer Partner wechselseitig aufeinander abgestimmten (co-adaptiven) Entwicklung der jeweiligen Partner entstanden sein können.

Da die geographische Isolierung einen wesentlichen Faktor bei der Entstehung und Weiterentwicklung neuer Sippen darstellt, vermag die **Pflanzengeographie** schon durch die Ermittlung der Verbreitungsgebiete (der **Areale**) von Pflanzensippen einen wichtigen Beitrag zur Klärung von Verwandtschaftsverhältnissen zu leisten (Arealkunde). Dies geschieht vielfach durch eine entsprechende Auswertung von Herbarbelegen (vgl. Seite 31) oder durch Kartierungen im Gelände (floristische Kartierung Mitteleuropas). Aufschlußreich ist oft auch die Beschränkung zahlreicher größerer Verwandtschaftskreise auf bestimmte Gebiete der Erde, z. B. der *Tropaeolaceae* oder *Bromeliaceae* auf die Neue Welt. Die Kenntnis derartiger Fakten wie auch des gesamten Artenbestandes, der **Flora**, eines Gebietes erlauben sehr oft allgemeinere Rückschlüsse auf entstehungs- und verbreitungsgeschichtliche Zusammenhänge. Dabei lassen sich weitauseinanderliegende Areale offensichtlich recht ursprünglich gebauter Sippen (z. B. *Magnoliales*, Abb. 6) gewöhnlich als Restareale (**disjunktes** Areal) ehemals großer zusammen-

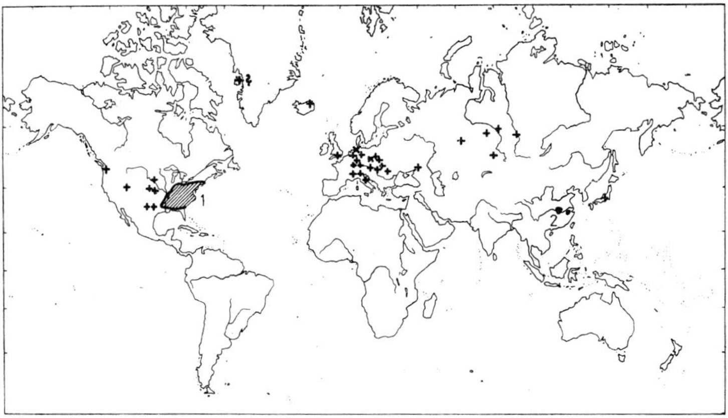

Abb. 6. *Liriodendron*. Rezente Areale von *L. tulipifera* (1), *L. chinensis* (2). Fossilfunde aus dem Quartär (×) und dem Tertiär (+), als Beispiel eines disjunkten Areals und vermutlich später eingetretener Sippendifferenzierung. (Nach einem Original von TRALAU aus WALTER und STRAKA 1970.)

hängender Verbreitungsgebiete deuten. In anderer Weise kann man häufig auf eine **Wanderung** größerer oder kleiner Sippen schließen (z. B. der Gattung *Fuchsia* von der Südhalbkugel die Anden entlang bis Mexiko!), solche Wanderungen kommen auch heute noch vor. Es ist leicht einzusehen, daß derartige Arealverschiebungen vielfach mit der Ausbildung neuer, an veränderte Standortsverhältnisse angepaßter Sippen und mit der Entfaltung größerer Formenkreise verknüpft sind.

In Kombination mit derartigen Aspekten der Pflanzengeographie ist daher für die monographische Bearbeitung von Verwandtschaftskreisen die morphologisch-geographische Methode (R. v. Wettstein) und später die Vergleichende Merkmalsgeographie (O. Schwarz) entwickelt worden. Dabei betrachtet man (zunächst unabhängig von bisher angegebenen Artabgrenzungen) die geographische Verteilung der einzelnen Merkmale einer Pflanzengruppe und schreitet dann zur Kombination von zwei, drei oder mehr Sippen fort, bis „schließlich diejenige Merkmalskombination ermittelt ist, die noch ein selbständiges Areal besiedelt“. Erst nach diesem Registrieren der einzelnen Daten setzt dann der Vergleich der arealmäßig selbständigen Merkmalskombinationen untereinander ein und damit die Ermittlung der systematischen Gruppierungen. Durch die in bestimmten Richtungen abnehmende Häufigkeit der einzelnen Merkmale lassen sich dann oft geographisch die Wege aufzeigen, auf denen sich gewisse Weiterentwicklungen vollzogen haben.

Daß in diesem Zusammenhang **paläobotanische** Befunde über die frühere Verbreitung bestimmter Pflanzensippen (Historische Pflanzengeographie) und über Floren früherer Erdzeitalter (Florengeschichte) wichtige Hinweise geben können, zeigt sich an den *Taxodiaceae* (Seite 378) oder vielen *Magnoliales* (Seite 95 und Abb. 6).

Weithin ist man bei systematischen Arbeiten auf das in den botanischen Museen liegende **Herbarmaterial**, d. h. auf Sammlungen gepreßter und getrockneter, mit Funddaten, Artbestimmung und anderen Angaben versehener Pflanzen angewiesen. Da nach den Nomenklaturregeln (vgl. Seite 32) für die Beschreibung jeder neuen Sippe ein Typusexemplar anzugeben bzw. zu hinterlegen ist, stellen die Herbarien vor allem auch Zentren der **Dokumentation** über bereits beschriebene Sippen, ihre Merkmale und Areale dar. (Freilich ist ein Konservieren von Herbarmaterial bei manchen Pflanzengruppen nicht möglich; man hilft sich dann mit Präparaten anderer Form, notfalls mit Abbildungen). An diesem Material lassen sich in unterschiedlichem Maße morphologische und anatomische, palynologische und oft selbst noch phytochemische Untersuchungen ausführen. In vielen Fällen hat man ausschließlich oder doch überwiegend derartiges Material zur Verfügung, weil man lebende Pflanzen allenfalls von einzelnen Arten, nicht aber von Vertretern aller Sippen eines größeren Verwandtschaftskreises beschaffen bzw. in Kultur halten kann. Für viele Untersuchungen, namentlich solche ontogenetischer und anatomisch-histogenetischer Art, Analysen bestimmter Inhaltsstoffe usw. ist jedoch die Kultur lebender Pflanzen unerläßlich. Am deutlichsten zeigen dies wohl die zahlreichen Beispiele, in denen bei Algen oder Pilzen erst durch die Kultur festgestellt wurde, daß ursprünglich als sehr verschiedenartige Organismen beschriebene und nicht selten verschiedenen Ordnungen zugerechnete Sippen nichts anderes darstellen als verschiedene Sta-

dien aus dem Entwicklungszyklus ein und desselben Organismus. In anderen Fällen – so inzwischen bei der Braunalgengattung *Ectocarpus* (O. ROVANKO) 1970) – erwiesen sich die Merkmale, welche der Abgrenzung verschiedener Sippen zugrunde gelegt wurden, im Kulturversuch als inkonstant und in ihrer jeweiligen Ausbildung als abhängig von Ernährungsbedingungen und Entwicklungszustand, womit sich die Zahl der zu unterscheidenden Sippen innerhalb dieser Gattung erheblich verringert.
Durch die Methoden der **Genetik** (z. B. Kreuzungsexperimente zur Feststellung von Kreuzungsbarrieren, der Konstanz und Vererbungsweise von Merkmalen oder etwa zum Nachweis der Bastardnatur bestimmter Sippen) und mit Hilfe vergleichender **karyologischer** Untersuchungen (unter Feststellung von Zahl und Form der Chromosomen) sind in den letzten Jahren beachtliche Fortschritte in der systematischen Botanik erzielt worden. Die Bedeutung karyologischer Untersuchungen für die Erkenntnis der Vorgänge bei der Sippendifferenzierung wurde bereits erörtert (Seiten 23/24). Wie das Beispiel der Dipsacaceen-Systematik (Seite 144) lehrt, gelingt es bisweilen im Zusammenhang mit morphologischen und anderen Befunden anhand vergleichender Untersuchungen der Chromosomensätze, besonders auch der Ermittlung verschiedener Ploidiestufen, sogar größere Entwicklungslinien aufzuzeigen und die Richtung festzulegen, in der bisher schwer deutbare morphologische Reihen gelesen werden müssen.

Wir haben bereits zu Anfang erwähnt, daß es notwendig ist, die voneinander zu unterscheidenden und ihrer Kategorie nach bestimmten Pflanzensippen (Taxa) eindeutig zu bezeichnen. Dafür stünde an sich auch in unserer Sprache eine Fülle von **Volksnamen**, und zwar sowohl für Arten als auch für Gattungen oder Familien zur Verfügung. Sie sollen sicherlich nicht in Vergessenheit geraten, haben für den wissenschaftlichen Gebrauch jedoch den Nachteil, von einem Landesteil zum anderen sehr verschieden und häufig vieldeutig zu sein. Man bedenke nur, wieviele Blütenpflanzen allein den Namen „Butterblume" tragen, oder, daß eine so häufige und als Gemüse gegessene Pflanze wie *Valerianella locusta* in der einen Gegend „Feldsalat", in anderen hingegen „Nüßchen", „Vogerlsalat", „Rapunzel" usw. genannt wird. Zudem kennen wir für zahlreiche ausländische Pflanzen keine Volksnamen, ja nicht einmal für alle einheimischen.
Zur eindeutigen und international einheitlichen Kennzeichnung werden die Pflanzen daher mit **wissenschaftlichen** (lateinischen oder latinisierten) **Namen** benannt, deren Aufstellung und Gebrauch durch internationale Nomenklaturregeln (Internationaler Code der Botanischen Nomenklatur) festgelegt ist. Die wichtigsten Grundsätze dabei sind:

1. Jeder Name einer Art ist an ein **Typusexemplar** (Holotypus; meist eine herbarisierte Pflanze) gebunden, das der Beschreibung zugrunde gelegen hat und entsprechend bezeichnet wurde; für die Gattung gilt jeweils eine bestimmte Art, für die Familie eine bestimmte Gattung als Typus (die bei der Erstbeschreibung anzugeben sind); entsprechendes gilt für alle Kategorien bis hin zur Ordnung.
2. Der jeweils **älteste** den Nomenklaturregeln entsprechende Name ist der korrekte, sofern er nicht mit dem Namen einer anderen früher beschriebenen Sippe gleichlautet (älteres Homonym); das gilt auch bei der Vereinigung von Taxa; die botanische Nomenklatur ist von der zoologischen unabhängig.
3. Jeder Artname stellt ein **binäre Kombination** eines **Gattungsnamens** (z. B. *Bellis*) mit einem die betreffende Art kennzeichnenden **Epitheton** (z. B. *perennis*) dar; dazu kommt nötigenfalls – meist in Abkürzung – noch der **Autor**,

der die betreffende Art zuerst unter dem genannten Namen beschrieben hat, also *Bellis perennis* L. (für LINNÉ). Bei späteren Überführungen einer Art in eine andere Gattung wird vor dem Autor, der die Umstellung vorgenommen hat, auch der Name des ersten Autors (in Klammern) genannt. Nach der Überführung der von LINNÉ als *Valeriana rubra* beschriebenen Spornblume zur Gattung *Centranthus* durch A. P. DE CANDOLLE (= DC.) lautet deren vollständiger Name somit *Centranthus ruber* (L.) DC.; stellt man *Anemone vernalis* L. zur Gattung *Pulsatilla,* so heißt der vollständige Name *Pulsatilla vernalis* (L.) Mill. Die Benennung von Unterarten oder Varietäten erfolgt durch weitere lateinische Bezeichnungen, z. B. *Valeriana celtica* L. subsp. *norica* VIERH. C. v. LINNÉ wandte 1753 in der ‚Species Plantarum' die binäre Nomenklatur konsequent an; bei der Nomenklatur vieler Gruppen gilt dieses Jahr als Ausgangspunkt für die gültige Veröffentlichung von Namen.

Die unter 2. erläuterte sog. **Prioritätsregel** ist also insofern eingeschränkt, als man bei der Feststellung des ältesten Namens nicht weiter als bis zum Jahre 1753 (1. Mai), dem Erscheinungsjahr der 1. Auflage von LINNÉS Species Plantarum, zurückgeht, bei vielen Gruppen noch weniger weit (z. B. Laubmoose, *Musci,* bis zum 1. Jan. 1801, dem Erscheinungsdatum von HEDWIGS Species Muscorum).

Der Forderung, mit der Anordnungsweise der Pflanzengruppen in einem „Natürlichen System" eine Projektion der stammesgeschichtlichen Zusammenhänge zu geben, kann man aus den dargelegten Gründen leider nur in sehr begrenztem Maße gerecht werden. Man kann nur versuchen, der Annahme, daß die heute lebenden Organismengruppen aus einfacher organisierten früherer Erdepochen hervorgegangen sind, dadurch zu entsprechen, daß man von den Gruppen der am einfachsten gebauten rezenten Organismen ausgeht. An diese schließt man die Pflanzengruppen mit komplizierterem Bau so an, wie es mit Rücksicht auf die Übereinstimmung in gewissen Grundstrukturen bzw. im Hinblick auf die fortschreitende Abwandlung bestimmter Merkmale gerechtfertigt erscheint. Als „primitiv" werden dabei gewöhnlich Strukturen oder Organismengruppen bezeichnet, welche der angenommenen (einfacheren) „Ausgangsform" mehr oder minder ähnlich sind. Als „fortgeschritten" oder „abgeleitet" gelten demgegenüber im Vergleich zur „Ausgangsform" stärker abgewandelte (spezialisierte) Strukturen oder Organismen. (Dabei ist freilich zu bemerken, daß die „Ausgangsform" in den meisten Fällen allein morphologisch definiert werden kann – etwa als „Zentraltypus", zu dem alle morphologischen Reihen in der Abwandlung eines oder mehrerer Merkmale konvergieren, wenn man sie rückwärts abliest. Dieser Zentraltypus kann jedoch schon deswegen nicht uneingeschränkt als „Stammform" einer bestimmten Organismengruppe gelten, weil für diese zumindest ein Konvergieren der Entwicklungslinien sämtlicher Merkmale festgestellt werden müßte!)

Das in der nachfolgenden Übersicht zusammenfassend dargestellte System der Pflanzen beginnt mit den Bakterien, Blaualgen und Prochlorophyta, welche (noch) keinen echten Zellkern (wenn auch Kernäquiva-

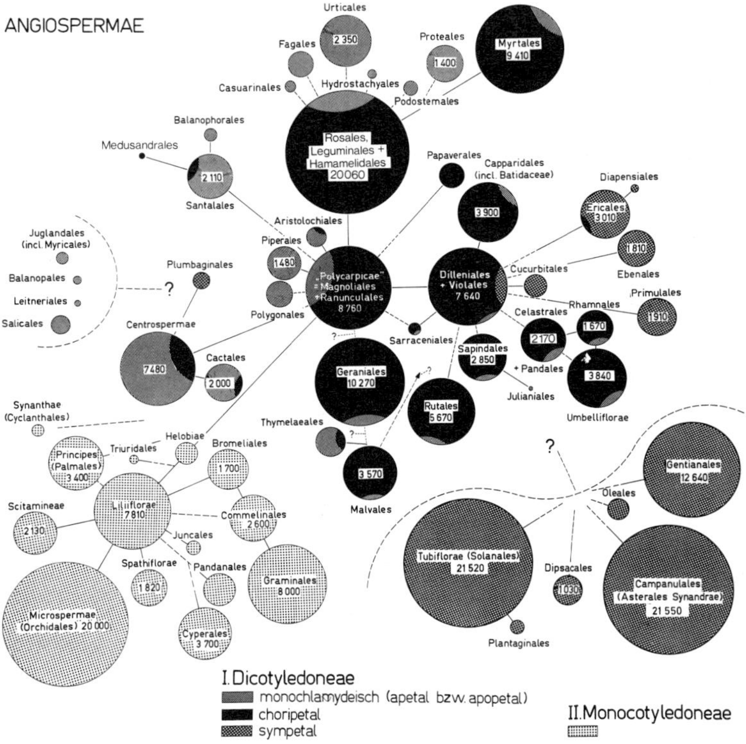

Abb. 7a. Vermutliche Verwandtschaftsbeziehungen der Angiospermengruppen (nach PULLE 1950 und ECKARDT 1964, verändert).

Abb. 7b. Vermutete Verwandtschaftsbeziehungen zwischen den Angiospermengruppen, erstellt auf Grund morphologischer, anatomischer und phytochemischer Befunde, vor allem auch des Vorkommens iridoider Substanzen, sowie der Verteilung der verschiedenen Typen epicutikularer Wachse, nach W. BARTHLOTT 1991. Im Zentrum die Ordnungsreihe der *Magnoliidae* mit den *Magnoliales* (Magnol), *Laurales* (Laural), *Aristolochiales* (Ar) sowie *Paeoniales* (Pa), zugeordnet sind ferner die *Piperales* (Pi) und die *Nymphaeales* (Ny), die zweite zentrale Gruppe, die *Ranunculidae*, umschließt die *Ranunculales* (Ranunc), *Papaverales* (Pap) und *Nelumbonales* (Ne), die *Hamamelididae* umfassen außer den *Hamamelidales* (Ham) die *Illiciales* (Il), *Trochodendrales* (Tr), *Fagales* (Fagal), *Juglandales* (Ju), *Eucommiales* (Eu), *Urticales, Daphniphyllales* (Da), *Leitneriales* (Lei), *Didymelales* (Di), *Myricales* (My) und *Casuarinales* (Cas), den *Caryophyllales* benachbart sind die *Polygonales* (Pol) und *Plumbaginales* (Pl); weitere Abkürzungen in der Gruppe der *Rosidae: Ha Haloragales*, Po *Podoste-*

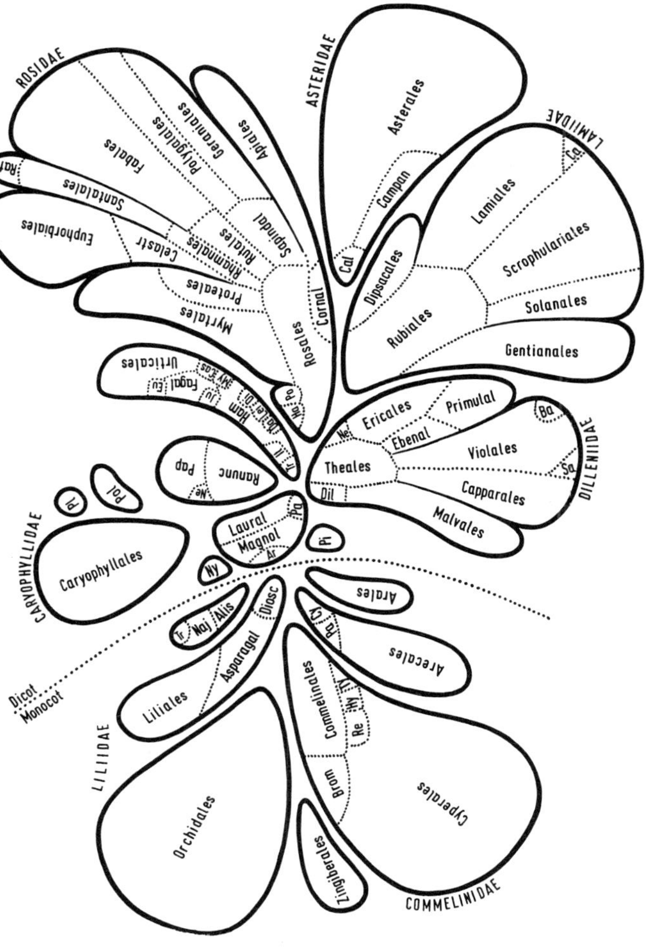

monales, Celastr(ales), Cornal(es), (Raf)flesiales, (Sapindal)es; Dilleniidae: Dil *Dilleniales*, Ne *Nepenthales*, Sa *Salicales*, Ba *Batales*, *(Ebenal)es*, *(Primulal)es; Lamiidae:* Ca *Callitrichales; Asteridae:* Cal *Calycerales*, *(Campan)ulales; Monocotylen, Helobiae:* Alis *Alismatales*, Naj *Najadales*, Tr *Triuridales; Liliidae:* Diosc *Dioscoreales, Asparagal(es); Commelinidae:* Brom *Bromeliales*, Re *Restionales*, Hy *Hydatellales*, Ty *Typhales*; die *„Spadiciflorae"* umschließen neben den *Arecales* die Pa *Pandanales* und die Cy *Cyclanthales*.

lente) besitzen und eine geringere Untergliederung und Differenzierung des Protoplasten (eine geringere „Kompartimentierung“) aufweisen. Sie werden als **Prokaryota** den übrigen, als **Eukaryota** bezeichneten Gruppen vorangestellt. Wie in dem folgenden Kapitel und bei der Darstellung der Algen- und Pilzstämme noch deutlich werden soll, hat man gute Gründe, als direkt oder indirekte Vorstufen (fast) aller eukaryotischen Pflanzenstämme verschiedene Gruppen begeißelter Einzeller, also flagellatenartiger Organismen anzunehmen, welche nach der Endosymbiontenhypothese auf einer frühen Evolutionsstufe in mehreren und verschiedenen Schritten durch Endocytose von Prokaryoten und Domestizierung derselben als Plastiden oder Mitochondrien in eukaryotisch organisierte Urkaryoten entstanden sein können. Diese sind mit den einzelnen an sie anschließenden Stämmen der Algen und Pilze durch das Vorhandensein oder Fehlen bestimmter Assimilationsfarbstoffe und Reservestoffe sowie andere über die verschiedenen Stufen der Weiterentwicklung hinweggreifende Merkmale verbunden. Auf dieser Ebene der Protisten (Protophyten und Protozoen) hat sich wahrscheinlich die Trennung in ein Pflanzen- und in ein Tierreich vollzogen, mit Abgrenzungen, die – weil unscharf – mitunter Zweifel an der Zugehörigkeit zu einem der beiden Reiche aufkommen lassen.

In ihrem morphologischen Aufbau haben die Pflanzenstämme recht unterschiedliche Organisationsstufen erreicht (Abb. 2), zu deren allgemeinem Verständnis im folgenden Kapitel ein vergleichender Überblick gegeben werden soll, der auch die Kormophyten einschließt. Dabei wollen wir auch die gemeinsamen Grundzüge der innerhalb des Pflanzenreiches im einzelnen recht verschiedenartigen Fortpflanzungsverhältnisse kennenlernen. Was die Stellung der Kormophyten im Pflanzenreich betrifft, so erscheint die Auffassung gut gesichert, wonach die Farngewächse *(Pteridophyta)* ebenso wie die Moose aus bisher unbekannten hochorganisierten Grünalgen (vgl. Seite 204) früherer Erdzeitalter hervorgegangen sein dürften, und die Gymnospermen und Angiospermen sich von (eusporangiaten, heterosporen) Pteridophyten-artigen Vorfahren herleiten. Diese Auffassung kommt sowohl in dem Schema Abb. 2 als auch in der Anordnung dieser Gruppen im System zum Ausdruck.

Der Tatsache, daß eine Untersuchung der rezenten Pflanzen gewissermaßen nur einen Querschnitt durch die Vielfalt der Entwicklungslinien des Pflanzenreiches in ihrer augenblicklichen Phase erfassen kann, wird man am besten durch eine Darstellungsweise gerecht, wie sie im Schema Abb. 7b für die Zusammenfassung unserer jetzigen Kenntnisse über die verwandtschaftlichen Beziehungen innerhalb der Blütenpflanzen benutzt wurde. Das Schema gleicht einem Querschnittsbild durch das Astsystem einer Baumkrone oder eines Strauches mit Aufsicht auf die Aststümpfe; durch die Größe der Querschnittsflächen ist die Größe der einzelnen Reihengruppen angedeutet. Die Umrißformen der Querschnittsflächen und deren Anordnung sollen die vermuteten Beziehungen zwischen den verschiedenen Gruppen zum Ausdruck bringen. Dabei werden die meisten Ordnungen zu Überordnungen zusammengefaßt, wodurch auch die Einteilung des Textes bestimmt wird, welcher der Darstellung der Angiospermengruppen gewidmet ist. Mit diesem Schema ersetzen wir eine ältere Darstellung (Abb. 7a), in der die „Aststümpfe des Stammbaumes" als größere oder kleinere Kreisscheiben wiedergegeben sind. Hier zeigen die Verbindungslinien zwischen den Kreisscheiben die vermutete Zusammengehörigkeit der betreffenden „Äste des Stammbaumes" an, wobei unterbrochene Linien und Fragezeichen den mancherlei Zweifeln Ausdruck geben. Unter Berücksichtigung der Fossilfunde aus den verschiedenen Erdepochen ist es freilich auch möglich, zu etwas deutlicheren Vorstellungen über die Entwicklung des Pflanzenreiches im Laufe der Erdgeschichte zu gelangen. Allerdings tragen auch solche Versuche, von denen die Abb. 8 ein Beispiel gibt, schon wegen der oft schwierigen Interpretation fossiler Materialien gewöhnlich stark hypothetischen Charakter.

Eine detaillierte Besprechung aller Gruppen des Pflanzenreiches würde den Rahmen dieser Einführung überschreiten. Obgleich jede dieser Gruppen viel Interessantes zu bieten hat und jede im Haushalt der Natur ihre bestimmte Rolle spielt, wollen wir uns hier auf eine Auswahl beschränken. Diese zielt darauf, einerseits ein möglichst breites Spektrum pflanzlicher Formen und einen Überblick über das gesamte System darzustellen, andererseits solche Gruppen etwas stärker zu berücksichtigen, welche im Haushalt der Natur und im Leben des Menschen eine größere Bedeutung erlangt haben. Wir wollen im Anschluß an die Besprechung der morphologischen Organisationsstufen zunächst die Blütenpflanzen *(Angiospermae)* besprechen, obgleich diese die höchstentwickelte Pflanzengruppe darstellen, und daher eigentlich erst am Schluß zu behandeln wären. Sie sind jedoch zweifellos am bekanntesten und dem Anfänger vertrauter als die niederen Organismen. Ihre systematische Gliederung läßt ihn daher wohl leichter die Arbeitsweise der Systematik erkennen, deren Prinzipien wir in diesem Kapitel gleichfalls zumeist an Beispielen aus dem Bereich der Blütenpflanzen zu erläutern versuchten. Im übrigen entspricht dieses Vorgehen auch der historischen Entwicklung unserer Kenntnisse über die verschiedenen Stämme des Pflanzenreiches, welche im Anschluß daran gemäß ihrer Aufeinanderfolge im System behandelt werden sollen.

Die Hauptgruppen des Pflanzenreiches

(Ungefähre Zahlen der bisher bekannten Arten nach Unterlagen von Ettl, Fott Gäumann/Müller/Löffler, Smith und Wagenitz und andere in Klammern)

Prokaryota
I. Schizobionta, Spaltpflanzen
  1. Abt. **Archaebacteriophyta**
    Methanogene Archaebakterien
    Halophile Archaebakterien
    Thermoacidophile Archaebakterien
  2. Abt. **Eubacteriophyta** (1200–1600)
    1. Kl. Gram-negative *Schizomycetes,* Eubakterien
      Obligat anaerobe Gruppe gram-negat. Bakt.
      aerobe Gruppe gram-negat. Bakt.
      Sondergruppen gram-negat. Bakt.
        Spirillales
        Cytophagales
        Myxobacteriales
        Rhodospirillales
        Rikettsiales
    2. Kl. Gram-positive *Schizomycetes,* Eubakterien
      Kokkenförmige gram-posit. Bakt.
      Nichtsporenbild. gram-posit. Stäbchenbakt.
      Endosporenbild. gram-posit. Stäbchenbakt.
      Coryneforme gram-posit. Bakt.
    Anhang: Mycoplasmales
  3. Abt. **Cyanophyta**
    1. Kl. Cyanophyceae, Blaualgen, Cyanobakterien (1500–2000)
        Chlorococcales
        Chamaesiphonales
        Hormogonales
 Anhang: **Prochlorophyta**

Eukaryota
II. Phycobionta, Algen
  4. Abt. **Chlorophyta** (ca. 11 000)
    1. Kl. Chlorophyceae, Grünalgen (6500)
     1. U.Kl. Chlamydophycidae
        Volvocales
        Tetrasporales
        Chlorococcales
    Anhang: Prasinophyceae
     2. U.Kl. Ulvophycidae
        Codiolales
        Ulvales
        Cladophorales
        Siphonales

3. U.Kl. Chlorophycidae
Chaetophorales
Oedogoniales
2. Kl. Conjugatophyceae, Jochalgen (4000)
Desmidiales
Zygnemales
3. Kl. Charophyceae, Armleuchteralgen (500)
Coleochaetales
Charales
5. Abt. **Euglenophyta**
1. Kl. Euglenophyceae, Augenflagellaten (800)
6. Abt. **Dinophyta**
1. Kl. Dinophyceae, Dinoflagellaten (1000)
Peridinales
7. Abt. **Chromophyta (Heterokontophyta)** (ca. 13 000)
1. Kl. Chrysophyceae, Goldalgen (1000)
Chrysomonadales
Rhizochrysidales
Chrysocapsales
Chrysotrichales
Dictyochales
Prymnesiales
Chloromonadales
2. Kl. Xanthophyceae (Heterokontae), Gelbgrünalgen (500)
Heterochloridales
Heterogloeales
Heterococcales
Heterotrichales
Heterosiphonales
3. Kl. Bacillariophyceae (Diatomeae), Diatomeen (10 000)
Centrales
Pennales
4. Kl. Phaeophyceae, Braunalgen (1500–2000)
Ectocarpales
Sphacelariales
Dictyotales
Sporochnales
Laminariales
Fucales
8. Abt. **Rhodophyta**
1. Kl. Florideophyceae, Rotalgen (4000)
1. U.Kl. Bangiophycidae
Porphyridiales
Bangiales
2. U.Kl. Florideophycidae
Nemalionales
Gelidiales
Cryptonemiales
Gigartinales
Rhodymeniales
Ceramiales

III. Mycobionta, Pilze
- 9. Abt. **Myxomycota (Myxomycophyta)**, Schleimpilze (ca. 600)
  - 1. Kl. Myxomycetes, Echte Schleimpilze (400)
  - 2. Kl. Acrasiomycetes, Zellige Schleimpilze (50)
  - 3. Kl. Plasmodiophoromycetes,Parasitische Schleimpilze (100)
- 10. Abt. **Oomycota (Oomycophyta)**, Algenpilze
  - 1. Kl. Oomycetes, Biflagellate Niedere Pilze (500)
    - *Saprolegniales*
    - *Peronosporales*
  - Anhang: Hyphochytridiomycetes
- 11. Abt. **Eumycota (Eumycophyta)**, Echte Pilze
  - 1. Kl. Chytridiomycetes, Uniflagellate Niedere Pilze (500)
    - *Chytridiales*
    - *Blastocladiales*
    - *Monoblepharidales*
  - 2. Kl. Zygomycetes, Aflagellate Niedere Pilze (500)
    - *Mucorales*
    - *Entomophthorales*
  - 3. Kl. Ascomycetes, Schlauchpilze (30000)
    - 1. U.Kl. Protascomycetidae, Hefeartige Ascomyceten
      - *Endomycetales*
    - 2. U.Kl. Euascomycetidae, Echte Ascomyceten
      - Euascomyceten mit protunicatem Ascus
        - *Eurotiales*
      - Euascomyceten mit eutunicatem Ascus
        - Unitunicate Euascomyceten
          - *Erysiphales*
          - *Pezizales*
          - *Tuberales*
          - *Helotiales*
          - *Phacidiales*
          - *Sphaeriales*
          - *Clavicipitales*
        - Bitunicate Euascomyceten
          - *Pseudosphaeriales*
    - 3. U.Kl. Taphrinomycetidae
      - *Taphrinales*
  - 4. Kl. Basidiomycetes, Ständerpilze (30000)
    - 1. U.Kl. Heterobasidiomycetidae
      - *Uredinales*
      - *Ustilaginales*
      - *Tilletiales*
      - *Tremellales*
      - *Auriculariales*
      - *Exobasidiales*
      - *Dacrymycetales*

2. U.Kl. Homobasidiomycetidae
Aphyllophorales
Agaricales
Gastromycetales

Anhang: **Deuteromycetes** (Fungi imperfecti) (30 000)
Moniliales
Melanconiales
Sphaeropsidales

Lichenes, Flechten (20 000)
1. Kl. Ascolichenes
Ascohymeniales
Ascoloculares
2. Kl. Basidiolichenes

IV. Bryobionta
12. Abt. **Broyphyta,** Moose
1. Kl. Hepaticae, Lebermoose (10 000)
2. Kl. Musci, Laubmoose (16 000)
3. Kl. Anthocerotatae, Hornmoose (100–300)

V. Cormobionta, Gefäßpflanzen
13. Abt. **Pteridophyta,** Farngewächse (12 000)
1. Kl. Psilophytatae, Nacktfarne
2. Kl. Lycopodiatae, Bärlappgewächse
3. Kl. Articulatae, Schachtelhalmgewächse
4. Kl. Filicatae, Farne (9500)
14. Abt. **Spermatophyta,** Samenpflanzen
1. U.-Abt. **Gymnospermae,** Nacktsamer (800)
1. Kl. Pteridospermae
2. Kl. Cycadatae
3. Kl. Bennettitatae
4. Kl. Ginkgoatae
5. Kl. Cordaitatae
6. Kl. Coniferae (Pinatae)
7. Kl. Gnetatae
2. U.-Abt. **Angiospermae,** Decksamer (250 000)
1. Kl. Dicotyledoneae
2. Kl. Monocotyledoneae

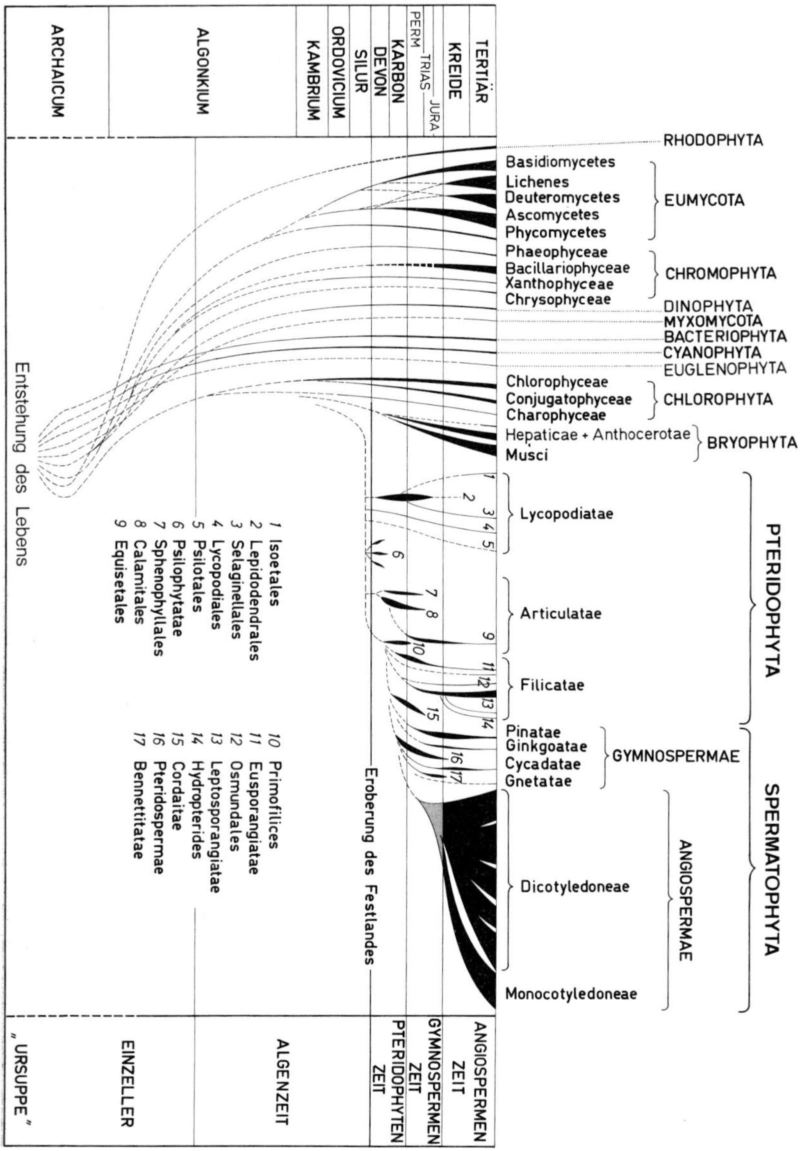

TERTIÄR
KREIDE
JURA
TRIAS
PERM
KARBON
DEVON
SILUR
ORDOVICIUM
KAMBRIUM
ALGONKIUM
ARCHAICUM
RHODOPHYTA
Basidiomycetes
Lichenes
Deuteromycetes
Ascomycetes
Phycomycetes
EUMYCOTA
Phaeophyceae
Bacillariophyceae
Xanthophyceae
Chrysophyceae
CHROMOPHYTA
DINOPHYTA
MYXOMYCOTA
BACTERIOPHYTA
CYANOPHYTA
EUGLENOPHYTA
Chlorophyceae
Conjugatophyceae
Charophyceae
CHLOROPHYTA
Hepaticae + Anthocerotae
Musci
BRYOPHYTA
Lycopodiatae
Articulatae
Filicatae
PTERIDOPHYTA
Pinatae
Ginkgoatae
Cycadatae
Gnetatae
GYMNOSPERMAE
Dicotyledoneae
Monocotyledoneae
ANGIOSPERMAE
SPERMATOPHYTA
Entstehung des Lebens
Eroberung des Festlandes
1 Isoetales
2 Lepidodendrales
3 Selaginellales
4 Lycopodiales
5 Psilotales
6 Psilophytatae
7 Sphenophyllales
8 Calamitales
9 Equisetales
10 Primofilices
11 Eusporangiatae
12 Osmundales
13 Leptosporangiatae
14 Hydropterides
15 Cordaitae
16 Pteridospermae
17 Bennettitatae
ANGIOSPERMEN ZEIT
GYMNOSPERMEN ZEIT
PTERIDOPHYTEN ZEIT
ALGENZEIT
EINZELLER
„URSUPPE"

Stufen der morphologischen Organisation, geschlechtliche Fortpflanzung und vegetative Vermehrung im Pflanzenreich

A Die morphologischen Organisationsstufen

In ihrer morphologischen Organisation weisen die verschiedenen Pflanzenstämme sehr wesentliche Unterschiede auf. Dabei lassen sich, abgesehen von der **cytologischen** Organisation (Protocyte – Eucyte, vgl. Seite 36) nach der jeweils höchsten (kompliziertesten) **morphologischen** Organisationsform, welche der Pflanzenkörper innerhalb seines Entwicklungszyklus erreicht, folgende Organisationsstufen unterscheiden:

1. Protophyten (Einzeller oder lockere Verbände von Einzellern)
2. Thallophyten (feste Zellverbände mit Arbeitsteilung)
3. Kormophyten (Gliederung des Vegetationskörpers in Sproßachse, Blatt und Wurzel; hochdifferenzierte Gewebe).

1 Protophyten

Sowohl bei den meisten Algengruppen wie auch unter den Pilzen gibt es zahlreiche Vertreter, die nur aus einer einzigen Zelle bestehen und insofern als sehr einfache Organismen gelten können. Allerdings kann in diesem Falle die Zelle, die uns hier als selbständiger Organismus entgegentritt, in ihrer Gestalt und der Ausbildung ihrer Organellen einen sehr hohen Grad der Organisation erreichen. Als wichtige Organisationsstufen hat man innerhalb der Protophyten die **bewegliche** (**monadale**) und die **unbewegliche** (**coccale**) Stufe zu unterscheiden. Die monadale Stufe finden wir in den Flagellaten der verschiedenen Algenstämme (Abb. 54 I, 55, 65, 66). Als Beispiel für die coccale Stufe mögen hier die Arten der Chlorophytengattung *Chlorella* (Abb. 54 IV, 56 III) dienen.

Bei der vegetativen Vermehrung coccaler Einzeller bleiben die Tochterzellen oft beieinander und bilden regellose Zellanhäufungen oder **lockere Zellverbände**, die unter anderem auf Grund festgelegter Teilungsrichtungen und Teilungsfolgen ein charakteristisches Aussehen erhalten können (vgl. Seite 191). Die Zellen bleiben dabei oft durch gemeinsam ausgeschiedene Gallerten oder durch – mitunter verquellende – Wände der Mutterzellen miteinander verbunden, so bei der Blaualge

---

Abb. 8. Vermutliche Entwicklung des Pflanzenreiches im Laufe der Erdgeschichte. (In Anlehnung an Heil und Zimmermann unter Mitarbeit von M. Sturm neu zusammengestellt.)

Gloeocapsa (Abb. 52 I) oder bei den durch eine Gallertscheide zusammengehaltenen fadenförmigen Verbänden mancher Bakterien oder Blaualgen. Derartige rein mechanisch zusammengehaltene Zellverbände kann man als **Coenobien** von den **Zellkolonien** im engeren Sinne unterscheiden, die uns bei beweglichen wie auch bei unbeweglichen Formen entgegentreten. Bei diesen sind außer einer charakteristischen Gestalt häufig auch eine Fixierung der Zellenzahl und gewisse Korrelationen der Zellen untereinander festzustellen. Zellkolonien von charakteristischer Gestalt findet man z. B. bei der Chrysophyceen-Gattung *Hydrurus* (Abb. 66 VI Spitzenwachstum!). Bekanntestes Beispiel für Kolonien von sehr unterschiedlicher Organisation sind jedoch die Volvocaceen (vgl. Seite 206). Die primitiven Formen unter ihnen sind durch eine fixierte Zellenzahl ausgezeichnet und weisen oft schon eine polare Differenzierung auf. Die Geißeln der meist durch eine Gallerte miteinander verbundenen Zellen schlagen synchron. Im übrigen bleiben die Zellen aber auch hier bei den primitiven Arten völlig unabhängig voneinander und lassen allenfalls nur eine sehr geringe mit Arbeitsteilung verbundene Spezialisierung erkennen. Ihre Gleichwertigkeit kommt besonders darin zum Ausdruck, daß sie sämtlich zu selbständiger Fortpflanzung (Abb. 9) befähigt sind. Ein Zerfall der Kolonien in Tochterkolonien ist daher sehr leicht möglich. Bei den höchstentwickelten Volvocaceen, den Arten der Gattung *Volvox* (Abb. 55), haben wir es jedoch nicht mehr mit einer Kolonie, sondern bereits mit einem vielzelligen Individuum zu tun. Die Zellen sind durch breite Plasmabrücken miteinander im Kontakt, ihre Spezialisierung ist soweit fortgeschritten, daß nur noch bestimmte Zellen der Vermehrung dienen, alle übrigen aber nach Zerfall des Mutterorganismus zugrunde gehen (Leiche).

Vielzellige Verbände stellen auch die sog. **Aggregationsverbände** dar. Während aber bei den echten Vielzellern die Einzelzellen bereits von ihrer Entstehung her miteinander verbunden sind, wird bei den Aggregationsverbänden jeder Tochterverband erst später innerhalb der Mutterzelle (oder deren Ausstülpung) aus freien Zellen zusammengefügt (vgl. Abb. 56 I, II).

Durch Fusion zahlreicher aus einem Sexualakt hervorgegangener Amöbozygoten bilden sich die sog. **Fusionsplasmodien** der **Schleimpilze** (*Myxomycetes,* Abb. 80 I), amöboid bewegliche nackte vielkernige Protoplasmamassen, die jedoch durch eine gewisse Zonierung schon äußerlich eine hohe Organisation erkennen lassen.

Von den Fusionsplasmodien unterscheiden sich die **Pseudoplasmodien** der *Acrasiales* (z. B. *Dictyostelium,* Abb. 80 II) dadurch, daß die nackten, amöbenartig sich bewegenden Einzelzellen zwar zu vielen tausend zusammenkriechen, dabei jedoch ihre Individualität behalten. Dennoch fungiert das Pseudoplasmodium bei der Fruchtkörperbildung (vgl. Seite 270 ff.) als Einheit.

2 Thallophyten

Von der Stufe der Protophyten ausgehend ist es in der Stammesgeschichte offenbar mehrfach und unabhängig innerhalb verschiedener Algen- und Pilzstämme zur Ausbildung eines **Thallus** gekommen, eines vielzelligen Vegetationskörpers mit arbeitsteiliger Spezialisierung der Zellen oder ganzer Zellverbände (Gewebe, Plectenchyme). Auch bei hoher gestaltlicher Differenzierung wird dabei jedoch der Bauplan der Kormophyten mit den drei in charakteristischer Weise miteinander verknüpften Grundorganen Sproßachse, Blatt und Wurzel ebensowenig erreicht, wie die hochgradige anatomische Spezialisierung der Kormophytengewebe. Darüber dürfen auch die in achsen-, blatt- und wurzelähnliche Elemente (Cauloide, Phylloide und Rhizoide) gegliederten hochentwickelten Thalli mancher Algen (Abb. 70) nicht hinwegtäuschen, die zwar den Eindruck eines echten Kormus, (s. unten) erwecken können, jedoch einen völlig anderen Grundaufbau besitzen als dieser und sich auch in anderer Weise entwickeln (vgl. z. B. die Ausgliederung der Phylloide, Abb. 70). Eigentliche Festigungsgewebe fehlen den Thalli zumeist. Sie lagern daher, sofern sie nicht wie die im Wasser lebenden Algen durch den Auftrieb gehalten werden, gewöhnlich mehr oder minder flach am Boden („Lagerpflanzen").

Der morphologischen Organisation der Thalli liegen bei den einzelnen Thallophytengruppen recht verschiedenartige Typen zugrunde. Voraussetzung für die Ausbildung der Thalli als echte vielzellige Vegetationskörper ist aber in jedem Falle der schon aus der Entstehung des Zellverbandes durch Zellteilung herrührende feste Zusammenhalt der Zellen durch gemeinsame feste Zellwände aus Cellulose oder Chitin. Die einfachste Form der Thallusbildung zeigt sich in der Entwicklung einreihiger Zellfäden, also einfacher **Fadenthalli** (trichale Organisation, Abb. 57). Sie ergibt sich aus der gleichsinnigen Orientierung der Teilungsspindeln bei allen aufeinanderfolgenden Zellteilungen. Die Festheftung eines der beiden Fadenenden, das zu einem Haftorgan oder Rhizoid wird, bedeutet bereits eine **polare Differenzierung** (Abb. 54 V). Diese tritt noch stärker in Erscheinung, wenn sich die Zellteilungsaktivität nicht mehr gleichmäßig auf alle Fadenzellen erstreckt, sondern sich mehr und mehr auf einzelne Partien innerhalb des Fadens (interkalares Wachstum) oder auf das freie Fadenende, ja häufig allein auf die Spitzenzelle beschränkt, die dann als **einschneidige Scheitelzelle** Tochterzellen nach rückwärts abgibt (Abb. 64, 2). Die Bildung **mehrzellreihiger** wie auch **verzweigter** Fäden (Abb. 54 VI) setzt demgegenüber einen mehr oder minder regelmäßigen Wechsel der Teilungsrichtungen voraus. Bei der Verzweigung hat man zwischen gabeliger Verzweigung durch Längsteilung der Scheitelzelle (**Dichotomie**, Abb. 71 IV, 2) und **seitlicher Verzweigung** zu unterscheiden. Letztere kann ihren Ausgang ebenfalls von einer Teilung der Scheitelzelle (Abb. 71 III) oder aber –

unter Ausbildung neuer Scheitelzellen – von weiter basalwärts gelegenen Zellen (subapikale Verzweigung) nehmen (Abb. 58).

Sowohl bei einigen Algen (z. B. *Vaucheria, Caulerpa*) als auch, und zwar fast durchgehend, bei niederen Pilzen *(Oomycetes* und *Zygomycetes)* gibt es thallöse Formen, die zwar vielkernig sind, von einer Unterteilung in Zellen durch Querwände jedoch „keinen Gebrauch machen". Man darf aber annehmen, daß jedem der zahlreichen Kerne ein entsprechendes Plasmaareal zukommt, und spricht daher von **polyenergider Organisation.** Der äußeren Gestalt nach handelt es sich meist um fädig verzweigte Organismen (*Vaucheria,* Abb. 54 VIII, *Oo- u. Zygomycetes*), bekannt ist aber auch der in kriechsproßartige Cauloide, Rhizoide und einige Dezimeter lang werdende blattartig abgeflachte Phylloide gegliederte Thallus von *Caulerpa* (Abb. 59 II). Bei der Grünalgengattung *Cladophora* (Abb. 54 VII, 58) sind die verzweigten Fäden zwar nach Art eines einzelreihigen Fadens unterteilt, die einzelnen „Zellen" sind jedoch vielkernig, wobei die Anzahl der Kerne in den Zellen schwanken kann. Man unterscheidet diese Strukturen daher als **siphonocladal** von der oben geschilderten **siphonalen** Struktur. Durch Verflechtung und gegebenenfalls postgenitale Vereinigung von Zellfäden – z. B. unter Verquellung der Zellwände zu wasserunlöslichen Gallerten – können sowohl bei den höheren Pilzen als auch bei Rot-, Braun- und Grünalgen höher organisierte Verbände zustandekommen, die man als **Plectenchyme** („Flechtgewebe"; Flechtthalli) bezeichnet (Abb. 60, 76, 97). Bei Pilzen und Flechten tragen mitunter Anastomosen zur Plectenchymbildung bei.

Die höchstentwickelten Braunalgen besitzen bereits echte, mehr oder minder kompakte **Gewebe**, deren Zellen **congenital**, also von ihrem Ursprung an miteinander verwachsen sind und ihre Entstehung einer ein- oder mehrschneidigen Scheitelzelle (Abb. 54 IX) oder einer Scheitelkante aus mehreren Initialzellen verdanken. Verschiedentlich kann man dabei eine Spezialisierung in Assimilationsgewebe und Speicherzellen, primitives Festigungsgewebe und leitende (z. B. siebzellartige) Elemente beobachten. Man nennt solche Vegetationskörper **Gewebethalli** (Abb. 71 IV). Als Gewebethalli sind auch die als **Prothallien** bezeichneten Gametophyten der Farngewächse *(Pteridophyta)* zu betrachten.

Den kompliziertesten Aufbau zeigen unter den Thallophyten zweifellos die **Moose** (**Bryophyta**). Trotz weitgehender Ähnlichkeiten, die zwischen einem beblätterten Laubmoosstämmchen (Abb. 106 VII, IX) und einem Kormus (s. unten) bestehen können, darf man „Stengel" und „Blättchen" solcher hochentwickelter Bryophyten nicht als den Sproßachsen und Blättern der Kormophyten gleichwertige (homologe), sondern nur als diesen **analoge** Organe werten. Dies um so mehr, als es sich bei den so gegliederten Moospflanzen um die gametophytische Generation (vgl. den folgenden Abschnitt) und nicht – wie beim Kormus – um den Sporophyten handelt. Zudem wird die Funktion der Wurzeln, soweit bei den Moosen überhaupt erforderlich, durch einzellige *(Hepaticae)* oder einzellreihig-verzweigte *(Musci)* Trichomrhizoide, d. h. also Haare, übernommen. Der allein durch die mehr oder minder lang gestielte Sporenkapsel repräsentierte Sporophyt der Moose weist gleichfalls eine hochgradig histologische Differenzierung auf. Den Moosen wird daher vielfach eine Zwischenstellung zwischen Thallophyten und Kormophyten eingeräumt.

3 Kormophyten

Die Vegetationskörper sowohl der Farngewächse *(Pteridophyta)* als auch der Samenpflanzen *(Spermatophyta)* sind vor allem durch ihren Aufbau aus drei **Grundorganen, Sproßachse, Blatt** und **Wurzel**, charakterisiert, welche in der durch Abb. 43 u. 118, 2 wiedergegebenen Weise miteinander verbunden sind. Einen solchen Vegetationskörper bezeichnet man als **Kormus** und spricht demnach die **Pteridophyta** und **Spermatophyta** auch als **Kormophyten** *(Cormobionta)* an.
Die drei Grundorgane sind bereits an Embryonen bzw. Keimlingen erkennbar; schon dort zeigen sich aber auch gewisse Unterschiede zwischen größeren Verwandtschaftskreisen. Bei den Samenpflanzen liegen an dem einen Pol der Keimachse (des Hypokotyls) die Keimblätter (Kotyledonen), welche die terminale Sproßknospe umschließen. Der gegenüberliegende Pol wird von der Keimwurzel (Radicula) eingenommen, aus der die meist vielfach sich verzweigende Hauptwurzel hervorgeht (Allorhizie). Bei den Embryonen der Farngewächse (Abb. 43 IX) betrachtet man die erste Wurzel als die erste der zahlreichen im Verlaufe der weiteren Entwicklung entstehenden sproßbürtigen Wurzeln. Eine eigentliche Hauptwurzel fehlt den Pteridophyten somit, ihre Bewurzelung setzt sich gleichförmig aus sproßbürtigen Wurzeln zusammen (primäre Homorhizie, Abb. 43 X). Letzteres trifft insofern auch für die *Monocotyledoneae* zu, als bei diesen zwar eine Hauptwurzel angelegt ist, diese aber meist früher oder später zugrunde geht oder zumindest keine größere Bedeutung erlangt und in ihrer Funktion durch sproßbürtige Wurzeln ersetzt wird (sekundäre Homorhizie, Abb. 43 III).
Die Zahl der Keimblätter ist ein wichtiges Gruppenmerkmal innerhalb der Samenpflanzen; bei der Angiospermenklasse der *Dicotyledoneae,* den Zweikeimblättrigen, werden von wenigen Ausnahmen abgesehen 2 Kotyledonen ausgebildet (Abb. 43 VIII), bei den *Monocotyledoneae* stets nur 1 Keimblatt (VII). Bei manchen Sippen, z. B. bei *Cuscuta,* fehlen Kotyledonen, so auch bei den *Pyrolaceae,* an deren Embryonen der Sproßpol zwar vorhanden, jedoch allein der Wurzelpol entwicklungsfähig ist. Die Gymnospermen haben 2 oder viele Keimblätter.
Die terminale Sproßknospe umschließt den Vegetationspunkt des beblätterten Kormusabschnittes, des **Sprosses**. Jener gliedert seitlich in re-

gelmäßiger Folge Blattorgane aus, welche den Sproßscheitel anfänglich einhüllen, dann aber durch Streckung der zwischen den Blattansätzen, den **Knoten**, gelegenen **Interodien** weiter auseinanderrücken, so daß eine Gliederung der Sproßachse in Knoten und Interodien erkennbar wird.

Die **Verzweigung** des Sprosses geht bei den Samenpflanzen von Knospen aus, die sich in den Achseln der Blattorgane befinden. Bei den Farngewächsen steht die Verzweigung zwar vielfach in Beziehung zur Anordnung der Blätter, ist aber noch nicht auf die Blattachseln fixiert. Abgesehen von dieser **seitlichen** Verzweigung gibt es bei den Pteridophyten, vor allem bei den Bärlappgewächsen, eine sogenannte **dichotome** Verzweigung durch eine Gabelung des Sproßscheitels, die gleichfalls keine deutliche Beziehung zur Anordnung der Blätter erkennen läßt. In der Anordnungsweise und Form der Blattorgane herrscht namentlich bei den Blütenpflanzen eine große Vielfalt, auf die wir bei der Erörterung der Angiospermenmerkmale (Seite 59 ff.) kurz eingehen werden.

Den vielfältigen Anforderungen, welche an das Sproß- und Wurzelsystem der vorwiegend auf dem Lande lebenden Kormophyten gestellt werden, entspricht die weitgehende **Spezialisation ihrer Gewebe.** Dazu gehört die Ausbildung besonderer Abschlußgewebe, so als **primäre Abschlußgewebe** im Bereich des Sprosses der mit Cuticula und Spaltöffnungen ausgestatteten Epidermis, im Bereich der Wurzel der wasseraufnehmenden, mit Wurzelhaaren versehenen Rhizodermis, und als **sekundäre Abschlußgewebe** des Periderms und der Borke. Beiden ist gemeinsam, daß bestimmte Zellwände durch Akkrustierung mit **Cutin** oder **Suberin** wasserundurchlässig gemacht werden. Ferner treten besondere **Festigungsgewebe** auf, in deren Zellwänden, soweit sie aus Cellulose bestehen, gewöhnlich eine Einlagerung von **Lignin** stattfindet. Vor allem aber sind die oft kompliziert gebauten **Leitungsgewebe** mit ihrer Differenzierung in organische Stoffe leitendes Phloem und das dem Transport des Wassers und der darin gelösten Salze dienende Xylem zu erwähnen. Sie sind für die Kormophyten so charakteristisch, daß man diese auch als **Gefäßpflanzen** bezeichnet. Außerdem kommen häufig besondere **Exkretionsgewebe** oder einzelne der Exkretion dienende Zellen vor. Aber auch die Meristeme (Bildungsgewebe), die assimilierenden oder speichernden Grundgewebe und die reproduktiven Gewebe, die man schon bei Thallophyten finden kann, tragen bei den Kormophyten meist Züge einer stärkeren Spezialisierung.

Bei einem großen Teil der Kormophytengruppen findet nach Abschluß der primären Wachstumsvorgänge eine **sekundäre Verdickung** des Achsenkörpers statt, die in sehr verschiedener Weise vor sich gehen kann. Bei den Gymnospermen und Dikotyledonen erfolgt sie bekanntlich durch die Tätigkeit eines Meristemmantels, nämlich des Kambiums, das zwischen den Xylem- und Phloemteilen der auf dem Achsenquerschnitt ringförmig angeordneten Leitbündel liegt und gegebenenfalls durch interfaszikuläres Kambium zu einem geschlossenen Zylinder ergänzt wird. Das primäre und sekundäre Xylem pflegt bei den *Angiospermae* bzw. *Dicotyledoneae* stärker differenziert zu sein als bei den *Gymnospermae*. Die Ausbildung von Tracheen ist mit wenigen Ausnahmen bei hochentwickelten Farnen und *Gymnospermae (Gnetatae)* auf die *Angiospermae* beschränkt; auch Geleitzellen finden sich nur bei den Siebröhren der *Angiospermae*.

B Formen der vegetativen Vermehrung und Stufen der geschlechtlichen Fortpflanzung

Bei der Betrachtung der Fortpflanzungsverhältnisse im Pflanzenreich gilt es zunächst, auf die Unterscheidung zwischen **vegetativer Vermehrung** und **geschlechtlicher Fortpflanzung** hinzuweisen.
Vegetative Vermehrung, d. h. eine Erhöhung der Individuenzahl ohne vorausgehenden Sexualakt, kommt im einfachsten Fall, bei Einzellern, durch **Zweiteilung** zustande, wobei im Anschluß an eine Kernteilung bzw. bei Bakterien im Anschluß an eine Teilung der Kernäquivalente eine Teilung des Protoplasten und eine Verteilung der schon vorher vermehrten Zellbestandteile auf die beiden Tochterzellen erfolgt. Dies geschieht bei nackten Flagellaten-Zellen auf dem Wege einer Durchschnürung der Mutterzelle (Furchungsteilung, Schizotomie). Bei den mit festen Zellwänden ausgestatteten Einzellern löst sich der Protoplast zuvor von der Zellwand ab und teilt sich mittels Durchschnürungen nach vorausgegangener Kernteilung in Tochterzellen auf, ein Vorgang, der sich innerhalb der Mutterzelle wiederholen kann (sukzedane Vielfachteilung, Schizogonie). Eine Sonderform der Zweiteilung ist die z. B. bei Hefepilzen anzutreffende Zellsprossung, bei der Tochterzellen von einer größeren Mutterzelle abgeschnürt werden.
Vegetative Vermehrung durch **Fragmentation** kommt demgegenüber sowohl bei einfach organisierten Coenobien als auch bei höheren Thalli, Moosen und Kormophyten vor. Bei fädigen Algen erfolgt sie z. B. durch Zerfall des Zellfadens in kleinere Abschnitte, unter Umständen (bei *Spirogyra* und Verwandten) sogar in die einzelnen Zellen. Oft sind – vor allem bei höherer Differenzierung – besondere Zerfallsstellen vorgeprägt, so etwa durch die Abgrenzungen der wenigzelligen **Hormogonien** bei fädigen Blaualgen (z. B. *Nostoc*).
Die Möglichkeiten der vegetativen Vermehrung bei höheren Pflanzen sind aus der gärtnerischen Praxis bekannt. Hier sind es besonders spezialisierte Seitensprosse, die z. B. bei der Erdbeere als Ausläufer fungieren und Tochterpflanzen liefern, welche schließlich ihre Verbindung mit der Mutterpflanze aufgeben und selbständig werden. Ein weiteres Beispiel sind die Ausläuferknollen bei der Kartoffel. Auf diese Weise

können auf dem Wege rein vegetativer Vermehrung ganze Populationen, sog. **Klone**, entstehen. (Der Begriff „Individuum" wird in solchen Fällen freilich arg strapaziert, treffender müßte man solche Pflanzen mit A. Braun als „Dividuen" bezeichnen, da ihr Vegetationskörper mit fortschreitender Entwicklung seine Individualität zugunsten einer steigenden Zahl verselbständigter Glieder aufgibt.) Eine andere, sehr spezielle Form der vegetativen Vermehrung ist die apomiktische Entwicklung von Samen aus unbefruchteten diploiden Eizellen (Parthenogenese), für die bisweilen noch eine Bestäubung als Entwicklungsanstoß erforderlich ist (Pseudogamie). Zwischen vegetativer Vermehrung und gelegentlich sexueller Fortpflanzung kann sich jeweils ein bestimmtes Verhältnis einspielen, das für die Sippendifferenzierung von großer Bedeutung ist. Das zeigen etwa die teils ausschließlich, teils vorwiegend apomiktisch sich vermehrenden Sippen der artenreichen Compositen-Gattung *Hieracium*. Eine in anderer Weise spezialisierte Form der vegetativen Vermehrung stellt die regelmäßig in bestimmten Abschnitten oder an bestimmten Organen auftretende Bildung von **Brutkörpern** bei Algen, Pilzen, Flechten oder Moosen *(Marchantia)* oder die Bildung von Brutknospen (Bulbillen) bei den höheren Pflanzen dar, die sich ablösen und zu neuen Pflanzen auswachsen. Sie führen daher oft reichlich Reservestoffe mit. Bulbillen werden bevorzugt an Blatträndern (Farne, *Bryophyllum*), als Achselknospen im Bereich der grundständigen Blattrosette (*Saxifraga granulata*, Körniger Steinbrech) oder der Stengelblätter (*Dentaria bulbifera*, Zahnwurz, *Cruciferae; Lilium bulbiferum*) oder im Bereich des Blütenstandes infolge regelmäßiger Umstimmung von Blütenvegetationspunkten bzw. Infloreszenzscheiteln gebildet (*Polygonum viviparum*, „Lebendgebärender" Knöterich; *Poa alpina* var. *vivipara*, Alpen-Rispengras). Je nach dem vorwiegend der Speicherung dienenden Grundorgan unterscheidet man dabei zwischen Achsenbulbillen *(Polygonum)*, Blattbulbillen bzw. Brutzwiebeln *(Dentaria, Lilium, Saxifraga)* oder Wurzelbulbillen (Scharbockskraut, *Ficaria verna, Ranunculaceae*).

Bei zahlreichen Algen und Pilzen erfolgt die vegetative Vermehrung in großem Umfang durch die Ausbildung einzelliger (selten auch mehrzelliger) Sporen. Entstehen diese **endogen**, also im Innern einer Mutterzelle (**Sporangium**), so heißen sie **Endosporen**. Zumeist kommt es im Sporangium (Ausnahme z. B. bei den Flagellaten, s. oben) zunächst zu einer Vermehrung der Kernzahl, auf welche dann erst die Plasmotomie in soviel Portionen folgt, wie Kerne vorhanden sind (Cytogonie = simultane Vielfachteilung; s. *Chlorococcales*). Die Endosporen entwickeln sich als 1. **Zoosporen**, d. h. nackte durch Geißeln bewegliche Schwärmsporen (**Planosporen**), 2. nackte, unbewegliche, sich erst später mit einer Wand umgebende **Aplanosporen** oder 3. unbewegliche **Autosporen**, die sich bereits innerhalb der Mutterzelle mit einer Zellwand umgeben und die Form der später sich nur noch vergrößernden, trophischen Zelle an-

nehmen. Die Verbreitung der beiden ersten Formen kann nur im Wasser (hydrochor) erfolgen, bei der letzteren auch durch den Wind (anemochor) oder durch Tiere (zoochor). Werden die Sporen dagegen **exogen** von der Mutterzelle nach außen abgegliedert, so werden sie **Konidien** (**Exosporen**) genannt. Sie sind stets unbeweglich, ihre Verbreitung erfolgt anemochor oder auch zoochor. Die Keimung kann mit einem Keimschlauch erfolgen, oder sie findet (sofern die Konidie ein zur Exospore reduziertes Sporangium darstellt, so wie bei den *Peronosporales*) unter Vermittlung von Zoosporen statt.
Diese der vegetativen Vermehrung dienenden Sporen sind stets auf mitotischem Wege entstanden, sind also **Mitosporen**, die als Haplo-Mitosporen mit dem einfachen oder Diplo-Mitosporen mit dem doppelten Chromosomensatz ausgestattet sein können, je nachdem ob sie von einem Haplonten oder Diplonten abgegeben werden. Nicht als Form einer vegetativen Vermehrung sind solche Sporen aufzufassen, die durch **Reduktionsteilung** (Meiose) entstehen und somit den Sexualzyklus abschließen (**Meiosporen**).
Bei der vegetativen Vermehrung sind alle abgetrennten Keime, und damit alle hieraus sich entwickelnden neuen Pflanzen, erbgleich mit der Mutterzelle oder -pflanze. Die **geschlechtliche oder sexuelle Fortpflanzung** dagegen ist charakterisiert durch die Verschmelzung zweier haploider Geschlechtszellen oder **Gameten** (Syngamie) zur diploiden **Zygote**, von der die Tochtergeneration ihren Ausgang nimmt. Die Verschmelzung der beiden Gametenkerne zum diploiden Zygotenkern ist der eine wichtige Teilprozeß der sexuellen Fortpflanzung, der zweite, sie beendende Teilprozeß ist die Meiose, durch die der diploide Chromosomensatz wieder auf die einfache haploide Zahl reduziert wird. Hierbei wird das von beiden Eltern in Form von Gametenkernen eingebrachte, genetisch verschiedene Ergbut durch Genom-, oft auch durch Chromosomenumbau neu zusammengestellt. Infolge der zahlreichen hierbei möglichen Kombinationen der genetischen Information pflegen sich alle sexuell erzeugten Nachkommen eines Elternpaares sowohl von diesen als auch untereinander zu unterscheiden. Hierin ist ein bedeutender Vorteil für den Fortgang der stammesgeschichtlichen Evolution zu sehen, während die vegetative Vermehrung nur für die Erhöhung der Individuenzahl in einer genetisch einheitlichen Population (Klon) sorgt (vgl. Seite 49). Die bei der Reduktionsteilung entstehenden 4 Gonen oder Meiosporen sind wiederum haploid. Ein Sexualvorgang kann erneut stattfinden. Da bei der Meiose nicht immer alle 4 Gonenkerne erhalten bleiben, mitunter bis zu 3 degenerieren, ist der Vorgang der sexuellen Fortpflanzung *(s. Spirogyra)* nicht immer mit einer Vermehrung der Individuenzahl verbunden!
Bei Einzellern wandelt sich die trophische Zelle selbst zum Gameten (Hologamie = Verschmelzung zweier derartiger Zellen) oder wird dadurch zum Gametangium, daß in ihr durch Teilungen mehrere Ge-

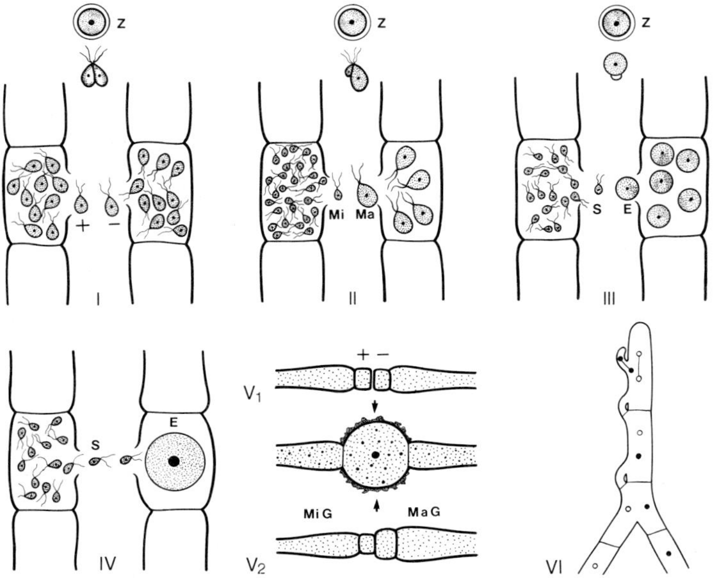

Abb. 9. Verschiedene Formen der geschlechtlichen Fortpflanzung (schematisiert). I Isogamie, II Anisogamie, III Oogamie, IV Oogoniogamie, V_1 Iso-, V_2 Aniso-Gametangiogamie, VI Somatogamie, ± Paarungstyp, Mi Mikrogameten, Ma Makrogameten, S Spermatozoide, E Ei, MiG Mikro-, MaG Makrogametangium, Z Zygote. (Nach NULTSCH und ESSER, verändert.)

schlechtszellen entstehen (Merogamie). Nach Freiwerden der Gameten bleibt die Mutterzellwand (Gametangienwand) als leere Hülle zurück. Bei Vielzellern entstehen die Gameten in speziellen Zellen oder Zellgruppen, den **Gametangien** oder Gametangienständen (mitunter einzeln in jedem Gametangium). Die Gameten sind bei vielen Algen und Pilzen auf der primitivsten Stufe der Sexualität trotz verschiedener Sexualpotenz gleichgestaltet, d. h. in beiden Geschlechtern haben die gleich großen, nackten, meist begeißelten Gameten gleiches Aussehen (Isogameten), der Befruchtungsvorgang wird als **Isogamie** (Abb. 9 I) bezeichnet. Bei den ±Kreuzungstypen, die sich in ihrem Paarungsverhalten unterscheiden, werden die Donatoren als +Gameten von den Rezeptoren, den −Gameten unterschieden. **Eine Befruchtung** innerhalb des gleichen Kreuzungstyps wird durch sexuelle **Unverträglichkeit** (Inkompatibilität) verhindert. Bei den niedersten Formen ist auch eine Unterscheidung der Gameten von Zoosporen (Haplo-Mitozoosporen) infolge der Ähnlichkeit kaum möglich. Bei manchen Arten sind die

Schwärmer wohl auch noch gar nicht eindeutig als Zoosporen oder Gameten determiniert. Sie können sich fakultativ wie Zoosporen oder Gameten verhalten, z. B. zunächst als +Gamet, dann (langsamer beweglich) als −Gamet, und schließlich sich als Zoospore festsetzen und zum Trophophyten auswachsen (fakultative Sexualität z. B. bei niederen Pilzen oder Grünalgen). Bei den Conjugaten und pennaten Diatomeen sind die Isogameten unbegeißelt. Da der eine durch aktive amöboide Bewegung den in Ruhe verharrenden anderen aufsucht, werden sie hier als Wander- und Ruhegamet bezeichnet. Auf der nächsten Stufe sexueller Entwicklung sind die verschiedengeschlechtlichen Gameten ungleich groß (Anisogameten, der Befruchtungsvorgang **Anisogamie**, Abb. 9 II). Die Geschlechtsbestimmung erfolgt dabei unter Einwirkung von Außenfaktoren, d. h. modifikatorisch, oder sie wird bereits bei der Meiose genetisch fixiert (genotypische Geschlechtsbestimmung, so bei den meisten höheren Pflanzen). Die größeren Makrogameten werden jetzt als weiblich, die kleineren Mikrogameten als männlich bezeichnet. Hierbei kann der Makrogamet nach anfänglicher Beweglichkeit diese bald verlieren. Dies leitet zur höchsten Form sexueller Entwicklung über, der **Oogamie** (Abb. 9 III). Der Makrogamet, als **Eizelle** bezeichnet, bleibt stets unbeweglich und wird von den Mikrogameten, jetzt **Spermatozoide** genannt, aktiv aufgesucht. Das weibl. Gametangium wird dann **Oogonium**, das männl. **Antheridium** genannt. Die Befruchtung kann bei den höchst entwickelten Formen im Oogon selbst erfolgen (**Oogoniogamie** Abb. 9 IV). Bei den Rotalgen sind auch die Mikrogameten unbeweglich (Spermatien). Die Gametangien der Moose und Farne sind in Anpassung an das Landleben von einer Hülle aus sterilen Zellen umgeben. – Bei den *Zygomycetes* kommt es in den Gametangien nicht mehr zur Ausbildung von Gameten, sondern die ganzen vielkernigen Gametangien verschmelzen bzw. fusionieren miteinander (**Gametangiogamie**). Auch hier läßt sich zwischen Iso- und Anisogametangiogamie unterscheiden (Abb. 9 V_1, V_2). Noch extremer ist die Reduktion im Fall der **Somatogamie** (Abb. 9 VI), wie sie für die Basidiomyceten charakteristisch ist. Hier werden überhaupt keine Gametangien mehr ausgebildet, sondern trophische Zellen verschmelzen miteinander, vorausgesetzt, daß sie sich in ihrem Paarungsverhalten unterscheiden (Anlockung der beweglichen Partner chemotaktisch, bei Pilzmyzelien mitunter chemotrop durch Aufeinanderzuwachsen).

Die Zygote, das Verschmelzungsprodukt der beiden verschiedengeschlechtigen Gameten, kann bei primitiven Algen und Pilzen nackt und begeißelt sein (**Planozygote**), meist ist sie jedoch unbeweglich (**Aplanozygote**, Abb. 9 III). Nach Gametangiogamie entsteht eine Coeno-Zygote (Abb. 9 V) mit zahlreichen diploiden Kernen, mitunter kommt es aber auch hier lediglich zur Verschmelzung nur eines Kernpaares. Bei den meisten Ascomyceten und besonders den Basidiomyceten wird die Kernverschmelzung nach dem Sexualvorgang durch eine **Paarkern-**

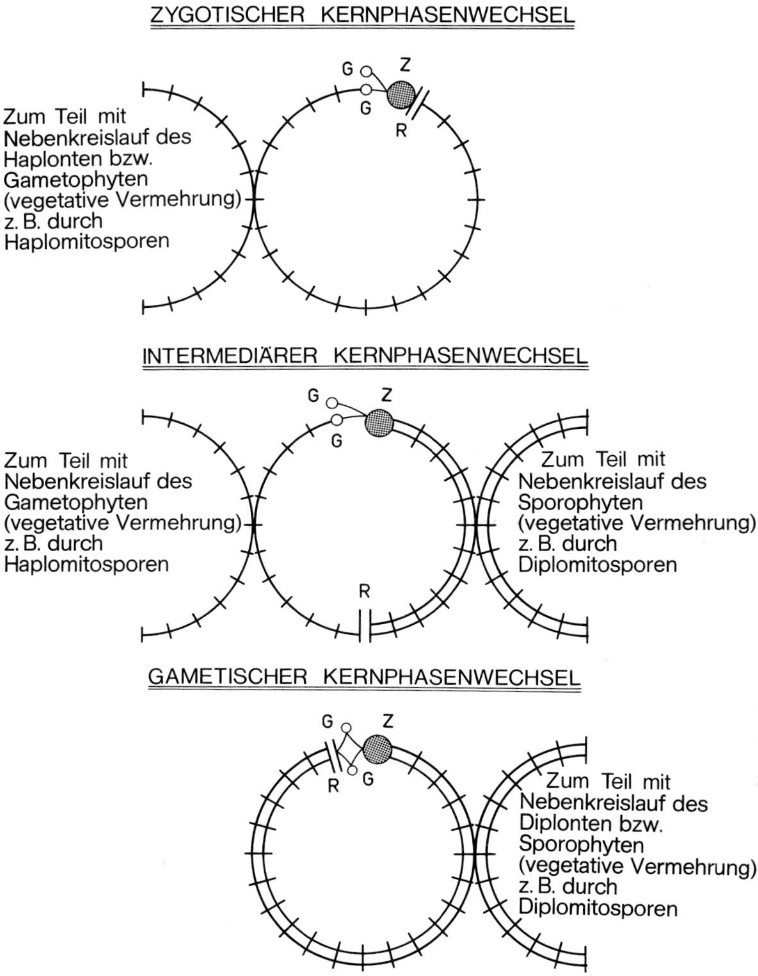

Abb. 10. Formen des Kernphasenwechsels. Einfache Kreislinie = haploide Phase (Gametophyt), doppelte Kreislinie = diploide Phase (Sporophyt), G Gameten, Z Zygote, R Reduktionsteilung.

Abb. 11. Formen des Generationswechsels bei Algen. Gametophyt hell, Sporophyt schraffiert.

HETEROPHASISCHER GENERATIONSWECHSEL

Extrem heteromorpher Generationswechsel (mit Überwiegen des Gametophyten) = Zygotischer Kernphasenwechsel		z. B. *Dinophyta*, *Xanthophyceae*, *Draparnaldia*, *Coleochaete*, *Oedogoniales*, *Chrysophyceae*, *Volvocales*, *Chlorococcales*, *Conjugatophyceae*, *Charophyceae*
Heteromorpher Generationswechsel (mit Überwiegen des Gametophyten)	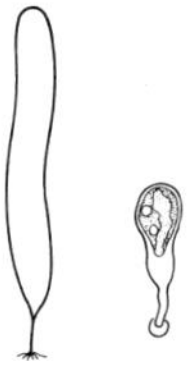	z. B. *Monostroma* *(Codiolum)* *Stigeoclonium* *Urospora, Ulothrix* *(Codiolum)* *Spongomorpha* *(Codiolum)*
Isomorpher Generationswechsel (Gametophyt und Sporophyt gleichgestaltet)	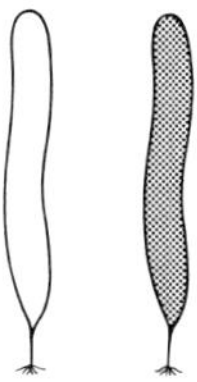	z. B. *Ulvaceae* *Cladophora* *Ectocarpales* *Sphacelariales* *Dictyotales* Meiste *Rhodophyceae* (nur Tetrasporophyt dem Gametophyt gleichend) (Ausnahmen besonders bei *Bangiales*, *Nemalionales)*
Heteromorpher Generationswechsel (mit Überwiegen des Sporophyten)	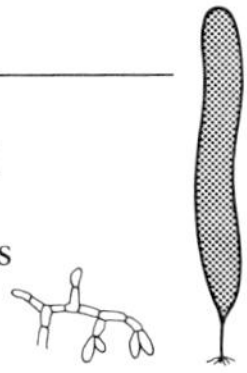	z. B. *Vaucheria* *Derbesia (Halicystis)* *Chordariales* *Sporochnales* *Desmarestiales* *Laminariales*
Extrem heteromorpher Generationswechsel (mit Überwiegen des Sporophyten) = Gametischer Kernphasenwechsel		z. B. *Vaucheria* *Caulerpa* *Codium, Valonia* *Bacillariophyceae* *Fucales*

phase (Abb. 9 VI) verzögert. Es tritt zunächst nur Plasmogamie ein. Häufig bildet sich bald nach der Befruchtung um die Zygote eine derbe, mehrschichtige Wand. So können ungünstige Umweltbedingungen (Austrocknung und Kälte) überstanden werden (**Cystozygote**, Abb. 9 I–III). Die Zygote entwickelt sich meist erst nach einer Ruhepause weiter (**Hypnozygote**, Ausnahme: Meeresalgen mit ihren gleichbleibenden Umweltbedingungen). Dabei sind verschiedene Möglichkeiten gegeben (s. Abb. 10 und Abb. 11). Die Zygote kann zum Sporangium (Meiosporangium) werden und nach Reduktionsteilung 4 Meiosporen (oder ein Vielfaches dieser Zahl, Polymeiosporen) entlassen. Die Meiosporen (Zoo- oder Aplanosporen) entwickeln sich nach Festsetzen zu haploiden Trophophyten (Gametophyten), die sich neben vegetativer Vermehrung erneut sexuell durch Gameten fortpflanzen können. Die Zygote ist in diesem Entwicklungsgang, einem extrem heteromorphen Generationswechsel (Abb. 11), die einzige diploide Zelle (**zygotischer Kernphasenwechsel**). Der gleiche Fall liegt vor, wenn nach der Meiose 3 Kerne degenerieren und die Zygote direkt zum haploiden Gametophyten auswächst. Die Zygote kann sich jedoch ohne Reduktionsteilung zu einem jetzt diploiden Trophonten, dem Sporophyten, weiterentwikkeln. Hierdurch wird die Meiose hinausgezögert. Nach einer vegetativen Phase (vegetative Vermehrung kann z. B. durch Diplo-Mitosporen erfolgen) treten dann in den zahlreichen Meiosporangien des Sporophyten viele Reduktionsteilungen auf. Die Rekombinationsmöglichkeiten auf Grund eines Sexualvorganges sind daher durch Ausbildung eines Sporophyten im Entwicklungszyklus gegenüber dem zygotischen Kernphasenwechsel um ein Vielfaches vermehrt. Dieser Faktor hat sicherlich zur Entstehung der Formenmannigfaltigkeit bei den höheren Pflanzen beigetragen. Aus den Meiosporen entwickeln sich haploide Trophonten (Gametophyten), die sich vegetativ, z. B. durch Haplomitosporen, vermehren können. Durch diese vegetative Vermehrungsmöglichkeit wird gleichzeitig jede Generation in ihrem Fortbestand von der anderen unabhängig.

Für den Lebenszyklus der meisten höher stehenden Pflanzen ist ein **Generationswechsel** zwischen Gametophyt und Sporophyt charakteristisch, der mit einem Kernphasenwechsel verbunden ist (heterophasischer oder antithetischer Generationswechsel). Man kann demnach in der Ontogenie zwei Abschnitte unterscheiden. Der eine reicht von der keimenden Meiospore bis zur Gametenbildung, der andere dann von der Zygote bis zur Entwicklung der Meiosporen im Meiosporangium. Die beiden Generationen können hierbei gleich gestaltet sein (isomorpher Generationswechsel) oder aber auf verschiedener Entwicklungsstufe stehen (heteromorpher Generationswechsel). Es läßt sich die allgemeine Regel ableiten, daß ein Organismus als um so fortgeschrittener angesehen werden muß, je größer und differenzierter der Sporophyt dem Gametophyten gegenüber ausgebildet ist. Bei zahlreichen *Rhodo-*

phyceae ist eine weitere, meist diploide Generation, der Karposporophyt, der dem Gametophyten aufsitzt, in den Entwicklungsgang eingeschaltet (dreigliedriger Generationswechsel). Das andere Extrem gegenüber dem zygotischen Kernphasenwechsel ist der **gametische Kernphasenwechsel**. Der hoch entwickelte Sporophyt liefert unmittelbar die Gameten, die somit aus einer Reduktionsteilung hervorgehen (Meiogameten). Damit ist hier der Gametophyt auf die Gameten reduziert. Vegetative Vermehrung z. B. durch Diplomitosporen ist möglich. Die Meiosporen, die als bewegliche Zoosporen (Planomeiosporen) oder unbewegliche Aplanosporen (z. B. Tetrasporen der Rhodophyceen) zumeist zu viert im Meiosporangium entstehen, weisen große Ähnlichkeit mit den vegetativ gebildeten Sporen auf. Eine Unterscheidung ist meist nur durch cytologische Untersuchung möglich. Bei den heterosporen Farnen bilden sich in den großen Makrosporangien (Megasporangien) große Makro-(Meio-)sporen, in den Mikrosporangien die kleineren Mikro-(Meio-)sporen. Bei den Spermatophyten degenerieren in der Regel 3 der 4 Makro-(Meio-)sporen. Das Megasporangium, der Nucellus, enthält dann nur eine einzige große Meiospore (Embryosackzelle).

Die Systematik der Angiospermae

A Bauplan und Fortpflanzungsweise der Angiospermae

1 Vegetative Merkmale

Bei den *Angiospermae* haben wir es mit Samenpflanzen *(Spermatophyta)* zu tun. Für ihren Bauplan gelten die Ausführungen über die Organisation der Kormophyten (Seite 47 ff.). Zugleich stellen die *Angiospermae* die höchstentwickelte Gruppe des Pflanzenreiches dar. Als solche dürfen sie schon deshalb gelten, weil die Organe der sexuellen Fortpflanzung bei ihnen in **Blüten** zusammengefaßt sind, die sehr komplizierte Strukturen aufweisen und im typischen Falle mit einer sehr auffälligen Blütenhülle ausgestattet sind. Eben diese Auffälligkeit ihrer Blüten hat den Angiospermen den Namen **Blütenpflanzen** eingetragen.
Aber auch im Bau des Vegetationskörpers haben die Angiospermen den höchsten Grad der gestaltlichen und anatomischen Differenzierung erreicht. Dadurch, daß die Gestalt der Grundorgane Sproßachse, Blatt und Wurzel hier nach dem Prinzip der variablen Proportionen in erstaunlich vielfältiger Weise abgewandelt wird, ergibt sich die große Mannigfaltigkeit der Erscheinungsformen, die uns gerade bei den Vertretern dieser Pflanzengruppe entgegentritt. Bei der Charakterisierung der einzelnen Verwandtschaftskreise müssen wir daher außer den sogenannten **Blütenmerkmalen** auch den **Bau der vegetativen Region** sorgfältig registrieren. Dieser steht natürlich in engem Zusammenhang mit der **Lebensweise** der einzelnen Pflanzensippen, und viele Eigenschaften erklären sich aus der Anpassung an verschiedene Lebensweisen und Umweltfaktoren. Aber auch solche **„adaptiven" Merkmale** können in vielen Fällen als Verwandtschaftskriterien gelten.
Vor allem haben wir zwischen einjährigen (annuellen) und mehrjährigen (perennierenden) **krautigen Gewächsen** einerseits und **Holzgewächsen** – Bäumen und Sträuchern – andererseits zu unterscheiden, zwischen denen noch die sog. **Halbsträucher** vermitteln, bei denen nur die basalen Achsenteile holzige Beschaffenheit erlangen. Zahlreiche Baueigentümlichkeiten zeigen die Lebensformen der Schling- oder Kletterpflanzen (Lianen), der Epiphyten, der untergetauchten oder schwimmenden Wasserpflanzen, der xeromorphen Hartlaub- und Rutengewächse, der Sukkulenten (Blatt-, Stamm-, Wurzelsukkulenten) oder gar der Parasiten. Namentlich bei perennierenden Kräutern ist zu berücksichtigen, in welcher Weise sie ungünstige Jahreszeiten (Winter, Trok-

kenperioden) zu überdauern vermögen. Bei den **Geophyten** geschieht dies mit Hilfe unterirdischer, Reservestoffe speichernder mehr oder minder verlängerter Sproßachsen (Rhizome), stark verdickter Sproß- oder Wurzelknollen oder Zwiebeln. In allen diesen Fällen bleiben die Erneuerungsknospen geschützt unter der Erdoberfläche verborgen (Kryptophyten), während sie sich bei den Hemikryptophyten an der Basis der am Ende der Vegetationsperiode absterbenden Triebe, also etwa an der Bodenoberfläche befinden, so bei den Stauden oder bei den mit verdickten Hauptwurzeln ausgestatteten Rübenpflanzen. Schließlich sei noch auf die Polsterpflanzen und auf die mit derben (überwinternden) Laubblätter versehenen „immergrünen" Gewächse hingewiesen.
Unter den krautigen Pflanzen sind als besondere Wuchsformen noch die Rosettenpflanzen und Halbrosettenpflanzen zu erwähnen. Bei den **Rosettenpflanzen** bleiben zumindest in dem gesamten Laubblätter tragenden Bereich der Achse alle Internodien so kurz, daß die Blattorgane dicht übereinander zu stehen kommen und eine Rosette bilden, über welche allenfalls die endständigen oder achselständigen Blüten oder Blütenstände durch ein verlängertes Internodium (Schaft) emporgehoben werden (z. B. Löwenzahn). Bei den **Halbrosettenpflanzen** hingegen folgt auf die Laubrosette später ein verlängerter mit Stengelblättern besetzter Achsenabschnitt, der schließlich in einer Blüte oder einem Blütenstand endet (Fingerhut).

Im Gegensatz zu den **Adaptions- oder Anpassungsmerkmalen** ist bei den sog. **konstitutiven** oder **Organisationsmerkmalen** ein Zusammenhang mit der Anpassung nicht ohne weiteres erkennbar. Zu den konstitutiven Merkmalen gehören im vegetativen Bereich vor allem die Blattstellung, mit gewissen Einschränkungen aber auch Merkmale der Blattform und der Verzweigung.

Die unterschiedliche Ausbildung der **Verzweigung** wirkt sich besonders deutlich in der Verschiedenheit zwischen **Bäumen** und **Sträuchern** – Förderung der distalen (Akrotonie) oder der proximalen, basisnahen Äste (Basitonie) – aus, sie bestimmt aber auch maßgeblich die Gestalt der Polsterpflanzen; noch mehr gilt das für die Gestalt der Blütenstände (Seite 62ff.). Nicht selten findet man eine Spezialisierung des Verzweigungssystems in **Lang- und Kurztriebe**, von denen oft nur die Kurztriebe zur Blütenbildung befähigt sind (z. B. bei unseren Obstbäumen). Infolge der für die Spermatophyten typischen axillären Verzweigungsweise, ist die Verzweigung auch von der **Blattstellung** abhängig. Bei dieser haben wir vor allem folgende Formen zu unterscheiden: Stehen an einem Knoten zwei oder mehr Blattorgane, so spricht man von **wirteliger** Blattstellung. Der häufigste Fall ist dabei, daß zwei Blätter einander genau gegenüberstehen, wobei dann die aufeinanderfolgenden Wirtel zueinander gekreuzt sind: kreuzgegenständige oder dekussierte Blattstellung (Dekussation). Die Blätter stehen dann an der Sproßachse in vier Längszeilen.

Bei der für die meisten Monokotyledonen typischen **distichen** Blattstellung (Distichie) sind hingegen nur zwei einander gegenüberstehende Blattzeilen ausgebildet, wobei an jedem Knoten nur ein Blatt steht. Letzteres trifft auch für die **zerstreute** (**schraubige**) Blattstellung (Dispersion) zu, doch sind die Blätter hier nicht in zwei Längszeilen angeordnet, sondern allseitig um die Stengel verteilt, jedoch insofern gleichmäßig, als die aufeinander folgenden Blattorgane jeweils einen konstanten Winkel – etwa $1/3$, $2/5$, $3/8$ des Kreisumfangs – einschließen (Äquidistanzregel). Man spricht daher auch von $1/3$-, $2/5$-, $3/8$-Stellung usw.

Das typische Laubblatt weist bekanntlich eine Gliederung in **Spreite, Blattstiel** und **Blattgrund** auf (Abb. 12 I). In der Entwicklung des Blattes gehen dabei die Spreite und meist auch der Blattstiel aus dem als „Oberblatt" bezeichneten distalen Abschnitt der Blattanlage hervor, während sich der Blattgrund aus dem „Unterblatt" entwickelt. Häufig stellt er nur eine gegenüber dem Blattstiel etwas erweitere Ansatzzone des Blattes dar. Er kann aber auch zu einer **Blattscheide** gestreckt sein, wie man sie besonders ausgeprägt bei den Doldenblütlern oder bei vielen Monokotyledonen (Gräser! Abb. 48 I) findet. In vielen Fällen wachsen seine Ränder zu basalen Blattanhängen, den **Nebenblättern** oder **Stipeln** aus. Da die Ausgliederung dieser beiderseits am Blattansatz stehenden Organe sehr frühzeitig vor sich geht, ist ihr Auftreten oft innerhalb größerer Verwandtschaftskreise konstant und kann demgemäß als ein wichtiges Merkmal gewertet werden. Die Stipeln können laubig entwickelt sein (Neben„blätter"), aber auch als Drüsen, Stipulardornen (Robinie) oder als Knospenschuppen dienen (z. B. bei der Rotbuche). Nicht selten ist ihre Ausbildung mit einer Streckung des Blattgrundes verbunden, so z. B. bei den Rosen, wo man sie auch als „adnate" Stipeln bezeichnet, in

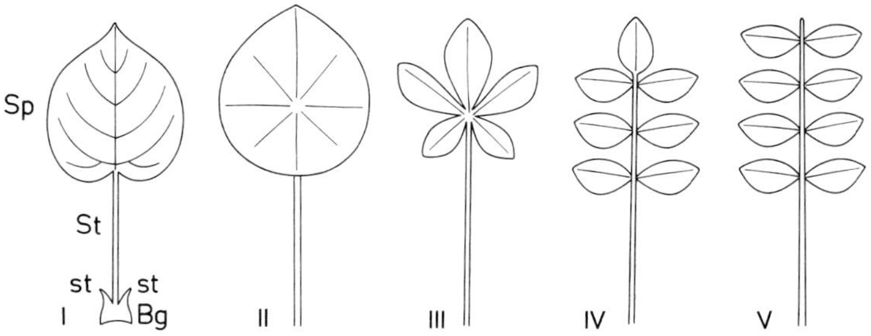

Abb. 12. Laubblattformen. I Gliederung eines Laubblattes in Blattgrund (Bg) mit Stipeln (st), Blattstiel (St) und Spreite (Sp) II Schildblatt. III–V Fiederblätter, III gefingertes Blatt, IV, V pinnate Blätter, IV unpaarig gefiedert, V paarig gefiedert.

der falschen Interpretation, daß sie dem Blattstiel „angewachsen" seien. Von den Stipeln streng zu unterscheiden sind die durch nachträgliche laubige Erweiterung des Blattgrundes entstehenden **Öhrchen**, wie man sie bei nicht wenigen Compositen antrifft, oder Stipeln vortäuschende Spreitensegmente (Pseudostipeln).
Für die Unterscheidung der Blattformen ist sehr wesentlich, ob die Blattspreite einfach und ungeteilt bleibt (wie bei den **ungeteilten** Blättern) oder ob die anfänglich einheitliche Spreitenanlage im Verlaufe der Blattentwicklung segmentiert wird: **Fiederblätter** (**geteilte** Blätter). Verlängert sich dabei die Ansatzzone der Fiedern zu einer Blattspindel (Rhachis), so entstehen **pinnate** Fiederblätter, die **unpaarig** (mit wohlausgebildeter Endfieder) oder **paarig** (bei Verkrümmung der Endfieder) gefiedert sein können. Bleibt die Ansatzzone kurz, entstehen **gefingerte** (digitate) Fiederblätter, wird sie außerdem noch verbreitert, **fußförmige** (pedate) Fiederblätter.
Weitere wichtige Blattformen ergeben sich durch die Ausbildung **schildförmiger** (peltater) Spreiten, die man rein beschreibend mit dem Hinweis kennzeichnen kann, daß der Blattstiel – wie bei der Kapuzinerkresse *(Tropaeolum)* – auf der Rückseite der Spreitenfläche ansitzt. Die Spreite kann geteilt oder ungeteilt sein. Bleibt beim Wachstum einer solchen ungeteilten Spreite die Ausdehnung des Randes hinter der Intensität des Flächenwachstums zurück, so resultieren tüten- oder schlauchförmige Spreiten, d. h. sog. Schlauchblätter, wie man sie bei den Kannenpflanzen *(Nepenthes)* oder bei *Sarracenia* findet.
Es mag noch erwähnt sein, daß die Bildung des Blattstieles auch unterbleiben kann, und die dann als „sitzend" bezeichneten Blätter den Stengel bisweilen mit herz- oder pfeilförmigem Grunde oder sogar völlig umfassen.
Die Mannigfaltigkeit der Laubblattformen, die sehr auffällige Merkmale für die Unterscheidung von Pflanzensippen liefert, ist damit bei weitem noch nicht erschöpft. Man denke nur an die unterschiedliche Ausbildung des Blattrandes, die Textur oder an die Umwandlung einzelner Fiedern zu Ranken usw. Wir können diese Merkmale hier jedoch ebensowenig im einzelnen erörtern wie die zur Beschreibung anderer Eigenschaften (z. B. der Behaarungstypen) erforderliche phytographische Terminologie. Ausführliche Darstellungen findet man in verschiedenen Florenwerken (z. B. SCHMEIL/FITSCHEN) oder auch bei LAWRENCE (1955). – Ein wichtiges Unterscheidungsmerkmal ist die Nervatur (Venation) der Blätter, also der Verlauf der stärker hervortretenden Leitbündel in der Blattspreite. Während man bei den Blättern der Monokotyledonen fast ausschließlich parallel oder im Bogen verlaufende, mehr oder minder gleich starke Nerven vorfindet (**parallelnervige Blätter**, Abb. 43 III), ist die Nervatur der Dikotyledonen durch das Vorherrschen eines Mittelnervs gekennzeichnet, von dem in fiederiger Anordnung Seitennerven abzweigen: **fiedernervige Blätter** (Abb. 12 I). Gegen-

über den Blättern der Pteridophyten und mancher Nadelhölzer, bei denen die einzelnen Nerven meist blind zum Blattrand hin auslaufen (offene Nervatur, Abb. 117 VII), ist zumindest für die Laubblätter der Spermatophyten charakteristisch, daß die Enden der Nerven am Blattrand miteinander in Verbindung treten und so ein geschlossenes Maschenwerk bilden (geschlossene Nervatur, Abb. 3).
Vielfach gehen den Laubblättern an der Sproßachse stark vereinfachte – oft schuppenförmige – Blattorgane voraus, so vor allem auch in Gestalt der Knospenschuppen. Die Formen dieser **Niederblätter** erweisen sich gewöhnlich als Hemmungsformen der Laubblätter. Entsprechendes gilt für die Abwandlung der Laubblattform beim Übergang in die blühende Region der Pflanze. Im Unterschied zu den Niederblättern spricht man bei diesen, über den Laubblättern stehenden Blattorganen jedoch von **Hochblättern.**
Hinsichtlich der Struktur und Anordnungsweise der Leitbündel und der **sekundären Verdickung** des Achsenkörpers verhalten sich die beiden Angiospermenklassen verschieden: bei den **Dikotyledonen** sind die offenen Leitbündel auf dem Achsenquerschnitt gewöhnlich ringförmig angeordnet, durch die Tätigkeit eines geschlossenen, aus faszikulärem und interfaszikulärem Kambium bestehenden Meristemmantels wird ein sekundäres Dickenwachstum ermöglicht; da den geschlossenen Leitbündeln der **Monokotyledonen** jedoch das Kambium fehlt, findet keine derartige Sekundärverdickung statt, wohl aber ist das primäre Dickenwachstum oft gesteigert; die Leitbündel sind auf dem Stengelquerschnitt regellos zerstreut (vgl. Abb. 43 V).

2 Blütenstände

Die Formen der blütentragenden Verzweigungssysteme und die Stellung dieser **Blütenstände** (**Infloreszenzen**) im Gesamtaufbau einer Pflanze bestimmen das Erscheinungsbild der Angiospermen in hohem Maße. Zugleich stellen diese Eigenschaften aber auch wichtige Verwandtschaftskriterien dar, jedoch nur wenn die vergleichbaren Strukturelemente bekannt sind, auf die man sich bei der Bearbeitung einer Pflanzengruppe beziehen kann. Da dies immer eine vergleichende Untersuchung des Gesamtaufbaues voraussetzt, begnügt man sich vielfach mit einer rein beschreibenden Erfassung der Blütenstandsform. An erster Stelle berücksichtigt man dabei gewöhnlich die oft sehr charakteristische Verzweigungsweise. Die Art der Beblätterung des blütentragenden Bereiches tritt gegenüber der Verzweigung als Kriterium weit zurück. Zwar sind die Deckblätter innerhalb der Blütenstände vielfach klein und oft hochblattartig (**Brakteen**), doch ist dies keineswegs immer der Fall, und oft sind bei nahe miteinander verwandten Pflanzen alle Übergänge zwischen laubiger (frondoser) und brakteoser Beblätterung zu beobachten.

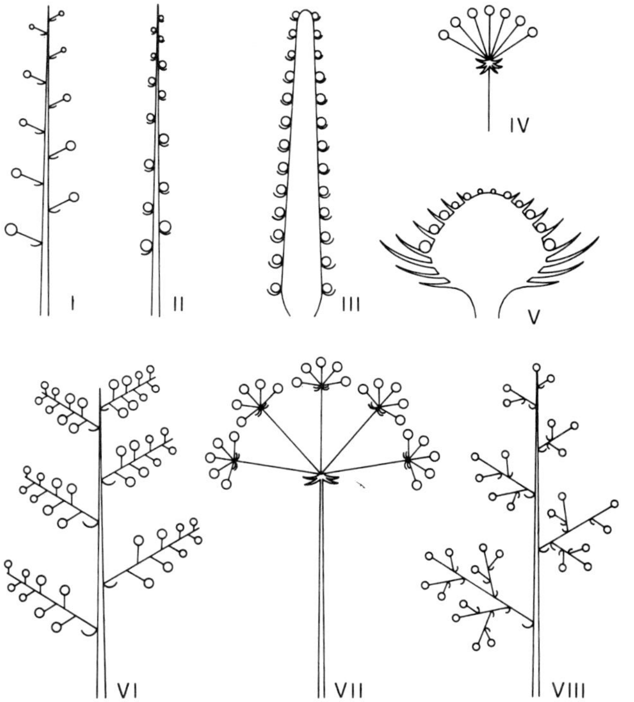

Abb. 13. Verzweigung bei Blütenständen. I–V einfache Infloreszenzen, I Traube, II Ähre, III Kolben, IV Dolde, V Köpfchen. VI–VIII zusammengesetzte Infloreszenzen, VI Doppeltraube, VII Doppeldolde, VIII Rispe (nach TROLL verändert aus LORENZEN).

Hinsichtlich der **Verzweigungsformen** hat man in folgender Weise zwischen einfachen und zusammengesetzten Infloreszenzen zu unterscheiden (Abb. 13):

Einfache Infloreszenzen: Traube, Ähre, Kolben, Dolde, Köpfchen.

Zusammengesetzte Infloreszenzen: Doppeltraube, Doppelähre, Doppeldolde, Rispe, Thyrsus.

Zur Kennzeichnung dieser Verzweigungsformen sei noch folgendes hinzugefügt: Von der **Traube** (Botrys, Abb. 13 I) unterscheidet sich die **Ähre** (Spica, II) durch die ungestielt in den Achseln der Brakteen sitzen-

den Blüten, die **Dolde** (Umbella, IV) durch die Stauchung der Blütenstandsachse, die dadurch kompensiert wird, daß die Stiele der von einem Ansatzpunkt ausstrahlenden Blüten stark verlängert sind. Bei dem der Ähre ähnlichen **Kolben** (Spadix, Abb. 13 III) ist die Infloreszenzachse stark verdickt, beim **Köpfchen** (Capitulum, V) ist sie zugleich auch mehr oder minder verkürzt und trägt an ihrer Basis oft eine Hülle (Involucrum) aus rosettig angeordneten Brakteen (Involucralblättern, die nicht mit den Deckblättern der Blüten innerhalb des Köpfchens zu verwechseln sind!)
Ersetzt man bei diesen einfachen Infloreszenzen Traube, Ähre, Dolde die einzelnen Blüten durch ganze Blütenstände, so erhält man von den Formen der zusammengesetzten Infloreszenzen die **Doppeltraube** (Abb. 13 VI), die **Doppelähre** und die **Doppeldolde** (VII). Die **Rispe** (Panicula, VIII) ist dadurch gekennzeichnet, daß ihre Infloreszenzachse mit einer Terminalblüte abschließt, ebenso auch alle Seitenachsen, deren Verzweigungsgrad von der obersten, unter der Terminalblüte stehenden Einzelblüte abwärts ständig zunimmt, so daß der ganze Blütenstand wenigstens primär einen kegelförmigen Umriß hat. Dieser kann allerdings dadurch abgewandelt werden, daß alle Blüten infolge entsprechender Verlängerung der Seitenachsen in die gleiche Ebene einrükken (Ebenstrauß, Corymbus), ja durch eine starke Förderung der untersten und äußersten Blütenstandsäste kann die Rispe sogar völlig „umgestülpt" werden (z. B. beim Mädesüß, *Filipendula*), was auch in der Bezeichnung eines solchen Blütenstandes als **Spirre** (Anagramm von riSpe) zum Ausdruck kommt (lat. Anthela). (Als in ihrer Verzweigung verarmte Rispen sind die mit Terminalblüten ausgestatteten sog. Trauben aufzufassen, die demnach besser als Botryoide bezeichnet werden.)
Das **Thyrsoid** (Abb. 14 III) ist gegenüber der Rispe als „Blütenstand mit cymös verzweigten Teilblütenständen" definiert. Dasselbe gilt für den nicht mit einer Terminalblüte abschließenden **Thyrsus** (Abb. 14 III). Unter **cymöser Verzweigung** hat man dabei eine alleinige Verzweigung aus den Achseln der **Vorblätter*** zu verstehen, die als einzige Blattorgane unterhalb der Blüte ausgegliedert werden und bei den Dikotyledonen (auch manchen Monokotyledonen) gewöhnlich in Zweizahl und

---

* Die Beblätterung der Seitensprosse beginnt sehr häufig mit ein oder zwei durch Form und Stellung gegenüber den anderen Blättern ausgezeichneten Blattorganen, den **Vorblättern**.
Sofern es sich – wie bei den meisten Dikotylen – zum zwei Vorblätter handelt, finden sich diese gewöhnlich in transversaler Stellung, d. h. seitlich von der durch die Symmetrieebene des Tragblattes gegebenen, zugleich die Längsachsen des Haupt- und Seitensprosses in sich aufnehmenden Medianebene. Bei den Monokotylen hingegen steht das meist nur in Einzahl auftretende Vorblatt häufig nicht seitlich, sondern auf der dem Hauptsproß zugewandten Seite des Seitentriebes. Bei diesem „adossierten Vorblatt" handelt es sich oft um ein Verwachsungsprodukt aus zwei Blattorganen.

transversaler Stellung (gegen- oder wechselständig) auftreten. Erfolgt die Verzweigung stets aus den Achseln beider Vorblätter, so entsteht ein **Dichasium** (Abb. 14 IV, V), bei dem die Vorblattäste sich fortgesetzt in zwei die Mutterachse übergipfelnde Seitenäste weiterverzweigen. Statt der **dichasialen Verzweigung** ergibt sich eine **monochasiale**, wenn jeweils eine Vorblattachsel steril bleibt. Kommen dabei an den auseinander hervorgehenden Ästen abwechselnd die Anlagen in den linken und rechten Vorblattachseln zur Entwicklung, so entsteht eine **Wickel** (Cincinnus, Abb. 14 VI), ist stets nur das linke oder das rechte Vorblatt* „fertil", so resultiert eine **Schraubel** (Bostryx, Abb. 14 VII). Geschieht dies an den beiden Ästen eines anfänglich dichasial verzweigten Teilblütenstandes, so spricht man von einer **Doppelwickel** *(Labiatae!)* oder einer **Doppelschraubel.** Tritt – wie bei vielen Monokotyledonen, aber auch manchen Dikotyledonen – nur ein einziges sog. **adossiertes Vorblatt** auf, das auf der dem Deckblatt abgewandten Seite des Achselsprosses, also zwischen Abstammungsachse und Seitenachse steht, so resultiert aus einer der wickeligen entsprechenden Verzweigung die als **Fächel** (Rhipidium, z. B. bei *Iris*-Arten) bezeichnete Form eines cymösen Teilblütenstandes, dessen Achsen alle in einer Ebene angeordnet sind. Bei der z. B. bei den Binsen *(Juncus)* vorkommenden **Sichel** (Depranium) entspringen die in Blüten endenden Fortsetzungssprosse aber jeweils aus der Achsel eines zweiten, dem adossierten Vorblatt gegenüberstehenden Blattes. Die Sichel, bei der alle Achsen auf einer Seite stehen, ist somit nicht cymös verzweigt.

Oft trägt ein im Endabschnitt thyrsisch verzweigter Blütenstand in seinem unteren Teil wiederum thyrsisch verzweigte Seitenäste (Abb. 14 III), er wird dann als Doppelthyrsus (Dithrsus, bei Ausbildung einer Terminalblüte als Dithyrsoid) oder bei mehrfacher Wiederholung dieser Verzweigung als Pleiothyrsus (bzw. Pleiothyrsoid) bezeichnet. Die Kegelform des Thyrsoids kann dadurch verändert werden, daß statt der untersten Teilblütenstände die obersten besonders kräftig entwickelt und verzweigt sind, so daß sie die Terminalblüte weit übergipfeln. Bei einer Förderung mehrerer, am Ende eines Haupttriebes dicht aufeinander folgender Äste ergibt sich die als **Pleiochasium** (z. B. Wolfsmilcharten, vgl. Abb. 33 VIII) bezeichnete Blütenstandsform. Bei Förderung zweier Äste spricht man auch von einem dichasialen und bei nur einem geförderten Ast von einem monochasialen Blütenstand. Derartige Blütenstandsformen werden oft als cymöse Infloreszenzen zusammengefaßt, stellen jedoch nichts anderes dar als durch akrotone Förderung abgewandelte Thyrsoide. Für diese bei Caryophyllaceen und anderen Familien häufig vorkommende, als „Dichasium" bezeichnete Blütenstandsform empfiehlt sich daher die Bezeichnung **Cymoid.**

Dem **Bauplan** nach hat man zwischen Blütenständen des monotelen und des polytelen Typs zu unterscheiden. Beim **monotelen** Typ, für den hier als Beispiel die Rispe in Abb. 14 I gelten mag, schließen Haupt- und

* (jeweils bezogen auf die durch das zugehörige Deckblatt und die Abstammungsachse verlaufende Mediane)

Seitenachsen mit **Terminalblüten** ab. Die unterhalb der Endblüte aus der Hauptachse hervorgehenden blütentragenden Seitenachsen sind – gleich ob verzweigt oder unverzweigt – in einem solchen System sämtlich als einander gleichwertige, homologe Elemente aufzufassen. Sie werden, da sie das Verhalten des Hauptsprosses in gewisser Weise wiederholen, alle gleichermaßen als Wiederholungstriebe oder **Parakladien** (Pc) bezeichnet, entsprechend auch ihre Verzweigungen 1ter bis nter Ordnung als Pc′, Pc″ usw. Dieses System kann nach dem Prinzip der variablen Proportionen in mannigfacher Weise abgewandelt sein, so etwa durch Vermehrung oder Verringerung der Blütenzahl oder unterschiedliche Ausbildung der Internodien in den einzelnen Abschnitten, andere (z. B. thyrsoidale) Verzweigungsform, oder dadurch, daß statt des basimesotonen Förderungssinnes der Verzweigung (Abb. 14) akrotone Förderung, d. h. eine bevorzugte Entwicklung der distalen Äste herrscht. Die Vielfalt der Möglichkeiten ist damit nur angedeutet. Die nach dem **polytelen** Typ gebauten Blütenstände schließen nicht mit einer Terminalblüte ab, sondern enden in einer vielblütigen **Floreszenz** (Hauptflo-

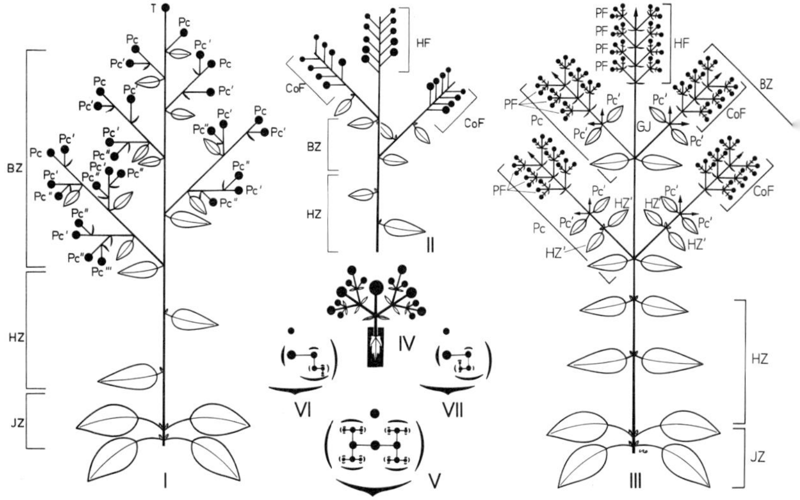

Abb. 14. Monoteler (I) und polyteler (II, III) Infloreszenzbau. I Rispe mit Terminalblüte T und Parakladien 1. bis 4. Ordnung (Pc, Pc′, Pc″, Pc‴), BZ Bereicherungszone, HZ Hemmungszone, JZ Innovationszone, II, III polytele Synfloreszenzen (Synfloreszenz: ein System von Floreszenzen) mit traubiger (II) und thyrsischer (III) Verzweigung, HF Hauptfloreszenz, CoF Cofloreszenz, PF Partialfloreszenz, GJ Grundinternodium; übrige Abkürzungen wie in I. IV–VII Formen der cymösen Verzweigung von Teilblütenständen, IV Dichasium, V Diagramm dazu, VI Wickel, VII Schraubel. (IV–VII nach Troll, verändert).

reszenz, Abb. 14, II, III HF) aus seitlichen Einzelblüten (II) oder cymösen **Partialfloreszenzen** (III, PF). Der Hauptfloreszenz gehen Seitentriebe voraus, welche das Verhalten des Hauptsprosses wiederholend gleichfalls in einer Floreszenz (Cofloreszenz, CoF) enden. Sie werden folglich wieder als *Parakladien* bezeichnet. Die polytelen Blütenstände leiten sich von den monotelen durch zwei Entwicklungsschritte ab: 1. den **Verlust der Terminalblüte** und 2. eine **Spezialisierung** ihrer Seitenachsen in solche, die jetzt als Einzelblüten oder Partialfloreszenzen Elemente einer Einheit höherer Ordnung, der Floreszenz, darstellen, und Parakladien, die selbst wieder in einer Floreszenz enden.

Der Terminalblüte monoteler, beziehungsweise der Hauptfloreszenz polyteler Blütenstände geht demnach jeweils ein Abschnitt voraus, in welchem sich Parakladien entwickeln und den Blütenstand um weitere Blüten bereichern. Unterhalb dieser sog. **Bereicherungszone** (BZ) tritt mehr oder minder unvermittelt eine Hemmung im Austreiben der Parakladien ein, so daß diese gewöhnlich im Knospenzustand verharren (**Hemmungszone**, HZ). Bei staudenförmigen Gewächsen fungieren die Knospen in den basalen Blattachseln des Hauptsprosses als Innovationsknospen, aus denen in der folgenden Vegetationsperiode die Erneuerung der oberirdischen Triebe erfolgt (**Innovationszone**, IZ). Bereicherungszone, Hemmungszone und Innovationszone bilden zusammen den sog. **Unterbau**, der somit den gesamten mehr **vegetativ** geprägten Teil des Hauptsprosses umfaßt. Eine entsprechende Gliederung läßt sich gewöhnlich an den Parakladien beobachten, wenn man vom Fehlen der Innovationszone absieht. Daß man durch die Ermittlung dieser Infloreszenzbaupläne brauchbare systematische Kriterien an die Hand bekommt, wird daran deutlich, daß die Blütenstände vieler Angiospermenfamilien einheitlich nach dem einen oder dem anderen Typ aufgebaut sind oder in selteneren Fällen die einzelnen Schritte vom primitiven monotelen zum stärker abgeleiteten polytelen Typ erkennen lassen, wie es überhaupt erst mit der Kenntnis dieser Baupläne gelingt, die verschiedenen Entwicklungslinien in die Gestaltung der Blütenstände innerhalb eines Verwandtschaftskreises aufzusteigen.

3 Der Bau der Angiospermenblüte und ihrer Organe

Die Angiospermenblüte (Abb. 15 I) entspricht als ganzes einem gestauchten Sproß. Im Unterschied zu einem vegetativen Rosettensproß ist das Wachstum der Blüte allerdings begrenzt und ihre Blattorgane haben einen teilweise recht tiefgreifenden Gestaltwandel erfahren. Dabei sind verschiedene Formationen aufeinander folgender Blattorgane zu unterscheiden. Bei einer vollständigen, zwitterigen Blüte sind dies:

1. die Organe der Blütenhülle,
2. die Staubblätter, in ihrer Gesamtheit als Androeceum,
3. die Fruchtblätter, in ihrer Gesamtheit als Gynoeceum bezeichnet.

Diese Organe können schraubig oder in Wirteln (Kreisen) stehen. Sind sie in allen Formationen schraubig gestellt, so nennt man die betreffende Blüte **azyklisch**, sind sie in einzelnen Formationen schraubig, in

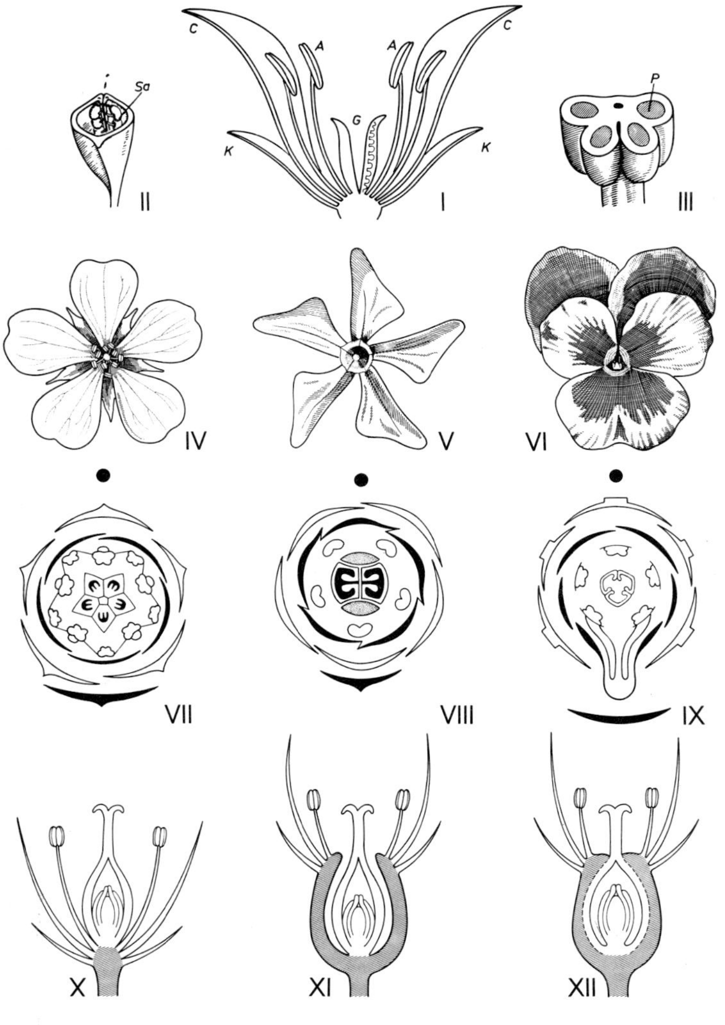

Abb. 15. Aufbau und Symmetrieverhältnisse der Angiospermenblüte. I Schema eines Axialschnittes durch eine Blüte, K Kelchblätter, C Kron-, A Staub-, G Fruchtblätter. II durch Querschnitt geöffnetes Fruchtblatt *(Colutea arborescens)*, Sa Samenanlagen. III durch Querschnitt geöffnete Anthere eines Staubblattes, schematisch, P Pollensack (Mikrosporangium). IV–VI und VII–IX Blüte

anderen wirtelig angeordnet, so spricht man von einer **hemizyklischen** Blüte, bei wirteliger Stellung aller Organe bezeichnet man die Blüte als **zyklisch** und nach der Zahl der Organkreise als **tetra-, pentazyklisch** usw., die einzelnen Kreise nach der Zahl ihrer Glieder 2-, 3-, 4- 5zählig (dimer, trimer usw.) usw. Die Anzahl der Organe kann dabei in allen Kreisen gleich (**isomer**) oder ungleich (**anisomer**) sein. Häufig sind die Glieder eines Organkreises untereinander vereinigt, und zwar gewöhnlich schon von ihrer Entstehung her (kongenital) oder später (postgenital). Namentlich bei den Kronblättern und Fruchtblättern ergeben sich aus kongenitaler Verwachsung wichtige systematische Kriterien.
Die Blütenhülle, das Perianth, tritt in verschiedener Form auf, nämlich als

a) **einfaches Perianth** (**Perigon**), das aus mehr oder minder gleichartigen Gliedern (Tepalen) besteht, die wie bei der Tulpe groß und auffällig gefärbt (petaloid) oder klein, unauffällig und oft von grünlicher oder bräunlicher Färbung (prophylloid) sein können;
b) **doppeltes** (gegliedertes) **Perianth** (Abb. 15 I), das eine Differenzierung aufweist in einen mehr der Hüllfunktion dienenden **Kelch** (Calyx) und eine **Krone** (Corolla), deren Glieder durch ihre Größe und lebhafte Färbung mehr für die Anlockung von Bestäubern geeignet sind. Man spricht demgemäß auch von **Kelch-** und **Kronblättern** (Sepalen und Petalen).

Die **Staubblätter** (**Stamina**, Einzahl: **Stamen**) sind gewöhnlich in einen fadenförmigen Abschnitt, das **Filament**, und einen verdickten Teil, die **Anthere**, gegliedert. Letztere (Abb. 15 III) zeigt eine deutliche Längsteilung in zwei meist gleichartige **Theken**, welche durch ein **Konnektiv** miteinander verbunden und am Filament angeheftet sind. Jede der beiden Theken besteht aus zwei kongenital miteinander verwachsenen **Pollensäcken**, in denen die Pollenkörner gebildet werden (die Theken sind somit als Synangien anzusprechen, vgl. *Ophioglossales*). Mehr oder minder reduzierte, sterile Staubblätter nennt man Staminodien (vgl. z. B. Abb. 37 V und 40 VI).
Die Zahl der Stamina kann namentlich bei schraubiger Stellung sehr groß sein, oft ist sie auch sekundär durch frühzeitige Aufgliederung der Anlagen vermehrt, wobei man eine zum Zentrum der Blüte hin fortschreitende, **zentripetale** und eine **zentrifugale Aufgliederungsfolge** als wichtige, jeweils für größere Verwandtschaftskreise charakteristische Merkmale (vgl. Seiten 116, 133) zu unterscheiden hat. Die **Fruchtblät-**

---

und zugehöriges Diagramm von *Geranium* (IV, VII), *Vinca minor* (V, VIII) und *Viola tricolor* (VI, IX) als Beispiel für eine radiärsymmetrische, drehsymmetrische und zygomorphe Blüte. X–XII hypogyne (X), perigyne (XI) und epigyne (XII) Blüte im Axialschnitt (= ober-, mittel- und unterständiges Ovar), Achsenkörper schraffiert. (I, II, IV–VI, X–XII nach TROLL, VII nach EICHLER, VIII aus ENGLERS Syllabus, IX nach FIRBAS.)

ter (**Karpelle**) bilden entweder jeweils einzeln für sich oder in ihrer Gesamtheit ein Gehäuse, das die **Samenanlagen** einschließt, aus denen nach der Befruchtung die Samen hervorgehen.

Das einzelne Fruchtblatt bildet dadurch ein Gehäuse (**Ovar**), daß es in der nach vorn eingefalteten Knospenlage verharrt und die beiden Blattränder sich miteinander verbinden. Dadurch gelangen die auf der Ventralseite an den Karpellrändern befindlichen Samenanlagen in das Innere des vom Fruchtblatt gebildeten Gehäuses (Abb. 16 I, II). In dieser Weise kann jedes der Karpelle unter Beibehaltung seiner Eigenständigkeit für sich ein Gehäuse bilden, ein Verhalten, das in morphologischer Hinsicht als Ausgangstyp und im Hinblick auf die Stammesgeschichte als ursprünglich gewertet werden darf. Ein solches Gynoeceum bezeichnet man als **chorikarp** (**apokarp**). Weit häufiger sind die Karpelle einer Blüte durch kongenitale Vereinigung ihrer Flanken zu einem **coenokarpen Gynoeceum** zusammengeschlossen (Abb. 16 III–VIII). Die Karpelle können sich in ihrer gesamten Ausdehnung oder nur in ihren basalen

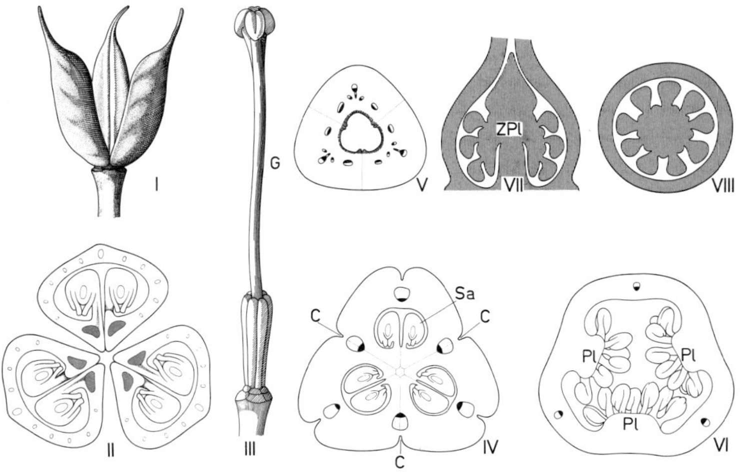

Abb. 16. Bau des Gynoeceums. I, II Chorikarpes Gynoeceum von *Delphinium elatum (Ranunculaceae)* nach der Blütezeit (postfloral), I Gesamtansicht, II Querschnitt. III–V Coenokarpes Gynoeceum von *Lilium candidum*, III Gesamtansicht, IV Querschnitt durch den fertilen Abschnitt, V durch den Griffel. VI Querschnitt durch das parakarp-aseptale Gynoeceum von *Passiflora*. VII, VIII Axial- und Querschnitt durch das Gynoeceum von *Lysimachia (Primulaceae)*. ZPl Zentralplacenta,Pl Placenta, Sa Samenanlagen, C Kommissuren, in denen die Karpelle untereinander verwachsen sind, G Griffel (nach Troll).

Abschnitten vereinigen (zwar kommt auch eine postgenitale Verwachsung von Karpellen vor, diese ist jedoch nur als Modifikation des chorikarpen Gynoeceumbaues zu betrachten). Im **Bau des einzelnen Karpells** kann man meist einen erweiterten, die Samenanlagen umschließenden fertilen Abschnitt von einem sterilen Spitzenabschnitt unterscheiden, an dessen Ende sich die zur Aufnahme der Pollenkörper dienende **Narbe** befindet. Der dazwischen liegende Abschnitt ist häufig verlängert und wird dann als **Griffel** bezeichnet.

Die Stellen des Karpells, an denen die Samenanlagen stehen, werden **Placenta** genannt; oft sind es leistenförmig hervortretende Gewebewucherungen beiderseits der **Ventralnaht**, der Verwachsungslinie der beiden Fruchtblattränder (Abb. 16 II). Sie werden von besonderen **Placentarbündeln** versorgt. Außer dieser randnahen, sog. **submarginalen**, gibt es auch eine flächenständige, **laminale** Placentation (z. B. *Nymphaeaceae*).

Im Grunde stellen viele Karpelle Schlauchblätter (vgl. Seite 61) dar, wobei freilich der Anteil der primär **schlauchförmigen** (**ascidiaten**) Zone und der nur **zusammengefalteten** (**plikaten**) und eventuell durch postgenitale Verwachsung der Karpellränder geschlossenen Zone sehr unterschiedlich sein kann; ja mitunter tritt eine der beiden Zonen äußerlich gar nicht in Erscheinung (vgl. Abb. 16 I, II mit Abb. 44 IV). Die miteinander verwachsenen Karpellränder lösen sich im distalen Bereich des Fruchtblattes, spätestens in der Narbenregion voneinander, so daß die Oberseite der Karpellspreite frei zutage tritt. Diese Zone ist stets steril. Der damit gegebenen Schleifenform des übrigen Karpellrandes entsprechend bietet sich die **Placenta** des Angiospermenkarpells in ihrer typischen und vollkommenen Gestalt als U-förmiger Bogen dar. In den meisten Fällen ist jedoch eine wechselseitige Hemmung und Förderung in der Fertilität des Querzonenrandes und der aufrechten Arme dieses U zu beobachten, so daß man Samenanlagen entweder nur in der Querzone (Abb. 25 XV) oder (Abb. 25 XIII, XVI, XVIII u. Abb. 21 Balg, Hülse) nur entlang der Verwachsungsnaht findet.

Bei der Vereinigung zu einem coenokarpen Gynoeceum bleibt die Zonierung der einzelnen Karpelle erhalten. Für den Bau des Fruchtknotens ist somit nur der Verwachsungsgrad der Karpelle untereinander und die unterschiedliche Ausdehnung und Fertilität der verschiedenen Karpellzonen maßgebend (Abb. 17). Bei starker Entwicklung der schlauchförmigen Karpellabschnitte wird der Fruchtknoten daher durch die aus den Karpellflanken gebildeten Scheidewände (**Septen**) in ebensoviele Fruchtfächer (**Loculamente**) aufgeteilt, wie Fruchtblätter an seinem Aufbau beteiligt sind (**coenokarp-synkarper** Bau). Das gleiche gilt für den Bereich der plikaten durch die postgenitale Verwachsung der Ränder jedes einzelnen Fruchtblattes gekennzeichneten Zone. Die Placenten stehen dann **zentralwinkelständig** (Abb. 16 IV).

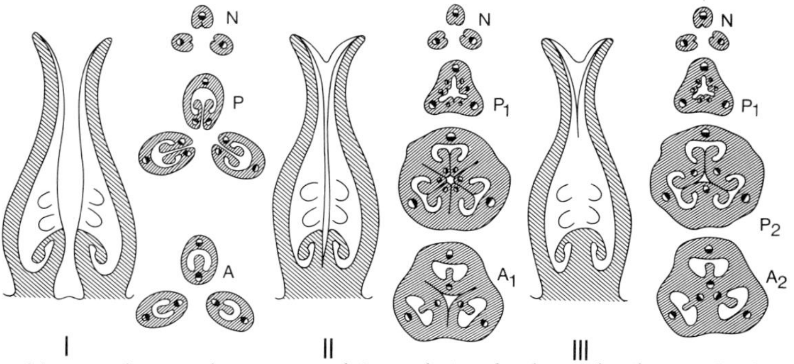

Abb. 17. Schematische Längs- und Querschnitte durch ein chorikarpes (I), ein halbverwachsenes (hemisynkarpes) (II) und ein eusynkarpes Gynoeceum (III). N Querschnitt in der Narbenregion, P im plikaten, A im schlauchförmigen (ascidiaten) Abschnitt, P_1 in der hemisynplicat-aseptalen und in II darunter der hemisymplikat-holoseptalen Zone, P_2 in der symplikat-holoseptalen, A_1 in der hemisynascidiaten und A_2 in der synascidiaten Zone. (Nach LEINFELLNER.)

Soweit jedoch die Ränder des einzelnen Karpells zwar fertil sind, aber ventral nicht zusammenschließen, auseinanderklaffen oder gar zurücktreten, wird ein mehr oder minder einheitlicher Innenraum gebildet, in welchem die Placenten wandständig (**parietal**, Abb. 16 VI) liegen. Zwischen dieser als **coenokarp-parakarp** bezeichneten Ausbildungsform und dem völligen Zusammenschließen der Karpellränder im plikaten Teil besteht jedoch nur ein gradmäßiger Unterschied. Spätestens im Übergangsbereich zur Narbe weichen die Karpellränder ohnedies zurück, so daß ein oft sekundär durch lockeres Leitgewebe für den Pollenschlauch (vgl. Seite 83) angefüllter Griffelkanal entsteht. Auch im fertilen Abschnitt des Gynoeceums kann man häufig einen kontinuierlichen Übergang der völlig geschlossenen Karpellabschnitte in die parakarpe Struktur beobachten, man unterscheidet daher auch zwischen parakarp-septaler und parakarp-aseptaler (= parakarp im engeren Sinne) Struktur. Die Parakarpie wird oft als sekundäre Erscheinung gewertet, und zwar aus der Überlegung heraus, daß erst nach dem Zusammenschluß der Karpelle zu einem coenokarpen Fruchtknoten der ventrale Verschluß der einzelnen Fruchtblätter ohne Schaden für die zu schützenden Samenanlagen aufgegeben werden kann. Auch das Zustandekommen der sogenannten **Zentralplacenta** (Abb. 16 VII, VIII) beruht auf einem Zurücktreten der Septen. Dieses kann entweder durch einen nachträglichen Schwund der Scheidewände geschehen („postgenitale Lysikarpie“), wobei eine die Samenanlage tragende Mittelsäule erhalten bleibt (viele *Caryophyllaceae*), oder die Querzonen der schlauchförmigen Karpellabschnitte bilden eine gemeinsame zentrale Placenta am Grunde des Fruchtknotens, während die von den Flanken der Fruchtblätter zu bildenden Septen gar nicht erst zur Ausbildung gelangen („kongenitale Lysikarpie“, z. B. bei *Primulaceae*).

Schließlich erfolgt häufig auch eine weitgehende Reduktion von Fruchtfächern oder Fruchtblättern, bis hin zu dem nicht seltenen Extremfall, daß ein unter Beteiligung mehrerer Karpellanlagen entstandenes Gynoeceum wie aus einem einzigen Karpell gebildet erscheint (Pseudomonomerie, z. B. Seidelbast).

Die Sproßachse ist im Bereich der Blüte zwar gewöhnlich weitgehend gestaucht, sie kann aber auch verlängert sein (was als ursprüngliches Merkmal gilt) oder durch verschiedene andere Ausbildungsweisen die Gestalt der Blüte maßgeblich beeinflussen. Dazu gehört vor allem die becherförmige Erweiterung des Blütenbodens, wobei das Gynoeceum frei am Grunde des Achsenbechers stehen bleibt, während Kelch-, Kron- und Staubblätter mehr oder minder weit emporgehoben werden. Eine solche Blüte nennt man **perigyn**, den **Fruchtknoten mittelständig** (Abb. 15 XI). Schließt der Achsenbecher über dem Gynoeceum zusammen, wobei er kongenital mit den Karpellen vereinigt ist, so entsteht ein **unterständiger Fruchtknoten** (Abb. 15 XII). Da alle anderen Blütenorgane dann über dem Fruchtknoten stehen, unterscheidet man diese Blüte dann als **epigyn** von der durch einen **oberständigen Fruchtknoten** gekennzeichneten **hypogynen** Blüte (Abb. 15 X).

Ein Blütenbecher kann offenbar auch unter nur schwacher Beteiligung der Achse dadurch zustandekommen, daß Kelch-, Kron- und Staubblätter sich im unteren Teil zu einer Röhre vereinigen, welche das Gynoeceum überragt und über ihm mehr oder minder eng zusammenschließt, so daß nur der Griffelabschnitt frei bleibt (appendikuläre Unterständigkeit).

Um Zahl und Stellungsverhältnisse der Blütenorgane darzustellen und zu vergleichen, kann man sich des **Blütendiagramms** und der Blütenformel bedienen. In einem Diagramm werden die einzelnen Elemente der Blüte durch schematisierte Querschnittsfiguren in ihrer Stellung zueinander auf eine Ebene projiziert (Abb. 15 VII bis IX). Dieses **empirische Diagramm** kann durch Eintragung von nachweislich im Verlaufe der Stammesgeschichte verlorengegangenen bzw. bei verwandten Sippen noch vorhandenen Elementen ergänzt werden: **theoretisches Diagramm** (Abb. 44 VII). Auch die gegenseitige Deckung der Blütenorgane und Verwachsungen zwischen Blütengliedern lassen sich im Diagramm zum Ausdruck bringen. Stets sollte man Diagramme so orientieren, daß die Abstammungsachse der Blüte oben, ihr Deckblatt unten steht.
Ein solches Diagramm läßt gewöhnlich eine mehr oder minder regelmäßige Wiederholung gleichartiger oder ähnlicher Bauelemente in einer bestimmten Ordnung, also eine mehr oder minder ausgeprägte **Symmetrie** erkennen. Zur Verständigung über die Lageverhältnisse in einem Diagramm bedienen wir uns daher einiger Begriffe aus der Symmetrielehre, die hier zu erläutern sind, wobei wir unser Augenmerk vor allem auf die laterale Symmetrie richten.

Laterale Symmetrie läßt sich bei Figuren und Körpern dadurch nachweisen, daß man die einzelnen Elemente durch Drehung oder Spiegelung zur Deckung bringt und so ihre Gleichwertigkeit bestätigt. Sind die gleichartigen Baulemente durch Schwenkung um eine durch das „Symmetriezentrum" der betr. Konfiguration verlaufende (Dreh-)achse zur Deckung zu bringen, so spricht man von **Drehsymmetrie.**

Hingegen liegt **Spiegelsymmetrie** vor, wenn sich die Bauelemente zueinander wie Bild und Spiegelbild verhalten, also durch „Umklappen" um eine „Spiegelachse" zur Deckung gebracht werden können, bzw. durch Spiegelung an einer die Spiegelachse einschließenden, senkrecht auf der betreffenden Konfiguration stehenden „Spiegel-" oder „Symmetrieebene".

Ist in einem Diagramm die zur Abstammungsachse, also nach oben (hinten) gerichtete Seite von der zum Deckblatt, also nach unten (vorn) weisenden verschieden (Abb. 15, VI, IX), so bezeichnet man die betreffende Blüte als **zygomorph** oder auch als **dorsiventral** (d. h. Bauch- und Rückenseite sind verschieden). In einem solchen Falle ist nur eine einzige Symmetrieebene vorhanden, die zugleich durch die Abstammungsachse und die Mittellinie des Deckblattes verläuft. Man bezeichnet diese auch bei vegetativen Seitensprossen als **Medianebene** oder auch einfach Mediane. Die zu ihr senkrecht stehende, Rücken- und Bauchseite trennende Ebene heißt **Transversalebene** oder **Transversale.** Die Stellung von Organen im Bereich der Medianebene nennt man auch **median**, die Anordnung in der Transversalebene **transversal.** Läßt sich eine Blüte auch durch die Transversalebene in zwei symmetrische Hälften zerlegen (Abb. 26 I, II), so nennt man sie **disymmetrisch** oder auch bilateral (ein in diesem Sinne nur in der Botanik verwendeter Ausdruck). In diesem Falle sind die Elemente durch eine Drehung der Figur um 180° zur Deckung zu bringen, d. h. es liegt zugleich Spiegel- und Drehsymmetrie vor. Das gilt auch für den **radiärsymmetrischen** oder **strahligen** Bau, wie bei der 5strahlig-symmetrischen Blüte in Abb. 15 IV, VII, deren Kelch- und Kronblätter z. B. durch Drehung um jeweils 72° oder durch Spiegelung in 5 Ebenen miteinander zur Deckung gebracht werden können.

Im Gegensatz dazu sind bei der Immergrünblüte (Abb. 15 V, VIII) die Kronblätter zwar regelmäßig 5strahlig angeordnet, jedoch in sich asymmetrisch und daher nur durch **Drehung** zur Deckung zu bringen. **Drehsymmetrie** findet man vor allem auch in der Knospenlage von Blütenkronen verwirklicht (Malven, Enziane).

Bei schraubiger Anordnung von Blütenteilen reicht eine einfache Drehung (oder Spiegelung) als Deckoperation nicht aus, sie muß vielmehr mit einer Verschiebung in Längsrichtung der Achse, einer Translation kombiniert werden, der für die **longitudinale Symmetrie** maßgeblichen Deckoperation („Gleitspiegelung").

Zur Vervollständigung der Orientierungsmöglichkeiten ist noch das Begriffs-

paar **proximal – distal** zu erläutern. Als proximal bezeichnet man ein dem Bezugskörper jeweils näher, als distal ein ihm ferner liegendes Element.
In einer **Blütenformel** können Symmetrieverhältnisse sowie die Anordnungsweise der Blütenorgane (@ schraubig, $*$ radiär, ·|· bilateralsymmetrisch [= disymmetrisch], ↓ zygomorph) und die Zahl der Organe in den einzelnen Formationen (P = Perigon, K = Kelch, C = Krone, A = Androeceum, G = Gynoeceum) und durch Klammern () gegebenenfalls auch deren Verwachsung wiedergegeben werden. So etwa lautet die Formel für die in Abb. 25 XVI dargestellte Steinbrechblüte: K5 C5 A5 + 5 G (2). Darin bedeutet der Ausdruck A5 + 5, daß die Staubblätter in zwei 5zähligen Kreisen stehen. Der Fruchtknoten ist hier mittelständig, wäre er oberständig, so würde dies durch einen Strich unter der Fruchtblattzahl angedeutet ($\underline{2}$), wäre er unterständig, durch einen Strich über der Fruchtblattzahl ($\overline{2}$). Das Zeichen ∞ bedeutet, daß die betreffenden Organe in großer, unbestimmter Zahl auftreten. Die in einem Diagramm wie dem der *Papilionaceae* (Abb. 31 IV) dargebotenen Informationen sind freilich nicht sämtlich in eine Blütenformel zu übertragen. In vielen Fällen ist aber auch dem Blütendiagramm zumindest noch ein Aufriß der Blüte beizufügen (man denke nur an die Unterständigkeit des Fruchtknotens und andere Merkmale!).

In den Blütendiagrammen haben wir – soweit nicht ausdrücklich anders angegeben – die Petalen im Gegensatz zu den Sepalen schwarz ausgefüllt wiedergegeben, ebenso alle Tepalen. Staubblätter sind ebenso wie die Sepalen nicht schwarz ausgefüllt; das Gynoeceum wurde aus zeichentechnischen Gründen unterschiedlich behandelt. Schwarz ausgefüllt sind auch Deck- und Vorblätter.

4 Antherenbau, Pollenentwicklung und Bestäubung

Die ersten Schritte zur Entstehung der Pollensäcke sind schon an Querschnitten durch junge Antheren (Abb. 18 I–III) erkennbar, und zwar unterhalb der 4 Längskanten, wo in der subepidermalen Zellschicht Teilungen durch oberflächenparallele Wände erfolgen. Die erste dieser Zellteilungen (Abb. 18 I) führt jeweils zur Bildung einer **Archesporzelle**, die folgenden (II, III) zur Bildung einer (mit Einschluß der Epidermis) meist 4schichtigen Wandung. Von den Wandschichten wird die innerste zum **Tapetum** (Abb. 18 IV), dessen Zellen (oft mit mehreren Kernen oder einem durch Endomitose polyploiden Kern) zur Ernährung der aus dem **Archespor** hervorgehenden Pollenmutterzellen und schließlich der Pollenkörner dienen, wobei sie entweder als ein den Pollensack innen auskleidendes drüsenartiges Gewebe ihre Inhaltsstoffe ausscheiden (**Sekretionstapetum**) oder unter Auflösung ihrer Zellwände zwischen die Pollenmutterzellen eindringen. Die Zellen behalten ihre Selbständigkeit (**amöboid-zelliges Tapetum**) oder verschmelzen miteinander (**amöboid-plasmodiales Tapetum, Periplasmodialtapetum**). Während die anschließende Zellschicht meist frühzeitig schwindet (**Schwundschicht**), bildet sich die unter der Antherenepidermis (**Exothecium**) gelegene Schicht, das **Endothecium**, zur **Faserschicht** aus. Ihre Zellwände sind, soweit sie zur Oberfläche senkrecht stehen, durch faserartige Verdickungsleisten ausgezeichnet, die sich nach außen hin verjüngen, an

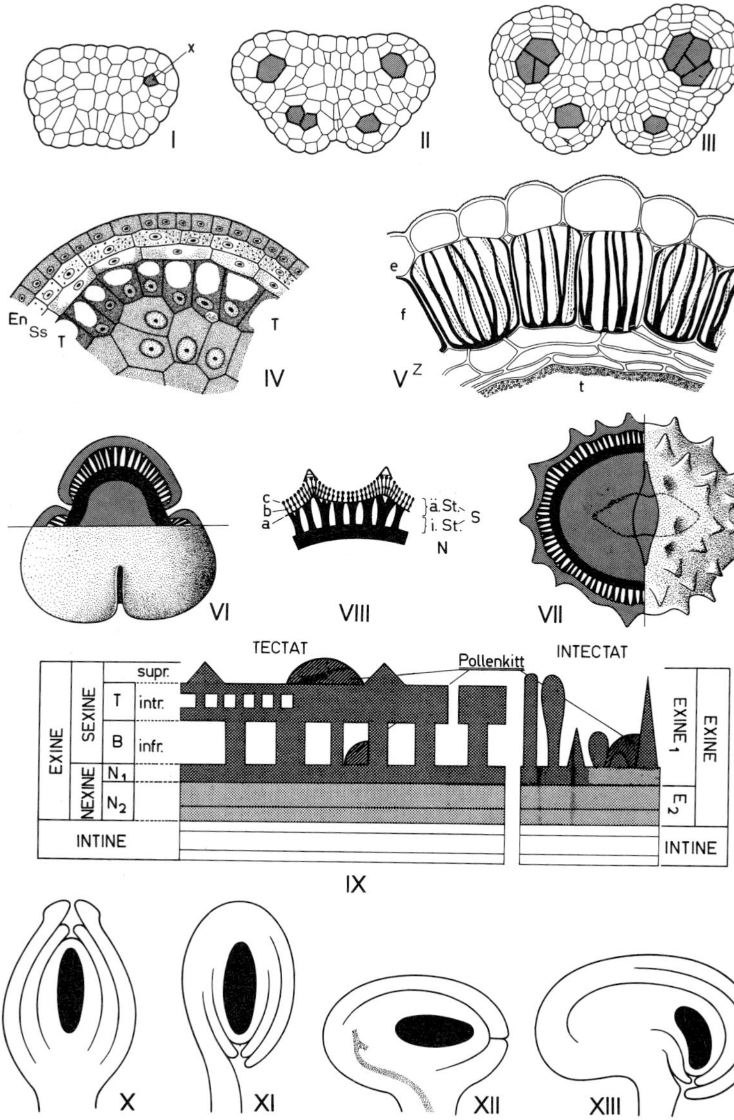
x
I
II
III
En
Ss
T
T
IV
e
f
V
Z
t
c
b
a
}ä. St.
}i. St.
S
N
VI
VIII
VII
TECTAT
INTECTAT
Pollenkitt
EXINE
SEXINE
NEXINE
supr.
T
intr.
B
infr.
N1
N2
INTINE
EXINE1
E2
EXINE
INTINE
IX
X
XI
XII
XIII

den Innenwänden jedoch miteinander verbunden sind. Diese Zellen bewirken später die Öffnung der Pollensäcke, dann nämlich, wenn sie nach der Reifung der Pollenkörner absterben. Sie sind dann nur noch von einer wässrigen Flüssigkeit erfüllt, die allmählich verdunstet. Durch den dabei auftretenden Kohäsionszug werden die Außenwände der Faserzellen stark zusammengezogen, während die verstärkten Innenwände dem Zug einen stärkeren Widerstand entgegensetzen. Die dadurch entstehende Spannung führt schließlich zum Aufreißen der Antherenwand, meist durch einen Längsriß an der Trennungswand zwischen den beiden Pollensäcken.

Die **Pollenmutterzellen** (Mikrosporenmutterzellen) teilen sich, nachdem sie sich zuvor voneinander gelöst und gegeneinander abgerundet haben, durch zwei aufeinanderfolgende Teilungen (von denen eine eine Reduktionsteilung ist) in 4 Pollenkörner (Mikrosporen = Meiosporen) auf (Abb. 20 I), die als Tetraden vereinigt bleiben oder auch einzeln verbreitet werden können. Die Teilung der Pollenmutterzellen erfolgt bei den Monokotyledonen überwiegend **sukzedan**, d. h. auf jede Kernteilung folgt unmittelbar die Ausbildung der Trennungswand zwischen den Tochterzellen, bei den Dikotyledonen überwiegt die **simultane** Teilung, bei der zuerst 4 freie Tochterkerne auftreten.

Abb. 18. I–V Antherenentwicklung, I–III Querschnitte durch verschieden alte Antheren von *Chrysanthemum*, in I bei x die erste periklinale (oberflächenparallele) Teilung einer subepidermalen Zelle, Archesporzelle schraffiert; II Archesporzellen in allen 4 Kanten der jungen Anthere; III weitere Ausbildung der mehrschichtigen Antherenwand (nach Warming, verändert); IV *Hemerocallis fulva*, Querschnitt im Bereich eines Pollensackes, unter der Epidermis das Endothecium (En), die Schwundschicht (Ss) und das Tapetum (T), von diesem umschlossen das Archespor (nach Strasburger); V *Lilium pyrenaicum*, Querschnitt durch die Wandung einer reifen Anthere, das Endothecium ist zur Faserschicht f ausgebildet, e Epidermis (Exothecium), z Zwischenschichten, t Reste des Periplasmodialtapetums (nach Firbas). VI, VII Tricolporate Pollenkörner von *Centaurea montana* (VI Polansicht) und *Amberboa muricata* (VII Äquatoransicht), je halb in Aufsicht, halb im Schnitt, um den Bau der Pollenkornwand zu zeigen. VIII Schnitt durch die mehrschichtige Exine des Pollenkorns von *Centaurea americana*, N Nexine, S Sexine mit innerer (i. St.) und noch weiter (a, b, c) gegliederter äußerer Stäbchenschicht (ä. St.), (nach Wagenitz, verändert). IX Schema des Feinbaues der Pollenkornwand, T Tectum, B Bacula (Columellae), supr., intr., infr. = supra-, intra- oder infratectale Fortsätze oder Feinstrukturen, N_1 die sog. Footlayer; statt der Bezeichnungen Sexine und Nexine werden auch die Ausdrücke Exine 1 (Ektexine) und Exine 2 (Endexine) verwendet wie im Schema rechts angegeben (nach Teppner, Erdtman, Faegri und Iversen neu zusammengestellt). X–XIII Formen von Samenanlagen, X atrop, XI anatrop, XII hemitrop, XIII campylotrop, Embryosack schwarz (in Anlehnung an Eckardt und Troll).

Noch vor der Öffnung der Antheren teilt sich der Kern jedes Pollenkorns, und es entsteht eine große **vegetative Zelle** (**Pollenschlauchzelle**) und eine kleinere linsenförmige, zuerst der äußeren Wand anliegende, später sich ablösende **generative** (antheridiale) Zelle. Diese teilt sich im auswachsenden Pollenschlauch oder schon früher in zwei **Spermazellen**, so daß die Pollenkörper zum Zeitpunkt der Bestäubung je nachdem 2- oder 3zellig sind.
Die Pollenkörner sind von einer aus zwei Schichtkomplexen gebildeten Wandung umschlossen (Abb. 18 VI–IX), einer zarteren **Intine** aus Cellulose und Pektin, welche später auch den auskeimenden Pollenschlauch als Wand umgibt, und der aus widerstandsfähigen Sporopolleninen (vermutlich Polymerisationsprodukten von Carotinoiden und Carotinoidestern) bestehenden äußeren **Exine**. Die Exine weist gewöhnlich vorgebildete Austrittsstellen (Aperturen) für den Pollenschlauch auf, und zwar in Form dünnwandiger „Keimfalten" (Colpi) von oft recht kompliziertem Bau oder offener, bisweilen auch mit einem Deckel versehener Poren. Zahl, Lage und Form dieser Aperturen, die Muster aus mancherlei Oberflächenstrukturen (Warzen, Stacheln, Leisten usw.) und die sehr komplizierte Feinstruktur der Exine, vor allem ihrer äußeren Schichten, der **Sexine** (Abb. 18 IX), sind neben der Gestalt und Größe der Pollenkörner vielfach so kennzeichnend, daß sie zur Bestimmung der betr. Arten ausreichen. Sie lassen andererseits oft auch gemeinsame Züge größerer Verwandtschaftskreise oder bestimmte Merkmalsreihen erkennen. Der hohe diagnostische Wert der Pollenmerkmale und die Widerstandsfähigkeit der Pollenkornwandung ermöglichen auch die Bestimmung fossiler Pollenkörner, ja durch Berücksichtigung der Mengenverhältnisse besonders häufiger Arten in aufeinanderfolgenden Schichten fossiler Ablagerungen sogar die Rekonstruktion der Floren- und Vegetationsentwicklung (**Pollenanalyse**).
Auch für die Herkunftsbestimmung von Naturhonig ist der Nachweis bestimmter Pollenkörner wichtig.
Das reife Pollenkorn kann auf die Narben derselben Blüte oder anderer Blüten desselben Individuums übertragen werden (**Selbstbestäubung, Autogamie**) oder auf die Narben der Blüten eines anderen Individuums (**Fremdbestäubung, Allogamie**), wo es zu einem Pollenschlauch (Abb. 20 IV) auswächst. Sowohl die eine wie die andere Form der Bestäubung kann durch verschiedene Faktoren gefördert oder gehemmt werden. So gibt es Veilchenarten *(Viola odorata,* V. *canina),* bei denen sich bestimmte Blüten nicht öffnen und sich selbst bestäuben (**Kleistogamie**), während andere (chasmogame) Blüten normal aufblühen. Meist beobachtet man jedoch Einrichtungen, welche eine Selbstbestäubung verhindern oder doch erschweren. Dazu gehört die Ausbildung dichogamer Blüten, bei denen entweder das Öffnen der Antheren (**Proterandrie**) oder die Bestäubungsreife der Narben (**Proterogynie, Protogynie**) früher eintritt, als für eine Selbstbestäubung erforderlich. Oft findet man

bei einer Art langgriffelige Pflanzen mit tief in der Kronröhre sitzenden Antheren und kurzgriffelige mit Antheren, welche hoch über der Narbe am Eingang der Kronröhre sitzen (Primeln), somit eine verstärkte räumliche Trennung von Staubblättern und Narben durch sog. **Heterostylie.** Beim Blutweiderich *(Lythrum salicaria)* gibt es sogar lang-, mittel- und kurzgriffelige Blüten (trimorphe Heterostylie). Die Keimung oder das Wachstum des Pollenschlauches kann durch bestimmte Stoffe der Narbe gehemmt werden. Eine solche Unverträglichkeit (**Inkompatibilität**) ist gewöhnlich durch Selbststerilitätsgene bedingt, die unter anderem auch bei vielen unserer Obstsorten auftreten! Schließlich ist in diesem Zusammenhang noch die Ausbildung eingeschlechtiger oder zur Unterdrückung des einen oder anderen Geschlechts neigender Blüten zu erwähnen. Bei den **einhäusigen** (**monözischen**) Pflanzen kommen männliche, d. h. nur Staubblätter tragende, und weibliche, d. h. nur Fruchtblätter tragende Blüten auf dem gleichen Individuum vor, bei den **zweihäusigen** (**diözischen**) auf verschiedenen. Pflanzensippen, bei denen eingeschlechtige und zwittrige Blüten in verschiedener Verteilung auftreten, nennt man **polygam** (vielehig). So kommen z. B. bei manchen Baldrianarten Pflanzen mit rein weiblichen neben solchen mit zwittrigen Blüten vor. Sie sind **gynodiözisch.**
Die Übertragung der Pollenkörner (Bestäubung) kann durch Wind (**Anemogamie**, Anemophilie), Wasser (**Hydrogamie**, Hydrophilie) oder durch tierische Bestäuber (**Zoogamie**, Zoophilie) erfolgen.

Anemogame Pflanzen sind häufig durch starke Pollenproduktion, Kleinheit der Pollenkörner, Fehlen des Pollenkitts, an langen Filamenten herabhängende Antheren und große, oft federige Narben ausgezeichnet. Bei vielen unserer anemogamen Kätzchenblütler (Hasel, Erlen, Birken) sind es nicht die einzelnen Staubblätter, sondern die hängenden männlichen Blütenstände (Kätzchen), welche durch pendelnde Bewegung die Pollenkörner „ausbeuteln"; auch die Blütezeit dieser Holzgewächse vor dem Laubaustrieb ist charakteristisch.
Hydrogamie findet man nur bei wenigen, meist untergetauchten Wasserpflanzen: Hornblatt *(Ceratophyllum, Ceratophyllaceae), Zannichellia* und *Zostera, Potamogetonaceae* u. a. Beim Seegras *(Zostera)* sind die Pollenkörner über 2 mm lang fadenförmig und werden an die Narben herangeschwemmt. Bei der als Aquariumpflanze beliebten *Vallisneria spiralis* lösen sich die Blütenknospen der männlichen Pflanzen unter Wasser ab und steigen an die Wasseroberfläche empor, wo sie sich öffnen. Sie können dann an die weiblichen Blüten herangetrieben werden, die an langen Stielen bis an die Wasseroberfläche emporreichen, nach erfolgter Bestäubung jedoch durch schraubige Einrollung dieser Stiele (Name!) wieder unter die Wasseroberfläche gezogen werden.
Bei der **Zoogamie** handelt es sich um eine **gezielte Übertragung** größerer Pollenmengen auf die Narbe einer anderen Blüte. Der Pollen muß deshalb am Tierkörper haften, was durch Warzen oder Stacheln und vor allem durch den aus öligen Substanzen bestehenden **Pollenkitt** (Abb. 18 IX) ermöglicht wird. Außerdem müssen den Bestäubern Nahrungsstoffe (Nektar, im Überschuß produzierter Pollen, Futterhaare) geboten werden, und die damit gegebene Anlockung muß durch besondere Reize (Duft, Farbe) unterstützt werden, die nicht selten von

spezifischer Wirkung sind, so etwa bei den Fliegenblumen die schmutzigroten Farbtöne und der Aas- oder Kotgeruch, welche besonders Aasfliegen anlocken. Nektar erzeugende Drüsengewebe, sog. **Nektarien**, können an sehr verschiedenen Organen der Blüte auftreten. Sehr oft werden sie vom Blütenboden, und dann nicht selten in Gestalt eines vorstehenden Wulstes, einer Scheibe oder eines niedrigen Napfes gebildet, die man als **Diskus** bezeichnet. Die ursprünglichste Form der Zoogamie ist zweifellos die Bestäubung durch Insekten (**Entomogamie**). Als anfänglichen Bestäubungsmodus vermutete man bisher die Bestäubung durch Insekten mit beißenden Mundwerkzeugen, also Käfer. Sie sind besonders auf im Überschuß produzierten Pollen als Nahrung angewiesen, der zugleich als das ursprünglichste Anlockungsmittel gelten darf (Käfer fressen oft auch an fleischigen Blütenorganen). Es zeigte sich aber, daß Käferblumen nicht nur bei manchen relativ primitiv gebauten Gruppen der Angiospermen vorkommen *(Magnoliales,* z. B. manche *Annonaceae, Dilleniales),* sondern auch bei „abgeleiteten" (z. B. *Araceae*). Die sprunghafte Entfaltung der Formenmannigfaltigkeit bei den Blütenpflanzen seit der Unteren Kreide und vor allem im Tertiär hat sich offenbar in ständigem Wechselspiel mit der Entwicklung der blütenbesuchenden Insekten, vor allem der Insekten mit saugenden Mundorganen, der Bienen und Hummeln unter den Hymenopteren, der Dipteren (Fliegen) und der Lepidopteren (Tagfalter, Nachtschwärmer) vollzogen. An diese Entwicklung schließt sich wohl die Ausbildung der **Ornithophilie**, der **Vogelblütigkeit** (Kolibris, Honigvögel), und der **Chiropterophilie**, der **Fledermausblütigkeit**, an. Vogelblumen sind oft durch hell leuchtende rote, orangefarbene und blaue Farbtöne gekennzeichnet, Fledermausblumen durch ihre Robustheit, nächtliches Aufblühen und wenig auffallende Blütenfärbung, säuerlichen Geruch und ebenso wie bei den Vogelblumen starke Nektarproduktion.
Bisweilen findet man spezielle Anpassungen an ganz bestimmte Insektenarten als Bestäuber. So werden z. B. die Blüten der *Yucca filamentosa* nur durch die Yuccamotte, *Pronuba yuccasella,* bestäubt, die ihre Eier in den Fruchtknoten ablegt. Nach der Ablage jedes Eies stopft diese etwas Pollenmasse von einem mitgebrachten Ballen von Pollenkörnern auf die Narbe, wodurch die Befruchtung der Samenanlagen gewährleistet ist. Die sich entwickelnden Larven des Schmetterlings nähren sich von den heranwachsenden Samen, doch bleiben genügend unversehrte Samen zur Erhaltung und Verbreitung der Pflanzenart übrig.
Ein noch komplizierteres Beispiel räumlicher und zeitlicher gegenseitiger Abstimmung von Lebensvorgängen verschiedener Organismen findet man bei der Bestäubung der Feigen. *Ficus carica* bildet in seinen Blütenständen (vgl. Abb. 23 V) 3 verschiedene Blütenformen aus: 1. männliche Blüten, 2. weibliche „Gallenblüten" mit kurzem Griffel, ohne Narbenpapillen, und 3. weibliche „Samenblüten" mit langem Griffel und gut entwickelten Narbenpapillen. Die Bestäubung erfolgt durch eine Gallwespe, *Ceratosolen arabicus (Blastophaga),* die ihre Eier in den Fruchtknoten ablegt, mit ihrer Legeröhre jedoch nur die Fruchtknoten der kurzgriffeligen Gallenblüten erreicht. Nach der Verteilung der verschiedenen Blüten hat man zwischen verschiedenen Blütenständen zu unterscheiden, die bei den Wildformen auf derselben Pflanze vorkommen, bei den Kulturformen jedoch gewöhnlich nicht; dort findet man 1. Pflanzen mit „echten Feigen", die nur Samenblüten enthalten, und 2. die „Bocksfeigen"bäume (Caprifichi), deren Blütenstände nacheinander in 2 Formen auftreten, nämlich den „Mammae" („Mutterfeigen"), die nur Gallenblüten mit überwinternden Puppen enthalten, und den „Profichi" („Vorfeigen"), die in den unteren 2/3 des Blütenstandes Gallen-

blüten, in der Umgebung der Öffnung aber männliche Blüten tragen. Die aus diesen Profichi hervorschlüpfenden Gallwespen sind daher mit Pollen beladen und vermögen die „echten Feigen" zu bestäuben, weshalb man schon im Altertum Zweige dieser Caprifichi mit Vorfeigen in die Bäume mit „echten Feigen" hängte („Kaprifikation"). Heute gibt es parthenogenetische Kulturformen.

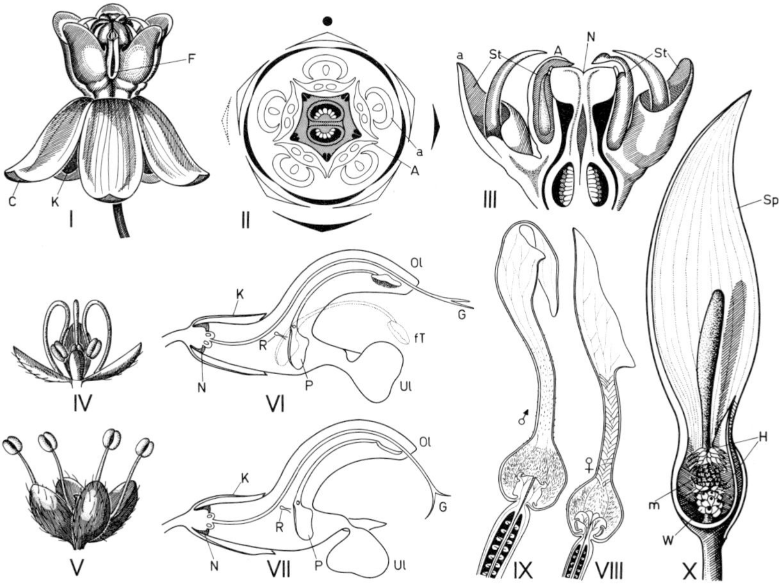

Abb. 19. Bestäubungseinrichtungen. I–III *Asclepias cornuti*, Klemmfallenblüte, I total, Kelch (K) und Krone (C) zurückgeschlagen, F von den dünnen Antherenverbreiterungen gebildete Falte; II Diagramm; III Medianschnitt durch Gynoeceum und Androeceum, St Staubblätter, das linke im Medianschnitt, A dessen Anthere und a dessen steriler tütenförmiger, als Nektarium tätiger Abschnitt mit hornförmigem Fortsatz, N Narbenkopf (I, III nach ENGLER, II nach EICHLER, teilw. verändert). IV, V *Urtica dioica*, Explosionsmechanismus der männlichen Blüte, Staubblätter in IV noch in eingekrümmter Lage gespannt, in V herausgeschnellt und gestreckt (IV nach WALTER, V nach WETTSTEIN und SCHNARF verändert). VI, VII *Salvia pratensis*, Hebelmechanismus, Blüten im Medianschnitt, K Kelch, Ol, Ul Ober- und Unterlippe der Blütenkrone, G Griffel, fT und P fertile Theke und Platte des fruchtbaren Staubblattes, R Staubblattrudiment, N Nektarium (nach KNOLL). VIII, IX *Aristolochia clematitis*, Kesselfallenblüten, VIII Blüte im weiblichen, IX im männlichen Zustand (mit verwelkten Reusenhaaren und in Wirklichkeit horizontal gestellt!) (nach SACHS verändert). X *Arum maculatum*, Blütenstand mit durchschnittener Spatha Sp, H langgriffelige Hindernisblüten, W fertile weibliche, m männliche Blüten (nach FIBRAS).

Zu den mannigfaltigen mechanischen Einrichtungen, welche eine sichere Herbeiführung der Bestäubung bewirken sollen, gehören die **Hebelmechanismen.** Bei der proterandrischen Blüte des Wiesensalbeis (*Salvia pratensis,* Abb. 19 VI, VII) wirken die gelenkig mit den kurzen Filamenten verbundenen Konnektive der hier in Zweizahl vorhandener Staubblätter als Hebel. Von den beiden Theken jedes Staubblattes ist jeweils nur eine fertil; sie sitzt am Ende eines lang ausgezogenen Konnektivarmes. Die andere Theke verkümmert, das Konnektiv ist auf dieser Seite stark verbreitert und mit dem entsprechenden Teil des anderen Staubblattes zu einer der Schlundregion der Blüte versperrenden Platte verbunden. Stößt ein nektarsuchendes Insekt gegen diese Platte, so werden die langen Hebelarme der Konnektive nach unten bewegt und die fertilen Theken dem Rükken des Insekts angedrückt. In der gleichen Stellung wie die vorgestreckten Theken befindet sich bei älteren Blüten die bestäubungsfähige Narbe (VII), so daß regelmäßig Fremdbestäubung erfolgen kann.
Nicht selten wird die Berührung des Bestäubers auch durch nastische Krümmungen der Staubblattfilamente erreicht *(Berberis).*
Um **Kesselfallen** handelt es sich bei den Blüten der Osterluzei *(Aristolochia clematitis,* Abb. 19 VIII, IX) und den Blütenständen des Aronstabes *(Arum maculatum,* X). Durch Aasgeruch werden kleine Fliegen in die Fallen gelockt und durch abwärts gerichtete Haare oder beim Aronstab durch die langen Griffel der dichtgedrängten sterilen weiblichen „Hindernisblüten" und die glatte Epidermis am Herauskriechen gehindert. Sie bleiben gefangen, bis die Antheren sich geöffnet und die Insekten mit Pollen eingestäubt haben. Erst dann welken die Hindernisorgane und lassen die Insekten frei, die sich oft genug in die nächste Falle locken lassen und dort Fremdbestäubung bewirken.
Sehr kompliziert sind die **Klemmfallenblüten** der Asclepiadaceen gebaut. Bei diesen z. B. für *Asclepias* und verwandte Gattungen *(Cynanchum vincetoxicum,* Schwalbenwurz) charakteristischen Blüten (Abb. 19 I–III) sind die 2 Karpelle – wie bei allen *Asclepiadaceae* – im Spitzenbereich postgenital miteinander vereinigt (III) und bilden einen großen 5eckigen Narbenkopf. Mit diesem verwachsen die Antheren der 5 Staubblätter, die dorsal je ein kompliziert gestaltetes kronblattartiges Nektarium tragen (Nebenkrone). Die Pollenkörner einer Theke sind jeweils zu einem „Pollinium" verklebt und mit dem benachbarten Pollinium des nebenan stehenden Staubblattes über drüsige Ausscheidungen der Narbenkopfkante, den „Klemmkörper", und die von ihm ausgehenden „Translatoren" miteinander verbunden. Die flügelartig verbreiterten Antherenränder der benachbarten Staubblätter bilden Falten, in denen sich nektarsaugende Insekten mit ihren Gliedmaßen verfangen. Sie ziehen dann mit diesen Gliedmaßen die Klemmkörper und die daran hängenden Pollinien heraus und übertragen sie auf andere Blüten. Diese Einrichtungen sind bei der Gattung *Ceropegia* noch mit der Ausbildung oft außerordentlich bizarr gestalteter Kesselfallenblüten kombiniert.
Es sei noch erwähnt, daß eine Bestäubung auch durch Zwerg-Flugbeutler und andere Kleinsäugetiere erfolgen kann.

5 Bau der Samenanlage, Entwicklung des Embryosackes und Befruchtung

Die Samenanlagen, von denen es verschiedene Formen (Abb. 18 X–XIII) gibt, sitzen der Placenta mit einem Stielchen (**Funiculus**) an und bestehen aus einem festen Gewebekern, dem **Nucellus**, der von 1 oder 2 **Integumenten** umhüllt ist, die am Grunde der Samenanlage, der **Chalaza**, ansitzen und am distalen Ende eine schmale Öffnung, die **Mikropyle** freilassen. (Das Vorkommen nur eines Integumentes wird in jedem Falle als abgeleitet betrachtet: es kann auf die Reduktion eines oder auf die Vereinigung beider Integumente zurückgeführt werden.) Durch den

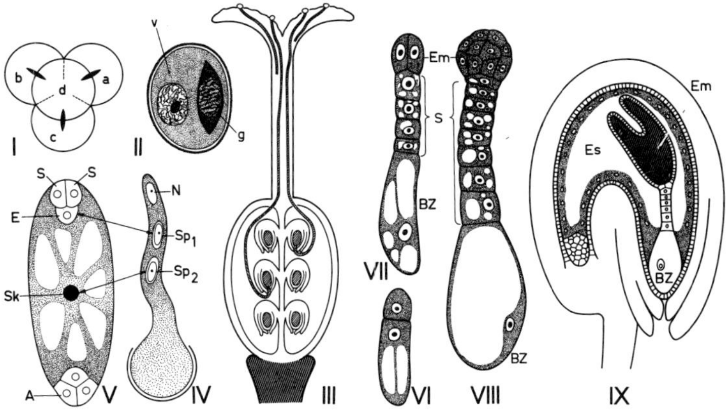

Abb. 20. Entwicklung des männlichen und weiblichen Gametophyten, Befruchtung und Embryoentwicklung. I Schema einer Pollenkorntetrade *(Erica)*. II Pollenkorn mit vegetativer (v) und generativer (g) Zelle. III Keimung der Pollenkörner auf der Narbe eines Fruchtknotens, Pollenschlauchwachstum durch den Griffelkanal und Befruchtung der Samenanlagen (Schema). IV Keimendes Pollenkorn, die generative Zelle hat sich in die beiden Spermazellen (Sp_1, Sp_2) geteilt, N vegetativer Pollenschlauchkern, V Embryosack mit Eizelle (E) und Synergiden (S) am apikalen Pol und den Antipoden (A) am basalen Pol, Sk der durch Vereinigung der beiden Polkerne gebildete diploide sekundäre Embryosackkern; die von den beiden Spermazellen in IV herüberweisenden Pfeile deuten den Vorgang der doppelten Befruchtung an. IV–IX Entwicklung des Embryos und des Endosperms, VI Teilung der Zygote in Embryozelle und Suspensorzelle, VII Ausbildung des Proembryos, d. h. des Suspensors (S) mit Basalzelle (Bz), und beginnende Entwicklung des eigentlichen Embryos (Em); VIII Weiterentwicklung, die distale Suspensorzelle (Hypophyse) kann in die Entwicklung des Embryos einbezogen werden; IX Samenanlage mit Embryo, dessen Keimblätter bereits angelegt sind, im Bereich der inzwischen degenerierten Antipodenzellen kann ein plasmareiches „Transfer"-Gewebe entstehen, Es Endosperm. (I nach ERDTMAN, II, IV, V nach GUIGNARD, III nach WEBER, VI–VIII nach HANSTEIN und SOUÈGES, IX nach HOLMAN und ROBBINS.)

Funiculus zieht auch das die Samenanlage versorgende Leitbündel ein, das bei umgewendeten (anatropen) der halbumgewendeten (hemianatropen) Samenanlagen somit an der Samenanlage entlangläuft und oft noch am reifen Samen als **Raphe** erkennbar ist. Im distalen Teil des Nucellus werden gewöhnlich (entsprechend der Teilung einer Pollenmutterzelle und ebenso mit einer Reduktionsteilung verbunden) durch Teilung einer **Embryosackmutterzelle** (Makrosporenmutterzelle) 4 meist in einer Längsreihe angeordnete Tochterzellen gebildet, von denen 3 verkümmern, während die vierte zur **Embryosackzelle** (Makrospore = Meiospore) wird. In der Embryosackzelle entstehen durch drei aufeinanderfolgende freie Kernteilungen 8 Tochterkerne, von denen je drei an die Enden der längsgestreckten Zelle wandern und sich mit Plasma und einer zarten Wand umgeben (Abb. 20 V). Die distale Dreiergruppe wird zum **Eiapparat** mit der **Eizelle** (E) in der Mitte und zwei diese flankierenden **Synergiden** (S). Die drei gegenüberliegenden Zellen nennt man **Antipoden** (A), sie erlangen meist keine weitere erkennbare Bedeutung. Die zwei restlichen Kerne, die Polkerne, verschmelzen in der Mitte des ganzen, nunmehr als **Embryosack** zu bezeichnenden Gebildes zu einem diploiden **sekundären Embryosackkern** (Sk). Von diesem Normaltypus der Embryosackentwicklung gibt es mancherlei Abweichungen.

Die Befruchtung der Samenanlage erfolgt vermittels des von der Narbe durch den Griffelkanal herabwachsenden und zumeist durch die Mikropyle eindringenden Pollenschlauches (Abb. 20 III). Dabei wird die Keimung des Pollenkorns durch Narbensekrete angeregt, und das Wachstum bis zur Samenanlage durch chemotropische Reaktionen gelenkt. Der Pollenschlauch kann übrigens statt durch die Mikropyle auch durch die Chalaza wachsen (**Chalazogamie**). Die beiden Spermazellen (bzw. Spermakerne) werden sodann in eine der Synergiden entleert, von dort dringt eine in die Eizelle ein und ihr Kern verschmilzt mit dem Eikern. Die andere stößt bis zum sekundären Embryosackkern vor, und ihr Kern vereinigt sich mit diesem. Es vollzieht sich somit eine **doppelte Befruchtung**, mit der einerseits die Entwicklung des Embryos aus der diploiden Zygote, andererseits die Bildung des sekundären Endosperms durch Teilungen des jetzt triploiden sekundären Embryosackkerns eingeleitet wird.

6 Entwicklung und Bau des Samens

Aus der befruchteten Eizelle entwickelt sich zunächst ein einzellreihiger **Proembryo** (Abb. 20 VI–VIII), an dessen von der Mikropyle abgewandtem Ende erst der eigentliche **Embryo** entsteht (VII, VIII). Der übrige Teil des Proembryos trägt offenbar zur Ernährung des Embryos bei. Er verlängert sich unter Streckung seiner Zellen zum **Suspensor** und drückt den Embryo tief in das gleichfalls in Entwicklung begriffene Endosperm hinein. Die der Mikropyle zugewandte **Basalzelle** erfährt nicht selten

eine starke Vergrößerung. Die anfänglich vielzellig-kugelige Embryoanlage gliedert sich nach bestimmten, in einzelnen recht unterschiedlichen Mustern in die Grundorgane; die Keimwurzel ist bei den Embryonen der Samenpflanzen stets zur Mikopyle hin ausgerichtet (IX).
Die Bildung des (sekundären) **Endosperms** verläuft bei den einzelnen Pflanzengruppen insofern verschieden, als entweder auf jede Kernteilung unmittelbar eine Wandbildung folgt (**zellulärer Typ**), oder zunächst zahlreiche freie Kerne entstehen (**nukleärer Typ**). Die freien Kerne verteilen sich in einem wandständigen Plasmabelag, der eine große zentrale Vakuole umschließt. Erst nach einiger Zeit wandelt sich diese **Kerntapete** durch gleichzeitige Ausbildung von Zellwänden in eine **Zelltapete** um, die durch fortschreitende Zellteilungen den zentralen Raum des Embryosackes ausfüllt. Beim **helobialen Typ** erfolgt die Endospermbildung im oberen Teil des Embryosackes zunächst nukleär, im unteren zellulär.
Embryo und Endosperm benötigen zu ihrer Ausbildung reichlich Nährstoffe. Das Endosperm entzieht diese dem Nucellusgewebe, bisweilen mittels besonderer Saugorgane, der **Endospermhaustorien** (**Mikropylar-** und **Chalazahaustorium**). Auch der Suspensor kann zu einem Haustorium auswachsen (**Suspensorhaustorium**, z. B. bei *Tropaeolum*). Bei den meisten Sympetalen, z. B. den Scrophulariaceen, wird außerdem die innerste Schicht des einzigen kräftigen Integumentes als Verdauungsdrüse (**Endothel**) tätig und mobilisiert die im Integument vorhandenen Zellsubstanzen zur Bildung des Endosperms und Ernährung des Embryos. Nicht selten wird auch das Endosperm ganz oder weitgehend zum Aufbau des Embryos verbraucht, der dann oft (Abb. 23 III) Nährstoffe in den Kotyledonen (bei der Paranuß, *Bertholletia,* im Hypokotyl) speichert. Andererseits kann ein Nährgewebe auch aus dem Nucellus entstehen (**Perisperm**) und das Endosperm ganz oder teilweise ersetzen (Abb. 23 I); abgesehen davon gibt es auch völlig nährgewebslose Samen mit wenig differenziertem Embryo, der dann auf Fremdernährung z. B. mit Hilfe von Mykorhizapilzen angewiesen ist *(Monotropa, Orobanche, Orchidaceae).*
Während dieser Entwicklung wandeln sich die Integumente, bzw. das einzige Integument der Samenanlage zur **Samenschale** (**Testa**) um. Vielfach bedeutet dies eine sklerenchymatische Ausbildung bestimmter Zellschichten zum Schutze des Samens. Die äußeren Schichten der Testa können aber auch durch fleischige Beschaffenheit (**Sarcotesta**) oder durch die Entwicklung von Widerhaken, langen Haaren, verschleimenden Zellschichten oder Flügelbildungen zur Verbreitung der Samen durch Tiere, Wind usw. beitragen.
Zu den die Verbreitung durch Tiere begünstigenden Einrichtungen gehören auch fett- und eiweißreiches Samenanhängsel, die aus einer Verdickung des äußeren Integuments an der Mikropyle hervorgehen (**Caruncula** der Euphorbiaceen, Abb. 33 XII), oder vom Funiculus gebildet

werden *(Viola)*. Solche **Elaiosomen** werden gern von Ameisen (oder anderen Tieren) aufgesucht, welche dabei die Samen verschleppen (**Myrmekochorie**). Eine ähnliche Rolle kann der vom Funiculus oder der Basis der Samenanlage gebildete **Samenmantel** (**Arillus**) spielen. Er ist oft lebhaft gefärbt (beim Pfaffenhütchen rot) und fleischig, oft zerschlitzt (Muskatnuß). Bei den Seerosensamen bedingt er als lufthaltiger Sack die Schwimmfähigkeit der Samen.

7 Bau der Früchte, Frucht- und Samenausbreitung

Mit der Entwicklung der Samenanlagen zum Samen geht die Ausbildung der Frucht einher, an welcher außer den Fruchtblättern oft noch andere Blütenorgane, und zwar in sehr unterschiedlichem Maße beteiligt sind. Aus diesem Grunde empfiehlt sich die allgemeingültige Definition: **Frucht = Blüte im Zustand der Samenreife.**

Die Wandung des die Samen einschließenden Ovars wandelt sich im Verlaufe dieser Entwicklung zum **Perikarp** um, das häufig eine Differenzierung in ein oft nur einschichtiges äußeres **Exokarp** und inneres **Endokarp** und ein dazwischen liegendes mehrschichtiges **Mesokarp** erfährt.

Je nachdem, ob die Frucht aus einer Blüte mit freien Karpellen, also chorikarpem Gynoeceum, oder aus einer Blüte mit coenokarpem Gynoeceum hervorgeht, unterscheidet man zwischen **Sammelfrüchten** und **Einzelfrüchten**. Weitere Merkmale für eine den natürlichen Zusammenhängen entsprechende Gliederung der Fruchttypen ergeben sich aus der Öffnungsweise der Früchte und der Ausbildung des Perikarps.

1. **Einzelfrüchte** (Abb. 21). Nach der Reife werden die einzelnen Samen bei den Spring- und Streufrüchten durch Öffnung des Fruchtgehäuses freigegeben, während sie bei den Schließfrüchten von der Fruchtwand oder Teilen der Fruchtwand umschlossen bleiben und in dieser Form verbreitet werden.
   a) **Spring- und Streufrüchte.** Die Öffnung des Samengehäuses erfolgt entweder aufgrund hygroskopischer Spannungen beim Austrocknen der Fruchtwandung (trockene Springfrüchte) oder, sofern die Fruchtwand wie beim Springkraut *(Impatiens,* Abb. 33 I) ihre saftige Beschaffenheit behält, durch unterschiedliche Turgorkräfte in den inneren und äußeren Schichten des Perikarps (saftige Springfrüchte).
   Besteht die Frucht aus einem einzigen Karpell, so kann sich dieses entweder nur an der Bauchnaht öffnen (**Balg**), oder die Öffnung erfolgt noch dazu entlang der Mittelrippe, der „Rückennaht" (**Hülse**). Balg und Hülse lassen sich als **„Einblattfrüchte"** ebenso wie die Steinfrucht der Kirsche und die Beeren des Christophskrautes *(Actaea)* als Reduktionsformen von Sammelfrüchten auffassen, bei denen die Karpellzahl auf 1 verringert ist.

Am Aufbau der **Kapseln** sind stets mehrere Fruchtblätter beteiligt. Das von diesen gebildete Gehäuse öffnet sich bei den **Spaltkapseln** teilweise oder vollständig durch Längsspalten entlang der Verwachsungslinien zwischen den Karpellen (scheidewand-

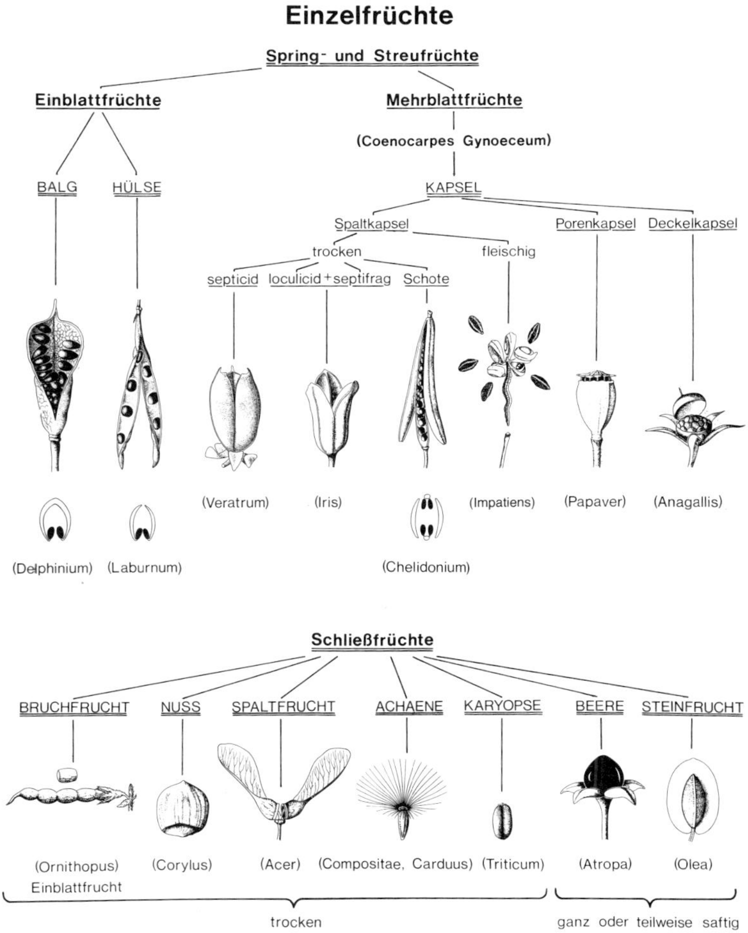

Abb. 21. Fruchtformen von Blüten mit coenokarpem Gynoeceum (Samen u. Früchte nach Troll, Duchartre, Firbas, Rauh, Baillon, Schimper, Weber, Knoblauch sowie Orig.). Die Einblattfrüchte sind von chorikarpen Gynoeceen abzuleiten.

spaltig, **septicid**) oder entlang der Mittellinien der Karpelle (fachspaltig, **loculicid**), oft in Verbindung mit Brüchen an den Scheidewänden (scheidewandbrüchig, **septifrag**). Eine Sonderform der Spaltkapsel ist die **Schote**, die aus zwei Karpellen besteht, deren Flächen sich von einem „Rahmen" (Replum) aus den vereinigten Karpellrändern und ihren kräftigen Placenten ablösen.

Bei den **Porenkapseln** bilden sich nur kleine Öffnungen in sehr verschiedener Zahl und Anordnung, bei den **Deckelkapseln** löst sich der gesamte Spitzenteil der Fruchtwand mittels einer quer durch alle Karpelle verlaufenden Zäsur ab.

b) **Schließfrüchte** treten uns je nach Ausbildung des Perikarps als **Beeren** mit fleischig-saftigem Perikarp, als **Nüsse** mit völlig sklerenchymatischem Perikarp und als **Steinfrüchte** mit sklerenchymatischem Endokarp und fleischigem – oder wie bei der Kokosfrucht faserigem – Mesokarp entgegen. Solche Steinfrüchte können entsprechend der Zahl der Karpelle durchaus mehrere Steine enthalten, die aber stets nur einen Samen umschließen (Holunder, Bärentraube).

Zu den Schließfrüchten gehören als Sonderformen die für die Compositen oder etwa die Valerianaceen typische **Achaene** (vgl. Seite 155 und die Grasfrucht (**Karyopse**), Seite 166). Ferner sind hier noch die **Bruchfrüchte** und die **Spaltfrüchte** einzureihen, die zwar mehrsamig sind, jedoch wie bei der Gliederhülse *(Ornithopus)* und der Gliederschote (Hederich) in einsamige, von Fruchtblattfragmenten umschlossene Bruchstücke zerfallen oder durch septicide Spaltung in Teilfrüchtchen zerlegt werden, welche den einzelnen Fruchtblättern entsprechen (Malven: „Käsepappel", Umbelliferen, Ahorn). Als Bruchfrüchte kann man auch die in 4 einsamige „Klausen" zerfallenden Früchte der Labiaten und Boraginaceen bezeichnen.

2. **Sammelfrüchte** (Abb. 22) kann man ebenfalls danach unterteilen, ob die einzelnen Karpelle mehrere oder nur einen reifen Samen einschließen. Im ersten Falle öffnen sich die Karpelle nach Art der Bälge: **Sammelbalgfrucht**. Im zweiten Fall kann jedes einzelne Fruchtblatt sich sklerenchymatisch entwickeln: **Sammel-Nußfrucht**. Bei der Erdbeere, die mit den Sammelnußfrüchte ausbildenden Fingerkräutern *(Potentilla)* eng verwandt ist, wird der Fruchtboden fleischig ausgebildet. Wenn sich dagegen die einzelnen Fruchtblätter steinfruchtartig entwickeln, ergibt dies eine **Sammelsteinfrucht** (Himbeere, Brombeere).

Die Fruchtblätter einer Sammelfrucht können auch zeitweilig *(Nuphar)* oder beständig von Achsengewebe eingeschlossen werden, das kann sowohl bei nüßchenartiger (Hagebutte von *Rosa*), oder steinfruchtartiger (Mispel) Ausbildung der Fruchtblätter wie bei

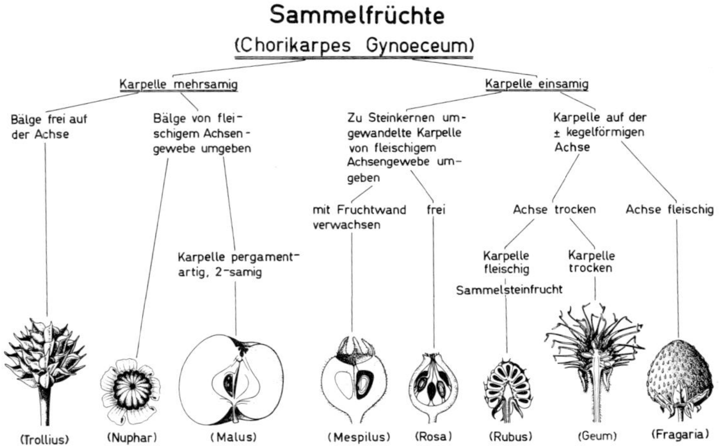

Abb. 22. Fruchtformen von Blüten mit chorikarpem Gynoeceum (Samen u. Früchte nach TROLL, DUCHARTRE, FIRBAS, RAUH).

Bälgen *(Nuphar)* der Fall sein. Letzteres gilt auch für die Apfelfrucht, bei der die pergamentartigen Karpelle jeweils 2 Samen umschließen.

Die **Ausbreitungseinheiten** (**Diasporen**) können somit aus einzelnen Samen (Spring- und Streufrüchte), ganzen Früchten (Schließfrüchte) oder auch Bruchstücken von Früchten bzw. aus Teilfrüchten (Bruch- und Spaltfrüchte, Nüßchen der Sammelnußfrüchte) bestehen. Andererseits sind bisweilen die Früchte eines gesamten Blütenstandes zu einem **Fruchtstand** vereinigt, der als Ganzes verbreitet wird (Maul„beere", Feige, Ananas, Abb. 23 IV–VI). Dabei können die Früchte miteinander verwachsen sein und/oder auch Achsenteile und Brakteen fleischig werden.

Samen, Teilfrüchte, Früchte und Fruchtstände sind in vielfältiger Weise an verschiedene Möglichkeiten der Verbreitung angepaßt. Als solche kommen in Betracht: 1. **Selbstverbreitung, Autochorie**, (Schleuderfrüchte von Impatiens); 2. **Windverbreitung, Anemochorie** (Ausbildung von Flügeln, Abb. 21 *Acer,* Abb. 30 II, Federkelchen, langen Grannen usw.); 3. **Wasserverbreitung, Hydrochorie**, tritt häufig bei Sumpf- und Wasserpflanzen auf und setzt zeitweilige Schwimmfähigkeit der Früchte oder Samen (vgl. *Nuphar*) voraus; 4. **Tierverbreitung, Zoochorie**, wobei man zwischen **Epizoochorie**, durch Anheftung an der Oberfläche (Haarkleid) von Tieren, und **Endozoochorie**, Verbreitung durch Fressen und Wiederausscheiden der Früchte oder Samen zu un-

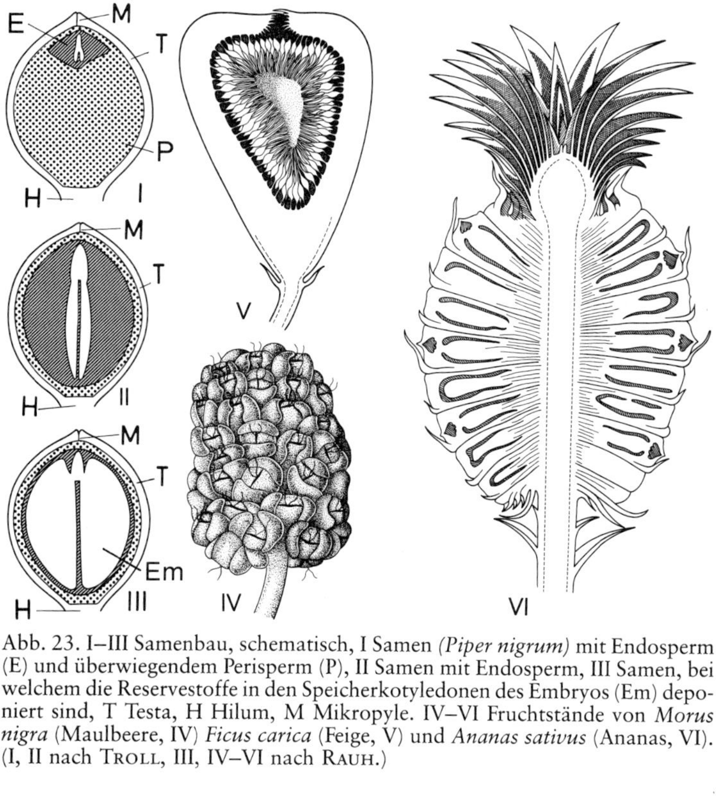

Abb. 23. I–III Samenbau, schematisch, I Samen *(Piper nigrum)* mit Endosperm (E) und überwiegendem Perisperm (P), II Samen mit Endosperm, III Samen, bei welchem die Reservestoffe in den Speicherkotyledonen des Embryos (Em) deponiert sind, T Testa, H Hilum, M Mikropyle. IV–VI Fruchtstände von *Morus nigra* (Maulbeere, IV) *Ficus carica* (Feige, V) und *Ananas sativus* (Ananas, VI). (I, II nach Troll, III, IV–VI nach Rauh.)

terscheiden hat. Voraussetzung ist im letztgenannten Fall natürlich, daß zumindest ein Teil der Samen den Magen-Darm-Kanal der verbreitenden Tiere unzerstört passieren kann, was bei Beeren, saftigen Samen usw. durchaus zutrifft. Als Anpassungen an epizoochore Verbreitung sind vor allem Kletteinrichtungen (Widerhaken an Samen, Früchten oder Fruchtständen) und Klebeeinrichtungen (z. B. Drüsenhaare) zu nennen. Verschiedene (selbstfertile!) Polemoniaceen-Arten, deren Samenschale bei Benetzung mit Wasser klebrig wird, sind durch Küstenvögel vom pazifischen Nordamerika nach den Küstengebieten Perus, Chiles und Patagoniens verbreitet worden!
Je nach den verbreitenden Tieren kann man zwischen **Ornithochorie** (Vögel), **Myrmekochorie** (Ameisen, s. Seite 86!) usw. unterscheiden.

B Die wichtigsten Gruppen der Angiospermae

1. Klasse: Dicotyledoneae (Magnoliatae), Zweikeimblättrige

Embryo fast stets mit 2 Kotyledonen. Primärwurzel meist langlebig. Blätter in der Regel fiedernervig oder handnervig-strahlig, nicht selten gefiedert, oft mit Stipeln. Leitbündel auf dem Stengelquerschnitt normalerweise im Kreise angeordnet, mit Kambium. Vorblätter der Seitensprosse meist transversal. Blüten häufig mit 5zähligen oder (seltener) 4zähligen Wirteln, bisweilen auch aus 2- oder 3zähligen Wirteln aufgebaut. Teilung der Pollenmutterzellen meist simultan, Pollenkörper selten mit nur 1 Keimfalte. (Bestimmungsschlüssel für alle Familien bei P. H. Davis und J. Cullen 1965, Geesink, Leeuwenberg et al. 1981.)

1 Magnoliidae

Bei einer systematischen Betrachtung der Angiospermengruppen pflegt man heute mit Recht von den *Magnoliidae* auszugehen. Die in dieser Unterklasse vereinigten Ordnungen umfassen nämlich Familien mit zahlreichen als ursprünglich angesehenen Merkmalen. Sie lassen im einzelnen aber eine Vielfalt verschiedener Merkmalsreihen erkennen, die sowohl zu anderen Ordnungen der Dikotyledonen als auch zu den Monokotyledonen hinweisen. Die große Mannigfaltigkeit der Merkmale macht es andererseits allerdings auch schwierig, allgemeingültige Kennzeichen der Gruppe anzugeben. Dies alles trifft auch für einige der jetzt in die *Ranunculidae* und *Hamamelididae* eingruppierten Ordnungen zu, die man früher mit den *Magnoliidae* unter dem Namen „*Polycarpicae*" zusammenfaßte.
Diese Bezeichnung nimmt auf die Ausbildung zahlreicher freier Karpelle Bezug, die häufig mit schraubiger Stellung und oft unbestimmter Zahl der Glieder in den einzelnen Blütenformationen verknüpft ist. Bisweilen stehen diese Glieder noch an einer deutlich verlängerten Blütenachse. Das Perianth ist oft noch nicht in Kelch und Krone gegliedert. Die Pollenkörner besitzen vielfach nur 1 Keimfalte – ein Merkmal, das bei den meisten Monokotyledonen wiederkehrt.
Die Ordnung der **1.1 Magnoliales** umfaßt ausschließlich Familien tropischer bis subtropischer Holzgewächse, deren primäres und sekundäres Xylem bisweilen noch keine Tracheen, sondern nur Tracheiden aufweist. Darüber hinaus sind die *Magnoliales* außerdem noch durch ihre oft lederartigen, ungeteilten, meist stipellosen Laubblätter und in anatomischer und phytochemischer Hinsicht durch das fast allgemeine Auftreten von Ölzellen mit ätherischen Ölen gekennzeichnet. Wir finden daher unter ihnen auch eine große Anzahl von Gewürzpflanzen. Das Vorkommen von Benzylisochinolinalkaloiden ist verbreitet.

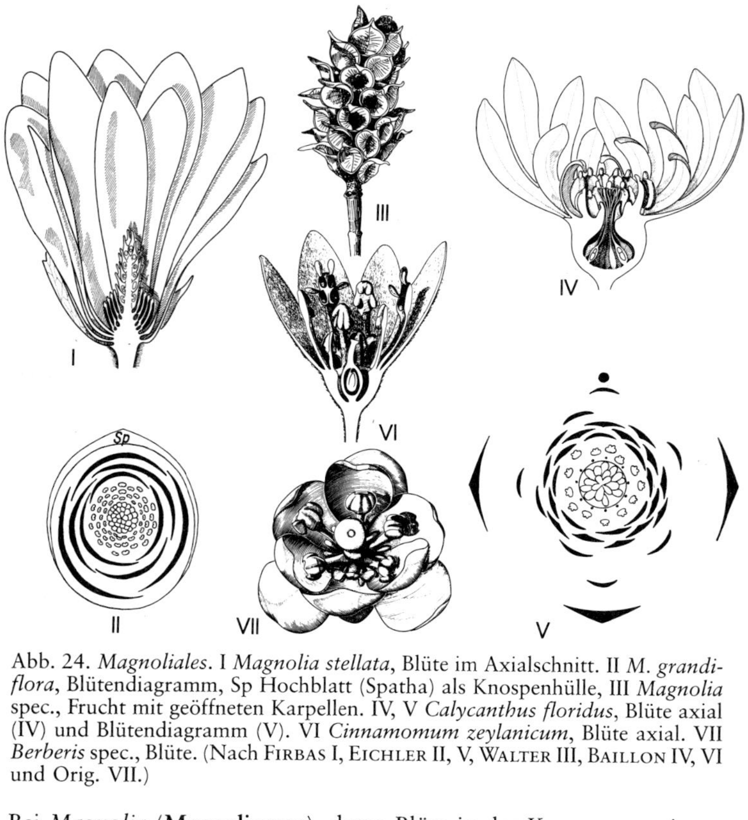

Abb. 24. *Magnoliales.* I *Magnolia stellata*, Blüte im Axialschnitt. II *M. grandiflora*, Blütendiagramm, Sp Hochblatt (Spatha) als Knospenhülle, III *Magnolia* spec., Frucht mit geöffneten Karpellen. IV, V *Calycanthus floridus*, Blüte axial (IV) und Blütendiagramm (V). VI *Cinnamomum zeylanicum*, Blüte axial. VII *Berberis* spec., Blüte. (Nach FIRBAS I, EICHLER II, V, WALTER III, BAILLON IV, VI und Orig. VII.)

Bei *Magnolia* (**Magnoliaceae**), deren Blüte in der Knospe von einem oder mehreren Hochblättern mit großen tütenförmig verwachsenen Stipeln umgeben ist, kommt noch eine schraubige Stellung aller Blütenorgane vor, so bei *M. stellata* (Abb. 24 I). Bei anderen Arten steht das Perigon in 3zähligen Wirteln (*M. denudata,* $P3 + 3 + 3\ A\ \infty\ G\ \underline{\infty}$), oder die Blütenhülle weist bereits eine Gliederung in Kelch und Krone auf (*M. acuminata,* $K3\ C3 + 3\ A\ \infty\ G\ \underline{\infty}$). Dies gibt Anlaß zu der Überlegung, ob nicht neben der schraubigen Stellung auch die Anordnung in 3zähligen (und ebenso in 2zähligen) Wirteln als verhältnismäßig primitives Blütenmerkmal gelten könnte. Staubblätter und Karpelle sind bei den *Magnoliaceae* jedoch stets schraubig angeordnet, während die Karpelle bei der alten, vor allem in den Gebirgen der Südhemisphäre verbreiteten **Winteraceen**-Gattung *Drimys* (*D. winteri,* Magelhanischer Zimt) fast zyklisch gestellt und bei *Zygogynum* sogar vollständig miteinander verwachsen sind. Das Holz der *Winteraceae* weist keine Tracheen, sondern nur Tracheiden auf. Die Sammelfrüchte der *Magnoliaceae* bestehen aus Hülsen oder bei dem durch tulpenähnliche Blüten gekennzeichneten Tulpenbaum *(Liriodendron tulipifera)* aus Flügelnüßchen. Aus den reifen Hülsen der *Magnolia*-Arten (Abb. 24 III) hängen die mit lebhaft rotgefärbter Sarcotesta ausgestatteten Samen an den lang abrollenden Schraubengefäßen der Funiculi heraus (Vogelverbreitung!). Ausnahmsweise können die Fruchtblätter auch nachträglich zu einem fleischigen „Synkarpium" verwachsen, so bei manchen **Annonaceae** (*Annona cherimola,* Cherimoya).

Erst vor wenigen Jahrzehnten (1942) wurde auf den Fidschi-Inseln mit *Degeneria vitiensis* eine neue, monotypische Familie (**Degeneriaceae**) entdeckt, bei welcher das einzige Karpell der Blüte ein kurz-schlauchförmiges Blattorgan darstellt, bei dem die Ränder der schräg-aufwärts gerichteten Mündung postgenital miteinander verwachsen und größtenteils zu charakteristischen „Narbenkämmen" ausgebildet werden.
Unter den *Magnoliales* gibt es auch Familien mit eingeschlechtigen und sogar zweihäusig verteilten Blüten, so bei den *Myristicaceae.* Die fleischige, jedoch aufspringende Einblattfrucht von *Myristica fragrans* liefert als Samen die „Muskatnuß", deren Endosperm von Gewebe der Chalaza oder des inneren Integuments durchwuchert ist (ruminiertes Endosperm). Der rote zerschlitzte Samenmantel (Arillus) dient unter dem Namen "Macis" als Gewürz und Droge.
Unter den **1.2 Laurales** sind die **Calycanthaceae** (Abb. 25 IV, V) durch eine völlig schraubige Anordnung aller Blütenglieder ausgezeichnet. Daß diese als primitiv betrachtete Stellung der Blütenorgane hier mit einer als abgeleitet zu betrachtenden urnenförmigen Vertiefung der Blütenachse kombiniert ist (V), bestätigt das im einleitenden Kapitel über die Heterobathmie Gesagte.
Eine wichtige Gewürzpflanzen-Familie sind die **Lauraceae.** Ihre aus 3zähligen Wirteln aufgebauten, meist perigynen Blüten (Abb. 24 VI) besitzen jeweils nur 1 Karpell mit 1 Samenanlage, sind also (nach neueren Untersuchungen) echt monomer. Die Antheren öffnen sich mit je 4 Klappen. Zu den *Lauraceae* gehören: der mediterrane Lorbeer *(Laurus nobilis),* die Gattung *Cinnamomum* mit *C. zeylanicum* (Zimt), *C. cassia* (Cassia-Zimt) und *C. camphora* (Kampferbaum), *Sassafras officinale* (Fenchelholz), *Persea americana* (Aguacate, Avocadobirne).
Die Blüten der vorwiegend südhemisphärischen **Monimiaceae** besitzen im Unterschied zu den *Lauraceae* meist mehrere Karpelle, sie haben oft eine schüssel- oder urnenförmige Blütenachse und zu einem sich ablösenden Deckel vereinigte Tepalen. *Peumus boldo* (Chile) liefert ein Gewürz, Heilmittel und Hartholz (Boldo).
Als Vertreter einer eigenen Ordnung **1.3 Paeoniales** kann man heute die früher zu den *Ranunculaceae* gerechnete Gattung *Paeonia* (Pfingstrose, *Paeoniaceae*) ansehen, Stauden und Halbsträucher, deren sekundäres Xylem nur aus Tracheiden besteht. Die 5 primären Staubblattanlagen entstehen hier ebenso wie die Glieder des Perianths in schraubiger Folge, teilen sich dann aber in zentrifugaler Richtung fortschreitend auf, so daß ein über 200 Staubblätter zählendes Androeceum gebildet wird. In dieser Hinsicht steht die Gattung den *Dilleniales* nahe, während sie in der Ausbildung der epicuticularen Wachse in Form querge-

riefter Stäbchenkristalloide („Aristolochia-Typ", BARTHLOTT) den *Magnoliidae* entspricht. Die 2–5 Karpelle sind an der Basis von einem fleischigen Diskus umgeben und entwickeln sich zu vielsamigen Bälgen.
Durch Ölzellen sind die aufgrund vielfältiger Merkmalsbeziehungen an die *Magnoliales* anzuschließenden **1.4 Piperales** ausgezeichnet. *Sarcandra* (**Chloranthaceae**) ist tracheenlos. Die strauchigen oder krautigen **Piperaceae** besitzen perianthlose, oft eingeschlechtige Blüten, ihre Samen enthalten außer dem Endosperm ein umfangreiches Perisperm. Die einsamigen Steinfrüchte von *Piper nigrum* liefern unreif getrocknet den schwarzen, reif und geschält den weißen Pfeffer.
Auch die **1.5 Aristolochiales** leitet man heute von den *Magnoliales* ab. Einheimische Vertreter der **Aristolochiaceae** sind die Haselwurz *(Asarum europaeum)* und die Osterluzei (*Aristolochia clematitis,* Abb. 19 VIII, IX).

1.6 Nymphaeales

Die **Nymphaeaceae** und **Ceratophyllaceae** sind ausschließlich Wasserpflanzen mit oft stark reduzierten Leitbündeln (Anpassung an das Leben im Wasser?) ohne Tracheen und ohne Kambium. Die Schwimmblätter der **Nymphaeaceae** erreichen bei der im Amazonasgebiet beheimateten *Victoria regia* 2 m Durchmesser; bei *Cabomba* sind die untergetauchten „Wasserblätter" fein gefiedert. Häufig ist ein vielzähliges Perianth und Androeceum in schraubiger Anordnung und oft durch Übergangsformen miteinander verbunden, so bei der Seerose, *Nymphaea:* K4 C ∞ A ∞ G 12–20. Bei der Teichrose, *Nuphar* (K5 C13 A ∞ G 10–16), sind die Glieder der Blumenkrone unscheinbare Nektarblätter, die des Kelches hingegen groß und leuchtend gelb gefärbt. Aber auch 3zählige Wirtel kommen vor, so bei *Cabomba* (P3 + 3 A3[+3] G2–4, vgl. Abb. 44 III) und *Brasenia.* Nur bei diesen beiden Gattungen bleiben die Karpelle völlig frei; sonst verwachsen sie zwar untereinander nicht, werden aber mehr oder minder weit von einem Achsenmantel umwachsen, auf dessen Außenseite oft Perianth- und Staubblätter ansitzen. Zur Zeit der Fruchtreife löst sich der Achsenmantel häufig wieder ab. (Abb. 22). Die Placenten liegen bei den *Nymphaeaceae* laminal, was auch bei einigen primitiven Monokotyledonen vorkommt. Weitere solcher, auf die engen Beziehungen zwischen *Magnoliidae* und Monokotyledonen hinweisenden Merkmale sind: Zerstreute Anordnung der geschlossenen Leitbündel, Pollenkörner oft nur mit 1 Keimfalte, Endospermentwicklung teilweise helobial, breite Ansatzfläche der Petalen. Die Samen besitzen Endosperm und Perisperm. Anatomische Merkmale sind die verzweigten, etwas sklerenchymatischen Zellen („innere Haare") im Lakunengewebe sowie gegliederte Milchröhren.
Die untergetaucht lebenden wurzellosen **Ceratophyllaceae** *(Ceratophyllum)* besitzen quirlständige gabelteilige Laubblätter, ihre Blüten sind eingeschlechtig (P12 A12–16; P9–10 G(2)).

Die bisher meist zu den *Nymphaeaceae* gerechnete Lotosblume *(Nelumbo, Nelumbonaceae,* **1.7 Nelumbonales**) läßt auf Grund ihrer Epicuticularwachse, der Struktur der Pollenkörner und dem Vorkommen von Milchröhren eine enge Beziehung zu den *Papaveraceae* erkennen. Ihre schildförmigen Blätter ragen an langen Stielen über die Wasseroberfläche, die nüßchenartig sich entwickelnden Karpelle sind einzeln in die umgekehrt-kegelförmige Blütenachse eingesenkt und die Samen enthalten nur einen Embryo mit Speicherkotyledonen. Fossile Funde (Kreide!) wie auch das zerstückelte Verbreitungsgebiet (im wesentlichen südliches Asien bis N-Australien und zirkumkaribisches Amerika und Fossilfunde in den dazwischen liegenden Landgebieten) deuten auf ein hohes Alter der Gattung hin. Dasselbe gilt für viele *Magnoliidae*, so z. B. für *Liriodendron* (Abb. 6), dessen charakteristisch gelappte, mit Stipeln ausgestattete Laubblätter sich in tertiären Schichten für ein von Nordamerika über Ostasien bis nach Europa (Pliozänflora von Frankfurt!) geschlossenes Areal nachweisen ließen. Diese und viele andere *„Polycarpicae"* (vgl. *Schisandraceae*) gehörten der arktotertiären Flora an, die im Tertiär in einem gemäßigt-warmen Klima über die gesamte Holarktis verbreitet war.

2 Ranunculidae

Bei den früher zu den *„Polycarpicae"* gerechneten Ordnungen dieser Unterklasse ist die schraubige Stellung der Blütenorgane oder deren Anordnung in 3zähligen Wirteln und die apokarpe Ausbildung des Gynoeceums weit verbreitet; mit den *Magnoliidae* haben sie außerdem das Auftreten von Benzylisochinolinalkaloiden gemeinsam.
Zur großen Ordnung der **2.1 Ranunculales** gehören als wichtigste Familie die **Ranunculaceae.** Bei diesen überwiegen die Kräuter. (Eine Ausnahme bildet unter den einheimischen Sippen nur die Lianengattung *Clematis,* die als einzige auch eine dekussierte Blattstellung aufweist). Die oft stark segmentierten Fiederblätter besitzen häufig deutlich entwickelte Scheiden und gelegentlich Übergangsbildungen zu Stipeln. Die Pollenkörner sind im Gegensatz zu den *Magnoliales* meist mit 3 Keimfalten ausgestattet. Die Blütenachse tritt im Bereich des zumeist aus vielen freien Karpellen bestehenden Gynoeceums oft sehr deutlich hervor, so beim Gifthahnenfuß (*Ranunculus sceleratus,* Abb. 25 III) und noch weit auffälliger (bis mehrere cm lang) beim Mäuseschwänzchen *(Myosurus minimus).* Das Perianth ist oft ungegliedert (*Anemone* u. a.), es entspricht dann dem Kelch bei den Ranunculaceen mit gegliedertem Perianth. Die Zahlenverhältnisse sind innerhalb einer Gattung oft recht unterschiedlich: bei *Anemone ranunculoides* findet man 5, bei der im Garten kultivierten *A. blanda* hingegen 12–18 schraubig angeordnete Tepalen, bei *A. nemorosa* meist 2 dreizählige Wirtel (Abb. 25 I). Bei vie-

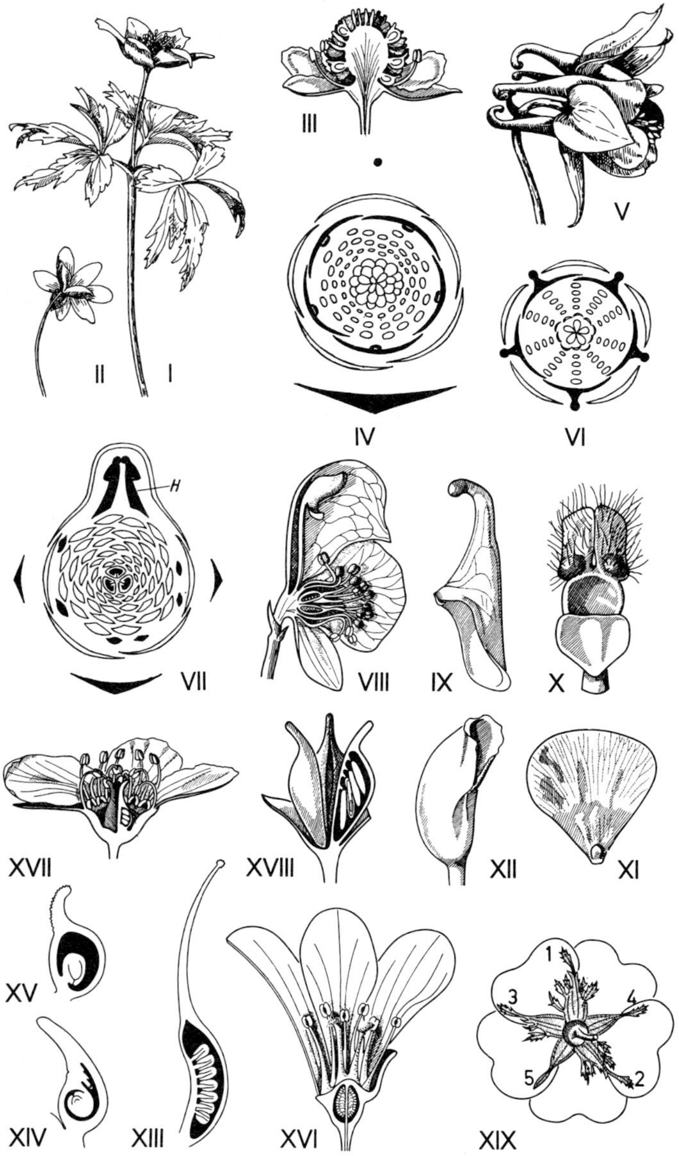
I
II
III
IV
V
VI
VII
H
VIII
IX
X
XI
XII
XIII
XIV
XV
XVI
XVII
XVIII
XIX
1
2
3
4
5

len *Anemone*-Arten, aber auch bei *Nigella* („Jungfer im Grünen“) und beim Winterling *(Eranthis hyemalis)* rückt ein 3zähliger Scheinwirtel von Hochblättern (Abb. 25 I) so dicht an das Perigon heran, daß er zumindest bis zur Streckung des Blütenstiels die Funktion eines Kelches übernehmen kann; besonders deutlich ist dieses „Involucrum“ beim Leberblümchen, *Hepatica nobilis* (= *Anemone hepatica*) ausgebildet (II). Bei Blüten mit einem in Kelch und Krone gegliederten, vorherrschend 5zähligen Perianth, kann man bisweilen Übergangsformen unter den Hochblättern beobachten, welche die Glieder des äußeren Perianths mehr oder minder kontinuierlich mit den Laubblättern verbinden, so besonders deutlich bei der Stinkenden Nieswurz *(Helleborus foetidus)*. Die Kronblätter hingegen sind hier als „Nektarblätter“ ausgebildet (Abb. 25 XII). Diese lassen oft deutlich gestaltliche Beziehungen zu den Staubblättern erkennen. Bei der Küchenschelle, *Pulsatilla vulgaris* (= *Anemone pulsatilla*), sind es rudimentäre Staubblätter, welche zwischen den fertilen Staubblättern und den Tepalen stehen und Nektar produzieren; bei *Nigella* (Abb. 25 X) zeigen die Nektarblätter eine Gliederung in einen Stiel, eine von einer Schuppe überdeckte Nektargrube und einen tiefausgerandeten spreitenähnlichen Endabschnitt, der noch stark an die Form einer Anthere erinnert. In anderen Fällen ist ihre Form gestielt-röhrig, spornartig (Abb. 25 IX) oder durch Vergrößerung des Spreitenabschnittes breit blumenblattartig mit einer Nektargrube am Grunde (XI).

Auch in der Ausbildung der übrigen Blütenorgane bestehen bei den *Ranunculaceae* große Verschiedenheiten. Die Zusammengehörigkeit der Sippen zu einem größeren Verwandtschaftskreis tritt daher hier wie in anderen, ähnlichen Fällen weniger im Besitz gemeinsamer Schlüsselmerkmale zutage als vielmehr in der kontinuierlichen Abwandlung be-

Abb. 25. I–XV. *Ranunculaceae*. I *Anemone nemorosa*, Blütenstengel mit dreizähligem Scheinwirtel aus Stengelblättern, II *A. hepatica*, Blüte mit dreizähligem Involucrum, III *Ranunculus sceleratus*, Blüte im Axialschnitt, IV *R. acris*, Blütendiagramm, V, VI *Aquilegia*, Blüte und Diagramm, VII, VIII *Aconitum napellus* Blütendiagramm und Blüte im Medianschnitt, H, Nektarblätter; IX–XII Nektarblätter (nektarienführende Kronblätter) von *Aquilegia vulgaris* (IX), *Nigella damascena* (X), *Ranunculus acris* (XI), *Helleborus niger* (XII); XIII–XV Fruchtblätter von *Helleborus orientalis* (XIII), *Anemone nemorosa* (XIV) und *Ranunculus auricomus* (XV). XVI *Saxifraga granulata*, Blüte axial. XVII–XIX *Rosaceae*, XVII *Spiraea lanceolata*, Blüte im Axialschnitt, XVIII *Spiraea* sp. Frucht, desgl., XIX *Rosa canina*, Kelch und Krone von unten, die Kelchblätter sind nach ihrer genetischen Reihenfolge beziffert. (Nach Walter I, II, V, Warming III, VIII, XVIII, Eichler IV, VI, VII, Troll IX, X, XI, XIX, Firbas XIII, XV, Rassner XIV, teilw. verändert, XII, XVI Orig.)

stimmter Bauelemente. Dabei sind noch weitere Entwicklungstendenzen zu beobachten:

1. eine Neigung zu wirteliger Anordnung der Blütenorgane. Selbst die Staubblätter und Karpelle können in Kreisen stehen wie bei der Akelei (Abb. 25 V, VI), deren Blüte durchgehend zyklisch, und zwar nicht aus 3zähligen, sondern aus 5zähligen (!) Kreisen aufgebaut ist.
2. Diesen streng aktinomorphen Blüten stehen beim Eisenhut *(Aconitum)* und Rittersporn *(Delphinium)* ausgeprägt zygomorphe Blüten gegenüber. Dabei herrscht eine Förderung der zur Abstammungsachse gerichteten Teile des Perianths; das oberste Blatt des äußeren Perianthkreises ist helm- bzw. spornförmig (Abb. 25 VII, VIII), während die übrigen 4 Blattorgane dieses Kreises eine Förderung ihrer nach oben weisenden Hälften erfahren. Damit korrespondiert eine entsprechende Ausbildung der Nektarblätter (H). Die Zygomorphie ist bei beiden Gattungen mit der Ausbildung (traubiger) polyteler Blütenstände verknüpft, die somit gegenüber den monotelen Blütenständen aller anderen *Ranunculaceae* als stärker abgeleitet gelten dürfen.
3. ist die Tendenz zur Vereinigung der sonst freien Karpelle bei *Nigella* u. a.,
4. die Reduktion der Karpellzahl bis auf 1 bei manchen *Delphinium*-Arten *(D. ajacis), Cimicifuga* (Wanzenkraut) und *Actaea* zu erwähnen. Bei *Delphinium ajacis* und *Cimicifuga* entwickelt sich das Karpell zu einem Balg, bei *Actaea* (*A. spicata,* Christophskraut) als einziger Ranunculaceen-Gattung zu einer Beere.
5. Die chorikarpen Gynoeceen von *Helleborus, Aquilegia, Caltha (C. palustris,* Sumpfdotterblume), *Trollius (T. europaeus,* Trollblume, Abb. 22) und anderen Gattungen entwickeln sich zu Sammelbalgfrüchten, wobei allem Anschein nach mit zunehmender Karpellzahl eine gewisse Verringerung in der Zahl der Samen einhergehen kann. Bei manchen Ranunculaceen wird jedoch die Zahl der in einem Karpell ausgebildeten Samenanlagen auf 2 und bei *Anemone, Ranunculus, Adonis, Ficaria verna* (Scharbockskraut) und zahlreichen anderen auf eine (in der Querzone inserierte) verringert, wobei gelegentlich (*Anemone,* Abb. 25 XIV, *Clematis*) noch die Anlegung weiterer, aber nicht zu voller Ausbildung gelangender Samenanlagen zu beobachten ist. Die Karpelle entwickeln sich dann gewöhnlich nußartig (Sammelnußfrucht). Die Samenanlagen besitzen nicht selten *(Helleborus, Ranunculus, Anemone* u. a.) nur 1 Integument (abgeleitetes Merkmal!). Bei *Thalictrum* (Wiesenraute) ist das Perianth stark reduziert und hinfällig, doch sind bei einigen Arten *(Th. aquilegifolium* u. a.) die Filamente der zahlreichen aufrecht stehenden Staubblätter lebhaft gefärbt (Pinselblumen), während die schlaff hängenden Staubblätter bei *Th. minus* auf die Windblütigkeit dieser Pflanze hinweisen.

Das reichliche Vorkommen von Isochinolinalkaloiden hat zur Folge, daß sich unter den *Ranunculaceae* zahlreiche Heil- und Giftpflanzen finden. Die Verteilung dieser verschiedenen Alkaloide liefert neben anderen (z. B. morphologischen) Kriterien und den Ergebnissen serologischer Untersuchungen wichtige Hinweise für die Systematik dieser 1200 Arten in 30 Gattungen umfassenden Familie.

Teilweise dieselben Isochinolinalkaloide findet man bei den **Berberidaceae**, deren Blüten aus 3- oder 2zähligen Wirteln aufgebaut sind und einen einfächerigen, nachweislich echt monomeren Fruchtknoten besit-

zen. Dreizählig sind die Blüten bei der als Zwischenwirt des Getreideschwarzrostes bekannten Berberitze (*Berberis vulgaris* : K3 + 3 C3 + 3 A3 + 3 G$\underline{1}$, Abb. 24 VII) und der durch Fiederblätter und einen weiteren Kelchblattwirtel gekennzeichneten *Mahonia*. Beide Gattungen besitzen seismonastisch reagierende Filamente, die Antheren öffnen sich durch Klappen, die Kronblätter tragen Nektarien. Diese Nektarblätter sind bei der krautigen Gattung *Epimedium* (Sockenblume) gespornt, die Blüten sind hier 2zählig (K2+2+2+2+2 C2+2 A2+2 G1) aufgebaut. Bei *Podophyllum* sind die Leitbündel im Stengel ähnlich wie bei den Monokotyledonen zerstreut angeordnet.
Zwischen den *Berberidaceae* und den *Ranunculaceae* vermittelt auch in phytochemischer Hinsicht (Berberin, Hydrastin) die Gattung *Hydrastis* (P3 A ∞ G $\underline{\infty}$), deren 2samige Karpelle sich beerenartig entwickeln. Sie wird teils der einen, teils der anderen Familie zugerechnet. Die mit ihr in die gleiche Unterfamilie *Hydrastoideae* gestellte Gattung *Glaucidium* (P2 + 2A ∞ G$\underline{1-(2)}$, vielsamig) zeigt auch enge Beziehungen zu den *Papaveraceae* (s. unten)
2.2 Papaverales. Die **Papaveraceae** wurden früher mit den Familien der *Capparales* (Seite 134) zusammen in die Ordnung der *Rhoedales* gestellt, von denen sie jedoch in vieler Hinsicht (Fehlen der für die *Capparales* typischen Rudimentärstipeln, Fehlen der Senfölglykoside u. a.) abweichen. Inhaltsstoffe und serologische Merkmale, wie vor allem auch das aus 2- oder 3zähligen Wirteln bestehende Perianth und das im Gegensatz zu den *Capparales* primär vielzählige Androeceum, weisen sie jedoch als enge Verwandte der *Ranunculales*, vor allem der *Ranunculaceae (Glaucidium!)* und *Berberidaceae* aus. Besonders die Berberidaceen besitzen teilweise die gleichen Isochinolinalkaloide, z. B. ist das bei beiden Unterfamilien der *Papaveraceae* verbreitete Protopin auch bei der Berberidaceen-Gattung *Nandina* vorhanden. Biochemisch stellt die Familie „eine Climax-Gruppe im Formenkreis der *Polycarpicae*" (HEGNAUER) dar.

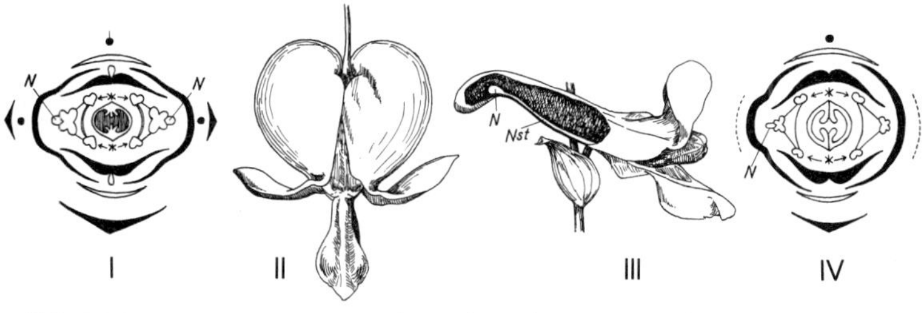

Abb. 26. *Papaveraceae-Fumarioideae*. Blütendiagramm und Blüte von *Dicentra spectabilis* (I, II) und *Corydalis bulbosa* (III, IV). N Nektarium, Nst dessen Stielchen. (I, IV nach EICHLER, II, III nach WALTER.)

Das Gynoeceum ist 2- bis vielblättrig, coenokarp (-parakarp) mit parietalen Placenten. Bei der Unterfamilie der *Papaveroideae* sind die Kronblätter ungespornt, das Androeceum ist vielzählig, so beim Schöllkraut, *Chelidonium majus:* K2 C2+2 A ∞ G($\underline{2}$), oder beim Schlafmohn *(Papaver somniferum):* K2 C2+2 A ∞ (G($\underline{7–15}$). Der bekannte weiße (Schlafmohn), rotgelbe (Schöllkraut) oder auch farblose Milchsaft wird in gegliederten Milchröhren gebildet, er enthält viele der erwähnten Alkaloide, von denen die Opiumalkaloide des Schlafmohns (Codein, Morphin, Narcotin usw.) große medizinische Bedeutung erlangt haben. Wegen des ölhaltigen Endosperms wird die Art auch als Ölpflanze angebaut. Die Früchte (Abb. 21) sind vielsamige Schoten (*Chelidonium* u. a.) oder Porenkapseln (*Papaver* u. a.). Der bei allen Papaveraceen schon frühzeitig abfallende zweiblättrige Kelch wird bei der Gartenpflanze *Eschscholzia* von den sich entfaltenden Kronblättern abgesprengt und emporgehoben („Schlafmütze").
Die Blüten der *Fumarioideae* sind nach der Formel K2 C2+2 A2+2/2 G ($\underline{2}$) gebaut und disymmetrisch, wenn beide Glieder des äußeren Kronblattwirtels gespornt oder ausgesackt sind (*Dicentra spectabilis,* „Tränendes Herz", Abb. 26 I, II), oder aber transversal-zygomorph, wenn nur eines der beiden äußeren Kronblätter einen Sporn besitzt, so bei dem in unseren Laubwäldern verbreiteten Lerchensporn (*Corydalis,* III, IV) oder dem Erdrauch *(Fumaria)*; hier erfahren die Blüten kurz vor dem Aufblühen eine Drehung um 90°, so daß der Sporn in die Mediane einrückt. Die Glieder des inneren, medianen Staubblattwirtels sind bei allen *Fumarioideae* mehr oder minder tief gespalten und ihre Hälften mit den jeweils benachbarten Gliedern des äußeren transversalen Wirtels verwachsen. Am Grunde der transversal stehenden Staubblätter befindet sich bei *Dicentra* je ein Nektarium, das seinen Nektar in die Aussackung des transversalen Kronblattes sezerniert; bei *Fumaria* und *Corydalis* ist dementsprechend nur ein einziges Nektarium ausgebildet. Die Frucht ist bei *Corydalis* eine Schote, bei *Fumaria* entwickelt sich der einsamige Fruchtknoten zu einer Nuß. Innerhalb der *Fumarioideae* vollzieht sich ein Übergang von monotelen Infloreszenzen *(Corydalis glauca)* zu polytelen. Milchröhren fehlen.

3 Hamamelididae

Den Ausgangspunkt auch dieser Reihengruppe bilden Holzgewächse, die früher zu den *Magnoliales* gerechnet, jetzt aber als **Illiciales** und **3.1 Trochodendrales** hierher gestellt wurden. Unter den letzteren sind wiederum zwei, die **Tetracentraceae** und **Trochodendraceae** dadurch bemerkenswert, daß ihr primäres und sekundäres Xylem nur Tracheiden aufweist und in dieser Hinsicht als primitiv gilt. Den Blüten der *Trochodendraceae* fehlt das Perianth.

Bei den **Illiciaceae** (**3.2 Illiciales**) stehen die Karpelle im Kreis. *Illicium verum* liefert das Gewürz Sternanis, *I. religiosum* enthält ein starkes Alkaloid. – Die durch verlängerte Blütenachsen ausgezeichneten **Schisandraceae** sind heute mit vielen Arten der Gattungen *Schisandra* und *Kadsura* in Ost- und Südasien vertreten und mit einer *Schisandra*-Art im südöstlichen Nordamerika; *Kadsura* wurde aber auch im Tertiär des Rheinlandes und der Niederlausitz gefunden.

Bei den gleichfalls nur Holzgewächse umfassenden **3.3 Hamamelidales** ist das Perianth mehr oder minder reduziert, die Karpelle sind bisweilen noch nicht vereinigt.
Als Beispiel für die **Hamamelidaceae** mögen die unter dem Namen Zaubernuß gepflanzten, oft schon im Winter blühenden Ziersträucher *Hamamelis virginiana* und *H. japonica* (disjunktes Gattungsareal!) genannt sein. Ihre Blüten sind noch zwitterig und mit doppeltem Perianth versehen, das meist 2blättrig-coenokarpe Ovar ist halbunterständig: K4 C4 A4+4 G(2). In den Karpellen kommt meist nur 1 Samenanlage (2 Integumente!) zu voller Entwicklung. Die platanenähnliche Gattung *Liquidambar (L. styraciflua* liefert Styrax) hingegen besitzt ein unterständiges vielsamiges Ovar, die Blüten sind wie bei den *Platanaceae* in getrenntgeschlechtigen kugeligen hängenden Blütenständen angeordnet.

Zu den **Platanaceae** gehören nur die Platanen *(Platanus)*, von denen einige Arten und Bastarde bei uns als Alleebäume gepflanzt werden. Das Perianth ihrer 3- oder 4zähligen Blüten ist stark rückgebildet, das aus 5–9 Karpellen bestehende oberständige Gynoeceum ist apokarp, jedes Fruchtblatt enthält nur 1 Samenanlage mit 2 Integumenten.

3.4 Fagales

Von den *Hamamelidales* kann man heute auch zwei Familien wichtiger einheimischer Laubhölzer, nämlich die in der Ordnung *Fagales* zusammengefaßten *Betulaceae* und *Fagaceae*, an die „*Polycarpicae*“ anschließen, während man sie früher oft mit anderen „Kätzchenblütlern“ an den Anfang des Systems stellte, weil man sie wegen ihrer oft perianthlosen eingeschlechtigen und auf Windbestäubung eingestellten Blüten für recht ursprünglich (den Gymnospermen näherstehend) hielt. Faßt man diese Merkmale jedoch als abgeleitet auf, so bieten sich für einen Anschluß die Familien der *Hamamelidales* an, von denen ganz besonders die *Hamamelidaceae* starke Übereinstimmungen mit manchen *Betulaceae* zeigen, sehr auffällig z. B. bei der auch als Zierstrauch gepflanzten Scheinhasel *(Corylopsis, Hamamelidaceae)* und der Hasel *(Corylus, Betulaceae)*. Derartige Übereinstimmungen bestehen unter anderem im Bau des sekundären Xylems, der Drüsenhaare und in anderen anatomischen sowie blattmorphologischen (Stipeln) und blütenmorphologischen Merkmalen und in embryologischer und phytochemischer Hinsicht. Nicht zu übersehen ist ferner die Übereinstimmung im thyrsischen Bau der auch bei den *Hamamelidaceae* häufig kätzchenartigen Blütenstände.

Die **Fagales** (Abb. 27, 28) haben stets eingeschlechtige Blüten mit stark reduziertem Perianth und einem unterständigen Fruchtknoten, von dessen Samenanlagen gewöhnlich nur eine zur Reife gelangt. Die Früchte sind Nüsse; das schon bei den *Hamamelidales* nur noch spärliche Endosperm fehlt hier gänzlich. Die stets ungeteilten wechselständigen Laubblätter tragen hinfällige, dem Knospenschutz dienende Stipeln. Die Blütenstände sind polytele Thyrsen mit im vollständigen Falle 3zähligen Teilblütenständen (Partialfloreszenzen). Die männlichen Blütenstände, auf die vor allem die Bezeichnung „Kätzchen" anzuwenden ist (Abb. 28 I, II, V), fallen nach der Blütezeit als ganze ab. Zwischen Bestäubung und Befruchtung der (zur Blütezeit oft noch nicht voll entwikkelten) Samenanlagen vergehen oft mehrere Monate (so auch bei manchen Hamamelidaceen). Der Pollenschlauch dringt bei den *Fagales* nicht von der Mikropyle, sondern von der Chalaza her in den Embryosack ein (Chalazogamie).

Für die **Betulaceae** (Abb. 27) dürfte mit vereinzelten Abweichungen die Blütenformel P2+2 A2+2 bzw. G $(\overline{2})$ zutreffen. Der in beiden Fächern je 1 Samenanlage (nur 1 Integument!) tragende Fruchtknoten weist besonders durch die lang fadenförmigen apokarpen Fruchtblattabschnitte große Ähnlichkeit mit dem Ovar von *Corylopsis* und anderen Hamamelidaceen auf. Die Antheren sind oft tief geteilt. Ein vollständiges Perigon ist freilich nur noch in den männlichen Blüten der Erlen (*Alnus,* Abb. 27 II) und in den weiblichen von *Corylus* (Hasel), *Ostrya* und *Carpinus* (Hainbuche) entwickelt, bei den letztgenannten allerdings oft unregelmäßig 6- bis 10zipfelig, doch sind hier gewöhnlich je 2 mediane und transversale Zipfel kräftiger ausgebildet oder sogar allein vorhanden, die übrigen stellen also wohl nur akzessorische Bildungen dar (vgl. Abb. 27 I, II). Darüber hinaus unterscheiden sich die einzelnen Gattungen, wie die Diagramme zeigen, erheblich. Die Mittel- oder die Seitenblüten der Partialfloreszenzen können fehlen, die Vorblätter 1. oder 2. Ordnung teils fehlen, teils auch miteinander vereinigt sein, auch einzelne Staubblattwirtel können ausfallen. Bei den Haselsträuchern *(Corylus)* und der Hainbuche (oder Weißbuche, *Carpinus betulus*), ebenso auch bei der mediterranen Hopfenbuche *(Ostrya carpinifolia)* vereinigen sich die Vorblätter 1. und 2. Ordnung auf jeder Seite der Partialfloreszenz miteinander und bilden um jede Frucht bei den Haselsträuchern eine zerschlitzte Hülle, bei der Hainbuche (Abb. 27 VII) und der Hopfenbuche ein 3lappiges Flugorgan.

Bei den Birken *(Betula)* und Erlen *(Alnus)* verwächst jeweils das Deckblatt der Partialfloreszenz mit den anliegenden Vorblättern 2. Ordnung zu einer holzigen Schuppe (Abb. 27 III), die bei den Birken zur Zeit der Fruchtreife abfällt und die Flügelnüsse (IX) freigibt, während die Schuppen bei den Erlen feste Zapfen bilden (IV). Bei den meisten Erlen, den Birken und der Hasel werden alle Blütenstände schon im Vorjahr ausgebildet, die weiblichen überwintern bei der Birke im Knospenschutz.

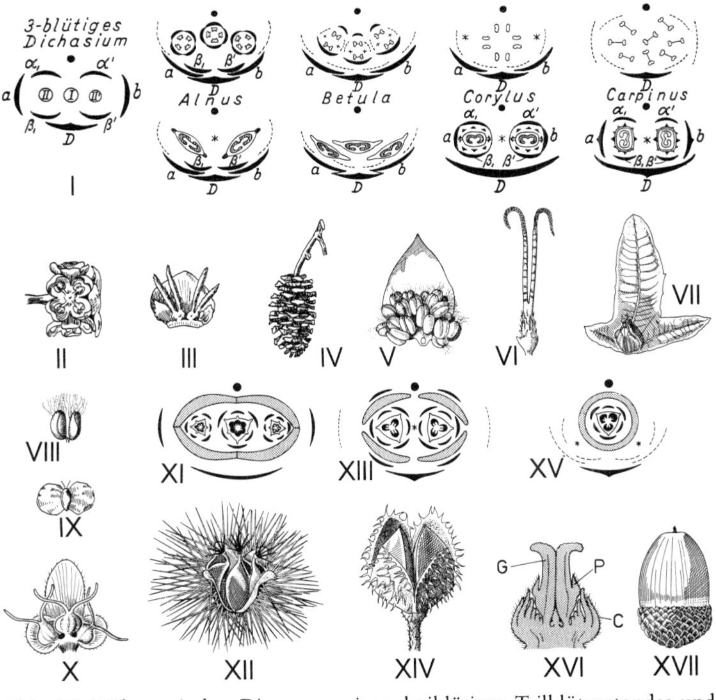

Abb. 27. I Theoretisches Diagramm eines dreiblütigen Teilblütenstandes und Diagramme männlicher (oben) und weiblicher (unten) Teilblütenstände der einheimischen Betulaceengattungen, D Deckblatt, a, b Vorblätter 1. Ordnung, α, β Vorblätter 2. Ordnung (nach EICHLER, verändert). II–X *Betulaceae*, II–IV *Alnus glutinosa*, II männlicher, III weiblicher Teilblütenstand, IV Fruchtstand (nach KARSTEN). V–VIII *Carpinus betulus*, V männlicher Teilblütenstand, VI weibliche Blüte, VII Frucht mit Vorblatthülle, VIII Anthere; nach WETTSTEIN (V, VIII), BÜSGEN (VI) und TROLL (VII). IX, X *Betula pendula*, Flügelnuß und weiblicher Teilblütenstand (nach KARSTEN). – XI–XVII *Fagaceae*, Diagramme der Teilblütenstände und Fruchtstände von *Castanea sativa* (XI, XII), *Fagus sylvatica* (XIII, XIV) und *Quercus robur* (XV, XVII), XVI Teilblütenstand von *Quercus robur* im Längsschnitt, C Cupula, P Perigon, G Griffel, nach EICHLER (XI, XIII), TROLL (XII, XIV, XV, XVII) und BERG & SCHMIDT (XVI).

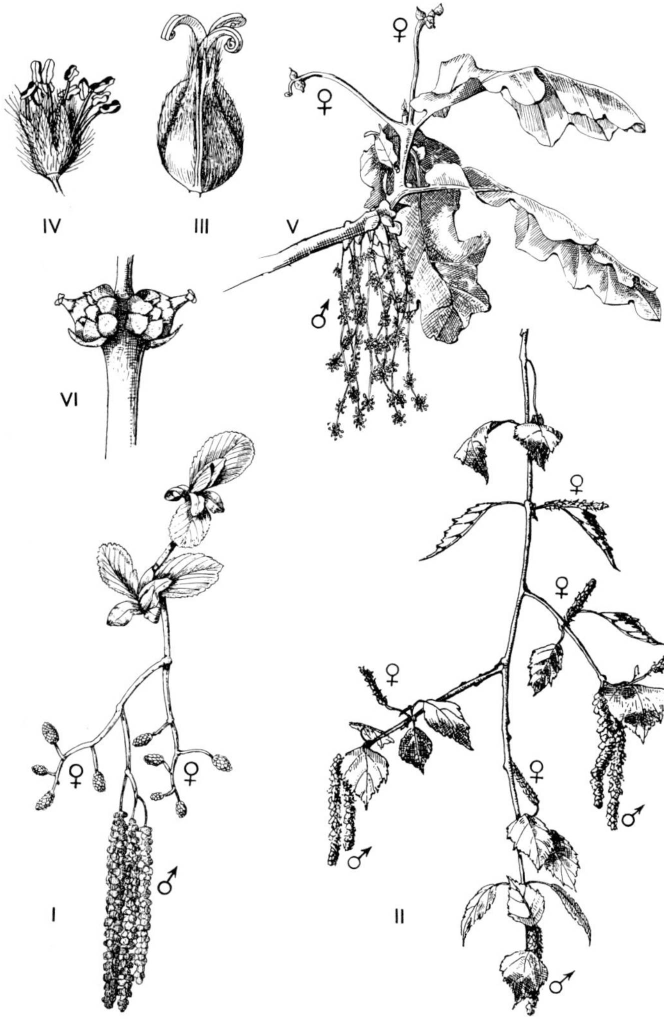

Abb. 28. Blühende Zweige von *Alnus glutinosa* (I) und *Betula pendula* (II); III, IV *Fagus sylvatica*, weibliche (III) und männliche (IV) Einzelblüte mit Perianth. V, VI *Quercus robur*, blühender Zweig (V) und zwei weibliche Blüten (VI) (nach WALTER).

Die Blüten der **Fagaceae** (Abb. 27 XI–XVII) weisen stets noch deutliches, wenn auch oft unscheinbares Perigon auf. Bei den männlichen Blüten (Abb. 28 IV) wechselt die Zahl der Perigonblätter und Staubblätter, die weiblichen entsprechen der Formel $P3+3\ G(\overline{3})$, bei der Eßkastanie jedoch $P3+3\ G(\overline{3+3})$. In jedem Fruchtfach kommen 2 Samenanlagen (2 Integumente) zur Ausbildung, die später bis auf eine verkümmern, ebenso wie die Septen des Ovars. Bei der noch von Käfern bestäubten Eßkastanie findet man vielfach noch Blütenstände, in denen die unteren Partialfloreszenzen weiblich, die oberen männlich, und zwar 7blütig, sind; zudem weisen die männlichen Blüten der Eß-(Edel-) kastanie und der Rotbuche gewöhnlich noch ein rudimentäres Gynoeceum auf. Damit wird bestätigt, daß wir die eingeschlechtigen, windbestäubten Blüten als abgeleitet aufzufassen haben. Die weiblichen Teilblütenstände sind von einem außen mit Stacheln oder Schüppchen besetzten Achsenbecher umschlossen. Diese sog. Cupula, die den *Fagaceae* auch den Namen Cupuliferae eingetragen hat, öffnet sich bei der Edelkastanie (*Castanea,* Abb. 27 XI, XII) mit 4 Klappen, bei den Buchen (*Fagus, F. sylvatica,* Rotbuche, XIII, XIV) ist sie von vornherein tief 4teilig, bei den Eichen (*Quercus* Abb. 27 XV–XVII, 28 V, VI) bildet sie einen halbkugeligen Becher. Da die Cupula bei *Castanea* und *Fagus* 4klappig ist, hat man sie häufig als Verwachsungsprodukt der Vorblätter 2. Ordnung gedeutet. Dieser Deutung steht jedoch entgegen, daß diese Vorblätter bei der Buche noch unterhalb der Cupula vorhanden sind. Die Teilblütenstände sind nur bei der Eßkastanie noch 3blütig (selten sogar bis 7blütig), hier kann man somit in einer Cupula 3 Nüsse finden. Bei den Buchen fehlt die Mittelblüte, so daß der Becher hier nur 2 „Bucheckern" einschließt, bei den Eichen kommt nur die Mittelblüte zur Ausbildung.

Die südhemisphärischen Südbuchen (*Nothofagus;* südliche Anden – Neuseeland – Tasmanien – Neuguinea), ein wichtiges Element der subantarktischen Flora, sind diözisch.
Den *Hamamelidales* stehen vielleicht die **3.5 Casuarinales** *(Verticillatae)* nahe, vornehmlich in Australien und dem Malaiischen Archipel beheimatete Bäume mit schachtelhalmähnlich beblätterten rutenförmigen Zweigen *(Casuarina),* die man wegen ihrer einfachen (stark reduzierten!) eingeschlechtigen Blüten (die weiblichen in verholzenden Zapfen, ähnlich *Liquidambar,* Samenanlagen mit 20 Embryosäcken, Chalazogamie) oft mit der Gymnospermen-Gattung *Ephedra* in Verbindung brachte.

Die **3.6 Juglandales** *(Juglandaceae),* Holzgewächse mit unpaarig gefiederten, stipellosen Laubblättern, sieht man teils als Verwandte der *Anacardiaceae (Sapindales)* an, teils hält man eine Verwandtschaft mit den *Hamamelidales* für wahrscheinlich, nicht zuletzt unter Berücksichtigung der bisher bekannten Inhaltsstoffe, die freilich ebenso auf Beziehungen zwischen *Hamamelidaceae* und *Anacardiaceae* hindeuten. Über die Blütenverhältnisse der Walnuß *(Juglans)* unterrichtet die

Abb. 29. Als weitere Gattungen mögen *Carya* (Hickory, Nordamerika, Ostasien) und *Pterocarya* (Flügelnuß, Asien, Vorderasien; bisweilen Parkbaum) genannt sein. Die ebenfalls getrenntgeschlechtig-kätzchenblütigen, jedoch perianthlosen und mit einfachen, bisweilen Stipeln tragenden Laubblättern ausgestatteten **3.7 Myricales** *(Myriaceae)* zeigen Beziehungen zu den *Hamamelidales*. Hierher gehört: *Myrica gale* (Gagelstrauch) auf atlantischen Mooren und Heiden (andere Arten auf Rohböden in den Subtropen).

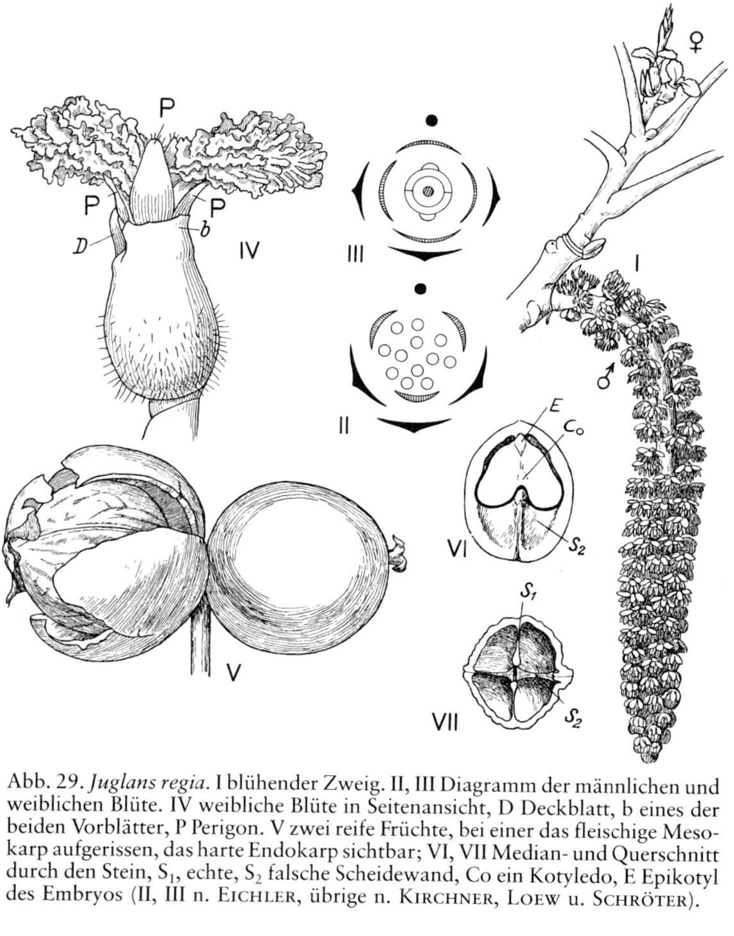

Abb. 29. *Juglans regia*. I blühender Zweig. II, III Diagramm der männlichen und weiblichen Blüte. IV weibliche Blüte in Seitenansicht, D Deckblatt, b eines der beiden Vorblätter, P Perigon. V zwei reife Früchte, bei einer das fleischige Mesokarp aufgerissen, das harte Endokarp sichtbar; VI, VII Median- und Querschnitt durch den Stein, S_1, echte, S_2 falsche Scheidewand, Co ein Kotyledo, E Epikotyl des Embryos (II, III n. EICHLER, übrige n. KIRCHNER, LOEW u. SCHRÖTER).

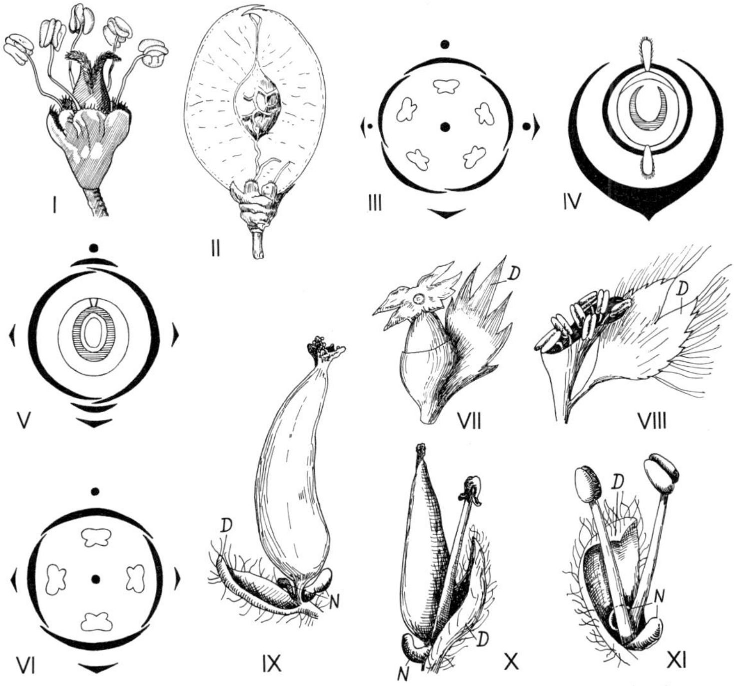

Abb. 30 I–VI *Urticales*, *Ulmus carpinifolia*, Blüte, II *U. laevis* Flügelfrucht; III, IV und V, VI Diagramm der männlichen und weiblichen Blüten von *Cannabis sativa* (III, IV) und *Urtica dioica* (V, VI), VII–XI *Salicales*. VII, VIII weibliche und männliche Blüte von *Populus nigra*, D Deckblatt. IX–XI *Salix fragilis*-Bastard, IX weibliche, X zwittrige und XI männliche Blüte, N Nektarien. (Nach Troll I, Eichler II–VI, V verändert, und Walter II, VII–XI.)

3.8 Urticales

Verwandtschaftliche Beziehungen vermutet man heute auch zwischen den *Hamamelidales* und den **Urticales**, einer vorwiegend Holzgewächse mit stipeltragenden Blättern umfassenden, bei uns jedoch nur mit wenigen Bäumen und Kräutern vertretenen Ordnung. Ihre zyklischen, meist eingeschlechtigen, windbestäubten Blüten sind von einem einfachen Perianth (Perigon) umgeben, die Staubblätter stehen vor den Tepalen. Charakteristisch ist das oberständige 2blätterig-coenokarpe Gynoeceum, das fast stets 1fächerig ist und nur 1 Samenanlage (chalazogam) aufweist, und daher – namentlich wenn nur 1 Griffel vorhanden ist – oft für 1blätterig gehalten wurde (Pseudomonomerie). Anatomisch ist das häufige Auftreten von Cystolithen bemerkenswert.

Bei den **Ulmaceae** ist das zumeist 4–5zählige Perigon der meist noch zwitterigen Blüten glockenförmig verwachsen (Abb. 30 I); bisweilen kommen 2 Staubblattkreise vor. Die Frucht ist bei unseren Ulmen *(Ulmus)* eine Flügelnuß (Abb. 30 II), bei den als Parkbäumen gepflanzten Zürgelbäumen (*Celtis australis,* aus Südosteuropa, *C. occidentalis,* Nordamerika) eine Steinfrucht.
Die **Moraceae** sind wegen ihrer ungegliederten Milchröhren mit kautschukhaltigem Milchsaft und wegen der eigenartigen Blüten- und Fruchtstände zu erwähnen; ihre Stipeln sind gewöhnlich groß, tütenförmig verwachsen. Zur Gewinnung von Naturkautschuk werden die Gummibäume der Gattung *Ficus (F. elastica* auch als Zimmerpflanze) und die mexikanische *Castilla elastica* angebaut. Viele *Ficus*-Arten keimen als Halbepiphyten auf Bäumen und senden von dort Luftwurzeln zur Erde hinab. Diese können sich sekundär zu säulenartigen Stämmen verdicken (z. B. *F. bengalensis,* Banyan) und auch zu Scheinstämmen vereinigen, wobei der Wirtsbaum oft überwuchert und erdrückt wird (Würgerfeigen). Die Blüten sind fast stets eingeschlechtig. Bei den Maulbeerbäumen *(Morus)* entsprechen die in eingeschlechtigen ährenartigen Ständen zusammengedrängten Blüten der Formel P2+2 A2+2 bzw. G($\underline{2}$). Die Steinfrucht wird von den fleischig werdenden Tepalen umhüllt, und die Früchte des gesamten Blütenstandes bleiben in einem Fruchtstand vereinigt (Abb. 23 IV). Ähnlich sind die Fruchtstände des Brotfruchtbaumes *(Artocarpus)* und der amerikanischen Osage-Orange *(Maclura aurantiaca,* bisweilen als Parkbaum). Die Blätter von *Morus alba* dienen als Futter bei der Seidenraupenzucht.
Bei *Dorstenia* sind die Blüten durch Stauchung und kongenitale Vereinigung aller Verzweigungen in mehr oder minder scheibenförmigen Blütenständen vereinigt. Denkt man sich diese krugförmig eingestülpt, so erhält man die Blütenstandsform der Feigen (*Ficus,* Abb. 23 V), deren eigenartige Bestäubungsverhältnisse schon besprochen wurden. Zwei krautige, milchsaftlose zweihäusige Gattungen werden einer besonderen Unterfamilie der *Moraceae* oder einer eigenen Familie **Cannabaceae** zugeordnet, nämlich *Humulus* (Hopfen) und *Cannabis* (Hanf, Abb. 30 III, IV) mit der einzigen Art *C. sativa.* Letztere ist einjährig und wird als Faserpflanze gebaut, liefert aber auch das Rauschgift Haschisch bzw. Marihuana. Der mehrjährige Hopfen *(H. lupulus)* ist eine rechtswindende, mit widerhakigen einzelligen Klimmhaaren ausgestattete Auenwaldpflanze, die auch schon seit langer Zeit angebaut wird. Die weiblichen Blütenstände werden wegen der auf ihren großen schuppenförmigen Deckblättern sitzenden harz- und bitterstoffreichen „Lupulin"drüsen geerntet und liefern Würze zur Bierbereitung.

Die Brennesselgewächse, **Urticaceae**, sind keineswegs sämtlich mit den bekannten Brennhaaren ausgestattet. Ein Familienmerkmal sind aber die in der Knospenlage nach innen eingebogenen Staubblätter. Wenn sich die Antheren bei sonnigem trockenem Wetter öffnen, schnellen die Filamente elastisch zurück, so daß die Pollenkörner ausgestäubt werden (Abb. 19 IV, V). Die zweihäusige Brennessel, *Urtica dioica,* (Blütendiagramme in Abb. 30 V, VI), und *Boehmeria nivea* (Ramie-Faser) haben eine gewisse Bedeutung als Faserpflanzen erlangt.

4 Rosidae

Die Blüten der **4.1 Rosales** besitzen zwar meist noch ein chorikarpes bzw. einblätteriges Gynoeceum, unterscheiden sich aber von denen der „*Polycarpicae*" wesentlich durch die weitgehende Fixierung der Organzahl auf meist 5zählige Wirtel, nämlich ein im typischen Falle gegliedertes Perianth und 2 mit diesem gleichzählige Staubblattkreise, deren Glieder aber auch durch zentripetal fortschreitende Einschiebung weiterer Anlagenkreise sekundär vermehrt sein können.
Für die **Rosales** sind radiäre Blüten typisch. Diese sind bei den vegetativ durch dickfleischige Blätter gekennzeichneten **Crassulaceae** fast stets in allen Wirteln gleichzählig (isomer), bei den Fetthennen-Arten *(Sedum)* meist 5zählig, bei den Hauswurzarten *(Sempervivum)* 6- bis 20zählig; die vielsamigen meist völlig freien Karpelle entwickeln sich zu Bälgen (Sammelbalgfrucht). Hierher gehören unter anderen noch die für photoperiodische Versuche verwandten *Kalanchoe*-Arten und die Gattung *Bryophyllum* (Brutknospen an den Blatträndern). Physiologisch sind die *Crassulaceae* (wie auch andere Sukkulenten, z. B. *Cactaceae*) durch den sog. diurnalen Säurezyklus charakterisiert.
Die **Saxifragaceae** oder Steinbrechgewächse besitzen meist nur 2 Karpelle, die gewöhnlich untereinander und mit der mehr oder minder becherförmig ausgebildeten Blütenachse verwachsen, wobei die Griffel stets frei bleiben (Abb. 25 XVI), im übrigen aber in der Verwachsung der Karpelle und in der Ausbildung ober- bis mittelständiger Fruchtknoten sehr unterschiedliche Grade erreicht werden können. Dies gilt vor allem für die zahlreichen (ca. 350) Steinbrecharten *(Saxifraga)*, die in den Gebirgen der nördlichen Hemisphäre und in den Anden bis Feuerland verbreitet sind. Die durch unterständige Fruchtknoten und Beerenfrüchte (im Unterschied zu den Kapseln bei *Saxifraga* u. a.) ausgezeichneten *Ribes*-Arten (*R. rubrum, R. nigrum,* Rote und Schwarze Johannisbeere, *R. uva-crispa* = *R. grossularia,* Stachelbeere, und die Ziersträucher *R. aureum, R. sanguineum*) werden häufig als eigene Familie, *Grossulariaceae,* aufgefaßt, ebenso *Deutzia* und Falscher Jasmin *(Philadelphus)* als *Philadelphaceae* und die Hortensie *(Hydrangea)* als *Hydrangeaceae.* Dasselbe gilt für noch andere Verwandtschaftskreise; es zeigt sich daran die sehr heterogene Zusammensetzung der *Saxifragaceae* in ihrem früher angenommenen Umfang.
Im Blütendiagramm der *Saxifragaceae* (wie auch der *Crassulaceae*) ist die Stellung des äußeren Staubblattkreises v o r den Kronblättern – nicht mit diesen alternierend – bemerkenswert. Diese als **Obdiplostemonie** bezeichnete Stellungsänderung ist für verschiedene Verwandt-

schaftskreise charakteristisch und wird in verschiedener Weise gedeutet.

Beim Sumpfherzblatt, *Parnassia palustris (Parnassaiaceae),* sind die äußeren Staubblätter zu zierlichen Nektarblättern umgewandelt, das 4blättrige Gynoeceum ist einfächerig.
Mit den *Saxifragaceae* sind die insektivoren **Cephalotaceae** verwandt, deren Schlauchblätter (ähnlich wie bei den *Sarraceniaceae und Nepenthaceae*) als Tierfallen dienen.

Die **Rosaceae** (etwa 100 Gattungen mit 3000 Arten) kommen vorwiegend in gemäßigteren Klimaten, vor allem auf der Nordhalbkugel vor (etwa 150 Arten in Mitteleuropa). Es sind Holzgewächse oder (meist mehrjährige) Kräuter mit wechselständigen, oft mehr oder minder tief geteilten oder gefiederten Laubblättern. Gegenüber den bisweilen im Habitus ähnlichen Ranunculaceen stellt das (fast) konstante Auftreten von Stipeln ein gutes Unterscheidungsmerkmal dar. Die Blüten lassen im Kelch bisweilen noch eine deutliche 2/5-Schraube (Quinkunx) erkennen. Bei der Heckenrose (Abb. 25 XIX) kommt dies auch in der schrittweisen Vereinfachung der aufeinanderfolgenden Kelchblätter zum Ausdruck. Bei vielen *Rosoideae* findet sich ein sog. Außenkelch, dessen Glieder Stipeln der Kelchblätter entsprechen. Die Zahl der Staubblätter ist oft durch Einschiebung weiterer Kreise zwischen den bereits vorhandenen Anlagen und dem Gynoeceum vermehrt. Die Samen sind im Gegensatz zu den vorhergehenden Familien meist endospermlos.
Die natürliche Gliederung der Familie läßt sich anhand verschiedener, in wechselnder Weise miteinander verknüpfter Merkmalsreihen erkennen, nämlich der Verrringerung 1. der Karpellzahl, 2. der Zahl der Samenanlagen pro Karpell, ferner der unterschiedlichen Ausbildung der Blütenachse und der Früchte. Dementsprechend gliedert sich die Familie in 4 Unterfamilien.
Die **Spiraeoideae** schließen durch den Besitz weniger Karpelle mit vielen Samenanlagen und eine napfförmige Blütenachse (Abb. 25 XVII) eng an die *Saxifragaceae* an; die Früchte sind Sammelbalgfrüchte (XVIII). Hierher gehören die als Ziersträucher gepflanzten *Spiraea*-Arten und die Schluchtwaldpflanze *Aruncus dioicus* (Geißbart), denen Stipeln fehlen.
Bei den **Rosoideae** findet man gewöhnlich eine größere Zahl einsamiger Karpelle, die sich meist nußartig entwickeln. Die Sammelnußfrüchte zeigen mancherlei Anklänge an die *Ranunculaceae* (Fingerkräuter, *Potentilla, Ranunculus*-Arten). Die Früchte der Silberwurz *(Dryas octopetala)* und der Nelkenwurz-Arten *(Geum),* deren Griffel sich zu federigen Grannen (oder zu Widerhaken, *Geum urbanum,* Abb. 22) entwikkeln, erinnern an die mit ebensolchen Grannen ausgestatteten Früchte der Küchenschelle oder der *Clematis*-Arten. Bei der Erdbeere *(Fragaria)* wird der kegelige Fruchtboden fleischig, bei den *Rubus*-Arten (Him-

beere, Brombeere) bilden sich die einzelnen Fruchtblätter steinfruchtartig aus (Abb. 22). Bei den Rosen *(Rosa)* ist das Gynoeceum von der krugförmigen Blütenachse umwachsen, daraus entsteht die als Hagebutte (Abb. 22) bekannte Sammelnußfrucht.

Der außerordentliche Arten- bzw. Formenreichtum einiger Rosoideen-Gattungen, wie *Rosa, Potentilla, Rubus, Alchemilla,* ist weitgehend durch Polyploidie und Bastardierung bedingt, womit sich bei den drei letztgenannten Gattungen noch eine Degeneration der geschlechtlichen Fortpflanzung (z. B. durch eine „parthenogenetische" Entwicklung von Embryonen aus unbefruchteten Eizellen) verbindet. Die kronblattlose Gattung *Alchemilla* (Frauenmantel) liefert dafür die bekanntesten Beispiele. Die Petalen fehlen auch bei dem Großen und dem Kleinen Wiesenknopf *(Sanguisorba officinalis, S. minor),* von denen der letztere eingeschlechtige Blüten besitzt, die durch zahlreiche schlaff herabhängende Staubblätter bzw. federige Narben an Windbestäubung angepaßt sind (Parallelentwicklung zu *Thalictrum!*).

Die Blüten der **Maloideae** (= *Pomoideae,* Kernobstgewächse) sind oberständig, da die Blütenachse die an sich freien Karpelle völlig umwachsen hat, so daß nur die Griffel noch hervorragen, die beim Apfel *(Malus sylvestris)* sogar noch im unteren Teil durch Achsengewebe miteinander verbunden sind. Aus dem Achsengewebe geht bei der Fruchtreife das eigentliche Fruchtfleisch hervor (Abb. 22), das die pergamentartigen Fruchtblätter (Apfel; Birne, *Pyrus communis;* Quitte, *Cydonia vulgaris;* Eberesche, Speierling, *Sorbus*) oder zu festen Steinkernen gewordene Karpelle (Mispel, *Mespilus germanica;* Weißdorn, *Crataegus*) umschließt. Die Zahl der Fruchtblätter nimmt beim Weißdorn bis auf 2 oder 1 ab.
die **Prunoideae** (Steinobstgewächse) sind durch 1blättrige mittelständige Fruchtknoten charakterisiert, bei denen sich das den einzigen Samen umschließende Endokarp steinig (sklerenchymatisch) das übrige Perikarp mehr oder minder fleischig-saftig entwickelt. Hierher gehören die Süß- oder Vogelkirsche *(Prunus avium)*, Sauer-Kirsche *(P. cerasus* aus Vorderasien), Schlehe *(P. spinosa)*, Aprikose *(P. armeniaca)*, Mandel *(P. dulcis = P. amygdalus)*, der Pfirsich *(P. persica,* schon 2000 v. Chr. in China kultiviert) und andere Steinobstarten; die Zwetschge *(P. domestica)* ist ein amphidiploider Bastard zwischen der Schlehe und der Kirschpflaume *(P. cerasifera)*. Die Samen der *Prunoideae* und vieler *Maloideae* enthalten Blausäure abspaltende Glykoside.
Die **4.2 Leguminales** *(Fabales)* mit etwa 13 000 Arten in über 600 Gattungen wurden oft als Familie *(Leguminosae)* oder Unterordnung in die *Rosales* einbezogen (Abb. 7 a), nach anderer Auffassung könnte man sie von den *Rutales* ableiten. Sie haben wechselständige (oft distich angeordnete) meist gefiederte und stets Stipeln tragende Laubblätter. Die schon bei den *Rosales* mehrfach auftretende Reduktion der Karpellzahl auf 1 ist hier zum Ordnungsmerkmal geworden; die Frucht ist eine meist vielsamige Hülse (legumen). Allerdings weisen drei Mimosaceen-

Gattungen *(Affonsea, Hansemannia, Archidendron)* noch mehrere freie Karpelle auf, was die Ableitung des 1blättrigen Gynoeceums aus einem chorikarpen richtig erscheinen läßt. Die Blüten sind gewöhnlich ausgeprägt zygomorph.
Für die **Mimosaceae** sind allerdings noch radiäre, und zwar häufig 4zählige Blüten (Abb. 31 I, II) typisch (auch 3- oder 5zählige Blüten sind nicht selten). Hierher gehören vor allem viele für subtropische und tropische Trockenwälder und Dornsavannen charakteristische Bäume und Sträucher mit doppelt und paarig gefiederten Blättern, deren Stipeln häufig dornartig entwickelt sind. Unter diesen ist die Gattung *Acacia* (750 Arten) zu nennen, bei deren meisten australischen Vertretern die Blattspreiten mehr oder minder verkümmern, während die Blattstiele spreitenartig verbreitert werden (Phyllodien). Blattpolster am Grunde der Fiedern und Fiederchen wie auch am Blattansatz ermöglichen verschiedene Reizbewegungen, die bei der bekannten „Sinnpflanze“ *(Mimosa pudica)* am auffallendsten sind.
Die Blüten sind oft recht klein und werden erst durch die lebhaft gefärbten langen Filamente der oft stark vermehrten Staubblätter (Abb. 31 II) und durch dichte Zusammendrängung der Blüten in kugeligen oder länglichen Ständen auffällig (Pinselblumen). Dies bedingt zugleich den Schmuckwert der bei uns im Blumenhandel erhältlichen gelbblütigen „Mimosen” (= *Acacia*-Arten!).

Die Pollenkörner der *Mimosaceae* bleiben häufig zu Vielfachen von 4 in sog. Massulae vereinigt.
Einige *Acacia*-Arten liefern Gerbstoffe *(A. mearnsii, A. catechu)*, andere Gummi arabicum *(A. senegal* u. a.) oder wertvolles Nutzholz.

Die Blüten der **Caesalpiniaceae** und **Papilionaceae** (**Fabaceae**) sind, von wenigen Ausnahmen bei den ersteren abgesehen, streng zygomorph, sie unterscheiden sich aber durchgehend durch die bei den **Caesalpiniaceae** **„aufsteigende“**, bei den **Papilionaceae** **„absteigende“** Deckung der Kronblätter in der Knospenlage (Abb. 31 III, IV).

Die Blüten der **Caesalpiniaceae** zeigen einerseits den schrittweisen Übergang von radiärem zu zygomorphem Bau, andererseits zahlreiche Reduktionserscheinungen, vor allem bei den hier meist freien Staubblättern. Die Familie umfaßt nahezu ausschließlich Bäume und Sträucher von meist tropischer bis subtropischer Verbreitung, unter ihnen die *Cassia*-Arten (Sennesblättertee), *Haematoxylon* (Farbstoff Hämatoxylin), *Copaifera* (Kopalharz), *Ceratonia siliqua* (Johannisbrotbaum, mit nicht aufspringenden, teilweise genießbaren Früchten), *Cercis siliquastrum* (Judasbaum) und *Gleditsia triacanthos* (Christusdorn).
Zu den **Papilionaceae** (**Fabaceae**) oder Schmetterlingsblütlern gehören alle einheimischen oder bei uns angebauten Hülsenfrüchtler. Ihre Blütenstände sind ebenso wie bei den vorigen Familien polytel und traubig

bzw. doppeltraubig (oder -ährig) verzweigt. Der meist verwachsenblätterige Kelch ist oft zygomorph und dann bisweilen 2lippig und nicht mehr 5zähnig. Das hintere, die anderen Kronglieder in der Knospenlage überdeckende Kronblatt ist das größte (Abb. 31 V, VI). Es wird als „Fahne" bezeichnet; denn es richtet sich bei der Entfaltung der Blüte oft als einziges auf und breitet sich flach aus. Die übrigen 4 Kronblätter verharren in der Knospenlage, von ihnen sind die beiden unteren miteinander zum „Schiffchen" verbunden, die beiden seitlichen, dem Schiffchen oft eng anliegenden Kronblätter heißen „Flügel". Die 5+5 Staubblätter

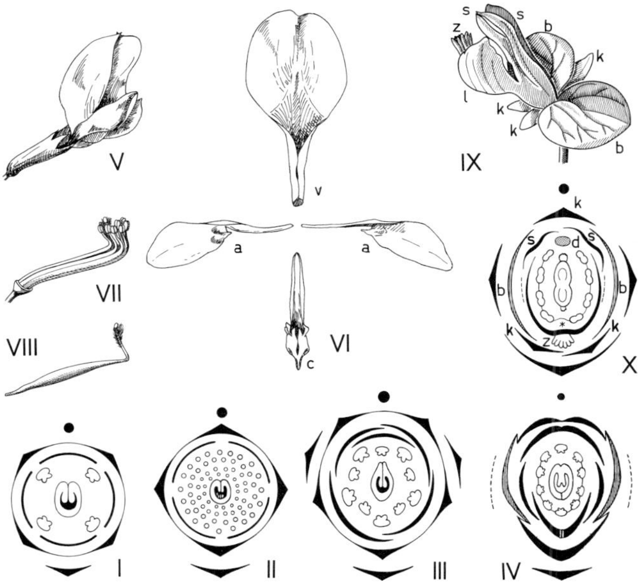

Abb. 31. I–VIII *Leguminosae*, I–IV Blütendiagramme von (I) *Mimosa pudica* und (II) *Acacia lophantha (Mimosaceae), Cercis siliquastrum* (III, *Caesalpiniaceae*) und *Vicia faba* (IV, *Papilionaceae*); Sepalen ausnahmsweise ebenso wie die Petalen schwarz wiedergegeben, die seitlichen in IV zum Vergleich mit X schraffiert, V–VIII *Vicia faba*, V Blüte in Seitenansicht, VI Kronblätter, v Fahne (vexillum), a Flügel (alae) und c die beiden zum Schiffchen (carina) vereinigten unteren Kronblätter, VII, VIII Fruchtknoten, vom Androeceum umgeben (VII), und isoliert (VIII). IX *Polygala senega*, Blüte in Seitenansicht, X *P. myrtifolia*, Blütendiagramm, k kleine (schwarz), b kronblattartig entwickelte Kelchblätter (schraffiert), l vorderes Kronblatt mit zerschlitztem Anhängsel (z), s seitliche Kronblätter, d Diskusbildung. (Nach Eichler I–IV, Walter, V, VI, Taubert VII, VIII, Berg und Schmidt IX, X).

sind selten frei, sondern alle oder mit Ausnahme des hinteren medianen mit ihren Filamenten zu einer das Fruchtblatt umschließenden Röhre verwachsen (Abb. 31 VII), die von dem Schiffchen und den meist damit durch einen Falz verbundenen Flügeln umgeben sind. Diese dienen den blütenbesuchenden Insekten vielfach als Anflugfläche. Unter dem Gewicht eines genügend kräftigen Insekts (Biene, Hummel) weichen sie zurück und geben Narbe und Antheren – oder zunächst auch nur den Pollen – frei. Beim Besenginster *(Sarothamnus scoparius)* schnellt dabei der unter Spannung stehende Griffel zusammen mit den geöffneten Staubblättern heraus, die das Insekt zunächst auf der Bauchseite, dann auf dem Rücken einstäuben (Explosionsmechanismus). Beim Färber-Ginster *(Genista tinctoria)* werden Schiffchen und Flügel von einem Schwellgewebe an ihrer Basis nach unten gedrückt, an der Schiffchenspitze aber durch den Griffel festgehalten. Durch den Druck des Insekts wird das Schiffchen an der Spitze auseinandergelöst, so daß Schiffchen und Flügel nach unten klappen (Klappmechanismus). Bei der Lupine und anderen wird der Pollen bei Druck auf die Oberkante des Schiffchens von den Staubblättern aus der Schiffchenspitze herausgepreßt (Nudelpumpe), bei den Wicken *(Vicia)* ist noch ein besonderer Bürstenmechanismus ausgebildet. Die „Schmetterlingsblüten" zeigen somit bei einheitlicher Grundkonstruktion vielerlei blütenbiologische Anpassungen.
Als Früchte finden wir neben sich öffnenden viel- oder wenigsamigen *(Vicia hirsuta:* 2) Hülsen auch Bruchfrüchte (Gliederhülsen der Serradella, Abb. 21, und des Hufeisenklees, *Hippocrepis*) und Einblattnüsse (Klee, *Trifolium*), bei *Pterocarpus* sogar Flügelnüsse. Die campylotropen Samenanlagen entwickeln sich zu endospermlosen, oft sehr hartschaligen Samen, bei denen die Reservestoffspeicherung in die großen Speicherkotyledonen der Embryonen verlagert ist.

Infolge einer Symbiose mit Bakterien bilden die meisten Leguminosen an ihren Wurzeln zahlreiche kleine Wurzelknöllchen, in denen die Knöllchenbakterien *(Rhizobium leguminosarum)* unter Mitwirkung der Wirtspflanze freien Stickstoff zu binden vermögen. Aus diesem Grunde gedeihen die zahlreichen als Nutzpflanzen angebauten Papilionaceen auch auf stickstoffarmen Böden, ja sie können sogar zur Bodenverbesserung dienen (Gründüngung). Dies gilt vor allem für die Futterpflanzen: Kleearten *(Trifolium)*, Luzerne *(Medicago sativa)*, Lupinen *(Lupinus)*, Esparsette *(Onobrychis viciifolia)*, Serradella *(Ornithopus sativus)* und Wicken *(Vicia)*.
Wichtige Lieferanten vor allem eiweißreicher Nahrungsmittel sind die Bohnen *(Phaseolus, Canavalia, Dolichos)*, Erbse *(Pisum sativum)*, Linse *(Lens esculenta = L. culinaris)*, Sojabohne *(Glycine max)* und Pferdebohne *(Vicia faba)*, in jüngster Zeit erweist sich auch die Züchtung alkaloidfreier Mutanten von Lupinenarten namentlich für den Anbau in tropischen Ländern als aussichtsreich. Als wichtiger Öllieferant gewinnt die Erdnuß *(Arachis hypogaea,* deren Früchte sich erst entwickeln, nachdem der Stiel der bestäubten Blüte diese tief in das Erdreich hineingedrückt hat) an Bedeutung. Wichtige Heilpflanzen sind: *Myroxylon* (Pe-

rubalsam), *Glycyrrhiza* (Süßholz, Lakritzrohstoff), *Trigonella* (Bockshornklee), *Ononis* (Hauhechel), *Astragalus gummifer* (für Tragant-Gummi), *Melilotus* (Steinklee), *Pterocarpus* (Sandelholz) und das sehr giftige, alkaloidreiche Samen (Gottsurteilbohnen, Calabar-Bohnen) liefernde *Physostigma venenosum*.
Die durch Nebenblattdornen ausgezeichnete „Falsche Akazie" *(Robinia pseudacacia,* aus Nordamerika stammend) liefert hartes, widerstandsfähiges Holz.

Die **4.3 Myrtales** (Abb. 32) sind im Vergleich zu den *Rosales* insofern weiter abgeleitet, als in ihren stets zyklischen Blüten die Fruchtblätter zu einem coenokarpen Fruchtknoten vereinigt sind, der sogar in einen einheitlichen Griffel mit meist kopfiger Narbe ausläuft. Zudem ist die Blütenachse verschiedentlich becherförmig gestaltet (perigyn) oder umwächst den Fruchtknoten bis zu halber Höhe oder völlig. Man kann somit alle Übergänge von hypogyner *(Lythraceae)* über verschiedene Stufen perigyner *(Trapaceae,* manche *Myrtaceae* u. a.) bis hin zu vollkommen epigyner Ausbildung der Blüten *(Myrtaceae, Onagraceae* u. a.) finden, ja bei den *Onagraceae* (auch bei manchen *Myrtaceae*) ist die Blütenachse oft noch weit über den Fruchtknoten hinaus glockig oder lang

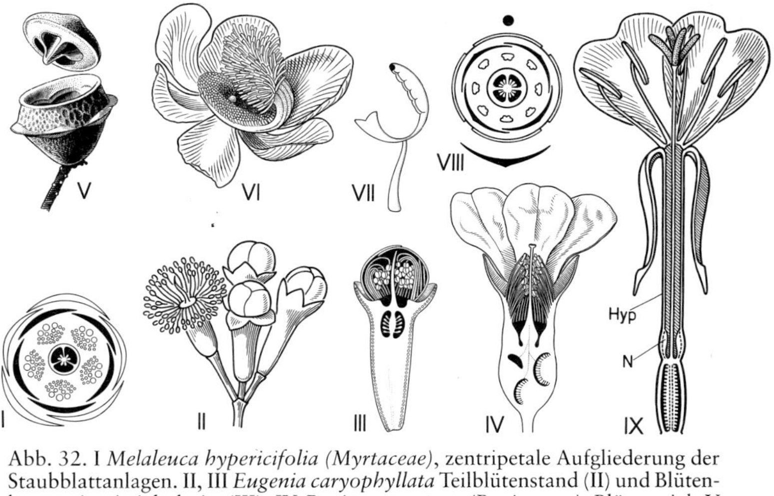

Abb. 32. I *Melaleuca hypericifolia (Myrtaceae)*, zentripetale Aufgliederung der Staubblattanlagen. II, III *Eugenia caryophyllata* Teilblütenstand (II) und Blütenknospe im Axialschnitt (III). IV *Punica granatum (Punicaceae)*, Blüte axial. V *Lecythis elliptica (Lecythidaceae)*, Frucht mit Deckel. VI *Couroupita guianensis (Lecythidaceae)*, Blüte. VII *Centradenia inaequilateralis (Melastomataceae)*, Staubblatt. VIII, IX *Oenothera (Onagraceae)*, Blütendiagramm (VIII) und Axialschnitt durch die Blüte (IX), Hyp Hypantium, N Nektarium. (Nach Leins I, aus Lehrb. d. Botanik f. Hochsch., Niedenzu II, III verändert, Warming IV verändert, Krasser VII, Eichler VIII, Firbas IX, aus Lehrb. d. Botanik f. Hochsch. V, VI Orig.)

röhrig verlängert (Abb. 32 IX). Gewöhnlich sind die Blüten radiärsymmetrisch gebaut, doch macht sich in einigen Familien *(Lythraceae)* eine mehr oder minder starke Neigung zu zygomorpher Gestaltung geltend. Im Androeceum tritt bei manchen Familien eine Vermehrung der Glieder durch zentripetal (z. B. *Myrtaceae*), seltener (*Punicaceae,* manche *Lythraceae*) zentrifugale Aufgliederung der Anlagen vor allem des inneren Staubblattkreises ein (komplex-polyandrisches Androeceum, Abb. 32 I), während der äußere Kreis des öfteren fehlt. Die meist zentralwinkelständigen Placenten bilden gewöhnlich noch zahlreiche Samenanlagen aus. Die meisten Familien umfassen nur tropische oder subtropische Holzgewächse, einige auch Kräuter. Die meist gegenständigen Blätter besitzen bei fast allen Familien rudimentäre Stipeln, bei den *Rhizophoraceae* große Interpetiolarstipeln. Die Leitbündel sind häufig bikollateral.

Hypogyn sind die Blüten allein bei den **Lythraceae**. Kelch und Kronblattbasen sind hier zu einer das Androeceum und das Gynoeceum umgebenden „Perianthröhre" verwachsen, die allerdings bisweilen auch als perigyner Achsenbecher gedeutet wird. Als einheimischer Vertreter haben wir wegen der trimorphen Heterostylie seiner (6zähligen) Blüten bereits den Blutweiderich *(Lythrum salicaria)* erwähnt.

Für die meist 4- oder 5zähligen Blüten der **Myrtaceae** (Abb. 32 I–III) ist die kräftige Ausbildung der das Gynoeceum mehr oder minder umgebenden Blütenachse bemerkenswert, dazu die schon erwähnte Vermehrung der Staubblätter, deren lebhaft gefärbte Filamente die Auffälligkeit der Blüten oft stark erhöhen (an Vogelbestäubung angepaßte Pinsel- oder Bürstenblumen), während die Petalen nicht selten hinfällig sind. Als anatomisches Merkmal sind die lysigenen Sekretbehälter hervorzuheben, deren ätherische Öle viele Myrtaceen zu Gewürz- oder Heilpflanzen machen, so die Gewürznelke *(Eugenia caryophyllata,* Abb. 32 III) oder die *Eucalyptus*-Arten; *Eucalyptus* liefert im übrigen auch sehr widerstandsfähige Hölzer.

Zur Gattung *Eucalyptus* (fast 700 Arten in Australien, wenige auf Neuguinea und in Malesien) gehören die höchsten Bäume (*E. amygdalina* wird über 150 m hoch und mehr als 10 m dick). Wegen ihrer starken Transpiration und ihres raschen Wuchses werden *E. globulus* und andere Arten zur Trockenlegung versumpfter Gebiete angepflanzt. Viele Arten zeigen ausgeprägte Heterophyllie. An den Blüten löst sich beim Aufblühen der Kelch (oft mit der Krone) als fester Dekkel (Operculum) von der Blütenachse ab. – Der einzige europäische Vertreter ist *Myrtus communis,* die im Mediterrangebiet heimische Myrte. Nicht wenige der stets mit immergrünen Blättern ausgestatteten Myrtaceen sind xerophile Holzgewächse.

Den in manchen Zügen ähnlichen, vielleicht aber den *Lythraceae* näherstehenden **Punicaceae** fehlen Sekretbehälter. Das Gynoeceum von *Punica granatum* (Granatapfelbaum) weist 2–3 Karpellkreise auf, bei deren äußerem die Placenten infolge der Ausdehnung des Achsenbrechers an die Außenwand des Fruchtfaches verlagert sind (Abb. 32 IV).

Die größte Familie der Ordnung sind die **Melastomataceae** (4000 Arten in 200 Gattungen), die vor allem im tropischen und subtropischen Amerika beheimatet sind. Ihre Staubblätter tragen sehr mannigfaltig gestaltete Konnektivanhängsel (Abb. 32 VII); auch die stets nebenblattlosen bogennervigen Laubblätter sind charakteristisch.

Durch Stelzwurzeln, Atemwurzeln und Viviparie, d. h. Auskeimen der Frucht an der Mutterpflanze, sind die Mangrove-Familien der **Rhizophoraceae** und **Sonneratiaceae**, teilweise auch die **Combretaceae** an das Leben in flachen und geschützten Gezeitenzonen tropischer Küsten angepaßt. Am stärksten ausgeprägt ist die Viviparie bei *Rhizophora*, wo das Hypokotyl des auswachsenden Embryos sich keulig verdickt und eine Länge von 20–40 cm (bis 1 m!) erreicht, bevor der Embryo sich ablöst, herabfällt und im Schlamm verankert.

Bei den meist 4zähligen Blüten der **Onagraceae** (Abb. 32, VIII, IX) ist die Blütenachse meist so weit über das Ovar hinaus vorgezogen, daß dieser gewöhnlich kronblattartig gefärbte Abschnitt eine eigene Bezeichnung, Hypanthium, erhalten hat. Die Familie umfaßt vorwiegend Kräuter, unter diesen die Nachtkerzenarten *(Oenothera)* und die ebenfalls aus Nordamerika stammenden Zierpflanzengattungen *Godetia, Gaura* und *Clarkia,* ferner die einheimischen Weidenröschen *(Epilobium)* und das Hexenkraut (*Circaea,* K2 C2 A2 G($\bar{2}$)). Die *Fuchsia*-Arten sind hingegen Sträucher oder kleine Bäumchen.

Trapa (Wassernuß), die einzige Gattung der **Trapaceae**, bildet Schwimmrosetten (Blattstiele mit Aerenchym); aus den Blüten mit halbunterständigen Fruchtknoten geht durch Verholzung des Endokarps eine Steinfrucht hervor, an der noch die Kelchzipfel als 2 oder 4 spitze Höcker zu erkennen sind. Die Wassernuß ist bereits aus der Oberkreide bekannt.

Von den **Haloragaceae** (**4.4 Haloragales**) sind bei uns nur drei untergetaucht im Wasser lebende Arten des Tausendblattes *(Myriophyllum)* mit feingefiederten quirlständigen Blättern und eingeschlechtigen Blüten vertreten. Von dieser Familie trennt man heute meist die (südhemisphärische) Gattung *Gunnera* als eigene Familie *Gunneraceae* ab. Sie ist durch ihre Symbiose (?) mit im Stamm lebenden Blaualgen bekannt.

Beziehungen zu den *Rosales* vermutet man auch bei den **4.5 Proteales** mit der vor allem im kapländischen Florenreich, aber auch in Australien vertretenen Familie der **Proteaceae**. Es sind Hartlaubgehölze, deren Blüten nur ein einfaches Perigon und einblätterige Fruchtknoten aufweisen und meist mit prächtigen Blütenständen mit lebhaft gefärbten Hochblättern vereinigt sind (oft Pinselblumen). Umstritten ist die Stellung der *Elaeagnaceae* (*Elaeagnus,* Ölweide; *Hippophaë rhamnoides,* Sanddorn, ein wichtiger Strauch unserer Dünentäler, liefert Vitamin-C-reiche Früchte).

Die häufig an die *Rosales* angeschlossenen **4.6 Podostemonales** *(Podostemonaceae)* sind Pflanzen mit thallusähnlich verändertem Vegetationskörper, die in rasch fließenden tropischen Gewässern leben.

Die **4.7 Celastrales** und **4.8 Rhamnales** werden oft vom Verwandtschaftskreis der *Saxifragaceae* (s. l.) abgeleitet. Sie umfassen Holzpflanzen mit Stipeln und lassen durch das Vorkommen von Diskusbildungen auch eine Verwandtschaft mit den *Rutales* erkennen. In ihren radiären Blüten ist jeweils nur 1 unverändert bleibender Staubblattkreis vorhanden, und zwar bei den *Celastrales* der vor den Kelchblättern, bei den *Rhamnales* der vor den Kronblättern stehende.

Unter den **Celastrales** haben die **Aquifoliaceae** noch einen oberständigen Fruchtknoten, ein Diskus fehlt, die Samenanlagen besitzen nur 1 Integument. Hierher gehört die Gattung *Ilex:* K4 C4 A4+0 G($\underline{4}$); *I. aquifolium,* Stechpalme, immergrüner Strauch oder Baum mit lederigen, scharf gezähnten Blättern und roten Steinfrüchten; *I. paraguariensis* aus Südamerika liefert den Maté-Tee. Der Fruchtknoten der **Celastraceae** ist mittelständig, die Samenanlagen haben 2 Integumente, die Samen werden von einem roten Arillus umhüllt (*Euonymus europaeus,* Pfaffenhütchen).
Unter den **Rhamnales** haben die **Rhamnaceae** meist becherförmige Blütenachsen. Einheimisch sind: *Rhamnus frangula,* Faulbaum, mit 5zähligen Zwitterblüten, *Rh. cathartica,* Kreuzdorn, zweihäusig, mit 4zähligen Blüten und Sproßdornen; beide bilden Steinfrüchte mit 4 bzw. 5 dünnwandigen Steinkernen.
Bei den **Vitaceae**, zu denen zahlreiche Kettersträucher und Lianen mit Sproßranken, aber auch Stammsukkulente (z. B. *Cissus*) gehören, ist der Fruchtknoten stets oberständig und entwickelt sich zu einer Beere, (*Vitis vinifera,* Weinrebe, die subsp. *sylvestris* wild in den Auenwäldern des Rheins und der Donau; *Parthenocissus,* Wilder Wein; *Ampelopsis,* Scheinrebe).
Die **4.9 Santalales** sind Halbparasiten, bei denen eine schrittweise Reduktion der Samenanlagen und der Placenten zu beobachten ist, bis hin zur Entstehung der Embryosäcke in einem von den vereinigten Karpellbasen gebildeten zentralen Wulst am Grunde des Ovars. Parallel dazu ist ein fortschreitender Übergang zum Parasitismus zu erkennen. Zu dieser Ordnung gehören u. a. die **Santalaceae** mit dem Bergflachs *(Thesium)* und die **Loranthaceae** mit der Mistel *(Viscum).*
Die *Balanophoraceae* sind fleischige Wurzelparasiten mit kolbenförmigen Blütenständen. Die **Rafflesiaceae** (**4.10 Rafflesiales**) wuchern als wurzellose, chlorophyllfreie Parasiten mit verzweigten Zellfäden im Inneren der Wirtspflanze, aus der allein ihre Blüten hervorbrechen; diese erreichen bei *Rafflesia arnoldii* (Sumatra) etwa 1 m Durchmesser und sind damit die größten Blüten des Pflanzenreiches; *Cytinus* parasitiert im Mittelmeergebiet auf Cistrosen.

4.11 Euphorbiales

Die **Euphorbiaceae** stellen zweifellos einen Verwandtschaftskreis mit hochgradig abgeleiteten Merkmalen und dementsprechend isolierter Stellung dar. Man rechnet sie teils als Unterordnung den *Geraniales* zu (dieser Auffassung entspricht das Schema in Abb. 7 a), teils nimmt man an, daß sie über die **Buxaceae** (Buchsbaumgewächse, *Buxus sempervirens*) mit den *Celastrales* in Verbindung stehen.
Die Gestaltung des Vegetationskörpers ist in dieser ca. 7500 Arten in 290 Gattungen umfassenden Familie außergewöhnlich vielfältig: Holzgewächse und Kräuter mit meist wechselständigen, meist stipeltragenden Laubblättern, Rutensträucher, Pflanzen mit blattartig abgeflachten Sprossen (Phyllokladien), Lianen und vor allem zahlreiche Formen von

Stammsukkulenten mit kakteenähnlichem Habitus (parallele Entwicklung), welche in den afrikanischen Trockengebieten eine ähnliche Rolle spielen wie die Kakteen in Amerika. Sie führen häufig (manchmal giftigen) Milchsaft in gegliederten oder ungegliederten Milchröhren („Wolfsmilchgewächse"!). Bei vielen Vertretern ist dieser Milchsaft stark kautschukhaltig, so auch bei *Hevea brasiliensis*, dem wichtigsten und ergiebigsten Kautschukbaum („Parakautschuk").
Die *Euphorbiaceae* werden auch als *Tricoccae* bezeichnet, und zwar wegen ihres gewöhnlich 3blättrigen Fruchtknotens, der bei der Reife oft in drei 1samige Teilfrüchte zerfällt. Nur bei wenigen Gattungen treten mehr Karpelle auf, so bei *Hura* G(5–20), *H. crepitans* (Sandbüchsenbaum), deren reife, stark verholzte Früchte mit lautem Knall zerspringen. Die Blüten sind nur in ganz seltenen Ausnahmefällen zwitterig, sonst eingeschlechtig. Allerdings sind Rudimente des anderen Geschlechtes bisweilen noch erkennbar, so bei der tropischen Ölpflanze *Jatropha curcas* (Abb. 33 VI, VII), die ebenso wie viele *Croton*-Arten auch noch ein doppeltes Perianth besitzt: K5 C5 A5 + 5 G rud. bzw. K5 C5 A rud. G(3). Bei den meist zweihäusigen und windblütigen einheimischen Bingelkrautarten (*Mercurialis annua* bisweilen noch einhäusig, *M. perennis*) ist nur noch ein einfaches Perianth vorhanden. Die Blüten sind hier 3zählig, bei den weiblichen treten noch Staubblattrudimente auf, die männlichen entsprechen der Formel P3 A3 + 3 + 3 (+ 3); die Fruchtknoten sind nicht selten nur 2zählig. Die Reihe der Reduktionen ist damit aber noch nicht abgeschlossen, sie schreitet vielmehr über die völlige Rückbildung des Perianths bis zu männlichen Blüten mit nur 1 Staubblatt und nur aus dem Fruchtknoten bestehenden weiblichen Blüten fort, die nun allerdings bei der Wolfsmilch *(Euphorbia)* und den ihr nahestehenden Gattungen wieder zu blütenähnlichen „Pseudanthien" zusammengefaßt werden, die man hier als Cyathien bezeichnet. Diese sind es, welche etwa bei unserer *Euphorbia helioscopia* am Ende der Hauptachse und den Astenden des 5strahligen Blütenstandes wie Blüten erscheinen (Abb. 33 VIII). Die äußere Ähnlichkeit wird vor allem dadurch hervorgerufen, daß jeweils 5 Brakteen („Involukralbrakteen") zu einer becherförmigen Hülle vereinigt sind (Abb. 33 X, XI). Zwischen ihnen sitzen am Becherrand 5 bzw. 4 ovale oder halbmondförmige Nektarien, welche man als Stipeläquivalente der Brakteen deutet. Jede Braktee trägt in ihrer Achsel einen wickeligen männlichen Blütenstand, dessen Blüten jedoch jeweils auf ein einziges Staubblatt reduziert sind. In der Mitte des Bechers entspringt der Stiel der einzigen, ebenfalls perianthlosen weiblichen Blüte, die über den Rand des Bechers herabhängt. An dieser Stelle fehlt gewöhnlich das zwischen den Brakteen sitzende Nektarium (außer bei dem terminalen Cyathium des Blütenstandes). Daß es sich bei den einzelnen Staubblättern wie auch bei den langgestielten Fruchtknoten tatsächlich um perianthlose reduzierte Blüten und nicht um die Elemente einer Einzelblüte handelt, geht schon daraus

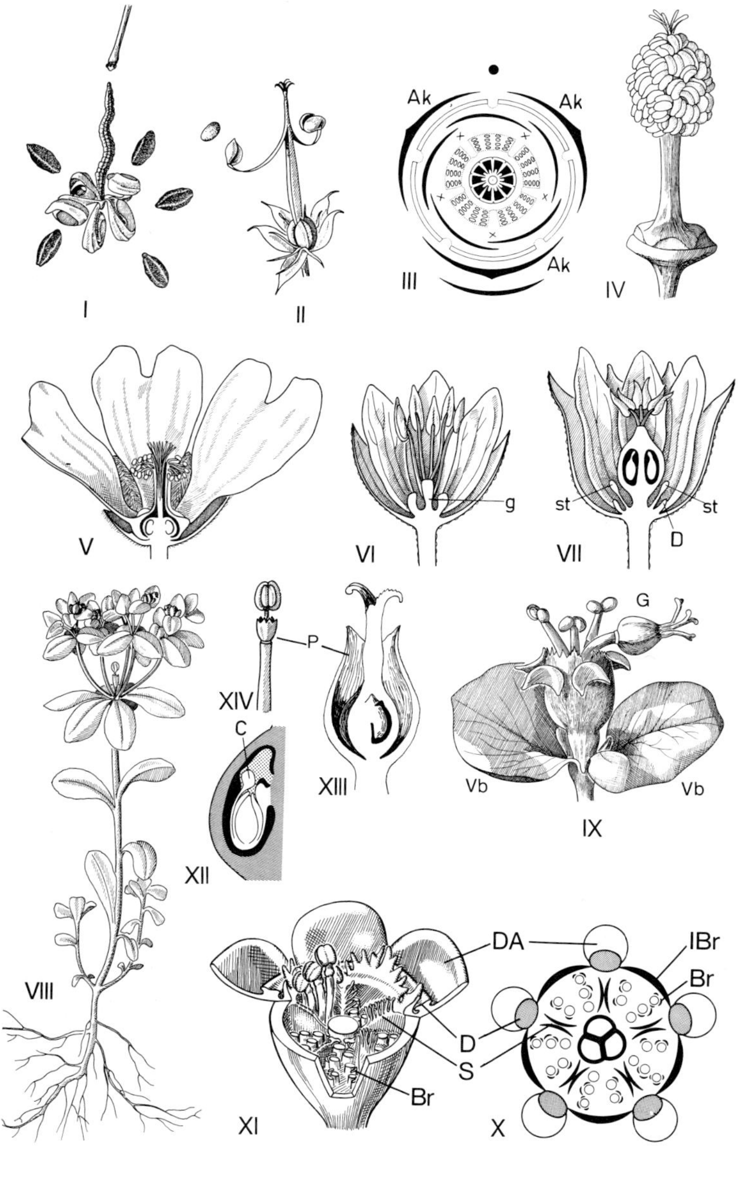
I
II
Ak
Ak
Ak
III
IV
V
g
VI
st
st
D
VII
VIII
P
XIV
C
XII
XIII
G
Vb
Vb
IX
DA
IBr
Br
D
S
Br
XI
X

hervor, daß die Staubblätter eine deutliche Einschnürung aufweisen, welche das Filament gegen den Blütenstiel abgrenzt (Abb. 33 XI). An dieser Stelle ist bei der gleichfalls cyathienbildenden Gattung *Anthostema* (XIV) noch ein deutliches Perianth vorhanden, ebenso auch bei der zentralen weiblichen Blüte (XIII). Diese hängt während der Blütezeit herab, richtet sich dann jedoch wieder auf – ein Verhalten, das wohl von geotropischen Umstimmungen bei Blüten bekannt ist, nicht aber von einem Fruchtknoten innerhalb einer Blüte. Übrigens tritt auch bei manchen *Euphorbia*-Arten noch ein perigonartiges Gebilde am Grunde der weiblichen Blüte auf. Daß bei den einzelnen Staubblattgruppen eine wickelige Anordnung vorliegt, bestätigt sich auch in der Ontogenie durch die (nach außen zickzackförmig fortschreitende) Ausgliederung sowie durch die Verstäubungsfolge, d. h. die Reihenfolge, in der sich die Antheren der einzelnen Staubblätter öffnen.

In einem durch eingeschlechtige Blüten ausgezeichneten Verwandtschaftskreis sind hier also nach einer bis zum äußersten fortgeschrittenen Reduktion der Einzelblüten (A1 bzw. G(3)) Organgefüge entstanden, welche ganz an die Zwitterblüten der Angiospermen erinnern und zudem nicht mehr windblütig sind, sondern von Insekten bestäubt werden (Nektarproduktion). Damit aber noch nicht genug! Auch das Cyathium kann noch weitere Umgestaltungen erfahren, so z. B. durch petaloide Entwicklung und lebhafte Rotfärbung dorsaler Drüsenanhänge, (Abb. 33 XI DA) wodurch die Schauwirkung des Cyathiums beträchtlich erhöht wird (so bei der im Blumenhandel erhältlichen *Eu-*

Abb. 33. I *Impatiens noli-tangere (Balsaminaceae)*, fleischige Springfrucht. II *Geranium sanguineum (Geraniaceae)*, Frucht,Samen abschleudernd. III–V *Malvaceae*, III *Malva*, Blütendiagramm, Ak Außenkelch; IV, V *M. sylvestris*, IV säulenförmig verwachsene Staubblätter mit herausragendem Griffel, V Blüte im Axialschnitt. VI–XIV *Euphorbiaceae*. VI, VII männliche und weibliche Blüte von *Jatropha curcas* im Axialschnitt, g rudimentäres Gynoeceum, st Staminodien, D Diskus; VIII *Euphorbia helioscopia*, blühende Pflanze, IX *E. cyparissias*, Cyathium mit Vorblättern (Vb), G terminale weibliche Blüte, X allgemeines Diagramm, XI Modell eines *Euphorbia*-Cyathiums, IBr Involucral-Braktee, Br Braktee, Tragblatt einer männlichen Blüte, D Drüse, DA dorsaler Drüsenanhang, S Septum, entstanden durch Verwachsung von Vorblättern der männlichen Teilblütenstände; man beachte bei den stehengelassenen männlichen Blüten die Striktur zwischen Filament und Blütenstiel; XII Längsschnitt durch ein Fruchtknotenfach von *E. myrsinites*, C Caruncula (randliche Verdickung des äußeren Integumentes), Obturator punktiert; XIII, XIV *Anthostema senegalense*, weibliche (XIII) und männliche (XIV) Blüte, P Perigon. (Nach Troll, I, IX, Firbas II, III, Baillon, IV, V, XIII, XIV, Hoppe und Uhlarz X, XI, Pax VI, VII, Schweiger XII und Schmeil/Seybold VIII, verändert.)

phorbia fulgens). Bei *Pedilanthus* sind die gleichfalls rot gefärbten Cyathien ausgeprägt zygomorph. Diese Erscheinung steht ebenso wie die starke Nektarproduktion und die Entwicklung lebhaft rot gefärbter Brakteen (Christusdorn, *Euphorbia milii = E. splendens;* Weihnachtsstern, *E. (Poinsettia) pulcherrima*) vielfach schon in Beziehung zur Vogelblütigkeit. Bei *Pedilanthus* tritt übrigens auch eine geschlechtliche Differenzierung der Cyathien ein!
Die Befruchtung der Samenanlagen erfolgt bei den *Euphorbiaceae* gewöhnlich unter Vermittlung eines sog. Obturators, einer Gewebewucherung, die sich von der Placenta her über die Mikropyle der Samenanlage legt (Abb. 33 XII) und der Leitung des Pollenschlauches dient. Die Samenanlagen weisen eine Mikropylarwucherung des äußeren Integumentes auf, die sich zu einer nährstoffreichen Caruncula entwickelt.

Als Nutzpflanzen sind außer den schon erwähnten noch der tropisch-amerikanische Maniok *(Manihot esculenta)* zu nennen, der wegen seiner stärkereichen Wurzelknollen heute überall in den Tropen angebaut wird. Vor dem Verzehr muß allerdings die in den Wurzelknollen enthaltene Blausäure durch Kochen oder andere Verfahren entfernt werden. Die Samen des gleichfalls in den Tropen wachsende Wunderbaumes *(Ricinus communis)*, liefern das in der Medizin und Technik verwendete Rizinusöl. Auch aus den Samen der Kandelnuß *(Aleurites)* gewinnt man Öl. Morphologisch ist *Ricinus* wegen seiner „baumförmig verzweigten" Staubblätter von Interesse.

4.12 Rutales, 4.14 Sapindales und 4.15 Geraniales

Diese Ordnungen lassen enge Beziehungen untereinander erkennen. Man faßt sie daher verschiedentlich in einer Überordnung als *„Pinnatae"* (wegen ihrer meist gefiederten Blätter) oder als *„Rutanae"* zusammen; *Rutales* und *Sapindales* wurden von Wettstein noch in der Ordnung *Terebinthales* vereinigt. Über das Verwandtschaftsverhältnis zu anderen Ordnungen besteht keine Klarheit: Teils glaubt man Beziehungen zu holzigen *Rosales (Cunoniaceae)* erkennen zu können, so vor allem für die *Rutales*, teils meint man, daß sich einzelne Gruppen unmittelbar von den *„Polycarpicae"* oder auch von den **Dilleniales** (Abb. 7a) herleiten lassen.
Die **4.12 Rutales** (und die **4.13 Polygalales**) sind überwiegend Holzgewächse der Tropen und Subtropen. Sie besitzen lysigene Sekretbehälter (durchscheinende Punkte in den Blättern und Fruchtschalen), in denen ätherische Öle, Harze und Balsame gebildet werden. Die Blüten sind durch Diskusbildungen ausgezeichnet, die Karpelle umschließen meist nur 1 Samenanlage. Bei manchen *Rutaceae* (z. B. bei *Zanthoxylum*) und *Simaroubaceae* ist das Gynoeceum noch chorikarp.
Von den **Rutaceae** sind außer der Raute *(Ruta graveolens)* mit radiären Blüten (K5 C5 A5+5 G($\underline{5}$), Seitenblüten 4zählig) und dem Diptam *(Dictamnus)* mit leicht zygomorphen Blüten vor allem die *Citrus*-Arten zu erwähnen. Das Fleisch der *Citrus*-Früchte wird von saftigen Emer-

genzen gebildet, die von der Innenwand des Endokarps her in das Innere der Fruchtfächer wachsen, sich fest aneinanderpressen und die Samen zwischen sich einschließen; das Exokarp ist lederig. *C. sinensis* (Apfelsine, Orange, schon 2000 v. Chr. in China), *C. aurantium* (Pomeranze), *C. limon* (Zitrone), *C. medica* (Zitronat-Zitrone), *C. maxima* (Pampelmuse), *C. deliciosa* (Mandarine), *C. paradisi* (Grapefruit); die Nabel-Orangen besitzen zwei Etagen von Karpellen. Die Filamente der Staubblätter sind bei *Citrus* zu breiten Bündeln vereinigt.

Von den **Burseraceae** liefern *Commiphora abyssinica* und *Boswellia carteri* Weihrauch und Myrrhe, von den **Meliaceae** sind *Swietenia*-Arten (*S. mahagoni* u. a.) das echte Mahagoniholz; die Filamente sind bei dieser Familie meist zu einer geschlossenen Röhre verwachsen. Aus der Familie der **Simaroubaceae** wird der Götterbaum *(Ailanthus altissima)* bei uns kultiviert.

Die Blüten der **Polygalaceae** *(Polygalales)* erinnern sehr stark an die *Papilionaceae,* sind aber anders gebaut (Abb. 31 IX, X). Bei *Polygala,* K5 C3 A(4 + 4) G($\underline{2}$), sind die 2 seitlichen Kronblätter ausgefallen und durch petaloide, den „Flügeln" der Papilionaceen-Blüte ähnliche Kelchblätter „ersetzt", statt der „Fahne" der Papilionaceen-Blüte finden sich hier 2 Kronblätter, an Stelle des aus 2 miteinander verbunden Kronblättern bestehenden Papilionaceen-„Schiffchens" steht hier ein einziges kahnförmiges Kronblatt mit einem zerschlitzten Anhängsel. Die medianen Staubblätter fehlen, die verbliebenen 8 sind mit ihren Filamenten zu einer oben offenen Röhre vereinigt, die den hier aus zwei 1samigen Karpellen gebildeten coenokarpen Fruchtknoten umgibt.

4.14 Die **Sapindales** sind ebenfalls überwiegend Holzgewächse tropischer und subtropischer Gebiete. Sie unterscheiden sich von den *Rutales* durch das Fehlen von Sekretbehältern. Ihre Blüten besitzen gleichfalls Diskusbildungen, sind aber häufiger zygomorph gestaltet. Dies gilt ganz besonders für die große Familie der **Sapindaceae**, zu der viele Lianen mit anomalem Dickenwachstum des Holzkörpers und oft seilartig gewundenen Stämmen gehören. (*Litchi chinensis,* baumförmig, liefert die Litchipflaumen.) Die Blüten sind schräg zygomorph, stellen ihre Symmetrieebene aber kurz vor dem Aufblühen in die Mediane ein. Das gleiche ist bei den **Hippocastanaceae** der Fall, zu denen die aus den Gebirgen des Balkans stammende Roßkastanie *(Aesculus hippocastanum)* gehört.

Auch bei einer Anzahl von *Sapindales* finden sich noch freie Karpelle, so bei den **Coriariaceae** *(Coriaria),* deren Petalen bei der Fruchtreife fleischig werden, oder bei nicht wenigen **Anacardiaceae**. Beim paläotropischen Mangobaum *(Mangifera indica)* und dem von der Kashew-Nuß bekannten Acajubaum *(Anacardium occidentale)* ist überhaupt nur 1 Karpell vorhanden, das sich zu einer Steinfrucht entwickelt. Bei *A. occidentale* wird der Fruchtstiel dabei birnenförmig verdickt. Zu den *Anacardiaceae* gehört auch die Gattung *Rhus (Rh. typhina,* Essigbaum; *Rh. toxicodendron,* Giftsumach, bereits bei Berührung Ausschläge verursachend), ferner auch die mediterrane *Pistacia lentiscus.*

In den gemäßigteren Zonen ist der vorwiegend tropische Verwandtschaftskreis der *Sapindales* heute vor allem durch die mit 150 Arten allein auf der Nordhalbkugel verbreitete Familie der Ahorngewächse, **Aceraceae**, vertreten (im Frühtertiär noch in der Arktis; Pliozänflora von Frankfurt). Es sind Bäume oder Sträucher mit gegenständigen gelappten oder gefiederten *(Acer negundo)* Blättern. Ihre Blüten besitzen nur 8 Staubblätter (die medianen sind ausgefallen) und einen 2blättrigen Fruchtknoten, der sich zu einer geflügelten Spaltfrucht (Abb. 21) entwickelt. Die Blüten neigen zur Unterdrückung des einen oder anderen Geschlechts und im Übergang von der Insektenbestäubung zur Windbestäubung auch zur Reduktion des Perianths; der aus Nordamerika eingeführte Eschen-Ahorn *(Acer negundo)* ist zweihäusig und windblütig. Als krautartige Familie sind die durch zygomorphe Blüten (Kelchblattsporn) und Springfrüchte (vgl. Abb. 33 I) gekennzeichneten **Balsaminaceae** zu nennen.

Bei den Blüten der **4.15 Geraniales** sind, wenn man von radiären Blüten (Abb. 15 IV, VII) mit gegliedertem Perianth und obdiplostemonem (oder noch diplostemonem, d. h. aus 2 Kreisen in normaler Alternanz bestehenden) Androeceum ausgeht, hauptsächlich folgende Entwicklungstendenzen sichtbar, 1. Rückbildung des vor den Kronblättern stehenden Staubblattkreises, 2. Verringerung der Samenanlagen im Fruchtfach, 3. Neigung zur Zygomorphie. Die Staubblätter sind an ihrer Basis oft miteinander verbunden.
Die noch diplostemonen Blüter der – bisweilen zu den *Sapindales* gerechneten – **Limnanthaceae** besitzen noch ein chorikarpes Gynoeceum, dessen Karpelle allerdings jeweils nur 1 Samenanlage umschließen; in embryologischer Hinsicht sind sie stärker abgeleitet (1 Integument, kein Endosperm).
Bei den obdiplostemonen Blüten der **Oxalidaceae**, K5 C5 A5+5 G$(\overline{5–3})$ bleiben nur die Griffel des coenokarpen Gynoeceums frei, in jedem Ovarfach werden gewöhnlich noch zahlreiche Samenanlagen ausgebildet (*Oxalis,* Sauerklee, *Averrhoa carambola,* Carambola).
Freie Griffel haben gewöhnlich auch die **Linaceae** (*Linum,* Lein), doch werden hier nur noch 1 oder 2 Samenanlagen in den Fruchtfächern ausgebildet, die durch kulissenartig vorspringende falsche Scheidewände oft noch unterteilt werden. Die Kronstaubblätter sind hier oft nur noch als Rudimente oder gar nicht mehr vorhanden. Letzteres kann auch bei den **Geraniaceae** eintreten, bei deren Gynoeceum die Griffel gewöhnlich vereinigt sind. Hier ist nur der unterste Teil des langgestreckten Ovars fertil. Von den 2 in jedem der 5 Fruchtfächer vorhandenen Samenanlagen entwickelt sich jeweils nur eine zu einem reifen Samen. Bei der Reife lösen sich die Außenwände der Fruchtfächer durch hygroskopische Spannungen jeweils bis auf den Spitzenteil von der Mittelsäule ab und katapultieren den Samen weg, so jedenfalls bei den Storchschnabelarten (*Geranium,* Abb. 33 II). Bei den Arten des Reiherschnabels *(Erodium)* hingegen bleiben die Außenwände als hygroskopische Grannen mit dem Samen verbunden, lösen sich mit ihm ab und wirken durch ihre Bewegungen beim Einbohren des Samens in den Erdboden mit. Bei den *Pelargonium*-Arten (Zimmergeranien) bildet die Blütenachse einen

über seine ganze Länge mit dem Blütenstiel vereinigten nektarführenden Sporn; diese Blüten sind somit zygomorph gebaut. Das ist auch bei den **Tropaeolaceae** mit der artenreichen Gattung *Tropaeolum* (Kapuzinerkresse) der Fall: auch hier wird ein Sporn gebildet, der aber frei bleibt. Außerdem sind die hinteren Kronblätter anders gestaltet und gefärbt als die vorderen und im Androeceum sind die medianen Staubblätter fortgefallen. Die drei Karpelle der *Tropaeolum*-Blüte sind nur am Grunde im Bereich des zwischen den Karpellen ansitzenden Griffels vereinigt, also eigentlich apokarp; sie umschließen jedes nur 1 Samenanlage und lösen sich als Teilfrüchtchen ab.

Von den gleichfalls hierher gehörenden **Erythroxylaceae** ist *Erythroxylon coca* (Peru; Blätter enthalten Cocain) und von den **Zygophyllaceae** *Guaiacum officinale* (Pockholz) zu erwähnen.

4.16 Apiales (Umbelliflorae)

Die Ordnung trägt ihren alten Namen wegen der doldigen Blütenstände, die ein fast durchgehendes Ordnungsmerkmal darstellen. Ihre Vertreter sind ferner durch schizogene Sekretgänge und fast stets haplostemone (d. h. nur 1 mit den Kronblättern alternierenden Staubblattkreis aufweisende) epigyne Blüten mit Diskusbildungen und stark rückgebildetem Kelch gekennzeichnet. Die Samen enthalten ein reichlich entwickeltes Endosperm.

Die **Cornaceae**, Holzgewächse mit gegenständigen ganzrandigen Blättern, weichen in mehrfacher Hinsicht (Fehlen von Sekretgängen) von der Ordnung ab und werden daher auch einer eigenen Ordnung **Cornales** zugerechnet (*Cornus*, mit 4zähligen Blüten, *C. mas*. Kornelkirsche, *C. sanguinea*, Hartriegel, *C. suecica*, Schwedischer Hartriegel, Halbstrauch mit 2 Wirteln großer weißer Hochblätter am Grunde des doldenähnlichen Blütenstandes).

Die **Araliaceae**, welche überwiegend tropische Holzpflanzen mit großen gefiederten, gefingerten oder gelappten Blättern umfassen, weisen oft noch einen deutlichen Kelch auf; das Ovar ist nicht selten 5- oder mehrzählig und entwickelt sich zu einer Beere oder Steinfrucht (*Hedera helix*, Efeu, von Fliegen bestäubter Herbstblüher, dessen Beeren den Winter über reifen; Wurzelkletterer).
Die **Umbelliferae** (**Apiaceae**), K5 rud. C5 A5 G($\overline{2}$), sind überwiegend krautige Pflanzen, die in allen Organen schizogene Sekretgänge mit ätherischen Ölen und Gummiharzen aufweisen. Ihr Stengel ist gewöhnlich auffällig in Knoten und (oft hohle) Internodien gegliedert und trägt wechselständige, meist mehrfach gefiederte Blätter mit auffälligen großen Blattscheiden. Die Blütenstände sind (wahrscheinlich aus stark abgewandelten Thyrsoiden entstandene) „Doppeldolden" (Abb. 34 I), deren Deckblätter zur „Hülle" bzw. zu „Hüllchen" zusammentreten (bei der Sterndolde, *Astrantia*, sind die Hüllblätter zu Schauorganen vergrö-

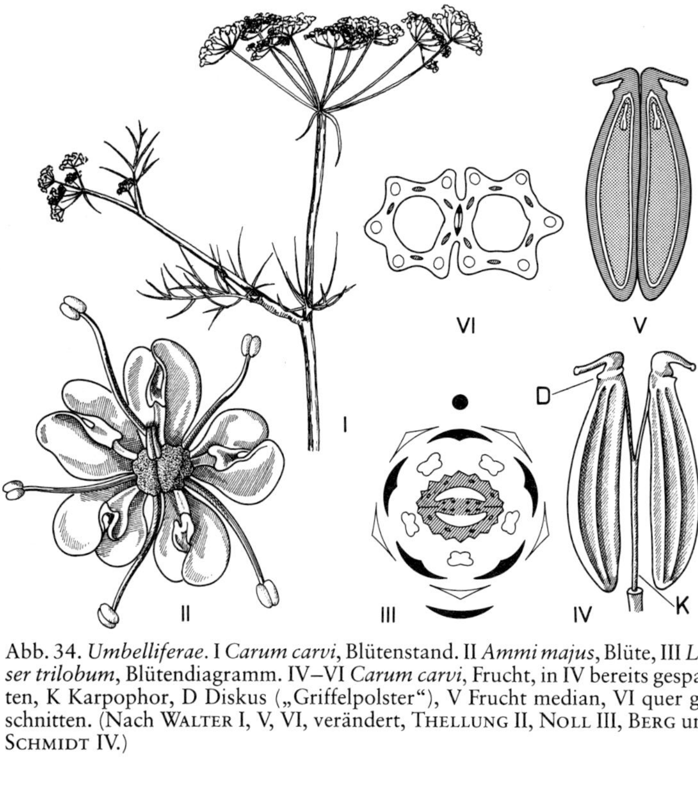

Abb. 34. *Umbelliferae*. I *Carum carvi*, Blütenstand. II *Ammi majus*, Blüte, III *Laser trilobum*, Blütendiagramm. IV–VI *Carum carvi*, Frucht, in IV bereits gespalten, K Karpophor, D Diskus („Griffelpolster"), V Frucht median, VI quer geschnitten. (Nach Walter I, V, VI, verändert, Thellung II, Noll III, Berg und Schmidt IV.)

ßert). Im einzelnen kann die Gestalt der Blütenstände in mannigfacher Weise abgewandelt werden, so z. B. köpfchenartig (bei der Stranddistel, *Eryngium maritimum)*. Die Außenblüten eines Blütenstandes weichen von den übrigen oft durch vergrößerte Blütenkronen ab und sind durch besonders starkes Wachstum der nach außen gerichteten Petalen nicht selten zygomorph (so bei der Möhre und noch auffälliger bei der Strahlendolde, *Orlaya grandiflora*). Oft sind die durch Verkümmerung der Staubblätter oder Fruchtblätter eingeschlechtig gewordenen Blüten im Blütenstand in ganz bestimmter Anordnung verteilt; *Trinia* und einige andere Gattungen sind zweihäusig. Die meist weißen oder rötlichen, seltener gelben Kronblätter weisen gewöhnlich eine nach innen gebogene Spitze und große seitliche Lappen auf (Abb. 34 II). Der Fruchtknoten wird von einem als Nektarium fungierenden Diskus bedeckt, dem auch die beiden spreizenden Griffel aufsitzen („Griffelpolster"). In jedem Fruchtfach kommt von 2 zunächst angelegten Samenanlagen nur eine zu voller Entwicklung, sie ist anatrop-hängend und besitzt nur 1 Integument. Bei der Reife verwächst die Samenschale mit der Fruchtwand (V). Es wird eine trockene Spaltfrucht gebildet, welche entlang der Trennwand zwischen den Fruchtfächern in 2 Teilfrüchte zerfällt, die noch einige Zeit an einem 2schenkeligen (aus axilen Fasersträngen hervorgehenden) Karpophor (Fruchtträger) hängen bleiben (IV). Die Form dieser Teilfrüchte mit 2 Rand- und 3 Rückenrippen, zwischen denen „Tälchen" mit Sekretgängen (Ölstriemen) und bisweilen auch noch Nebenrippen liegen (VI), ist als charakteristisches Merkmal für die Bestimmung der einzelnen Gattungen und Arten von Bedeutung. Der Bau der Früchte liefert auch das Kennzeichen für die Gliederung der Familie in 2 Unterfamilien, die überwiegend südhemisphärischen *Hydrocotyloideae (Hydrocotyle,* Wassernabel) mit holzigem und die *Apioideae (Apium,* Sellerie) mit weichem Endokarp.

Von den zahlreichen Gewürz- und Heilpflanzen, aber auch Gemüsepflanzen aus dieser 3000 Arten in 300 Gattungen umfassenden Familie mögen nur die folgenden genannt sein: Mohrrübe *(Daucus carota* subsp. *sativus),* Kümmel *(Carum carvi),* Petersilie *(Petroselinum sativum),* Sellerie *(Apium graveolens),* Fenchel *(Foeniculum vulgare),* Dill *(Anethum graveolens),* Anis *(Pimpinella anisum),* Koriander *(Coriandrum sativum),* Liebstöckel *(Levisticum),* Engelwurz *(Angelica archangelica),* ferner die *Ferula*-Arten. Sehr giftig sind der unangenehm riechende Gefleckte Schierling, *Conium maculatum* (mit rot geflecktem Stengel) und der Wasserschierling *(Cicuta virosa,* mit gekammertem Wurzelstock), giftig der Hecken-Kälberkropf *(Chaerophyllum temulum)* und die Hundspetersilie *(Aethusa cynapium).*

5 Caryophyllidae (6 Plumbaginales und 7 Polygonales)

Kennzeichnend für die **5.1 Caryophyllales (Centrospermae)** ist die zentrale Stellung der Samenanlagen bzw. der Placenten, in einem aus mehreren Fruchtblättern gebildeten, aber 1fächerigen Gynoeceum. Anhand einer kontinuierlichen Reihe von Übergangsformen läßt sich jedoch nachweisen, daß diese sog. Zentralplacenta durch kongenitale Rückbildung oder sogar durch nachträglichen Schwund der Scheidewände in einem Gynoeceum zustande kommt, das die typische Gliederung in einen synascidiaten und einen symplikaten Abschnitt aufweist.
Charakteristisch ist ferner der um ein mehliges Perisperm gekrümmte Embryo *(„Curvembryonae")* in den aus campylotropen (bis amphitropen) Samenanlagen hervorgehenden Samen; auch in anderen embryologischen Merkmalen besteht eine große Einheitlichkeit. Die charakteristischen Proteineinschlüsse in den Leukoplasten der Siebelemente bestehen hier aus einem kugeligen (seltener polygonalen: *Caryophyllaceae*) Kristalloid und einem peripheren ringförmigen Bündel aus Proteinfilamenten (BEHNKE).

An den *Centrospermae* zeigt sich, welcher Aussagewert phytochemischen Merkmalen bei der Klärung der natürlichen Verwandtschaft zukommen kann. Mit Ausnahme der *Caryophyllaceae* (und *Molluginaceae*) sind nämlich alle hierher gehörenden Familie dadurch charakterisiert, daß als Blütenfarbstoffe anstelle der hier völlig fehlenden Anthocyane, die bisher in keiner anderen Gruppe höherer Pflanzen (wohl aber als Hutfarbstoff beim Fliegenpilz, Seite 323) nachgewiesenen stickstoffhaltigen **Betalaine** (Betacyane und Betaxanthine) vorkommen; ja mit der Auffindung dieses Merkmals bei den kakteenartigen, auf Madagaskar endemischen *Didiereaceae* und den *Cactales* kann endlich auch die schon immer vermutete Verwandtschaft dieser Gruppen mit den *Centrospermae* als erwiesen gelten.
Die *Centrospermae* sind überwiegend krautige Gewächse mit einfachen, meist stipellosen Blättern, häufig mit anomalen sekundären Dikkenwachstum und mit radiären, meist zwitterigen Blüten. In dem typisch 2kreisigen Androeceum wird der vor den Kronblättern stehende, normalerweise innere Kreis nicht selten durch die mit den Kronblättern alternierenden „Kelchstaubblätter" nach außen gedrängt (Obdiplostemonie) oder reduziert; andererseits kann auch eine zentrifugale Aufteilung der Anlagen in einem oder in beiden Kreisen stattfinden, so daß ein vielzähliges Androeceum entsteht. Das Perianth ist teils doppelt, in Kelch und Krone gegliedert, teils einfach.
Je nachdem, ob man die Ausbildung des einfachen Perianths hier als Reduktionserscheinung oder als ursprüngliches Merkmal deutet, wird die Anordnung der hierher gehörenden Familien verschieden ausfallen. Wir gehen hier von den vollständigsten Blüten mit doppeltem Perianth aus, wie wir sie bei vielen Nelkengewächsen, **Caryophyllaceae**, finden, so bei der Pechnelke (Abb. 35 II) oder auch beim Feld-Spark (Abb. 35 III). Von diesen Diagrammen kann man – durch Annahme von Reduktionen und Organvermehrung – auch die Blütendiagramme der meisten anderen Centrospermen-Familien ableiten, wobei noch zu bemerken ist, daß die Blüten auch 4zählig sein können, wie beim Mastkraut, *Sagina:* K4 C4 A4+4 G($\underline{4}$), und daß die Zahl der Fruchtblätter ohne Stellungsveränderungen in den anderen Kreisen bis auf 2 reduziert werden kann.
Die Vertreter der **Caryophyllaceae** sind fast immer krautig und meist schon an den einfachen (oft schmalen) gegenständigen Blättern und den thyrsoidalen Blütenständen zu erkennen. Diese bieten sich infolge akrotoner Förderung und Verzweigung häufig als sog. Dichasien, besser: Cymoide (vgl. den Abschnitt Blütenstände), dar.
Bei einer näheren Betrachtung der Merkmale müssen wir auf die Gliederung der Familie in drei Unterfamilien Rücksicht nehmen, nämlich die

1. *Alsinoideae,* mit freien Kelchblättern (Abb. 35 III, IV)
2. *Silenoideae,* mit vereinigten Kelchblättern (I, II)

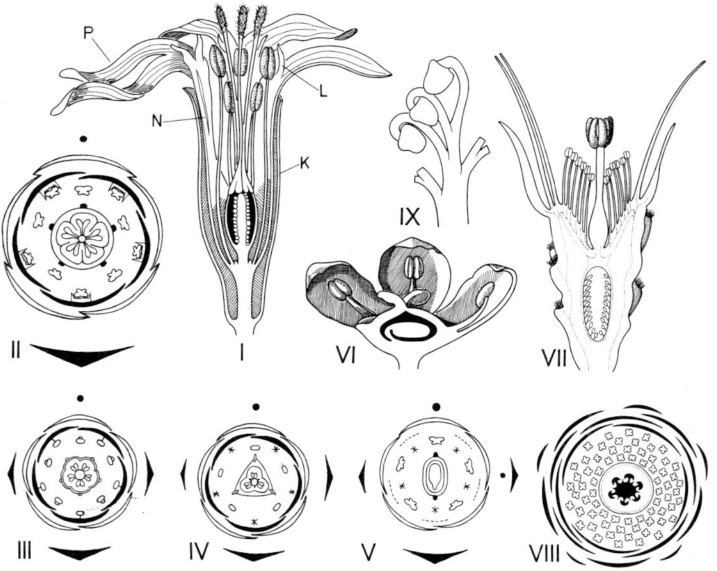

Abb. 35. I–V *Caryophyllaceae*, I *Silene nutans*, Blüte im Axialschnitt, K Kelch, N Nagel, P Platte und L Ligula der Kronblätter; II–V Blütendiagramme von *Lychnis viscaria* (II), *Spergula arvensis* (III), *Stellaria media* (IV) und *Paronychia* sp. (V, zugleich das häufigste Diagramm der *Chenopodiaceae*). VI *Beta trigyna (Chenopodiaceae)*, Blüte halbiert. VII–IX *Cactaceae*, VII *Opuntia rafinesquei*, Blüte axial, VIII *Opuntia* sp., Blütendiagramm, IX *Stenocereus weberi*, Büschel von Samenanlagen mit langen Funiculi. (Nach Beck von Mannagetta I, Eichler II–V, Baillon VI, Buxbaum VII, IX, Engler und Gilg VIII.)

3. *Paronychioideae*, mit etwa den *Alsinoideae* entsprechenden Blütenmerkmalen und stipelntragenden Laubblättern.

Bei den *Alsinoideae*, den Mieren, sind die Kronblätter oft so tief geteilt, daß man auf den ersten Blick die doppelte Zahl von Kronblättern zu sehen vermeint. Bei den echten Nelken, den *Silenoideae* (Abb. 35 I), sind die Kronblätter im Zusammenhang mit der Vereinigung der Kelchblätter zu einer oft langen Röhre in einen langen, schmalen, im Kelch eingeschlossenen „Nagel“ (N) und eine sich entfaltende, oft ausgerandete oder geteilte „Platte“ (P) gegliedert, an der Übergangsstelle zwischen beiden Abschnitten sitzt häufig ein zwei- oder mehrspaltiger Auswuchs, die „Ligula“ (L); die Ligulae aller Kronblätter können zusammen eine „Nebenkrone“ bilden. Die Blütenachse ist zudem oft zwischen Kelch

und Krone oder dem Androeceum und Gynoeceum merklich gestreckt („Anthophor", „Gynophor", Abb. 35 I). Besonders bei den *Alsinoideae* (Abb. 35 IV) und *Paronychioideae* (V) kommt es vielfach zur Reduktion 1. der Kronstaubblätter sowie einzelner Kelchstaubblätter, 2. der Krone (beides nicht selten bei Formen von *Stellaria media*, Vogelmiere) und 3. der Zahl der Fruchtblätter bis auf 3 *(Silene)* oder 2, sowie 4. zu einer Verminderung der Samenanlagen bis auf eine einzige, die am Grunde eines in solchen Fällen oft mittelständigen 1fächerigen Ovars sitzt (so z. B. beim Ackerknäuel, *Scleranthus annuus*). Aus solchen Ovarien entwickeln sich natürlich nicht mehr mit Zähnen aufspringende Kapseln, sondern Schließfrüchte, und zwar Nüsse. Bei *Cucubalus baccifer* ist die Frucht eine saftarme Beere. Durch Unterdrückung des einen oder anderen Geschlechts kommt es vereinzelt zur Diözie (*Melandrium* sp. = *Silene dioica*, *S. alba*, Rote und Weiße Lichtnelke). Das Seifenkraut *(Saponaria)* und andere Arten sind saponinhaltig.
Die ebenfalls meist krautigen Gänsefußgewächse, **Chenopodiaceae**, sind durch die Bevorzugung salzreicher Standorte (Meeresküsten, Salzsteppen, Ruderalstandorte) ökologisch gut gekennzeichnet. Bemerkenswert ist die häufige Sukkulenz und die damit im Zusammenhang stehende Rückbildung der Blattorgane, wie man sie z. B. beim Queller *(Salicornia)* findet, der bei uns als Pionier in den Verlandungsgesellschaften des Wattenmeeres wächst und auch als solcher angepflanzt wird.
Das in der Familie häufigste Blütendiagramm findet sich bereits bei *Paronychia* (Abb. 35 V) und anderen *Caryophyllaceae*. Aus dem stets eine einzige basale Samenanlage einschließenden, meist 2blättrigen oberständigen Ovar entwickelt sich gewöhnlich ebenso wie bei entsprechend gebauten Caryophyllaceen eine Nuß. Der Fruchtknoten von *Beta* (*B. trigyna* u. a., Abb. 35 VI) ist 3blätterig und halbunterständig, die von den erhärtenden Perianthblattbasen eingeschlossene Frucht öffnet sich erst bei der Keimung mit einem Deckel. Häufig treten noch weitere Reduktionen im Perianth und im Androeceum ein, so werden beim Queller nur noch ein 3zähliges Perianth und 1–2 Staubblätter, beim Wanzensamen *(Corispermum)* oft nur ein einziges Perianthblatt und ein einziges Staubblatt ausgegliedert. Oft sind die Blüten eingeschlechtig, so bei den Melden *(Atriplex)*, deren männliche Blüten eine 4–5zählige Blütenhülle besitzen, während die weiblichen perianthlos und nur von den beiden, später der Frucht einschließenden Vorblättern umgeben sind.

Von *Beta vulgaris* subsp. *maritima*, einer Meerstrandpflanze, stammen die Kulturformen der Runkelrübe ab: die Futterrübe *(Beta vulgaris* subsp. *vulgaris* var. *alba)*, Zuckerrübe (var. *altissima)*, Rote Bete, (var. *conditiva)*, Mangold (var. *vulgaris)*. Als zweijährige Rübenpflanzen bilden sie im ersten Jahr nur eine Blattrosette und eine mehr oder minder kräftige Rübe und erst im 2. Jahr einen Blütenstand, dessen Früchte zu 3–5 in Knäueln vereinigt bleiben; deshalb ist ein

nachträgliches „Verziehen" der dicht beieinander stehenden Keimlinge oder eine maschinelle Trennung der Früchte vor der Aussaat erforderlich. Seit 1977 gibt es „monogerme" Sorten, die durch Einkreuzung von *B. lomatogona* entstanden. Der Saft der durch Betacyan gefärbten Roten Bete zeigt übrigens in kalkhaltigem Wasser keinen Farbumschlag nach blau wie bei dem Anthocyangefärbten Rotkohl („Blaukraut")! Als Blattgemüse wird außerdem der Spinat *(Spinacia oleracea)* gebaut; für seine zweihäusig verteilten Blüten gilt etwa dasselbe wie für die *Atriplex*-Arten. Die Reismelde *(Chenopodium quinoa)* wird in Südamerika als Brotgetreide angebaut.
Wegen ihrer angeblich apokarpen oder unvollständig coenokarpen Gynoeceen, die gelegentlich (z. B. *Rivina*) bis auf 1 Karpell reduziert sind, werden die **Phytolaccaceae** oft als den Ausgangsformen der *Centrospermae* nahestehend und als Übergangsglied zu den *Magnoliales (Phytolacca-Illicium)* betrachtet. Jedoch weist nach neueren Untersuchungen das Gynoeceum von *Phytolacca* zwar ursprüngliche Baumerkmale auf, ist aber nicht apokarp. Das Perianth ist gewöhnlich einfach, die Zahl der Staubblätter durch Spaltung in einem oder in beiden Kreisen oft vermehrt, die Karpelle sind einsamig. Die Kermesbeere *(Phytolacca americana)* tritt bei uns bisweilen verwildert auf, ihre Früchte werden in Südfrankfreich zum „Nachfärben" von Wein verwendet.
Von den verwandten **Nyctaginaceae** seien die durch Vererbungsversuche bekanntgewordene Wunderblume *(Mirabilis jalapa)* und die mit hakenförmigen Sproßdornen kletternde *Bougainvillea* genannt, eine tropische Zierpflanze mit violett gefärbten Brakteen. Zu den **Portulacaceae** gehört die als Salatpflanze kultivierte *Portulaca sativa,* zu den **Amaranthaceae** die als „Fuchsschwanz" *(Amaranthus; A. retroflexus* als Ruderalpflanze) und „Hahnenkamm" *(Celosia)* bekannten Zierpflanzen.
An die *Phytolaccaceae* schließt man auch die xerophilen **Aizoaceae** (+ **Mesembryanthemaceae**) an. Infolge Aufgliederung der Anlagen des mit den Kelchblättern (Tepalen?) alternierenden Staubblattkreises weisen die Blüten auch hier ein vielzähliges Androeceum auf, dessen äußere Glieder meist kronblattartig sind. Aus den oft halb oder ganz unterständigen Ovarien entwickeln sich vielsamige Kapseln, die sich nicht selten durch Quelleisten, also bei Befeuchtung, öffnen (Hygrochasie). Zu den ca. 2500 durch teilweise extreme Blattsukkulenz ausgezeichneten Arten, die vor allem die südafrikanischen Trockengebiete besiedeln, gehören die „Lebenden Steine" *(Lithops).*

Bei den **5.2 Cactales**, die fast ausschließlich in Amerika *(Rhipsalis* im tropischen Afrika, auf Madagaskar und Ceylon) vorkommen, handelt es sich um Stammsukkulenten von sehr mannigfaltiger Gestalt, bei denen die Blattorgane meist zu Dornen umgebildet sind und die Verzweigung weitgehend eingeschränkt ist (Achselknospen werden zu Dornbüscheln, Areolen). Ihre Blüten (Abb. 35, VII, VIII) besitzen ein schraubig gestelltes Hochblatt-Perigon mit oft kelchblattartig entwickelten äußeren und kronblattartigen inneren Gliedern. Das vielzählige Androeceum ist wahrscheinlich durch sekundäre Aufgliederung aus einem Kreise hervorgegangen. Die auch in vegetativen Merkmalen (sukkulente Blätter, nur mäßig verdickte Achsen und reiche Verzweigung) primitive Gattung *Pereskia* hat noch ein mittelständiges (1fächeriges) Ovar mit zentraler Placentation. Bei anderen Vertretern umwächst die

Blütenachse das Gynoeceum und wird über dieses hinaus zu einem Becher vorgezogen, der außenseits Hochblätter bzw. Kelchblätter (oft noch mit Areolen), innenseits Kron- und Staubblätter trägt. Die Placenten werden durch diese Wachstumsvorgänge an die Außenwand des Ovars verlagert. Ähnliches kommt auch bei den *Aizoaceae* vor, die mit den *Cactales* u. a. in den oft sehr langen Funiculi der Samenanlagen (Abb. 35 IX) übereinstimmen.

Enge Beziehungen bestehen möglicherweise zwischen den *Caryophyllidae* und den im Blütenbau recht ähnlichen, aber durch vereintblättrige Kronen sich unterscheidenden, Anthocyan-führenden **6. Plumbaginales** (*Plumbaginaceae,* Bleiwurzgewächse), von denen bei uns die Grasnelken *(Armeria)* und der Strandflieder *(Limonium = Statice)* heimisch sind.

Die **7. Polygonales** mit den meist krautigen *Polygonaceae* (Knöterichgewächsen) werden zwar oft mit den Centrospermen in Verbindung gebracht, leiten sich aber wohl unmittelbar von den „*Polycarpicae*" her. Ein hervorstechendes vegetatives Merkmal der meisten Vertreter ist die Ochrea, eine die Stengelinternodien am Grunde röhrig umschließende, den Stipeln äquivalente Unterblattbildung der hier wechselständigen Laubblätter. Die Blüten (Abb. 36 I–III) sind meist 3-(seltener 2-, 5-)zählig. Das aus 2 Wirteln bestehende Perigon ist bei den entomogamen Knöterich-Arten *(Polygonum)* und dem früher als anspruchslose Kulturpflanze gebauten Buchweizen *(Fagopyrum esculentum)* gefärbt, bei den zahlreichen windblütigen Formen neigt es zum Schwinden, ebenso der innere der beiden Staubblattkreise (Abb. 36 II), während der äußere oft durch Spaltung vermehrt ist. Der 3blättrig-1fächerige, nur eine basale, meist atrope Samenanlage umschließende Fruchtknoten entwikkelt sich zu einer Nuß, die häufig, z. B. bei den Ampferarten *(Rumex),* von den vergrößerten inneren oder äußeren Tepalen umgeben bleibt, die als Verbreitungsorgan (z. B. Schwimmgewebe) dienen. Das Endosperm ist gut entwickelt.

Aus den ostasiatischen Gebirgen stammt der Rhabarber *(Rheum). Rh. rhabarbarum (= Rh. undulatum)* ist eine Gemüsepflanze, *Rh. palmatum* var. *tanguticum* (Kronrhabarber) eine jetzt auch bei uns angebaute Heilpflanze. Die Ampferarten aus der Untergattung *Rumex* bieten ein vorzügliches Beispiel für die Ausbildung von Polyploidreihen. Aufbauend auf der Grundzahl x = 10 reicht die Reihe hier von *R. sanguineus* und anderen mit 2n = 20 über 2n = 40 bei *R. obtusifolius* und 2n = 60 bei *R. crispus* bis zu 2n = 20x = 200 bei *R. hydrolapathum*!

8 Dilleniidae

Auch diese Gruppe läßt sich an die „Polycarpicae" anschließen, und zwar über die **8.1 Dilleniales**, die man ebenfalls als einen durch mehrere verhältnismäßig primitive Merkmale ausgezeichneten und den Aus-

gangsformen vieler Dikotyledonen-Ordnungen nahestehenden Verwandtschaftskreis betrachten kann. Ihr oft vielgliedriges Gynoeceum ist häufig noch apokarp, bisweilen auf 1 Karpell reduziert. Das Androeceum ist allerdings komplex-polyandrisch, wobei im Gegensatz zu den *Myrtales* die Aufteilung der primären Anlagen (Abb. 36 IV) in zentrifugaler Richtung vor sich geht (wie wir das aber auch schon bei Centrospermen oder bei den Punicaceen kennengelernt haben). Die Samen sind häufig von einem fleischigen Arillus umgeben.
Die Stellung der Perianthglieder ist bei den vorwiegend aus Holzgewächsen bestehenden **Dilleniaceae** meist schraubig, die bisweilen noch zahlreichen und oft noch freien oder kaum vereinigten Karpelle öffnen sich – soweit mehrsamig – wie bei *Magnolia* an Bauch- und Rückennaht.
Besonders auffällig ist der allmähliche Übergang von Hochblättern in den schraubigen Kelch und die gleichfalls schraubig angeordneten Kronblätter bei den **Theaceae** (**8.2 Theales**), Holzgewächsen mit lederigen immergrünen Blättern, zu denen der Teestrauch *(Camellia sinensis = Thea sinensis)* und die Kamelie *(C. japonica)* gehören. Das Gynoeceum ist hier bereits coenokarp, und zwar gefächert mit zentralwinkelständiger Placentation, während bei den **Hypericaceae** die Placententragenden Fruchtblattränder (der symplikaten Zone) nicht bis in das Zentrum des Ovars vorstoßen, so daß die Fächerung oft mehr oder minder unvollkommen bleibt. Die zahlreichen Staubblätter sind häufig miteinander vereinigt oder bilden z. B. beim Hartheu *(Hypericum)* 3 oder 5 Bündel.

Die vornehmlich südostasiatischen **Dipterocarpaceae** („Flügelnußgewächse", wegen der zu großen Flügeln auswachsenden Kelchblätter) liefern wertvolle Nutzhölzer und Harze.

Die früher als Verwandte der *Myrtaceae* angesehenen **Lecythidaceae** unterscheiden sich von diesen durch die zentrifugale Aufgliederung der primären Anlagen des Androeceums sowie das Fehlen der Sekretbehälter und des intraxylären Phloems. Häufig sind zygomorphe Blüten mit lippenartigen, viele Staubblätter tragenden Achsenbildungen im Bereich des vielzähligen Androeceums (Abb. 32 VI). Die Früchte sind oft kopfgroße holzige Deckelkapseln („Affenkochtöpfe", V). Die Samen von *Bertholletia excelsa* und manchen *Lecythis*-Arten liefern die Para„nüsse". Bei den stets synkarpen Gynoeceen der **8.3 Violales** ist die Placentation parietal (Abb. 16 VI) oder durch das Vorspringen der Placenten(!) scheinbar zentralwinkelständig. Das Androeceum ist meist vielgliedrig, das Perianth nur bei wenigen *Flacourtiaceae* noch schraubig angeordnet. Diese tropische Holzpflanzenfamilie bildet mit ihren radiären Blüten eine wichtige, vielgestaltige Ausgangsgruppe. Andere Familien haben zygomorphe Blüten, so die *Violaceae* (*Viola*, Veilchen, Abb. 15 VI, IX). Mit den *Violaceae* sind vielleicht die insektivoren **Droseraceae** verwandt (*Drosera*, Sonnentau; *Drosophyllum; Dionaea muscipula*, Venus-Fliegenfalle; *Aldrovanda vesiculosa*, Wasserfalle), die man heute mit den gleichfalls insektivoren Schlauchblattpflanzen *(Sarraceniaceae)* und den Kannenpflanzen *(Nepenthaceae)* in die **8.4 Nepenthales** einreiht. Ferner gehören hierher: die Cistrosengewächse, *Cistaceae,* (K5 C5 A ∞ G(3–5)) mit dem Sonnenröschen *(Helianthemum)* und den mediterranen *Cistus*-Sträuchern, die **Tamaricaceae** (K5 C5 A5+0 G(3)), mit der Tamariske *(Tamarix)* und die mit Sproßranken kletternden **Passifloraceae** mit den Passionsblumen *(Passiflora),* deren eigenartige Blütenformen durch die komplizierte Gestalt der Blütenachse mitbestimmt sind. Die Früchte mehrerer Arten liefern Obst bzw. Obstsaft (Granadilla, Maracuja) oder Gemüse. Durch eingeschlechtige Blüten sind die *Caricaceae* und die *Begoniaceae* ausgezeichnet. Bei den männlichen Blüten der **Caricaceae** sind die Petalen zu einer langen Kronröhre vereinigt (ähnlich manche *Passifloraceae*); der krautige (!) „Melonenbaum" (*Carica papaya:* K5 C5 A5+5 bzw. G(5)) wird in den Tropen oft angepflanzt. Das bei den *Caricaceae* noch mittelständige Gynoeceum ist bei den *Begoniaceae* vollkommen unterständig. Männliche und weibliche Blüten sind hier von recht verschiedenem Bau: P2+2A∞ bzw. P5 G($\overline{3}$). Die akropetale Ausgliederungsfolge der Staubblätter weist allerdings auf primäre Polyandrie hin und läßt die Einreihung der Familie bei den *Violales* fragwürdig erscheinen (Merxmüller und Leins). Die formenreiche Gattung *Begonia* („Schiefblatt") umfaßt sowohl Kräuter als auch Halbsträucher mit dorsiventralen Sproßachsen und entsprechend asymmetrischen, distich angeordneten Laubblättern mit großen Stipeln.

Eine meist sympetale Krone und ein unterständiges, meist 3blättriges Gynoeceum mit parietalen Placenten finden wir auch bei den **Cucurbitaceae**, den vorwiegend krautigen (einjährigen), oft mit Sproßranken oder Rankensystemen kletternden oder niederliegenden Kürbisgewächsen. Die Blüten sind hier nicht nur eingeschlechtig, sondern oft sogar zweihäusig verteilt. Die Staubblätter sind meist gruppenweise (2+2+1) oder sämtlich miteinander vereinigt. Anatomisch sind die *Cucurbitaceae* durch bikollaterale Leitbündel gekennzeichnet: Die derbschaligen und daher als „Panzerbeeren" bezeichnenden Früchten erreichen beim Kürbis *(Cuburbita pepo)* eine enorme Größe, Kürbisarten sind möglicherweise die ältesten Kulturpflanzen (14500 v. Chr.). Die gurkenähnliche Früchte der Zucchini *(Cucurbita pepo* convar. *giromontiina)* unterscheiden sich von den Gurken *(Cucumis sativus)* durch ihre 6kantigen Stiele. Weitere Kulturpflanzen sind: Zuckermelone *(Cucumis melo),* Wassermelone *(Citrullus lanatus),* Koloquinte *(C. colocynthis),* Chayote, Schuschu *(Sechium edule,* vivipar!) Das Fasernetz der Früchte von *Luffa*-Arten liefert die Luffaschwämme; die verschiedengestaltigen Früchte von *Lagenaria* sind die „Flaschenkürbisse". *Elaterium, Cyclanthera explodens* und die mediterrane Spritzgurke *(Ecballium)* haben Explosionsfrüchte. Einheimisch ist die Zweihäusige Zaunrübe *(Bryonia dioica),* eingebürgert die (einhäusige) *B. alba.*

8.5 Capparales (Capparidales)

Mit den *Violales,* vor allem wohl den *Flacourtiaceae,* sind die gleichfalls durch parietale Placentation gekennzeichneten *Capparales* eng verwandt. Ihre meist hypogynen (selten perigynen) Blüten besitzen fast stets Diskusbildungen oder schuppenförmige Nektarien (so auch die *Flacourtiaceae*). In den reifen Samen findet sich kein Endosperm. Die stets wechselständigen, oft geteilten oder gelappten Laubblätter weisen fast stets rudimentäre Stipeln auf. Fast alle hierher zu rechnenden Familien sind phytochemisch durch den Besitz von Senfölglykosiden ausgezeichnet, die durch das oft in besonderen Myrosinzellen enthaltene Enzym Myrosinase gespalten werden, wenn eine Verletzung eintritt. Dies bedingt den charakteristischen scharfen, senfartigen Geschmack des Rettichs, der Kapern und anderer Gewürz- oder Gemüsepflanzen.

Die Blüten der **Capparaceae** besitzen oft noch ein vielzähliges Androeceum und oft lange Gyno- oder Androgynophore, so auch der mediterrane Kapernstrauch *(Capparis spinosa)*, dessen Blütenknospen als Kapern verwendet werden.

Das Blütendiagramm einiger *Capparaceae* ähnelt dem der **Cruciferae** *(Brassicaceae)*, der größten Familie aus dieser Ordnung. Zu ihr gehören meist krautige (oft einjährige) Pflanzen mit fast immer deckblattlosen und stets vorblattlosen polytelen Blütenständen mit traubigen Floreszenzen. Ihre disymmetrischen Blüten (Abb. 36 V, VI) wurden früher von dem aus Zweier-Wirteln aufgebauten Diagramm der *Fumarioideae* abgeleitet. Es handelt sich jedoch um einen echt 4gliedrigen (durch Ausfall eines Gliedes aus einem 2/5-Kelch entstandenen) Kelchblattwirtel, mit dem eine 4zählige Krone alterniert („Kreuzblütler"). Von dem folgenden Staubblattwirtel sind nur die beiden transversalen Glieder ausgebildet. Sie sind zudem erheblich kürzer als die Staubblätter des vollzähligen zweiten Kreises. Der 2blätterige Fruchtknoten trägt parietale Placenten, ist aber durch eine von den Placenten gebildete häutige „falsche Scheidewand" in 2 Fächer geteilt. Er entwickelt sich zu einer Schote, bei deren Aufspringen die Placenten mit den Samen als Rahmen (replum) stehenbleiben, in welchem die oft silbrig glänzende falsche Scheidewand aufgespannt ist; besonders auffällig ist dies beim „Silberblatt" *(Lunaria)*. In der Form der Frucht hat man zwischen den langgestreckten Schoten (z. B. Ackersenf, *Sinapis arvensis*) und den kurzen, aber oft breiten oder kugeligen Schötchen (Länge geringer als die dreifache Breite) zu unterscheiden. Die Schötchen können wie beim Hirtentäschelkraut *(Capsella bursa-pastoris,* Abb. 36 VII, VIII) oder dem Acker-Hellerkraut *(Thlaspi arvense)* quer zur falschen Scheidewand *(Angustiseptae)* oder in Richtung der falschen Scheidewand *(Latiseptae,* z. B. Steinkraut, *Alyssum*) verbreitert sein. Auch nußartige Früchte *(Crambe maritima,* Meerkohl) oder Bruchfrüchte (z. B. die Gliederschote des Hederichs, *Raphanus raphanistrum*) kommen vor. Für die systematische Gliederung der großen Zahl von Gattungen (ca. 350) und Arten (ca. 3000) dieser im Blütenbau sehr einheitlichen Familie werden außer den Fruchtformen, auch die Zahl der Honigdrüsen, die Gestalt der Narben und vor allem die unterschiedliche Lage des Embryos und die Faltung der Keimblätter in den aus kampylotropen Samenanlagen hervorgehenden Samen herangezogen, ferner auch die mannigfachen Formen der oft verzweigten, aber stets einzelligen Haare. Von den wichtigen Kulturpflanzen aus dieser Familie seien nur die folgenden genannt: der in zahlreichen Varietäten und Formen angebaute Kohl *(Brassica olera-*

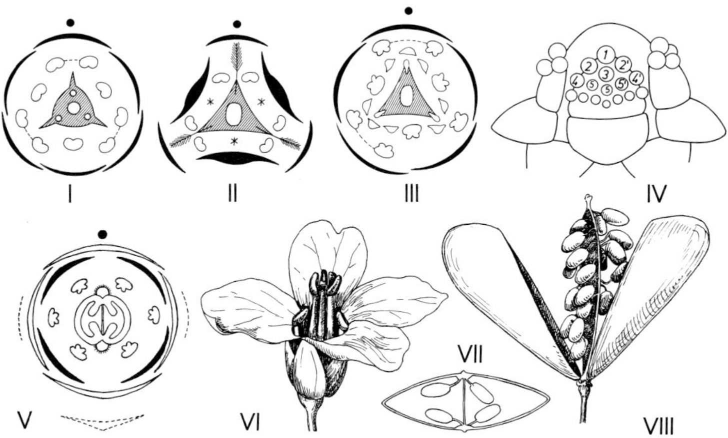

Abb. 36. I–III *Polygonaceae*, Blütendiagramme von I *Rheum*, II *Rumex*, III *Fagopyrum*. IV *Hypericum*, zentrifugale Aufgliederung der Staubblattanlagen. V–VIII *Cruciferae*, V Blütendiagramm, VI Blüte von *Cardamine pratensis*; VII, VIII Frucht von *Capsella bursa-pastoris* im Querschnitt (VII) und ganz, geöffnet, die an den Placenten festsitzenden Samen zeigend. (Nach EICHLER I–III, V, LEINS IV und WALTER VI–VIII.)

cea), die Kohlrübe *(B. napus* var. *napobrassica)*, als Ölpflanzen Raps (Treibstoffgewinnung!) und Rübsen *(B. napus* var. *napus* und *B. rapa* var. *sylvestris)*, die Weiße Rübe *(B. rapa* var. *rapa)*, Schwarzer und Weißer Senf *(Brassica nigra, Sinapsis alba)*, Rettich und Radieschen *(Raphanus sativus* var. *niger* und var. *sativus)*, Meerrettich *(Armoracia rusticana)*, Kresse *(Lepidium sativum)*.

Die **Resedaceae** haben zygomorphe Blüten, bei denen die Blütenachse ein kurzes Androgynophor bildet, das sich unterhalb der Staubblätter zu einem exentrischen, oft halbmondförmigen Diskus erweitert. In der Form der meist zerschlitzten Petalen zeigt sich oft eine Förderung der adaxialen Blütenhälfte, so bei *Reseda*, K6 C6 A∞ G $(\underline{3})$, bei der übrigens die Karpelle nicht völlig verwachsen, so daß die Samenanlagen sichtbar sind.
Weitere Familien sind die **Tovariaceae** mit 8zähligen und die **Moringaceae** mit (abgesehen vom 3zähligen Ovar) 5zähligen Blüten.

Die **8.6 Malvales** sind wahrscheinlich über die *Cistaceae* von den *Violales* abzuleiten, bisweilen (bei manchen *Sterculiaceae*) findet sich noch Apokarpie. Die Vertreter dieser Gruppe sind zumeist Holzgewächse, selten Kräuter, meist mit Stipeln, oft mit Sternhaaren. Sie enthalten in ihren Geweben meist Schleimzellen. Ihre oft mit Diskusbildungen, Androphoren oder Androgynophoren ausgestatteten Blüten weisen fast

stets ein gegliedertes Perianth auf, wobei der Kelch gewöhnlich eine klappige, die Krone eine gedrehte Knospenlage einnimmt. Die Glieder des allein übriggebliebenen inneren Staubblattkreises sind gewöhnlich sekundär stark vermehrt. Bei den **Tiliaceae** bleiben sie meist frei. Aus dieser Familie sind neben den Linden (*Tilia:* K5 C5 A ∞ G(5̲), *T. cordata* und *T. platyphyllos,* Winter- und Sommerlinde) die Jutepflanze *(Corchorus)* und die durch seismographisch reagierende Staubblätter ausgezeichnete Zimmerlinde (*Sparmannia africana)* zu nennen.
Bei den übrigen Familien sind die Filamente zu einer geschlossenen, den Griffel umgebenden Röhre vereinigt. Die somit einer kleinen Säule aufsitzenden Antheren *(„Columniferae")* haben bei den **Malvaceae** (Abb. 33 III–V) nur eine Theke. Die Blüten sind hier oft von einem aus Hochblättern gebildeten Außenkelch umgeben; die Zahl der Fruchtblätter ist oft so stark vermehrt, daß mehrere Reihen gebildet werden. Die Zahl der Griffel entspricht dabei der Zahl der Fruchtblätter, die sich bei der Reife als einsamige Teilfrüchte ablösen. Dies ist unter anderem bei den Malven (*Malva,* Abb. 33 III), beim Eibisch *(Althaea officinalis)* und der Stockrose *(Alcea rosea)* der Fall. Bei den Baumwollarten *(Gossypium)* werden dagegen vielsamige Kapseln gebildet; die Samen liefern Öl, die bis 60 mm langen Samenhaare die Baumwolle. Die unreifen, grünen Früchte von *Abelmoschus (Hibiscus) esculentus* (trop. Asien) stellen in den Tropen und Subtropen, neuerdings auch bei uns, ein beliebtes Gemüse (Griechische Hörnchen, Eibisch, Lady's finger) dar.

Den *Malvaceae* eng verwandt sind die **Bombacaceae** mit dem afrikanischen Affenbrotbaum *(Adansonia digitata)* und dem Kapokbaum *(Ceiba pentandra),* dessen an der Innenseite der Fruchtwand entspringende Haare eine (im Gegensatz zur Baumwolle) nicht verspinnbare Wolle liefern. *Adansonia* und *Ceiba* werden von Fledermäusen bestäubt.
Zu den *Sterculiaceae* gehören der kauliflore (d. h. aus dem Stamm heraus blühende) Kakaobaum *(Theobroma cacao)* und *Cola acuminata,* deren Früchte, die Kola-Nüsse, stark alkaloidhaltig sind (Coffein, Theobromin). *Sterculia* ist chorikarp, hat andererseits aber die Petalen verloren (Heterobathmie!).
An primitive Vertreter der *Malvales* kann man die **8.7 Thymelaeales** anschließen, zu denen die **Thymelaeaceae** mit dem bei uns heimischen Seidelbast *(Daphne mezereum)* gehören. In ihren perigynen Blüten sind die Kronblätter oft verkümmert, dafür die Kelchblätter aber petaloid entwickelt. Das Gynoeceum ist pseudomonomer.

Bei den **8.8 Salicales** mit der einzigen Familie **Salicaceae** sind die zweihäusig verteilten, in traubigen Kätzchen stehenden Blüten sehr stark rückgebildet (Abb. 30 VII–XI). Die 2blättrig-1fächerigen Fruchtknoten mit ihren zahlreichen parietal stehenden anatropen Samenanlagen, die sich zu endospermlosen, schopfig behaarten (nur wenige Tage keimfähigen) Samen entwickeln, bieten vielleicht einen Hinweis auf die Verwandtschaft mit den *Tamaricaceae (Tamarix,* Tamariske) aus der Ordnung der *Violales*. Es handelt sich stets um Holzgewächse mit einfachen wechselständigen, Stipeln tragenden Blättern. Nur bei den windbestäubten Blüten der Pappeln (*Populus*, ca. 40 Arten) ist noch ein Perianth in Gestalt eines becherförmigen Gebildes (Abb. 30 VII, VIII) angedeutet. Bei den insektenblütigen Weiden (*Salix*, ca. 300 Arten) findet man 1–2 schuppenförmige Nektarien, die hier jeweils mit 2–12 Staubblättern bzw. dem Fruchtknoten zusammen in der Achsel eines Deckblattes stehen und auch als Perianthreste gedeutet werden (Abb. 30 IX–XI). Selten treten auch hier Zwitterblüten auf.

8.9 Ericales, 8.10 Ebenales und 8.11 Primulales

Die drei hier kurz zu besprechenden Ordnungen sowie die **8.12 Diapensiales** werden vielfach als „pentazyklische Sympetalen" bezeichnet. Ihre Petalen sind nämlich gewöhnlich zu einer sympetalen Krone vereinigt, doch erweisen sie sich in anderen Merkmalen gegenüber den „echten Sympetalen-Ordnungen" als weniger stark abgeleitet. Dazu gehört, daß noch 2 Staubblattkreise vorhanden sind oder daß bei nur einem Staubblattkreis der zweite noch durch Rudimente oder durch die epipetale Stellung des einzigen Kreises angedeutet ist, wie etwa bei den **Primulaceae**: K5 [C5 A0+5]G($\underline{5}$). Von diesen Ordnungen weisen die **8.9 Ericales** die engsten Beziehungen zu den **Dilleniales** auf, und zwar über die noch freikronblättrigen **Clethraceae** einerseits und die *Dilleniales*-Familien der *Saurauiaceae* und *Actinidiaceae (Actinidia chinensis,* Kiwi) andererseits, zwischen denen zahlreiche Übereinstimmungen im Blütenbau und in vegetativen und embryologischen Merkmalen bestehen. Die Blüten sind 4–5zählig, mit obdipolostemonem Androeceum und coenokarpem Gynoeceum mit zentralwinkelständigen Placenten sowie einem langen Griffel ausgestattet. Die Antheren öffnen sich durch Poren und tragen unten zwei hornartige Fortsätze („Bicornes"), die durch Überkippung der Antheren im Verlaufe der Entwicklung nach oben gekehrt werden. Die Pollenkörner bleiben gewöhnlich zu Tetraden vereinigt. Die Ordnung umfaßt meist kleine Sträucher, Halbsträucher und Stauden (seltener kleine Bäume) mit einfachen, oft immergrünen Blättern; es sind zumeist ausgeprägte Mykorhizapflanzen (Besiedlung von Rohhumusböden!). Mit Hilfe von Mykorhizapilzen lebt auch der chlorophyllose Fichtenspargel *(Monotropa, Pyrolaceae)*. Bei den Wintergrünarten *(Pyrola)* aus der Familie der **Pyrolaceae** und beim Porst *(Ledum, Ericaceae)* ist die Krone noch freiblätterig, ebenso bei den vielleicht nicht hierher gehörenden **Empetraceae** (*Empetrum*, Krähenbeere). Zu den **Ericaceae** gehören viele xeromorphe Zwergsträucher (selten kleine Bäume), einheimisch sind unter anderen: *Erica* (Glockenheide), *Calluna* (Besenheide), *Rhododendron* (Alpenrosen, *Rh. hirsutum*, kalkstet, *Rh. ferrugineum*, kalkfliehend, oft eng benachbart: vikariierend), *Vaccinium (V. myrtillus*, Heidelbeere; *V. vitis-idaea*, Preiselbeere usw.), *Andromeda* (Rosmarinheide) und die medizinisch wichtige Bärentraube *(Arctostaphylos uva-ursi)* mit mehrsteinigen Steinfrüchten (nicht wie bei den übrigen mit Beeren!).

Zu den **8.10 Ebenales** gehören die **Styracaceae**, die **Ebenaceae** (*Diospyros*-Arten liefern Ebenholz, *D. kaki,* Kakipflaume) u. a.; aus dem Milchsaft einiger **Sapotaceae** wird Guttapercha sowie Chiclé (als Basis für Kaugummi) gewonnen.

Die **8.11 Primulales** sind durch eine Zentralplacenta (Abb. 16 VIII) ausgezeichnet, welche bei kongenitalem Schwund der Septen aus den Karpellsohlen gebildet wird. Von den **Primulaceae** seien die Gattungen *Primula, Soldanella, Lysimachia* (Gilbweiderich) und *Cyclamen* (Alpenveilchen) genannt (über die Heterostylie bei *Primula* vgl. Seite 79).
Die folgenden Ordnungen **sympetaler Dikotylen** sind nicht allein durch die Vereinigung der Kronblätter zu einer sympetalen Corolle, sondern noch durch zahlreiche weitere abgeleitete Merkmale als hochspezialisierte Gruppen ausgewiesen. Es ist stets nur ein mit den Kronblättern alternierender und oft mit der Kronröhre über eine wechselnde Länge verwachsener Staubblattkreis vorhanden. Die Krone selbst und die übrigen Blütenorgane werden vor allem in Anpassung an tierische Bestäuber oft in verschiedener, teils recht komplizierter Weise zygomorph ausgebildet. Teilweise damit im Zusammenhang ist die Zahl der Staubblätter häufig, die der Fruchtblätter meistens geringer (4, 2) als in den vorausgehenden Organkreisen. In einigen Entwicklungsreihen kommt es auch hier in jeweils spezifischer Weise zur Ausbildung von Pseudanthien.
Auch in embryologischer Hinsicht sind diese Ordnungen stark abgeleitet: der Nucellus ist meist schwach entwickelt (tenuinucellat) und nur von einem Integument umkleidet. Ein Merkmal hoher Spezialisation stellt auch die fast überall anzutreffende Entwicklung der innersten Zellschicht des Integuments zum Endothel (vgl. Seite 85) dar, das hier zuerst Ernährungsfunktion für den Embryo (und das sich entwickelnde Endosperm) und später nach Cutinisierung seiner Innenseite Schutzfunktion übernimmt. Auch Mikropylar- und Chalaza-Haustorien sind häufig.

9 Lamiidae

Die Ordnungen dieser Reihe sind durch sympetale Corollen, ober- bis unterständige Gynoeceen und das Vorkommen von Iridoiden gekennzeichnet.

9.1 Oleales

Zu den **Oleaceae** gehören ausschließlich Holzpflanzen mit typisch 4zähligen Blüten. Diese sind meist zwitterig, seltener eingeschlechtig; teils besitzen sie noch freie Kronblätter, teils eine sympetale Corolle

(Flieder, *Syringa,* Abb. 37 VI, VII; Forsythie, *Forsythia;* Liguster, *Ligustrum;* Echter Jasmin, *Jasminum;* Ölbaum, *Olea europae*). Bei unserer Esche *(Fraxinus excelsior)* hingegen finden wir in stark zusammengezogenen Rispen perianthlose und oft eingeschlechtige Blüten. Eine vergleichende Betrachtung läßt erkennen, daß es sich hier um die Endglieder einer Reduktionsreihe handelt, die als Übergang zur Windblütigkeit zu verstehen ist. Bei der Esche gibt es alle Übergangsformen von zwitterigen zu eingeschlechtigen Blüten (Abb. 37 I–V); bei der submediterran verbreiteten Manna-Esche *(F. ornus)* finden wir sogar noch ein doppeltes Perianth mit freilich schwach entwickelter Krone (VIII), während die kronenlose Form, K(4) A2 G($\underline{2}$), schon zu den nackten Blüten unserer Esche überleitet. Das Diagramm der noch insektenblütigen Manna-Esche entspricht jedoch dem des Flieders (Abb. 37 VI) mit dem Unterschied, daß die Kronblätter bei der Manna-Esche fast frei bleiben. Die in der Fliederblüte (Abb. 37 VI, VII) und auch in den Blüten der anderen *Oleaceae* fehlenden medianen Staubblätter sind allein bei der brasilianischen *Tesarandra fluminensis* noch vorhanden, womit die geschilderte Reduktionsreihe auch nach der anderen Richtung vervollständigt wird. Die Früchte der *Oleaceae* sind Kapseln *(Jasminum),* Beeren, Flügelnüsse *(Fraxinus)* oder Steinfrüchte (so beim mediterranen Ölbaum, Olive, *Olea europaea,* Abb. 21, und *Ligustrum*).

9.2 Gentianales

Für diese Ordnung sind radiäre, 4–5zählige Blüten mit oft gedrehter Knospenlage der Kronblätter charakteristisch, bei denen die Filamente der Staubblätter noch nicht mit der Kronröhre vereinigt sind. In Verbindung mit stark abgeleiteten Blütenstrukturen finden sich aber auch noch primitive Züge: das meist 2blätterige ober- bis unterständige Gynoeceum ist gerade bei den sonst so komplizierten Blüten der *Asclepiadaceae* stets, bei den *Apocynaceae* häufig noch chorikarp. Bei den letzteren ist ein gleitender Übergang zur Coenokarpie unverkennbar, und sowohl bei den coenokarpen Vertretern der *Apocynaceae* als auch bei den *Gentianaceae* ist die Vereinigung als Karpelle im distalen Teil oft noch schwach.
Anatomisch ist für die meisten Familien das Vorkommen bikollateraler Leitbündel (internes Phloem), das Fehlen von Drüsenhaaren (statt dessen aber Harzdrüsenzotten) und phytochemisch das Vorkommen von Indol-Alkaloiden charakteristisch. Die Blätter sind – abgesehen von den *Menyanthaceae* – gegenständig, ungeteilt und ganzrandig.
Die **Gentianaceae** sind vorwiegend krautige Gewächse mit oberständigen coenokarpen, meist 1fächerigen Fruchtknoten, dessen oft ausgedehnte und weit ins Innere vorspringende Placenten zahlreiche Samenanlagen tragen; der untere sterile Teil ist dünn und bildet einen hohlen „Stiel“. Hierher gehören die Enziane *(Gentiana, Gentianella)* und die

Tausendgüldenkraut-Arten *(Centaurium)*. Die **Gentianaceae** und die eng verwandten, ausschließlich krautige Sumpf- und Wasserpflanzen umfassenden **Menyanthaceae** enthalten Bitterstoffe (Gentiopikrin fehlt den *Menyanthaceae*). Einheimische *Menyanthaceae* sind der Fieberklee *(Menyanthes trifoliata)* mit 3zähligen Fiederblättern und die seerosenähnliche Schwimmblätter tragende Seekanne *(Nymphoides peltata)* mit gelben Trichterblüten.

Die in vieler Hinsicht primitivste Familie sind die **Loganiaceae**, Holzpflanzen, seltener Kräuter mit oft rudimentären interpetiolaren Stipeln. Ihr meist 2fächeriger Fruchtknoten ist bei *Cynoctonum* bereits halbunterständig (Überleitung zu den *Rubiaceae*). Zu dieser Familie gehören wichtige Giftpflanzen, vor allem aus der Gattung *Strychnos (Str. nux-vomica*, Brechnußbaum, liefert Strychnin).

Hier schließen sich die **Asclepiadaceae** und die **Apocynaceae** an, die ebenfalls (interpetiolare) Rudimentärstipeln aufweisen, sich aber durch den Besitz von ungegliederten Milchröhren mit teilweise kautschukhaltigem Milchsaft von den *Loganiaceae* unterscheiden; ihre Früchte sind

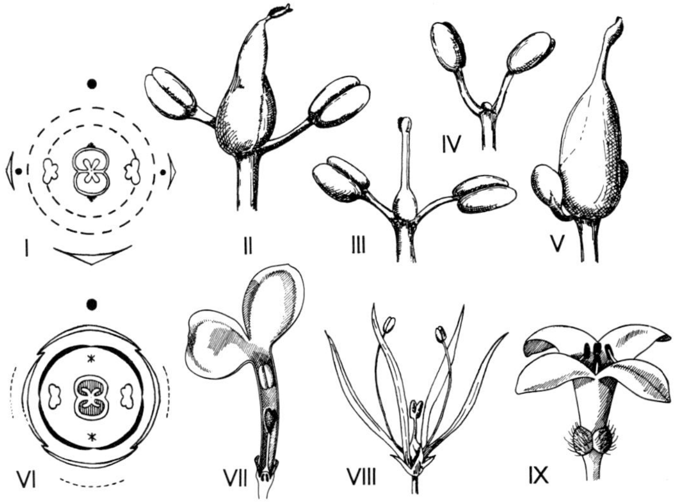

Abb. 37. I–VIII *Oleaceae*; I–V *Fraxinus excelsior*, I Diagramm einer Zwitterblüte, II Zwitterblüte, III, IV männliche Blüten mit mehr oder minder reduziertem Fruchtknoten, V weibliche Blüte mit Staminodien: VI, VII *Syringa vulgaris*, Diagramm und Medianschnitt einer Blüte; VIII *Fraxinus ornus*, Blüte. IX *Galium odoratum (Rubiaceae)*, Blüte. (Nach EICHLER I, WALTER II–V, VIII, FIRBAS IX. VII Orig.)

meist sog. Doppelbälge mit weit auseinanderspreizenden Karpellen und zahlreichen, meist mit einem Haarschopf versehenen Samen. Zu den **Apocynaceae** (Hundsgiftgewächse) gehören die medizinisch wichtigen *Strophanthus*- und *Rauvolfia*-Arten, ferner Oleander *(Nerium oleander)* und Immergrün *(Vinca minor,* Abb. 15 V, VIII).
Die **Asclepiadaceae** (Schwalbenwurzgewächse) sind eine schon in vegetativer Hinsicht sehr formenreiche Familie mit Holzpflanzen, Kräutern, Lianen und Epiphyten (darunter die Gattung *Dischidia* mit teilweise urnenförmigen Blättern) und vor allem auch zahlreichen kakteenähnlichen Stammsukkulenten, die oft Aasblumen ausbilden *(Stapelia, Hoodia).* Der Aasgeruch und die trüb braunrot oder grünlichgelb gefärbten, oft netzig gezeichneten Kronen dieser Blüten locken Schmeißfliegen an, die auch ihre Eier in den Blüten ablegen und auf diesem Wege den Pollen übertragen können. Die Blüten der *Asclepiadoideae* gehören zu den kompliziertesten Angiospermenblüten. Dies gilt vor allem für die Klemmfallenblüten (vgl. Seiten 81/82) und die Kesselfallenblüten von *Ceropegia.*
An die Loganiaceen *(Cynoctonum!)* lassen sich die **9.3 Rubiales** mit den **Rubiaceae** anschließen, deren Fruchtknoten bei *Gaertnera* und *Pagamea* noch oberständig, sonst aber unterständig ist. Sie wurden nicht zuletzt aus diesem Grunde früher mit den Familien der *Dipsacales* zusammen in die Ordnung *Rubiales* gestellt, lassen aber in ihrer Morphologie (z. B. interfoliare Stipeln) und vor allem in ihrer Alkaloid-Garnitur enge Beziehungen zum Verwandtschaftskreis der *Loganiaceae* erkennen. Mit diesem, nicht aber mit den *Dipsacales*-Familien stimmen sie – abgesehen vom Fehlen des intraxylären Phloems – auch in den o. g. anatomischen Merkmalen überein. Bei uns ist diese weit über 6000 Arten in mehr als 500 Gattungen umfassende Familie nur durch krautige Gewächse (*Galium,* Labkraut; *G. odoratum,* Waldmeister, Abb. 37 IX; *Asperula* u. a.) vertreten, deren interfoliare Stipeln den Laubblattspreiten oft völlig gleichen, so daß vielzählige Laubblattwirtel vorgetäuscht werden. Ihre Blütenformel lautet zumeist K4 [C(4) A4] G($\overline{2}$). Sie gehören ebenso wie die Kaffeebäume (*Coffea arabica,* aus Abessinien, *C. liberica, C. canephora,* trop. Afrika) zur Unterfamilie der *Rubioideae (Rubia tinctorum,* Färberröte), deren Fruchtfächer stets 1samig sind. Die Früchte sind daher Spaltfrüchte *(Galium)* oder 2 kernige Steinfrüchte. Dies gilt auch für *Coffea,* deren Samen (Kaffeebohnen) von einem pergamentartigen Endokarp umschlossen in einer kirschähnlichen Frucht liegen. Den Loganiaceen stehen die *Cinchonoideae* näher, die noch vielsamige Kapseln bilden. Zu dieser nur Holzpflanzen umfassenden Unterfamilie gehören die Chinin-liefernden Chinarindenbäume (*Cinchona,* mit 5zähligen Stieltellerblüten), die Gattung *Cephaëlis (Uragoga,* Ipecacuanha) und die *Psychotria*- und *Pavetta*-Arten, in deren Blättern Kolonien Luftstickstoff-bindender Bakterien leben.

9.4 Dipsacales

Die Familien dieser Ordnung haben niemals eine gedrehte Knospenlage, keine bikollateralen Leitbündel, keine Harzdrüsenzotten, statt dessen aber Drüsenhaare. Die gegenständigen Blätter sind oft gefiedert, gelappt oder doch gezähnt. Stipeln fehlen stets. Der 5- bis 2blätterige Fruchtknoten ist stets unterständig. Alkaloide fehlen. Die 5 *Dipsacales*-Familien, die **Caprifoliaceae** (Geißblattgewächse), **Adoxaceae** (Moschuskrautgewächse, einzige Gattung *Adoxa*), **Valerianaceae** (Baldriangewächse), die **Morinaceae** und **Dipsacaceae** (Kardengewächse), sind darüber hinaus durch mannigfache Merkmalsreihen eng miteinander verbunden: 1. ausgehend von radiären Blüten bei einigen *Caprifoliaceae,* nämlich Holunderarten *(Sambucus),* K(5) [C(5) A5] $\overline{G}$(5–3), (Abb. 38 I) und Schneeballarten *(Viburnum),* K(5) [C(5) A5] $\overline{G}$(3) findet ein Übergang zur Zygomorphie, z. B. bei *Lonicera* (Geißblatt, Heckenkirsche) und schließlich zu völliger Asymmetrie der Blüten bei den *Valerianaceae* (Abb. 38 II–VI), besonders bei der Spornblume *(Centranthus)* statt; 2. besteht mehrfach eine Tendenz zur Reduktion des Kelches bis zur Ausbildung eines aus Borsten oder fiederigen Strahlen bestehenden Federkelches (Pappus) oder auch nur eines Ringwulstes bei *Valerianaceae* und *Dipsacaceae;* 3. die Zahl der Staubblätter wird bis auf 1 *(Centranthus),* die Zahl der Fruchtblätter bis auf 3 und schließlich 2 vermindert, dazu verringert sich die Zahl der Samenanlagen und die Fruchtfächer verkümmern bis auf ein fertiles mit nur einer Samenanlage; 4. ausgehend von monotelen Rispen oder Schirmrispen bei einigen *Caprifoliaceae (Sambucus, Viburnum,* oft als selbständige Familien betrachtet) kann man zunächst den Verlust der Terminalblüte *(Diervilla)* feststellen, dann einen Übergang zu mannigfach gestalteten polytelen Thyrsen und schließlich sogar zu thyrsisch aufgebauten, durch Verdickung der Infloreszenzachse kopfigen Blütenständen; letzteres bei der andinen Valerianaceengattung *Stangea* und bei den *Dipsacaceae,* deren Köpfchen von einer Hülle aus Hochblättern umgeben sind (Abb. 38 VIII), so daß die Konvergenz mit den Köpfchen der *Compositae* sehr stark ist.

Die **Caprifoliaceae**, fast ausschließlich Holzgewächse, lassen Beziehungen zu den *Hydrangeaceae* erkennen. Ihre Blätter tragen bisweilen Pseudostipeln (rudimentäre Fiedern) oder Öhrchen, die man früher angesichts der vermuteten Verwandtschaft mit den *Rubiaceae* als Stipeln deutete. Die Blüten sind bei den meisten Gattungen zygomorph, bei *Lonicera* oft ausgeprägt 2lippig. Die Gattung **Sambucus** besitzt noch halbunterständige Fruchtknoten (ebenso das wohl verwandte Moschusblümchen, *Adoxa*). Die Früchte sind mehrkernige Steinfrüchte *(Sambucus),* Beeren (z. B. bei *Lonicera* und der als Zierstrauch gepflanzten Schneebeere, *Symphoricarpos*) oder vielsamige Kapseln (bei den Ziersträuchern *Diervilla* und *Weigela.*) Bei *Viburnum* verkümmern 2 der 3 Fruchtfächer, das dritte enthält nur 1 Samenanlage. Beim Gemeinen Schneeball *(Viburnum opu-*

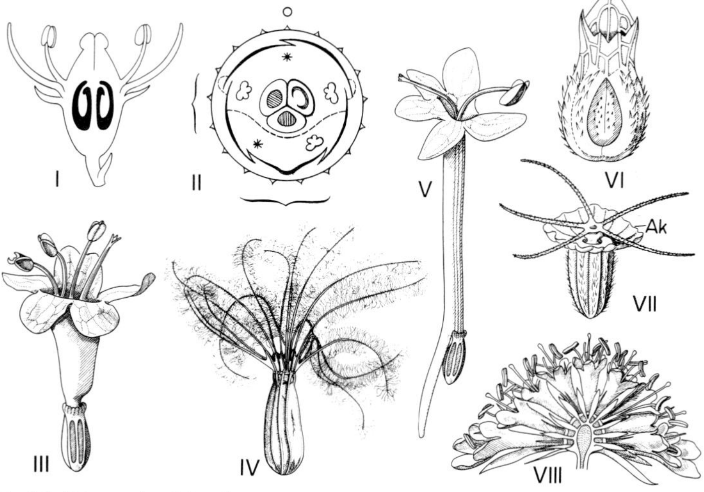

Abb. 38. *Dipsacales*. I *Sambucus nigra (Caprifoliaceae)*, Blüte axial; II–VI *Valerianaceae*, II, III Blütendiagramm und Blüte von *Valeriana officinalis*, IV *V. tripteris*, Frucht, V *Centranthus ruber*, Blüte, VI *Valerianella eriocarpa*, Frucht. VII, VIII *Scabiosa columbaria (Dipsacaceae)*, Frucht und Längsschnitt durch ein Blütenköpfchen, Ak Außenkelch. (Nach DUNZINGER I, EICHLER II, verändert, COSSON und GERMAIN VI, HEGI VII, VIII, übrige Orig.)

lus) sind die Randblüten der Schirmthyrsoide steril und besitzen stark vergrößerte Blütenkronen, bei der „gefüllten" Gartenform ist dies bei allen Blüten der Fall.

Die **Valerianaceae** und **Dipsacaceae** sind bei uns nur durch krautige Pflanzen vertreten, sie umfassen jedoch auch Holzgewächse bzw. Halbsträucher. Unter den erstgenannten ist die Gattung *Valeriana* (Baldrian) wegen ihrer Wirkstoffe (Valepotriate) von medizinischer Bedeutung. Arten von *Valerianella* werden als Feldsalat gegessen. Bei beiden Gattungen sind nur 3 Staubblätter ausgebildet (Abb. 38 II, III). Die Blütenkrone ist stark asymmetrisch und am Grunde oft ausgesackt, bei *Centranthus* sogar lang gespornt („Spornblume", V). Der Fruchtknoten ist bei den *Valerianaceae* 3blätterig, bei den *Dipsacaceae* 2blätterig und enthält nur eine Samenanlage. Aus dem unterständigen Fruchtknoten entwickelt sich eine Achäne, die bei *Centranthus* und meist auch bei *Valeriana* (Abb. 38 IV) einen erst während der Fruchtreife sich entwickelnden Federkelch trägt. Auch bei den *Dipsacaceae* kann ein der Windverbreitung dienender Federkelch oder aber ein Kranz hakiger Borsten, welcher der epizoochoren Verbreitung dienlich ist, gebildet werden. Dazu kommt hier noch ein sog. Außenkelch (Abb. 38 VII) aus den Vorblättern und einem Brakteenpaar. Die *Dipsacaceae* bilden ein vortreffliches Beispiel dafür, wie man die durch morphologische Untersuchungen allein nicht zu ermittelnden Entwicklungslinien innerhalb dieser Familie anhand

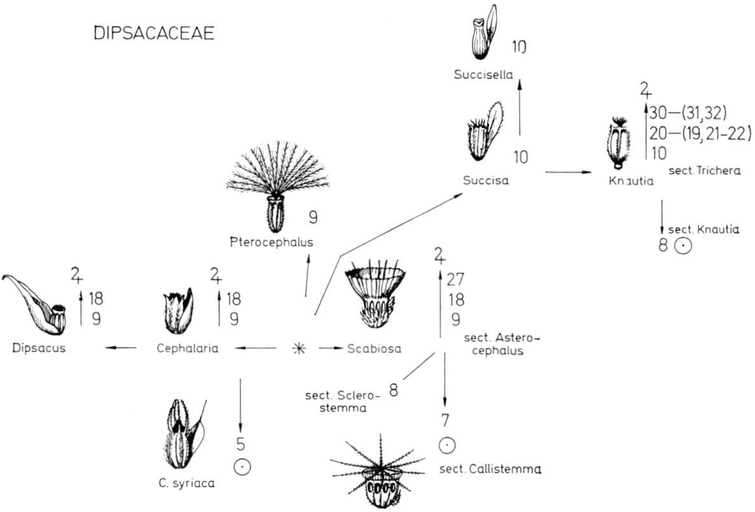

Abb. 39. Schema der vermuteten stammesgeschichtlichen Zusammenhänge (Pfeile) zwischen den wichtigsten Sippengruppen der *Dipsacaceae*, * hypothetische Ausgangssippe. Differenzierung der Früchte (mit Außen- und Innenkelchen) und ihrer Tragblätter (soweit vorhanden), Lebensformen (♃ ausdauernd. ⊙ einjährig); haploide Chromosomenzahlen neben bzw. am Ende der Pfeile, Dysploidie, Polyploidie 2x, 4x, 6x, daneben in Klammern Aneuploidie (nach EHRENDORFER).

der Veränderungen im Chromosomenbestand durch aufsteigende Dysploidie (n = 9→10), absteigende Dysploidie (n = 9→5) oder durch Verdoppelung oder Verdreifachung des Chromosomensatzes (Polyploidiestufen) in Verbindung mit den verschiedenen Anpassungen der Früchte an bestimmte Verbreitungsarten aufzeigen kann (Abb. 39).

9.5 Solanales

Die *Solanales* umfassen zwar auch Holzgewächse, sind aber vorwiegend zur Ausbildung krautiger Vegetationskörper fortgeschritten. Ihre wechselständigen oder auch gegenständigen Blätter sind stets stipellos. Die bei vielen Familien noch radiärsymmetrischen Blüten sind bei einigen anderen ausgeprägt zygomorph. Im Zusammenhang damit steht eine Reduktion der Staubblattzahl auf 4 und schließlich 2. Der Fruchtknoten ist meist 2blätterig, oberständig.
Die folgenden Familien haben noch weitgehend radiäre und bis auf das Gynoeceum in allen Kreisen 5zählige Blüten. Bei den **Polemoniaceae** (*Polemonium,* Jakobsleiter; *Phlox; Cobaea,* „Glockenwinde“, trop.

Amerika, chiropterophil) ist der Fruchtknoten meist 3blätterig, bei den **Convolvulaceae** meist 2blätterig. Die Frucht ist bei den *Polemoniaceae* stets, bei den *Convolvulaceae* meistens eine Kapsel. Bei den *Convolvulaceae,* zu denen die Zaun- und Ackerwinde [*Calystegia, Convolvulus,* K(5) C(5) A5 G $(\underline{2})$] und die mittelamerikanische Süßkartoffel *(Ipomoea batatas)* gehören, gibt es aber auch eine Verringerung der Samenanlagenzahl auf 2 in jedem Karpell und eine Klausenbildung (vgl. *Boraginaceae*). Mit den *Convolvulaceae* sind die parasitisch lebenden **Cuscutaceae** (*Cuscuta,* Kleeseide, Teufelszwirn) eng verwandt, die fast blattlose und chlorophyllfreie fadenförmige Sproßsysteme bilden. Strahlige Blüten, meist mit 5 Staubblättern, sind auch für die Nachtschattengewächse, **Solanaceae**, charakteristisch, holzige oder krautige Pflanzen mit wechselständigen Blättern und monotelen thyrsoidalen Blütenständen mit wickeliger Verzweigung in den Teilblütenständen. Ihr Sproßaufbau ist oft schwer zu überblicken, weil im Bereich des Blütenstandes in noch stärkerem Maße als bei den *Boraginaceae* Verwachsungen von Seitenachsen mit der Mutterachse und Lageverschiebungen der Deck- und Vorblätter eintreten. Die Familie ist anatomisch durch bikollaterale Leitbündel und in ganz besonderer Weise phytochemisch durch das Auftreten von Alkaloiden vor allem der Ornithin-Gruppe als natürliche Einheit gekennzeichnet. Ihre Blütenformel gleich meist der von *Convolvulus* und entspricht damit der mancher anderer vorher genannter Familien. Ein wichtiger Unterschied besteht jedoch darin, daß die beiden Fruchtblätter bei den *Solanaceae* stets schräg zur Mediane stehen (Abb. 41 V). Die Samenanlagen sitzen meist in großer Zahl an auffallend dicken Placenten (Tomate!), die gelegentlich auch falsche Scheidewände bilden und das Ovar in 4 Fächer aufteilen. Dies ist beim Stechapfel *(Datura)* der Fall, dessen stachelige Kapselfrüchte mit 4 Klappen aufspringen. 2- oder 4 klappige Spaltkapseln finden sich auch bei der Gattung *Nicotiana; N. tabacum* ist der wegen seiner nicotinhaltigen Blätter gebaute Tabak, eine allotetraploide Art, die vermutlich in Nordwest-Argentinien aus zwei diploiden Wildarten (*N. sylvestris* und *N. otophora*) entstanden ist. In Osteuropa wird mehr die Machorka (*N. rustica,* Bauerntabak, wohl aus Peru stammend) gebaut. Tabakarten wurden ebenso wie verschiedene andere Kulturpflanzen aus der Familie der Solanaceen schon in präkolumbianischer Zeit in Süd- und Mittelamerika kultiviert (Kartoffel, Tomate, Abb. 41 VI). Das bei uns heimische Bilsenkraut *(Hyoscyamus)* bildet Deckelkapseln. Die höchst giftigen Beeren der Tollkirsche (*Atropa belladonna,* Abb. 21) enthalten die Alkaloide Atropin, Hyoscyamin, Belladonnin, Scopolamin u. a., die von hoher medizinischer Wirksamkeit sind.

Zu den beerenfrüchtigen Solanaceen gehört auch die über 1500 Arten umfassende Gattung *Solanum* mit dem bei uns verbreiteten Schwarzen und Bittersüßen Nachtschatten *(S. nigrum, S. dulcamara),* der in der Alten Welt beheimateten Eierfrucht *(S. melongena)* und der wegen ihre stärkereichen Sproßknollen

angebauten Kartoffel *(S. tuberosum),* deren Stammformen in den mittleren Anden Südamerikas zu suchen sind (subsp. *andigenum*) und die im 16. Jahrhundert nach Europa gebracht wurde, jedoch erst seit dem Ende des 18. Jahrhunderts allgemein angebaut wird. Aus dem tropischen Amerika stammen auch die Tomate *(Lycopersicon lycopersicum = L. esculentum)* und der Paprika *(Capsicum annuum).* Überhaupt dürften die Anden Mittel- und Südamerikas ein wichtiges Entfaltungszentrum der *Solanaceae* (und vieler Kulturpflanzen) sein.
Bei der Lampionblume *(Physalis alkekengi)* ist der Kelch z. Z. der Fruchtreife stark vergrößert und orangefarben. Die Alraune *(Mandragora)* ist eine alte Medizinal- und Zauberpflanze (Bereitung von Hexentränken).

9.6 Scrophulariales

Von den *Solanaceae* unterscheiden sich die eng verwandten **Scrophulariaceae** (ca. 3000 Arten in 200 Gattungen) unter anderem durch kollaterale Leitbündel, anderen Samenbau, den polytelen Typ der Blütenstände und die mediane Stellung der Fruchtblätter in den meist stark dorsiventralen Blüten, deren Staubblattzahl im Zusammenhang mit der zunehmenden Dorsiventralität der Blüten auf 4 und schließlich 2 verringert ist. Statt der hier nur eine geringe Rolle spielenden Alkaloide treten bestimmte Glykoside auf, von denen besonders das Aucubin und die medizinisch wichtigen *Digitalis*-Glykoside (Aglykone mit Steroidgerüst) zu nennen sind; auch Saponine sind oft vorhanden.

Die Blüten der *Scrophulariaceae* zeigen viele Stufen der Abwandlung zwischen weitgehend radiärer und stark zygomorpher Struktur. Man darf die immer wieder angeführten Beispiele jedoch keineswegs als Glieder einer einzigen Entwicklungsreihe ansehen. Vielmehr gehören sie nicht selten einander fernerstehenden Tribus mit recht verschiedenartigen Entwicklungstendenzen an und sind in der Ausbildung anderer Merkmale oft weiter oder weniger weit fortgeschritten.
Bei den Königskerzen (*Verbascum,* Abb. 40 I, V) ist die Krone meist nur schwach dorsiventral; gewöhnlich sind 5 fruchtbare Staubblätter vorhanden, allerdings unterscheiden sich die oberen und unteren oft durch Größe und Behaarung. Auch der Fruchtknoten ist leicht dorsiventral gestaltet. Bei den übrigen Gattungen ist die Krone meist deutlicher dorsiventral (Fingerhut, *Digitalis,* Abb. 40 X) und häufig 2lippig (z. B. Augentrost, *Euphrasia,* XI) und zwar sind meist wie bei den *Labiatae* zwei Kronzipfel zur Oberlippe (bei *Nemesia* 4), 3 zur Unterlippe vereinigt. Diese ist beim Löwenmaul (*Antirrhinum,* VIII), dem Leinkraut (*Linaria,* II, IX) und anderen von unten her stark eingestülpt und tritt als „Maske“ vor den Eingang der Blüte (auf diese Eigenschaft bezieht sich die alte Bezeichnung „*Personatae*“ = „Maskenblütige“ für eine die *Solanaceae* [ohne Maske!] und *Scrophulariaceae* einschließende Unterordnung der *Tubiflorae*), bei *Collinsia* ist die Oberlippe, bei den Pantoffelblumen (*Calceolaria,* Mittel- und Südamerika) sind beide Lippen eingestülpt. Die Dorsiventralität dieser Blüten wird noch gesteigert, wenn die Kronröhre nach unten zu einem nektarbergenden kurzen Sack oder langen Sporn ausgezogen ist.
Die Staubblattzahl beträgt schon bei manchen *Verbascum*-Arten durch Ausfall des medianen Staubblattes nur 4 (die 5-Zahl wird hier sogar als sekundäre Erscheinung gewertet!). Bei den amerikanischen *Penstemon*-Arten ist das mediane

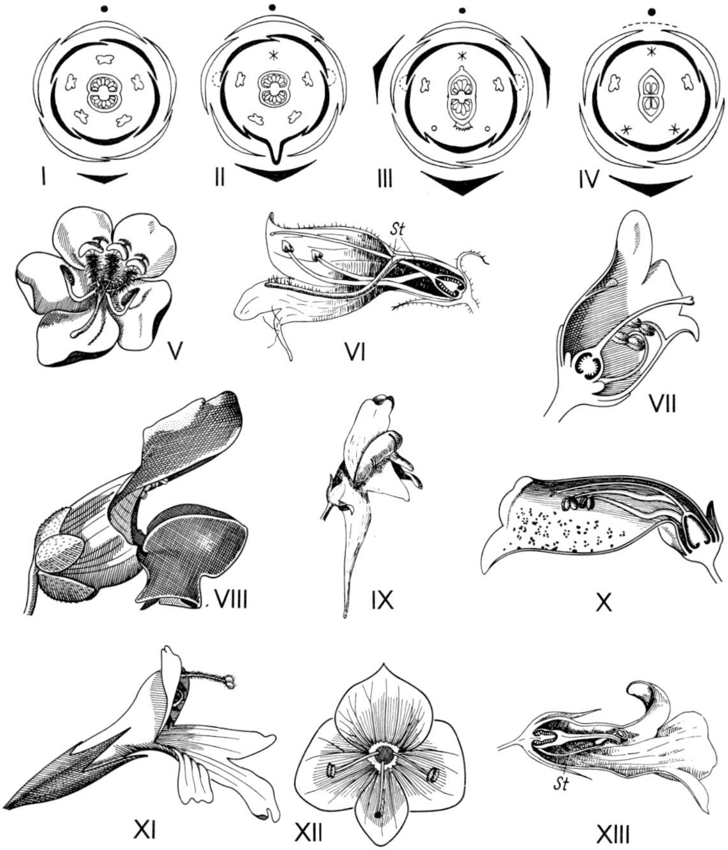

Abb. 40. *Scrophulariaceae.* I–IV Blütendiagramme von *Verbascum* (I), *Linaria* (II), *Gratiola* (III) und *Veronica* (IV) (nach EICHLER). V–XIII Blüten (teils im Medianschnitt) von *Verbascum thapsiforme* (V), *Penstemon* (VI), St. Staminodium, *Scrophularia nodosa* (VII), *Antirrhinum majus* (VIII), *Linaria vulgaris* (IX), *Digitalis purpurea* (X), *Euphrasia stricta* (XI), *Veronica chamaedrys* (XII), *Gratiola officinalis* (XIII). (Nach WALTER VI, IX, WARMING VII, XI, XII, TROLL VIII, BAILLON X, WETTSTEIN XIII; V Orig.)

Staubblatt in Gestalt eines sterilen lang-keuligen Organs (Abb. 40 VI), bei den Braunwurz-Arten (*Scrophularia,* VII) als kurze breite Schuppe und beim Löwenmäulchen und Leinkraut nur als unscheinbarer, allerdings oft recht gut gegliederter „Höcker“ vorhanden. Die „Reduktionsreihe“ wird durch das Gnaden-

kraut (*Gratiola*, Abb. 40 III, XIII) fortgesetzt, bei dem nur noch die beiden hinteren der 4 verbliebenen Staubblätter fertil sind, die schließlich bei den Ehrenpreis-Arten (*Veronica*, IV, XII) allein übrigbleiben. In dieser Gattung ist außerdem eine Reduktion des hinteren Kelchzipfels zu beobachten, der meistens fehlt, bei *Veronica teucrium* aber noch als kleiner Zipfel ausgebildet ist; damit wird zugleich deutlich, daß der hintere Zipfel der scheinbar 4zähligen Krone hier durch Verwachsung zweier Kronzipfel gebildet ist, was auch in der Breite und der Nervatur dieses Verwachsungsproduktes zum Ausdruck kommt. Die Kronröhre ist bei vielen Ehrenpreisarten so kurz, daß die Blüten oft für freikronblätterig gehalten werden. Bei der nordamerikanischen *Synthyris ranunculina* sind sie tatsächlich freikronblättrig („sekundäre Choripetalie"?). Auch die beiden Fruchtblätter sind nicht selten ungleich entwickelt *(Antirrhinum)*, bisweilen wird das hintere Fach fast völlig rückgebildet. Das Septum zwischen den beiden Fruchtfächern kann im oberen Teil des Fruchtknotens mehr oder minder weit klaffen, wobei die Ausdehnung der hemisymplikaten („parakarpen") und der symplikaten Zone und die Lage der oft mächtigen Placenten sehr unterschiedlich sein kann. Mitunter erscheint das Gynoeceum daher völlig „parakarp" *(Lathraea)*. Einzelne *Scophulariaceae* neigen zur halbunterständigen Ausbildung des Fruchtknotens. Die Frucht ist fast stets eine Kapsel. Die bei uns als Zierpflanze bekannte Gauklerblume *(Mimulus)* und ebenso *Torenia* besitzen reizbare Narbenklappen, die sich bei Berührung zusammenlegen. Gute systematische Merkmale hat in jüngster Zeit die Samenmorphologie geliefert, so z. B. in den vom Endothel erzeugten Oberflächenstrukturen des Endosperms.
In ökologischer Hinsicht ist das Vorkommen von Halbschmarotzern bei den *Pedicularieae* (z. B. Wachtelweizen, *Melampyrum;* Klappertopf, *Rhinanthus;* Läusekraut, *Pedicularis; Euphrasia* usw.) bemerkenswert, und zwar handelt es sich um grüne Wurzelparasiten. Mit der weißen bis rosaroten, kaum Chlorophyll führenden Schuppenwurz *(Lathraea)* ist in dieser Gruppe auch ein Vollparasit vertreten. Ausschließlich Vollparasiten umfaßt die Familie der **Orobanchaceae** (*Orobanche*, Sommerwurz). Auch die Insektivorenfamilie der **Lentibulariaceae** (Wasserschlauch, *Utricularia;* Fettkraut, *Pinguicula*), deren durch kongenitalen Schwund der Scheidewände gebildete Zentralplacenta sich morphologisch von dem Verhalten der Scrophulariaceen-Gattung *Limosella* (Schlammkraut) ableiten läßt, zeigt enge Beziehungen zu den *Scrophulariaceae.*
Mit den *Scrophulariaceae* ist darüber hinaus noch ein ganzer Fächer anderer Familien verwandt, die alle gewissermaßen „Spezialfälle der Scrophulariaceen" (HARTL) darstellen, so die **Acanthaceae**, die **Globulariaceae** (mit pseudomonomerem Gynoeceum infolge Reduktion des hinteren Karpells), die **Pedaliaceae** (mit *Sesamum*, einer trop. Ölpflanze) oder die **Gesneriaceae**, von denen zahlreiche Vertreter als Zimmerpflanzen kultiviert werden (Usambara-Veilchen, *Saintpaulia; Gloxinia, Columnea*), und zu denen auch die eigenartige Gattung *Streptocarpus* gehört, deren Beblätterung im erwachsenen Zustand nur aus dem einen der beiden Kotyledonen besteht, der sich mächtig entwickelt. Zwischen den *Scrophulariaceae* und den **Bignoniaceae**, mit zahlreichen tropischen Bäumen (auch Trompetenbaum, *Catalpa*) und Lianen (kult.: „Klettertrompete", *Campsis*) nimmt der teils zur einen, teils zur anderen Familie gestellte Blauglockenbaum (*Paulownia tomentosa*, Parkbaum) in mancher Hinsicht eine vermittelnde Stellung ein.
Endlich schließen sich hier auch **9.7 Hydrostachyales** und die **9.8 Plantaginales** (**Plantaginaceae**) an, von denen bei uns die artenreiche durch proterogyne, tetra-

mere, meist anemophile Blüten ausgezeichnete Gattung *Plantago* (Wegerich) mit vielen Vertretern vorkommt.
Vermutlich gehören auch die *Hippuridaceae* mit dem vielzählige Quirle linealischer Blätter tragenden Tannenwedel *(Hippuris)* hierher.

9.9 Lamiales

Die gleiche Blütenformel wie *Convolvulus* aus der Ordnung der *Solanales* haben die noch vielsamige Kapseln ausbildenden **Hydrophyllaceae** (z. B. die Bienenfutterpflanze *Phacelia*) und die **Boraginaceae** (Abb. 41 III), die „Rauhblattgewächse". Die oft borstige Behaarung und die aus (doppel-)wickeligen Teilblütenständen (Abb. 41 I) aufgebauten thyrsoidalen Blütenstände, in denen häufig Lageverschiebungen der Seitenachsen, Deckblätter und Vorblätter eintreten, sind gemeinsame Merkmale beider Familien. Ihre Kronblätter bilden oft Einstülpungen nach innen, sog. Schlundschuppen (Abb. 41 II), die nur bestimmten Insekten den Zugang zu den Nektarien am Grunde des Fruchtknotens gestatten. Der Fruchtknoten der **Boraginaceae** erscheint von oben betrachtet 4teilig. Jedes der beiden Fruchtblätter umschließt nämlich nur 2 Samen, die von einer durch mediane Einfaltung des Fruchtblattes gebildeten „falschen Scheidewand" voneinander getrennt werden (Abb. 41 II) und als

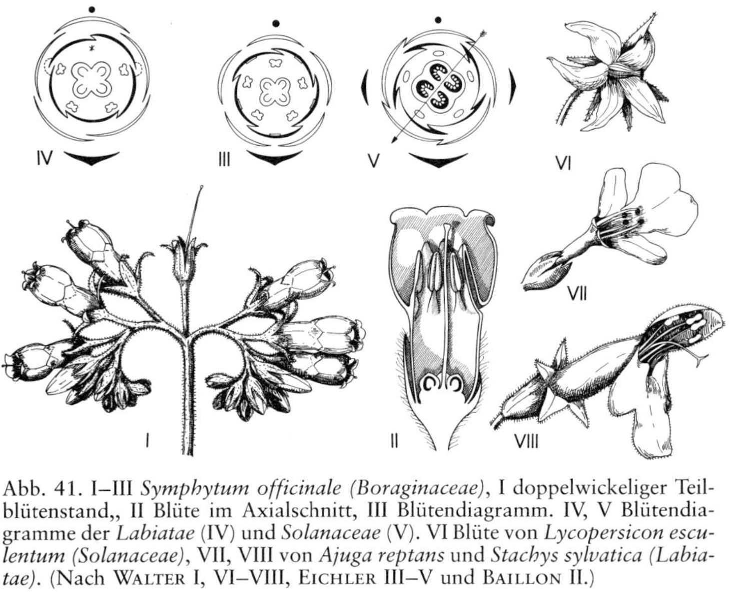

Abb. 41. I–III *Symphytum officinale (Boraginaceae)*, I doppelwickeliger Teilblütenstand,, II Blüte im Axialschnitt, III Blütendiagramm. IV, V Blütendiagramme der *Labiatae* (IV) und *Solanaceae* (V). VI Blüte von *Lycopersicon esculentum (Solanaceae)*, VII, VIII von *Ajuga reptans* und *Stachys sylvatica (Labiatae)*. (Nach Walter I, VI–VIII, Eichler III–V und Baillon II.)

nußartige Teilfrüchte, sog. **Klausen** abfallen. Zu den einheimischen Gattungen gehören das Lungenkraut *(Pulmonaria)*, Vergißmeinnicht *(Myosotis)*, der Beinwell *(Symphytum)* und die durch leicht zygomorphe Blüten ausgezeichneten Gattungen Natternkopf *(Echium)* und (Acker-)Krummhals *(Lycopsis)*. Der Boretsch *(Borago officinals)* wird als Gewürzpflanze angebaut.

Durch Klausenbildung sind auch die **Labiatae** (**Lamiaceae**) ausgezeichnet (Abb. 41 IV). Da die anatropen Samenanlagen hier aufrecht stehen, zeigen die Mikropyle und die Radicula des Embryos in den Klausen der *Labiatae* nach unten, während sie bei den *Boraginaceae* infolge der hängenden Orientierung der Samenanlagen nach oben weisen, die Embryonen also „auf dem Kopf stehen". Die *Labiatae* sind Kräuter, Halbsträucher oder Sträucher (selten Bäume) mit dekussierter Blattstellung und meist deutlich 4kantigen Stengeln (Kollenchymstränge!). Stengel und Blätter sind gewöhnlich dicht mit Drüsenhaaren oder -schuppen besetzt, die ätherischen Öle erzeugen, so daß die Pflanzen beim Reiben oft angenehm aromatisch riechen. Die Blütenstände sind polytele Thyrsen, deren meist doppelwickelig verzweigte Teilblütenstände oft so stark zusammengezogen sind, daß die Blüten als dichtgedrängte „Scheinquirle" in den Achseln der nicht selten laubblattartigen Hochblätter sitzen. Der Name *Labiatae* bzw. Lippenblütler nimmt auf die Zweilippigkeit der Blüten Bezug. Die oft langröhrige Krone endigt in einer aus 2 Kronzipfeln verwachsenen Oberlippe und einer aus 3 Kronblättern bestehenden, mehr oder minder deutlich 3teiligen Unterlippe (Abb. 41 VIII). Nur bei den Minzen *(Mentha)*, beim Wolfstrapp *(Lycopus)* und noch wenigen anderen ist die Krone annähernd strahlig. Andererseits kann die Oberlippe der Lippenblüten bisweilen rückgebildet sein, so beim Günsel *(Ajuga*, Abb. 41 VII). Auch der verwachsene Kelch ist oft mehr oder minder 2lippig. Von den Staubblättern fehlt das mediane stets, von den 4 verbliebenen, deren Filamente immer über ein kürzeres oder längeres Stück mit der Kronröhre verwachsen sind, entwickeln sich gewöhnlich die beiden vorderen etwas kräftiger. Bei den Salbei-Arten *(Salvia)* und bei *Rosmarinus* werden nur noch diese zu fruchtbaren Staubblättern ausgebildet, und zwar nur mit je 1 fertilen Theke (über den Betäubungsmechanismus, Abb. 19 VI, VII).

Wegen ihrer ätherischen Öle werden nicht wenige Arten als Küchenkräuter oder in der Medizin verwandt: Majoran *(Majorana hortensis)*, Bohnenkraut *(Satureja hortensis)*, Basilikum *(Ocimum basilicum)*, Zitronenmelisse *(Melissa officinalis)*, Pfefferminze *(Mentha × piperita)*, Thymian *(Thymus)*, Salbei *(Salvia officinalis)*, der mediterrane Lavendel *(Lavandula spica)* und Rosmarin *(Rosmarinus officinalis)* u. a.
Während bei den *Labiatae* der Griffel gewöhnlich tief zwischen den Klausen eingefügt ist, sitzt er bei den **Verbenaceae** zumeist dem Fruchtknoten auf. Dieser besteht hier bisweilen noch aus 5 Karpellen, und die Blüten sind nicht selten noch

strahlig. Zu dieser Familie gehört der Teakholzbaum *(Tectona grandis)* und der mit Atemwurzeln ausgestattete Mangrovebaum *Avicennia;* einheimisch ist nur das Eisenkraut *(Verbena officinalis).*

10 Asteridae

Dieser Verwandtschaftskreis hat vor allem durch die Pseudanthienbildung zahlreicher Gruppen eine sehr hohe Entwicklungsstufe erreicht. Charakteristisch für alle Gruppen ist, daß die einwärts gekehrten Antheren der Staubblätter – nicht jedoch deren Filamente – dauernd oder nur im Jugendstadium postgenital miteinander vereinigt sind oder doch wenigstens zusammenneigen. Die Pollenkörner sind im Zeitpunkt ihrer Verbreitung 3kernig. Bei vielen Gruppen finden sich gegliederte Milchröhren, und als Reservestoff wird statt Stärke meist Inulin, ein aus Fructose aufgebautes wasserlösliches Polysaccharid, gebildet (das bei Zusatz von Alkohol in Sphärokristallen ausfällt). Der (außer *Brunoniaceae)* stets unterständige Fruchtknoten ist bei den **Campanulaceae** (**10.1 Campanulales**, Abb. 42 I, IV-VI) 3- oder 5blätterig (seltener 2- oder bis 10blätterig), gefächert und entwickelt sich gewöhnlich zu einer vielsamigen Kapsel; die Samen enthalten noch reichlich Endosperm. Milchröhren und Inulinbildung sind vorhanden. Die Antheren bleiben hier meist noch frei, und die meist glockenförmigen Blüten stehen in monotelen Thyrsen oder bereits in traubig bzw. ährig aufgebauten polytelen Blütenständen, welche dann oft durch Verdickung der Infloreszenzachse kolbig *(Phyteuma)* oder köpfchenförmig (*Jasione,* Sandglöckchen) entwickelt und am Grunde von einem Hüllkelch aus sterilen Brakteen umgeben sind. Bei den Teufelskrallen *(Phyteuma)* sind die Kronzipfel anfänglich an der Spitze miteinander verbunden, die Blüten neigen zur Zygomorphie (Aufwärtskrümmung). Bei den *Lobelioideae (Lobeliaceae)* sind die Blüten stets zygomorph abgewandelt (Abb. 42 II) und meist in polytel-traubigen Infloreszenzen angeordnet; die Antheren sind stets vereinigt. Zu der artenreichsten Gattung *Lobelia* gehören die atlantische *L. dortmanna,* ferner auch „Schopfbäume" der afrikanischen Hochgebirge.

Bei den Korbblütlern, den **Compositae** (**Asteraceae, 10.2 Asterales**), stehen die Blüten in einem köpfchenförmigen, von einem Hüllkelch (Involucrum) umgebenen Blütenstand, der häufig in seinem Aussehen eine Einzelblüte imitiert und auch in funktioneller Hinsicht eine Einheit darstellt. Jedes Köpfchen (Abb. 42 VII) entspricht einem von einer Ähre abzuleitenden polytelen Blütenstand, wobei die Deckblätter der Einzelblüten entweder noch als „Spreublätter" in Erscheinung treten wie bei der Sonnenblume *(Helianthus annuus)* oder der Hundskamille (*Anthemis,* VIII) oder gänzlich weggefallen sind. Die Blüten zeigen bei den **Asteroideae** (**Tubuliflorae**) häufig einen auffälligen Dimorphismus, der sich in der Gesamtgestalt, aber auch in den Geschlechtsverhältnissen äußert: die in der Mitte stehenden „Scheibenblüten" sind radiärsymmetrisch, ihre 5zipfelige Krone ist glockig-röhrig und bleibt meist klein („Röhrenblüten", Abb. 42 VIII, X), bei den am Rande des Köpfchens stehenden „Zungenblüten" („Strahlblüten") hingegen ist die Krone stark vergrößert und 2lippig (2:3) entwickelt (so bei den vornehmlich andinen, teilweise vogelblütigen *Mutisieae*), oder die 3 der Unterlippe entsprechenden Zipfel sind gemeinsam zu einem langen, an der Spitze 3zähnigen Strahl ausgezogen („Strahlblüten", XI–XIII), diese Blüten sind nicht selten steril oder weiblich (Ringelblume, *Calendula*). In einem solchen Falle ist die Ähnlichkeit des Köpfchens mit einer Einzelblüte oft sehr groß; das Involucrum vertritt gewissermaßen den Kelch, die Strahlblüten die Krone; hinzu kommt dabei noch, daß die Strahlblüten erst verwelken, wenn die letzte der in zentripetaler Richtung aufblühenden Röhrenblüten ihre Blütezeit abgeschlossen hat. Oft weisen die Köpfchen der *Asteroideae* jedoch auch nur Röhrenblüten auf (Wasserdost, *Eupatorium*), bisweilen besitzen sie randständige sterile Röhrenblüten mit vergrößerter Krone (Kornblume, *Centaurea cyanus*). Die in der Mitte stehenden Blüten können auch eingeschlechtig (dann meistens männlich) sein. Bei manchen Arten werden männliche und weibliche Köpfchen ausgebildet (Spitzklette, *Xanthium; Ambrosia*); beim Katzenpfötchen *(Antennaria dioica)* sind männliche und weibliche Köpfchen sogar zweihäusig verteilt.

Bei den stets zwitterigen Blüten der **Cichorioideae** (**Liguliflorae**) ist die Krone immer einseitig zu einer langen Zunge ausgezogen, die an ihrer 5-Zähnigkeit erkennen läßt, daß hier gewissermaßen alle 5 Kronzipfel in die Unterlippe aufgenommen sind. Das bekannteste Beispiel dafür ist der Löwenzahn (*Taraxacum officinale*, Abb. 42 XV), bei dem auch ein weiteres Merkmal der *Cichorioideae* sehr deutlich ausgeprägt ist: die Pflanze läßt nämlich bei Verletzung sofort weißen Milchsaft aus der Wunde austreten. Dieser Milchsaft ist nicht selten kautschukhaltig und wurde bei dem in Kasachstan und der Ukraine angebauten *Taraxacum bicorne (= T. kok-sahgyz)* technisch genutzt. Durch das Vorkommen gegliederter Milchröhren mit nicht selten farblosem Milchsaft unterscheiden sich die *Cichorioideae* von den *Asteroideae*, welche wiederum (bei den ersteren zumeist fehlende) schizogene Öl- oder Harzgänge aufweisen, in deren ätherischen Ölen charakteristische Acetylenverbindungen auftreten.

Die meisten Compositen sind entomogam, doch kommt auch Anemogamie (Beifuß, *Artemisia*) vor, ferner Ornithogamie *(Mutisia, Zinnia)*. Die stets vermittels ihrer Cuticula zu einer Röhre verklebten einwärts gewendeten Antheren (Abb. 42 IX) ragen meist über den Kronsaum hinaus. Der von ihnen umschlossene Griffel trägt an seiner Außenseite Fegehaare (XV), mit denen er während seiner Streckung der Pollen aus der Röhre herausschiebt. Mitunter geschieht dies durch Verkürzung der durch Berührung reizbaren Filamente *(Centaurea montana)*. Erst

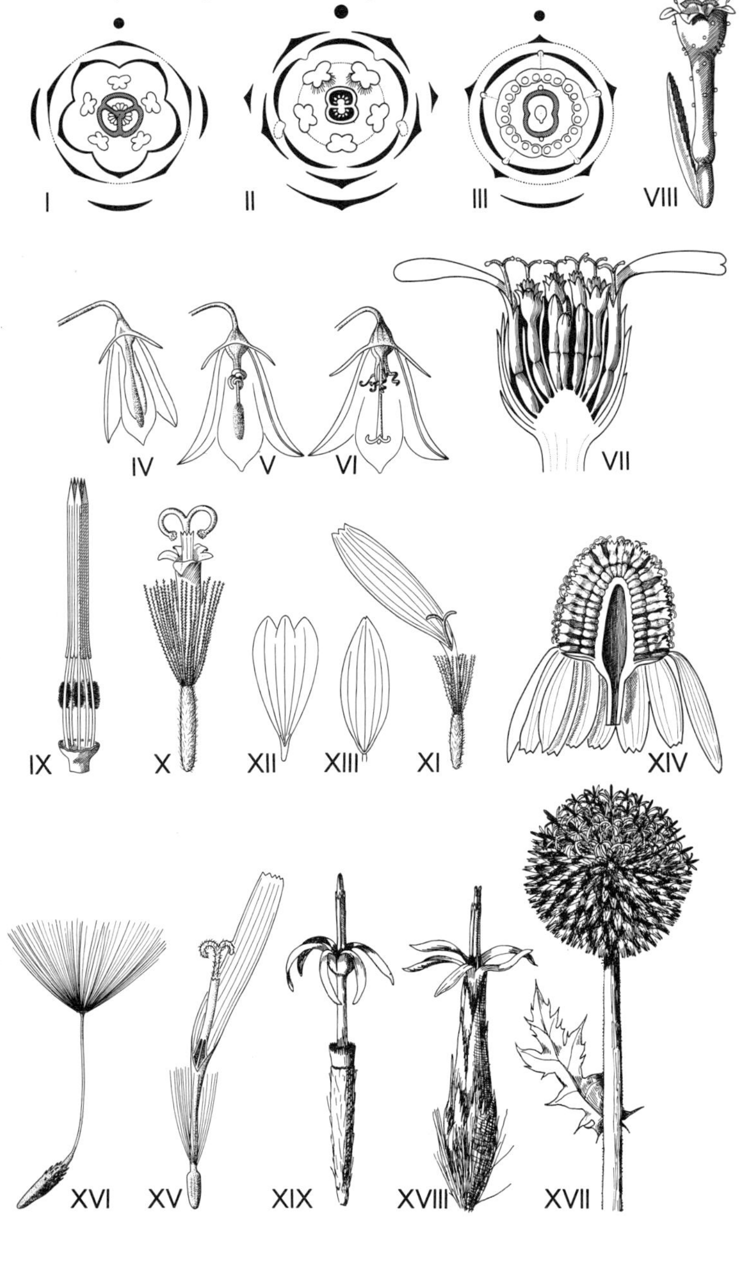
I
II
III
VIII
IV
V
VI
VII
IX
X
XII
XIII
XI
XIV
XVI
XV
XIX
XVIII
XVII

dann spreizen sich die beiden Narbenäste und setzen die empfängnisfähigen Innenseiten der Bestäubung aus. Die Blüten sind somit proterandrisch; dennoch kann später Selbstbestäubung dadurch zustande kommen, daß die nach rückwärts eingerollten Narbenlappen Pollenkörner von der Griffelaußenseite aufnehmen. Der Fruchtknoten ist 2blätterig, umschließt aber nur 1 Samenanlage, die sich zu einem endospermarmen Samen entwickelt. Es wird eine nußartige Frucht, die Achäne, gebildet. Der häufig zu einem vielstrahligen Pappus aus Haaren, Borsten oder gefiederten Strahlen entwickelte Kelch (Abb. 42 X, XV, XVI) trägt vielfach zur Windverbreitung (Löwenzahn; „Pusteblume"!) oder zur epizoochoren Verschleppung der Achänen bei, er kann aber auch völlig reduziert sein.

Den epizoochoren Verbreitung können auch widerhakig ausgebildete Blätter des Hüllkelches dienen (Kletten, *Arctium* u. a.). Bisweilen gleicht das Involucrum stark einem echten Kelch, besonders wenn es nur wenige Blattorgane umfaßt und diese noch dazu als glockenförmige Hülle vereinigt auftreten (Studentenblume, *Tagetes; Cosmos*). Bei den Köpfchen der Wetterdistel *(Carlina)* und der sog. Strohblumen *(Helichrysum, Helipterum* u. a.) übernehmen die inneren Hüllblätter gewissermaßen die Rolle der fehlenden Strahlenblüten. Ihr breiter Basalteil bleibt dem Köpfchen angelegt, während sich der lange, oft lebhafte gefärbte Endabschnitt ausbreitet, so daß die Köpfchen auch hier von einem Strahlenkranz umgeben sind. Zwischen den beiden Abschnitten weisen die schon an der lebenden Pflanze abgestorbenen spreuartigen Hüllblätter eine Gelenkzone auf, deren Austrocknung bei sonnigem Wetter eine Entfaltung der Involucralblätter bewirkt, während sich die Köpfchen bei Erhöhung der Luftfeuchtigkeit schließen, weil die Unterseiten der Hüllblattgelenke stark aufquellen („Wetterdistel").

Bei nicht wenigen Compositen sind die Köpfchen klein und blütenarm. Eine erhöhte Schauwirkung wird dann erst erreicht, wenn viele Köpfchen zu einem – oft ebensträußigen – Blütenstand (Schafgarbe, *Achillea*) zusammentreten. Diese Entwicklungstendenz ist bei der Kugeldistel so weit fortgeschritten, daß ein kugeliger Blütenstand aus lauter 1blütigen, jedoch mit wohlentwickelten Involucrum versehenen Köpfchen gebildet wird (Abb. 42 XVII–XIX). Bei *Syncepha-*

Abb. 42. *Campanulales.* I–III Blütendiagramme von *Campanula* (I), *Lobelia fulgens* (II) und den *Compositae* (III), Sepalen ausnahmsweise ebenso wie die Petalen schwarz wiedergegeben. IV–VI *Campanula rotundifolia (Campanulaceae)*, Blüten in verschiedenen Stadien der Blütezeit. VII–XIX *Compositae*, VII *Achillea millefolium*, Köpfchen im Axialschnitt; VIII *Anthemis nobilis*, Röhrenblüte mit Spreublatt; IX *Carduus crispus*, Androeceum mit verbundenen Antheren. X, XI Röhren- und Zungenblüte (Strahlblüte) von *Arnica montana*. XII, XIII verschiedene Formen von Strahlblüten *(Gaillardia pulchella, Helianthus annuus)*. XIV *Matricaria chamomilla*, Köpfchen axial. XV, XVI *Taraxacum officinale*, Blüte und Frucht. XVII–XIX *Echinops sphaerocephalus*, XVII kugeliger Blütenstand, aus einblütigen Köpfchen (XVII) zusammengesetzt, XIX nach Entfernung des Involucrums. (Nach Eichler I–III, teilw. verändert, Clements und Long IV–VI, Warming VII, Berg und Schmidt VII, X, XI, XIV, XV, Baillon IX, Troll XII, XIII, Hoffmann XVI und Walter XVII, XVIII.)

lantha und anderen Gattungen *(Lagasceae)* treten die Köpfchen sogar zu Köpfchen 2. Ordnung zusammen, wobei allein die an der Peripherie des gesamten Blütenstandes stehenden Blüten zu Strahlblüten werden, während die Deckblätter der einzelnen Köpfchen ein Involucrum nachahmen. Bei *Myriocephalus* wird in Parallele dazu das Verhalten der Strohblumen auf der Stufe der Köpfchen 2. Ordnung wiederholt. Die Compositenköpfchen liefern damit ein eindrucksvolles Beispiel für bestimmte, immer wieder sich durchsetzende Gestaltungstendenzen!

Die insgesamt an die 20000 Arten in etwa 920 Gattungen umfassende, größte Dikotyledonen-Familie ist innerhalb mancher Gruppen noch in reger Formenentfaltung begriffen. Besonders stark ist sie in den offenen, vielfach xerophytischen Formationen der Tropen und Subtropen und in den Hochgebirgen vertreten. Die **Asteroideae** sind die bei weitem formenreichere Gruppe. Namentlich unter ihnen findet man auch Blatt- und Stammsukkulente (*Kleinia* u. a.), Polsterpflanzen, Halbsträucher und Sträucher, so etwa die oft xerophytischen *Baccharis*-Arten (oft mit geflügelten Stengeln), die in den afrikanischen Hochgebirgen auftretenden Schopfbäume aus der Gattung *Senecio* und die Schopfbäume der hochandinen Gattung *Espeletia,* ferner Lianen und sogar bis 40 m hohe Bäume. Einige Arten sind als Gemüse- oder Heilpflanzen von Bedeutung: die Sonnenblume *(Helianthus annuus)* als Ölpflanze, Topinambur *(H. tuberosus),* deren inulinhaltige Knollen als Gemüse gegessen werden und vor allem Zuckerkranken als Kartoffelersatz dienen können, die Artischocke *(Cynara scolymus),* ferner Estragon *(Artemisia dracunculus),* Wermut *(A. absinthum),* Huflattich *(Tussilago farfara;* Hustenmittel), Mariendistel *(Silybum marianum;* Leber-, Gallenleiden) und *Arnica montana.* Die am hohlen, kegelförmigen Köpfchenboden (Abb. 42 XIV) erkennbare Echte Kamille *(Matricaria chamomilla)* findet ihres Proazulengehaltes wegen (im ätherischen Öl der Drüsenhaare) vielseitige Verwendung als entzündungswidriges Hausmittel. Verschiedene *Chrysanthemum (Pyrethrum)*-Arten enthalten Stoffe, die als Insektizide wirken (z. B. *Chr. coccineum = P. roseum).*

Zahlreiche *Asteroideae* sind beliebte Zierpflanzen, vor allem auch als „gefüllte Formen". Letztere kommen dadurch zustande, daß die Röhrenblüten in Strahlblüten umgewandelt werden, so bei vielen Kulturformen der *Dahlia variabilis* oder von *Chrysanthemum.* Dabei sind häufig Übergangsformen zwischen Röhren- und Strahlblüten zu finden.

Die **Cichorioideae** werden heute verschiedentlich als eigene, unmittelbar von *Campanulaceae* mit zygomorphen Blüten abzuleitende Familie angesehen; sie zeigen in der Tat viele gemeinsame Züge mit den *Campanulaceae* (Milchsaft, Griffel u. a.). Ihre ca. 65 Gattungen umfassen hauptsächlich Kräuter, darunter die große, zahlreiche Apomikten umfassende Gattung *Hieracium* (Habichtskraut, ca. 800 Sammelarten), *Crepis* (Pippau) oder *Lactuca* (Lattich). Als Nutzpflanzen sind zu nennen: Salat *(Lactuca sativa),* Schwarzwurzel *(Scorzonera hispanica),* Endiviensalat *(Cichorium endivia; C. intybus,* Wegwarte, liefert den Kaffee-Ersatz „Zichorie").

2. Klasse: Monocotyledoneae (Liliatae), Einkeimblättrige

Embryo stets mit nur 1 Keimblatt (Abb. 43 I, II, VII), das gewöhnlich in seinem Spitzenabschnitt oder gänzlich haustorial entwickelt ist und insoweit der Resorption der im Samen deponierten Reservestoffe dient.

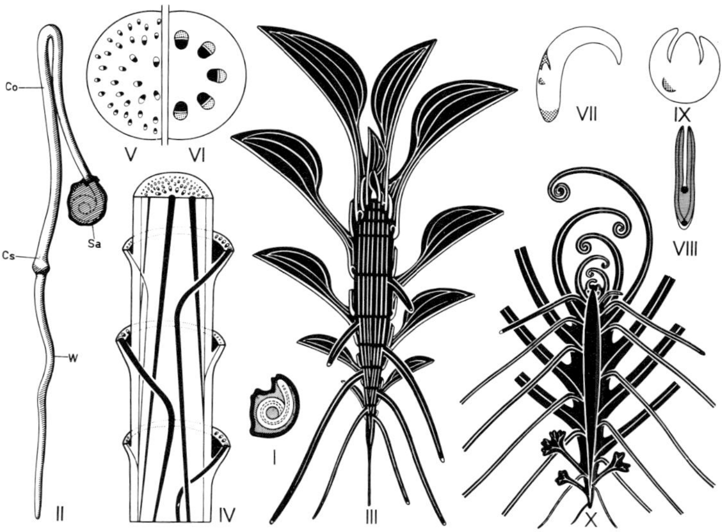

Abb. 43. I–VII *Monocotyledoneae*, Aufbau des Vegetationskörpers. I, II *Allium cepa*, Samen im Längsschnitt (I) und Keimpflanze (II), Co Kotyledo, W Keimwurzel, Cs schlitzartige Öffnung der Kotyledonarscheide, durch welche die folgenden Blattorgane hindurch treten, Sa Samen; III Schema einer jungen Pflanze mit überwiegend sproßbürtiger Bewurzelung; IV schematische Darstellung des Leitbündelverlaufs in der Sproßachse der Monokotyledonen anhand eines in der Mediane der zweizeilig gestellten Blätter geführten Längsschnittes; V, VI Vergleich der zerstreuten Verteilung der Leitbündel im Achsenquerschnitt der Monokotyledonen (V) mit der ringförmigen Anordnung bei Dikotyledonen (VI), Schema. VII Monokotyledonenembryo im Vergleich zum Dikotyledonenembryo (VIII) und zum Farnembryo (IX), X Schema einer jungen Farnpflanze mit primär sproßbürtiger Bewurzelung. (Nach Sachs I, Rothert IV, aus Lehrb. d. Botanik f. Hochsch., Weber X, Sadebeck IX, übrige nach Troll, teilw. verändert.)

Primärwurzel kurzlebig, bald durch sproßbürtige Wurzeln ersetzt (sekundäre Homorhizie). Blätter vorwiegend 2zeilig oder zerstreut angeordnet, oft mit langgestreckter Spreite und stark entwickelter Blattscheide, meist mit paralleler oder bogenförmig verlaufender Nervatur. Leitbündel auf dem Stengelquerschnitt zerstreut, ohne Kambium („geschlossen"), daher kein sekundäres Dickenwachstum, wohl aber häufig Steigerung des primären Dickenwachstums. Seitensprosse gewöhnlich mit 1 adossierten Vorblatt, selten mit 1 oder 2 transversal stehenden Vorblättern, Blüten typisch aus fünf 3zähligen Wirteln aufgebaut, häufig mit Perigon (P3+3 A3+3 G3). Teilung der Pollenmutterzellen meist sukzedan. Pollenkörner häufig mit nur 1 Keimfalte (monocolpat.) En-

dospermentwicklung helobial oder meist nukleär, sehr selten zellulär. Zwiebeln, Knollen oder Rhizome als unterirdische Überdauerungsorgane häufig.
Wenn auch die Bezeichnung dieser Klasse darauf zurückgeht, daß die Embryonen stets nur 1 Keimblatt besitzen, so ist damit keineswegs das wesentliche Merkmal dieser Gruppe genannt. Es gibt sogar eine Anzahl von Dikotyledonen, deren Embryonen ebenfalls nur einen Kotyledo aufweisen, so z. B. Ranunculaceen *(Anemone apennina, Ficaria),* Umbelliferen (z. B. *Bunium*), *Pinguicula* oder etwa das Alpenveilchen *(Cyclamen),* ohne daß deshalb Zweifel daran bestünden, daß es sich um echte Dikotyledonen handelt. Vielmehr kommt es darauf an, die verschiedenen oder genannten Merkmale des Vegetationskörpers in ihrer vielfältigen Wechselbeziehung zu sehen, um das zu erfassen, was den Typus der Monokotyledonen ausmacht.
Da den Leitbündeln der Monokotyledonen das Kambium fehlt, kann ein sekundäres Dickenwachstum wie bei den Dikotyledonen nicht stattfinden. An Stelle dessen kommt es gewöhnlich zu einer Steigerung des primären Dickenwachstums (vgl. Abb 43 III) aufgrund eines um den Zentralzylinder liegenden Meristemmantels, der ständig neue Zellen zur Außenseite hin abgibt. Andererseits ist zu beobachten, daß die am Sproßscheitel ausgegliederten Blattanlagen während ihres Wachstums mit ihren breiten Ansatzflächen immer weiter um den Achsenkörper herumgreifen. Dabei werden bei dem medianen Leitbündel beginnend zum Blattrand fortschreitend immer neue parallel verlaufende Leitbündel gebildet, die sämtlich in der Sproßachse ihre Fortsetzung finden. Aufgrund der anhaltenden primären Gewebeproduktion im peripheren Bereich des Achsenkörpers verlaufen die später angelegten Leitbündel weiter außen als die früher entstandenen (IV), d. h. die Leitbündel liegen bei einer monokotylen Pflanze mehr oder minder zerstreut über den Sproßquerschnitte verteilt (V).
Im Zusammenhang mit der ausschließlich während des primären Wachstums möglichen Verdickung des Achsenkörpers muß man auch die Bewurzelungsweise der Monokotyledonen sehen. Die nur schwachen Achsenglieder der Sproßbasis würden bei stärkerer Ausbildung des Primärwurzelsystems einen Engpaß für jeglichen Stofftransport darstellen (Abb. 43 III). Es braucht also nicht zu verwundern, wenn man bei Monokotyledonen eine Vielzahl sproßbürtiger Wurzeln findet, denen gegenüber die Primärwurzel auch an Stärke meist weit zurücktritt, sofern sie nicht überhaupt schon frühzeitig zugrunde geht.
Auch die oft pseudoterminale Anlegung nur eines Kotyledos an einem anfänglich sehr schwachen Vegetationspunkt fügt sich gut in das Gesamtbild eines Monokotyledonen-Sprosses ein, dessen Entwicklung in ganz besonderem Maße durch die allmählich zunehmende Achsenerstarkung geprägt ist. Bei den Agavaceen-Gattungen *Yucca, Dracaena, Cordyline, Aloe* u. a. findet ein anomales sekundäres Dickenwachstum

statt, das dem geschilderten primären Dickenwachstum in den Grundzügen ähnlich ist. Die *Monocotyledoneae* stellen somit schon vom Aufbau ihres Vegetationskörpers her gesehen eine sehr geschlossene Gruppe dar. Viele ihrer Baumerkmale (geschlossene, zerstreut auf dem Stengelquerschnitt verteilte Leitbündel, Parallelnervigkeit der Blätter, Sekundäre Homorhizie) finden wir einzeln oder zu mehreren miteinander verknüpft bei verschiedenen Vertretern der *Polycarpicae* wieder. Das gilt auch für Blütenmerkmale (z. B. die breite Ansatzzone der Perianthblätter, teilweise auch der Staubblätter), ja die Dreizähligkeit der Blütenkreise ist bei den *Polycarpicae* sogar sehr häufig. Unter den ohnedies in vielen Merkmalen den Monokotyledonen ähnlichen *Nymphaeaceae* ist z. B. die Gattung *Cabomba* mit der Formel P3 + 3 A3 [+3]G ($\underline{3}$) bemerkenswert (Abb. 44 III). Andererseits weisen die Blüten der primitivsten Monokotyledonen, der *Helobiae*, vielfach Merkmale auf, die wir schon bei den *Polycarpicae* als ursprüngliche Baumerkmale kennengelernt haben, entsprechendes gilt auch für andere (z. B. embryologische) Merkmale. Auch die Pollenkörner schließen in ihrem meist monocolpaten Bau wohl an entsprechende Formen bei den *Polycarpicae* an. Es können somit kaum Zweifel daran bestehen, daß sich die Monokotyledonen von Vorstufen der heutigen *Polycarpicae*, näherhin vielleicht von Nymphaeaceen-ähnlichen Vorläufern herleiten und gewissermaßen eine Seitenlinie zu den Dikotyledonen bilden. Ihre Fixierung auf das oben erläuterte Bauprinzip bedeutet offenbar gegenüber den Dikotyledonen eine gewisse Einengung der Variationsmöglichkeiten. Auch im Grundaufbau der Blüte ist – bei allen Variationen im einzelnen – eine größere Gleichförmigkeit festzustellen.

Nimmt man an, daß die Ausgangsformen krautige Wasser- und Sumpfpflanzen waren, so dürfte man schon für diese eine Reduktion des sekundären Dickenwachstums sowie eine Rückbildung des Primärwurzelsystems, der Blattgliederung, der Leitbündeldifferenzierung und einiger anderer Strukturen annehmen. Die „Rückkehr" zum Landleben könnte dann zur Entwicklung neuer Konstruktionstypen, so etwa der Bauformen mit extrem gesteigertem primären Dickenwachstum (Palmen) oder mit einer abweichenden Form des sekundären Dickenwachstums *(Agavaceae)* geführt haben. Innerhalb der weiter abgeleiteten Gruppen ist es offenbar erneut zur Ausbildung von Wasserformen gekommen (Wasserlinsen, manche *Araceae, Typhaceae* u. a.).

1 Helobiae (Alismatales, Najadales)

Die Vertreter dieser Gruppe – heute bisweilen in *Alismatales* und *Najadales* untergliedert – sind ausschließlich Wasser- und Sumpfpflanzen und bilden eine ökologisch sehr geschlossene Gruppe. Tracheen fehlen oder treten nur in primitiver Form allein in den Wurzeln auf. Die strahligen Blüten haben oft noch ein chorikarpes Gynoeceum, so etwa beim

Pfeilkraut (*Sagittaria,* Abb. 44 I, II), dessen einhäusig verteilte eingeschlechtige Blüten der Formel K3 C3 A6 + ∞ bzw. G $\underline{\infty}$ entsprechen. Bei dem zur selben Familie der **Alismataceae** gehörenden Froschlöffel *(Alisma)* lautet die Blütenformel K3 C3 A6 G $\underline{\infty}$. Gewöhnlich umschließt jedes Karpell nur 1 Samenanlage, die Frucht ist eine Sammel-Nußfrucht. Hingegen bilden die durch laminale Placentation *(Nymphaeaceae!)* ausgezeichneten **Butomaceae** (Abb. 44 V) Sammel-Balgfrüchte aus; die Karpelle sind oft am Grunde untereinander oder im Zentrum mit der Blütenachse verwachsen. Die Schwanenblume *(Butomus umbellatus,* Abb. 44 V) hat die Formel K3 C3 A6+3 G$\underline{3+3}$. Das Androeceum von *Hydrocleis* entwickelt sich zentrifugal (6zählige Kreise!). Bei den **Hydrocharitaceae** sind die Karpelle untereinander nur leicht verwachsen, hingegen an der Rückenfläche völlig mit der becherförmigen Blütenachse vereinigt, also unterständig, ein Verhalten, das an die Verhältnisse bei manchen *Nymphaeaceae* erinnert. Die Ränder der im oberen Teil nicht miteinander vereinigten Karpelle schließen nicht zusammen, sondern springen nur mehr oder minder weit in den Innenraum des Ovars vor. Die Blüten sind eingeschlechtig, beim Froschbiß *(Hydrocharis morsus-ranae)* einhäusig, bei der freischwimmenden Blattrosetten bildenen Krebsschere *(Stratiotes aloides)* zweihäusig verteilt, ebenso bei *Vallisneria (V. spiralis,* beliebte Aquarienpflanze; vgl. auch Seite 79) und bei der nordamerikanischen Wasserpest *(Elodea canadensis).* Von dieser wurden um 1840 weibliche Pflanzen nach Europa verschleppt, die sich allein durch vegetative Vermehrung so stark in unseren Gewässern ausbreiteten, daß sie zeitweilig die Schifffahrt behinderten.

Als weitere Familien sind zu nennen: die **Potamogetonaceae** mit den 4zählige Blüten besitzenden Laichkräutern *(Potamogeton)* und die Seegrasarten (*Zostera,* **Zosteraceae**), deren Blüten eingeschlechtig und stark reduziert sind; ferner die **Zannichelliaceae** (Abb. 44 IV), **Najadaceae** und **Aponogetonaceae**, untergetauchte Wasserpflanzen, die **Juncaginaceae** *(Triglochin,* Dreizack) und **Scheuchzeriaceae** *(Scheuchzeria,* Blumenbinse, hat mehrsamige Balgfrüchte).

2 Liliidae

Als Ausgangsgruppe für die Ableitung der übrigen Monokotyledonen-Ordnungen nehmen die *Liliidae* eine wichtige Schlüsselstellung ein. Die früher als Unterfamilie der *Liliaceae* geführten **Melanthiaceae** mit *Tofieldia, Veratrum* und *Narthecium* zeigen einerseits in der noch chorikarpen Gattung *Tofieldia* Anklänge an die *Scheuchzeriaceae* unter den *Helobiae,* andererseits lassen sich von ihren nach der Formel P3+3 A3+3 G($\underline{3}$) gebauten Blüten (Abb. 44 VI) die der übrigen Familien leicht ableiten. Anders als bei den Vertretern der *Helobiae (Scheuchzeria* und wenige andere ausgenommen) unterscheiden sich die beiden Wirtel des Perianths meist nicht oder nur wenig voneinander; nicht sel-

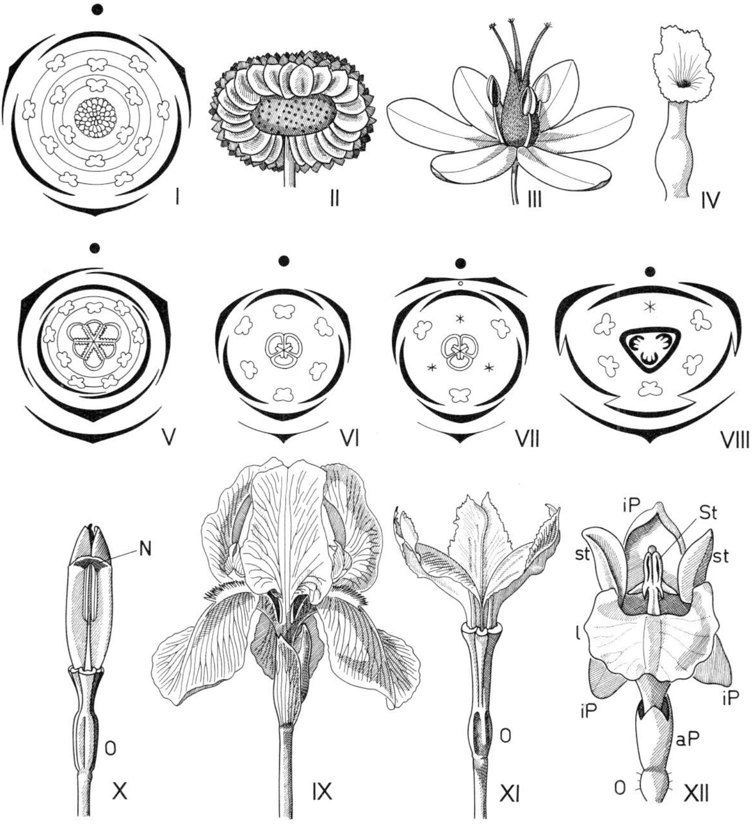

Abb. 44. I, II *Alismataceae*, I *Sagittaria calycina*, theoretisches, einer Zwitterblüte entsprechendes Diagramm, II *S. sagittifolia*, Sammel-Nußfrucht. III *Cabomba aquatica (Nymphaeaceae)*, Blüte. IV *Zannichellia palustris (Zannichelliaceae)*, schlauchförmiges Karpell. V *Butomus umbellatus (Butomaceae)*, Blütendiagramm. VI Blütendiagramm der *Liliaceae (Fritillaria persica)*, VII der *Iridaceae (Crocus)*, VIII von *Musa rosacea* (Musaceae). IX–XI *Iris germanica*, IX Blüte in Seitenansicht, X, XI nach Abtragen der Perigonblätter im Knospenzustand (X) und im entfalteten Zustand (XI), mit den blütenblattartigen, verbreiterten Griffelästen (Stylodien), N Narbe, O unterständiges Ovar. XII *Curcuma australasica (Zingiberaceae)*, Blüte. O unterständiges Ovar, aP äußerer, iP innerer Pergonkreis, st Staminodien, St das einzige fertile Staubblatt, l staminodiales Labellum. (Nach EICHLER I, VI, VII, VIII, BUCHENAU II, BAILLON III, TROLL IV, IX–XI, HOOKERXII.)

ten sind ihre Glieder sogar zu einem syntepalen Perigon vereinigt. In diesem Merkmal verhalten sich allerdings oft nicht einmal eng verwandte Gattungen *(Ornithogalum; Muscari,* Traubenhyazinthe) oder Arten derselben Gattung (*Scilla,* Blaustern, sämtlich **Hyacinthaceae**) einheitlich, es kommt ihm somit nicht der gleiche hohe systematische Wert zu wie bei den sympetalen Dikotyledonen. Die Karpelle sind bisweilen nur im unteren Teil vereinigt, gewöhnlich aber zu einem 3fächerigen Ovar verwachsen.
Bei den Ordnungen der **Asparagales** und **Liliales,** deren Vertreter früher in der großen Familie der *Liliaceae* vereinigt waren, gehen aus den anatropen Samenanlagen Samen mit eiweiß- oder fetthaltigem, aber fast ausnahmslos stärkefreiem Endosperm hervor, das den Embryo in der Regel rings umgibt. Für die systematische Gliederung der beiden zahlreiche Geophyten umfassenden Ordnungen sind neben embryologischen Kriterien und der Ausbildung von Nektarien die Form der Überdauerungsorgane (in der Progressionsreihe: Rhizom – Zwiebel/Knolle) und die Ausbildung der Frucht (septizide – loculizide Kapsel) maßgebend.
Für die **2.1 Asparagales** ist das Auftreten von sog. Septalnektarien in den Furchen zwischen den Karpellen und die Ausbildung phytomelanhaltiger (schwarzer) Samenschalen (Ausnahme: Beerenfrüchtige) charakteristisch. Hierher gehören die durch loculizide Kapselfrüchte ausgezeichneten **Hyacinthaceae** und **Alliaceae** (*Allium cepa,* Küchenzwiebel; *A. schoenoprasum,* Schnittlauch; *A. sativum,* Knoblauch; *A. porrum,* Porree, u. a.).

Innerhalb der Ordnung ist es offenbar mehrfach zur Entwicklung von Beerenfrüchten gekommen, so bei den **Asparagaceae** (*Asparagus,* Spargel) und den **Convallariaceae** (*Convallaria,* Maiglöckchen, mit den Glykosiden Convallarin und Convallamarin; *Polygonatum,* Salomonssiegel; *Maianthemum,* Schattenblümchen, mit 2zähligen Blüten). Die *Convallariaceae* besitzen sympodial verzweigte Rhizome.

Von den *Alliaceae* lassen sich die **Amaryllidaceae** ableiten, deren Ovar unterständig ist (*Leucojum,* Märzbecher; *Galanthus,* Schneeglöckchen; *Amaryllis, Clivia; Narcissus* u. a. mit von den Filamenten oder den Staubblattbasen gebildeter Nebenkrone).
Bei den blattsukkulenten, teilweise anomales sekundäres Dickenwachstum aufweisenden **Agavaceae** ist das Ovar ober- bis unterständig. Die früher teils den *Liliaceae (Yucca)*, teils den *Amaryllidaceae (Agave)* zugerechneten Gattungen erweisen sich weithin als karyologisch erstaunlich einheitlich: bei *Yucca* wie bei *Agave* und den ihnen nahestehenden Gattungen besteht die Chromosomengarnitur aus 5 großen und 25 kleinen Chromosomen! *Agave*-Arten werden zur Sisal-Gewinnung angebaut.
Die **2.2 Liliales** unterscheiden sich von den *Asparagales* durch die Ausbildung von Nektardrüsen an den (meist inneren) Tepalen. Bei den

meist Rhizome bildenden **Melanthiaceae** (*Veratrum,* der giftige Germer, Abb. 21) und ebenso bei den knollenbildenden **Colchicaceae** (*Colchicum autumnale,* Herbstzeitlose, mit dem alkaloidähnlichen Colchicin) treten ventricide, d. h. an der Bauchnaht aufspringende *(Tofieldia)* oder septicide Kapseln auf, bei den Zwiebeln bildenden **Liliaceae** *(Tulipa, Lilium)* loculicide Kapseln.
Charakteristisch für die Blüten der **Iridaceae** sind die Unterständigkeit des Ovars und der Ausfall des inneren Staubblattkreises (Abb. 44 VII), von dem in seltenen Ausnahmefällen noch einzelne Glieder in Erscheinung treten. Bei *Crocus* und anderen Gattungen sind beide Perianthwirtel noch ziemlich gleichartig gestaltet. Bei den Schwertlilien (*Iris,* Abb. 44 IX–XI) hingegen sind die 3 inneren der in einen „Nagel" und eine verbreiterte „Platte" gegliederten Tepalen aufgerichtet („Domblätter"), bei den äußeren hängen die oft bärtigen, mit Saftmalen gezeichneten Platten herab („Hängeblätter"). Sie bilden mit dem darüber stehenden petaloiden Griffelast zusammen jeweils eine Lippenblume. Dabei wölbt sich der Griffelast gewissermaßen als Oberlippe schützend über das vor ihm stehende, seiner Unterseite anliegende Staubblatt (Abb. 44 X, XI), dessen Anthere nach außen (unten) gewandt ist. Er trägt unterseits einen Narbenlappen (N), auf dessen empfängnisfähiger Innenseite die Blütenbesucher beim Eindringen mitgebrachten Pollen abstreifen, während sie ihn beim Herauskriechen mit der fertilen Fläche dem Griffelast andrücken. Die Blüten von *Gladiolus* sind leicht zygomorph. Die Narben von *Crocus sativus* liefern Safran.

Mit der bisweilen als eigene Familie geführten Gattung *Geosiris* (Madagaskar) kommen in dieser Verwandtschaftsgruppe auch parasitische Vertreter vor.
Bei den als verhältnismäßig ursprünglich geltenden **2.3 Dioscoreales** erinnern die lianenartigen **Dioscoreaceae** *(Dioscorea, Tamus)* und **Smilacaceae** *(Smilax)* durch kreisförmige Anordnung der Leitbündel auf dem Stengelquerschnitt und herz- bis pfeilförmige gestielte Blätter mit handförmig-bogigem Nervaturverlauf stark an Dikotyledonen; die Blüten sind oft eingeschlechtig mit unscheinbarem Perigon. Die Wurzelknollen von *Dioscorea batatas* (Yamswurz) werden gegessen, andere Arten enthalten Saponine, welche für die Gewinnung von Stereoidhormonen Bedeutung erlangt haben (einheimisch: *Tamus communis,* Schmerwurz, mediterran-atlantisch).
Hierher stellt man jetzt auch die **Trilliaceae,** mit der durch 3zählige Scheinwirtel von Stengelblättern und 3zählige Blüten gekennzeichneten nordamerikanischen Gattung *Trillium* und der Einbeere (*Paris quadrifolia,* Blüten und Scheinwirtel 4zählig).

Bei den **3. Orchidales** (**Orchidaceae**), die man von den *Liliales* ableiten kann, gelangen nur die 3 ursprünglich dem Deckblatt zugewandten Staubblätter zur Entwicklung. Von diesen sind bei *Neuwiedia* (*Apostasieae,* mit nur schwach zygomorphen Blüten) alle 3 fertil, bei den übrigen *Cypripedioideae* (*Cypripedium,* Frauenschuh; *Paphiopedilum,* als „Frauenschuh" im Blumenhandel, Heimat: Südostasien) ist das mediane zu einer sterilen Schuppe umgebildet (Abb. 45 II), bei den formen-

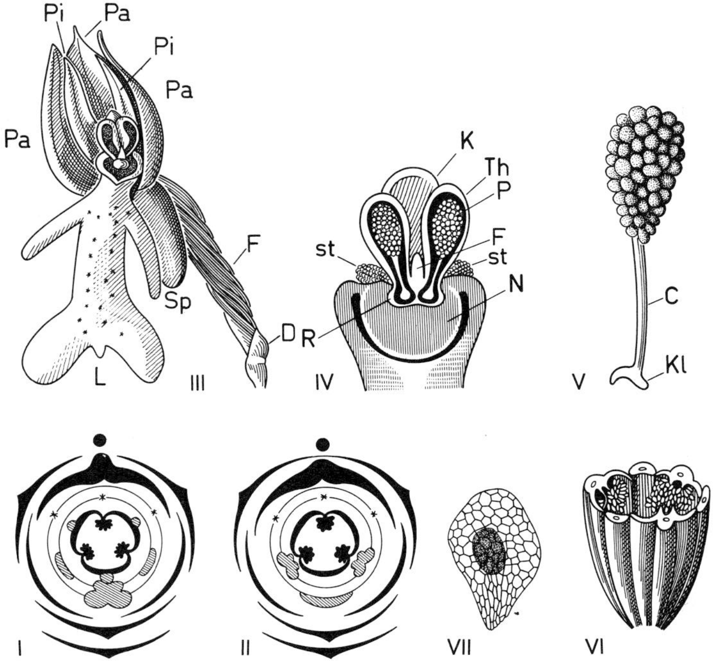

Abb. 45. *Orchidaceae.* I Blütendiagramm von *Orchis*, II von *Cypripedium*; III–VI *Orchis militaris*, III Blüte mit resupiniertem Fruchtknoten (F), D Deckblatt, Pa äußere, Pi innere Perigonblätter, L Labellum, Sp Sporn; IV Gynostemium stärker vergr., Th Theke, P Pollinium und K Konnektiv des fertilen Staubblattes, st Staminodien (sterile Staubblätter), N Narbenfläche, R Rostellum, F dessen Fortsatz; V Pollinarium, C Caudicula (Stielchen), Kl Klebkörper; VI Frucht, quer. VII *Stanhopea oculata*, Samen. (Nach Eichler I, II, Firbas III, IV, Berg und Schmidt V, VI und Pfitzer VII.)

und zahlenmäßig weit überwiegenden *Orchidoideae* ist allein das mediane fruchtbar (Abb. 45 I). Die Antheren verstäuben ihren Pollen nur selten, gewöhnlich sind die Pollenkörner eines Pollensackes oder einer Theke zu einem kompakten „Pollinium“ vereinigt, das bei der Bestäubung als Ganzes übertragen wird. Griffel und fruchtbare Staubblätter sind meist vollständig zu einem sog. *Gynostemium* vereinigt, das im Zentrum der Blüte emporragt. Im Perigon ist das mediane, ursprünglich der Abstammungsachse zugekehrte Glied gewöhnlich stark abweichend gestaltet und in vielfältiger Weise zu einer Lippe, dem „Labellum“, ausgebildet und dabei häufig nach hinten in einen nektarbergenden Sporn verlängert. Da sich die Blüten während ihrer Entwicklung in der Regel durch Torsion des unterständigen Fruchtknotens oder des Blütenstiels um 180° drehen („Resupination"), gelangt das Labellum nach unten und kann als Anflugorgan dienen. Der Eingang des Spornes liegt dann unmittelbar vor dem Gynostemium; vgl. dazu Abb. 45 III, IV, welche die Verhältnisse für *Orchis* wiedergibt. Bei Orchideen mit überhängenden Blütenständen findet meist keine Resupination der Blüten statt. Von den 3 Narbenlappen dienen nur noch die beiden seitlichen der Aufnahme des Pollens; sie bilden zusammen eine grubenförmig vertiefte Narbenfläche. Der dritte Narbenlappen ist als „Rostellum" mit der fruchtbaren Anthere verwachsen und liefert Klebmasse und „Stielchen", welche mit jedem Pollinium zu einem „Pollinarium" verbunden werden (Abb. 45 V). Die Blütenbesucher, z. B. Insekten, stoßen leicht mit dem Kopf gegen die Klebkörper der nach dem Öffnen der Theken freiliegenden Pollinarien, ziehen diese aus der Anthere heraus und tragen sie zur nächsten Blüte. Die rasch welkenden Stielchen biegen sich währenddessen nach vorn, so daß das Pollinium beim Eindringen des Insekts in die Blüte auf die fertile Narbenfläche gedrückt wird. Das Ovar ist nur selten 3fächerig mit zentralwinkelständiger Placentation, sondern meist 1flächerig mit mehr oder minder weit vorspringenden, oft gespaltenen Placenten (Abb. 45 VI). Die Befruchtung der oft mehrere Tausend zählenden Samenanlagen ist bei einem einmaligen Bestäubungsvorgang allein durch die Übertragung eines ganzen Polliniums möglich. Die völlig nährgewebelosen Samen (Abb. 45 VII) umschließen einen nur wenig differenzierten Embryo (stets ohne Keimwurzel, oft ohne Kotyledo) und sind winzig (Gewicht oft nur 0,005 mg). Sie sind somit gut an Windverbreitung angepaßt, was bei der epiphytischen Lebensweise der meisten tropischen Orchideen nicht unwichtig ist. Ihre große Zahl kompensiert die geringen Keimungschancen: eine Keimlingsentwicklung ist nämlich nur nach Infektion durch Mykorrhizapilze möglich, ja manche chlorophyllosen heterotrophen Orchideen (Vogelnestwurz, *Neottia nidus-avis*, Korallenwurz; *Corallorhiza*) bleiben sogar zeitlebens von der Ernährung durch endotrophe Mykorrhizen abhängig.

Die meisten der 20000 in ihrer Blütengestalt, aber auch in der Ausbildung ihres Vegetationskörpers sehr mannigfaltigen Orchideenarten leben als Epiphyten in den Tropen, ein Teil aber auch als Erdorchideen, darunter auch die einheimischen Arten. Die Kapseln von *Vanilla planifolia*, einer Liane mit Kletterwurzeln, liefern das als „Vanille-Stangen" oder „-Schoten" bekannte Gewürz.

4 Commelinidae

Bei den **4.1 Commelinales** ist das Perianth in Kelch und Krone gegliedert. Von den **Commelinaceae** werden *Tradescantia*-Arten sowie *Rhoeo spathacea* als Zimmerpflanzen kultiviert. Einige andere Familien (**Xyridaceae, Rapateaceae, Eriocaulaceae, Restionaceae – 4.2 Restionales**) sind oft durch grasartigen Habitus und bisweilen stark an die *Compositae* erinnernde köpfchenförmige Blütenstände bemerkenswert. Besonders kompliziert gebaute Pseudanthien besitzen die **Centrolepidaceae.** Die **4.3 Bromeliales** (**Bromeliaceae**) sind vornehmlich Epiphyten mit wasserabsorbierenden Schuppenhaaren. Darunter finden sich auch viele sog. Zisternenepiphyten mit wassersammelnden Blatttrichtern (wie schon *Cochliostema* bei den *Commelinaceae*). Die flechtenartig von den Bäumen herabhängende *Tillandsia usneoides* ist wurzellos. *Ananas sativus* wächst terrestrisch. Die Blütenstände fallen oft durch die lebhafte Färbung ihrer Hochblätter auf, ein Hinweis auf häufige Ornithogamie. Die **Velloziaceae** (**4.4 Velloziales**) sind xerophytische Kräuter und Schopfbäume. Unsicher ist die Stellung der **4.5 Pontederiales** mit den durch dorsiventrale Blüten und stärkehaltiges Endosperm ausgezeichneten **Pontederiaceae.** Zu diesen gehört die mit Hilfe lufthaltiger Blattstiele schwimmende tropische Wasserhyazinthe *(Eichhornia crassipes).* In der Nähe der *Bromeliales* gehören vermutlich die windblütigen **4.6 Typhales** mit den **Typhaceae,** in welche auch der Igelkolben *(Sparganium)* einbezogen werden kann, da gezeigt werden konnte, daß die doppeltraubige Struktur seiner eingeschlechtigen köpfchenförmigen Blütenstände in den einfach erscheinenden, in Wirklichkeit jedoch komplexen Kolben des Rohrkolbens *(Typha)* wiederkehrt. Die Steinfrüchte des Igelkolbens sind an Hydrochorie und Endozoochorie angepaßt. Die Nüsse des Rohrkolbens hingegen sind anemochor. Ihr Perikarp ist zu einer dünnen Haut (allerdings noch mit erkennbaren Strukturen des Steinkerns) reduziert, das Perigon zu einem Flugapparat aus zahlreichen Haaren aufgelöst.

4.7 Poales

Die vom Volksmund als „Gräser" bezeichneten Pflanzengruppe, die enge Beziehungen zu den *Restionaceae* erkennen läßt, deckt sich in ihrer Abgrenzung genau mit der systematischen Umgrenzung der **Poaceae** (**Gramineae**), der einzigen Familie dieser Ordnung. Das zeigt, wie stark diese Familie durch ihren Habitus gekennzeichnet ist: Halme mit einer deutlichen Gliederung in verdickte Knoten und lange Internodien, die von den langgestreckten Scheiden der schmalen, 2zeilig angeordneten Blätter umhüllt werden, und oft reichverzweigte Blütenstände, deren unscheinbare, in kleinen Ährchen vereinigte und von trockenhäutigen Blattorganen (Spelzen) umgebene, meist zwitterige Blüten stark rückgebildet sind und die Merkmale der Windblütigkeit erkennen lassen. Den typischen Aufbau eines Ährchens zeigt Abb. 46 I, II. Es ist am Grund von (meist) 2 Hüllspelzen umgeben. Auf sie folgt eine wechselnde Zahl von Deckspelzen, von denen jede in ihrer Achsel eine Blüte (Abb. 46 III) trägt. Diese besteht aus einer Vorspelze, zwei Schwellkörpern (**Lodiculae**), 3 Staubblättern und einem oberständigen Fruchtknoten, der 2 transversale, oft federige Narben trägt und 1 Samenanlage enthält, die bei ihrer Reife mit der Fruchtknotenwand zu einer nußartigen Frucht, der **Karyopse,** verwächst. Mit dem üblichen Monokotyledonen-Diagramm sind diese Verhältnisse dadurch in Einklang zu bringen, daß man sich die Vorspelze aus 2 Tepalen des äußeren Perigonkreises ent-

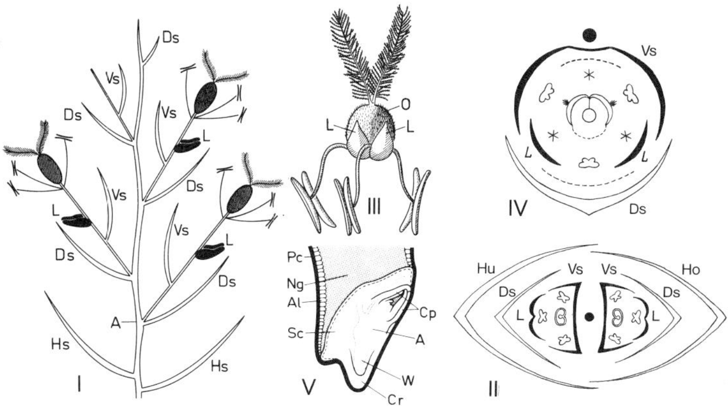

Abb. 46. *Graminales.* I Aufrißschema eines Ährchens, die Internodien der Ährchenachse (A) und ihrer Verzweigungen verlängert gezeichnet. Hs Hüllspelzen, Ds Deckspelzen, Vs Vorspelzen, L Lodiculae. II Diagramm eines zweiblütigen Ährchens, Hu untere, Ho obere Hüllspelze. III Blüte des Weizens nach Entfernung der umhüllenden Spelzen, O Fruchtknoten. IV Blütendiagramm. V Medianschnitt durch die Basis eines Weizenkorns, Pc Fruchtwand und Samenschale, Al Aleuronschicht und Ng stärkehaltiger Anteil des Endosperms, Sc das Keimblatt (Scutellum), A der Achsenkörper, W die Wurzelanlage des Embryos, Cp und Cr Koleoptile und Koleorhiza. (Nach WARMING I, HACKEL II, ENGLER und DIELS III, WALTER IV, in Anlehnung an SCHUSTER, TROLL V.)

standen denkt, dessen drittes Blatt fehlt (Abb. 46 IV). Ferner muß man annehmen, daß die Lodiculae zwei Glieder des inneren Perigonkreises darstellen, von dem wiederum das mediane Glied fehlt, und daß nur der äußere der beiden Staubblattkreise ausgebildet ist. Am Aufbau des Fruchtknotens müßten dann 3 Karpelle beteiligt sein. Tatsächlich findet man bei den *Bambusoideae* oft noch 3 Narben (bei *Nardus, Pooideae,* 1 mediane!). Außerdem treten hier und bei einigen anderen Gräsern (z. B. *Stipa,* Federgras) noch 3 Lodiculae, und bei den *Bambusoideae* und den *Oryzoideae* (*Oryza,* Reis) sogar zwei 3zählige Staubblattkreise (oder auch viele Staubblätter) auf. Es spricht somit vieles dafür, daß die Grasblüte reduziert und von der typischen Monokotyledonen-Blüte abzuleiten ist. Man kann freilich auch die Vorspelze als adossiertes Vorblatt und die Blüte dementsprechend als haplochlamydeïsch (nur mit 1 Perigonkreis) auffassen; ja es wird auch die Meinung vertreten, daß die Grasblüte perianthlos sei und die Lodiculae einem einzigen, in distícher Folge an die Vorspelze anschließenden Blatt entsprächen (die 3. Lodicula der *Bambusoideae* wäre dann ein drittes Blattorgan in dieser distichen Reihe).

Die Lodiculae dienen als Schwellkörper dem Auseinanderspreizen der Spelzen zur Blütezeit, wodurch die Blüten frei zugänglich werden und ihre federigen Narben ausbreiten können. Die Filamente der Staubblätter strecken sich sehr rasch (0,5–1 mm/min) und lassen die Antheren lang aus den Ährchen heraushängen. Auch an der Basis der Rispenäste finden sich Gelenkpolster, deren Schwellung die Äste zum Auseinanderspreizen bringt. Die Blütenstände sehen daher vor, während und nach der Blüte sehr verschieden aus.
Mit dem Bau der Karyopse schließen die *Poaceae* insofern an die vorigen Ordnungen an, als auch hier ein stärkehaltiges Endosperm vorhanden ist, dem der Embryo basal anliegt (Abb. 46 V). Der Kotyledo, das sog. **Scutellum** (Schildchen), regt bei der Keimung die Mobilisierung der Reservestoffe an und resorbiert diese. Sproßvegetationspunkt und Wurzelscheitel werden von einer **Koleoptile** (= Keimblattscheide) bzw. einer Koleorhiza eingehüllt, die bei der Keimung durchstoßen werden. Oft findet man dem Scutellum gegenüberliegend noch einen Höcker, den sog. Epiblasten, der zu Unrecht als zweites Keimblatt gedeutet wurde. Die **Koleorhiza** entspricht nach heutiger Ansicht der Radicula, die – in Weiterentwicklung der sekundären Homorhizie der Monokotyledonen – bei den Gräsern ihre eigentliche Funktion verloren hat (sich bei der Keimung gelegentlich aber noch verlängert und Wurzelhaare ausbildet). Die gewöhnlich als Hauptwurzel angesprochene Wurzel ist somit die erste der sproßbürtigen Seitenwurzeln, die aufgrund ihrer endogenen Entstehung anfänglich von Gewebe der Keimachse und der nicht mehr in Funktion tretenden Radicula umhüllt ist.
Anatomisch sind die *Poaceae* durch die Ausbildung eines eigenen Spaltöffnungstypus mit hantelförmigen Schließzellen gekennzeichnet. (Die infolge von Wandverdickungen starren Mittelteile der Schließzellen rücken durch Volumenzunahme bzw. -abnahme der erweiterten dünnwandigen Enden bei Turgoränderungen auseinander oder zusammen.) Weiterhin ist die Einlagerung von Kieselsäure in den Epidermiszellen bemerkenswert.
Als wichtiges vegetatives Unterscheidungsmerkmal bei Gräsern muß Auftreten und Ausbildung der Ligula genannt werden, eines an der Grenze zwischen Blattscheide und Spreite quer der Blattfläche aufsitzenden Auswuchses, der oft als Stipeläquivalent gedeutet wird (Abb. 48 I).

Die Gräser sind in hohem Maße an der Zusammensetzung der Pflanzendecke der Erde beteiligt, auf weite Flächen (Steppen, Savannen, Wiesen) sogar vorherrschend.
Die systematische Gliederung der etwa 700 Gattungen umfassenden Familie ergibt sich großenteils daraus, daß es ausgehend von den geschilderten Verhältnissen mehrfach zu weiteren Reduktionserscheinungen im Bereich des Ährchens (Reduktion der Spelzen, Einblütigkeit) und der Blüte (z. B. Eingeschlechtigkeit) kommt. Darüber hinaus spielen vor allem Merkmale im Bau der Karyopse und des Embryos sowie die Blattanatomie eine Rolle.

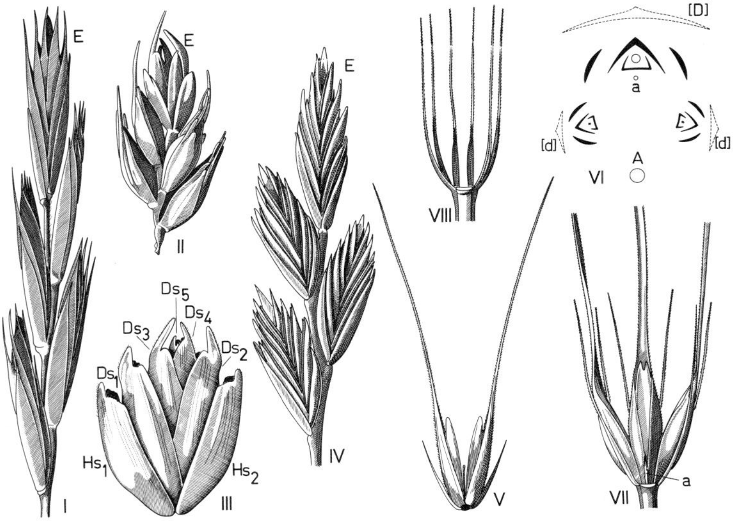

Abb. 47. Ährengräser. 1 *Agropyron repens*, Ährenende, E Endährchen. II, III, *Triticum aestivum*, Ährenende (II) und Endährchen (III), Hs_1, Hs_2, und Ds_1–Ds_5, die aufeinanderfolgenden Hüll- und Deckspelzen. IV *Lolium perenne*, Ährenende. V *Secale cereale*, Ährchen von der adaxialen Seite. VI *Hordeum vulgare* convar. *distichon*, Ährchendiagramm, ausnahmsweise mit der Ährenachse (A) nach unten orientiert, um den Vergleich mit VII zu erleichtern, [D] Ährchentragblatt, theoretisch ergänzt, [d] die zu ergänzenden Tragblätter der sterilen Ährchen 2. Ordnung. VII *Hordeum vulgare* convar. *vulgare*, Ährchentriade in adaxialer Ansicht, die VIII die Ährchen bis auf ihre Hüllspelzen entfernt, a Achsenrudiment des medianen Ährchens (siehe Diagramm VI). (Sämtlich nach Troll.)

Als relativ ursprüngliche Gruppe gelten die *Bambusoideae*, deren ausdauernde holzige Halme bei manchen Bambus-Arten bis 40 m hoch werden. Auch die *Oryzoideae* besitzen mit 2 Staubblattkreisen noch ein ursprüngliches Merkmal, ihre Ährchen sind aber 1blütig. Der in Südostasien schon seit Jahrtausenden angebaute Reis *(Oryza sativa)* ist heute das wichtigste tropisch-subtropische Getreide. Die 2blütige Ährchen tragenden *Panicoideae* sind Gräser der wärmeren Länder; zu ihnen gehören die Hirsegräser *Pennisetum*, *Panicum* und *Setaria*. Arten der beiden letzten Gattungen treten im Spätsommer bei uns als Unkräuter auf. Die Mohrenhirse oder Durrha *(Sorghum bicolor)* ist dagegen ein Vertreter der *Andropogonoideae* (paarige Ährchen), ebenso das Zuckerrohr *(Saccharum officinarum)*, dessen Mark den Rohrzucker liefert; der Mais *(Zea mays)* ist eine alte mexikanische Kulturpflanze (seit dem 6. Jahrtausend v. Chr.), seine Blüten sind eingeschlechtig. Die bei uns heimischen Gräser gehören fast sämtlich zu den *Pooideae (Festucoideae)*. Die Tribus der *Festuceae* umschließt meist Rispengräser, d. h. ihr Blütenstand ist rispenartig verzweigt, doch muß man sich die Einzelblüten im Rispenschema Abb. 13 VIII durch (terminalblütenlose!) Ährchen er-

setzt denken. Diese sind hier meist mehrblütig, ihre Hüllspelzen meist kürzer als die Deckspelzen (*Festuca,* Schwingel; *Poa,* Rispengras; *Bromus,* Trespe; *Briza,* Zittergras; *Dactylis,* Knäuelgras; *Glyceria,* Schwaden). Bei *Cynosurus* (Kammgras) und *Sesleria* (Blaugras) sind die Rispen stark ährenähnlich zusammengezogen: „Ährenrispengräser". Dagegen sind die Zwenke *(Brachypodium)* und das Raygras (*Lolium perenne,* Abb. 47 IV) sog. Ährengräser, deren Blütenstand eine Doppelähre darstellt, d. h. die Ährchen selbst sind hier in Form einer Ähre angeordnet, wobei sie in Fortsetzung der Distichie des vegetativen Bereichs meist zwei opponierte Längszeilen bilden. Im Falle von *Lolium* (**L**olch) fällt dabei die Mediane der Einzelährchen in die Mediane der Doppelähre (die Ährchen sind „längs" gestellt). Bei der **Qu**ecke *(Agropyron)* hingegen sind die Blattzeilen der Einzelährchen transversal orientiert (also **qu**er zur Mediane der Doppelähre gestellt), nur im Endährchen setzt sich die zweizeilige Anordnung der Ährchen in der Stellung der Spelzen fort (Abb. 47 I). Die Gattung *Agropyron* gehört bereits zu den *Triticeae (Hordeeae),* die sämtlich Ährengräser sind und sich ebenso wie die übrigen Tribus der *Pooideae* von der *Festuceae* ableiten lassen. Der mit *Agropyron* (= „Wildweizen") eng verwandte, bisweilen sogar in dieselbe Gattung gestellte Weizen *(Triticum)* zeigt den gleichen Blütenstandsaufbau, doch sind die Ährchen kräftiger (Abb. 47 II, III). Die beim Kolbenweizen zahnartigen Spitzen der Spelzen können ebenso wie bei der Hundsquecke *(Agropyron caninum)* und anderen in eine lange Granne ausgezogen sein (Bartweizen). Ausgangsformen unserer heute kultivierten Weizen- und Gerstearten wurden im Nahen Osten schon vor 9000 Jahren und noch früher als Getreide angebaut. Zu den ältesten Kulturpflanzen gehört der (tetraploide) Emmer *(Triticum dicoccon).* Im Nordostirak fand man Übergangsformen zwischen Wild- und Kulturemmer, deren Alter fast 7000 Jahre beträgt. Der Wildemmer *(T. dicoccoides)* ging offenbar als allotetraploider Bastard ($n = 14$) aus einer Kreuzung des Wildeinkorns (*T. boeoticum,* $n = 7$) mit *Aegilops speltoides* ($n = 7$) hervor. Der hexaploide Saatweizen *(T. aestivum)* entstand im Verlaufe der Weiterentwicklung durch die Einkreuzung einer weiteren 7chromosomigen *Aegilops*-Art *(Ae. squarrosa).* Die ausgelesenen und weiterkultivierten Formen unterscheiden sich von den Wildformen vor allem durch die Vergrößerung und Vermehrung der Karyopsen, weniger brüchige Ähren- und Ährchenachsen, jedoch ein leichteres Loslösen der Spelzen von der Karyopse beim Dreschen. Bei den heute fast aus der Kultur verschwundenen Arten Einkorn (*T. monococcum,* diploid) und Emmer wird bei der Reife die Ährenachse brüchig, die Ähre zerfällt in Ährchen; die Karyopsen bleiben von den Spelzen fest umschlossen. In Süddeutschland wird noch Spelt oder Dinkel (*T. spelta,* hexaploid) gebaut. Besondere Bedeutung hat in den Mittelmeerländern und den Subtropen der tetraploide Hartweizen *(T. durum)* erlangt, ferner *T. turgidum,* das sich vermutlich von *T. durum* ableitet.
Der Roggen *(Secale cereale),* heute als wichtigstes Brotgetreide in Europa bis nach Sibirien und bis 69,5° n. Br. (überwiegend als Winterfrucht) angebaut, trat in Europa erst zur Bronzezeit auf (Weizen und Gerste hingegen schon in der Jungsteinzeit). Vom Weizen unterscheidet er sich hauptsächlich durch die schmalen Hüllspelzen und langbegrannten Deckspelzen (Abb. 47 V) und durch das Fehlen des Endährchens.

Bei den Gersten *(Hordeum)* treten am Grunde jedes der in 2 Längsreihen stehenden Ährchen noch 2 Ährchen zweiter Ordnung in transversaler Stellung auf; sie sind bei den Wildgersten (z. B. *H. murinum,* Mäusegerste) und bei der Zweizeiligen Gerste *(H. vulgare* convar. *distichon)* steril, bei der 6zeiligen Gerste *(H. vul-*

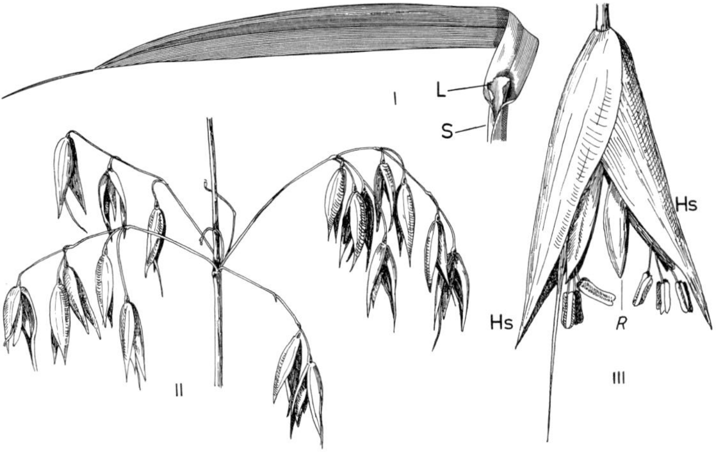

Abb. 48. *Avena sativa*. I Blatt mit Blattscheide (S) und Ligula (L). II Auschnitt aus einem Blütenstand. III Ährchen mit großen, die Blüten völlig bedeckenden Hüllspelzen (Hs) und rudimentärer Endblüte R (II, III nach WALTER).

gare convar. *vulgare)* jedoch fruchtbar. Deck- und Hüllspelzen sind lang begrannt (Abb. 47 VII, VIII).

Reich vertreten sind bei uns auch die *Aveneae*, deren häufig 2blütige Ährchen meist in Rispen stehen und von den großen Hüllspelzen fast ganz eingeschlossen werden. Neben wichtigen Futtergräsern unserer Fettwiesen (*Arrhenatherum*, Glatthafer; *Trisetum* Goldhafer; *Avenochloa pubescens*, Flaumhafer) ist vor allem der Saathafer (*Avena sativa*, Abb. 48) zu nennen, der in Europa seit der Bronzezeit angebaut wird und wahrscheinlich aus dem Flughafer *(A. fatua)* hervorgegangen ist, dessen Früchte noch aus den Hüllspelzen ausfallen.

Die Reduktion der Blüten in den Ährchen kann so weit fortschreiten, daß nur noch eine männliche und eine zwitterige Blüte zur Ausbildung gelangen (z. B. *Arrhenatherum*) oder die Zwitterblüte allein übrigbleibt, so z. B. bei den rispige Blütenstände bildenden Gattungen *Agrostis* (Straußgras) und *Calamagrostis* (Reitgras) oder den Ährenrispengräsern *Phleum* (Lieschgras) und *Alopecurus* (Fuchsschwanz), die früher mit anderen 1blütige Ährchen bildenden Gattungen als *Agrostideae* vereinigt wurden.

Wenn die Reduktion von der Basis des Ährchens spitzenwärts fortschreitet, gehen der einzigen Blüte außer den beiden Hüllspelzen nicht selten 1 bis 2 sterile Deckspelzen voraus, letzteres z. B. beim Ruchgras *(Anthoxanthum, Phalarideae)*, in umgekehrter Richtung erfolgt die Reduktion bei den *Eragrostoideae* *(Eleusine coracana*, wichtiges Getreide in den Tropen der Alten Welt; *Eragrostis)*.

Ein weiteres Merkmal von systematischem Wert ist das Auftreten eines Rhachilla-Fortsatzes, d. h. eines sterilen Endes der Ährchenachse, ferner die Behaarung der Ährchenspindel (z. B. beim Schilfrohr, *Phragmites, Arundineae*).

4.8 Cyperales

Die „Sauergräser" (**Cyperaceae**) sind gleichfalls windblütig und erinnern im Habitus stark an die *Poaceae,* unterscheiden sich von diesen aber durch die selten knotig gegliederten, oft scharf 3kantigen Stengel mit oft 3zeiliger Anordnung der Blätter, deren Scheiden fast stets geschlossen sind. Ihre stets perianthlosen und eingeschlechtigen Blüten sind gewöhnlich zu Ähren, und diese wieder zu kopfigen, ährigen oder rispigen Blütenständen vereint. Der meist 3blätterige Fruchtknoten bildet auch hier nur 1 Samenanlage aus. Das Endosperm ist wie bei den vorigen Ordnungen stärkehaltig, umschließt aber den Embryo. In den Pollenmutterzellen gehen von den 4 bei der Reduktionsteilung gebildeten Kernen stets 3 zugrunde; man bezeichnet die Pollenkörner daher als „Pseudomonaden".

Bis auf den baumförmigen *Microdracoides squamosus* sind alle Vertreter krautig. Bei der Unterfamilie *Cyperoideae* treten die männlichen und weiblichen Blüten häufig zu zwitterblütenartigen Pseudanthien zusammen. Bei den Simsen (*Scirpus,* Abb. 49 I, II; *S. lacustris,* bestandsbildend in der Verlandungszone stehender Gewässer) erfolgt dies in der Weise, daß unter einer weiblichen Blüte 3 aus nur je 1 Staubblatt bestehende männliche Blüten sitzen, deren zu Borsten reduzierte Deckblätter gemeinsam mit weiteren sterilen borstenförmigen Brakteen ein 6zähliges Perianth vortäuschen (Abb. 49 I). Bei den Wollgräsern *(Eriophorum)* sind diese Deckblätter in einen Schopf langer weißer Haare aufgelöst (Abb. 49 III). Es wird freilich auch die Ansicht vertreten, daß es sich hier um Reduktionsstufen eines echten Perianths und echter Zwitterblüten handele.

Zur Gattung *Cyperus* (400 Arten) gehört die Papyrusstaude *(C. papyrus);* das Mark der bis 3 m hoch werdenden Stengel diente schon um 2400 v. Chr. in Ägypten zur „Papier"-Herstellung.

Bei den *Caricoideae,* von denen vor allem die Gattung *Carex* (Segge, 1600 Arten) zu nennen ist, sind die Blüten gewöhnlich in eingeschlechtigen ährigen Ständen zusammengefaßt (Abb. 49 IV); bei den männlichen Blüten stehen jeweils 3 Staubblätter in der Achsel eines schuppen-

---

Abb. 49. *Cyperaceae.* I–III zwitterige Teilblütenstände von I *Scirpus nanus*, im Diagramm, II *S. criniger*, in adaxialer Ansicht mit Tragblatt (gegenüber I um 180° gedreht), III *Eriphorum angustifolium*. IV *Carex hirta*, blühender Trieb mit männlichem und mehreren weiblichen Ährchen. V, VI und VII, VIII männliche und weibliche Blüten von *Carex* sp. mit Diagrammen, D Deckblatt, U Utriculus (= Vorblatt der weiblichen Blüte), Fr Fruchtknoten, Sa die durch die zarte Fruchtknotenwandung durchscheinende Samenanlage. IX Aufrißschema der weiblichen Blüte. X, XI *Kobresia myosuriodes*, zwitteriger Teilblütenstand (X) und entsprechendes Aufrißschema (XI zum Vergleich mit dem von *Carex* IX). (Nach Clarke I, Schultze-Motel II, Hoffmann III, Hegi IV, verändert, und X, Walter V, VII, Eichler VI, VIII, IX, XI.)

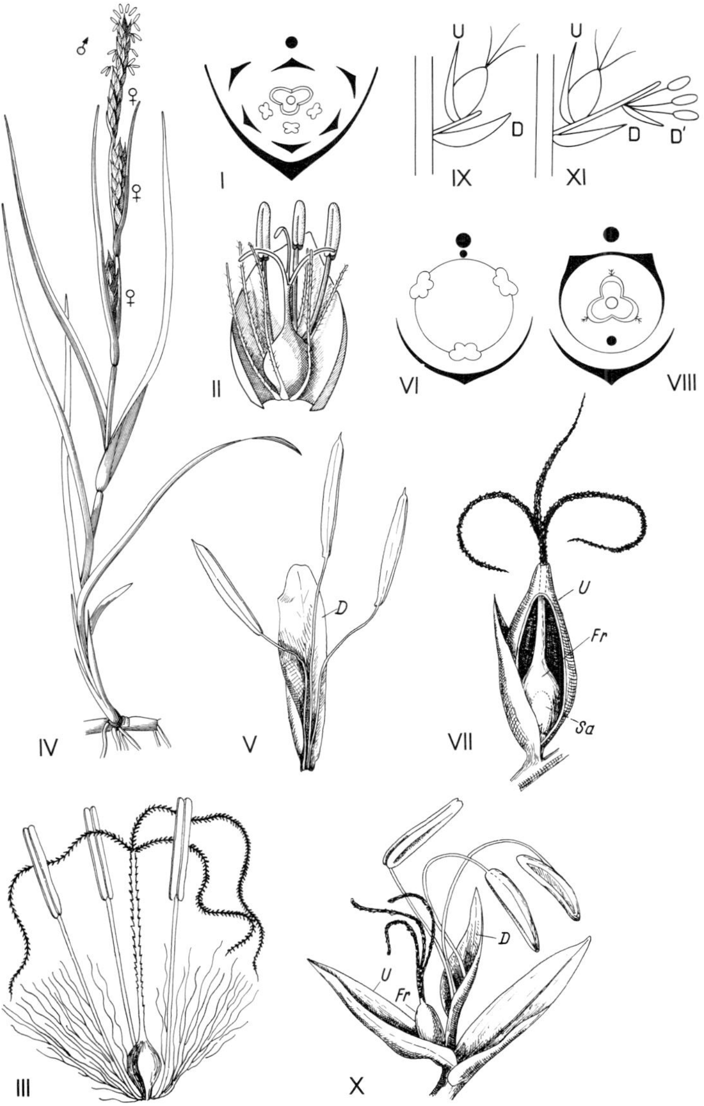
♂
♀
♀
♀
I
U
D
IX
U
D
D'
XI
II
VI
VIII
D
IV
V
U
Fr
Sa
VII
III
D
U
Fr
X

förmigen Deckblattes (V, VI), bei den weiblichen 1 Fruchtknoten (VII–IX), der von einem adossierten Vorblatt, dem „Schlauch“ (**Utriculus**), so fest umschlossen ist, daß nur die an einem langen Griffel sitzenden 2 oder 3 Narben frei herausragen. Offenbar sind die weiblichen „Blüten“ durch Reduktion zwitteriger Teilblütenstände zustande gekommen, wie man sie noch bei *Kobresia* (X, XI) findet. Bei *Carex microglochin* steht neben der weiblichen Blüte noch ein kurzer Achsenfortsatz, bei *Uncinia* sogar ein langes, hakenförmig gebogenes Achsenende.

4.9 Juncales

Die grasartigen **Juncaceae** *(Juncales)* mit den Gattungen *Juncus* (Binsen) und *Luzula* (Hain-Simsen) entsprechen in ihrem Blütendiagramm völlig den *Liliales,* sind aber windblütig, ihr Perigon ist demgemäß klein und unscheinbar. Die Pollenkörner bleiben in Tetraden vereinigt. Der Fruchtknoten ist oft 1fächerig. In den Samen wird der Embryo noch mehr oder minder vom Endosperm umschlossen, das aber im Gegensatz zu den *Liliales* stärkehaltig ist. Dies gilt auch für die tropisch-subtropischen *Bromeliales* und *Commelinales,* bei denen der Embryo jedoch dem Endosperm seitlich anliegt.

5 Zingiberales (Zingiberidae)

Bei den **Zingiberales,** Stauden mit großen ganzrandigen Blättern und Scheinstämmen (fest zusammenschließenden Blattbasen), geht die fortschreitend zygomorphe Ausbildung der epigynen Blüten mit einer Reduktion und vor allem mit einer petaloiden Umwandlung von Staubblättern einher. Bei den **Musaceae** ist es allein das mediane Glied des inneren Staubblattkreises, das meist verkümmert oder aber petaloid umgebildet wird. Das Perigon ist durch ungleiche Ausbildung oder teilweise Verwachsung seiner Glieder (Abb. 44 VIII) oft stark zygomorph ausgebildet. Bei *Musa* gelangen die distalen Blüten des Blütenstandes nicht zur Fruchtbildung („Pseudozwitterblüten“). *Musa × paradisiaca (= M. × sapientum)* ist eine alte formenreiche Kulturpflanze (Heimat Südostasien, angeblich das Überschneidungsgebiet von *M. acuminata* und *M. balbisiana*) und wird heute überall in wärmeren Ländern zur Gewinnung von Obst- und Mehlbananen angebaut, *M. textilis* liefert den Manilahanf. *Ravenala madagascariensis* ist der durch 2zeilig-fächerförmig gestellte Blätter auffallende „Baum der Reisenden“; die prächtig gefärbten Blütenstände von *Strelitzia* gibt es gelegentlich im Blumenhandel.

Bei den **Zingiberaceae** ist nur noch das mediane Staubblatt des inneren Kreises fertil, das mediane des äußeren Kreises fehlt, die übrigen sind blumenblattartig entwickelt, die beiden innersten zu einem „Labellum“ vereinigt (Abb. 44 XII). Der Reichtum an ätherischen Ölen hat dazu geführt, daß zahlreiche Arten als Gewürzpflanzen Verwendung finden:

Arten von *Zingiber* (*Z. officinale*, Ingwer), *Elettaria cardamomum* und *Aframonum (A. cardamon)* als Cardamomen, *Curcuma* (*C. domestica*, Gelbwurzel, im Curry); die stärkereichen Rhizome vieler *Curcuma*-Arten werden gegessen (Ostindische Arrowroot, Pfeilwurz).
Bei den **Cannaceae** (*Canna indica*, Westindisches Blumenrohr) und den durch die Ausbildung von Gelenkpolstern zwischen Blattstiel und Spreite ausgezeichneten **Marantaceae** (*Maranta arundinacea*, Westindisches Arrowroot = Pfeilwurz) ist nur noch eine Theke des inneren medianen Staubblattes fertil, die andere Hälfte des Staubblattes ist petaloid entwickelt; die auf den ersten Blick dorsiventral erscheinenden Blüten sind daher völlig asymmetrisch.

6 Arales (Aridae)

Die **Arales** sind vorwiegend krautige Gewächse, die möglicherweise über die *Aponogetonaceae* an die Helobiae anzuschließen sind, mit denen sie die Ausbildung grüner Speicherembryonen gemeinsam haben. Die überwiegend tropischen **Araceae** sind Lianen (oft Wurzelkletterer) oder Rhizomstauden (Aronstab) mit sehr verschiedengestaltigen, meist gestielten, oft herz- oder pfeilförmigen, nicht selten auch gefiederten (fußförmig bei *Syngonium* u. a.) Blättern mit kräftigen Blattscheiden. Bei der als „Philodendron" bekannten Zimmerpflanze *Monstera* sind die Spreiten durch frühzeitiges Absterben einzelner Gewebepartien durchlöchert oder gelappt. (Weitere beliebte Zimmerpflanzen sind die Kletterpflanze *Scindapsus, Dieffenbachia* und *Zantedeschia aethiopica*, fälschlich „Calla" genannt; eine häufige Aquarienpflanze ist *Cryptocoryne*.) Die Blüten stehen in großer Zahl an einer unverzweigten, oft zu einem fleischigen Kolben verdickten Achse und haben keine Tragblätter. Die Karpelle tragen meist viele Samenanlagen. Die Früchte sind Beeren; die mit einer fleischigen Außenschicht (Pulpa) versehenen Samen besitzen ein stärkereiches Endosperm. Der Blütenstand wird in der Regel von einem oft auffällig gefärbten Hochblatt eingehüllt (Spatha, Abb. 19 X), das sich aber auch entfalten kann (z. B. bei *Anthurium*). Bei dem aus Ostasien stammenden, seit dem 16. Jahrhundert bei uns (nur vegetativ) verbreiteten Kalmus *(Acorus calamus)*, dessen Rhizome früher arzneilich verwendet wurden, gleicht die kräftige Spatha den schmalen Laubblättern. Sie drängt den Kolben auf die Seite, so daß sie ähnlich wie bei manchen Binsen die Hauptachse fortzusetzen scheint. Durch das Auftreten von Perisperm (neben Endosperm), die Ausbildung von Idioblasten mit ätherischen Ölen, spezifische DNA und andere Merkmale unterscheidet sich diese Sippe so stark von den *Araceae*, daß man sie heute als selbständige Familie **Acoraceae** auffaßt. Die Blüten entsprechen der Formel P3 + 3 A3 + 3 G($\underline{3}$) und sind gleichmäßig über den ganzen Kolben verteilt. Bisher meinte man daher, die folgende Formenreihe an *Acorus* anknüpfen zu können: Bei der einheimischen *Calla palustris* sind die perigonlosen Blüten im oberen Kolbenteil rein männlich, im unteren zwitterig: A6–9 G(3); *Zantedeschia* hat nur noch eingeschlechtige Blüten, und zwar im oberen Kolbenabschnitt männliche, im unteren weibliche. Beim Blütenstand des Aronstabs (*Arum maculatum*, Abb. 19 X) folgen aufeinander von unten nach oben fertile weibliche, männliche und sterile weibliche Blüten, der distale Teil des Kolbens ist nackt. Die Blüten selbst sind hier stark rückgebildet und tragen 3–4 Staubblätter bzw. einen pseudomonomeren Fruchtknoten. Bei der Schwimmrosetten bildenden *Pistia stratiotes* ist auch die Zahl der Blüten im Blütenstand auf 1 nackte weibliche und wenige männliche Blüten verringert. Sie leitet damit zu den **Lemnaceae** über, deren unscheinbare Spatha ebenfalls nur noch 1–2 aus je einem Staubblatt bestehende männliche und 1 weibliche Blüte mit einem einfächerigen Fruchtknoten umschließt. Die Vegetationskörper der schwimmenden „Wasserlinsen" sind (infolge von Neotenie) auf ovale blattartige Glieder reduziert, die im vorderen Teil einem Blatt, im hinteren einem rückgebildeten Achsenkörper entsprechen, der sich durch Sprossung vermehrt. Dabei bleiben die auseinander hervorgehenden Glieder häufig über längere Zeit verbunden *(Lemna trisulca)*. Bei *Spirodela polyrhiza (= Lemna polyrhiza)* werden aus dem Achsenteil noch mehrere Wurzeln, bei *Lemna* nur noch eine gebildet. *Wolffia angusta* und *W. globosa* sind wurzellos und mit höchstens 1,5 mm Länge die kleinsten Blütenpflanzen.

7 Arecales (Palmales), Cyclanthales und Pandanales

Die *Arecales* und *Cyclanthales* werden oft mit den *Pandanales* als Gruppe der *Spadiciflorae* zusammengefaßt, weil ihre meist unscheinbaren Blüten in kolbenartigen Blütenständen (Spadix = Kolben) stehen. Die Palmen (**Palmae, Arecaceae**) sind ausdauernde, meist große baumförmige Pflanzen mit oft unverzweigten Stämmen und großen Blättern, deren ungeteilt angelegte, in der Knospenlage gefältelte Spreiten meist nachträglich fiederig oder fächerförmig zerteilt werden. Der Stamm soll seine endgültige Dicke aufgrund eines extrem gesteigerten primären Dickenwachstums oft vor Beginn des Längenwachstums erreichen; zumindest ist das primäre Dickenwachstum modifiziert und oft lang anhaltend. Die oft reichverzweigten Blütenstände sind von einem großen Hochblatt (**Spatha**) eingehüllt. Die Blüten sind zwitterig oder häufiger eingeschlechtig und dann ein- oder zweihäusig verteilt. Ihr meist unscheinbares Perianth ist bisweilen noch schraubig gestellt, gewöhnlich aber in zwei 3zähligen Wirteln angeordnet, ebenso die Staubblätter, deren Zahl oft auch vermehrt, seltener auf 3 vermindert ist. Das Gynoeceum ist stets 3zählig, jedes Karpell bildet nur 1 Samenanlage. Das Endosperm ist fast stärkefrei. Die Blüten werden durch Insekten (bisweilen noch Nektarbildung) oder durch den Wind bestäubt. Bei der Dattelpalme *(Phoenix dactylifera)* ist das Gynoeceum noch chorikarp, jedoch reift nur jeweils ein Fruchtblatt zu einer Einblattbeere aus. Das coenokarpe Gynoeceum der Kokospalme *(Cocos nucifera)* entwickelt sich zu einer ölreichen Steinfrucht, deren faseriges Mesokarp zur Herstellung von Kokosmatten etc. verwendet wird. Die Früchte von *Phytelephas macrocarpa* sind durch die reichliche Deposition von Reservecellulose in den Zellwänden des Endosperms ausgezeichnet („vegetabilisches Elfenbein", dient zur Herstellung von Knöpfen usw.). Die Sagopalmen *(Metroxylon)*, aus deren Stämmen man die Sago-Stärke gewinnt, bilden einen terminalen Blütenstand und sterben nach der Fruchtreife ab. Wichtige Rohstofflieferanten sind ferner die Ölpalmen *(Elaëis)*; *Areca catechu* liefert die Betelnüsse.

Die einzige auf dem europäischen Festland vorkommende Palme ist die im Mittelmeergebiet verbreitete Zwergpalme *(Chamaerops humilis)*; auf Kreta ist *Phoenix theophrasti* endemisch.

Paralleläste zu den *Arecales* bilden die palmenähnlichen **Cyclanthales** (**Cyclanthaceae**) sowie die **Pandanaceae** (**Pandanales**) mit *Pandanus* (Schraubenpalme) und *Freycinetia*, einer Liane, beide Gattungen mit 3 schraubigen Blattzeilen und Fruchtständen.

Die Hauptgruppen des Pflanzenreiches

PROKARYOTA

Bedingt durch den unterschiedlichen Zellbau besteht im Organismenreich der tiefstgreifende phylogenetische Schnitt zwischen *Prokaryota* und *Eukaryota*. Diese Trennung ist viel weitergehend als beispielsweise eine Teilung in Pflanzen- und Tierreich.
Die *Prokaryota* werden vielfach auch *Akaryobionta* genannt. Wenn sie auch keinen echten von einer Hülle umgebenen Zellkern besitzen, so haben sie doch ein **Kernäquivalent** (**Nucleoid**) mit positiver Reaktion auf Desoxyribonucleinsäure. Daher erscheint der Name *Prokaryota* treffender gewählt. In dieser Organismengruppe steht der Feinbau der Zellen als **Protocyte** mit einfacheren Strukturen und mit geringerer Kompartimentierung in Reaktionsräume dem Aufbau der **Eucyte** bei allen anderen Pflanzen- und Tiergruppen gegenüber (s. Abb. 50 I). Die typischen Membransysteme der höheren Zelle wie Endoplasmatisches Reticulum und Dictyosomen fehlen, Thylakoidstapel mit der Photosynthese dienenden Pigmenten sind zwar teilweise vorhanden, jedoch ohne eigene sie umhüllende Membran, wie sie für Chromatophoren kennzeichnend ist. Der Bau der Zellwand zeigt grundsätzliche Unterschiede zu dem der eukaryoten Pflanzen.
Geringere Unterschiede gegenüber den höheren Organismen bestehen indessen im chemischen Besteck. Darüber hinaus erlaubt die große Zahl spezieller Enzyme eine Mannigfaltigkeit an Stoffwechseltypen, mit vielfältigen Fähigkeiten zur Energiegewinnung. Letztere ermöglichen die Besiedlung einer Vielfalt – auch extremer – ökologischer Nischen und ein Leben in einer Atmosphäre, wie sie für das Zeitalter der Entstehung des Lebens angenommen wird. Die Prokaryoten werden daher als Relikte aus der Frühzeit der Evolution der Lebewesen angesehen. Die gemeinsame Eigenschaft, sich durch einfache Teilung zu vermehren (die Zelle spaltet sich in 2 Tochterzellen), vereint die drei Abteilungen *Archaebacteriophyta* (Archaebakterien), *Eubacteriophyta* (Eubakterien) und *Cyanophyta* (Blaualgen, Cyanobakterien) zu den *Schizobionta* (Spaltpflanzen), dem einzigen Subregnum (Unterreich).
Im übrigen folgt eine Klassifikation bis jetzt im wesentlichen praktischen Gesichtspunkten und soll dem Wiedererkennen der beschriebenen Formen dienen. Sie stellt damit eine künstliche systematische Einteilung dar, die noch keine durchgehende und konsequente Gliederung in größere Einheiten sicherer verwandtschaftlicher Beziehungen erlaubt. Ein möglicher phylogenetischer Zusammenhang ist auf Seite 179 dargestellt.

I. Schizobionta, Spaltpflanzen

1. Abteilung: Archaebacteriophyta

In neuerer Zeit hat man auf Grund von Sequenzanalysen besonders der 16S-rRNS (ferner in der t-RNS Pseudouridin statt Thymin) die **Archaebakterien** von den **Eubakterien** (s. Seite 181) abgetrennt und als gleichrangig mit diesen und den **Cyanobakterien** (Blaualgen) den Eukaryoten gegenübergestellt. Ihr Name Archaebakterien weist darauf hin, daß sie über Merkmale verfügen, die es ihnen ermöglichen, Bedingungen zu ertragen, wie sie wahrscheinlich in der Urzeit des Lebens auf der Erde geherrscht haben. Ihre morphologische Formenvielfalt auf Einzellbasis kann dabei in der Gleichgestalt von Kokken, Stäbchen, Sarcinen und Spirillen (s. Abb. 51) als analog zu den Formen der Eubakterien in unabhängiger stammesgeschichtlicher Entwicklung angesehen werden. Es sind bereits mehrere physiologische Gruppierungen dieser Bakterien bekannt, welche vielleicht einmal einer systematischen Gliederung dienen können.

Die **methanogenen** (methanbildenden) Bakterien stellen eine einheitliche Gruppe dar; vergesellschaftet mit H_2-produzierenden anderen Bakterien vermögen sie durch Oxidation des H_2 unter Reduktion von CO_2 Energie zu gewinnen ($4\ H_2 + CO_2 \rightarrow CH_4 + 2\ H_2O$, $\triangle G_o = -131$ KJ/mol) und sind so zu autotropher Lebensweise befähigt. Als C-Quellen können aber fernerhin einfache Carbonsäuren und Alkohole verwertet werden. Die methanogenen Bakterien leben streng anaerob und sterben bei Luftzutritt schneller ab als Anaerobier unter den Eubakterien. Das Alter der stammesgeschichtlichen Abtrennung von den Eubakterien

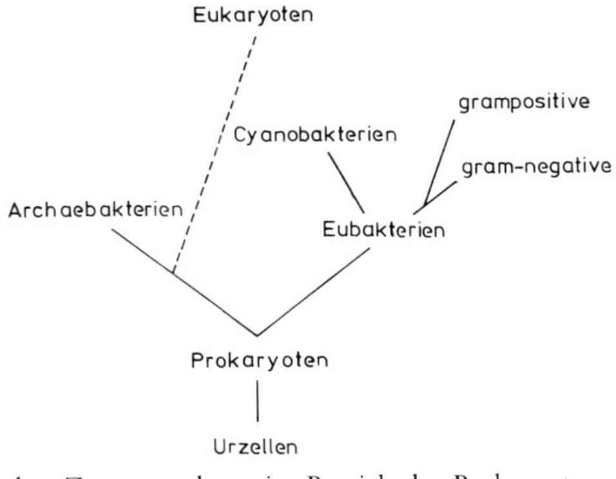

Phylogenetischer Zusammenhang im Bereich der Prokaryota ermittelt durch Übereinstimmung in der Basensequenz der rRNS (verändert nach SCHLEGEL).

wird auf 4 Milliarden Jahre geschätzt, da sie vor einer Anreicherung der Atmosphäre mit O_2 stattgefunden haben muß. Die Umwandlung einer reduzierenden Lufthülle in eine oxidierende kann möglicherweise den Blaualgen zugeschrieben werden, deren älteste bekannte Fossilfunde auf etwa 3 Milliarden Jahre datiert werden. *Methanobacterium* besitzt eine gram-positive (s. Seiten 184, 190) Zellwand mit einem **Pseudomureinsacculus,** der trotz Fehlens von Muraminsäure desgleichen des Wechsels von D- und L-Aminosäuren Ähnlichkeiten mit dem Peptidoglykan der übrigen Prokaryoten (s. Seiten 184/195) aufweist. *Methanobacterium mobile* und einige andere Arten vermögen sich mit Hilfe monotricher (s. Seite 183) Begeißelung aktiv fortzubewegen. *Methanococcus* – gram-negativ (s. Seite 184) – besitzt statt einer festen Zellwand eine Oberflächenschicht aus Proteinbausteinen, *Methanosarcina* dagegen wird durch einen **Heteropolysaccharidsacculus** begrenzt, der aus Uronsäuren, Neutralzuckern und Aminozuckern zusammengesetzt ist. Es sind also bei den methanogenen Bakterien ganz uneinheitliche Zusammensetzungen im Aufbau der Zellwand entwickelt worden. Murein (s. Seite 184), wie es für die Eubakterien typisch ist, fehlt bei den Archaebakterien jedoch völlig. Verschiedene Antibiotika, wie z. B. Penicillin, zeigen daher auch keine Wirkung auf das Wachstum.
Eine andere physiologische Gruppe umfaßt obligat aerobe und **halophile** (salzliebende) Arten, wie *Halococcus* und *Halobacterium*. Durch spezifische Carotinoide leuchtend orange bis violett gefärbt, leben sie in Medien mit einem NaCl-Gehalt bis 23%, z. B. in Salinen und Salzseen.
Eine dritte Gruppe, die **thermoacidophilen** (wärme- und säureliebenden) Bakterien besiedeln Biotope mit einem pH von 1–3 und Temperaturen zwischen 60 und 90 °C. Ihre DNA wird – einzigartig bei Prokaryoten – von basischen Proteinen umhüllt (vergleichbar den Histonen der Eukaryoten), denen wohl in der heißen Säure stabilisierende Wirkung zukommt. Die Zellwand – soweit vorhanden – besteht aus Glykoproteinen. Sie halten jedoch nicht nur fast Siedetemperatur aus, sondern nutzen oft auch den Schwefel ihres „höllischen Milieus". *Sulfolobus acidocaldarius,* fakultativ autotroph, oxidiert Schwefel zu Sulfaten und kommt z. B. in den Solfataren vulkanischer Gebiete vor. *Sulfolobus brierleyi* findet wegen seiner Fähigkeit zur Schwefeloxidation Verwendung in der Erzlaugung. *Thermoproteus* dagegen reduziert Schwefel mit Hilfe von molekularem Wasserstoff zu H_2S und ist damit ebenfalls zur Chemosynthese befähigt. *Acidothermus* vermag je nach Umweltbedingungen von der Schwefeloxidation auf die -reduktion umzuschalten. *Thermoplasma* kommt in brennenden Kohleabraumhalden vor.
Die Archaebakterien müssen wegen aller dieser Fähigkeiten als alte, ökologische Anpassungstypen angesehen werden. Sie haben sich, wenn auch unter einer gewissen Weiterentwicklung in geeigneten Biotopen, bis in die Gegenwart gehalten, wie z. B. die Methanobakterien im Pan-

sen (z. T. als Epi- und Endosymbionten von Ciliaten u. a. Protozoen) und Faulschlamm. Methanbakterien spielen überhaupt besonders in Sumpfgebieten (Sumpfgas) eine nicht unerhebliche Rolle, produzieren sie doch jährlich ca. 2 Millionen t Methan und tragen so durch Reaktion des Methans zu CO_2 zum Gleichgewicht des O_2-Gehaltes unserer Atmosphäre bei. Form, Größe und innere Struktur stimmen mit denen von Eubakterien überein – es soll deshalb erst bei letzteren näher auf den Organisationstyp „Bakterien“ eingegangen werden, da diese in Arten- und Individuenzahl, desgleichen in ihren physiologischen Leistungen eine größere Bedeutung besitzen. Als wichtige Unterscheidungsmerkmale müssen genannt werden: 1. das bereits angeführte Fehlen eines Mureinsacculus, 2. die unterschiedliche Zusammensetzung und Anordnung der Bausteine und Untereinheiten der r-RNS (bes. 16 S-RNS), 3. der Aufbau der einzigen DNS-abhängigen RNS-Polymerase, 4. die Lipide der Biomembranen, welche an Stelle der bei den Eubakterien üblichen Fettsäureglycerinester **Glycerinether** mit verzweigten Ketten von isoprenoiden Kohlenwasserstoffen enthalten und 5. das Vorliegen teilweise ungewöhnlicher Co-Enzyme, welche durch den besonderen Stoffwechsel bedingt werden.

2. Abteilung: Eubacteriophyta

Die echten („Eu“-)Bakterien (1200-1600 Arten) sind einzellige Organismen, die zu lockeren Zellhaufen oder -paketen oder trichomartigen Coenobien (s. Seite 44) vereinigt sein können. Sie stellen eine für das biologische Gleichgewicht außerordentlich wichtige Gruppe dar, in der sich sowohl heterotrophe wie autotrophe Lebewesen finden. Wird die Stoffwechselenergie durch Photosynthese gewonnen, so geschieht dies ohne Freisetzung von Sauerstoff (Grüne und Purpurbakterien), da nicht Wasser, sondern andere Wasserstoffverbindungen als H-Donatoren dienen (z. B. H_2S). Der Energiebedarf kann bei einigen Bakterien aber auch durch Oxidation anorganischer Verbindungen gedeckt werden *(Chemolithotrophie)*. Hauptsächlich leben sie jedoch heterotroph saprophytisch oder parasitisch, mitunter in Symbiose mit anderen Organismen. Obligater Parasitismus ist nicht häufig.

Bakterien sind in ungeheurer Anzahl und überall anzutreffen, sowohl in der Luft, im Erdboden, im Wasser wie auf jedem Gegenstand. Im versporten Zustand besitzen sie eine erstaunliche Widerstandsfähigkeit gegen Austrocknung und extreme Temperaturen; mehrstündiges Kochen, aber auch außerordentliche Kältegrade werden ohne Schaden überstanden. Auch vegetative Zellen vermögen in dieser Hinsicht Erstaunliches zu leisten. So leben einige Arten in heißen Quellen oder können beträchtliche Wärme entwickeln (Selbsterhitzung des Heus auf über 60 °C). Zumeist werden sie jedoch durch 10 Min. Erhitzen auf 80 °C abgetötet (Pasteurisieren!). In der Tiefkühltruhe findet noch bei Temperaturen unterhalb −10 °C Stoffwechsel statt. Im gefriergetrockneten Zustand überdauern sie Jahrzehnte.

Unter optimalen Lebensbedingungen beträgt bei manchen Arten die Generationsdauer kaum 20 Minuten. Diese enorme Vermehrungspotenz wird durch die Kleinheit und die mit der relativ großen Oberfläche verbundene hohe Stoffwechselaktivität bedingt (bis 2000fache Atmungsintensität im Vergleich zum Blattgewebe höherer Pflanzen). Das Sauerwerden der Milch im Sommer binnen weniger Stunden macht z. B. das rasche Ansteigen der Bakterienzahl deutlich. Leicht läßt sich berechnen, daß ein solches Bakterium theoretisch binnen eines Jahres $2^{27\,000}$ Nachkommen haben könnte (an einem Tag 2^{72}), binnen weniger Tage würde die so produzierte Biomasse das Volumen der Erde übertreffen. Aktives Leben findet bei den meisten Bakterien jedoch nur bei sehr hoher Feuchtigkeit statt (wenig unter 100%). Leicht zersetzbare organische Substanz, die durch Enzymausscheidungen aufbereitet wird, ist Voraussetzung für eine rasche Vermehrung. Im Abbau dieser organischen Substanz liegt die bedeutsame Funktion der Bakterien für den Kreislauf der Elemente Kohlenstoff, Stickstoff, Schwefel und Phosphor, der jeweils zur Mineralisierung der organischen Verbindungen führt. Bei Anwesenheit von Luftsauerstoff (**aerobe Bakterien**) kommt es zu Verwesung, bei Fehlen desselben (**anaerobe Bakterien**) zu Bildung übelriechender Fäulnisprodukte. In 1 Gramm guter Komposterde werden bis zu 1–5 Milliarden Bakterien angetroffen. Gutes Quellwasser sollte kaum Keime enthalten, im Trinkwasser gelten 20–25 Keime im Milliliter als unbedenklich, ein Bakteriengehalt von 50–100 im Milliliter bedarf laufender Kontrolle auf *Escherichia coli.* Dies ist ein an sich harmloser Bewohner des menschlichen und tierischen Darmes, der aber als Testorganismus auf Verunreinigung durch Fäkalien gilt. Sein Auftreten gibt Hinweise, daß auch andere, pathogene Mikroorganismen anwesend sein können. Die Keimzahl von *Escherichia coli* soll in 100 ml Trinkwasser unter 1 liegen. Die Bakterienzahl der Luft geht parallel mit dem Staubgehalt. Im Hochgebirge und über dem Meer ist die Luft daher fast keimfrei.

Zahlreiche Bakterien sind Erreger von Krankheiten bei Tier und Mensch. Sie können Seuchen größeren Ausmaßes verursachen (z. B. Pest und Cholera). Seltener werden durch Bakterien Pflanzenkrankheiten hervorgerufen (etwa 200 durch stäbchenförmige, sporenlose Arten verursachte Bakteriosen sind bekannt). Die Infektion der Pflanze erfolgt durch Spaltöffnungen, Hydathoden oder Wunden (z. B. Frostrisse oder Insektenfraßschäden). Selten dringen Bakterien direkt in die lebende Zelle ein, meist leben sie in den Interzellularen und lösen die Mittellamellen auf. Erwünscht ist dieser Vorgang bei der Flachsröste zur Isolierung der Fasern. Bei lebenden infizierten Pflanzen kommt es zu Naßfäulen. Besonders bei Toxinausscheidung sterben die so isolierten Zellen ab, und das Wirtsgewebe verwandelt sich in einen fauligen Brei. Welkeerscheinungen sind meist auf Ausscheidung von Welketoxinen, weniger auf Verstopfung der Gefäße zurückzuführen.

Als älteste Organismen (Fadenbakterien sind für das Paläozoikum, ja sogar das Präkambrium nachgewiesen) haben die Bakterien eine große Anzahl von Stoffwechselspezialisten herausgebildet und erhalten. So gibt es kaum einen Naturstoff, der nicht von Bakterien abgebaut werden kann (auch Erdöl, Benzin, Paraffin, Asphalt). Leider – muß man heute sagen – widerstehen Kunststoffe häufig ihrem Angriff. Diese Vielfalt oxibiontischen und anoxibiontischen Energiestoffwechsels hat sich der Mensch im Hausgebrauch und in der Industrie nutzbar gemacht: Sauermilchbereitung, Käsereifung, Sauerteig des Brotes, Einsäuern von Gemüse und Futtermitteln, Milchsäure-, Propionsäuregärung, Essigsäurebildung, Aminosäuregewinnung u. a. Landwirtschaft und Müllbeseitigung sind auf die kompostierende Wirkung angewiesen, eine Abwasserreinigung wäre ohne Mineralisierung durch Bakterien nicht denkbar. Von besonderer Bedeutung ist die Fähigkeit einiger Arten, den Luftstickstoff zu binden. So kann durch die *Rhizobium*-Arten der Leguminosen-Wurzelknöllchen bis 200 kg/Jahr-ha molekularer Stickstoff im Boden angereichert werden. **Nitrit-** und **Nitratbakterien** *(Nitrosomonas, Nitrobacter)* oxidieren als wichtige Glieder des Stickstoffkreislaufes den N aus Ammoniak zu Nitrat (Nitrifikation) – im Gegensatz zu den bei Staunässe auftretenden N-Verlusten durch **denitrifizierende Bakterien,** die den Sauerstoff des Nitrats benötigen und N_2 in die Atmosphäre abgeben. Marine Leuchtbakterien bilden Luciferin, wie manche Dinoflagellaten und Basidiomyceten, eine Substanz, die bei Oxidation sichtbares Licht ausstrahlt (**Biolumineszenz**). Als Symbionten leben derartige Bakterien in den Leuchtorganen der Tiefseefische.

Die Zellen einiger Bakterienarten sind außerordentlich klein. Ein *Micrococcus* hat einen Durchmesser von nicht mehr als 0,2 µm, wird aber aus ca. 30000 Eiweißmolekülen oder 10^8 Atomen aufgebaut. *Escherichia coli* weist eine Zellänge von 3 µm auf, *Thiospirillum jenense* erreicht die stattliche Länge von 80 µm. Die meisten Arten sind morphologisch wenig differenziert. Zur Bestimmung müssen daher neben Merkmalen der äußeren Form (Abb. 51) (kugelig, stäbchenförmig, schraubig gedreht) biochemische und physiologische Merkmale herangezogen werden. Die leichte Kultivierbarkeit auf künstlichen Nährböden (z. B. Bouillon, Pepton, Zucker usw. als Nährsubstanzen; Agar, Gelatine zur Verfestigung der Nährlösung) ermöglicht eine schnelle Diagnose.

Bakterienzellen sind unbeweglich oder durch Geißeln beweglich. Diese **Geißeln** (Länge mehrere µm, Durchmesser 10–20 nm) entspringen einem Basalkörper, der mit Hilfe von vier ringförmigen Scheiben in der Cytoplasmamembran, im Intermembranraum und der Zellwand verankert ist. Sie bestehen zumeist aus mehreren Subfibrillen, die ähnlich den Strängen eines Taues umeinander gewunden sind. Durch diesen primitiven Aufbau unterscheiden sie sich grundsätzlich von den Geißeln aller anderen Organismen. Auch chemisch besteht keine Verwandtschaft, da sie aus Flagellin gebildet werden, einem dem Myosin der Muskelzellen ähnlichen Protein (Mol.Gew. ca. 40000), das keine ATPase-Aktivität zeigt. Die zur Bewegung der Geißeln führenden energetischen Vorgänge scheinen im Bereich des Geißelhakens, der aus einem anderen Protein besteht, zwischen Basalkörper und eigentlichem Filament vorzugehen. Die Bewegung erfolgt durch Schub (Schiffsschraubenprinzip) oder Zug (Propellerprinzip des Flugzeuges) mitunter umschaltbar vom einen auf das andere Prinzip. Die hierbei auftretende Drehzahl der Geißel erreicht mit 3000 U/min diejenige eines mittleren Elektromotors. In 1 Sekunde kann so das 50fache der Eigenlänge des Organismus durchmessen werden. Die Geißeln sind polar (mono-oder bipolar) oder lateral inseriert und monotrich (mit Einzelgeißel) oder polytrich (mit einem Geißelbüschel) angeordnet. (Monopolar polytriche

Begeißelung = lophotrich, bipolare polytriche Begeißelung = amphitrich genannt; bei peritricher Begeißelung befinden sich die Geißeln an den Längsseiten der Zellen oder allseitig inseriert, Abb. 50). Nach Verlust können die Geißeln ersetzt werden. Abscheidungen von **Schleimhüllen** befähigt mitunter geißellose Bakterien zu einer sehr langsamen Gleitbewegung. Myxobakterien kriechen nach Art nackter Protoplasten. Je nach Reizauslösung werden Chemo-, Photo-, Aero- und Magnetotaxis unterschieden.
Als extrazelluläre Anhängsel kommen bei manchen Formen zahlreiche feine, starr-gestreckte **Fimbrien** vor, die der Anheftung der Zellen an das Substrat oder den Konjugationspartner (**Sex-Pili**) dienen.
Die Zellstruktur folgt der protocytischen Organisation. Bei **Chloro-** und **Purpurbakterien** sind die Pigmente (grünes Bacteriochlorophyll, rote Carotinoide) an Thylakoiden lokalisiert, die an der Cytoplasmamembran ihren Ausgang nehmen, aber nicht wie die Chromatophoren der Eucyte durch eigene Membranen vom Grundcytoplasma abgetrennt sind. Derartige Thylakoidpakete finden sich auch bei *Nitrobacter* und *Nitrosomonas,* ohne daß hier Pigmente vorhanden sind. Die semipermeable Cytoplasmamembran (Bakterien sind mit 10–20% Saccharoselösung plasmolysierbar) ist Sitz von Ekto- und Atmungsenzymen. Die 10–40 nm dicke Bakterienzellwand weist keinerlei fibrilläre Struktur auf, wie die sonst für Pflanzen typische Cellulosewand. Die innerste, der Cytoplasmamembran anliegende, Form und Stabilität bedingende Stützschicht besteht aus **Murein,** welches ein Peptidoglykan darstellt. Aminozucker und charakteristische Aminosäuren sind glykosidisch und peptidisch zu einem beutelförmigen makromolekularen Netz, dem **Mureinsacculus,** verbunden. Auf dem Mureinsacculus befinden sich nach außen hin besonders bei den gram-negativen Bakterien Lipoide, Proteine und Polysaccharide als Lipoproteide und Lipopolysaccharide aufgelagert. Bei den grampositiven Bakterien ist der Mureinsacculus mehrschichtig. Dies vor allem bedingt den positiven Ausfall der für die Diagnostik wichtigen Gram-Färbung.

Manche Bakterien bilden an ihrer Oberfläche aus Polysacchariden oder Polypeptiden bestehende stark quellbare, unscharf begrenzte Schleime (**Zooglöen**) oder scharf umschriebene Kapseln (Abb. 50). Makroskopisch sichtbare, in der Bakteriologie als Kolonien bezeichnete Ansammlungen von kapselbildenden Formen mit glatter glänzender Oberfläche werden als smooth oder S-Formen bezeichnet gegenüber kapsellosen rough oder R-Formen mit rauher Oberfläche. Durch Farbstoffausscheidung können diese „Kolonien" lebhaft gefärbt sein. Die Zellen selbst sind jedoch abgesehen von den Chloro- und Purpurbakterien stets farblos. *Acetobacter xylinum* bildet Kahmhäute durch Celluloseausscheidungen von lederartiger Konsistenz (mycoderma aceti), ein Ausscheidungsvorgang, der heute auch im Zusammenhang mit der Bildung der

Cellulosewand der übrigen Pflanzen diskutiert wird. Die Zellen von *Sarcina ventriculi* werden durch Cellulose in regelmäßig gestalteten Zellverbänden (Coenobien) zusammengehalten. Scheiden sind röhrenförmige aus einem Heteropolysaccharid bestehende Hüllen Filamente bildender Bakterien. Durch Mutation oder Chemikalieneinfluß (z. B. Penicillin) entstehen wandlose sog. L-Formen (L nach dem Lister-Institut in London).

Im Innern der Zelle werden im Elektronenmikroskop Ribosomen (mit 70 S kleiner als bei Eukaryoten) und Volutingranula (Polyphosphatspeicher) sichtbar. Als Reservestoffe sind stärke- oder glykogenartige

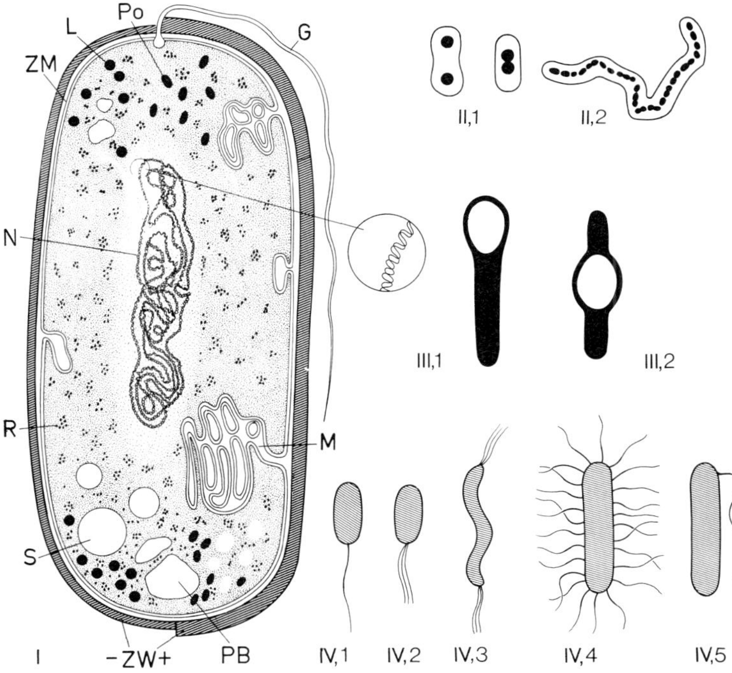

Abb. 50. Bakterien. I Schematischer Schnitt durch eine Protocyte (Bakterienzelle), G Geißel, L Lipoide, M Mesosom, N Nukleoid, PB Poly-β-hydroxybuttersäure, Po Polyphosphate, R Ribosomen, S Schwefeleinschüsse, ZM Zellmembran, ZW Zellwand (+ grampositiv, – gramnegativ). II Formen von Bakterienkapseln, 1 Bakterienkapseln, 2 *Zoogloea*, III „Sporen"-bildung, 1 polar, 2 zentral, IV Begeißelungstypen, 1 monopolar monotrich, 2 monopolar polytrich (lophotrich), 3 bipolar polytrich (amphitrich), 4 peritrich, 5 lateral monotrich. (In Anlehnung an SCHLEGEL, WIESMANN neu kombiniert.)

Polysaccharide, Fettgranula aus Poly-β-hydroxybuttersäure, Neutralfette und Wachse nachgewiesen.
Die Desoxyribonucleinsäure liegt frei in einem zentralen, optisch weniger dichten Nucleoplasma ohne Abgrenzung durch eine Hülle gegen das übrige Zellplasma. Durch die Feulgensche Nuklearreaktion kann das **Kernäquivalent** (**Nucleoid**) lichtoptisch sichtbar gemacht werden. *Escherichia coli* enthält nur einen DNS-Doppelstrang in Form eines ringförmigen unverzweigten Fadens mit einem Durchmesser von 2,5 nm, der im Gegensatz zur Chromosomen-DNS nicht an Histone gebunden ist. Seine Länge beträgt ca. 1 mm. Die DNS muß daher in dem nur 3 µm großen Bakterium stark aufgeknäult vorliegen. Vor der Teilung der Bakterienzelle kommt es nach Anheftung der DNS an die Wandung zu einer Reduplikation der DNS. Die Teilung der Kernäquivalente bei der vegetativen Vermehrung besitzt wenig Ähnlichkeit mit den Vorgängen einer Mitose, doch wird das Erbgut gleichmäßig auf beide Tochterzellen verteilt. Infolge vorauseilender Teilung der genetischen Substanz finden sich in Bakterienzellen vielfach 2–4 Nucleoide. Außerdem besitzen viele Bakterien auch noch kleinere zur selbständigen Reduplikation befähigte DNS-Ringe, sog. **Plasmide.** Bei manchen von ihnen enthalten diese Plasmide Gene für Antibiotikaresistenz oder Toxinproduktion. Pflanzentumore können durch sie ausgelöst werden. Bakterienplasmide haben aber auch für die Gentechnologie erhebliche Bedeutung gewonnen, da sie die Möglichkeit eröffnen, Fremd-DNS in sich teilenden Bakterienzellen zu reduplizieren.
Bei der Zellteilung, allgemein als Spaltung bezeichnet, schreitet die Querwandbildung vom Rande her zur Mitte fort. Die Tochterzellen lösen sich voneinander und wachsen wieder auf die Größe der Mutterzelle heran.
Ein Sexualakt, wie er sonst bei Pflanzen und Tieren beobachtet werden kann, und eine anschließende Meiose fehlen bei der Protocyte. Trotzdem ist eine genetische Veränderung durch Mutation und Rekombination von Merkmalen möglich. Dieser Vorgang wird als **Parasexualität** bezeichnet. Drei Formen der Übertragung genetischen Materials konnten bis jetzt nachgewiesen werden. Bei der **Konjugation** wird in direktem Kontakt beider Partner ein Stück DNS von einem Spenderbakterium auf die Empfängerzelle übertragen. Dort wird dieses Stück DNS durch Rekombination (Stückaustausch) in den Genkomplex des Empfängers eingebaut. Der umgekehrte Weg ist für diese beiden Individuen nicht möglich. Eine Zelle ist also immer Spender, die andere nur Empfänger, das ganze ein Einweg-Vorgang (asymmetrische Sexualität). Bei der **Transduktion** ist ein Kontakt beider Partner nicht nötig. Genomstücke werden von einer Bakterienzelle mittels Bakteriophagen, welche Bruchstücke der Spender-DNS bei sich eingebaut haben, in die Empfängerzelle transportiert. Beim Vorgang der **Transformation** ist auch der Phage entbehrlich geworden. Freie DNS, ebenfalls hochmolekulare

Bruchstücke derselben (Mol.-Gew. ca. 5 Millionen), wie sie z. B. beim Homogenisieren entstehen, können innerhalb von Sekunden in das Empfängerbakterium eindringen und anschließend ebenfalls zu einem Einbau in den Genkomplex des Empfängers gelangen.
Bei der Bildung von **Sporen** (Endosporen, Dauerzellen) reichert sich das Protoplasma samt Nucleoid in der Zellmitte oder an einem Ende an (Abb. 50), umgibt sich unter Entquellung mit einer derben, vielschichtigen Wand und geht durch Wasserentzug in einen latenten Lebenszustand über. Da eine Zellteilung spezieller Art vorausgeht, handelt es sich hierbei nicht etwa um eine Cystenbildung. Fast die gesamte Trokkensubstanz ist dann auf $^1/_{10}$ Volumen der Mutterzelle angesammelt. Getrocknete Bodenproben im Herbar von Kew Garden enthielten nach 200–300 Jahren noch keimfähige Sporen. Bei der Keimung geht aus jeder Spore nur ein Bakterium hervor.
Über die verwandtschaftlichen Zusammenhänge unter den Eubakterien lassen sich z. Z. noch keine gesicherten Aussagen machen. Vielfach werden sie entsprechend ihrer qualitativen, typologischen Ähnlichkeit in ein System gebracht, das dann mitunter kaum über die Stufe eines Bestimmungsschlüssels hinausgeht. Dazu bietet sich eine Gliederung in mikroskopisch faßbare Merkmale, wie Form, Gram-Färbbarkeit, Bewegungsmodus, aber auch das Verhältnis zum Sauerstoff (aerob, anaerob) usw. an. Bergey's Manual of Determinative Bacteriology führt in seiner 8. Auflage 19 Gruppen unterschiedlichen systematischen Ranges auf, deren Einteilung außer bei einigen Sondergruppen vielfach derartige Kriterien berücksichtigt. Da in diesen Gruppen die Archaebakterien – wenn auch noch nicht unter dieser Bezeichnung und als geschlossene Einheit – miteinbezogen, die Blaualgen als Cyanobakterien jedoch nicht berücksichtigt worden sind, ist eine grundlegende Korrektur zu erwarten. Hier soll der Ausfall der Gram-Färbung in gram-negative und gram-positive Bakterien als Trennungsprinzip der Klassen benutzt werden, weil dem auch Übereinstimmungen in der Basensequenz der 16 S-rRNS entsprechen. Sodann wird in den beiden Klassen jeweils nur eine Auswahl der wichtigsten Gruppen angeführt und keine Rücksicht auf systematische Gleichwertigkeit der Einheiten genommen, da die Einteilung nach Ordnungen und Familien sich noch weitgehend im Fluß befindet und sich nur wenige natürliche Ordnungen aufstellen lassen.

1. Klasse: Gram-negative Schizomycetes, Eubakterien

a) obligat anaerobe Gruppe gram-negativer Bakterien

Die Familie der *Veillonellaceae* enthält kokkenförmige, die der *Bacteroidaceae* stäbchenförmige Arten. Auf Grund ihrer Sauerstoffempfindlichkeit können sie auch im Darmtrakt oder Faulschlamm leben, wo sie organisches Material durch Gärung umsetzen. *Veillonella alcelescens*

(früher *Micrococcus lactilyticus*) kommt im Speichel von Tier und Mensch, desgleichen im Pansen vor. Es vergärt organische Säuren, besonders Milchsäure und Essigsäure.
Die Arten der Gattung *Bacteroides* gehören der menschlichen Darmflora an (frischer Kot besteht zu 30% aus Bakterien und enthält ca. 10^{10} Bacteroideszellen in 1 g).

b) fakultativ anaerobe Gruppe gram-negativer Bakterien

Die *Enterobacteriaceae* (meist Darmbakterien) und *Vibrionaceae* bilden eine Gruppe fakultativ anaerober Stäbchen, die ersteren sind peritrich begeißelt. *Escherichia coli* und *Enterobacter aerogenes* werden auf Grund ihrer Ähnlichkeit auch im Gärverhalten als „Coliforme" bezeichnet. Energie kann aber auch durch Atmung gewonnen werden, daher leben Coli-Bakterien für einige Zeit auch außerhalb des Darmes. Der Darmflora gehört auch *Proteus vulgaris* an, das im Boden und in Gewässern verbreitet ist. *Serratia marcescens* erzeugt auf stärkehaltigen feuchten Nährböden (oder Lebensmitteln) an Blut erinnernde Farbflekken (Blutende Hostien). Die „Nahrungsmittelvergiftungen" hervorrufenden Salmonellen sind dagegen pathogen *(Salmonella typhi* und *S. typhimurium),* desgleichen *Shigella dysenteriae* als Erreger von Ruhr und Diarrhoe. *Klebsiella pneumoniae* tritt bei gefährlichen Formen der Lungenentzündung auf. *Vibrio cholerae* (Abb. 51/IV) und *Yersinia pestis* sind wegen ihrer Toxine gefürchtet. Pflanzenkrankheiten werden z. B. durch *Erwinia carotovora* (Weichfäule der Möhren bei Winterlagerung), und *E. phytophthora* (Schwarzbeinigkeit und Naßfäule der Kartoffeln) hervorgerufen. *Photobacterium* und *Beneckea* sind als Leuchtbakterien bekannt. Ihre Kulturen strahlen bei freiem Luftzutritt grünlichweißes oder hellblaues Licht aus, z. B. in Fischbrühe oder auf toten Fischen (Temperatur zwischen 10 und 20 °C).

c) aerobe Gruppe gram-negativer Bakterien

Hierzu gehören die Bakterien der Familie *Neisseriaceae* (Kokken), fernerhin die polar begeißelten gerade oder schwach gekrümmten Stäbchen der *Pseudomonadaceae. Neisseria gonnorhoeae* (Abb. 51/II) ist der Erreger der Gonorrhoe, *N. meningitis* der Hirnhautentzündung. Pseudomonadaceen sind durch ein weites Spektrum nutzbarer Substrate und damit ein besonderes Spezialistentum gekennzeichnet (z. B. Eliminierung von NO_3^- aus Böden, Abwasser und Gülle). *Pseudomonas fluorescens* scheidet einen diffusiblen, fluoreszierenden Farbstoff in das Nährmedium aus, *P. syncyanea* färbt die Milch blau. *Zoogloea* ist ein wichtiges Faulschlammbakterium in Kläranlagen. *Acetobacter aceti* oxidiert Ethanol und dient der Essigsäurebereitung. *Azotobacter* im

Boden und *Rhizobium*-Arten in Leguminosenwurzeln sind zur Bindung des freien Luftstickstoffs befähigt – eine Eigenschaft, welche nur bei Prokaryoten angetroffen wird. *Agrobacterium tumefaciens* läßt an zahlreichen Blütenpflanzen Wurzelhalsgallen entstehen, krebsartige Wucherungen, die transplantiert werden können, Metastasen bilden und auch nach Abtöten des Bakteriums durch ein „Tumor induzierendes Prinzip" (TIP) – vielleicht ein Plasmid – zu neuen Geschwülsten auf anderen Pflanzen führen. Zu den pflanzenpathogenen Pseudomonaden zählt *Pseudomonas tabaci*, der Erreger des „Wildfeuers", einer Blattfleckenkrankheit des Tabaks.

d) Sondergruppen gram-negativer Bakterien

Die *Spirillales* (Spirillen) sind durch ihre schraubenförmige Gestalt und bipolare Begeißelung gekennzeichnet. Viele Arten bevorzugen Jauche oder faulschlammhaltige Gewässer.
Die *Spirochaetales* (**Spirochaeten**) weichen in ihrem Bau von den übrigen Bakterien ab. Sie besitzen einen dünnen, oft sehr langen Körper (30–500 µm), sind jedoch trotz ihrer dünnen Zellwände flexibel. Ein um die zylindrischen, helical schraubigen Zellen gewundenes Axialfilament (Fibrillenband), das von einer artspezifischen Anzahl Fibrillen gebildet wird, kann sich kontrahieren, wodurch die Zelle gestaucht und anschließend wieder gestreckt wird. So kommt ohne Geißeln eine lebhafte schraubige Bewegung zustande. *Treponema pallidum* ist der Erreger der Syphilis.
Gleitende Bewegungen führen die Vertreter der *Cytophagales* und *Myxobacteriales* aus. *Cytophaga* und *Sporocytophaga* vermögen wie die Myxobakterien im Boden aerob Cellulose abzubauen, bilden jedoch entgegen letzteren keine Fruchtkörper aus. Die stäbchenförmigen, unbegeißelten, kontraktilen, teilweise lebhaft gefärbten Schleimbakterien *(Myxobacteriales)* leben auf Erde und Mist (in 1 g Boden bis 70 000, 1 g Kompost bis 500 000 Keime). Als ganzer Schwarm führen sie langsame, kriechende Bewegungen aus. Durch Zusammenkriechen der Zellen des Schwarms werden Fruchtkörperchen (**Cystophoren**) gebildet, ein Vorgang, der an die Lebensweise der *Acrasiales* erinnert. Die Cystophoren sind weniger als 1 mm groß. Im Innern befinden sich **Cysten** (Dauerstadien), aus denen wieder neue vegetative Zellen hervorgehen.

Unter der Bezeichnung **Bakterien mit Anhängseln** wird eine Gruppe zusammengefaßt, die sich durch Knospung (Zellteilungen in ungleich große Tochterzellen) und durch Anhängselbildung in Form von Fortsätzen oder Stielen aus Schleim von den anderen Bakterien unterscheidet. Das Eisenbakterium *Gallionella ferruginea* wächst massenhaft im Frühjahr in eisenhaltigen Tümpeln als rotbraune Placken. *Pedomicrobium manganicum* oxidiert Mangan.

Röhrenförmige Scheiden halten bei den *Scheidenbakterien* die einzelnen Zellen zu mehr oder weniger festen Fäden zusammen. Unechte Verzweigungen – echte kommen nicht vor – entstehen dadurch, daß die Scheiden gelegentlich gesprengt werden, Endzellen seitwärts am Faden abgleiten und zu kleinen Seitenfäden auswachsen. Ebenso können sich die Endzellen aus dem coenobialen Verband lösen und als Vermehrungszellen dienen. *Sphaerotilus natans* (Abb. 51/VII) entwickelt weiße, zottige Büschel in flutendem Abwasser mit hohem Gehalt an organischen Stoffen. *Lepthothrix ochracea* in eisenhaltigen [Fe $(OH)_2$] Gräben, Brunnen und Sümpfen lebend, dem vielfach die Bildung von Raseneisenstein zugeschrieben wird, ist nur eine Standortvariante von *Sphaerotilus natans* und wohl nur stets in Ablagerungen von Eisenhydroxiden zu finden, da es Eisenoxide in seinen Scheiden speichert, ohne selber chemolithotroph zu sein. *Crenothrix polyspora*, durch seine kräftige Vermehrung ausgezeichnet, verstopft Wasserleitungen.
Die aerob-chemolithotrophen Bakterien sind autotrophe Organismen, da sie zumeist mit CO_2, als alleiniger C-Quelle auskommen. Ihre Energie jedoch gewinnen sie durch Oxidation anorganischer Verbindungen. Das gilt z. B. für die Nitrifikanten *Nitrosomonas* (Ammoniumoxidierer) und *Nitrobacter* (Nitritoxidierer), welche in Paraboise lebend NH_4 in NO_3 überführen. Fähigkeiten einiger Arten der Gattung *Thiobacillus* reduzierten Schwefel zu Sulfat und von *T. thiooxidans* Fe^{2+} zu Fe^{3+} zu oxidieren, macht man sich in der Erzlaugung zunutze.
Die *Rhodospirillales,* Purpurbakterien und grüne Bakterien, verwenden als Energiequelle das Licht und betreiben eine anoxigene Photosynthese. Sie sind wie z. B. *Rhodospirillum, Chromatium* oder *Chlorobium* anaerobe Organismen des Süß- und Meerwassers, die durch Bacteriochlorophyll grün gefärbt werden. Dieses kann jedoch bei den **Purpurbakterien** durch Carotinoide rot überdeckt werden.
Die *Rikettsiales* sind kaum größer als Viren, unterscheiden sich von diesen jedoch in ihrem Gehalt an RNS und DNS und den Besitz einer muraminhaltigen Zellwand. Als obligate Parasiten gelten sie als Erreger des Fleckfiebers und anderer Krankheiten. In Zecken, Milben, Flöhen und Läusen lebend werden sie durch Biß oder Kratzen auf den Menschen und andere tierische Wirte übertragen.

2. Klasse: Gram-positive Schizomycetes, Eubakterien

Die Organismen dieser Klasse stellen in morphologischer und physiologischer Hinsicht eine Parallelentwicklung zu den gram-negativen dar. Der Gramfarbstoff läßt sich bei den gram-positiven Bakterien im Gegensatz zu den gram-negativen infolge der Mehrschichtigkeit des Mureinsacculus nicht auswaschen. Unterteilungskriterien sind Gestalt und Fähigkeit zur Sporenbildung.

a) Kokkenförmige gram-positive Bakterien

Die Gruppe der **Kokken** enthält kugelförmige Bakterien, die einzeln oder zu Paaren, bei gleichbleibender Teilungsebene auch zu perlschnurartigen Ketten *(Streptococcus)* vereinigt, bei regelmäßig in 2 Richtungen wechselnder Teilungsebene in Tafeln und bei 3 Teilungsrichtungen und wechselnder Spaltrichtung in Paketen *(Sarcina)* (Abb. 51/III) vorliegen können. Die *Streptococcaceae* sind fakultativ anaerob. Arten von *Streptococcus* vermögen Zucker und andere Kohlehydrate zu Milchsäure zu vergären. *Streptococcus* (Abb. 51/I) z. B. senkt bei diesem Vorgang den pH-Wert des Substrates. Die dadurch erzielte Unterdrückung konkurrierender Bakterien wird bei der Herstellung von Silage, Sauerkraut und Sauermilchprodukten genutzt. *S. cremoris* dient der Reifung des Rahms, *S. citrovorus* und *S. paracitrovorus* erzeugen das Butteraroma. **Streptokokken** finden sich aber auch als Bestandteile der Darmflora. Die Angehörigen der Familie der *Micrococcaceae* sind fakultativ anaerob bis obligat aerob. *Staphylococcus aureus,* in traubenförmigen Zellpaketen wachsend, gilt als Eitererreger.

b) Nicht-sporenbildende gram-positive Stäbchenbakterien

Die Gruppe wird durch die Familie der *Lactobacillaceae* repräsentiert. Als obligate Gärer sind auch sie zur Milchsäureproduktion befähigt. Sie finden sich daher in der Milch, an sich zersetzenden Pflanzenteilen, desgleichen im Darm und auf den Schleimhäuten von Tier und Mensch. *Lactobacillus lactis, L. bulgaricus* u. a. dienen zur Bereitung von Sauermilchprodukten, wie Quark und Yoghurt. *Leuconostoc mesenteroides* ist der in Zuckerfabriken gefürchtete „Froschlaichpilz". Er verwandelt Zuckerlösungen binnen kürzester Frist in Schleim.

c) Endosporenbildende gram-positive Stäbchenbakterien

Hierzu gehört die Familie der *Bacillaceae;* sie zeichnet sich durch die Fähigkeit aus, Nahrungsmangel und Temperaturen über 100 °C im versporten Zustand zu ertragen. Der im Boden weit verbreitete *Bacillus mesentericus* weist auf der Nährbodenoberfläche pilzähnliches Wachstum auf. *B. subtilis* läßt sich leicht aus Heu isolieren. *B. thuringiensis* kann gegen Schadinsekten eingesetzt werden. Anaerob leben die Erreger der Kartoffelnaßfäule *B. amylobacter* und der in Leichen Eiweißfäulnis hervorrufende *B. putrificus.* Pathogen sind *B. anthracis,* der Milzbranderreger, an dem Robert Koch 1876 erstmalig nachweisen konnte, daß „Spaltpilze" Krankheitserreger sind, ferner *Clostridium perfringens,* das den besonders zu Kriegszeiten gefürchteten Gasbrand hervorruft. Ein Saprophyt ist eigentlich *C. tetani,* das im Boden lebt und erst nach Wundinfektion durch Ausscheiden des Nervengiftes Tetanospasmin Wundstarrkrampf bewirkt. *C. botulinus* führt nach Genuß unzulänglich konservierter, verdorbener Speisen (Konserven, Wurst usw.) durch sein Toxin (giftigste bekannte Substanz) zu tödlichen Vergiftungen (Botulismus).

d) Coryneforme gram-positive Bakterien

Als coryneform bezeichnet man Bakterien, deren Form sich in Abhängigkeit von den Kulturbedingungen verändern kann und bei denen mehr oder weniger auffällige Verzweigungen entstehen. Letztere zeigen sich z. B. nur schwach bei den **Propionsäurebakterien,** die zumeist im Pansen oder Darm von Wiederkäuern vorliegen. *Propionibacterium acni* führt zu Entzündungen der Haarfollikel (Akne). Deutlicher treten die Verzweigungen in jungen Kulturen von *Corynebacterium* und *Mycobacterium* auf. *Corynebacterium diphteriae, Mycobacterium tuberculosis* (Abb. 51/V) und *M. leprae* (Aussatz) sind menschen- und tierpathogen. *M. michiganense* ruft eine bakterielle Welkekrankheit bei Tomaten hervor (Übergangsgefahr beim Ausgeizen). *M. sepedonicum* bedingt bei Kartoffelknollen die Bildung einer schmalen, ringförmigen, glasigen Verfärbung der Leitbündelzone, weshalb die Kartoffeln zwar für den Genuß, aber nicht mehr als Saatgut verwendet werden können.
Die Gruppe der coryneformen Bakterien wird aber besonders durch die *Actinomycetales,* „Strahlenpilze", gekennzeichnet. Sie können zu mehrere Zentimeter großen myzelartigen Gebilden heranwachsen, unterscheiden sich jedoch von den Pilzen durch ihre protocytische Struktur und die Zartheit ihrer Fäden (Durchmesser 0,5–1 µm). Ihre reich verzweigten, querwandlosen Zellen besitzen zahlreiche Nucleoide. Die Fäden zerfallen häufig in kleine Stäbchen, die dann echten Bakterien ähneln. Viele Actinomyceten (z. B. *Streptomyces*) bilden an den Enden der Zellfäden kettenförmig angeordnete **Luftsporen,** die der Kultur ein kreideweißes Aussehen verleihen können. Bei dem myzelartigen Wachstum unterscheidet man spezialisierte Ernährungs-„hyphen" (**Substratmyzel**) von den Vermehrungs-„hyphen" (**Luftmyzel**) und trägt mit diesen der Pilzmorphologie entlehnten Begriffen den Anfängen einer Zelldifferenzierung Rechnung. Zahlreiche Arten kommen im Boden vor, wo sie bei der Humusbildung eine Rolle spielen und den typischen Erdgeruch bedingen. Keime von *Actinomyces bovis* (Abb. 51/VI) rufen beim Kauen an Strohhalmen bei Tier und Mensch in Wunden der Mundschleimhaut schwer heilende eitrige Geschwülste hervor (Aktinomykosen). *Streptomyces scabies* verursacht die Schorfkrankheit bei Rübe und Kartoffel (Wundkorkbildung). *Frankia alni* lebt als Symbiont in den Wurzelknöllchen der Erle und vermag Luftstickstoff zu binden. Ähnliche Symbionten finden sich z. B. bei *Hippophae, Eleagnus* und *Myrica.* Bestimmte Actinomyceten (z. B. *Streptomyces griseus, S. venezuelae*) scheiden Antibiotika aus (**Streptomycin,**

Chloramphenicol, Aureomycin), die das Wachstum anderer Mikroorganismen hemmen, aber auch das höherer Lebewesen beeinflussen.

e) **Anhang: Mycoplasmales**

Die Mycoplasmen sind die kleinsten, selbständig vermehrungsfähigen Prokaryoten (auch kleinstes Genom). Sie besitzen keine Zellwand (eine Gram-Färbung ist daher nicht möglich), sondern sind nur durch ihre Plasmamembran gegen die Umwelt abgegrenzt. Ihre Form zeichnet sich daher durch eine osmotische Labilität aus. Mitunter führt man sie auch als *Mollicutes* (Weichhäuter), um so die phylogenetische Verschiedenheit zu allen anderen Bakterien zu charakterisieren. Die 16 S-rRNS-Zusammensetzung deutet jedoch auf eine Verwandtschaft mit den grampositiven Bakterien. Die Mycoplasmen sind teilweise harmlose Schmarotzer, doch kommt es mitunter beim tierischen Organismus zu Entzündungen der Atemwege (daher wurden sie früher auch als PPLO = pleuropneumonia-like-organisms bezeichnet) und des Euters (z. B. *Mycoplasma canis*). Vergilbungserscheinungen an Citrusbäumen werden von *Spiroplasma citri* hervorgerufen.

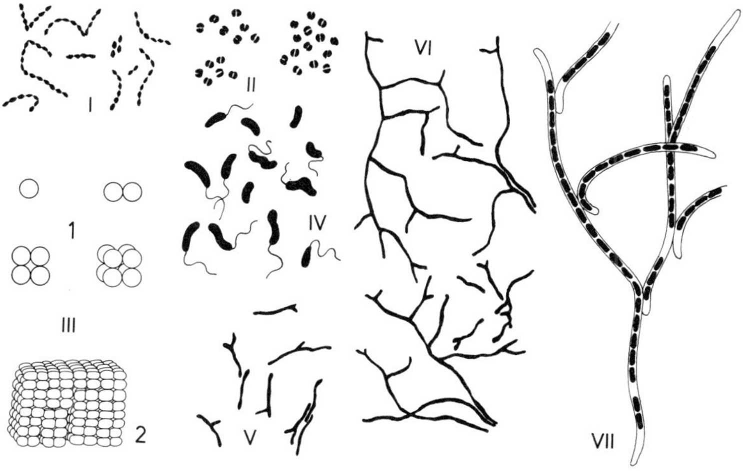

Abb. 51. Verschiedene Bakterienformen. I *Streptococcus lactis*, II *Neisseria gonorrhoeae* = *Gonococcus gonorrhoeae*, III *Sarcina lutea*, 1 Teilungsfolge, 2 größeres Zellpaket, IV *Vibrio cholerae*, V *Mycobacterium tuberculosis*, VI *Actinomyces chromogenes*, VII *Sphaerotilus natans*. (Aus WALTER, verändert.)

3. Abteilung: Cyanophyta

Klasse: Cyanophyceae, Blaualgen, Cyanobakterien

Diese dritte Abteilung der *Prokaryota* mit der einzigen Klasse *Cyanophyceae* umfaßt 1500–2000 Arten, die ebenfalls zu den ältesten Organismen unserer Erde gerechnet werden. Kalkabscheidende Formen sind bereits aus dem Präkambrium bekannt. Der Name leitet sich von dem häufig alle anderen Farbstoffe überdeckenden blauen Pigment **Phycocyan** ab. Sehr enge verwandtschaftliche Beziehungen sind zu den Bakterien aufzuzeigen, mit denen sie den zellulären Feinbau als Protocyte gemeinsam haben. Ihre stammesgeschichtliche Eigenständigkeit gewannen sie wahrscheinlich vor der Differenzierung der Eubakterien in gram-negative und gram-positive Gruppen, wofür Sequenzanalysen an der 16 S-rRNS sprechen. Wegen dieser engen Bindung zu den Eubakterien und ihrer Organisation werden sie vielfach auch als Cyanobakterien bezeichnet und bei den Eubakterien mit einbezogen. Sie leben überwiegend autotroph, bei der Photosynthese wird jedoch – im Gegensatz zu den photoautotrophen Bakterien – wie bei der höheren Pflanze molekularer Sauerstoff freigesetzt (Blaualgen haben so bereits vor ca. 2 Milliarden Jahren unsere Atmosphäre in eine oxidierende gewandelt). Selten erfolgt die Ernährung mixotroph, indem auch organische Substanzen Verwendung finden, vereinzelt wird die Energie durch Chemosynthese gewonnen (*Beggiatoa:* Oxidation von Schwefelwasserstoff). Da die Blaualgen wie die phototrophen Bakterien der pflanzlichen Lebensweise entsprechen, sollen hier Bakterien und Blaualgen dem Pflanzenbereich eingegliedert werden.

Blaualgen wachsen zwar häufig an Stellen, an denen andere Pflanzen kein Fortkommen mehr finden (Thermalquellen, Gletscher, als Erstbesiedler auf Felsen, epi- oder endolitisch, mitunter durch ihre Färbung sogenannte Tintenstriche bildend und so Wasserrinnsale markierend, auf Baumrinden, Blättern, im Boden und Sand), die meisten Arten sind jedoch Süßwasserformen, die sich zeitweise so stark vermehren können, daß es zur „Wasserblüte“ kommt. Als Kosmopoliten sind sie über die ganze Erde verbreitet. Einige Arten bilden mit Pilzen Flechten (s. Seite 326), andere (Syncyanosen) fungieren in farblosen Flagellaten als Plastiden, wieder andere z. B. *Aphanizomenon flos-aquae* oder *Anabaena flos-aquae* können bei einer Massenentwicklung durch die nach ihnen benannten Toxine zur Vergiftung von Fischen führen. Sie werden auch als Endophyten in Höhlungen höherer Pflanzen (Wurzeln oder Blättern) angetroffen (Moose, *Azolla, Cycas, Gunnera*). Einige Formen binden atmosphärischen Stickstoff. In Japan wird *Tolypothrix tenuis* kultiviert und dem Wasser der Reisfelder zugesetzt. *Anabaena* schafft eine Stickstoffanreicherung bis zu 128 kg/ha. Massenkulturen von *Spirulina* dienen der Eiweißgewinnung.

Der Feinbau der Cyanophyceen-Zelle entspricht weitgehend dem der Bakterien. Durch Geißeln bewegliche Formen fehlen jedoch vollständig. Das Plasma ist in einen zentralen, farblosen Teil (**Centroplasma**) mit dem **Chromidialapparat,** auch **Chromatinapparat** genannt (Kernäquivalent), und ohne scharfe Abgrenzung in den äußeren Bereich, das gefärbte **Chromatoplasma,** gegliedert. Im Chromatoplasma befinden sich an oft parallel zur Zellwand verlaufenden Thylakoiden **Chlorophyll a** (b fehlt) und **Carotinoide** (besonders β-Carotin), an den Thylakoiden aufsitzenden Granula (Phycobilisomen) die **Phycobiline** (wasserlösliche Chromoproteide). Von den Phycobilinen ist das blaue **Phycocyan** bei allen Arten anzutreffen, das rote **Phycoerythrin** fehlt bei vielen. Beide Farbstoffe unterscheiden sich nicht wesentlich von den Phycobilinen der Rotalgen.

Die Mengenverhältnisse der Farbstoffe sind innerhalb der einzelnen Art variabel (umweltbedingte chromatische Adaptation). Die zum eingestrahlten Licht komplementären Farbstoffe werden vermehrt, wodurch ungünstigere Lichtverhältnisse besser ausgenutzt werden können. Durch die Pigmentveränderung erscheint die gleiche Alge mitunter verschieden gefärbt (blaugrün, rot, violett oder schwarz). Dies erschwert die Abgrenzung der Arten und Gattungen.

Als Assimilationsprodukt wird glykogenartige, der Florideen-Stärke ähnelnde **Cyanophyceen-Stärke** gebildet. Cyanophycinkörnchen dienen als Stickstoffspender. Im Centroplasma finden sich **Volutinkörner.**

Die gram-negative Zellwand ist mehrschichtig. Als innerste Stützschicht dient wie bei den Bakterien ein Muropeptid. Ihr sind Pektin und Hemicellulose aufgelagert. Diese äußeren Schichten können verschleimen und Gallertscheiden um den Organismus bilden. Durch verquellenden Schleim, der aus Wandporen von ca. 10 nm Durchmesser ausgeschieden wird, ist unter Mithilfe extrazellulärer Mikrofibrillen gewissen fadenförmigen Blaualgen eine gleitende Kriechbewegung möglich. Wodurch die regelmäßigen Rotationsbewegungen (fälschlich auch Schwingbewegungen genannt) bei *Oscillatoria* hervorgerufen werden, ist bis heute nicht geklärt. Das Schweben planktischer Formen wird durch Gasvakuolen im Chromatoplasma erleichtert.

Geschlechtliche Fortpflanzung ist unbekannt. Die vegetative Vermehrung durch Zellteilung erfolgt durch irisblendenartiges Durchschnüren mittels der neuen Zellwand. Bei einigen einzelligen Formen kommt es nach Vergrößerung der Mutterzelle zum Sporangium zur Bildung zunächst nackter Endosporen (Aplanosporen). Bei wenigen Arten entstehen auch Exosporen. **Hormogonien** dienen der Vermehrung fadenförmiger Blaualgen. Es sind dies wenigzellige Fadenabschnitte, die sich wie eine morphologische und physiologische Einheit verhalten und durch Absterben benachbarter nekrotischer Zellen frei werden. Dauerzellen (Cysten) zeichnen sich durch Reservestoffspeicherung und Ausbildung einer derben Wand aus. Da häufig mehrere benachbarte Zellen sich gleichzeitig zu Dauerzellen umwandeln, können regelrechte Ketten von Dauerzellen entstehen (Hormocysten). Sie keimen erst nach eingeschobener Ruhepause aus. Die Einteilung in Ordnungen richtet sich nach morphologischen Merkmalen.

Bei den **Chroococcales** handelt es sich um rundliche Zellen (z. B. *Chroococcus*), die nach der Teilung durch geschichtete *(Gloeocapsa)* oder ungeschichtete strukturlose *(Microcystis)* Gallertmassen zu Coenobien zusammengehalten werden (Abb. 52).

Unter den **Chamaesiphonales** befinden sich Einzeller und auch kurze Trichome, deren Vermehrung durch Endo- oder Exosporen vonstatten geht.

Die **Hormogonales** dagegen zeigen fädigen Aufbau. Die scheibenförmigen, fest aneinander gefügten, durch Plasmodesmen im plasmatischen Verband befindlichen Zellen bilden lange, oft in Gallertscheiden befindliche unverzweigte *(Oscillatoria)* oder unecht verzweigte *(Scytonema)* Fäden, welch letztere durch Aneinandervorbeiwachsen interkalar sich teilender Fadenabschnitte und Durchbrechen der Scheiden entstehen (Abb. 52). Auch echte Verzweigung durch Änderung der Teilungsrichtung innerhalb des Trichoms kommt vor *(Stigonema)*. *Nostoc* besteht aus kugeligen perlschnurartig zu Fäden aneinandergereihten Zellen,

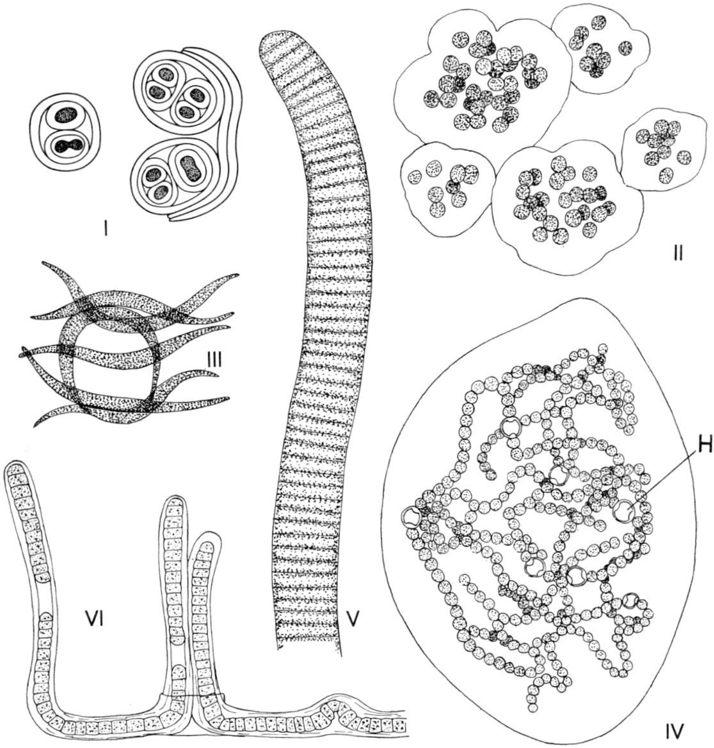

Abb. 52. *Cyanophyceae*. I *Gloeocapsa*, II *Microcystis*, III *Dactylococcopsis*, IV *Nostoc*, V *Oscillatoria*, VI *Scytonema*, H Heterocyste. (Aus WALTER, verändert.)

die durch Gallerte zu häutigen Gebilden oder Klumpen angeordnet an feuchten Standorten auf dem Boden leben. Bei vielen *Hormogonales* treten im Faden gelbliche, scheinbar inhaltsarme Zellen mit verdickter Zellwand, aber von hoher Stoffwechselaktivität auf, die **Heterocysten.** Die Stickstoff-Fixierung soll bei hierzu befähigten Formen ebenfalls in ihnen vor sich gehen. Bei *Rivularia* und einigen anderen befinden sich Heterocysten regelmäßig an der Fadenbasis, während der andere Pol in haarförmigen Zellen auslaufen kann. Sie sind Anzeichen für erste Arbeitsteilung. **Scheitelzellen** mit basaler Zellabgabe bei *Stigonema* deuten auf polare Differenzierung.

Anhang: Wegen ihrer protocytischen Organisation betrachtet man die Arten der Gattung *Prochloron* heute oft als Vertreter einer eigenen Abt. **Prochlorophyta,** die man als **„Ur"-Grünalgen** trotz des Fehlens beider Phycobiline und des erstmaligen Auftretens von Chlorophyll b (neben a) unmittelbar neben die Blaualgen stellt. Die einzelligen Algen, die im Kloakenbereich pazifischer Ascidien gefunden wurden, werden auch als Vorfahren von Grünalgenplastiden angesehen. Protein-Sequenzanalysen deuten an, daß *Prochlorothrix hollandica,* ein filamentöser Planktont dieser Gruppe, mehr Übereinstimmung mit grünen Chloroplasten aufweist als mit den Cyanophyceen. Zu den Prochlorophyten stellt man auch neu entdeckte, Schwachlicht-adaptierte Mikroalgen (Pikoplankton mit einem Zelldurchmesser von 0,6–0,8 µm), die im Nordatlantik und Pazifik die unterste vom Licht noch erreichte Zone von 80–150 m Wassertiefe in beachtlichen Zelldichten mit einer Pigmentkombination von Divinyl-Chlorophyll, Chlorophyll b, Zeoxanthin und α-Carotin besiedeln.

EUKARYOTA

Die Eukaryoten umfassen das gesamte Pflanzen- und Tierreich mit Ausnahme der bereits besprochenen Prokaryoten. Die Zelle (**Eucyte**) ist durch komplizierte Membransysteme in Kompartimente gegliedert und besitzt neben plasmatischen Strukturen wie Endoplasmatischem Reticulum, Zellkernhülle und Dictyosomen typische Zellorganellen (Mitochondrien, bei Pflanzen: Plastiden). Die Kern-DNS ist nicht mehr ringförmig, sondern in Chromosomen kondensiert, stabilisiert durch Histone; in der Mitose (Kernteilung) erfolgt nach Replikation eine Gleichverteilung des durch die Zellvergrößerung umfangreicheren Informationsmaterials sehr viel korrekter, als dies bei den Prokaryoten möglich ist. Die Plastiden werden nach der Symbionten-Hypothese als ursprünglich selbständige Prokaryoten angesehen, die vor vielen Millionen Jahren von tierisch sich ernährenden Organismen aufgenommen wurden und seither, ohne verdaut zu werden, symbiontisch in der Wirtszelle leben, ähnlich wie manche Blaualgen als Cyanellen, Grünalgen als Zoochlorellen, oder die gelb- bzw. braungefärbten Zooxanthellen in tierischen Einzellern, Süßwasserpolypen oder -schwämmen, auch sogar die Blaualge *Nostoc* in einem siphonalen Pilz als „Plastiden" fungieren. Als weiteres Kennzeichen läßt sich, soweit mobile Stadien vorkommen, ein von den Bakterien abweichender einheitlicher Geißelaufbau vom Einzeller bis hinauf zu den ♂ Gameten der höchst entwickel-

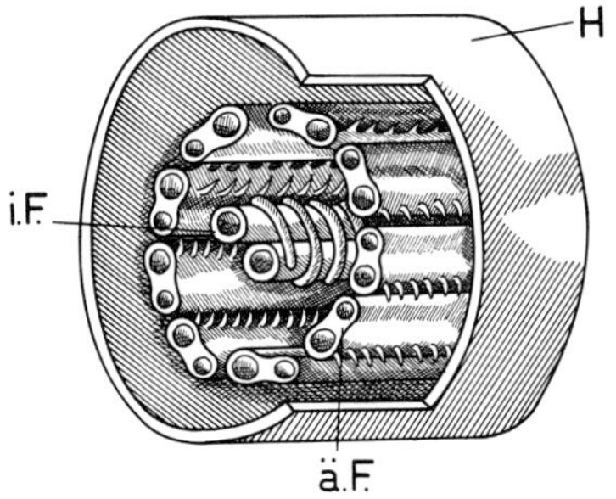

Abb. 53. Ausschnitt aus dem mittleren Teil einer Eukaryoten-Geißel, H Hülle, i. F. innere Fibrillen, ä. F. äußere Fibrillen als Doppelfibrillen. (Verändert nach BERGFELD.)

ten Organismen verfolgen (Abb. 53). Die Geißelbasis entspringt einem im Plasma gelegenen Basalkörper von kompliziertem Bau: 11 Fibrillen (Microtubuli), von denen sich 2 axial und die übrigen 9 peripher zu einem Zylinder angeordnet finden, sind von einer gemeinsamen Hülle umschlossen. Die 9 äußeren Fibrillen sind als Microtubulidupletts aufzufassen. Sie besitzen an einer Seite zwei Arme aus dem Protein Dynein, das wohl für die Bewegung verantwortlich zeichnet. Dieses Protein besitzt nämlich ATPase-Aktivität, während die Microtubuli selber keine ATPase enthalten und sich daher allein auch nicht kontrahieren können. Die Geißeln sind glatt und am Ende peitschenförmig verdünnt gestaltet (**Peitschengeißeln**) oder aber mit Flimmerhaaren besetzt, die der Hülle entspringen (**Flimmergeißeln**).

II. Phycobionta, Algen

Die Ansicht, daß Algen als enge taxonomische Einheit zu betrachten seien, kann nicht aufrecht erhalten bleiben, lediglich die einzelnen Abteilungen dürfen als weitgehend natürliche Gruppen angesehen werden. Sie stellen zumeist stark voneinander abweichende, zur Photosynthese befähigte Thallophyten dar, ohne Wurzeln, ohne Leitbündel und ohne Gliederung in Stengel und Blatt.
Als parallele Entwicklungsreihen leiten sich in fast allen Algenabteilungen aus einzelligen Protophyten höhere vielzellig-thallöse Formen ab. Die einzelnen Organisationsstufen sind jedoch in verschiedenen Abteilungen teilweise nur unvollständig erhalten, oder aber es sind höhere Formen nicht erreicht worden. Auf der Protophytenstufe ist auch die Trennung in ein Pflanzen- und ein Tierreich zu suchen. Autotrophe und heterotrophe Vertreter stehen hier in naher Verwandtschaft. Das Vor-

kommen von Chromatophoren-Rudimenten in manchen farblosen Flagellaten spricht für die Entstehung farbloser aus gefärbten, auch ist es im Experiment gelungen, farblose Formen aus gefärbten zu erhalten. Einige Formen ohne Photosynthesepigmente werden daher infolge ihrer Ähnlichkeit den Algen zugerechnet.
Die Aufteilung der *Phycobionta* wird nach den Plastidenfarbstoffen vorgenommen, auch die Assimilationsprodukte und Reservestoffe finden hierbei Berücksichtigung (s. Tabelle Seite 201). Der Submikroskopische Bau des Geißelapparates erweist sich als ein Merkmalskomplex von phylogenetischer Wertigkeit. Für das Verständnis des Anfängers würde eine Gliederung in nur drei Abteilungen nützlich sein, eine grüne, die *Chlorophyta,* eine braune, die *Chromophyta,* und eine rote, die *Rhodophyta.* Die Stellung der grüngefärbten Euglenen und braunen Dinoflagellaten erscheint aber doch so unsicher, daß sie trotz ihrer geringen Artenzahl nicht einfach den *Chloro-* und *Chromophyta* als Anhang zugefügt, sondern hier als eigene Abteilungen geführt werden sollen. Eine weitere artenarme Gruppe, die zumeist einzelligen, begeißelten **Cryptophyceen** – sonst wegen ihrer Besonderheiten als Abteilung **Cryptophyta** geführt – sollen, der Übersichtlichkeit halber, hier noch genannt werden. Die Chromatophoren der Cryptophyten, die neben Chlorophyll a und c, α- und β-Carotin und Xanthopyll die Phycobiline Phycoerythrin und Phycocyan enthalten, werden nämlich auch als stark reduzierte eukaryotische Endosymbionten aus der Verwandtschaft der *Rhodophyta* gedeutet, da in ihnen verkümmerte Zellkerne erhalten geblieben sind. Die Zugehörigkeit der Cryptophyceen zum *Pflanzenreich* erscheint damit *nicht sicher.*
Die Organisationsstufe wird meist als Ordnungsmerkmal gewertet (s. Abb. 54 und Tabelle Seite 202). Die jeweils niedrigste Ordnung (... **flagellatae** oder ... **monadales,** I) umfaßt also Vertreter, die auch in der trophischen Phase begeißelt sind und eigentlich keine Zellwand besitzen sollten. Die jeweiligen **„Rhizopodiales"** (II) sind zellwandlos, amöboid mit Rhizopodien. Bei den **„Capsales"** (III) deutet sich eine Zellwandentstehung in Form von Gallertbildungen an. Erst die **„Coccales"** (IV), unbewegliche Einzeller, sind mit einer festen Zellwand versehen. Von diesen lassen sich die **„Trichales"**, einfach (V) oder verzweigt (VI) fädige Formen ableiten. Während die **„Siphonocladales"** (VII) mehrkernige Zellen besitzen, sind die **„Siphonales"** (VIII) vielkernig schlauchförmig und weisen keine Unterteilung in Einzelzellen auf. Die höchstdifferenzierten Formen unter den thallösen Algen bilden teilweise **Plectenchyme** (Flechtgewebe) oder aber auch schon echte Gewebe (**Gewebethalli,** IX). Selbst derartige Formen lassen ihre Flagellatenabstammung noch bei der Ausbildung von Gameten oder Zoosporen erkennen. Diese stimmen mit den monadalen Formen überein. Die Aufeinanderfolge der Ordnungen folgt damit der phylogenetischen Entwicklung.

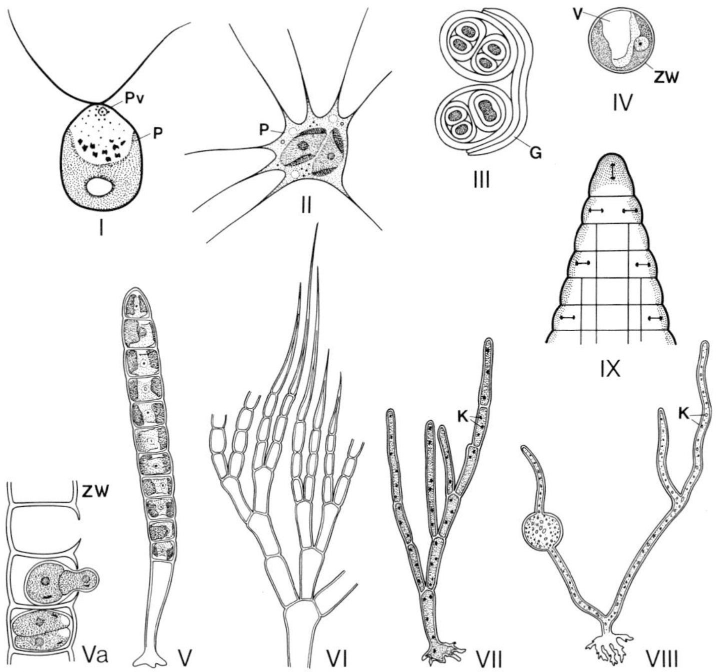

Abb. 54. Organisationsstufen der Algen: I monadal, II rhizopodial, III capsal, IV coccal, V trichal, unverzweigt, VI verzweigt, VII siphonocladal, VIII siphonal, IX Gewebethallus, K Kerne, P Periplast (Pellicula), G Gallertschicht, ZW Zellwand, Pv pulsierende Vakuole.

Algen besiedeln fast alle Standorte. Sie entwickeln sich nicht nur in perennierenden Gewässern, sondern kommen auch an nur zeitweise bewässerten oder lediglich durch Regen befeuchteten Orten vor. Geringe Lichtmengen decken häufig bereits ihren Bedarf. Dabei kann die Produktion an Biomasse groß sein. Die mächtigen braunen Meerestange (*Macrocystis, Laminaria,* s. Abb. 70) bilden an den Meeresküsten Bestände, deren Frischgewicht bis 100 t/ha beträgt. Aber auch in Seen und Teichen geht die Anzahl einzelliger, schwebender (planktischer) Algen in die Hunderttausende, das bedeutet eine Gewichtsmenge zwischen 10 und 50 kg/ha Trockengewicht. Das Phytoplankton der Meere liefert dort die Basis für die gesamte tierische Ernährung (aquatische Primärproduktion). Infolge ihrer Kurzlebigkeit bilden diese kleinen, einzelligen Formen einen sehr feinen Detritus als Nahrung für kleinste Wassertiere. Aber auch die lebenden Algen geben an das Wasser laufend Kohlenhydrate, Aminosäuren und andere Inhaltsstoffe in nicht zu vernachlässigender Menge ab (bis 500 mg Trockensubstanz pro Liter). Durch ihre O_2-Ausscheidung und die teilweise Aufnahme in Wasser gelöster or-

Abteilungs- und Klassenmerkmale der Algen

	Chlorophylle a	b	c	d	Phyco-biline	Carotine α	β	Xanthophylle Lu-tein	Fuco-xan-thin	an-dere	Hauptreservestoffe ohne fettes Öl	Begeißelung	Besondere Zell-strukturen
Cyanophyta Cyanophyceae	+	−	−	−	+	−	+	0	−	(+)	Cyanophyceenstärke	−	Prokaryon, Chromato- u. Centrolplasma, Murein
Rhodophyta Rhodophyceae	+	−	−	0	+	0	+	(+)	−	0	Florideenstärke	−	starke Zellwandhaftung d. Protoplasmas
Chromophyta Chrysophyceae	+	−	+		−	−	+	−	+	(+)	Chrysolaminarin (Leukosin)	1 P, 1 F (1 Hapto-nema vorn)	verkieselte Cysten; glasklares Protoplasma
Xanthophyceae	+	−	−	−	−	−	+	−	−	+	Chrysolaminarin (Leukosin)	2 ungl. lange Geißeln vorn (1 P, 1 F)	glasklares Protoplasma, Zellwand oft aus 2 Teilen verkieselte Cysten
Bacillariophyceae	+	−	+		−	0	+		(+)	+	Chrysolaminarin (Leukosin)	Centrales: Spermatozoide 1 F vorn	2 verkieselte Schalen mit charakteristischen Strukturen
Phaeophyceae	+	−	+	−	−	−	0	−	+	0	Chrysolaminarin Mannit	2 ungl. lange seitl. Geißeln, 1 F, 1 P	Physoden Alginate, Fucoidan
Dinophyta Dinophyceae	+	−	+	−		−	+	−	−	(+)	Polyglucane Stärke	1 P (längs) 1 P (quer)	Dinokaryon, Zelle mit Längs- und Querfurche
Euglenophyta Euglenophyceae	+	(+)	−	−	−	−	+		−	0	Paramylum	1 vorder. F, (selten mehr als 1 Flagellum)	Schlundbildung, Periplast
Chlorophyta Chlorophyceae	+	(+)	−	−	−	0	+	+	−	0	Stärke	2 oder 4 gleich lange P vorn	Plastidenform variabel; i. höh. Formen große zentr. Vakuole
Conjugatophyceae	+	(+)	−	−	−	−	+	+	−	0	Stärke		Kern m. abweich. Feinbau, Jochbildung bei Sexual-vorgang
Charophyceae	+	(+)	−	−	−	−	+	+	−	0	Stärke	Spermatozoide mit 2 Geißeln	Schraubenwindung d. Spermatozoide

Pigmentmenge: + = viel, (+) = moch bedeutend, 0 = gering, − = fehlend; P = Peitschengeißel, F = Flimmergeißel

Organisationsstufen und Ordnungsmerkmale der Algenabteilungen und Klassen

	monadal	rhizopodial	capsal/ tetrasporal	coccal	trichal	siphonal	Flechthallus (Plectenchym)	Gewebe-thallus
Cyanophyta			xxx	xxx	xxx			
Rhodophyta Rhodophyceae				xxx	xxx		xxx	
Chromophyta Chrysophyceae	xxx	xxx	xxx	xxx	xxx			
Xanthophyceae	xxx	xxx	xxx	xxx	xxx	xxx		
Bacillariophyceae				xxx				
Phaeophyceae					xxx		xxx	xxx
Dinophyta Dinophyceae	xxx	xxx	xxx	xxx	xxx			
Euglenophyta Euglenophyceae	xxx							
Chlorophyta Chlorophyceae	xxx		xxx	xxx	xxx	xxx	xxx	xxx
Conjugatophyceae				xxx	xxx			
Charophyceae					xxx			

ganischer Stoffe, ihren Eingriff in den Carbonathaushalt, überhaupt den Chemismus des Wassers, tragen sie zum Selbstreinigungsprozeß der Gewässer bei. Die spezifischen Lebensansprüche einiger Arten erlauben es, sie als Leitorganismen bzw. Indikatoren bei der biologischen Wasseranalyse zur Bewertung der Wasserqualität zu verwenden. Etwa 80% des zur Atmung verfügbaren O_2 entstammen der photosynthetischen Tätigkeit des Phytoplanktons und nur etwa 20% der unserer Landflora.
Als begrenzende Faktoren für das Vorkommen einzelner Arten sind hauptsächlich die Temperatur und die Lichtverhältnisse zu nennen. So lassen sich besonders in den Meeren klimatische Zonen erkennen, wie sie von der Landflora her bekannt sind. Die nach der Tiefe der Gewässer sich rasch in Quantität und vor allem auch Qualität verändernde Lichtmenge bedingt einen Wechsel in der Artenzusammensetzung. Der Salzgehalt des Meeres stellt häufig eine Barriere für Süßwasserformen dar, Meeresarten dringen dagegen leicht zumindest ins Brackwasser vor. Während die chemische Zusammensetzung des Meerwassers verhältnismäßig einheitlich ist, bestehen im Chemismus des Süßwassers große Unterschiede zwischen den einzelnen Gewässern, die einen weitgehenden Einfluß auf das Artenspektrum ausüben. Die Gesellschaft kalkhaltigen (z. B. *Chara*, die auch im Brackwasser, in den Tropen sogar im Meerwasser angetroffen wird, s. Seite 230) unterscheidet sich deutlich von der sauren Milieus (bes. *Desmidiaceae*, s. Seite 224). Die einen Formen verlangen eutrophe (nährstoffreiche), andere oligotrophe (nährstoffarme) Gewässer.

Nach den Lebensansprüchen können wir die folgenden ökologischen Gruppierungen zusammenstellen:

1. **Plankton** (Mikroplankton 50–500 µm, Nannoplankton kleiner als 50 µm, Ultraplankton = sog. µ-Algen): Schwebend oder vielmehr langsam absinkend in Gewässern aller Art mit Ausnahme reißender Bäche und Flüsse. Dem Absinken wirken eine Reihe von Anpassungen entgegen: Öl als Reservestoff (z. B. Diatomeen, s. Seite 241) und Gasvakuolen (z. B. bei Blaualgen, s. Seite 195) setzen das spezifische Gewicht herab; die Bildung von Zell- und Zellwandfortsätzen (Schwebefortsätze), desgleichen Kettenbildung durch Zusammenhängen mehrerer Individuen erhöhen die Reibung im Wasser. Turbulenzen (Wirbelbildungen im Wasser durch Wind oder ungleichmäßige Erwärmung) reißen die so gestalteten Plankter mit und halten sie in der Planktonzone. Infolge des höheren Gehaltes an N und P liegt in den kälteren Meeren und Meeresströmungen die Planktondichte hoch (Diatomeen, Peridineen, Coccolithinen und Silicoflagellaten mit 100000 Zellen/l). In den wärmeren Meeren ist dagegen die Individuenzahl wesentlich geringer. Eutrophe Seen zeigen durch hohe Planktonproduktion bei gleichmäßiger Verteilung der Organismen in den oberen Schichten zeitweise eine Vegetationsfärbung des Wassers oder eine „Wasserblüte“, wenn sich die Algen an der Oberfläche ansammeln.
2. Als **Neuston** wird eine Gesellschaft bezeichnet, die im Bereich des Oberflächenhäutchens bei ruhigem Wasser zu leben vermag; als Hyponeuston an dem Häutchen befestigt oder als Epineuston dasselbe durchdringend (z. B. *Chromulina* in Aquarien mit bis zu 40000 Zellen/mm^2 einen goldgelben Schimmer erzeugend, s. Seite 236).
3. Die **Kryoflora** oder das Kryoplankton ist eine Lebensgemeinschaft auf Schnee und Eis, die hier grüne oder durch Färbung mit Haematochrom rote

Flecken (blutiger Schnee) hervorruft (z. B. *Chlamydomanas nivalis,* s. Seite 207–208).

4. Die Algengesellschaften des **Benthos**-Bereiches besiedeln die Ufer bis zu einer durch den Lichtmangel bestimmten Tiefengrenze (Mittelmeer 100–200 m, nordische Meere 15–60 m Tiefe). Mittels Rhizoiden, Haftscheiben oder Haftkrallen sitzen sie als Epi- oder Lithophyten fest auf felsigem Untergrund, auf Kunstbauten, auf anderen Pflanzen, selten in Schlamm oder Sand (z. B. *Caulerpa,* s. Seite 216). Von der obersten Spritzwasserzone bis in die Tiefe wechselt die Artenzusammensetzung je nach Fähigkeit, während des Niedrigwassers kürzere oder längere Zeit trocken zu liegen. In den kälteren Meeren mit dichtem Bewuchs überwiegen die derben Formen der Braunalgen (z. B. *Fucus, Laminaria, Himanthalia, Ascophyllum,* s. Seite 245 ff.). In den schwächer besiedelten wärmeren Breiten treten siphonale Grünalgen hervor (z. B. *Caulerpa, Dasycladus, Acetabularia,* s. Seiten 216,217) Die Artenzahl der Rotalgen bleibt mit Ausnahme der Polargebiete in allen Regionen fast gleich. An der Kalkbildung tropischer Korallenriffe sind bestimmte Algen (z. B. *Lithothamnium,* s. Seite 258) ebenso beteiligt wie die Korallen selber. Im Benthos des Süßwassers können lediglich die Characeen unterseeische Wiesen bilden (s. Seite 227).
5. **Aerophyten** finden sich an der Regenseite der Bäume (z. B. coccale Grünalgen s. Seite 210), auf Felsen, dort wo Wasser herabrinnt, im feuchten Tropenklima auch auf Blättern und Ästen.
6. Als **Phytedaphon** bezeichnet man die Gesellschaft in den obersten Schichten des Bodens befindlicher Algen (in 1 g Erde bis 100000 Zellen von Blau-, Grünalgen und Diatomeen). Aus ihrer floristischen Zusammensetzung können Rückschlüsse auf die Eigenschaften des Bodens gezogen werden.
7. In den Gesellschaften **thermaler Algen** herrschen Cyanophyceen vor, die in heißen Quellen mit Temperaturen von 85 °C lebensfähig sein sollen. Algen in Salinen, Salzquellen und Salzseen können nicht als marin bezeichnet werden. Sie vertragen Salzkonzentrationen von mehr als 40‰ (hypersaline Organismen: Optimalkonzentration bei *Dunaliella salina* bei 60–70‰, bei *D. parva* bei 80‰ Salzgehalt).

4. Abteilung: Chlorophyta

Die Abteilung der *Chlorophyta* umfaßt ca. 11000 Arten, die durch ihre rein grüne Färbung (Chlorophyll a und b) gekennzeichnet sind. Daneben treten Carotine, Lutein und einige andere Xanthophylle, wie Violaxanthin und Neoxanthin auf. Als Assimilationsprodukt und Reservestoff findet sich besonders Stärke, teilweise auch fettes Öl. Die gleiche Zusammensetzung der Chloroplastenfarbstoffe, die Übereinstimmung im Assimilationsprodukt, desgleichen weitere cytologische und biochemische Befunde lassen vermuten, daß von den Grünalgen alle höheren Pflanzen abstammen. Die Organisation der Grünalgen geht von monadalen zu trichalen (unverzweigt – verzweigt), auch siphonalen Formen, die zu Plectenchymen vereinigt kräftige Thalli aufbauen können. Sogar echte Gewebethalli mit blattartigem Aussehen kommen vor. Der Protoplastenbau folgt zwei Typen. Bei den primitiveren Formen (flagellate bis coccale Stufe) füllt der Protoplast mit dem Chromatophor die ganze Zelle, Vakuolen fehlen zumeist bis auf pulsierende Vakuolen, die wohl hauptsächlich, besonders auf der monadalen Stufe, der Ausscheidung des ständig in die hypertonische Zelle eindringenden Wassers dienen, zumal diese Zellen auch nicht durch eine Zellwand stabilisiert sind. Jener Typ findet sich als Zoosporen und Gameten auch bei den höheren Formen wieder, während bei diesen der vegetative Protoplast durch eine große zentrale Vakuole und wandständige Chloroplasten gekennzeichnet ist. Die Begrenzung der Chloroplasten erfolgt durch eine doppelte Membran ohne zusätzliche Hülle durch das Endoplasmatische Reticulum. Die Thylakoide liegen in Stapeln. Der bei primitiveren Formen becherförmige Chromatophor ist dann in netz-, scheiben- (auch zahlreiche) oder andersartige Formen umgestaltet. Die Chromatophoren enthalten häufig Pyrenoide (Zentren der Stärke- oder Fettbildung), an deren Oberfläche Stärkeplättchen entstehen. Bei Zygoten, mitunter auch bei vegetativen Zellen *(Haematococcus, Chlamydomonas nivalis)* wird die Grünfärbung durch das Carotinoid Haematochrom überdeckt. Bewegliche Formen, Gameten und Zoosporen, sind durch 2 oder 4 (selten mehr) am Vorderende der Zelle befindliche gleichlange (isokonte), flimmerlose Geißeln und meist einen roten Augenfleck (Stigma) ausgezeichnet. Die Klasse der *Conjugatophyceae* stellt einen wohl sekundär akonten (unbegeißelten) Ast dar. Die Zellwand der Grünalgen besteht häufig aus einer inneren Cellulose- und einer äußeren Pektinschicht.

Ungeschlechtliche Vermehrung kann durch Fragmentation, Akinetenentstehung (Dauerzellen), hauptsächlich jedoch durch Zoo-, Aplano- oder Autosporenbildung (Mitosporen) erfolgen. Geschlechtliche Fortpflanzung steigt von der Iso- über Aniso- zur Oogamie auf. Die Gameten werden jeweils in einzelligen Gametangien gebildet. Die Zygote ist meist eine derbe Cystozygote mit 2- bis 3schichtiger Wand und Reservestoffanreicherung; sie macht eine Ruhephase durch (Hypnozygote). In diesem Zustand kann sie ohne Schaden eine Austrocknung der Gewässer vertragen. Der Lebenszyklus umfaßt alle Möglichkeiten vom zygotischen Kernphasenwechsel über heteromorphen und isomorphen Generationswechsel bis zum gametischen Kernphasenwechsel.

Die Grünalgen kommen überwiegend im Süßwasser vor, nur etwa 10% sind marin und besonders im Benthos-Bereich der wärmeren Meere anzutreffen. Terrestrische Formen leben im Boden, an feuchten Orten (Schlamm, Schnee, Eis) oder epiphytisch auf Blättern oder Baumrinden, mitunter endophytisch oder endozoisch *(Chlorella)*. Fossile Reste lassen sich bis ins Kambrium zurückdatieren, besonders die infolge ihrer Kalkabscheidungen gut erhaltenen marinen *Dasycladaceae* und *Codiaceae*. Während die *Codiaceae* im Ordovicium (Paläozoikum) nur in primitiven Formen auftraten, erreichten die *Dasycladaceae* zu diesem Zeitpunkt bereits eine große Arten- und Formenmannigfaltigkeit.

Die *Chlorophyta* stellen eine sehr heterogene Gruppe dar, welche nach neuerer Auffassung – trotz noch divergierender Ansichten – in zahlreiche (bis zu 8) Klassen aufzugliedern wäre. Hier soll eine Aufteilung nach herkömmlicher Form in 3 vorgenommen werden, da diese sich für den Anfänger leichter überschauen lassen. Eine weitere Auftrennung soll aber bei den Chlorophyceen in Unterklassen erfolgen, um den bis jetzt erarbeiteten Kriterien gerecht zu werden. Als solche Kriterien lassen sich werten: 1. Begeißelungstyp der beweglichen Formen oder Stadien (hier besonders die Anordnung und Struktur der Geißelwurzeln); 2. Mitose- und Cytokinesetypus; 3. Form, Struktur und Anzahl der Chloroplasten je Zelle; 4. Thallusorganisation; 5. Form des Generations- bzw. des Kernphasenwechsels; 6. Zellwandstruktur und -zusammensetzung; 7. Übereinstimmung bei Sequenzanalysen besonders bei der 5S-r-RNS.

1. Klasse: Chlorophyceae, Grünalgen

Die hier zusammengefaßten Grünalgen sind durch eine Folge von Organisationsstufen von der monadalen bis zur trichalen bzw. siphonalen gekennzeichnet. Plectenchyme sowie echte Gewebethalli sind die höchsten erreichten Entwicklungsstufen.

1. U-Klasse: Chlamydophycidae

Die **Chlamydophycidae** umfassen monadale und coccale Formen, die z. T. zur Kolonie- bzw. Aggregatbildung befähigt sind.
Die vegetativen Zellen der **Volvocales** sind durch 2, 4, 6 oder 8 am Vorderende inserierte Geißeln aktiv beweglich. Am Vorderende befindet sich auch das Stigma. Das Hinterende wird von einem becherförmigen zur Mitte offenen, pyrenoidhaltigen Chromatophor eingenommen. Die einfachsten Formen sind Einzeller. Durch zunehmende Arbeitsteilung kann die Entwicklung über Kolonienbildung bis zum vielzelligen Individuum führen (s. Seite 44). Ungeschlechtliche Vermehrung erfolgt durch Längsteilung und Zoosporenbildung, geschlechtliche Fortpflanzung als Iso- bis Oogamie. Die Volvocalen sind hauptsächlich Planktonorganismen des Süßwassers (Teiche, Tümpel und Pfützen), deren Massenentwicklung durch mixotrophe Ernährungsmöglichkeit (organisch verschmutzte Gewässer, Tierleichen) vielfach gefördert wird. Lichtmangel oder Austrocknung des Gewässers kann durch Palmellenbildung überwunden werden. Die gerundeten Zellen liegen dann in strukturloser Gallerte. Vereinzelte Arten sind chlorophyllfrei und ernähren sich nur saprophytisch.

Die *Polyblepharidaceae* besitzen als primitivste Familie noch keine Zellwand und gehören damit zu den wenigen echten Monaden unter den Grünalgen (z. B. *Dunaliella,* Abb. 55 II). *Polyblepharis* besitzt 6–8 Geißeln. Vor allem wegen ihrer Schüppchen aus Cellulose oder celluloseähnlichem Material auf der Zell-

oberfläche wird eine kleine Gruppe vor allem im Meer lebender monadaler (mitunter capsaler oder coccaler) Formen als eigene Klasse **Prasinophyceae** abgetrennt (z. B. *Pyramimonas*).
Bei den ebenfalls einzelligen *Chlamydomonadaceae* ist der Protoplast bereits von einer festen Zellwand aus Galaktan und Araban umgeben, wie sie eigentlich für die coccale Stufe typisch ist. *Chlamydomonas*, ein 2geißeliger Flagellat (Abb. 55 I, 1) vermehrt sich vegetativ durch Zoosporen. Durch wiederholte Längsteilungen innerhalb der Mutterzelle (Schizogonie), die damit zum Sporangium wird, entstehen 2–16 Zoosporen (Mitozoosporen) oder unbewegliche Mitoautosporen. Die geschlechtliche Fortpflanzung ist durch außerordentliche Mannigfaltigkeit gekennzeichnet, sie steigt hier innerhalb einer Familie von der Iso- zur Oogamie auf. Die Kernteilung erfolgt als geschlossene Mitose innerhalb der Kernmembran.
Bei *Polytoma* unterscheiden sich die Gameten nicht von vegetativen Zellen, sie können sich auch, wenn sie nicht kopulieren, vegetativ weiter vermehren, sind also in ihrer Funktion keineswegs starr fixiert. Bei *Chlamydomonas* mit genotypischer Geschlechtsbestimmung kennen wir Formen mit morphologischer Isogamie bei physiologischer Anisogamie (kleine 2geißelige Gameten entstehen zu 2–64 in einer Mutterzelle, die damit zum Gametangium wird) und andere Arten, die Anisogamie zeigen (ein Gametangium liefert kleine männliche, ein andersgeschlechtliches große weibliche Gameten). Bei *C. suboogama* sind die Geißeln des weiblichen Gameten funktionsuntüchtig. Diese Art leitet damit zu *Chlorogonium oogamum* über, dessen weiblicher Gamet keine Geißeln besitzt und von schlanken winzigen Spermatozoiden befruchtet wird (Oogamie). Bei *Chlamydomonas coccifera* verläßt die Eizelle das Gametangium (Oogonium) nicht mehr, sondern wird in der Mutterzelle, deren Geißeln in Verlust geraten, von Spermatozoiden befruchtet (Oogoniogamie). Die Anlockung der Partner erfolgt chemotaktisch durch **Gamone** (Befruchtungsstoffe). Sind die beiden Gameten beweglich, vereinigen sich die Kreuzungspartner durch Berühren und Verkleben (Agglutination) der Geißelspitzen, kommen durch gegenseitiges Umschlingen der Geißeln in engen Kontakt und verschmelzen durch einen mit Hilfe der am Apex befindlichen Gamosome gebildeten Kopulationskanal zur zunächst 4geißeligen (noch beweglichen) Planozygote. Nach Einziehen der Geißeln geht die Zygote unter Bildung einer derben Wand in eine Cysto- bzw. Hypnozygote über. Bei ihrer Keimung entstehen unter Reduktionsteilung 4 Meiosporen. Die Chlamydomonaden sind also wie alle Volvocalen reine Haplonten mit zygotischem Kernphasenwechsel.

Die Familie der *Volvocaceae* ist durch Koloniebildung gekennzeichnet. Sie entwickelt sich mit fortschreitender Differenzierung bis zum vielzelligen Individuum (Abb. 55). Bei *Gonium* sind die 4–16 chlamydomonasartigen Zellen in einer Gallerte zu einer flachen Tafel angeordnet und durch zarte Plasmodesmen miteinander verbunden. Die Geißeln liegen in einer Ebene und schlagen synchron. Jede der hier noch gleichgestalteten Zellen ist teilungsfähig und bildet in charakteristischen Teilungsschritten eine Tochterkolonie, die als Ganzes frei wird. Jede Kolonie geht somit auf eine einzige Zelle zurück. *Pandorina* besteht aus 8–16 Zellen, die in der Mitte einer Gallertkugel liegen. Bei diesem diözischen, anisogamen Organismus läßt sich bereits eine morphologische Differenzierung zwischen den Zellen erkennen. Am vorderen Pol besit-

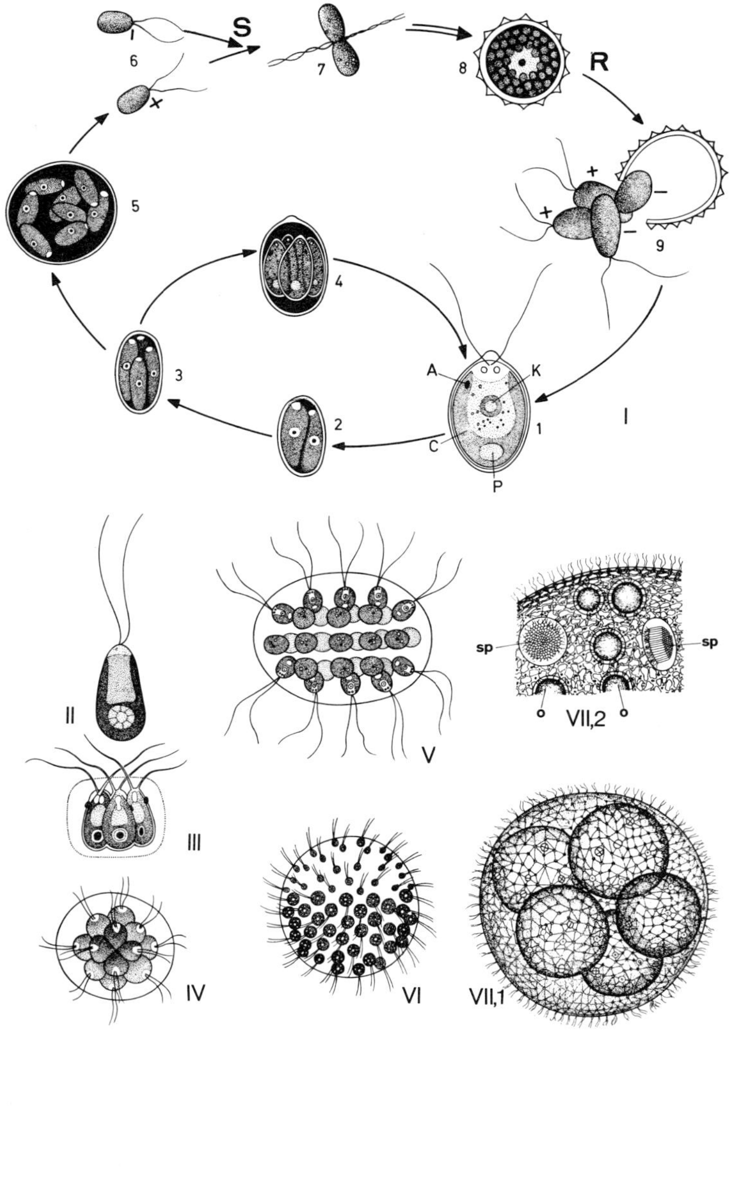
S
R
6
7
8
9
5
4
3
2
1
A
K
C
P
+
−
I
II
III
IV
V
VI
VII,1
VII,2
sp
o

zen diese einen deutlich größeren Augenfleck. Auch bei *Eudorina,* einer ellipsoidischen Hohlkugel, deren 32 Zellen in 5 Kreisen angeordnet sind, ist noch jede vegetative Zelle befähigt, eine Tochterkolonie zu bilden, die durch Verquellen der Muttergallerte frei wird. Die Polarität der Kolonien ist ausgeprägter. Die mit größerem Augenfleck ausgestatteten Zellen des apikalen Pols sind geringfügig kleiner als die basalen. Nur die basalen Zellen sind in der Lage, Geschlechtszellen (Oogamie) auszubilden. Noch deutlicher tritt der Größenunterschied der Zellen bei *Pleodorina* hervor, einer aus 128 Zellen bestehenden Hohlkugel. Die Arten der Gattung *Volvox* sind bereits echte Individuen mit ungleichwertigen Zellen und deutlich differenziertem Vorder- und Hinterende. Die Zellen des vegetativen Pols sind beim Schwimmen nach vorne gerichtet und besitzen größere Augenflecke. Am generativen Pol entstehen Tochterkolonien oder Gametangien. Die Spezialisierung geht soweit, daß nicht alle, sondern nur bestimmte Zellen hierzu privilegiert sind. Damit tritt auf dem Flagellatenstadium erstmalig der Fall ein, daß bestimmte Zellen von Fortpflanzung und Vermehrung ausgeschlossen sind. Diese Zellen gehen zugrunde (Leichenbildung).

Auch bei *Volvox* bilden die Zellen (bis zu 20000) eine Hohlkugel (von ca. 0,5 mm Durchmesser), die mit Gallerte angefüllt und mit bloßem Auge gerade sichtbar ist. Die Einzelzellen liegen in eigenen, in der Aufsicht 6eckig erscheinenden Gallertausscheidungen und sind durch plasmatische Fäden untereinander verbunden. Die auf ungeschlechtlichem Wege aus **Parthenogonien** erzeugten Tochterkugeln kommen wie bei den anderen Gattungen durch charakteristische Teilungsschritte congenital zustande. Sie sind zunächst in ebener Platte zum „Volvoxkreuz", dann nach weiteren Teilungen zu einer nicht ganz geschlossenen Kugel angeordnet, bei der die Vorderenden der einzelnen Protoplasten zunächst ins Innere ragen. Dann stülpt sich die Kugel wie ein Handschuhfinger um; die Geißeln gelangen nach außen. Die Tochterkolonien bleiben bis zum Absterben der Mutterkugel in diese eingebettet. Bei der geschlechtlichen Fortpflanzung vergrößern sich wohl unter dem Einfluß eines Sexualhormons vegetative Zellen zu Eizellen oder zu Antheridien mit bis zu über 100 spindelförmigen Spermatozoiden; dabei gibt es monözische und diözische Arten. Die mit mehrschichtiger Wand versehene Zygote (Hypno- und Cystozygote) ist wiederum die einzige diploide Zelle, *Volvox* somit ein Haplont.

Abb. 55. *Volvocales.* I Entwicklungskreislauf von *Chlamydomonas* (Zygotischer Kernphasenwechsel), 1 vegetative Zelle 2–4 ungeschlechtliche Vermehrung durch Schizogonie, 5 Gametenbildung, 6 Gameten, 7 Kopulation, 8 Zygote, 9 Zygotenkeimung, A Augenfleck, K Kern, C Chromatophor, P Pyrenoid, S Sexualakt, R Reduktionsteilung. II *Dunaliella,* III *Gonium,* IV *Pandorina,* V *Eudorina,* VI *Pleodorina,* VII *Volvox,* 1 *Volvox* mit Tochterkolonien im Innern, 2 Teil einer *Volvox*-Kugel mit o Eiern und sp Spermatozoidplatten. (Aus WALTER verändert I, nach LERCHE aus FOTT II, nach HARPER aus OLTMANNS III, nach STEIN aus STRASBURGER IV, aus FOTT V, VI, nach KLEIN, COHN aus STRASBURGER VII, umgezeichnet.)

Die **Tetrasporales** stellen die capsale Stufe dieser Algenreihe dar, die zu den coccalen Formen überleiten. Anders als bei den übrigen Algenabteilungen sind jedoch bei den Grünalgen bereits auf der Flagellatenstufe Zellwände ausgebildet. Diese sind auf der capsalen Stufe also neben der Gallerte vorhanden, obwohl sie eigentlich erst auf der coccalen Stufe auftreten sollten. Durch ihre am Vorderende befindlichen, funktionslosen Gallertgeißeln (Pseudocilien) unterscheiden sich die *Tetrasporales* deutlich von den Flagellaten.

Tetraspora, deren Zellen meist zu vieren angeordnet sind, bilden in Gräben und Teichen gallertige Coenobien von 10–50 cm Größe.

Die **Chlorococcales** sind einzellige coccale Grünalgen, die sich vielfach zu charakteristischen Aggregatverbänden zusammenlagern. Sie besitzen meist einen topf- bzw. mantelförmigen Chromatophor mit Pyrenoid. Die vegetative Vermehrung erfolgt durch 2geißelige nackte Zoosporen oder geißellose nackte Aplanosporen. Häufig jedoch umgeben sich die Sporen bereits innerhalb des Sporangiums mit einer Wand und werden dann als Autosporen frei. Zweiteilung wie bei den Flagellaten findet nicht statt. Die gleiche Zelle ist also nacheinander Spore, vegetative Zelle und Sporangium. Durch Zusammenlagerung der Sporen innerhalb der Mutterzelle bilden sich Aggregatverbände. Während bei den Flagellaten die Kolonie durch **schizogone** Teilung entsteht, führt bei den *Chlorococcales* die simultane **Cytogonie** zur Ausbildung des Sporangiums bzw. der Aggregatverbände (s. Seite 44). Meist herrscht Isogamie *(Pediastrum, Hydrodictyon)*, seltener Oogamie. Die Angehörigen dieser Ordnung sind wahrscheinlich alle Haplonten mit zygotischem Kernphasenwechsel.

Die Chlorococcalen kommen zwar in allen Arten von Gewässern vor, bevorzugen aber das Süßwasser und hier vor allem stark eutrophierte Bereiche, wie die Oberfläche kleiner Tierleichen. Sie können aber auch an aerischen Standorten (Bäume, Mauern usw.) im Boden, auf Schnee und Eis leben. Einige Arten sind als Flechtensymbionten bekannt, manche leben im Zellinnern niederer Tiere (Süßwasserpolypen oder Süßwasserschwämme).

Eine der häufigsten Bodenalgen ist das einzellige *Chlorococcum*, das sich durch Zoosporen vermehrt. Ihm ähnelt in der kugeligen Gestalt *Chlorella*, deren Autosporen durch Zerfall der Mutterzellwand frei werden (Abb. 56 III). *Chlorella* läßt sich bequem in Massenkulturen heranziehen. Wegen ihres Eiweißgehaltes könnte die Alge als wichtige Nahrungsquelle Bedeutung gewinnen. *Scenedesmus* bildet bereits innerhalb der Mutterzelle einfache Zellaggregate. Die 4 oder 8 simultan angelegten Teilungsprodukte, Autosporen, lagern sich in einer Querreihe zusammen, die Endzellen können sich durch Stacheln (Wandfortsätze) von den zentralen Zellen unterscheiden (Abb. 56 IV).
Pediastrum (I) bildet sternförmige Aggregate, deren Randzellen durch nach außen ragende Fortsätze von den Mittelzellen abweichen. Den-

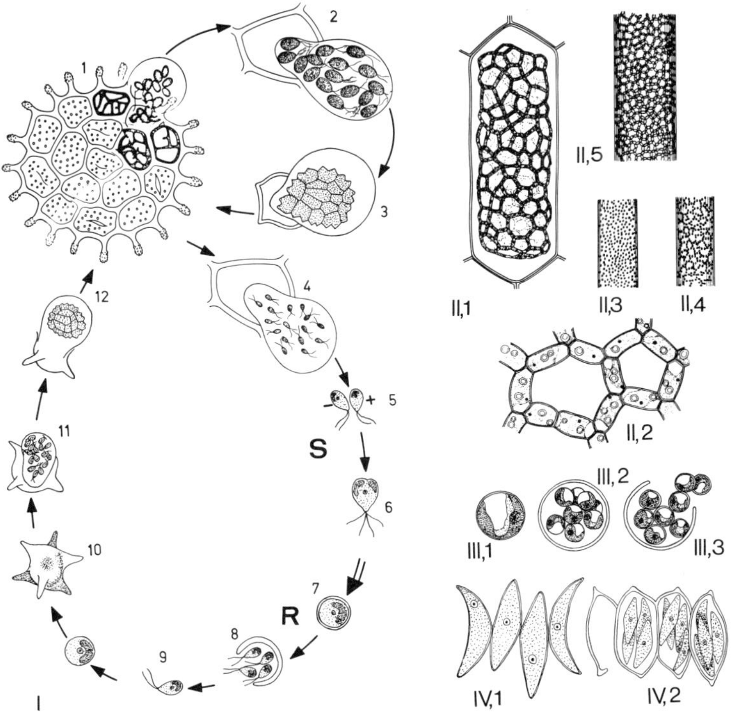

Abb. 56. *Chlorococcales*, I Entwicklungskreislauf von *Pediastrum* (zygotischer Kernphasenwechsel), 1 scheibenförmiges Aggregat, 2 und 3 vegetative Vermehrung, 2 Mitozoosporen in einer Blase, 3 Zoosporen lagern sich zu einem Aggregat zusammen, 4 Gametenbildung, 5 Gameten, 6 Planozygote, 7 Hypnozygote, 8 Zygotenkeimung, 9 Meiozoospore, 10 Polyederbildung 11 Zoosporenbildung im Polyeder, 12 Mitozoosporen lagern sich zum Aggregat zusammen. II *Hydrodictyon*, 1 Tochternetz in der Mutterzelle, 2 Anordnung der Zellen im Netz, 3 Zoosporenbildung in der Mutterzelle, 4 und 5 Anordnung der Zoosporen zu einem Tochternetz. III *Chlorella*, 1 vegetative Zelle, 2 und 3 Autosporenbildung. IV *Scenedesmus*, 1 vierzelliges Aggregat, 2 Teilung. (I aus WALTER verändert, II 1 nach KLEBS, 3–5 nach HARPER aus STRASBURGER umgezeichnet, III und IV aus WALTER.)

noch wird jede Zelle zum Zoosporangium, aus der die Zoosporen in einer Blase heraustreten und sich in dieser zum Aggregat zusammenlagern. Die Zellzahl dieses Aggregates ist durch die Anzahl der Zoosporen gegeben. Die Isogameten sind ähnlich, aber kleiner und beweglicher als die Zoosporen. Sie kopulieren zur Hypnozygote. Bei der Zygotenkeimung bilden sich Meiozoosporen, welche diesmal jedoch einzeln ausschwärmen und sich jeweils zu unbeweglichen Polyedern umgestalten. Durch Entwicklung der Polyeder zum Zoosporangium kommt es dann wieder zur Aggregation der in einer Blase austretenden Mitozoosporen.

Einen ähnlichen Entwicklungsgang zeigt *Hydrodictyon*, das Wassernetz. Es schwebt frei im stehenden Süßwasser als ein mitunter 1/2 m langes, vielzelliges, hohlnetzartiges Aggregat aus bis zu 20000 Zellen. Je drei bis zu 1 cm lange zylindrische Zellen sind an ihren Enden postgenital verbunden. Die Zoosporen lagern sich unter Verkittung der Zellwände bereits innerhalb der Mutterzelle zusammen. Durch Zellstreckung gewinnt das Tochternetz nach Freiwerden aus der dann leeren Mutterzelle seine endgültige Größe (Abb. 56 II).
Nanochlorum eukaryotum, eine salztolerante coccale Mikroalge, findet provisorisch wegen der Pigmentzusammensetzung, Reservestoffe, Autosporenbildung usw. ihre Einordnung bei den *Chlorococcales*, obwohl sie im System einen Sonderstatus einnimmt. Man kann sie als Prä-Eukaryoten deuten: Zytoplasma eukaryotisch mit je 1 Dictyosom, Plastid und Mitochondrium; Kern prokaryotisch, zwar mit Hülle, aber ohne Histone und Spindelapparat. In der Zellwand ist Sporopollenin nachgewiesen, wodurch – so vermutet man – weitere Phagocytosemöglichkeiten zum Eukaryoten verhindert wurden.

2. U-Klasse: Ulvophycidae

Die **Ulvophycidae** steigen in ihrer Organisation von der coccalen *(Chlorocystis)* zur trichalen Stufe – unverzweigt und verzweigt – auf, sie bilden Plectenchyme und echte Gewebe. Kennzeichnend sind die Schwärmstadien (Gameten u. Zoosporen), vor allem aber ein ausgeprägter Generations- und Kernphasenwechsel. Ihr Lebensraum ist überwiegend das Meer.

Unter den **Codiolales** finden sich neben unverzweigten fädigen Formen (Abb. 57 I) auch solche, die flächig entwickelt sind. Der Zuwachs der Zellfäden erfolgt interkalar durch Querteilung der Zellen. Diese Querteilung können wir als eine Bildung von Autosporen auffassen, deren Zahl gegenüber den Chlorococcalen bis auf 2 reduziert ist, wobei die Autosporen nicht mehr frei werden. Die beiden nackten Tochterprotoplasten trennen sich in der Mutterzelle etwas voneinander, und jede scheidet innerhalb der sich längs dehnenden Mutterzellwand eine eigene Zellwand aus, die jedoch eine Plasmodesmenverbindung erlaubt. Die einzelnen Wandschichten des Fadens sind demnach unterschiedlich alt und gehören verschiedenen Zellgenerationen an. Meist ist ein wandständiger manschettenartiger, pyrenoidhaltiger Chloroplast vorhanden. Die vegetative Vermehrung erfolgt durch Zoosporen. Die geschlechtliche Fortpflanzung besteht in Iso- und Anisogamie. Jede Zelle mit Ausnahme der farblosen Rhizoidzelle kann dabei zum Zoosporangium oder Gametangium werden. Eine Spezialisierung im Faden ist daher kaum vorhanden. Nach einer Vermehrungsphase erscheint die gesamte Pflanze bleich, alle Protoplasten werden bei der Zoosporen- oder

Gametenbildung verbraucht, die leeren Zellwände bleiben zurück. Heterophasischer Generationswechsel scheint vorzuherrschen.

Zahlreiche Arten von *Ulothrix* sind im fließenden Süßwasser anzutreffen. Einige sind marin. Die zarten unverzweigten Fäden vermehren sich durch 4geißelige, mit einem Augenfleck versehene Mitozoosporen, die meist zu zweit oder mehr in der zum Zoosporangium werdenden Fadenzelle gebildet werden. Sie treten zusammen durch ein Loch in der Zellwand aus der Zelle zunächst in einer Blase heraus, werden frei und setzen sich schließlich fest. Unter Polarisierung in Rhizoid- und Fadenzelle wachsen sie dann zum neuen Faden heran. Dieser fädige Thallus ist der Gametophyt, der sich jedoch durch die Zoosporenbildung unabhängig von der sexuellen Fortpflanzung über viele Generationen vege-

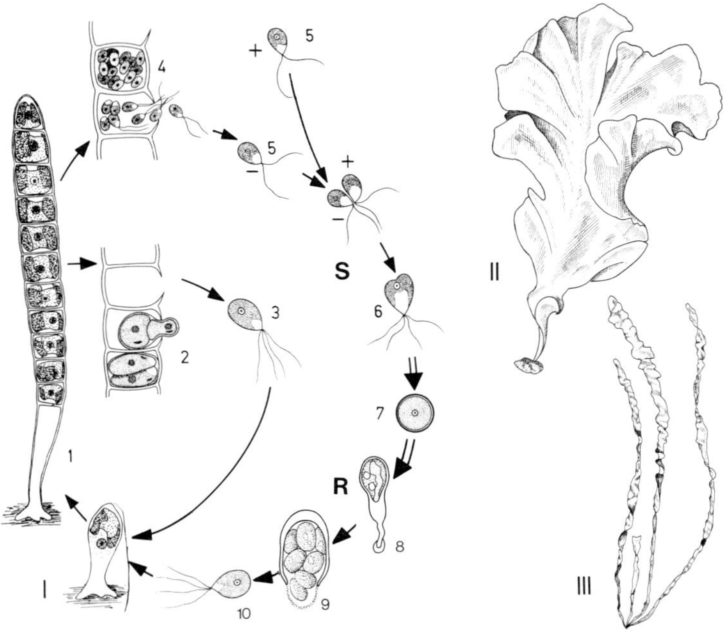

Abb. 57. *Ulvophycidae*. I Entwicklungskreislauf von *Ulothrix* (heteromorpher Generationswechsel mit Überwiegen des Gamethophyten), 1 junger Faden, 2 Zoosporangium, 3 Mitozoospore, 4 Gametangien, 5 und 6 Gameten und Planozygote, 7 Cystozygote, 8 Codiolum, 9 Codiolum als Meiosporangium, 10 Meiozoospore. II *Ulva*, III *Enteromorpha*. (I aus Walter verändert, II nach Kuckuck aus Strasburger umgezeichnet.)

tativ vermehren kann. Unter bestimmten Bedingungen (z. B. Milieuänderung) kommt es zur Ausbildung 2geißeliger Isogameten, die kleiner als die Zoosporen zu 8 und mehr (statt 2) in den zum Gametangium werdenden Zellen entstehen. Da die Thalli diözisch sind, werden entweder nur +- oder −-Gameten gebildet. Durch Kopulation der Kreuzungspartner entsteht eine 4geißelige Planozygote, die sich nach Einziehen der Geißeln abrundet und unter Ausbildung einer derben Zellwand und Rotfärbung durch Haematochrom zur Cysto- und Hypnozygote umwandelt. Während *Ulothrix* lange als Musterbeispiel eines zygotischen Kernphasenwechsels galt, haben neuere Untersuchungen gezeigt, daß die Zygote ohne Querwandbildung mit langgestrecktem rhizoidartigem Fortsatz auf das bis 20fache ihrer Ausgangsgröße heranwächst und dann der chlorococcalen Alge *Codiolum* gleicht. Nach mitunter monatelangem Vegetieren in diesem *Codiolum*-Stadium entläßt sie zahlreiche Zoosporen (wahrscheinlich Meiosporen). Das *Codiolum*-Stadium kann somit als primitiver Sporophyt angesehen werden, der sich gleichsam durch Vergrößerung der Zygote gebildet hat. Es erscheint noch nicht endgültig geklärt, ob 2geißelige Gameten, die keinen Partner gefunden haben, sich ebenfalls zu einer neuen Pflanze entwickeln können.

Ein *Codiolum*-Stadium – charakteristisch für den heteromorphen Generationswechsel der *Codiolales* – findet sich gleichfalls bei der *Ulothrix*-ähnelnden *Urospora* und bei der ebenfalls marinen, aber verzweigten an *Cladophora* erinnernden *Acrosiphonia*. Beide Gattungen wurden früher wegen ihrer Vielkernigkeit bei den *Cladophorales* geführt. Arten der zunächst sackartigen, später einschichtig flächigen, leicht mit *Ulva* zu verwechselnden, diözischen im Litoral des Meeres anzutreffenden *Monostroma* besitzen gleichfalls einen heteromorphen Generationswechsel. *M. grevillei* z. B. ist der Gametophyt eines *Codiolum*-ähnlichen Sprorophyten, der kalkbohrend in den Schalen von Muscheln lebt. Eine Selbständigkeit der Gattung *Codiolum* scheint nach diesen in Kulturversuchen gewonnenen Erkenntnissen in Frage gestellt.

Die **Ulvales**, habituell den *Codiolales* ähnelnd, unterscheiden sich von diesen vor allem durch ihren isomorphen Generationswechsel. Aus der von Anisogameten gebildeten Zygote entwickelt sich ein Sporophyt von gleicher Gestalt, wie die aus Meiosporen hervorgegangenen diözischen Gametophyten. Während die *Fucus* parasitierende *Acrochaete* trichal verzweigt wächst, besitzen die marinen, aber auch ins Brackwasser vordringenden Arten der Gattung *Ulva* (Abb. 57 II) blattartige Thalli (Meersalat), die durch zusätzliche Längsteilungen der Zellen älterer Stadien in vorwiegend einer Richtung zweischichtig und flächig werden. *Enteromorpha* (Abb. 57 III) hat durch Nichtverwachsen der beiden Zellschichten röhrenförmigen Aufbau (Wasserdarm). Da alle Zellen Sporen bzw. Gameten hervorbringen können, verbleiben nach dem Ausschwärmen weiße lappige Reste in der Gezeitenzone.

Die **Cladophorales** sind durch große, vielkernige Zellen gekennzeichnet (mit anderen vielkernigen Algen werden sie vielfach zu den *Siphonocladales* zusammengefaßt). Sie bilden einfache oder verzweigte büschelige, mitunter wattige Thalli im Meer- oder Süßwasser.

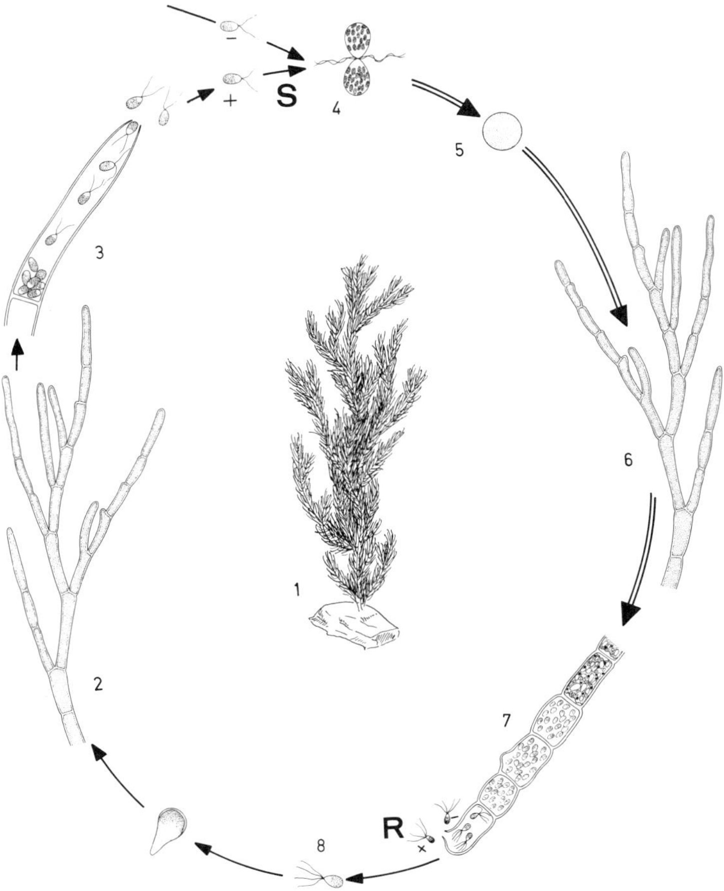

Abb. 58. *Cladophorales*. Entwicklungskreislauf von *Cladophora* (1) (isomorpher Generationswechsel) 2 Gametophyt, 3 Gametangium, 4 Gametenkopulation 5 Zygote, 6 Sporophyt, 7 Zoosporangien, 8 Meiozoospore. (Nach WALTER neu kombiniert).

Die Zellen besitzen einen netzförmigen, wandständigen Chloroplasten mit zahlreichen Pyrenoiden. Die charakteristisch geschichteten Zellwände entstehen unabhängig von den Kernteilungen nach Auseinanderweichen von Protoplastenteilen. Die Anzahl der Kerne pro Zelle variiert daher. Nach Verdoppelung des Zellvolumens erfolgt eine einfache Durchschnürung der Protoplasten durch die neue Zellwand. Die Fäden von *Cladophora* zeigen Spitzenwachstum. Verzweigungen entstehen stets am apikalen Pol der Zellen. Abgesehen von wattenbildenden Formen ist die Alge am Untergrund durch Rhizoide angeheftet. Diese können auch an der Basis isolierter Zellen oder Fadenteile entstehen (Polarisierung des Gesamtfadens und der Einzelzellen!). Zoosporen (bei Süßwasserformen 2-, bei marinen 4geißelig) entstehen zumeist nur an den Endzellen der Seitenzweige. *Cladophora glomerata*, die in Flüssen lange (bis 50 cm) Büschel bildet, ist ein diploider Sporophyt, der sich nur durch Diplomitosporen vermehrt. Eine Reduktionsteilung tritt nicht auf, ein Gametophyt fehlt, der Entwicklungszyklus ist verkürzt. Bei marinen Formen ist dagegen ein heterophasischer isomorpher Generationswechsel nachgewiesen worden, der die Eingliederung der Ordnung bei den *Ulvophycidae* rechtfertigt (Abb. 58).

Die bis weintraubengroße, blasenförmige *Valonia (Siphonocladales)* ist wegen ihres großen Zellsaftraumes ein beliebtes Objekt des Zellphysiologen (Abb. 59 III).

Die Thalli der **Siphonales** sind überhaupt nicht durch Querwände unterteilt, lediglich Zoosporangien oder Gametangien werden abgetrennt. Ihre verwandtschaftlichen Beziehungen zu den *Cladophorales (Siphonocladales)* zeigen sich im übereinstimmenden Mitose- und Cytokinesetyp, der deutlich mit dem der *Codiolales* und *Ulvales* differiert. Die *Siphonales* werden heute mitunter in 2 Ordnungen aufgeteilt: die *Bryopsidales* mit schlauchförmigem Thallus, der zu Plectenchymen verflochten sein kann, und die *Dasycladales*, welche sich durch eine radiäre Symmetrie und durch leicht abbrechende haarartige Fortsätze kennzeichnen lassen. Beide werden hier als Familien zur Unterteilung der *Siphonales* gewertet.
Die Zellen der *Siphonales* sind vielkernig (coenocytisch) und besitzen zahlreiche Chloroplasten. Siphonoxanthin und Siphonein dienen als akzessorische Pigmente. Die meist marinen Algen können wenige cm bis $1/2$ m groß werden. Ihre Gestalt ist sehr mannigfaltig (Abb. 59, 60). Durch Verflechtung schlauchförmiger, verzweigter Äste können Plectenchyme entstehen mit Assimilatoren (blasenartigen Seitenzweigen) an der Oberfläche und einem zentralen Marksystem im Thallusinnern *(Codium*, Abb. 60 II, *Halimeda)*.

Bei *Bryopsis* (Abb. 60 III) und *Derbesia* (Abb. 60 I) ist der Thallus sehr zart und besteht aus verzweigten Fäden. Bei *Caulerpa* (Abb. 59 II) entspringen einer durch Rhizoide im Meeresboden befestigten Hauptachse ca. 10 cm lang wer-

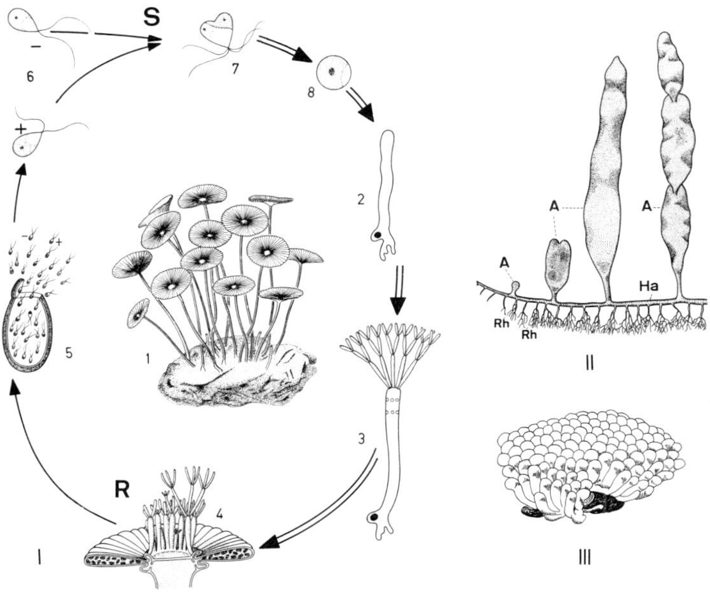

Abb. 59. *Siphonales.* I Entwicklungskreislauf von *Acetabularia* (1) (heteromorpher Generationswechsel mit Überwiegen des Sporophyten), 2 Keimung, 3 Jungpflanze mit sterilem Wirtel, 4 Schnitt durch den Schirm mit ausgebildeten Cysten, 5 Cyste, 6 Gameten, 7 Planozygote, 8 Aplanozygote. II *Caulerpa*, A Assimilatoren, Ha kriechende Hauptachse, Rh Rhizoide. III *Valonia.* (I konstruiert nach verschiedenen Autoren aus OLTMANNS und aus FOTT, II nach WARMING und GRAEBNER aus TROLL, III nach OLTMANNS.)

dende grüne Thalluslappen (Assimilatoren) von blattähnlicher Gestalt. Der Zellinnenraum dieser *Bryopsidaceae* wird durch ein aus Wandsubstanz gebildetes Balkensystem ausgesteift.
Bei *Dasycladus (Dasycladaceae)* ist eine axiale langgestreckte „Stammzelle" mittels Rhizoiden im Boden befestigt, sie trägt in zahlreichen Quirlen einfache oder verzweigte Seitenäste von begrenztem Wachstum. An diesen Zweigen entstehen die Gametangien. Die äußeren Zellwandschichten der Stammzellen verkalken und bleiben nach dem Absterben des Thallus als Kalkröhrchen zurück. Die Dasycladaceen traten in früheren Erdzeitaltern (seit Silur bekannt) sehr viel artenreicher auf und spielten eine wichtige Rolle als Gesteinsbildner.

Zur gleichen Familie gehört die durch Kalkinkrustierung weißlich erscheinende Schirmalge *Acetabularia* (Abb. 59 I). Sie bildet auf einem bis 5 cm langen, durch ein Rhizoid am Boden befestigten Stiel einen schirmartigen Hut aus, mit radial angeordneten Kammern. Wie die meisten Si-

phonalen ist *Acetabularia* ein reiner Diplont. Ihr zunächst einziger Kern (Primärkern) liegt während der über mehrere Jahre sich erstreckenden Entwicklung bis zur Ausbildung des Hutes im Rhizoid. Erst danach teilt sich der Kern in zahlreiche Sekundärkerne, die in die Kammern des Hutes einwandern und hier eine Vielzahl derbwandiger Cysten entstehen lassen. Bei der Bildung der bis über 1000 Sekundärkerne scheint die Meiose vonstatten zu gehen. Es konnte jedenfalls bei *Acetabularia mediterranea* nachgewiesen werden, daß die in den Hutkammern befindlichen Kerne vor Ausbildung der Cysten haploid geworden sind. Damit lassen sich die Cysten als Gametophyten interpretieren, die nach Zerfall des Schirmes frei werden, sich mit einem Deckel öffnen und viele Gameten entlassen. Nach Kopulation der Gameten verschiedener Pflanzen (Heterothallie) entsteht aus der Zygote eine neue diploide *Acetabularia* (heteromorpher Generationswechsel mit Überwiegen des Sporophyten). Wegen der leichten Pfropfbarkeit verschiedener Arten und aufgrund der Tatsache, daß die mehrere cm großen Thalli von einem einzigen im Rhizoid liegenden Zellkern aus in ihrer Entwicklung gesteuert werden, ist die Alge ein wichtiges Objekt für den Entwicklungsphysiologen geworden.
Heteromorpher Generationswechsel in wechselnder Form wurde durch Kulturversuche vor allem bei den *Bryopsidaceae* gefunden. Hierbei hat sich gezeigt, daß Algen, die als eigene Gattungen oder Familien geführt wurden, in einem gemeinsamen Entwicklungszyklus verbunden sein können, also nur Entwicklungsstadien ein und derselben Art darstellen. Der Sporophyt *(Derbesia)* trennt Sporangien als kurze, ovale Seitenäste durch Querwände ab. Aus den Sporangien werden Zoosporen (Meiosporen) entlassen, die stephanokont einen Kranz zahlreicher Geißeln am Vorderende tragen. Aus ihnen entsteht der Gametophyt, entweder die zarte gefiederte *Bryopsis* oder die blasenförmige *Halicystis,* je nachdem von welcher Art die Zoosporen stammen. *Halicystis* ist diözisch und anisogam. Nach Plasmogamie der zweigeißeligen Anisogameten entwickelt sich aus der Zygote erneut eine *Derbesia* (Abb. 60 I), in welcher mikrospektralphotometrischen DNS-Bestimmungen zufolge ♂ und ♀ Kerne heterokaryotisch getrennt vorliegen. Karyogamie tritt demnach erst in den sich bildenden Meiosporangien ein. Dieser heteromorphe Generationswechsel kann stark variieren. *Derbesia marina* als Sporophyt ist wattenbildend aus dichotom verzweigten Fäden aufgebaut, während *Halicystis ovalis* als dazugehöriger Gametophyt nur ei-

---

Abb. 60. *Siphonales.* I Heterophasischer und heteromorpher Generationswechsel von *Derbesia* und *Halicystis*, 1 *Derbesia* (Sporophyt) mit Zoosporangien, 2 Meiozoosporen, 3 *Halicystis* (Gametophyt), 4 Makrogamet, 5 Mikrogamet, 6 Kopulation. II *Codium* (1), 2 Querschnitt durch den Thallus. III *Bryopsis.* (I konstruiert nach Kuckuck, Harder, Kornmann u. a. aus Strasburger und aus Smith, II umgezeichnet aus Smith.)

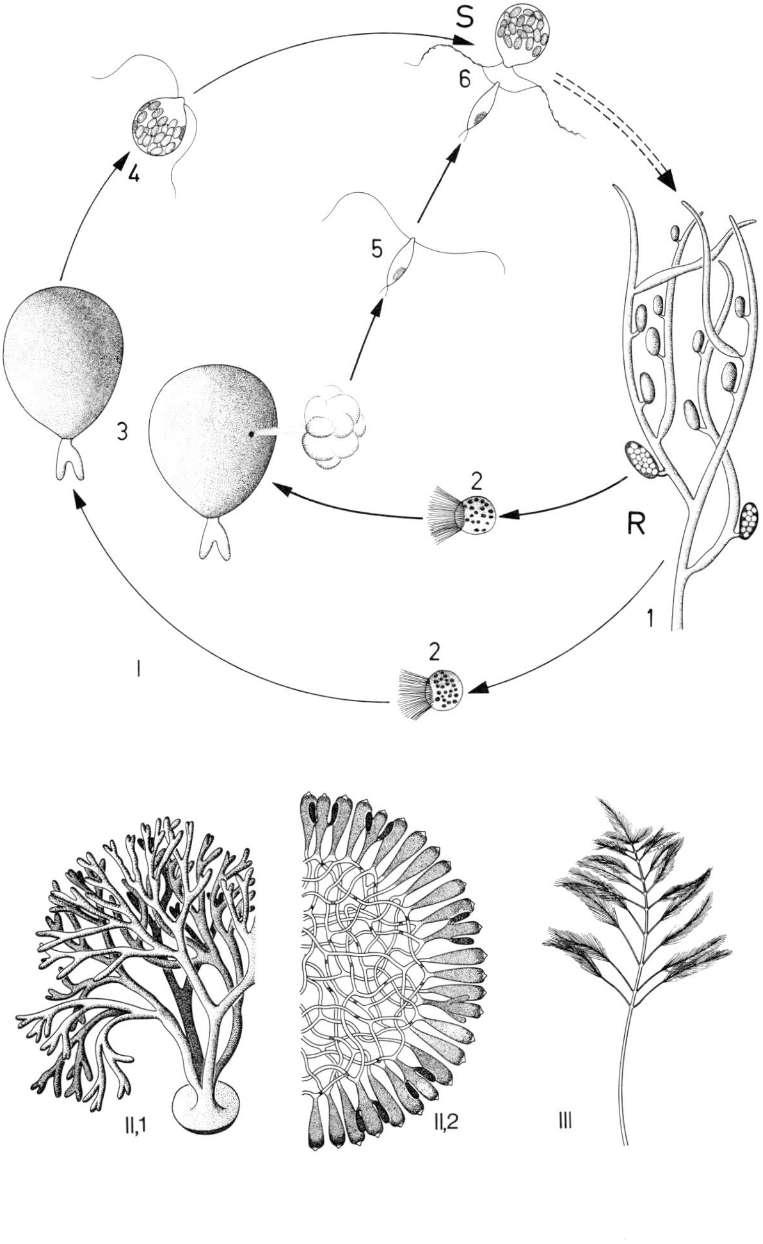
S
6
4
5
3
2
R
1
2
I
II,1
II,2
III

nen Umfang von 5 mm erreicht. *Bryopsidiella (Derbesia) neglecta* als Sporophyt erreicht dagegen nur etwa die gleiche Größe wie der Gametophyt *Bryopsis halimenia.* Bei anderen Paarungen kann eine Reduktion sowohl des Sporophyten als auch des Gametophyten bis auf eine winzige Scheibe (Mikrothallus) erfolgen. Der Sporophyt *Pedobesia (Derbesia) lamourouxii* hat eine kleine kalkinkrustierte Scheibe als Partner. Kaum sichtbar ist der Protonema-artige Zygotenkeimling (Sporophyt), dem die bis 12 cm große *Bryopsis plumosa* (Gametophyt) aufsitzt. So lassen sich Reduktionsreihen gegenläufig zwischen Sporophyt und Gametophyt aufstellen. Beim Absterben der Pflanzen können Akineten (derbwandige, unregelmäßig geformte Dauerorgane) in den Rhizoiden entstehen und so eine vegetative Vermehrung übernehmen.

3. U-Klasse: Chlorophycidae

Viele Parallelen zu den *Ulvophycidae* weisen die **Chlorophycidae** auf. Ihr Lebensraum ist jedoch nicht das Meer, sondern fast ausschließlich in Binnengewässern. Zumeist handelt es sich um fädige Organismen, die als Haplonten einen zygotischen Kernphasenwechsel besitzen. Von den trichalen Arten der *Codiolales* unterscheiden sie sich vor allem durch den abweichenden Mitose- und Cytokineseverlauf, auch die Anordnung der Geißelwurzeln bei Gameten und Zoosporen differiert.

Die **Chaetophorales** gleichen im Zellbau vielfach einer *Ulothrix.* Ihre Fäden sind jedoch verzweigt und meist heterotrich spezialisiert. Typisch ist die Ausbildung einer scheibenförmigen Sohle aus verzweigten, kriechenden und oft pseudoparenchymatisch miteinander verwachsenen, dem Substrat epilithisch oder epiphytisch anliegenden Fäden. Aus dieser Sohle erheben sich aufrechte, besonders der Reproduktion dienende, ebenfalls verzweigte Fäden. Bei bestimmten Gattungen und Arten können Sohle oder aufrechter Thallus schwächer entwickelt, die aufrechten Fäden, besonders deren Spitzen, zu Borsten reduziert sein. Bei *Stigeoclonium* (Abb. 61 II) und *Draparnaldia,* die bei uns im Süßwasser häufig vorkommen, sind beide Teile kräftig entwickelt. Die Vermehrung erfolgt wie bei den *Codiolales* durch 4geißelige Zoosporen, die geschlechtliche Fortpflanzung durch 2geißelige Isogameten. Während zur Zeit noch zygotischer Kernphasenwechsel als Normfall angesehen wird, ist bei *Stigeoclonium subspinosum* ähnlich wie bei den *Codiolales* das Auswachsen der Zygote zu einem winzigen diploiden Fa-

Abb. 61. I *Coleochaetales. Coleochaete* (1), 2 Oogonium kurz vor der Öffnung, 3 dasselbe nach der Befruchtung, 4 „Zygotenfrucht“ (K Kern, C Chromatophoren), II–IV, V *Chaetophorales* II *Stigeoclonium*, III *Trentepohlia*, 1 mit drei Zoosporangien (Konidien), 2 abgelöstes Zoosporangium entläßt die Zoosporen. IV *Pleurococcus* (1–4) in verschiedenen Entwicklungsstadien. (I, 1 nach Pringsheim und Jost aus Oltmanns, 2–4 nach Oltmanns, II nach Huber aus Oltmanns, III nach Meyer aus Fott umgezeichnet und verändert, IV aus Walter.)

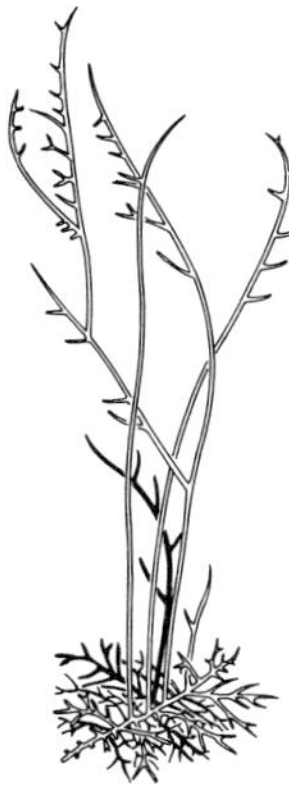

II

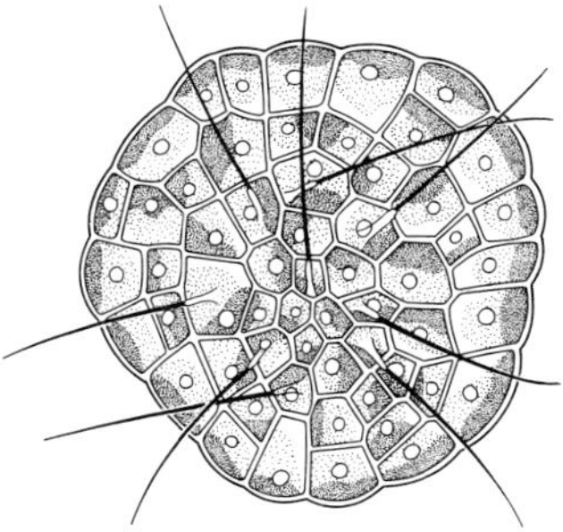

I,1

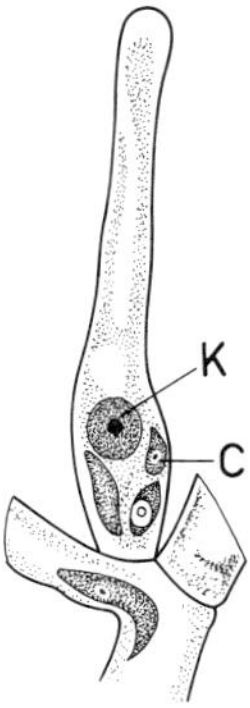

I,2

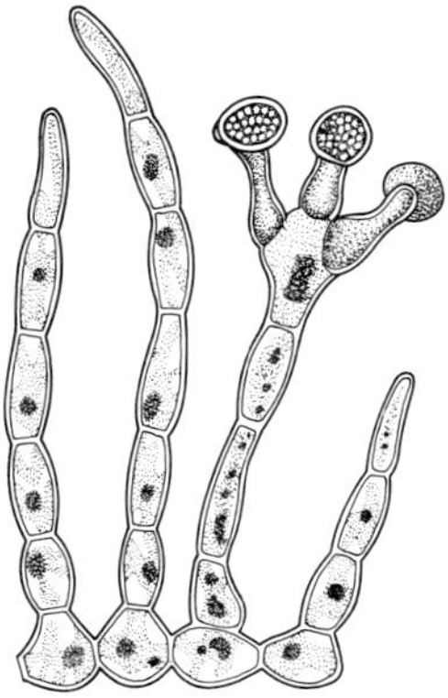

III,1

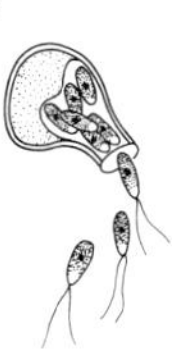

III,2

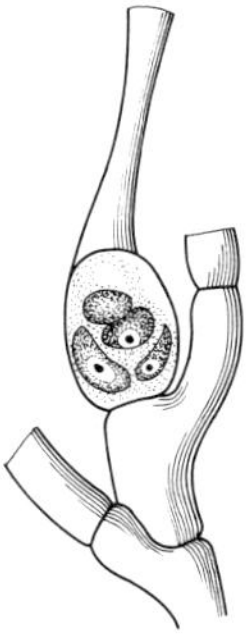

I,3

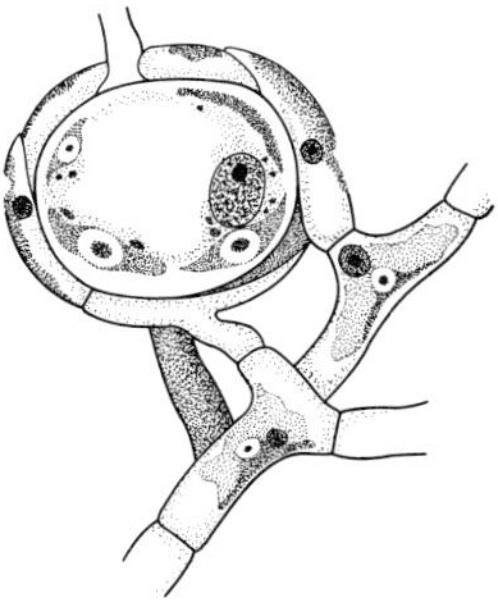

I,4

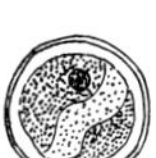

IV,1

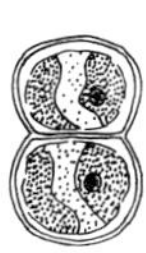

IV,2

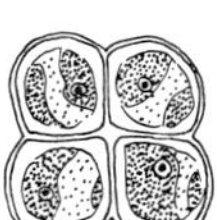

IV,3

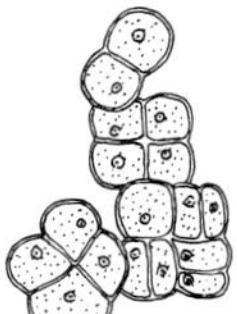

IV,4

den (Sporophyt) beobachtet worden. Erst hier entstehen dann die Meiosporen.

Coleochaete (Abb. 61 I), ein scheibenförmiger Epiphyt auf anderen Algen oder Wasserpflanzen, wird heute bei den *Chaetophorales* ausgegliedert und wegen der Bildung einer Zygotenfrucht, deren Wände mit Sporopollenin und Lignin-ähnlichen Substanzen verstärkt sind, zu den *Charophyceae* als eigene Ordnung *Coleochaetales* (s. Seite 228) gestellt.

Trentepohlia lebt als Aerophyt auf Felsen, Baumstämmen, in den Tropen auch auf Blättern. Ihre einreihigen Fäden sind durch Haematochrom gelb bis rotbraun gefärbt. Die Spezialisierung ist soweit fortgeschritten, daß Zoosporangien nur an den Fadenenden und zwar auf hakenförmigen Stielzellen (Tragzellen) entstehen. Sie werden als Ganzes durch einen Turgormechanismus von der Stielzelle abgetrennt und durch den Wind verbreitet, stellen verbreitungsphysiologisch betrachtet also eine **Konidie** dar (Abb. 61 III). Sobald sie in einen Tropfen Wasser gelangen, entlassen sie die Zoosporen. Diese Zoosporen unterscheiden sich in ihrer schlanken Form, der Anordnung der Geißelwurzeln, dem Typus der Mitose und Cytokinese so grundlegend von den übrigen *Chlorophycidae,* daß vorgeschlagen wurde, *Trentepohlia* in eine eigene Klasse **Trentepohliophyceae** abzutrennen, obwohl der fädige und zelluläre Aufbau des Thallus mit den *Chaetophorales* übereinstimmt. *Pleurococcus,* ebenfalls ein Aerophyt, findet sich bei uns häufig an der Wetterseite der Baumstämme (Abb. 61 IV). Nur in Kultur bildet er kurze Fäden. *Trentepohlia* und *Pleurococcus* sind Algenpartner in mehreren Flechten.

Trotz ihrer Mehrkernigkeit kann die fädige, auf feuchter Erde oder im flachen Wasser anzutreffende *Sphaeroplea* in der Nachbarschaft zu den chaetophoralen Algen angesiedelt werden, da der innere Zellaufbau und die Chloroplastenlage dies rechtfertigen. Die sexuelle Fortpflanzung erfolgt durch Oogamie. Vegetative Zellen entwickeln sich ohne Veränderung der Form zu Gametangien, die entweder mehrere kugelige Eizellen oder in großer Zahl schlanke Spermatozoide ausbilden. Die Befruchtung kann im Oogonium stattfinden oder die Eier verlassen dasselbe nach Ausbildung von Geißeln. Trockenperioden werden in Form dickwandiger roter Zygoten (Haematochrom!) überdauert.

Die **Oedogoniales** stellen in ihren Merkmalen eine recht einheitliche Gruppe dar. Ihr Thallus besteht aus einfachen oder verzweigten Fäden. Die einkernigen Zellen besitzen einen wandständigen, netzartigen, mit mehreren Pyrenoiden versehenen Chloroplasten und fallen durch Kappenbildung in den zweischichtigen Zellwänden auf. Diese Kappen entstehen durch den besonderen Zellteilungsmodus (Abb. 62 II) durch Anlage eines subapikalen Zellwandringes. Nach der Kernteilung (geschlossene Mitose) teilt sich die Zelle durch eine zarte Querwand in eine etwas längere basale und eine kürzere apikale Tochterzelle. Durch Reißen der Mutterzellwand im Ringwulstbereich und Streckung des jetzt hohlkehlartigen Wandringes vergrößert sich die kleinere Zelle. Das obere Reststück der Mutterzellwand bleibt als Kappe über der schmaleren aus dem Wulst gebildeten Wand. Durch weitere Zellteilungen am gleichen Zellpol häufen sich die Kappen, während die unteren Teile der alten Mutterzellwand an den basalwärts gelegenen Zellen verbleiben. *Oedogonium* (unverzweigt) und *Bulbochaete* (mit verzweigten Fäden) bilden im Süßwasser Watten. Die ungeschlechtlichen eiförmigen Zoosporen besitzen an ihrem farblosen Vorderende einen ganzen Kranz von Geißeln. Stephanokonte Begeißelung haben wir bereits bei *Derbesia* kennengelernt. Die Zoosporen entstehen einzeln in zum Sporangium umgewandelten Zellen und werden durch Aufreißen der Zellwand frei (Abb. 62 I). Geschlechtliche Fortpflanzung erfolgt durch Oogoniogamie. Bestimmte Zellen schwellen tonnenförmig an, ihr Inhalt wird zu einem großen Ei, welches das Oogon nicht verläßt. In den Antheridien, relativ flachen, meist zu mehreren durch Teilung übereinanderliegenden Fadenzellen desselben (homothallisch) oder eines anderen (heterothallisch) Fadens entstehen vielfach zu zweit die Spermatozoide (**makrandrische Formen**), die dann sofort befruchtungsfähig sind. Sie ähneln den Zoosporen, sind jedoch kleiner. Bei den **„nannandrischen“**

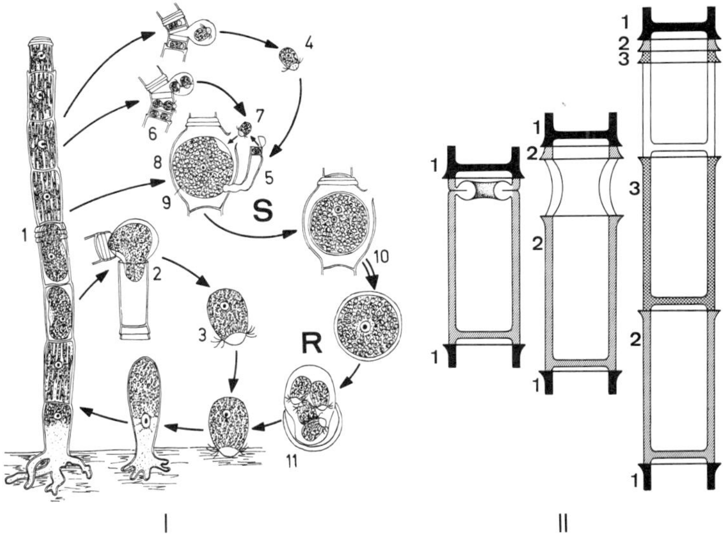

Abb. 62. *Oedogoniales*. I Entwicklungskreislauf von *Oedogonium* (zygotischer Kernphasenwechsel), 1 vegetativer Faden, 2 Zoosporangium, 3 Mitozoospore, 4 Androspore, 5 Zwergmännchen, 6 Antheridium, 7 Spermatozoid, 8 Oogonium, 9 Eizelle, 10 Zygote, 11 Meiozoosporen in keimender Zygote. II Kappenbildung bei *Oedogonium* (gleiche Zahlen geben entwicklungsmäßig zusammengehörende Zellwandteile an). (I aus WALTER, II nach KRASKOVITS aus OLTMANNS verändert.)

Arten werden aus den flachen Fadenzellen den Spermatozoiden ähnelnde Schwärmsporen (Androsporen) entlassen. Diese setzen sich in Oogonnähe fest und wachsen zu wenigzelligen kleinen „Zwergmännchen“ aus. Erst in den Zwergmännchen (Abb. 62 I, 5) entstehen befruchtungsfähige Spermatozoide. Diese dringen durch einen Wandporus ins Oogon. Die Zygote umgibt sich innerhalb des Oogons mit einer mehrschichtigen derben Wand und wird zur Hypno- und Cystozygote. Unter Reduktion keimt sie mit 4 Zoosporen (Meiosporen). Die *Oedogoniales* sind also reine Haplonten mit zygotischem Kernphasenwechsel.

2. Klasse: Conjugatophyceae, Jochalgen

Diese Klasse umfaßt Grünalgen, die vorwiegend einzellig geblieben sind. Soweit fadenförmige Typen aufreten, handelt es sich um unverzweigte Fäden, die einen coenobialen Verband ohne Spezialisierung einzelner Zellen und ohne Polarität innerhalb des Fadens darstellen. Die Fäden zerfallen sehr leicht, und jede Zelle behält auch innerhalb des Fadens ihre physiologische Selbständigkeit. Die Zellen sind stets einkernig, die großen, meist axialen Chromatophoren mit ihren zahlreichen Pyrenoiden mannigfaltig gestaltet. Kleine Vakuolen mit spezifischen Einschlüssen (Gerbstoffe – *Zygnemales*, $BaSO_4$-Kristalle – einige *Desmidiales*) finden sich im peripheren oder endständigen Plasma. Begeißelte Stadien treten nicht auf. Zweiteilung führt zu vegetativer Vermehrung. Bei der geschlechtlichen Fortpflanzung wandelt sich jeweils der gesamte Protoplast einer vegetativen Zelle, die so zum Gametangium wird, zum akonten Gameten um. Die Vereinigung (**Konjugation**) der beiden amöboid beweglichen Gameten erfolgt durch ein Joch zwischen den beiden Partnerzellen, den Konjugationskanal. In der Zygote (Hypno- und Cystozygote) findet die Reduktionsteilung statt. Die Conjugaten sind also reine Haplonten mit zygotischem Kernphasenwechsel.

Die 4–5000 Arten kommen fast nur im Süßwasser vor (selten im Brackwasser, im Meer fehlend). Hier sollen nur 2 Ordnungen aufgeführt werden.

Die **Desmidiales** sind Einzeller von besonders zierlicher Gestalt, die allenfalls durch Verkleben der Tochterzellen Ketten bilden können. Sie bevorzugen vielfach Gewässer mit saurem pH (z. B. Moortümpel). Die Zellwand (außen Gallerte und Pektin, innen Cellulose, mitunter durch Eisen gelbbraun imprägniert) besteht aus zwei Hälften, von denen die eine älter als die andere ist. Nach der Zellteilung wird von den beiden Tochterzellen jeweils die eine Wandhälfte ergänzt.

Closterium ist halbmondförmig gebaut. Häufig sind die Zellen in der Mitte eingeschnürt (Sinus) und werden durch eine Brücke (Isthmus) als zwei Semizellen verbunden (Abb. 63 IV–VI). *Cosmarium* hat biskuit-, *Micrasterias* sternförmige Gestalt. In beiden Hälften befindet sich jeweils ein großer zentraler Chloroplast

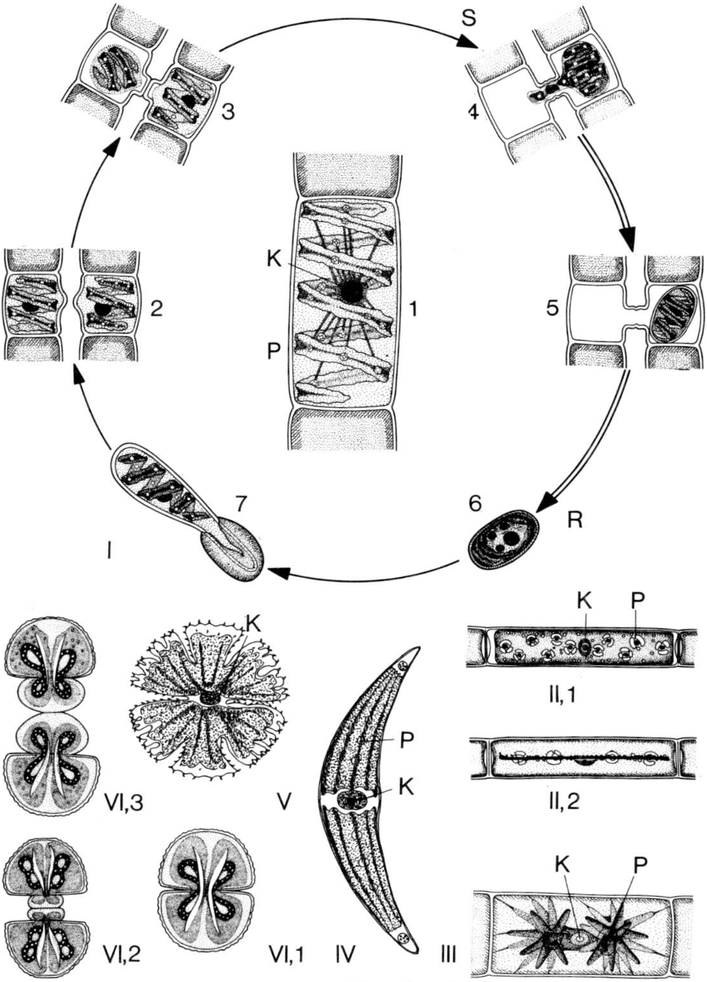

Abb. 63. *Conjugatophyceae*. I Entwicklungskreislauf von *Spirogyra*, 1 vegetative Zelle, 2 und 3 beginnende leiterförmige Konjugation, 4 der Wandergamet verschmilzt mit dem Ruhegameten, 5 Zygotenbildung, 6 drei der Meiokerne degenerieren in der Zygote, 7 keimende Zygote. II *Mougeotia* mit Chromatophor in (1) Flächen- und (2) Kantenansicht. III *Zygnema*, IV *Closterium*, V *Micrasterias*, VI *Cosmarium*, 1 vegetative Zelle 2 und 3 in Teilung, K Kern, P Pyrenoid. (Aus Walter, verändert und neu zusammengestellt.)

von oft verwickeltem Aufbau. Der Kern liegt im Isthmus. Nach der Kernteilung wird im Isthmus der plasmatische Inhalt beider Tochterzellen durch Membranen voneinander getrennt, ohne daß sich die Tochterzellen voneinander lösen. Die Halbzellen bilden nun hier Vorwölbungen, die sich vergrößern und die Gestalt der älteren Hälfte annehmen. Bestimmte Arten können durch Poren Gallerte und Schleime ausstoßen. Hierdurch wird eine Kriechbewegung ermöglicht.

Bei der geschlechtlichen Fortpflanzung legen sich zwei sexuell zumeist wohl genotypisch verschieden determinierte Zellen unter Gallertausscheidung nebeneinander. Die Zellwandhälften trennen sich in der Mitte oder es wird ein Kopulationskanal zwischen beiden Partnern ausgebildet. Durch amöboide Bewegung finden die Protoplasten zueinander und verschmelzen zur Zygote. Die 4 leeren Schalenhälften bleiben neben der derbwandigen, oft stacheligen Zygote in der Gallerte liegen. Die Zygotenkeimung beginnt mit Meiose, wobei zumeist 2 Kerne degenerieren, so daß nur 2 haploide neue Zellen entstehen.
Die **Zygnemales** bilden watteartige Knäuel, die man vom Frühjahr bis Herbst in ruhigen Tümpeln und Gräben an der Oberfläche antrifft. Durch Gallerthüllen um die Fäden fühlen sich diese Watten schleimig an. Die Zellwand – innen Cellulose, außen Pektin – schließt sich nach der Kernteilung irisblendenartig und schnürt den Protoplasten einschließlich des Chloroplasten quer durch. Eigenartige H-förmige Wandstrukturen an den Querwänden erleichtern bei einigen Arten den Zerfall in Einzelzellen. Bei der Mitose bleibt die Kernhülle größtenteils erhalten.

Bei *Spirogyra* sind die mit zahlreichen Pyrenoiden versehenen Chloroplasten (1–6 an der Zahl) in der Zelle band- und rinnenförmig schraubig gewunden und wandständig (Abb. 63 I). Bei *Mougeotia* (II) liegt axial ein plattenförmiger Chloroplast. Er vermag sich phototaktisch zu drehen und kehrt bei Schwachlicht die Breitseite, bei zu starker Intensität die Schmalseite der Lichtquelle zu. *Zygnema* besitzt zwei sternförmige Chloroplasten, zwischen denen sich in der Zellmitte, wie bei den anderen Gattungen, an Plasmafäden aufgehängt der Zellkern befindet (Abb. 63 III).

Bei der geschlechtlichen Fortpflanzung bilden zwei geschlechtsverschiedene, morphologisch meist gleich gestaltete (selten ungleich breite) Fäden – die Geschlechtsbestimmung ist phaenotypisch – an ihren Berührungsstellen sich vorwölbende Papillen aus (Abb. 63 I). Die Entwicklung der Kopulationspapillen scheint weniger durch thigmotropische Reizwirkung, sondern vielmehr unter Einfluß spezifischer hormonaler Substanzen der Kopulationspartner ausgelöst zu werden. Durch Auflösung der Zellwand an diesen Stellen entsteht ein Kopulationskanal. Bei einigen Arten können die Zellen an den Enden eines in Schlinge liegenden Fadens miteinander kopulieren, ja die Kopulationsbrücke kann auch seitlich zwischen zwei benachbarten Zellen des gleichen Fadens ausgebildet werden (z. B. laterale Konjugation bei *Mougeotia genuflexa*). Während der Brückenbildung runden sich die Protoplasten beider Zellen unter Wasserverlust zum Gameten. Jede Zelle eines Fadens kann zum Gametangium werden, wenn sie auf eine Partnerzelle trifft. Der eine Gamet (**Wandergamet,** bei ihm geht der Chloroplast zugrunde) gleitet amöboid durch den Kopulationskanal zum **Ruhegameten.** Die Zygote umgibt sich mit einer mehrschichtigen, dicken, braunen Wand und ist mit Reservestoffen vollgestopft (Hypno-; Cystozygote). Bei gewissen Arten wandern beide Gameten in die Kopulationsbrücke, so daß die Zygote im Kopulationskanal liegt. Bei der Zygotenkeimung erfolgt wiederum Meiose, drei Kerne degenerieren jedoch, so daß nur ein haploider Keimling entsteht, der sich zunächst mit einem Rhizoid festsetzt und erst später als Faden abreißt.

3. Klasse: Charophyceae, Armleuchteralgen

Die phylogenetischen Vorfahren der höheren Landpflanzen (Moose, Farne und Samenpflanzen) werden auf Grund cytologischer und biochemischer Kriterien vor allem infolge Übereinstimmung in den Photosynthesepigmenten bei den Grünalgen gesucht. Unter diesen könnten die Charophyceen den Formen nahestehen, von denen im Palaeozoikum die Entwicklungslinien zu den höheren Pflanzen abzweigten.
Beide Ordnungen, die *Coleochaetales* und *Charales*, bilden erstmals im Bereich der Grünalgen bei der Zellteilung ihre Zwischenwände in einem Phragmoplasten, wie er für die höhere Pflanze als typisch anzusehen ist. Die Trennung der Tochterzellen durch Querwände unterliegt nämlich in der Abteilung der *Chlorophyta* einer Höherentwicklung, die in mehreren Stadien abläuft. Als einfachste Form kann die nach der Mitose auftretende Zerklüftung des Plasmas und simultane Umhüllung der beiden Tochterzellen mit neuen Zellwandschichten angesehen werden. Auch eine zentripetale, irisblendenartige Durchtrennung der Mutterzelle nach der Mitose von der Zellwand ausgehend läßt sich als ursprünglich deuten. Bei einem weiteren bereits abgeleiteten Typus erfolgt die Querwandbildung in einem Phycoplasten, der nach Invagination des Plasmalemmas irisblendenartig durch Verschmelzen von Golgivesikeln teilweise wohl bereits von Plasmodesmen durchsetzt in einer Schicht quer zur Achse der vorherigen Kernspindel liegender Mikrotubuli entsteht. Bei Ausbildung eines Phragmoplasten wie bei den Characeen liegen die Mikrotubuli bei der Entstehung der Zellplatte in der Längsrichtung der Zelle und nicht in der Äquatorialebene (die Zellplatte ist dann regelmäßig mit Plasmodesmen durchsetzt).
Man vermutet, daß sich die *Charophyceae* sehr früh von den anderen Grünalgengruppen getrennt haben, da ihre Zoosporen bzw. Spermatozoide sich durch Schüppchen auf der Zelloberfläche auszeichnen, wie sie für die nur kurz erwähnten Prasinophyceen als typisch gelten, die Geißeln sind seitlich unterhalb der Spitze inseriert.

Die winzig kleinen, kissenförmigen Thalli der **Coleochaetales** erinnern an die Sohle der chaetophoralen Algen, weshalb *Coleochaete* bis vor kurzem auch dort eingeordnet wurde. Diese Scheiben entstehen aus sich dicht verzweigenden Zellfäden. Die Zellen der epiphytisch auf anderen Algen oder Wasserpflanzen der Binnengewässer vorkommenden *Coleochaete* (Abb. 61, I) enthalten jeweils einen wandständigen Chromatophor mit ein bis zwei Pyrenoiden. Mehrere Zellen der Scheibe tragen ein borstenförmiges, farbloses Haar. Während bis zum Sommer nur vegetative Vermehrung durch 2geißelige Zoosporen erfolgt, kommt es später im Jahr durch Umbildung vegetativer Randzellen zu flaschenförmigen Oogonien, deren farbloser Hals sich an der Spitze zur Aufnahme des farblosen 2geißeligen Spermatozoids öffnet (Oogoniogamie). Die Spermatozoide entstehen einzeln in Endzellen eines Zweiges der Sohle in Oogonnähe. Die befruchtete kugelige Zygote vergrößert sich und wird durch Auswachsen von Hüllfäden aus ihrer Tragzelle und deren Nachbarzellen mit einer plectenchymatischen Rindenschicht umgeben. Bei dieser „Zygotenfrucht“ wird die diploide Zygote vom Haplonten eingehüllt. Ähnliche Vorgänge treten bei den Rotalgen (Seite 259), den *Charales* (Seite 231) und den Zygomyceten (Seite 289), ganz besonders aber bei den Ascomyceten auf, jedoch darf man daraus nicht auf engere verwandtschaftliche Beziehungen schließen. Die Zygotenfrucht (**Sporokarp**) ist ein Dauerorgan, mit Hilfe dessen der Winter überstanden wird. Die Zellwände der Zygoten von *Coleochaete* werden mit Sporopollenin imprägniert, einem besonders widerstandsfähigen Material, das vor allem in Zellwänden von Sporen und Pollen von Landpflanzen vorkommt. Zusätzlich findet sich in den Zygotenwänden und denen benachbarter Zellen ein Baustoff mit phenolischen Komponenten, der dem Lignin ähnelt. Lignin galt bisher als spezieller Konstituent höherer Pflanzen. Die Zygotenfrucht keimt im Frühjahr unter Reduktionsteilung, wobei ihr Inhalt in 16–32 haploide Zellen aufgeteilt wird. In diesen Zellen wird je eine haploide Zoospore gebildet. Trotz dieses komplizierten Entwicklungsablaufes ist *Coleochaete* ein reiner Haplont mit zygotischem Kernphasenwechsel. Die Zellteilung mit Ausbildung eines Phragmoplasten ähnelt der höherer Pflanzen.

Abb. 64. *Charales*. 1 *Chara*, 2 Längsschnitt durch die Spitzenregion, v Scheitelzelle, i Internodialzellen, b aus den Knotenzellen ausgewachsene Seitentriebe, K Seitenknospe, a Antheridienanlagen, o Oogonienanlagen; 3 Antheridienstand (A) und Oogonium (O) mit Sporostegium (Sp); 4 dasselbe als jüngeres Stadium, s Scutellum, m Manubrium, k primäre Köpfchenzelle; 5 Manubrium mit Köpfchenzellen und spermatogenen Fäden, 6 Spermatozoide in spermatogenem Faden, 7 Spermatozoid. (1, 2, 3, 5 und 6 nach Sachs, 7 nach Strasburger aus Strasburger, 4 nach Sachs aus Oltmanns, umgezeichnet.)

1

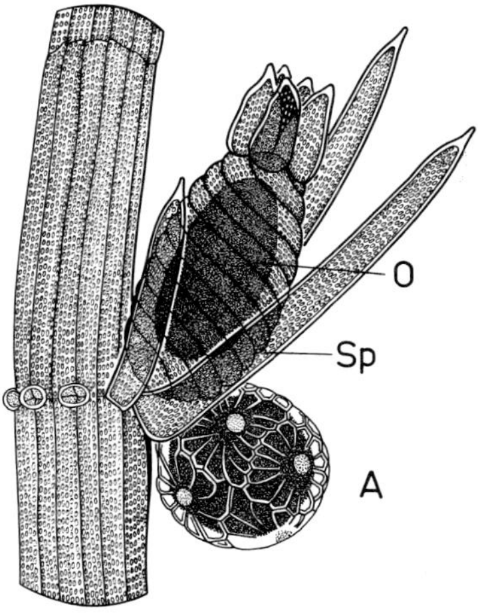

3

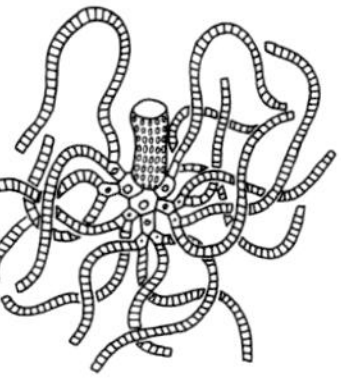

5

6

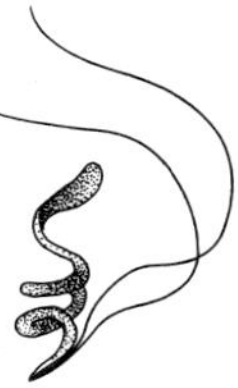

7

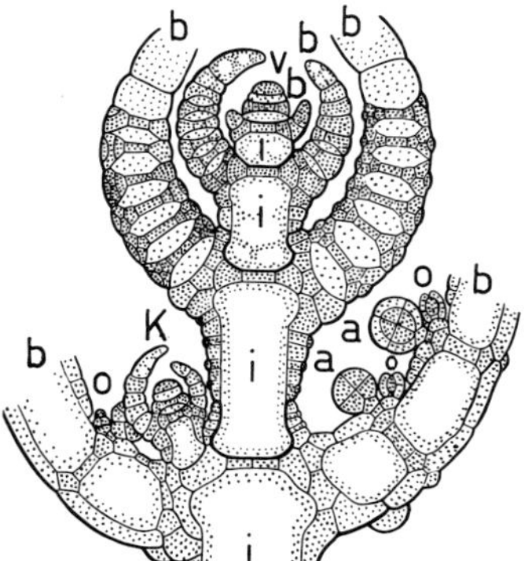

2

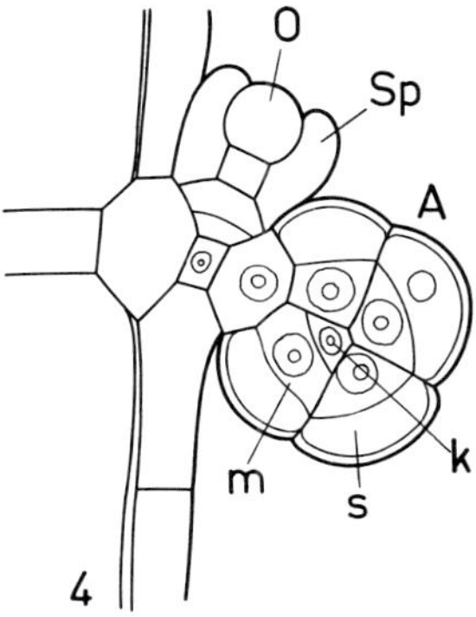

4

Der Thallus der **Charales** (Armleuchtergewächse) zeichnet sich durch seine Gliederung in langgestreckte fädige **Internodien** und Knoten (**Nodien**) mit quirlförmig angeordneten Seitenästen aus (Abb. 64).

Die 300 Arten der einzigen rezenten Familie *Characeae* bilden in flachen Teichen und Gräben oft dichte Wiesen. Durch ihre Rhizoide sind die bis 30 cm hohen Thalli im Schlamm oder Sand verankert. Schwerspat-($BaSO_4$)Kristalle dienen der Graviperzeption. Fossil sind die Characeen schon aus dem Karbon bekannt. Ihre Zellwände sind stark mit Kalk inkrustiert und können daher zur Kalktuffbildung beitragen.

Das Wachstum der Haupt- und Nebenachsen erfolgt mit einer terminalen einkernigen und einschneidigen Scheitelzelle, die Segmente abgibt. Jedes Segment teilt sich erneut. Diese Teilung ist eine inäquale Zellteilung. Die untere Hälfte streckt sich zu dem späteren Internodium, hierbei fragmentiert der Zellkern in zahlreiche ungleichwertige Teilkerne. Die obere Hälfte wird zur Knotenzelle, die sich mittels anschließender Längsteilungen zur kurzzelligen Knotenscheibe entwickelt. In gesetzmäßiger Teilungsfolge entsteht ein Kranz von Zellen, aus denen die „Blätter" („Kurztriebe"), die „Rindenzellen" und „Stipularkränze" hervorgehen. In jedem Quirl entspringt der Achsel eines „Kurztriebes" ein der Hauptachse gleichender „Langtrieb". Während die Internodien bei *Nitella* unberindet sind, wird die Internodialzelle bei *Chara* von den dem Knoten entstammenden Rindenzellen umhüllt. Die Zellen enthalten zahlreiche rundliche pyrenoidlose Chloroplasten. Diese befinden sich in der äußeren ruhenden Plasmaschicht (Stagmoplasma), während die inneren Plasmaschichten heftige Strömung zeigen (Kinoplasma). Schräg die Internodialzellen entlang läuft der Interferenzstreifen. In ihm läßt sich die gegenläufige Bewegung des inneren Plasmas verfolgen. Die Zellwand besteht aus Cellulose mit fibrillärer Struktur wie bei den Cormobionten. Querwände entstehen bei der Zellteilung im Phragmoplasten. Einige Characeen bilden an den unteren Achsenteilen dicht mit Reservestoffen angefüllte Knöllchen, die der Überwinterung dienen. Eine vegetative Vermehrung durch Zoosporen fehlt.

Geschlechtliche Fortpflanzung erfolgt durch Oogoniogamie. Die Gametangien sind völlig andersartig gestaltet als bei den übrigen Algenstämmen. An den Knoten der Kurztriebe entstehen rundliche gelbrote Antheridienstände. Über ihnen befinden sich die länglichen grünen Oogonien (Eiknospen) (Abb. 64). Die Antheridienstandwandung besteht aus 8 **Schildchenzellen** (Scutella, Einzahl **Scutellum**). An jeder dieser Zellen sitzt ein vorspringendes **Manubrium** (Stielchen), an ihm läßt eine primäre köpfchenförmige Zelle 3–6 sekundäre **Köpfchenzellen** hervortreten. Aus diesen Köpfchenzellen ragen je 3–5 lange unverzweigte spermatogene Zellfäden mit zahlreichen scheibenförmigen Zellen, den Antheridien. In jedem der letzeren entsteht ein schraubig gewundenes Spermatozoid, das 2 Geißeln und einen Augenfleck besitzt, jedoch plastidenfrei ist. Das Oogon geht aus einer Initiale hervor, die sich quer in die obere Oogoniummutterzelle und eine untere Zelle gliedert. Die Oogoniummutterzelle teilt, ehe sie zum Oogon wird, 3 sterile basale Zellen ab (= Oogonienstand). Die untere Zelle bildet später die Sporostegiuminitiale und eine darunter befindliche Tragzelle. Die Sporostegiuminitiale entwickelt sich in mehreren Teilungsschritten zum **Sporostegium,** der **Oogonhülle,** die aus 5 Hüllschläuchen bestehend schraubig das Oogon umschließt. Die Enden der Hüllschläuche grenzen sich durch Querwände als Krönchenzellen ab, zwischen welchen die Spermatozoide zur Eizelle vordringen. Nach der Befruchtung umgibt sich die Eizelle mit einer derben Wand. Auch die Innenwände des Sporostegiums verdicken sich und tragen zur Ausbildung der die Zygote umgebenden Hartschale bei. Wie bei *Coleochaete* trägt der Gametophyt zum Schutz der diploiden Phase (Zygote) bei. Die äußeren Wände vergehen nach Abfallen der Zygotenfrucht; sie überwintert als Dauerorgan (Cysto- und Hypnozygote). Bei der Keimung setzt Reduktionsteilung ein. Von den vier haploiden Kernen degenerieren drei, es entsteht aus der Zygote nur ein haploider Keimling. Die Characeen sind also reine Haplonten mit zygotischem Kernphasenwechsel.

5. Abteilung: Euglenophyta

Klasse: Euglenophyceae, Augenflagellaten

Von diesen meist verhältnismäßig großen Flagellaten mit mehr oder weniger gedrehten Protoplasten sind etwa 800 Arten bekannt. Die ganze Organismengruppe ist zumeist auf der monadalen Stufe stehengeblieben. Die nackte oder mit einer **Pellicula** (Periplast) versehene Zelle besitzt 1–2 Geißeln. Sie entspringen der Basis einer flaschenförmigen Vertiefung, der **Ampulle,** in die sich pulsierende Vakuolen ergießen. Während die lange Flimmergeißel stets genauso wie die beiden Basalkörner nachweisbar ist, tritt die kürzere Peitschengeißel häufig nicht in Erscheinung. Beide Geißelbasen verschmelzen bei eingeißeligen Formen im Bereich der Ampulle. Dort liegt auch der Photorezeptor, der gemeinsam mit dem der Ampullen(Schlund-)wand anliegenden durch Carotinoide rot gefärbten Stigma („Augenfleck", als Schattenspender) der Lichtperzeption dient. Die meist scheiben- oder sternförmigen teilweise mit Pyrenoiden versehenen Chromatophoren enthalten, wenn auch nicht im gleichen Zusammensetzungsverhältnis, dieselben Assimilationspigmente wie die Grünalgen (Chlorophyll a und b, β-Carotin und geringfügig α-Carotin). Hinzu treten Neoxanthin und Antheroxanthin (sonst im Pflanzenreich nicht vorkommend) sowie andere Xanthophylle. Als Reservestoff wird neben fettem Öl Paramylon gebildet (ein stärkeähnliches, sich aber mit Jod nicht blau färbendes Kohlenhydrat). Diese Besonderheit läßt ihre Stellung im System unsicher erscheinen. Die Chromatophoren besitzen eine Hülle aus 3 Membranen und auch

die Thylakoide liegen meist in Dreier-Stapeln. Sie werden daher auch als endosymbiontische Grünalgen gedeutet, die ihre sonstigen Zellbestandteile fast vollständig abgebaut haben.
Die Vermehrung erfolgt wie bei Zooflagellaten durch schraubenförmige Längsteilung. Sie beginnt mit der Durchschnürung am Geißelpol. Bei ungünstigen Umweltbedingungen werden die Geißeln abgeworfen, die Zellen kugeln sich ab und scheiden eine dicke Gallerte ab. Dennoch kann es zu weiteren Teilungen kommen, so daß ganze Gallertlager entstehen (Palmellen). Cystenbildung verhindert Austrocknung und ermöglicht die Überdauerung eines Lufttransportes. Sexuelle Fortpflanzung konnte bis heute nicht sicher nachgewiesen werden. Die Kernteilung ist durch eine persistierende Kernhülle während der Mitose charakterisiert. Im Interphasekern bleiben die fadenförmig kontrahierten Chromosomen erhalten.

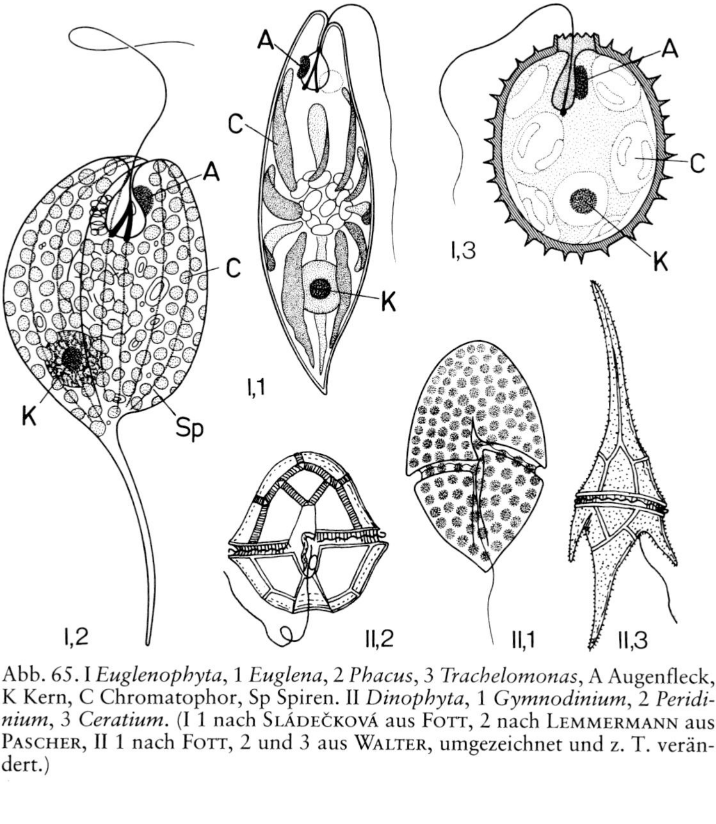

Abb. 65. I *Euglenophyta*, 1 *Euglena*, 2 *Phacus*, 3 *Trachelomonas*, A Augenfleck, K Kern, C Chromatophor, Sp Spiren. II *Dinophyta*, 1 *Gymnodinium*, 2 *Peridinium*, 3 *Ceratium*. (I 1 nach Sládečková aus Fott, 2 nach Lemmermann aus Pascher, II 1 nach Fott, 2 und 3 aus Walter, umgezeichnet und z. T. verändert.)

Die *Euglenophyta* ernähren sich außerordentlich variabel: 1. phototroph, auch dann benötigen sie aber bestimmte Vitamine, die von außen zugeführt werden müssen (photoauxotroph), 2. heterotroph, wobei organische C- und N-Quellen erforderlich sind (farblose Formen), 3. phagotroph durch Aufnahme geformter organischer Nahrung (Bakterien, Hefen, Flagellaten usw.). Es nimmt nicht wunder, daß sie vielfach in nährstoffreichem Milieu wie Jauche, Abwässern oder eutrophen Tümpeln angetroffen werden. Die meisten Arten leben im Süßwasser. Bei *Euglena* (Abb. 65 I, 1) ist der Periplast elastisch und gibt den metabolischen Bewegungen des Protoplasten nach. Seine Oberfläche läßt häufig eine vom Protoplasten gebildete schraubige Streifung aus kompliziert gebauten Bändern (taxonomisches Merkmal: Spiren) erkennen, zwischen den Streifen können noch Reihen von warzenartigen Gebilden auftreten, die mitunter durch Mangan- oder Eisenhydroxid dunkel gefärbt sind. Bei *Phacus* (Abb. 65 I, 2) ist der gestreifte Periplast starr, bei *Trachelomonas* durch Eisenausscheidungen verstärkt. Die lange Geißel ragt bei letzerem aus der krönchenartigen Öffnung (Abb. 65 I, 3).

6. Abteilung: Dinophyta

Klasse: Dinophyceae, Dinoflagellaten

Die braun gefärbten, meist einzelligen, seit dem Perm nachgewiesenen ca. 1000 Arten werden häufig als Klasse den *Chromophyta* eingegliedert. Hierfür sprechen die Assimilationspigmente: neben Chlorophyll a und c, β-Carotin, das Vorhandensein mehrerer z. T. spezifischer Xanthophylle (Diadinoxanthin, Dinoxanthin und Peridinin); dabei kommt durch unterschiedliche Mengenverhältnisse eine Farbvariabilität zustande, wobei das Carotin ein Übergewicht erhalten kann. Sie unterscheiden sich jedoch von den *Chromophyta* durch ihre Reservestoffe, neben Öl treten nämlich Stärke und stärkeähnliche Polyglucane auf. Der Kern, als mesokaryotisch (zwischen pro- und eukaryotisch) bezeichnet, weist die Eigenart auf, auch als Interphasekern die Chromosomen (Gene jedoch nicht inaktiviert!) erkennen zu lassen (Dinokaryon). Seine Struktur ähnelt der von Bakterien, sein Gehalt an Nucleinsäuren und Proteinen und deren Zusammensetzung ist ebenfalls von anderen Eukaryoten-Chromosomen unterschieden. Während der Mitose wird die Kernhülle nicht aufgelöst; ein Spindelapparat fehlt. Von der monadalen Stufe ausgehend über rhizopodiale und capsale Formen gehören zu den Dinoflagellaten coccale und wenige trichale Typen.

Wenngleich *Dinophyta* in allen Gewässern, in Mooren und auch auf Schnee vorkommen, leben die meisten Arten im Meer (besonderer Artenreichtum in wärmeren Meeren). Sie bilden neben den Diatomeen und Coccolithineen den Hauptbestandteil des Phytoplanktons (Fossiliennachweise aus dem frühen Kambrium). Im Gegensatz zum Artenreichtum in warmen Zonen überwiegt in kälteren Meeren die Individuenzahl (20 000/l : 2500/l). Schwebefortsätze erleichtern die planktische Lebensweise. Manche marine Formen rufen nach Reizung infolge „kalten Leuchtens" (nach dem Luciferin-Luciferase-Prinzip) Meeresleuchten hervor (*Ceratium*- und *Peridinium*-Arten), besonders die mit einem

Tentakel versehene chromatophorenfreie, kugelige, 2 mm große *Noctiluca*. *Gymnodinium* und *Gonyaulax* bedingen bei Massenentwicklung Fischsterben (Sauerstoffverbrauch und Toxinausscheidung). Saxitoxin und Gonyautoxin verursachen beim Menschen nach dem Genuß von Muscheln, die das Gift aufgenommen haben, Todesfälle. Am Meeresstrand können Dinoflagellaten feuchten Sand braun färben. *Symbiodinium*, in allen Riffgemeinschaften vorkommend, gilt als der häufigste photosynthetisch aktive Cytosymbiont (intrazelluläre Symbiose mit marinen Hohltieren).

Hier sollen nur die **Peridiniales** als wichtigste Ordnung aufgeführt werden. Es sind allesamt Einzeller, dorsiventral gebaut, mit einer **Quer-** und **Längsfurche** versehen, in denen die beiden unterschiedlich strukturierten Flimmergeißeln verlaufen (in der Querfurche die eine als Steuerorgan, die Längsgeißel nach hinten gerichtet als Schubgeißel). Die primitivsten Formen haben keine Zellwand (**avalvate** Formen), allenfalls eine Pellicula (Periplast) ausgebildet *(Gymnodinium)*. Häufig scheidet jedoch der Protoplast eine **Hülle (Esthma)** aus, die bei den **prävalvaten** Formen als Cellulosehaut, bei den **valvaten** Formen (*Ceratium, Peridinium*, s. Abb. 65) zu einem derben Panzer entwickelt ist. Die Zellwand besteht dann aus einer genau festgelegten Anzahl polygonaler Celluloseplatten, die unter dem Plasmalemma angelegt werden und von diesem nach außen bedeckt bleiben. Die Zellen enthalten zahlreiche ovale oder gelappte Chromatophoren; die Pyrenoide stehen mit ihnen in unterschiedlichem Kontakt. Die Möglichkeit wird diskutiert, daß es sich bei den Chromatophoren um endosymbiontische Algen handeln könnte, zumal bei einigen Arten Chloroplastenhüllen mit 3, bei anderen mit 4 Membranen vorkommen. Die Dinophyta wären dann eigentlich Zooflagellaten. Auffällig sind bei marinen Formen große **Pusulen,** die eine Vergrößerung der Oberfläche bedeuten, aber nicht die Funktion pulsierender Vakuolen besitzen. Phagocytose ist (auch bei autotrophen Formen) möglich.
Ungeschlechtliche Vermehrung erfolgt durch Teilung schräg zur Längsachse (Längsteilung). Bei valvaten Formen wird auch der Panzer schräg zur Längsfurche entlang den Plattennähten getrennt. Die Tochterzellen regenerieren die fehlenden Panzerteile. Die Teilung kann aber auch *(Peridinium)* nach Ecdysis (Abwerfen des Panzers) durch den nackten Protoplasten erfolgen. Unter ungünstigen Umständen werden Cysten gebildet (bei valvaten Formen im Innern des Panzers). Iso- und auch Anisogamie sind vereinzelt beobachtet worden. Die Zygote keimt unter Reduktionsteilung (zygotischer Kernphasenwechsel). Die Dinoflagellaten sind somit typische Haplonten.

7. Abteilung: Chromophyta (Heterokontophyta)

Als *Chromophyta* werden eine Reihe parallel entwickelter Algenklassen (ca. 13 000 Arten) zusammengefaßt, bei denen die Grünfärbung des Chlorophyll a von einer Reihe spezifischer Xanthophylle überdeckt wird, und die daher ein grüngelbes bis braunes Aussehen erlangen. Häufig werden neben den *Chrysophyceae, Xanthophyceae, Bacillariophyceae* und *Phaeophyceae* auch die ebenfalls braun gefärbten Dinoflagellaten mit einbezogen. Da die erstgenannten vier Klassen jedoch durch einheitliche oder sehr ähnliche Reservestoffe ausgezeichnet sind (so finden sich bei ihnen einmal die Polysaccharide Laminarin und Chrysolaminarin, zum anderen immer wieder fettes Öl als Reserveprodukte), haben wir die letztgenannten als eigene Abteilung *Dinophyta* geführt, zumal noch einige andere abweichende Merkmale hinzukommen (s. auch Tabelle Seite 201). Die begeißelten Zellen der *Chromophyta* sind heterokont (lange nach vorne gerichtete Zuggeißel mit 2 Reihen von Flimmerhaaren, glatte Schleppgeißel), weshalb die Abteilung auch als *Heterokontophyta* bezeichnet wird, und der Aufbau der Chromatophoren weicht von dem der anderen Abteilungen ab. Die Plastiden werden zusätzlich zu ihrer Membranhülle vom endoplasmatischen Reticulum umgeben. Direkt unter der Chromatophorenhülle liegt eine geschlossene, umlaufende **Gürtellamelle**, die wie die übrigen Thylakoide in einem Stapel aus 3 angeordnet ist. Diese Stapel aus 3 Thylakoiden finden sich sonst nur noch bei den *Euglenophyta* und *Dinophyta*. Die Gürtellamelle jedoch erscheint charakteristisch für die *Chromophyta*.

1. Klasse: Chrysophyceae, Goldalgen

Zu den ca. 1000 Arten gehören überwiegend einzellige Algen, die sich jedoch von der monadalen über die rhizopodiale, die capsale, die coccale Stufe bis zu trichalen Formen entwickelt haben. Gerade hier, wie bei den Xanthophyceen, sind diese Organisationsstufen vollständig ausgebildet und in ihren Formen erhalten, während, wie wir gesehen haben, bei den Grünalgen die Stufenfolge dieser stammesgeschichtlichen Reihe nicht in allen Merkmalen folgt. Das goldbraune Aussehen wird durch verschiedene Xanthophylle, ganz besonders Fucoxanthin hervorgerufen, die gegenüber den Chlorophyllen a und c vorherrschen. Auch β-Carotin ist vorhanden. Als Reservestoffe werden Chrysolaminarin und Öl gebildet. Die einkernigen Zellen besitzen meistens 1–2 Chromatophoren (mitunter mit Pyrenoid). Das Protoplasma sticht durch glasklares Aussehen hervor.
Die artenreichste Ordnung, die **Chrysomonadales**, sind Einzeller mit zumeist 2 unterschiedlich langen Geißeln. Manche Formen besitzen Kieselschüppchen, die in der Zelle in Vesikeln gebildet und auf der Oberfläche abgelagert werden. Typisch sind verkieselte, mit einem Stöpsel verschlossene Cysten, die endogen gebildet werden und der Überdauerung ungünstiger Bedingungen dienen. Vegetative Vermehrung erfolgt durch für die Flagellatenorganisation typische Längsteilung. Sexuelle Verschmelzung ganzer Individuen ist beobachtet worden. Die vegetative Zelle wird somit als Ganzes zum Gameten. Die Re-

duktionsteilung dürfte bei der Zygotenkeimung stattfinden (Haplonten mit zygotischem Kernphasenwechsel).

Chromulina ist ein nackter, amöboider (formveränderlicher) 1geißeliger Flagellat, der in kleinen Wasseransammlungen und Teichen auch als Neuston-Organismus vorkommt. Das 2geißelige *Dinobryon* (Abb. 66 I, Süßwasser und Meer) bildet verzweigte Coenobien. Die Protoplasten sind im Grunde tütenförmiger Cellulosegehäuse angeheftet. Nach der Teilung verlassen beide Tochterzellen (oder nur eine) das Muttergehäuse, setzen sich an dessen Rand fest und scheiden unter kreisenden Bewegungen ein eigenes Gehäuse aus, dem der Protoplast wiederum nicht fest anliegt. Zygoten fallen durch die beiden seitlich noch anhaftenden Gehäuse der beiden Kopulanten auf. In Teichen sind die freischwebenden, kugeligen Coenobien von *Synura* (Abb. 66 II) häufig. Die Zellen verkleben an ihrer Basis durch Gallerte. Die Protoplasten besitzen einen zarten Panzer aus Kieselschuppen, die in einer Pektingrundsubstanz stecken. Ganze Coenobien kön-

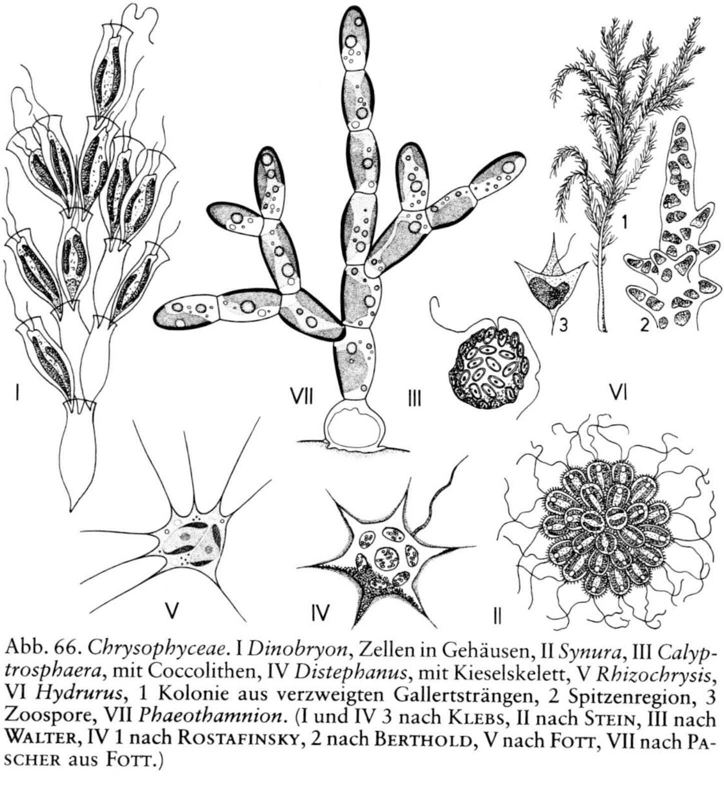

Abb. 66. *Chrysophyceae.* I *Dinobryon*, Zellen in Gehäusen, II *Synura*, III *Calyptrosphaera*, mit Coccolithen, IV *Distephanus*, mit Kieselskelett, V *Rhizochrysis*, VI *Hydrurus*, 1 Kolonie aus verzweigten Gallertsträngen, 2 Spitzenregion, 3 Zoospore, VII *Phaeothamnion.* (I und IV 3 nach KLEBS, II nach STEIN, III nach WALTER, IV 1 nach ROSTAFINSKY, 2 nach BERTHOLD, V nach FOTT, VII nach PASCHER aus FOTT.)

nen sich nach Zellenvermehrung in zwei Tochterverbände teilen; aber auch Einzelzellen schwärmen aus und wachsen durch Längsteilungen zu einem neuen Coenobium heran.
Die Zellen der **Rhizochrysidales** sind durch Pseudopodien amöboid formveränderlich (*Rhizochrysis*, Abb. 66 V).
Die **Chrysocapsales** bilden Gallertlager, da die unbeweglichen vegetativen Zellen von einer Gallerte umgeben sind. Die Vermehrung erfolgt durch Zweiteilung oder Zoosporenbildung. *Hydrurus foetidus* (Abb. 66 VI) besitzt bereits Spitzenwachstum (also Arbeitsteilung, vgl. Seite 44) und bildet in rasch fließenden Gebirgsbächen bis 20 cm große verzweigte moosartige Kolonien.
Die höchste Organisationsstufe stellen die **Chrysotrichales** *(Phaeothamniales)* mit einfachen oder verzweigten Fäden dar (Abb. 66 VII).
Eine kleine Gruppe großzelliger Flagellaten, die Chloromonaden *(Chloromonadales)* lebt weit verbreitet als Plankton in oligotrophen, sauren Gewässern. Sie besitzen ejektile Trichocysten. Da es sich keineswegs um Chlorophyten handelt, stellt man diese Einzeller heute wegen ihrer Pigmente, Begeißelung und Reservestoffe zu den Chrysophyceen.
Im Meer kommen die nackten (Kiesel-)**Silicoflagellaten** *(Dictyochales)* (Abb. 66 IV) vor, deren Körper ein inneres aus hohlen Stäbchen zusammengesetztes Kieselskelett besitzen, ferner die **Coccolithineen** (Kalkflagellaten Abb. 66 III), in oder auf deren Hülle eigentümliche Kalkkörperchen (Coccolithen) einen Kalkpanzer bilden. Ablagerungen solcher Kalkpanzer sind ein wesentlicher Bestandteil der Schreibkreide (Kalkflagellaten dienen den Geologen als Leitfossilien für die Unterscheidung geologischer Schichten). Auch heute können Coccolithineen stellenweise außerordentlich zahlreich auftreten (30 Mill./l im Bereich der Senegalmündung).
Das marine *Prymnesium* setzt sich mit seinem Haptonema (fadenförmiges Anhängsel) an Fischen fest und ruft mitunter bei Massenentwicklung in Poldern und Brackwasserteichen unter Toxinausscheidung Fischsterben hervor. Die **Prymnesiales** werden neuerdings wegen des Haptonemas, gleich langer Geißeln und fehlender Gürtellamelle im Chromatophor mit den Kalkflagellaten zur Abteilung *Haptophyta* vereinigt.

2. Klasse: Xanthophyceae (Heterokontae)

Den etwa 500 Arten der Xanthophyceen fehlt im Unterschied zu den Chrysophyceen das Fucoxanthin (bisweilen geringfügig vorhanden). Sie erscheinen daher nicht goldbräunlich, sondern grünlichgelb. Die Chromatophoren enthalten Chlorophyll a, β-Carotin und die Xanthophylle Lutein, Violaxanthin und Neoxanthin. Reservestoffe sind Öl und ganz besonders Chrysolaminarin. Der alte Name *Heterokontae* betont die ungleiche Geißellänge beweglicher Formen bzw. Stadien. Die Zellwand, häufig aus zwei Hälften zusammengesetzt, besteht aus Cellulose (neben Pektin) und ist wie die Cysten mit SiO_2 inkrustiert. Wie bei den Chrysophyceen erscheint das Plasma glasklar ohne sichtbare Struktur. Mehrere bis viele scheibenförmige Chromatophoren (manchmal mit Pyrenoiden) sind meist wandständig angeordnet. Zoosporen, Aplanosporen und Autosporen sorgen für ungeschlechtliche Vermehrung.

Einige Arten bilden verkieselte Cysten aus zwei ungleichen Teilstücken. Geschlechtliche Fortpflanzung ist nur bei *Vaucheria* gesichert nachgewiesen. Die Organisationsstufen reichen von der Monade bis zu fädigen, verzweigtfädigen und siphonalen Gebilden.

Da Xanthophyceen sehr zart sind und einen Transport gesammelten Materials nur schlecht vertragen, kennen wir die Verbreitung nur lückenhaft. Vermutlich bevorzugen sie das Süßwasser. Meeres- und Bodenformen sind bekannt.
Die stark dorsiventralen, zellwandlosen **Heterochloridales** stehen auf der monadalen Stufe. Die **Rhizochloridales** vermögen mittels Pseudopodien feste Nahrung aufzunehmen, ernähren sich also sowohl auto- wie phagotroph. Im Gegensatz zu den ebenfalls zellwandlosen in Gallertlager eingebetteten **Heterogloeales** besitzen die sehr formenreichen **Heterococcales** (wegen zellulärer Besonderheiten, z. B. des Stigmas wird ein Teil dieser Gruppe als *Eustigmatophyceae* aus den Xanthophyceen ausgegliedert) eine feste Zellwand, die manchmal zweiteilig verkieselt ist. Sie bilden im Habitus mitunter konvergente Doppelformen zu den coccalen Grünalgen. Die **Heterotrichales** sind fadenförmig (trichal) und können auch verzweigt sein. Die Fäden der unverzweigten *Tribonema* (Abb. 67 II) stellen eine coenobiale Verbindung polar übereinander gelagerter Autosporen dar, die durch H-förmige Zellwandausscheidung zwischen beiden Tochterzellen die Mutterzellwand auseinanderschieben. Die Wand jeder Zelle ist also aus zwei Halbstücken ungleichen Alters zusammengesetzt.

Die faden- oder sackförmig gestalteten **Heterosiphonales** enthalten viele Zellkerne. Diese vermehren sich während des Wachstums, ohne daß es zur Querwandbildung kommt.

Botrydium granulatum, ein bis zu 2 mm großer blasenförmiger Thallus, haftet mit Rhizoiden im schlammigen Boden. Wird die Alge überflutet, bilden sich zahlreiche einkernige heterokonte Zoosporen, die durch Verquellen der Blasenwand freiwerden, sich festsetzen und zu neuen Individuen heranwachsen. Bei Trockenheit zieht sich der Protoplast in die Rhizoide zurück, wo zahlreiche vielkernige Cysten entstehen (Abb. 67 III).

Im Süßwasser oder auf feuchter Erde ist *Vaucheria* (Abb. 67 I) verbreitet. Ihr querwandloses, verzweigtes Schlauchsystem sitzt mit Hilfe von Rhizoiden am Boden fest. Der Zellwand liegen zahllose scheibenförmige Chromatophoren an, während sich die zahlreichen Kerne im Plasmaschlauch nahe der Vakuole befinden. Bei der vegetativen Vermehrung grenzen sich an den Zweigenden durch Querwände Sporangien ab. Ihr vielkerniger Inhalt (Kerne jetzt außen, Plastiden innen) wird nach Aufreißen der Sporangienwand zur Gänze als ein einziger bis 1/10 mm großer Schwärmer (Synzoospore: die Gesamtheit aller im Sporangium gebildeten Zoosporen) frei. Die zahlreichen, paarweise schwach heterokonten an der Oberfläche angeordneten Geißeln schlagen synchron. Wie meist bei zellwandlosen Flagellaten sind pulsierende Vakuolen vorhanden. Bei der geschlechtlichen Fortpflanzung werden Oogonien und Antheridien meist dicht nebeneinander seitlich aus den Thallusfäden ausgestülpt und durch eine Querwand abgegrenzt (Süßwasserformen meist monözisch, marine diözisch). Das junge Oogonium besitzt zunächst zahlreiche Kerne und Plastiden, doch wandern alle bis auf einen in den Tragast zurück, ebenso ein Teil der Plastiden. Danach erst kommt es zur Querwandbildung. Die hornartig gekrümmten Antheridien bleiben dagegen vielkernig (hier wandern alle Plastiden in den Tragast zurück). Wie mikrospektralphotometrische Untersuchungen zeigen, findet im Oogon und Antheridium die Meiose statt. Bei der Reife verschleimt die Spitze des Antheridiums, zahlreiche winzige, plastidenfreie Spermatozoide dringen durch die schnabelförmige Öffnung des Oogons und sammeln sich am farblosen Empfängnisfleck des

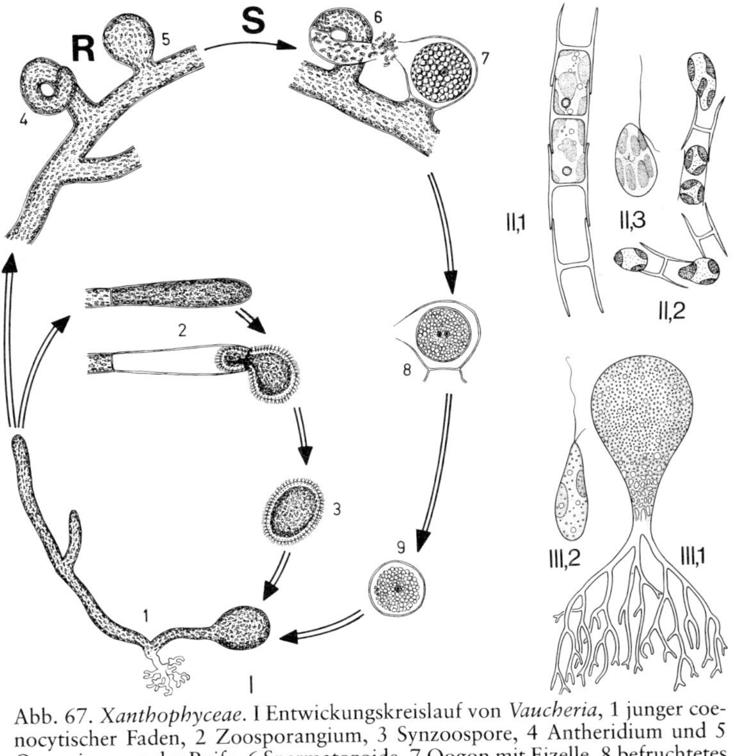

Abb. 67. *Xanthophyceae*. I Entwickungskreislauf von *Vaucheria*, 1 junger coenocytischer Faden, 2 Zoosporangium, 3 Synzoospore, 4 Antheridium und 5 Oogonium vor der Reife, 6 Spermatozoide, 7 Oogon mit Eizelle, 8 befruchtetes Ei, 9 Hypnozygote. II *Tribonema*, 1 Faden aus H-förmigen Zellwandstücken, 2 Zoosporenbildung (Fadenzerfall), 3 Zoospore. III *Botrydium* (1), 2 Zoospore. (I und II aus WALTER, III 1 nach ROSTAFINSKY und WORONIN, 2 nach KOLKWITZ aus STRASBURGER.)

Eies. Nach Befruchtung (Oogoniogamie) durch eines der Spermatozoide umgibt sich die ölreiche Zygote mit einer mehrschichtigen Wand und macht eine Ruhepause durch (sowohl Hypno- wie Cystozygote). Danach keimt sie zur siphonal strukturierten diploiden Alge aus. *Vaucheria* ist somit ein reiner Diplont mit gametischem Kernphasenwechsel. Von anderen Xanthophyceen wird angenommen, daß sie Haplonten mit zygotischem Kernphasenwechsel darstellen.

3. Klasse: Bacillariophyceae (Diatomeae), Diatomeen

Die braungefärbten ca. 10000 Arten der Diatomeen sind auf der Stufe der Einzelligkeit (coccale Organisation) stehengeblieben, mitunter allerdings durch Gallertpolster oder -brücken (auch Gallertstiele finden sich) coenobial zu Bändern oder Fächern vereinigt. Ihr in der vegetativen Phase diploider Chromosomensatz spricht jedoch für die Höhe der Entwicklungsstufe. Die Zellwand der Kieselalgen (Frustel) besteht aus zwei Hälften. Die größere, die **Epitheka,** überdeckt die kleinere, die **Hypotheka,** wie der Deckel einer Schachtel. Boden- und Deckelflächen samt ihren rechtwinklig umgebogenen Rändern, den Mänteln (in Abb. 68 I, 1 sehr lang, in III, 3 kurz), werden als Valven bezeichnet. An die Mantelränder stoßen die übereinandergreifenden Gürtel (Pleurae) an. Der Gürtel kann aus einem oder mehreren Pleuralbändern bestehen. Zwischen diesen und den Valven sind mitunter strukturell abweichende Zwischenbänder (Copulae) eingefügt. Je nach Lage der Zelle im mikroskopischen Bild spricht man von der Schalen-(Aufsicht) oder der Gürtelansicht (Seitenansicht). In der Diatomeenschale folgen von außen nach innen auf eine sehr dünne organische Schicht die kräftige aus Kieselsäure (SiO_2) aufgebaute Mittellage (diese kann 50% des Zellgewichtes ausmachen) und eine innere, vorwiegend aus Kohlenhydraten („Pektin") bestehende Schicht.

Die Kieselsäureschicht enthält besonders in der Schalenansicht häufig in Reihen angeordnet winzige Kämmerchen, die offen oder verschlossen sein können, dann aber mit feinsten Poren versehen sind. Da bereits die gröberen Strukturen an der Grenze des lichtmikroskopischen Auflösungsvermögens liegen, werden Diatomeenschalen als Testobjekte für die Güte mikroskopischer Linsen verwendet. Die Feinheiten der Strukturen lassen sich nur mit dem Elektronenmikroskop erfassen.

Die Frusteln der Diatomeen legen die Vermutung einer Identität mit den verkieselten Cystenwänden der Chrysophyceen und damit enger Verwandtschaftsbeziehungen nahe.
Die meist wandständigen, häufig mit einem Pyrenoid versehenen Chromatophoren (entweder 1–2 große langgestreckte oder zahlreiche kleinere, dann meistens zweilappige) enthalten außer Chlorophyll a und c sowie β-Carotin besonders die Xanthophylle Diadinoxanthin und Fu-

coxanthin. Assimilationsprodukt ist hauptsächlich Chrysolaminarin, doch kann auch unter Umständen viel Öl angehäuft werden. Der Zellkern befindet sich in der Mitte der Zelle in einer die große Zentralvakuole unterbrechenden Plasmabrücke. Die Diatomeen vermehren sich durch Zweiteilung (Abb. 68 IV). Nach Vergrößerung des Protoplasten weichen beide Schalenhälften ohne Öffnung der Zelle auseinander. Der mitotischen Teilung des diploiden Zellkerns folgt Plasmateilung, anschließend bildet jede Tochterzelle eine neue Hypotheka, die unter die mütterliche Schalenhälfte greift. Dadurch erlangt nur eine der beiden Tochterzellen die Größe der Mutterzelle, die zweite ist etwas kleiner. Im Verlauf zahlreicher Zellteilungen wird so ein Teil der Population immer winziger. Dieser ständigen Verkleinerung wirken bei einigen Arten vermehrte Teilung der größeren Tochterzelle, bei anderen die Elastizität der Gürtelbänder entgegen. Ist jedoch eine Minimalgröße erreicht, so wird die Ausgangsgröße im allgemeinen allein durch geschlechtliche Fortpflanzung und starke Volumenvergrößerung der Zygote wieder erreicht. Die geschlechtliche Fortpflanzung verläuft in den beiden Ordnungen der Bacillariophyceen, den *Centrales* und *Pennales,* unterschiedlich, wie auch die Schalensymmetrie Charakteristika für die Einteilung liefert.

Diatomeen leben in Gewässern aller Klimate, einige Arten finden sich auch im feuchten Boden. Die *Centrales* besiedeln als unbewegliche Planktonorganismen hauptsächlich das Meer, während die beweglichen *Pennales* besonders am Grunde von Süß- oder Brackwässern teilweise epiphytisch auf Wasserpflanzen vorkommen. *Nitschia putrida,* eine pennate Art, kann sich fakultativ heterotroph ernähren. *Nitschia pungens* bildet das Toxin Domoinsäure, das bei Anreicherung in Muscheln und nach Verzehr derselben das Zentralnervensystem des Menschen angreift. Älteste centrale Formen sind seit dem Jura bekannt. Großer Artenreichtum fand sich in der Kreide. Massenentfaltung im Tertiär und in den Interglacialen ließ Polierschiefer und Kieselgur entstehen. Aus der Analyse fossiler Diatomeenfloren lassen sich Rückschlüsse auf Temperatur, Nährstoffzusammensetzung und Alkalinität früherer Gewässer ziehen.

Die Schalen der **Centrales** (zentrischen Diatomeen) sind kreisrund, mitunter auch dreieckig (Abb. 68 I), ihre Wandskulpturen konzentrisch oder radiär angeordnet. Die geschlechtliche Fortpflanzung verläuft stets oogam durch Meiogameten, die Geschlechtsbestimmung ist modifikatorisch. In den meist aus etwas größeren Zellen gebildeten Oogonien (Abb. 69 *Melosira*) liefert die Meiose 4 Kerne, von denen häufig 3 zugrunde gehen, so daß nur 1 Ei entsteht (Abweichung mit Vier- oder Zwei-Zahl von Eiern sind möglich). Die männlichen Zellen wandeln sich entweder direkt zum Antheridium, das 4 mit einer Flimmergeißel versehene Spermatozoide (Meiogameten!) enthält, oder sie teilen sich mitotisch zu kleineren Tochterzellen (Spermatogonien, vereinfachte Antheridien). Erst jede dieser Zellen bildet dann 4 Spermatozoide (Meiogameten). Die Spermatozoide dringen durch einen Spalt zwi-

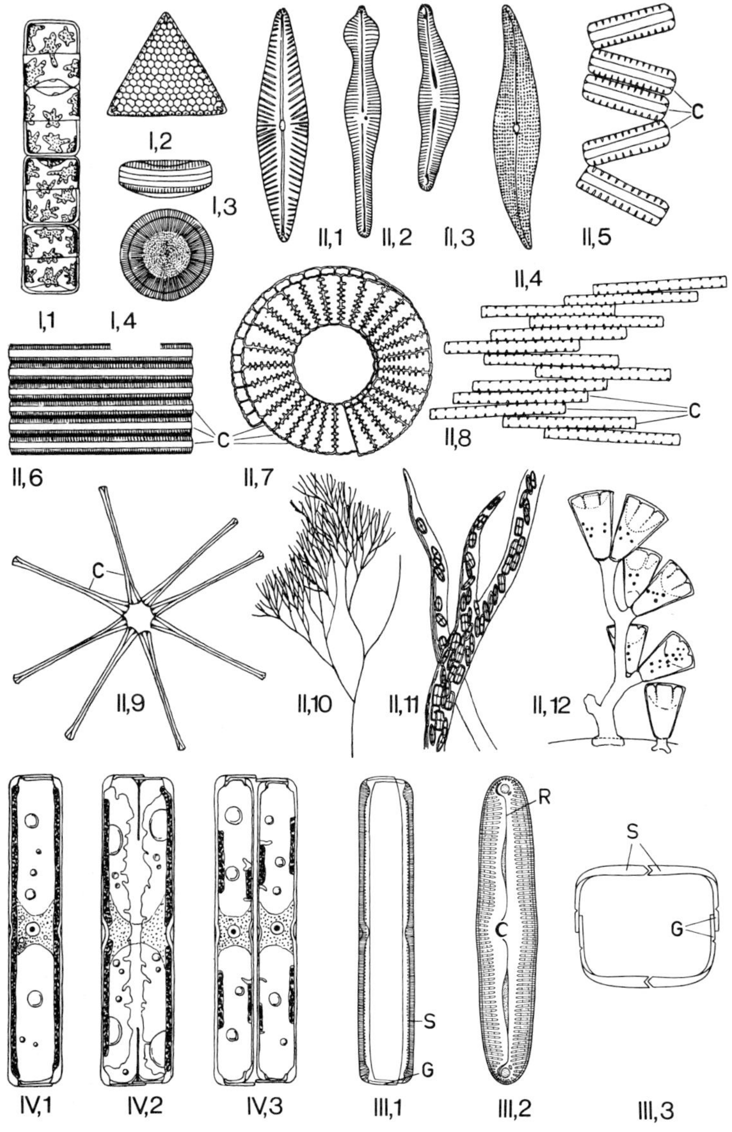
I,1
I,2
I,3
I,4
II,1
II,2
II,3
II,4
II,5
C
II,6
C
II,7
C
II,8
C
II,9
C
II,10
II,11
II,12
IV,1
IV,2
IV,3
III,1
S
G
III,2
R
C
III,3
S
G

schen den Schalenhälften ins Oogon oder befruchten die ins Wasser entlassenen Eier. Die Zygote umgibt sich mit einer Befruchtungsmembran. Unter Dehnung und Verkieselung wächst sie zu einer **Auxospore** von mehrfachem Umfang der Ausgangszelle heran (Auxozygote). Mitunter haften ihr noch die jetzt klein erscheinenden, auseinandergedrängten Schalen des Oogons an. Nach Anlage eines neuen Schalenpaars ist die Erstlingszelle fertig, aus der durch Teilung unter erneuter Verkleinerung eine wieder diploide Tochtergeneration entsteht. Die Haplophase ist also bei den Diatomeen auf die Gameten beschränkt. Im Gegensatz zum zygotischen Kernphasenwechsel, der bei beiden vorherigen Klassen vorherrschte, finden wir bei den Bacillariophyceen das andere Extrem, den gametischen Kernphasenwechsel.

Ungünstige Umweltbedingungen können in Form von Dauerzellen (Dauersporen) überwunden werden, die endogen durch Ausscheidung einer dicken verkieselten Wand im Zellinnern angelegt werden.

Die **Pennales** (pennaten Kieselalgen) haben zygomorphe, stab- oder schiffchenförmige Gestalt. Die Wandskulpturen auf der Schalenansicht liegen senkrecht zur Mittellinie (Abb. 68 II-IV). Die Valven zahlreicher Formen besitzen in der Apikalachse einen Spalt, die Raphe, deren Feinbau zwischen den einzelnen Arten stark variiert. Die Raphe läuft an den Zellenden in den Endknoten aus, in der Mitte wird sie durch den Zentralknoten unterbrochen. Das Vorkommen der Raphe ist mit der Bewegungsfähigkeit der Zellen verknüpft. Die Strömung des Plasmas, so wird angenommen, soll durch Reibung auf der Unterlage die Kriechbewegung hervorrufen. Durch elektronenoptische Untersuchungen scheint diese Deutung in Frage gestellt, die Bewegung soll danach durch aktive Ausscheidung von Gallerte zustande kommen. Bei der geschlechtlichen Fortpflanzung verschmelzen zwei unbegeißelte Isogameten. Das den centralen Formen eigene, an Flagellatenvorfahren erinnernde Merkmal der Begeißelung fehlt den stärker abgeleiteten *Pennales*. Zwei vegetative Zellen kriechen (zu Gametangien werdend) aufeinander zu und legen sich parallel (Abb. 69 II), wobei sie reichlich Pektingallerte ausscheiden. In jeder Zelle entstehen 4 haploide Kerne; 2 von ihnen degenerieren, so daß je Zelle nur 2 nackte Gameten (1 Ruhe-, 1 Wandergamet) gebildet werden. Die beiden Theken klappen auf, und

Abb. 68. *Bacillariophyceae*. I *Centrales*, 1 *Melosira*, 2 *Triceratium*, 3 *Cyclotella* (4 in Schalenansicht). II *Pennales*, 1 *Navicula*, 2 *Gomphonema*, 3 *Cymbella*, 4 *Pleurosigma*, 5 *Diatoma*, 6 *Fragilaria*, 7 *Meridion*, 8 *Bacillaria*, 9 *Asterionella*, (C bezeichnet Individuen coenobialer Verbände), 10 *Navicula*, Habitus des coenobialen Verbandes, 11 Zellen in Gallerte eingebettet, 12 *Gomphonema*, Zellen auf Gallertstielchen. III Schalenbau von *Pinnularia* (nach PFITZER), 1 Gürtelbandansicht, 2 Schalenansicht, 3 Schnitt senkrecht zu 1 und 2. IV Zellteilung bei *Pinnularia* (1–3), R Raphe, S Schale, G Gürtelband. (Aus WALTER, verändert.)

jeweils kriecht der Wandergamet der einen zum Ruhegameten der anderen Zelle und verschmilzt mit ihm. Die Zygoten wachsen wie bei den *Centrales* zu Auxozygoten heran, und jede bildet eine Erstlingszelle. Gametangium- und Erstlingszellen können parallel oder gekreuzt zueinander liegen. Abweichungen von diesem Normalfall sind beobachtet worden: z. B. Ausbildung von nur 1 Gameten pro Mutterzelle, während der 2. abortiert, oder aber Degeneration von 3 Kernen. Ferner kommt Autogamie vor, d. h. die paedogame Kopulation der beiden Gameten oder beiden Sexualkerne in der nicht gepaarten Mutterzelle, schließlich Apomixis, wobei sich aus der Mutterzelle ohne Sexualvorgang eine Auxospore entwickelt.

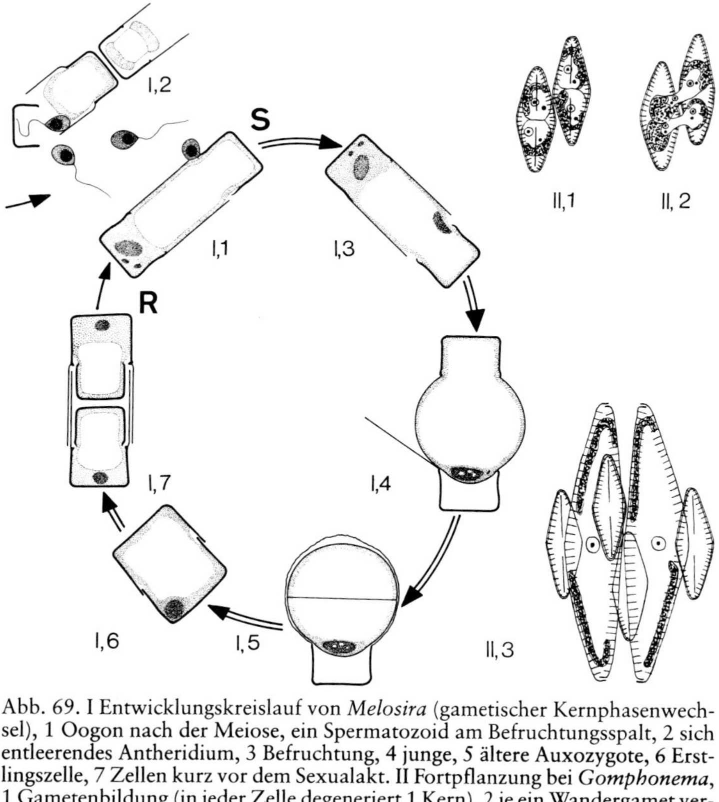

Abb. 69. I Entwicklungskreislauf von *Melosira* (gametischer Kernphasenwechsel), 1 Oogon nach der Meiose, ein Spermatozoid am Befruchtungsspalt, 2 sich entleerendes Antheridium, 3 Befruchtung, 4 junge, 5 ältere Auxozygote, 6 Erstlingszelle, 7 Zellen kurz vor dem Sexualakt. II Fortpflanzung bei *Gomphonema*, 1 Gametenbildung (in jeder Zelle degeneriert 1 Kern), 2 je ein Wandergamet verschmilzt mit dem Ruhegameten, 3 Erstlingszellen aus den Auxozygoten. (I nach VON STOSCH aus FOTT verändert und neu kombiniert, II aus WALTER.)

4. Klasse: Phaeophyceae, Braunalgen

Bei den fast ausschließlich marinen *Phaeophyceae,* mit größter Artenmannigfaltigkeit in den kalten Meeren der Nord- und Südhalbkugel, handelt es sich ebenfalls um braun gefärbte Algen, jedoch von höherer Organisation. Neben zarten fädigen Formen gibt es durch die Ausbildung von Plectenchymen, aber auch echten Geweben derbe Tange, von denen die an den pazifischen Küsten in Tiefen von 2–25 m wachsende *Macrocystis* eine Länge von ca. 60 m bei einem Gewicht bis zu einigen 100 kg erreicht (Abb. 70 III). Die fast stets wandständigen Chromatophoren (Phaeoplasten) der in der Regel einkernigen Zellen enthalten neben Chlorophyll a, c und β-Carotin besonders das Xanthophyll Fucoxanthin, daneben kommen weitere Xanthophylle wie Violaxanthin, Zeaxanthin, Diatoxanthin vor.

Wechselnder Xanthophyllgehalt läßt den Farbton bei den einzelnen Arten zwischen grünbraun und tiefbraun schwanken und ermöglicht ein Wachstum in verschiedenen Wassertiefen. Das Fucoxanthin z. B. befähigt die Braunalgen, kurzwellige Strahlung (blau) besonders gut auszunutzen. Als Reservestoffe entstehen Laminarin, Mannitol und vor allem auch fettes Öl. Hauptsächlich die meristematischen Zellen (Scheitelzellen) führen z. T. neben eigentlichen Zellsaftvakuolen sog. **Physoden.** Das sind kleine ca. 4 µm große Vakuolen, die Fucosan, ein Derivat des Phloroglucins, enthalten. In den Zellen vieler Braunalgen reichert sich Jod in beträchtlicher Menge über der Konzentration des Meerwassers an (0,0002% im Meerwasser, im Thallus von *Laminaria* [Frischgewicht] 0,3% Kaliumjodid). Die bisweilen leicht verquellende Zellwand ist aus Cellulose und Alginsäure (als Metallsalz oder Alginat-Eiweiß-Komplex) zusammengesetzt. Die Alginate, von denen jährlich etwa 200 000 t gewonnen werden, haben in der Industrie sowohl in technischer Hinsicht als auch für die Lebensmittelherstellung und Pharmazie Bedeutung gewonnen. Die Zellwand enthält auch das Kohlenhydrat Fucoidan. Es macht die Thalli schleimig und verzögert ein Austrocknen beim Freiliegen während des Niedrigwassers. So vermögen einige Braunalgen auch diese Zeit teilweise zur Assimilation zu nutzen.

Einzellige Formen sind bei den ca. 1500 Braunalgen unbekannt, doch deuten die birn- und spindelförmigen Zoosporen und Gameten mit ihren 2 seitlich inserierten, ungleichen Geißeln die Flagellatenherkunft an. Die längere, mit Flimmern besetzte Geißel ist nach vorne (Fortbewegung), die kürzere nach hinten gerichtet (Steuerung). In Geißelnähe befindet sich ein roter Augenfleck (Stigma), am verbreiterten Hinterende ein brauner Chromatophor. Der Geißelbau deutet ebenso wie die Ähnlichkeiten der Assimilationspigmente und Reservestoffe auf eine Verwandtschaft mit den *Chrysomonadales*. Da verkalkte Thalli selten vorkommen *(Padina),* sind die Phaeophyceen fossil nur mangelhaft erhalten (verläßliche Funde erst seit der Trias, obwohl Braunalgen vermutlich bereits im Paläozoikum auftraten).
Bei den niederen Braunalgen besteht der heterotriche (aus kriechenden Haft- und aufgerichteten Achsenfäden bestehende) Thallus bis auf we-

nige (unverzweigte) Ausnahmen aus einem einreihigen, verzweigten Fadensystem (Haplonema). Das Wachstum erfolgt durch interkalare Querteilungen (*Ectocarpus,* Abb. 71 I). Derbere Formen (*Spermatochnus,* II, *Mesogloia*) sind aus großlumigen Zellen der Hauptachse (Mark) und kleinen Rindenzellen (Assimilatoren) aufgebaut, welche als Seitenzweige die Hauptachse umhüllen (Nematoblastem). Durch Verwachsen der Seitenzweige kann ein parenchymatöses Aussehen vorgetäuscht werden. Ein echter Gewebethallus (Stichoblastem) entsteht, wenn z. B. von Scheitelzellen abgegebene Segmente sich durch Teilungen in drei aufeinanderstehenden Ebenen weiter aufgliedern (*Sphacelaria, Dictyota,* Abb. 71 IV). Auch hier tritt eine histolog. Differenzierung ein. Eine kleinzellige chromatophorenreiche Rinde mit Festigungs- und Assimilationsaufgaben wird von der großlumigen plastidenarmen Markzone mit Leitungs- und Speicherungsfunktion unterschieden. Die Zellen können durch Tüpfelkanäle miteinander in plasmatischem Kontakt stehen. Bei einigen *Laminariales* befinden sich im Thallus primitive Festigungsgewebe und schlauchförmige Zellen, die durch ihre Querwandporen Ähnlichkeit mit den Siebröhren der Kormophyten aufwei-

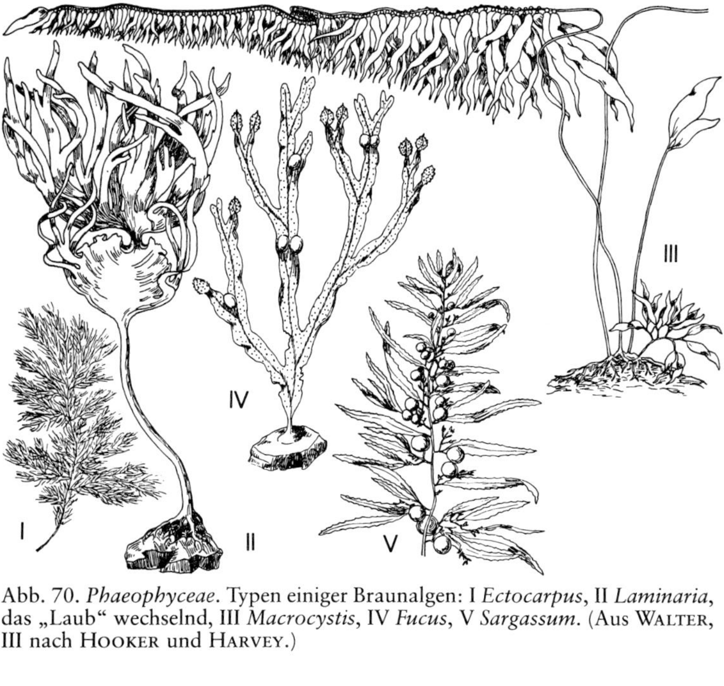

Abb. 70. *Phaeophyceae.* Typen einiger Braunalgen: I *Ectocarpus*, II *Laminaria*, das „Laub" wechselnd, III *Macrocystis*, IV *Fucus*, V *Sargassum*. (Aus WALTER, III nach HOOKER und HARVEY.)

sen. So dürfte in den großen Tangen bereits eine Fernleitung organischer Stoffe stattfinden. Bei ihnen läßt sich auch eine Gliederung des Thallus feststellen (s. Seite 45): 1. Haftkrallen (Rhizoide) oder Haftscheiben, mit denen die Algen im felsigen Untergrund des Benthos-Be-

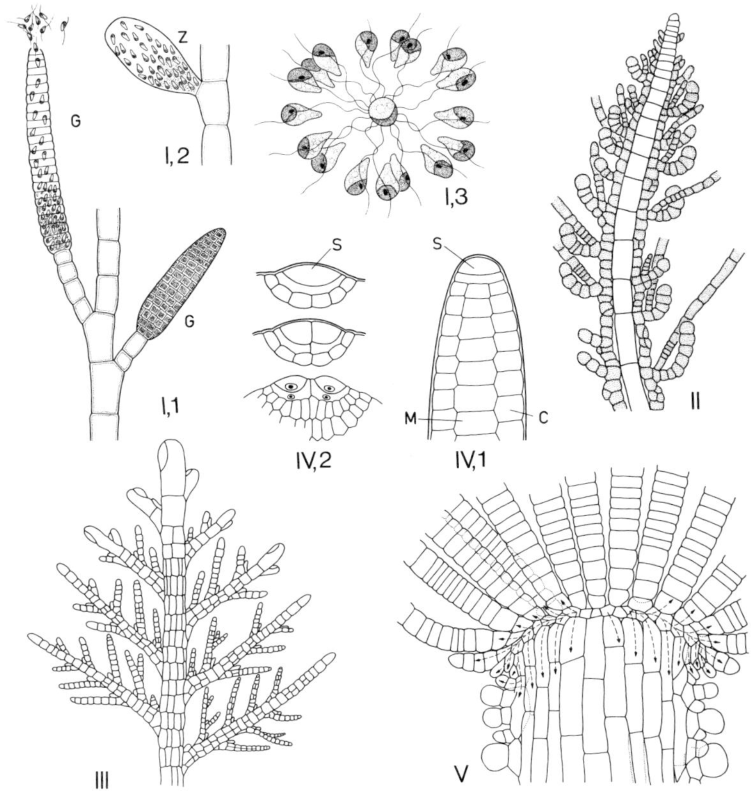

Abb. 71. *Phaeophyceae*. Aufbau einiger Thalli: I, 1 trichaler Faden (Haplonema) von *Ectocarpus*, g pluriloculäres Gametangium, I, 2 Z uniloculäres Zoosporangium, 1, 3 weiblicher Gamet von zahlreichen männlichen umgeben. II Seitenzweige umhüllen die Hauptachse (Nematoblastem) bei *Spermatochnus*. III Gewebethallus (Stichoblastem) bei *Halopteris*. IV, 1 Gewebethallus von *Dictyota*, M Mark (Medulla), C Rinde (Cortex), IV, 2 Teilung der Scheitelzelle S, V Meristematische Schicht bei *Nereia (Sporochnales)*. (I, 1 nach THURET, REINKE und KUCKUCK, 1, 3 nach BERTHOLD und OLTMANNS, II nach REINKE, III nach GOEBEL, REINKE und SAUVAGEAU, IV nach DE WILDEMAN, V nach KUCKUCK, I–III und V aus OLTMANNS, IV aus STRASBURGER.)

reichs verankert sind, 2. daran anschließend ein stengelartiges Organ (Cauloid), das den 3. blattartigen Thallusteil (Phylloid) trägt (Abb. 70).

Fragmentation des Thallus kann der vegetativen Vermehrung dienen. Einige Arten der Gattung *Sargassum,* welche in der Sargassosee zwischen den Azoren und Westindien vorkommen und dort durch Schwimmblasen an der Oberfläche treibend Massenvorkommen (4–10 Mill. t Frischgewicht) entwickeln, vermehren sich im Gegensatz zu den zahlreichen benthontischen (litoralen) Arten nur auf diese Weise. *Sphacelaria* bildet Brutkörper, die sich abtrennen. Bei derben Formen ist überhaupt das außerordentliche Regenerationsvermögen durch Tierfraß oder Eisgang beschädigter Teile hervorzuheben. Für Vermehrung sorgen bei niederen Phaeophyceen auch häufig Mitosporen, durch die sich Sporophyt oder Gametophyt unabhängig von der anderen Generation erhalten können.

Charakteristisch ist ein heterophasischer Generationswechsel. Nur bei den *Fucales,* dem Endglied einer Reduktionsreihe des Gametophyten, herrscht gametischer Kernphasenwechsel. Die gesamte vegetative Entwicklung läuft dort in der Diplophase ab. Reine Haplonten mit zygotischem Kernphasenwechsel sind unbekannt. Es besteht eine Progressionsreihe von Iso- über Aniso- zur Oogamie. Vielfach sichern Pheromone (Lockstoffe) der weiblichen Gameten (in äußerst geringen Mengen!) die Befruchtung. Die Zygoten keimen infolge der gleichbleibenden Bedingungen im Meer sofort zum Sporophyten aus.
Nach Art des Generationswechsels werden die elf Ordnungen der Braunalgen häufig in drei Ordnungsgruppen zusammengefaßt:

1. mit isomorphem Generationswechsel die *Isogeneratae,*
2. mit heteromorphem Generationswechsel die *Heterogeneratae,*
3. ohne Generationswechsel die *Cyclosporeae;*

doch ist eine Grenze oft schwer zu ziehen. Hier sollen nur Vertreter der wichtigsten Ordnungen besprochen werden.
Die **Ectocarpales** sind wohl die artenreichste Gruppe. *Ectocarpus,* mit seinem heterotrich büschelig verzweigten Fadenthallus (Abb. 70 I, 71 I) weit verbreitet, wächst interkalar und mit *Cladophora*-ähnlicher zellapikaler Verzweigung (aber nur 1 Kern je Zelle und bandförmig-schraubigem wandständig angeordnetem Chromatophor). Die Fortpflanzungsorgane entstehen als kurze Seitenzweige oder endständig an solchen (bei *Pylaiella* mit ähnlichem Habitus als interkalare Ketten). *Ectocarpus siliculosus* besitzt einen typisch isomorphen Generationswechsel (bei *E. confervoides* ist der Sporophyt schwächer verzweigt als der Gametophyt). Am haploiden Gametophyten entstehen die Gametangien in zusammengesetzten Ständen, den **plurilokulären** Behältern. Jede Kammer enthält einen Gameten, der nach Durchbrechen der Zwischenwände an der Spitze des Behälters gemeinsam mit den anderen frei wird. Bei einigen Formen vereinigen sich Isogameten zur Zygote. Bei sexuell höher stehenden Arten herrscht trotz morphologischer Isogamie

physiologische Anisogamie. Diese äußert sich in unterschiedlicher Beweglichkeit der Gameten. Die weiblichen setzen sich bald fest, werfen die Geißeln ab und werden jetzt von zahlreichen dauernd beweglichen männlichen Gameten (Gruppenbildung) umgeben, die mit der Spitze der längeren Geißel an der Eimembran haften (Agglutination). Die Anlockung erfolgt z. B. durch den Befruchtungsstoff Ectocarpen, einem 3fach ungesättigten Olefin mit einer 4C-Seitenkette. Bei den höchstentwickelten Formen tritt auch morphologische Anisogamie auf. Die Zygote wächst sofort zum diploiden Sporophyten heran. Unter Meiose

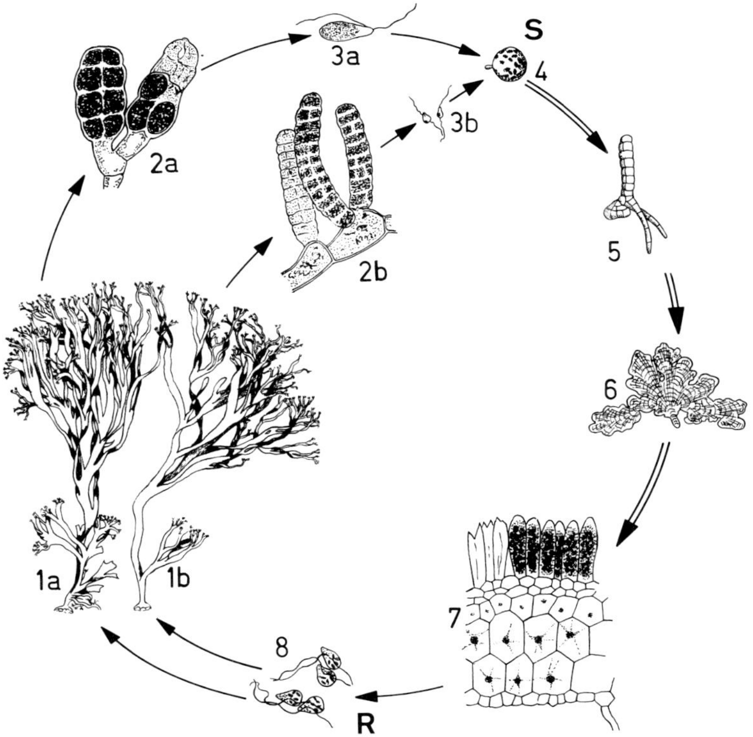

Abb. 72. Entwicklungskreislauf von *Cutleria* (Gametophyt) mit dem als *Aglaozonia* bezeichneten Sporophyten (heteromorpher Generationswechsel), 1 a weibliche und 1 b männliche *Cutleria*, 2 a weibliche und 2 b männliche pluriloculäre Gametangien, 3 a Makro-, 3 b Mikrogameten, 4 Zygtote, 5 junge und 6 vollentwickelte *Aglaozonia*, 7 uniloculäre Sporangien, 8 Meiozoosporen. (Aus Walter, verändert.)

entstehen an ihm zahlreiche ungekammerte Behälter, die **uniloculären** Sporangien, die zahlreiche Meiosporen produzieren. Aus diesen haploiden Zoosporen wachsen neue Gametophyten heran. Der Sporophyt vermag besonders in den nördlichen Klimaten auch pluriloculäre Behälter zu bilden. In ihnen entstehen diploide Zoosporen (Mitosporen), durch die der Sporophyt vom Generationswechsel und damit vom Gametophyten unabhängig wird. Weitere Abweichungen im Generationswechsel können dazu führen, daß jede Generation sich unmittelbar wieder selbst hervorbringt und auf Sexualität verzichtet wird.

Die **Sphacelariales** unterscheiden sich von den *Ectocarpales* durch ihr Scheitelwachstum. Bei *Halopteris* entstehen die zahlreichen Seitenzweige infolge gesetzmäßigen Wechsels der Teilungsebene in der Scheitelzelle (Abb. 71 III), bei *Sphacelaria* unterhalb des Scheitels, dort wo sich die Segmente durch Quer- und Längsteilungen in einen mehrreihigen Gewebethallus zergliedern.

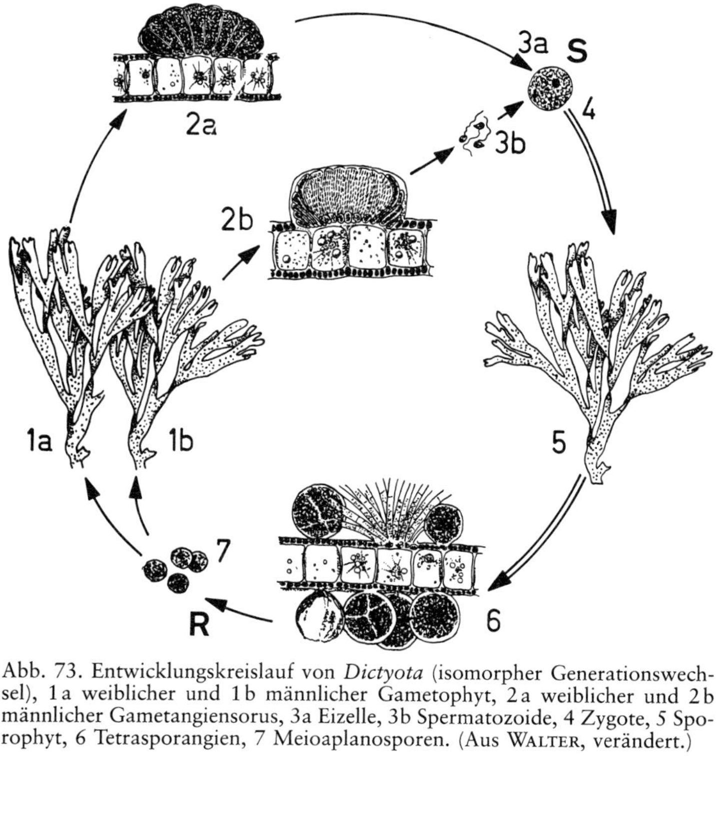

Abb. 73. Entwicklungskreislauf von *Dictyota* (isomorpher Generationswechsel), 1a weiblicher und 1b männlicher Gametophyt, 2a weiblicher und 2b männlicher Gametangiensorus, 3a Eizelle, 3b Spermatozoide, 4 Zygote, 5 Sporophyt, 6 Tetrasporangien, 7 Meioaplanosporen. (Aus Walter, verändert.)

Bei den **Cutleriales** unterscheiden sich Gametophyt und Sporophyt, der Generationswechsel ist also heteromorph.

Cutleria multifida (Abb. 72), der etwa handlange diözische Gametophyt, lebt aufrecht flutend im Flachwasser. Der gabelig verzweigte, an den Enden zerschlitzte Thallus wächst interkalar. Die weiblichen Pflanzen bilden zwischen Haarbüscheln an der Thallusfläche in plurilocülären Makrogametangien größere, aber an Zahl zurückgehende weibliche Gameten, die männlichen in plurilocülären Mikrogametangien zahlreiche kleine männliche Gameten. Der aus der Zygote hervorgehende Sporophyt ist kleiner als der Gametophyt. Er breitet sich im Tiefenbereich des Meeres auf Steinen oder Muschelschalen flach, krustenförmig aus. Er wurde früher nicht mit *Cutleria* in Zusammenhang gebracht, sondern als eine andere Alge angesehen und *Aglaozonia* genannt. Dieser Sporophyt muß jedoch als Gewebethallus und infolge seiner Mehrjährigkeit als höher entwickelt angesehen werden als die kurzlebige *Cutleria,* bei der durch postgenitale Verwachsung ein Gewebe vorgetäuscht wird.

Der flache, dichotom (gabelig) verzweigte Thallus von *Dictyota dichotoma* (**Dictyotales**) sieht *Cutleria* ähnlich. Große Scheitelzellen liefern ein Stichoblastem. Die dichotome Verzweigung wird durch eine Längsteilung der Scheitelzelle eingeleitet, die einschneidig sonst nur basalwärts uhrglasförmig gewölbte Segmente abgibt (s. Abb. 71 IV und Seite 246). Gametophyt und Sporophyt sind im isomorphen Generationswechsel gleichgestaltet. Die sexuelle Fortpflanzung liegt auf der Stufe der Oogamie. Während wir bei den Ectocarpalen im Normalfall in jedem plurilocülären Gametangium zahlreiche Isogameten finden, ist diese Vielzahl bei den *Cutleriales* mit regelmäßiger Anisogamie im weiblichen Geschlecht bei gleichzeitiger Vergrößerung der weiblichen Gameten bereits vermindert; bei *Dictyota* enthält jedes Oogon nur noch ein Ei. Lediglich die Antheridien sind plurilocülär. Die Spermatozoide besitzen nur einen reduzierten Chromatophor, die zweite Geißel ist bis auf einen winzigen Stummel zurückgebildet. Oogonien und Antheridien finden sich häufig auf der Thallusoberfläche der diözischen Pflanzen. Sie gehen in **Sori** (Gruppen) angeordnet aus peripheren Zellen (Assimilatoren) hervor und entwickeln sich nur in den Sommermonaten. Das Freiwerden der Gameten unterliegt lunarem Einfluß (nur an zwei Tagen im Monat in der ersten Stunde nach Einsetzen des Tageslichtes werden die Gameten frei). Die passiv im Wasser schwimmenden Eier werden von den Spermatozoiden aufgesucht und befruchtet; die Zygote wächst sofort zum diploiden Sporophyten aus. Eine Reduktion der Zahl bei gleichzeitigem Geißelverlust (u. Beweglichkeitsverlust) haben auch die Meiosporen im unilocülären Sporangium des Sporophyten erfahren. Bei der Reduktionsteilung entstehen je Sporangium vier (Alplano-) Tetrasporen. Infolge genotypischer Geschlechtsbestimmung gehen aus ihnen 2 männliche und 2 weibliche Gametophyten hervor (Abb. 73).

Ein eigentümlicher Wachstumsmodus kennzeichnet die *Sporochnales.* Eine an der Thallusspitze befindliche meristematische Schicht sorgt durch basale Teilungen für die Längenzunahme der Alge, liefert jedoch gleichzeitig apikalwärts lange Zellfäden (Abb. 71 V). Jeder dieser haarartigen Fäden teilt sich in Basisnähe selbständig interkalar und verfügt so über ein eigenes Längenwachstum.

Die **Laminariales** sind durch ihre hohe morphologische Differenzierung in Haftkralle, Cauloid und Phylloid (s. Seiten 45, 247/248), Dickenwachstum und ihre bedeutende Größe ausgezeichnet.

Neben *Macrocystis* (Seite 245 u. Abb. 70) erreicht auch *Nereocystis* (pazifische Küste von Kalifornien bis Alaska) enorme Ausmaße. Ein seilartiges bis 35 m langes Cauloid endet in einer großen Schwimmblase. Ihr entspringen zahlreiche durch den Auftrieb im Bereich der Meeresoberfläche flutende Phylloide. Die *Lessonia*-Arten (ca. 5 m hoch) der Antarktis haben palmenartigen Habitus. Ihre verzweigte, stammähnliche Hauptachse erreicht Schenkeldicke. Laminarien (ca. 6 m lang), welche in der Nordsee unterhalb der Niedrigwasserlinie ganze Wiesen bilden, sind mehrjährig (20–25 Jahre) bei jährlicher Erneuerung des Phylloids (Laubwechsel, Abb. 70 II). Durch eine meristematische Schicht im Übergangsbereich vom Cauloid zum Phylloid entwickelt sich im Frühjahr ein neues „Blatt". Das alte Phylloid wird dabei nach vorne geschoben und stirbt ab. Diese für Algen riesigen Vegetationskörper stellen den Sporophyten dar.

Die diözischen Gametophyten sind im Gegensatz zu den großen Sporophyten mikroskopisch klein. Der Generationswechsel ist also typisch heteromorph mit starkem Überwiegen des Sporophyten (Abb. 74) (in den vorherigen Ordnungen isomorpher Generationswechsel, bei den *Cutleriales* heteromorpher, bei histologischer Höherentwicklung des kleineren Sporophyten). Die aus vielen, aber kleinen Zellen aufgebauten männlichen Gametophyten verzweigen sich stark. An den Spitzen der Zweige befinden sich die Antheridien, die ebenfalls nur einen Gameten hervorbringen (bei den *Dictyotales* im Gegensatz zum weiblichen Geschlecht noch zahlreiche). Als sekundäres Geschlechtsmerkmal läßt sich werten, daß die weiblichen Gametophyten größerzellig sind, dafür aber eine geringere Zellzahl aufweisen (im Extremfall bestehen sie nur aus einer schlauchförmigen Zelle). Das nackte Ei wird durch ein Loch im eineiigen Oogonium frei und bleibt meist in der Öffnung liegen. Nach der Befruchtung entwickelt es sich zu dem beschriebenen Sporophyten. Dieser bildet auf der Fläche des Phylloids in ausgedehnten, durch ihre Färbung hervortretenden Partien schlauchförmige, uniloculäre Sporangien. Zwischen ihnen befinden sich schlanke, fadenförmige sterile Zellen, die **Paraphysen.** In den Sporangien entstehen zahlreiche genotypisch bereits determinierte 2geißelige haploide Zoosporen (Meiosporen).

Laminarien werden in Ostasien gesammelt (jährlich ca. 40 000 t) und unter dem Namen Kombu verzehrt. Um die Bestände zu erhalten, werden aus Zoosporen Gametophyten gezüchtet und nach der Befruchtung die jungen Sporophyten im Meer ausgesät *(Laminaria japonica).*

Die **Fucales** stellen gleichfalls derbe Tange dar. Die bis 1 m langen mehrjährigen *Fucus*-Arten bilden neben den Laminarien an den deutschen

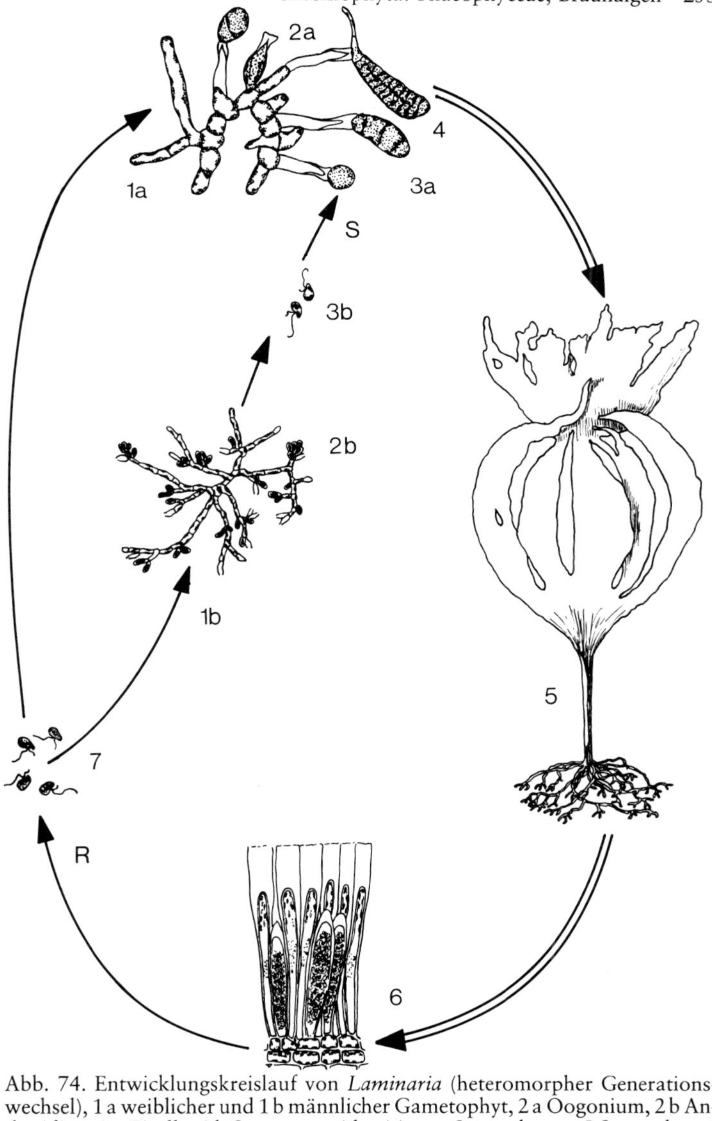

Abb. 74. Entwicklungskreislauf von *Laminaria* (heteromorpher Generationswechsel), 1 a weiblicher und 1 b männlicher Gametophyt, 2 a Oogonium, 2 b Antheridien, 3 a Eizelle, 3 b Spermatozoide, 4 junge Sporophyten, 5 Sporophyt, 6 Zoosporangien, 7 Meiozoosporen. (Aus WALTER, verändert.)

Küsten besonders ins Auge fallende Algenbestände, sie sind überall im Litoral der nördlichen Breiten bei Niedrigwasser trockenliegend anzutreffen. Ihr hoch entwickelter Thallus ist in Haftscheibe, einen kurzen Stengel und bandförmige assimilierende Thalluslappen mit Mittelrippe gegliedert und wächst mit einer erst 3-, dann 4schneidigen Scheitelzelle. Auch hier handelt es sich um den diploiden Sporophyten. Ein Generationswechsel tritt kaum in Erscheinung (Abb. 75). In urnenförmigen Hohlräumen der jährlich sich erneuernden Thallusenden, den Konzeptakeln, bilden sich direkt auf dem Sporophyten zwischen sterilen Haaren (Paraphysen) die Gametangien (gametischer Kernphasenwechsel). Es gibt monözische Arten, teilweise mit zwitterigen *(F. virsoides, F. platycarpus)*, teilweise mit eingeschlechtigen Konzeptakeln *(Cystoseira)*. Daneben kommen auch diözische Arten vor *(F. vesiculosus, F. serratus)*. Die Antheridien enthalten zahlreiche Spermatozoide (64), die Oogonien 8 Eier; beide sind entsprechend den Zoosporangien (Meiosporangien) anderer Phaeophyceen-Ordnungen uniloculär. Dies wird verständlich, wenn wir uns erinnern, daß bereits bei *Laminaria* der weibliche Gametophyt mitunter nur aus einer Zelle besteht, die Zoospore sich nach Festsetzen also direkt zum Oogonium umwandelt.
Bei den *Fucales* geht die Reduktion des Gametophyten noch weiter: die im uniloculären Sporangium verbleibende Meiospore wird nach mitotischer Teilung (= Gametophyt?) zum Ei bzw. zum Spermatozoid. Die „Gametangien" sind also eigentlich Meiosporangien, in denen die Gameten entstehen. Die *Fucales* bilden damit das Endglied einer Reduktionsreihe, bei welcher der Sporophyt mehr und mehr in den Vordergrund tritt, der Gametophyt immer stärker reduziert wird. Die Antheridien sitzen zu vielen auf verzweigten Ästen (in Ständen), die Oogonien einzeln auf einem kurzen Fuß (Stielzelle) im Konzeptakel. Beide Gametangien sind von einer mehrschichtigen Wand (Exo-, Meso- und Endochiton) umgeben, die für den Entleerungsmodus verantwortlich ist. Beim Trockenliegen während des Niedrigwassers reißt die äußerste Schicht, das Exochiton, auf. Während der Thallus weiterhin Wasser verliert, gelangt das ganze Oogon, noch von Meso- und Endochiton umgeben, passiv durch den das Konzeptakel füllenden Schleim zur Mündung und nach außen. In Berührung mit dem auflaufenden Hochwasser quillt das innere Endochiton stark auf, sprengt das Mesochiton, und die Eier werden frei. Der gleiche Vorgang spielt sich bei den Antheridien ab, die man beim Trockenliegen an dem orangeroten Farbton der Stigmen erkennen kann, der durch die an der Konzeptakelmündung liegenden Spermatozoide hervorgerufen wird (Carotinoide). Durch die auflaufende Flut werden Eier und Spermatozoide in die gleiche Richtung geschwemmt. Die Befruchtung läßt sich gut auf dem Objektträger verfolgen. Als Sexuallockstoff konnte Fucoserraten nachgewiesen werden. Nach dem Befruchtungsakt umgibt sich die Zygote mit einer Zellulosewand, setzt sich fest und keimt zum neuen diploiden Sporophyten.

Die Polarität des Keimlings wird durch Licht indiziert. Die dem Licht abgewandte Seite wird Rhizoidpol, die zugewandte liefert den übrigen Thallus.

Die Anzahl der Eier im Oogon erfährt innerhalb der Ordnung eine Reduktion bis auf eins. Der Knotentang, *Ascophyllum,* hat 4 Eier, *Pelvetia* 2 und *Himanthalia* (Riementang) nur 1 Ei im Oogon, die Kerne treten zunächst wie bei *Fucus* in der Acht-Zahl auf, die überzähligen 7 degenerieren jedoch.

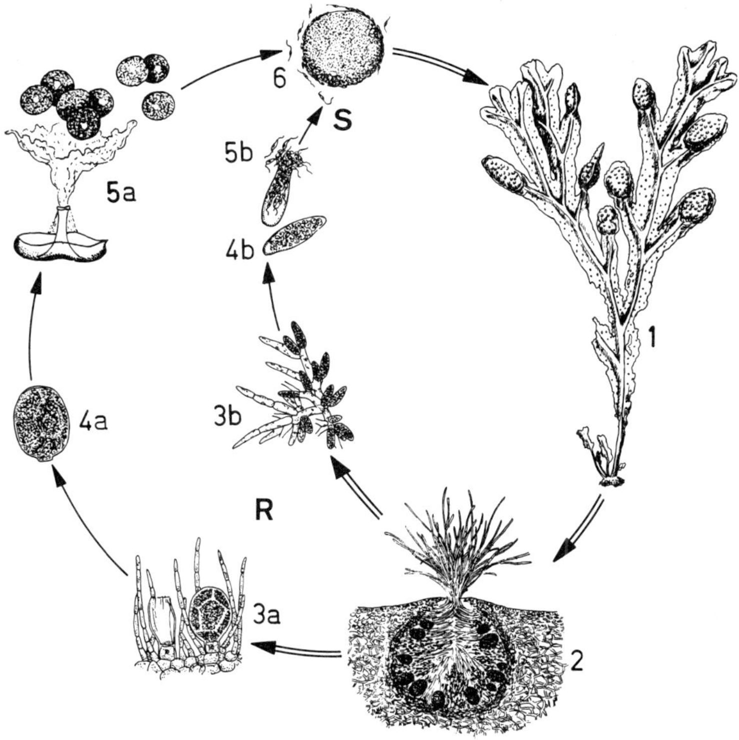

Abb. 75. Entwicklungskreislauf von *Fucus (F. platycarpus)* (gametischer Kernphasenwechsel), 1 Sporophyt, 2 zwittriges Konzeptakel, 3 a Oogonium im Konzeptakel, 3 b Antheridienstand, 4 a Oogonium und 4 b Antheridium, frei im Wasser treibend, 5 a die Eizellen werden aus dem Oogonium, 5 b die Spermatozoide aus dem Antheridium frei, 6 Zygote. (Aus Walter, verändert.)

8. Abteilung: Rhodophyta

Klasse: Florideophyceae, Rotalgen

Die ca. 4000 Arten der Rotalgen sind durch den Besitz der wasserlöslichen Farbstoffe **Phycocyan** und **Phycoerythrin** gekennzeichnet, die strukturelle Ähnlichkeit mit den gleichnamigen Phycobilinen der Blaualgen aufweisen und ebenfalls in sog. Phycobilisomen vorliegen.

Sie bewohnen fast ausschließlich die Litoralzone des Meeres, nur wenige (ca. 50) z. B. *Batrachospermum* und *Lemanea* kommen im Süßwasser vor. Einzelne Formen sind farblose Parasiten auf z. B. nahe verwandten Arten. Ihre speziellen Assimilationspigmente befähigen die Rotalgen,bis in die Tiefenregion vorzudringen und auch in Grotten ihr Fortkommen zu finden. Der Farbton wechselt bei den Arten. Er variiert artkonstant vom Olivgrün oder Rotbraun der Gezeitenformen, bei denen neben dem stets vorhandenen Chlorophyll a auch das blaue Phycocyan und Carotinoide hervortreten, zum intensiven Rot oder Violett der Tiefenarten, bedingt durch das rote Phycoerythrin. Diese wohl weitgehend erbliche Farbvariabilität (chromatische Adaption wie bei den Cyanophyceen konnte bisher nicht nachgewiesen werden) ermöglicht es ihnen, die in den verschiedenen Wassertiefen vorliegenden komplementären Lichtbereiche auszunutzen.

Die Zusammensetzung der Assimilationspigmente legt neben dem ähnlichen Fadenbau bei den primitiven Typen der Rotalgen eine Verwandtschaft zu den Blaualgen nahe, doch ist die Kluft zwischen Proto- und Eucyte groß. Die Hypothese, die Chromatophoren der Rotalgen seien endosymbiontische Blaualgen, findet durch die übereinstimmende Anordnung der Thylakoide eine Stütze. Betrachtet man die Analysen von Protein- und Nucleotidsequenzen z. B. der 5S-r-RNS, so erweisen sich die Rotalgen als eine phyletisch sehr alte Gruppierung, die früh von der gemeinsamen Stammlinie abzweigte. Vertreter der *Cryptophyceae, Chrysophyceae, Bacillariophyceae* und *Phaeophyceae* besetzen dann recht nahe benachbarte Äste. Hiernach wären die Rotalgen der älteste Typ photosynthetisch aktiver Eukaryoten.
Die Rotalgenzelle enthält zumeist nur einen Kern. Die Chromatophoren (Rhodoplasten) – bei einfacheren Formen in der Einzahl, bei höheren zahlreich – sind oval, scheiben- oder sternförmig und oft mit Pyrenoiden versehen. Die Funktion dieser Pyrenoide scheint unklar, da die Körner der **Florideenstärke** (Eigenschaften zwischen Glykogen und Stärke, Rotfärbung mit Jod) meist vom Pyrenoid entfernt im Plasma entstehen. Als Reservestoffe werden auch Floridosid (ein Glyceringalaktosid) und lipoidartige Substanzen gebildet. Die Zellwand besteht innen aus Cellulose, in den äußeren Schichten häufig aus stark verschleimenden Galactanen, die sich in heißem Wasser lösen. Die Zellen sind jedoch bei den *Florideophycidae* durch Tüpfel miteinander verbunden.

Die Gelosen von *Gelidium, Eucheuma, Gracilaria* u. a. liefern Agar-Agar (Herstellung von festen Nährböden in der Mikrobiologie), die von *Chondrus crispus*

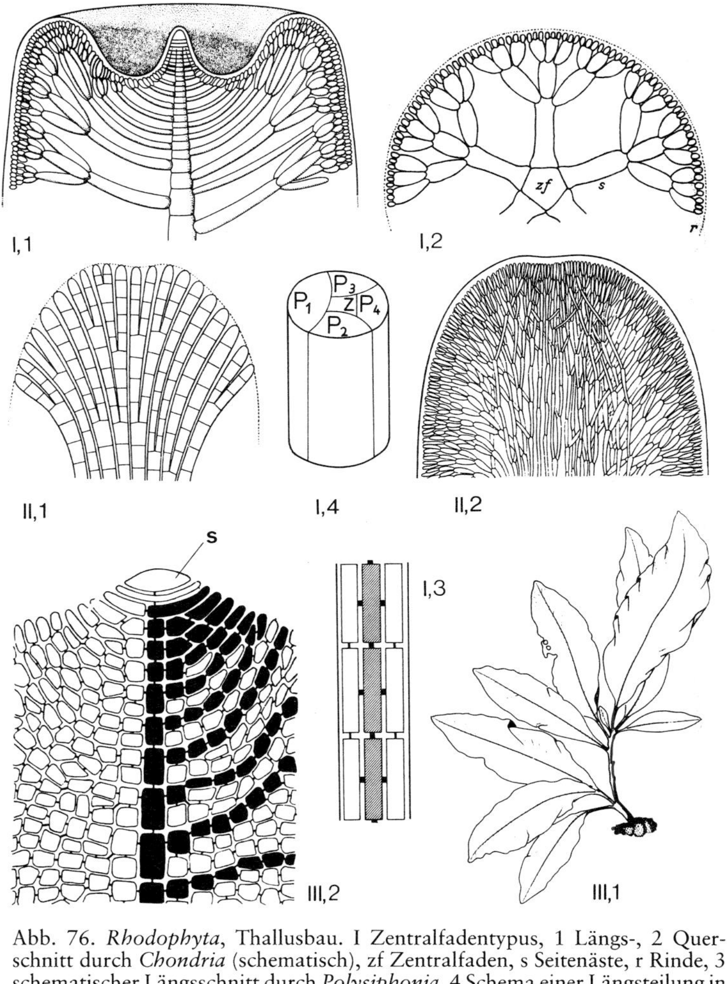

Abb. 76. *Rhodophyta*, Thallusbau. I Zentralfadentypus, 1 Längs-, 2 Querschnitt durch *Chondria* (schematisch), zf Zentralfaden, s Seitenäste, r Rinde, 3 schematischer Längsschnitt durch *Polysiphonia*, 4 Schema einer Längsteilung in Zentralzelle (Z) und Perizentralen (P_1–P_4). II Springbrunnentypus, 1 bei *Melobesia*, 2 bei *Furcellaria*. III Blattartiger Verwachsungsthallus, 1 Thallus von *Delesseria*, 2 Spitze eines zweidimensionalen, einschichtigen Thallus von *Grinellia* mit großer Scheitelzelle S und von ihr ausgehendem Zentralfaden. (I, 1 und 2 nach FALKENBERG aus STRASBURGER, 3 und 4 in Anlehnung an FALKENBERG aus OLTMANNS, II, 1 nach NÄGELI, 2 nach OLTMANNS aus STRASBURGER, III, 1 nach SCHENCK, 2 nach SMITH aus STRASBURGER.)

und *Gigartina*-Arten („Irländisches Moos") Carrageen für Nahrungszwecke und medizinische Verwendung (reizmildernde Schleime). *Alsidium helminthochorton* enthält ein Mittel gegen Spulwürmer, *Delesseria sanguinea* einen Stoff, der das Gerinnen des Blutes wirksamer verhindert als Heparin. Mehrere *Porphyra*-Arten werden in Ostasien auf km^2-großen Flächen kultiviert und stellen ein beliebtes Nahrungsmittel dar, das unter dem Namen Nori auf den Markt gelangt. Die Zellwände der Corallinaceen sind stark mit Calciumcarbonat inkrustiert. Einige Formen der tropischen Meere spielen bei der Gesteinsbildung eine Rolle *(Lithothamnium)*. Der Leithakalk, aus dem die Prachtbauten Wiens errichtet sind, geht auf derartige Sedimente früherer Erdepochen zurück. Fossilien lassen sich bis in das Silur verfolgen.

Die einfachsten Rotalgen (*Porphyridium*-Arten) sind einzellig. Sonst besteht der Thallus aus einfachen oder verzeigten Fäden, die allerdings häufig plectenchymatisch fest miteinander verwachsen und echte Gewebe vortäuschen können. So entstehen bandförmige und lappige Formen. *Delesseria* hat einen blattartigen Habitus (Abb. 76 III), Krustenformen überziehen Gesteinsoberflächen. Alle diese Thalli lassen sich auf ein System verzweigter, stets heterotricher Zellfäden zurückführen, das aus einer Sohle und aufrechten Fäden besteht, und das dann oft durch zumeist postgenitale, selten congenitale Verwachsung zu einem Thallus führt, der in Haftscheibe (oder Rhizoide), Cauloid und Phylloid gegliedert ist. Zwei Typen müssen unterschieden werden. Der **Zentralfadentypus** (Abb. 76 I) hat eine zentrale Hauptachse mit Scheitelwachstum, die sich subapikal wirtelig aufzweigt. Beim **Springbrunnentypus** (Abb. 76 II) wachsen zahlreiche Längsfäden ebenfalls mit Scheitelzellen multiaxial parallel und divergieren an der Thallusspitze springbrunnenartig durch wiederholte dichotome Verzweigung. Die Astwirtel, die an den Hauptachsen ansetzen, sind anfangs ohne Verbindung untereinander. Mehrfache weitere Aufzweigungen der Seitenäste führen jedoch zur Bildung einer kompakten Rindenschicht. Durch Ausscheiden einer dichten Interzellularsubstanz werden die Zellen dann fest miteinander verbunden. Zentralfaden- und Springbrunnentypus stellen kein systematisches Kriterium dar, sondern kommen mitunter in nahe verwandten Gruppen nebeneinander vor.

Für vegetative Vermehrung sorgen **Monosporen** (Mitosporen). Es sind Aplanosporen, die in Einzahl im Sporangium entstehen und nackt die Mutterzelle verlassen. Auch bei der oogamen Fortpflanzung (Abb. 77 I) gibt es keine beweglichen Stadien. Das weibliche Gametangium, das **Karpogon,** entsteht als Endzelle eines meist 3- bis 4zelligen Karpogonastes. Die Spitze des Karpogons bildet die **Trichogyne,** ein langgestrecktes Empfängnisorgan, das ursprünglich wohl eine dem Karpogon gegenüber selbständige Zelle darstellte und bei einer Reihe von Arten einen eigenen Zellkern besitzt. Im Basalteil des Karpogons liegt die Eizelle. Die männlichen Gameten, die **Spermatien,** entstehen einzeln in den **Spermatangien.** Sie werden passiv vom Wasser zur Trichogyne getragen, an der sie kleben bleiben. Durch Übertritt des Kernes wird das Karpogon befruchtet, danach die Trichogyne durch einen Gallertpfropf vom eigentlich Oogon abgetrennt (Oogoniogamie). Die Zygote keimt sofort, ohne das Karpogon zu verlassen, und bildet entweder sogleich die **Karposporen** *(Bangiales)* oder entwickelt sporogene Fäden (Florideen), den **Karposporophyten** (Gonimoblasten), der in den Karposporangien nackte Karposporen (Mitosporen) liefert. Während der Karposporophyt entsteht, können aus dem Karpogonast und/oder aus Zellen der Umgebung Seitenzweige auswachsen, die den Gonimoblasten umhüllen und mit ihm ein **Cystokarp** (Hüllfrucht) bilden. Die Hülle um den diploiden Karposporophyten stammt also vom haploiden Gametophyten. Sie dient offensichtlich dem Schutz der Karposporangien. Bei manchen Rotalgen (z. B. *Polysiphonia*) ist das Cystokarp eine kelchartige Hülle und wird **Perikarp** genannt. Bei einer überwiegenden Anzahl von Florideen befinden sich an den Karpogonästen oder im Thallus verteilt Hilfszellen, **Auxiliarzellen,** die nach der Befruchtung zur Ernährung der Karposporen bzw. des Karposporophyten beitragen. Sie bilden mit Karpogon und Karpogonast zusammen bereits vor der Befruchtung das Perikarp. In den Auxiliarzellen, die dem haploiden Gametophyten entstammen, übernimmt der diploide Zygotenkern die Steuerung, während der eigentlich haploide Zellkern degeneriert. Die wohl fast stets diploiden Karposporen bringen meist einen ebenfalls diploiden **Tetrasporophyten** hervor, der nach Reduktionsteilung die **Tetrasporen** (Meiosporen) liefert. Aus den Tetrasporen entsteht dann erneut ein haploider Gametophyt. Gametophyt und Tetrasporophyt gleichen sich häufig (isomorpher Generationswechsel), verschiedene Gestalt ist aber möglich (heteromorpher Generationswechsel). Der Entwicklungsgang der Rotalgen umfaßt demnach fast immer drei Generationen, den haploiden Gametophyten, den diesem aufsitzenden („parasitierenden“) diploiden Karposporophyten und den diploiden Tetrasporophyten, wie es das angeführte Beispiel von *Polysiphonia* (*Ceramiales,* Abb. 77 I) zeigt, einer an unseren Küsten häufigen, diözischen Meeresalge mit isomorphem Generationswechsel. An einem Seitenast entstehen im Perikarp, aus welchem die Trichogyne ragt, nach der Befruchtung die Karposporen. Die Zygote verschmilzt dazu mit einer benachbarten vegetativen Zelle (Auxiliarzelle). Aus der Verschmelzungszelle gehen an den Enden ganz kurzer Gonimoblastfäden die Karposporangien hervor. Da genotypische Geschlechtsbestimmung vorliegt, liefern die einzelnen Tetrasporangien des (aus den Karposporen entstandenen) Tetrasporophyten jeweils 2 männlich und 2 weiblich determinierte Meiosporen.

Bei *Dudresnaya* werden die Verbindungsfäden des Karposporophyten sehr lang, sie wachsen innerhalb des Gametophyten wie parasitäre Pilzfäden aus und verschmelzen mit verschiedenen an vegetativen Ästen befindlichen Auxiliarzellen.

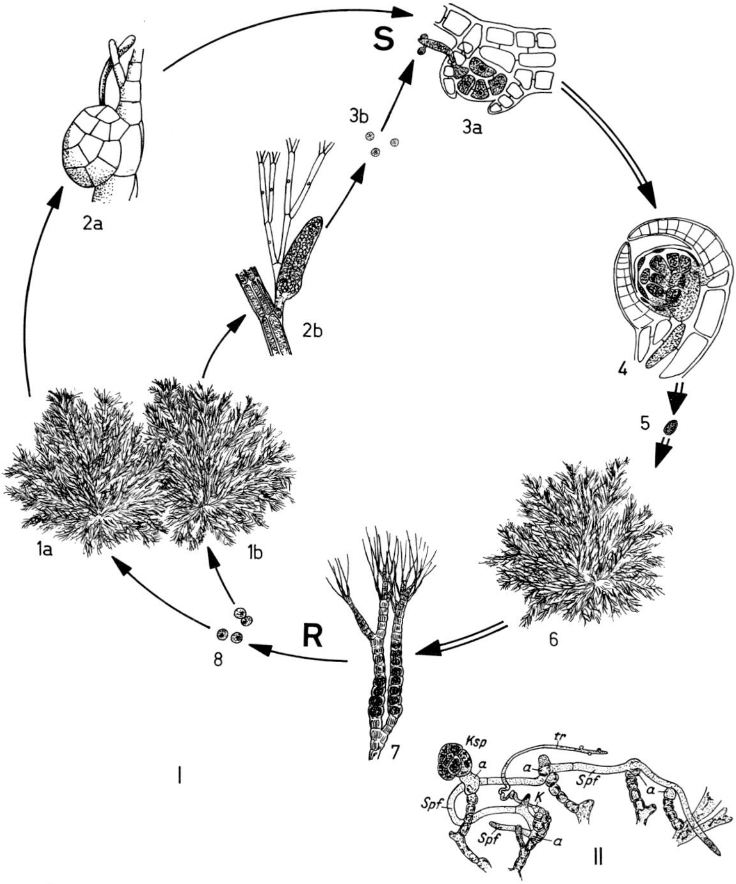

Abb. 77. Entwicklungskreislauf von *Polysiphonia* (isomorpher Generationswechsel zwischen Gametophyt und Tetrasporophyt), 1 a weibliche, 1 b männliche *Polysiphonia*, 2 a Prokarp mit Trichogyne, 2 b Antheridium, 3 a Karpogonast im Prokarp mit Karpogon und Trichogyne, 3 b drei Spermatien, 4 Perikarp (Cystokarp) mit Karposporen, 5 Karpospore, 6 Tetrasporophyt, 7 Tetrasporangien zwischen Zentralzelle und Perizentralen gelegen. 8 Meiotetrasporen. II *Dudresnaya*, Sporogene Fäden (Spf) auf dem Gametophyten wachsend und Karposporen (Ksp) bildend; K Karpogon mit (tr) Trichogyne auf besonderem Karpogonast sitzend; a Auxiliarzellen, mit denen die sporogenen Fäden verschmelzen (hier, nicht am Karpogonast, bilden sich dann die Karposporenhaufen). (I aus WALTER, verändert, II aus WALTER, nach OLTMANNS verändert.)

Dort entsteht sodann jeweils ein Karposporenhäufchen (Abb. 77 II). Heteromorpher Generationswechsel, der lange nicht erkannt wurde und daher zu verschiedener systematischer Zuordnung der beiden beteiligten Generationen führte, liegt z. B. bei *Asparagopsis armata* (Tetrasporophyt) und *Falkenbergia rufolanosa* (Gametophyt) oder *Trailliella intricata* und *Bonnemaisonia hamifera* vor. *Petrocelis middendorffii* stellt den langlebigen (Alter 25–90 Jahre) Tetrasporophyten zur annuellen *Gigartina papillata* dar. Die Zusammengehörigkeit konnte durch Reinkultur aufgeklärt werden.

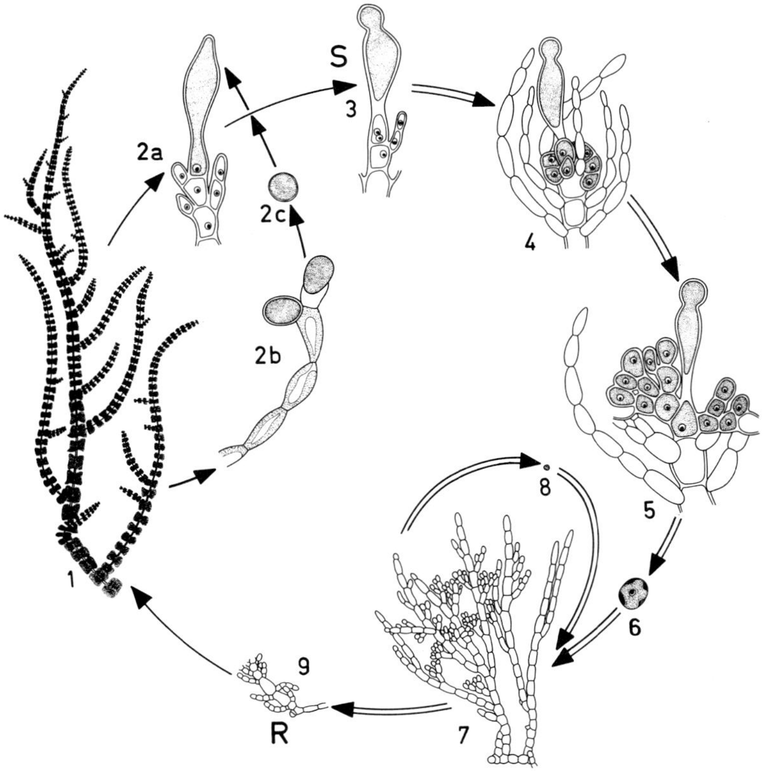

Abb. 78. Entwicklungskreislauf von *Batrachospermum*, 1 *Batrachospermum* (Gametophyt), 2 a Karpogonast, Karpogon und Trichogyne, 2 b Spermatangien, 2 c Spermatium, 3 befruchtetes Karpogon (Zygote), 4 im Cystokarp sich entwickelnder Karposporophyt, 5 Karposporophyt mit Karposporangien, 6 Karpospore, 7 *Chantransia*, auf der sich der Gametophyt (unter R!) entwickeln wird, 8 Monosporen, 9 R! in Zellen der *Chantransia*. (Neu kombiniert in Anlehnung an WALTER, *Chantransia* nach SIRODOT aus FOTT.)

Abweichend verläuft die Entwicklung bei der meist grünbräunlich bis dunkelviolett gefärbten in Gallerte eingehüllten „Froschlaichalge“ *Batrachospermum (Nemalionales),* die sich besonders in schnellfließenden, schattigen Quellbächen des Berglandes befindet, ebenso wie bei der an ähnlichen Standorten wachsenden, borstenförmigen stärker grün gefärbten *Lemanea.* Bei *Batrachospermum* (Abb. 78) entstehen häufig männliche und weibliche Geschlechtsorgane auf demselben, daher monözischen Gametophyten. Um den wenigzelligen Karposporophyten bildet der Gametophyt nach der Befruchtung eine dichte Hülle aus Schutzfäden, die aber nicht miteinander verwachsen. Die diploiden Karposporen – hier ohne Mitwirkung einer Auxiliarzelle entstanden – entwickeln sich jedoch nicht zu einem Tetrasporophyten, sondern nach kurzer Keimphase aus dem Substrat anliegenden Fäden (Protothalle genannt) zu dem aufrechten, verzweigten Chantransia-Stadium (nach der Gattung *Chantransia,* deren Bestand jetzt zweifelhaft erscheint). Dieses stellt gleichsam einen wenige mm hohen Vorkeim dar, der immer noch diploid ist und sich durch Monosporen (Mitosporen) reproduzieren kann. In vereinzelten Zellen der *Chantransia*-Fäden kommt es zur Meiose, jedoch ohne Ausbildung von Meiosporen. Zwei der meiotischen Kerne degenerieren in einer kleinen seitlichen Nebenzelle, während die nun haploide Fadenzelle jetzt zum wirtelig verzweigten, kräftigen Gametophyten auswächst. Der haploide Gametophyt sitzt also auf dem diploiden *Chantransia*-Stadium und auf ihm wiederum entsteht der diploide Karposporophyt. Es liegt demnach bei *Batrachospermum* gleichfalls ein 3teiliger, heteromorpher und heterophasischer Generationswechsel vor, seine 3 Glieder bleiben jedoch ständig miteinander verbunden. Das *Chantransia*-Stadium ist demnach dem Tetrasporophyten homolog.

Die einzige Klasse, **Florideophyceae,** gliedert sich in zwei Unterklassen: 1. die **Bangiophycidae** mit der fast nur einzellige Organismen umfassenden Ordnung der **Porphyridiales** und der Ordnung der **Bangiales,** bei der das Wachstum der Thalli interkalar stattfindet und bei der die Zygoten sich direkt in die Karposporen (kein Karposporophyt!) teilen (bekannteste Art *Porphyra* mit dem reduzierten Sporophyten *Conchocoelis,* vegetative Vermehrung besonders der ostasiatischen Arten von *Porphyra* durch Monosporen, Abb. 79); 2. die **Florideophycidae.** Die Gliederung der Florideen in die sechs Ordnungen **Nemalionales, Gelidiales, Cryptonemiales, Gigartinales, Rhodymeniales** und **Ceramiales** beruht auf Unterschieden in der Karposporophyten-Entwicklung, dem Vorhandensein oder Fehlen von Auxiliarzellen sowie dem Zeitpunkt ihrer Entstehung.

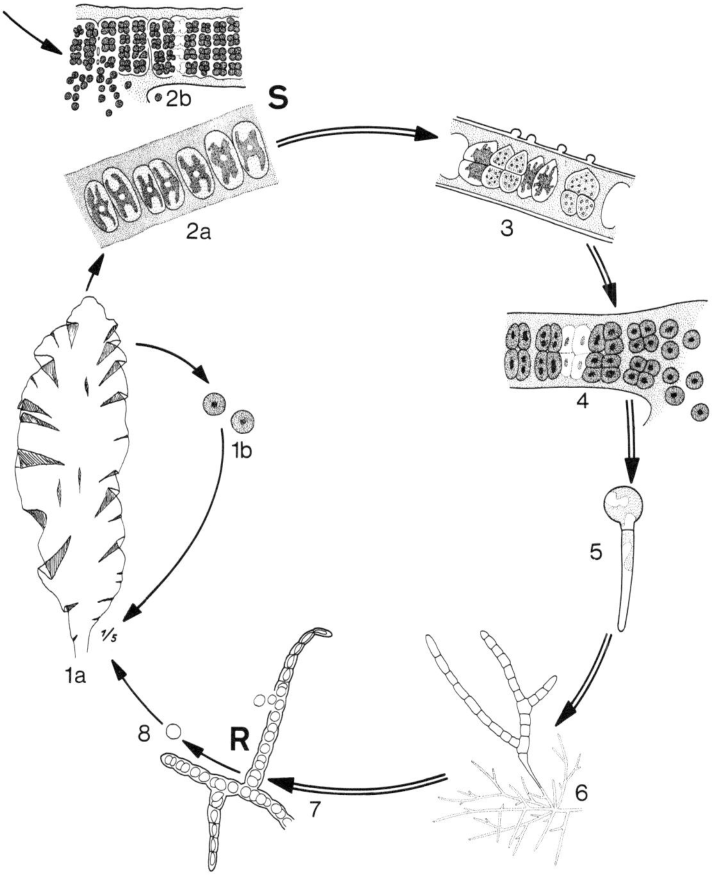

Abb. 79. Entwicklungskreislauf von *Porphyra* (Gametophyt), heteromorpher Generationswechsel mit dem Sporophyten *Conchocoelis*, 1 a *Porphyra*, 1 b Monosporen (Aplanosporen), 2 a Querschnitt durch weiblichen Thallus (Zellen werden zu Karpogonen) 2 b Querschnitt durch männlichen Thallus mit Spermatangien und freigesetzen Spermatien, 3 befruchtete Karpogone, 4 Karposporenbildung und -freisetzung, 5 keimende Karpospore, 6 *Conchocoelis*, 7 Meiosporenbildung, 8 Meiospore. (Kombiniert nach DREW, KORNMANN, MAGNE.)

III. Mycobionta, Pilze

Die Pilze stellen eine plastidenfreie, daher heterotrophe eukaryotische Gruppe des Pflanzenreichs dar. Pigmente, wie Carotine, Melanine und andere zyklische Verbindungen, finden sich in Sporen und Fruchtkörpern. Glykogen und Lipide dienen als Reservestoffsubstanzen. Der Thallus ist bei den Schleimpilzen nackt und amöboid beweglich, bei allen anderen Gruppen gewöhnlich von einer festen Zellwand umgeben. Sie besteht überwiegend aus Chitin, vereinzelt auch aus Cellulose oder aber aus Pilzglucanen. Der Vegetationskörper ist dann aus verzweigten (selten unverzweigten) an der Spitze wachsenden Fäden, den **Hyphen,** aufgebaut. Diese bilden lockere Komplexe (Pilzgeflechte), die Myzelien (Einzahl: **Myzelium**). Die Hyphen können durch Anastomosen kommunizieren. Nur bei primitivsten Organismen ist der Thallus bläschenförmig. Mit der Höherentwicklung wird das Myzel kräftiger und umfangreicher. Bei den Niederen Pilzen, früher trotz teilweise fehlender verwandtschaftlicher Beziehungen zur Klasse *Phycomycetes* zusammengefaßt, bleibt es einzellig. Primitive Formen besitzen nur einen, höherstehende – infolge Größenzunahme des Myzels – zahlreiche Zellkerne (coenocytische Organisation). Ascomyceten und Basidiomyceten sind durch irisblendenartig ins Hypheninnere wachsende Querwände (auch bei Schnallen!) vielzellig. Ein zentraler Porus (Ausnahme Vermehrungs- und Fortpflanzungszellen) ermöglicht dann den Kontakt benachbarter Zellen und das Wandern von Kernen. Die Myzelien können sich etwa bei der Fruchtkörperbildung oder in den Rhizomorphen (derben, viele m langen Strängen mit Transportfunktion) zu Plectenchymen, bei der Sklerotienbildung (Dauerzustand, z. B. zur Überwinterung, s. *Claviceps*) unter Wasserverlust, Verdickung der Zellwände und postgenitaler Verwachsung auch zu „Pseudoparenchymen" (s. Kap. Organisationsstufen) verdichten.
Beim Leben im Wasser sichern Zoosporen die vegetative Vermehrung. Nach Übergang zum Landleben werden diese durch Sporen ersetzt, die von einer Zellwand umgeben und entweder **Endosporen** oder **Konidien** (Exosporen; s. Seite 51) darstellen. Weitere Möglichkeiten vegetativer Vermehrung bestehen im Zerfall des Myzels in einzelne Zellen (**Oidien**) oder Abgrenzung sog. Riesenzellen (**Chlamydosporen** oder **Gemmen**). Die Chlamydosporen weisen stark verdickte Zellwände auf. Vielfach, besonders bei den Ascomyceten, dominieren diese Nebenfruchtformen (**Anamorphe** genannt) über die Hauptfruchtform (**Teleomorph**) durch geschlechtliche Fortpflanzung. Dieses Teleomorph zeichnet sich ebenfalls durch Mannigfaltigkeit aus. Iso-, Aniso-, Oogamie, Gametangie (Gametangiogamie) und Somatogamie mit zahlreichen Zwischen- und Reduktionsformen – teilweise auch nur in einem Geschlecht – sind verbreitet, so daß von einer „Krise der Sexualität bei den Pilzen" gesprochen wird. Parasexuelle Rekombination des genetischen Materials

im Verlauf von mitotischen Teilungen ist mehrfach nachgewiesen worden.
Die Ableitung der Pilze von autotrophen Formen bereitet Schwierigkeiten. Fossil sind Pilze nur wenig erhalten, die ältesten Funde reichen aber bis ins Kambrium zurück *(Chytridiales)*. Zwar finden sich heterotrophe Formen in allen Pflanzengruppen, doch sind die verwandtschaftlichen Beziehungen zu den autotrophen Formen dann meist leicht zu erkennen (so z. B. auch bei den wenigen farblosen zum Parasitismus auf z. T. nahe verwandten Arten übergegangenen *Rhodophyta*). So wird auf Grund vor allem biochemischer Befunde gerade in letzter Zeit erneut diskutiert, die Pilze innerhalb der Organismenwelt als eigenes „Naturreich" zu betrachten und sie neben Pflanzen- und Tierreich zu stellen, wie dies zu Anfang des vorigen Jahrhunderts bereits einmal geschehen war. In Kenntnis ihrer Entwicklungsgeschichte ordnen wir die Pilze hier dem Pflanzenreich zu. Man nimmt heute einen polyphyletischen Ursprung an. *Myxo-, Oo-* und *Eumycota* haben außer allgemeinen Eigenschaften wohl nichts gemeinsam. Hingegen ist eine Verwandtschaft der meisten *Eumycota* untereinander in karyologischen Merkmalen erkennbar. Bei zahlreichen niederen Pilzen, Ascomyceten und Basidiomyceten weichen Mitose und Meiose von der üblichen Form ab: die Kernmembran persistiert während der Kernteilung, der Spindelapparat arbeitet intranukleär, Metaphaseplatten werden nicht ausgebildet. Bei einigen Pilzarten, z. B. *Dictyostelium* und *Saccharomyces* sind Plasmide (vergleichbar denen der Bakterien) nachgewiesen worden. Diese machen Pilze interessant für die Gentechnologie.

Vorkommen und Lebensweise der Pilze

Pilze finden sich bei zusagendem Feuchtigkeitsgehalt in allen Klimaten der Erde. Zu ihrem Leben benötigen sie organische Kohlenstoffverbindungen, während Stickstoff, Schwefel, Phosphor und Metallionen häufig überwiegend in anorganischer Form aufgenommen und beim Abbau organischer Substanz sogar freigesetzt werden können. Die Intensität des Wachstums hängt außer von der Nährstoffkonzentration besonders von der Temperatur ab. Hohe Temperaturen bis 60 °C und Kältegrade bis tiefer als −10 °C werden mitunter längere Zeit ertragen und bringen das Wachstum nicht ganz zum Erliegen (z. B. Verderben gefrorener Lebensmittel). Während Bakterien neutrales bis alkalisches Milieu bevorzugen, leben Pilze besonders zahlreich in sauren Waldböden; auch die häufigen Mykosen unserer landwirtschaftlichen Kulturpflanzen und Waldbäume (gegenüber den sehr viel selteneren Bakteriosen) setzen einen pH-Wert zwischen 3,5 und 6,5 im pflanzlichen Gewebe voraus. Aus gleichem Grunde treten Mykosen bei Tier und Mensch gegenüber Erkrankungen bakterieller Art zurück. Licht-, O_2-Versorgung und CO_2-Konzentration können sowohl für die vegetative Entwicklung wie für die Fruchtkörper- oder Sporenbildung eine Rolle spielen.
Pilze beziehen ihre Nährstoffe vielfach aus totem Pflanzenmaterial, tierischen Leichen und Exkrementen, sie leben somit als Fäulnisbewohner (Saprophyten).

Wichtige ökophysiologische Spezialisten haben sich als holzzerstörende Pilze besonders unter den Basidiomyceten (*Aphyllophorales* und *Agaricales*) herausgebildet. Manche von ihnen leben nur auf totem Holz (abgestorbenen Bäumen, Stubben). Einige können im Baumholz (besonders in Gegenden mit Fachwerkbauweise) bei entsprechender Feuchtigkeit beträchtlichen Schaden anrichten, so der Hausschwamm *Serpula lacrymans* und der Kellerschwamm *Coniophora cerebella*. Ein „Korrosionsfäule-Pilz“ baut vorzugsweise das Lignin ab, während er die Cellulose kaum angreift. Das Holz wird daher weich (morsch) und sieht weiß, wie gebleicht aus (Weißfäule), die Faser bleibt jedoch erhalten *(Phellinus igniarius)*. Bei der „Destruktionsfäule“ verwendet der Erreger vor allem Cellulose als Nährstoffquelle, während das Lignin zurückbleibt. Das Holz bräunt (Braunfäule) und weist Querrisse auf, da die Faser zerstört ist *(Serpula)*. Die bei sehr hoher Feuchtigkeit auftretende Moderfäule wird besonders durch Ascomyceten hervorgerufen. Die Druck- und Biegefestigkeit des Holzes sinkt bei einem Befall durch Pilze rasch ab. Mitunter zeigen die holzabbauenden Pilze einen Übergang vom Saprophytismus zum Parasitismus. Der Hallimasch *(Armillaria mellea)* faßt durch Wunden eindringend zunächst saprophytisch in abgestorbenen Teilen Fuß und breitet sich erst sekundär durch Abtöten gesunden Gewebes aus oder greift von toten Baumstümpfen ausgehend mit Hilfe seiner Rhizomorphen auf gesunde Bäume über, die besonders bei physiologischer Schwächung (Schwächeparasit) z. B. nach längerer Trockenperiode infiziert werden können. Das bekannte nächtliche Leuchten (Biolumineszenz) modernder Baumstümpfe geht auf *A. mellea* und *Panus stipticus* zurück.
Je nach den Ansprüchen unterscheiden wir: 1. **Obligate Parasiten,** die sich nur in oder auf lebendem Gewebe entwickeln können und deren Kultur auf künstlichem Substrat nicht gelingt. Hierher gehören Echter und falscher Mehltau, Rost- und Brandpilze. 2. **Fakultative Parasiten.** Sie befallen zwar ebenfalls die lebende Pflanze, können aber nach Absterben des Wirtes weiter existieren und auf künstlichen Nährböden kultiviert werden.
Die Perthophyten besiedeln nur abgestorbene Pflanzenteile und sind meist durch ihre Toxine gefährlich. Diese breiten sich durch die Gefäße der Wirtspflanze mitunter über weite Strecken aus und töten Gewebe ab. Durch Ausscheidung von Phytohormonen parasitärer Arten in das Wirtsgewebe kommt es zur Bildung tumorartiger Verdickungen im Holz oder in der Rinde, desgleichen zu unkontrolliertem Wachstum bei Hexenbesen (*Nectria, Taphrina, Plasmodiophora* usw.).
Eine Infektion erfolgt durch Wunden, durch die Stomata oder die Epidermisaußenwand hindurch. Umweltbedingungen, z. B. die Witterung (Feuchtigkeit und Temperatur), spielen für die Keimung der Sporen oder Konidien eine große Rolle. Für Ausbreitung der Krankheitserreger sorgen der Wind (mitunter über ganze Kontinente hinweg), vielfach Tiere, aber auch der Mensch (Verkehr). Die pflanzenpathogenen Pilze sind mitunter spezifisch in ihrer Wirtswahl. Bei den obligat parasitären Echten Mehltauen gibt es Arten, die nur eine einzige Wirtsart oder sogar nur -rasse befallen, andere Mehltauarten besiedeln dagegen Wirte, die kaum in näherem Verwandtschaftsverhältnis stehen. In unseren Kulturbeständen nehmen Pilzkrankheiten, bedingt durch die Monokultur, epidemischen Charakter an. Dies kommt in natürlichen Pflanzengesellschaften selten vor.
Pilze rufen auch Krankheiten bei Mensch und Tier hervor. Die meisten Erkrankungen betreffen dabei Haut, Haare, Federn, Nägel, Krallen, Hufe, Schleimhäute (oberflächliche Mykosen) z. B. durch *Trichophyton*-Arten (*T. rubrum*, der „Fußpilz“) oder *Candida*-Arten (Soor). Tiefe Mykosen im Körperinnern können zum Tode des Patienten führen. Mykotoxikosen entstehen durch den

Genuß unsachgemäß gelagerter Lebensmittel (z. B. Leberschäden durch Aflatoxine und Patulin der Gattungen *Aspergillus* und *Penicillium*). Carnivore Pilze fangen Boden- und Wassertiere (Nematoden, Rotatorien, Flagellaten) mittels Fangschlingen oder klebrigem Schleim (*Zoophagus, Polyphagus* usw.), oder töten sie als Endoparasiten *(Verticillium, Drechmeria)*. *Pleurotus ostreatus*, der Austernseitling, sondert eine Substanz ab, welche Nematoden lähmt, ehe er die Beute umschlingt.

Das Pilz-Wirt-Verhältnis kann jedoch auch beiderseits nützlich sein. Viele Orchideenkeimlinge benötigen **Mykorrhizapilze** (Wurzelsymbionten) zum Leben. Zahlreiche Bodenpilze sind mit Baumwurzeln, aber auch krautigen Pflanzen vergesellschaftet. Schaden oder Nutzen der in Blättern, Sprossen oder Wurzeln lebenden Endophyten läßt sich noch nicht abschätzen. Mannigfaltige Symbiosen bestehen auch zwischen Pilz und Tier. Die Blattschneiderameisen der Tropen z. B. kultivieren in ihren unterirdischen Bauten („Pilzgärten") das Myzel von Basidiomyceten als Nahrung. In bestimmten Teilen des Darmes, den Mycetomen, sind bei holzfressenden oder anderweitig einseitig sich ernährenden Insekten Hefen (oder Bakterien) enthalten, die als symbiontische Gegenleistung wohl hauptsächlich B-Vitamine liefern.

Einige Pilze dienen dem Menschen als Nutzpflanzen. Hefen haben in der Gärungsindustrie, Wein- und Bierherstellung Bedeutung, aus der Bäckerei sind sie nicht fortzudenken. Durch die hefeartige *Candida utilis* können billige Kohlenhydrate, wie z. B. die Abfallprodukte der Celluloseherstellung (Sulfitlaugen), in hochwertige Futtermittel umgewandelt werden. *Penicillium*-Arten spielen bei der Käsebereitung eine Rolle. Die Industrie verwendet Pilze zur Gewinnung organischer Verbindungen (z. B. Citronensäure als Stoffwechselprodukt von *Aspergillus niger*, Hefen liefern B-Vitamine). In Kulturen von *Penicillium notatum* oder *P. chrysogenum* entsteht das Antibiotikum Penicillin. Im Vergleich zu diesen technischen Nutzungen bleiben die Speisepilze von geringer Bedeutung. Nur der Kulturchampignon *Agaricus bisporus* lohnt den Erwerbsanbau.

9. Abteilung: Myxomycota (Myxomycophyta), Schleimpilze

Die ca. 600 Arten der Schleimpilze unterscheiden sich von den übrigen Pilzen durch ihre nackten Protoplasten und die Fähigkeit, zu gewissen Zeiten ihrer Entwicklung durch Pseudopodien amöboid beweglich zu sein. Vielfach werden sie auch als *Mycetozoa* zum Tierreich gerechnet. Im Auftreten von Zellwänden bei der Bildung der Fruchtkörper und Sporen zeigen sich jedoch typisch pflanzliche Eigenschaften. Es handelt sich um phylogenetisch sehr tief stehende Organismen. Es erscheint nicht einmal sicher, ob die einzelnen Klassen überhaupt miteinander verwandt sind. Alle leiten sich wohl von farblosen Flagellaten und Amöben her.

1. Klasse: Myxomycetes, Echte Schleimpilze

Die echten Schleimpilze ernähren sich teils saprophytisch, teils phagotroph von Einzellern. Die in der vegetativen Phase nackten, vielkernigen (diploiden) Protoplasmamassen, die **Plasmodien**, finden sich häufig in der Laubstreu des Waldes, auf abgefallenen Ästen und vermodernden Stubben. Sie bleiben bei den als primitiv angesehenen Formen winzig und sind kaum differenziert (Protoplasmodium), bei höheren Formen entsteht ein feines, meist nur mit Lupe sichtbares Netzwerk (Aphanoplasmodium), das mitunter bereits auch etwas größere Flächen bedeckt. Bei hochentwickelten Formen bilden sich dicke, morphologisch und funktionell differenzierte Massen. Sie erreichen mitunter mehrere Dezimeter Umfang (Phaneroplasmodium). Ihre Färbung ist zum Teil von der Ernährung abhängig. Als Reservestoff wird Glykogen gebildet.

Die Entwicklung (Abb. 80 I) nimmt ihren Ausgang von haploiden Sporen. Diese keimen bei genügender Feuchtigkeit auf geeignetem Substrat mit einem oder zwei **Myxoflagellaten,** einkernigen Schwärmen, welche an ihrem Vorderende zwei ungleich lange Peitschengeißeln, am hinteren Ende eine pulsierende Vakuole besitzen. Sie vermehren sich durch Längsteilung und wandeln sich nach einiger Zeit besonders bei Wassermangel unter Verlust der Geißeln zu kriechenden, weiterhin teilungsfähigen **Myxamöben** um. Paarweise können Schwärmer oder Myxamöben (Geschlechtsbestimmung sowohl geno- wie phänotypisch) sexuell miteinander zu diploiden Plano- oder **Amöbozygoten** verschmelzen. Es tritt jedoch keine Ruhephase ein. Derartige amöboide Zygoten fusionieren mit ihresgleichen und bilden dann die vielkernigen diploiden Plasmodien (**Fusionsplasmodien**). Diese vergrößern sich durch wiederholte synchron verlaufende mitotische Kernteilung und kriechen unter Formveränderung in Strängen mit dichterer Vorderfront bei heftiger Strömung in dem coenocytischen Plasma über das Substrat. Die Beweglichkeit wird durch Myxomyosin, ein kontraktiles Eiweiß, ermöglicht. Bei Änderung des Milieus (z. B. Einsetzen von Trockenheit) folgt auf diese Wachstumsphase die Fruktifikationsphase. Sie ist mit einer Änderung der Reizbarkeit verbunden (z. B. von negativer zu positiver Phototaxie). Aus den Plasmodien bilden sich unter Verdichtung und Wasserverlust mehrere **Fruchtkörper** (Sporangien), häufig mit Fuß und Stiel versehen. Jeder besteht aus einer starren, nicht selten mit Kalkkrusten versehenen Hülle (**Peridie**) und in seinem Innern aus zahlreichen einker-

---

Abb. 80. *Myxomycota.* 1 *Myxomycetes*, 1–8 Entwicklungskreislauf von *Fuligo* (Lohblüte), 1 Meiospore, 2 Myxoflagellat, 3 haploide Myxamöben, 4 Verschmelzung zweier haploider Myxamöben (Sexualakt), 5 diploide Myxamöbe, 6 Fusion diploider Myxamöben zum (7) Fusionsplasmodium, 8 Fruchtkörper (Sporangien), 9 Fruchtkörper von *Physarum*, 10 von *Badhamia* und 11 von *Hemitrichia*, 12 von *Stemonites*, 13 Capillitiumnetz, 14 Capillitiumfasern. II *Acrasiomycetes*, 1 Entstehung eines Aggregationszentrums, 2 und 3 Myxamöben kriechen zum Fruchtkörper (Sporangium) zusammen, 4 fertiger Fruchtkörper bei *Dictyostelium.* (I, 1–10 aus Walter, 11–13 aus Lister, II Kühn aus Strasburger.)

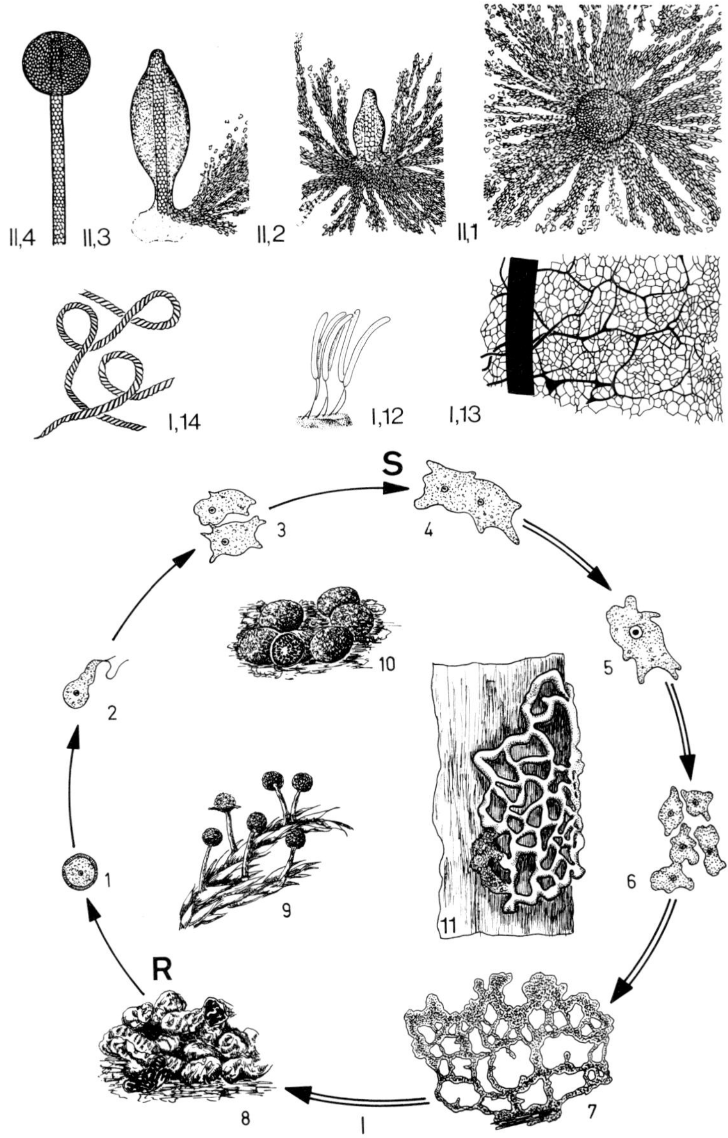
II,4
II,3
II,2
II,1
I,14
I,12
I,13
S
3
4
5
2
10
11
6
1
9
R
8
I
7

nigen Sporen. Oft entstehen mehrere gestielte Sporangien mit eigener Peridie aus gemeinsamer Basis (**Hypothallus**) wie z. B. bei *Stemonites* (Abb. 80 I, 12). **Aethalien** sind polsterförmige, stiellose Fruchtkörper, die als Zusammenlagerung mehrerer Sporangien aufgefaßt werden können (Abb. 80 I, 10). Ist dagegen das Plasmodium auf einige wenige Hauptadern konzentriert, die sich durch Ausscheiden einer Peridie zu einem einzigen, verzweigten stiellosen Fruchtkörper umbilden, so wird dieser als **Plasmodiokarp** bezeichnet (Abb. 80 I, 11). Die derbe Sporenwand baut sich wohl hauptsächlich aus Cellulose (kein Chitin, vielleicht Keratin) auf. Den Raum zwischen den Sporen nimmt das aus Plasma und Vakuolensubstanz hervorgegangene **Capillitium** ein. Es zeigt entweder einen fädig-netzigen Aufbau *(Stemonites)* oder besteht aus freien, spitz zulaufenden Fasern *(Trichia)*. Bei der Reife zerfällt die Peridie und der Wind kann die Sporen aus dem Capillitiumnetz freisetzen. Hygroskopische Bewegungen der Capillitiumfasern erleichtern diesen Vorgang. Die Meiose findet wahrscheinlich in den Sporen statt, wobei 3 Kerne zugrunde gehen (bei den *Ceratiomyxales* bleiben sie erhalten). Die haploide Phase erstreckt sich somit auf diese haploid gewordenen Sporen, die haploiden Myxoflagellaten und Myxamöben. Im Entwicklungsgang überwiegt die diploide Phase (Plasmodium und Fruchtkörper). Ausbildung des Capillitiums und Sporenfarbe geben Merkmale für die Einteilung in Ordnungen ab.

2. Klasse: Acrasiomycetes, Zellige Schleimpilze

Die *Acrasiomycetes* besitzen keine echten, sondern nur **Pseudoplasmodien (Aggregationsplasmodien)**. Diese entstehen durch Zusammenkriechen der aus den Sporen ausgetretenen Amöben. Flagellatenstadien sind unbekannt. Die Amöben vermehren sich durch Längsteilung und behalten im Plasmodium ihre Individualität bei. Sexualvorgänge sind nicht sicher bekannt, das Aggregationsplasmodium ist eindeutig haploid. (Zygotenbildung und Meiose sollen bei einigen Formen in Makrozysten vor sich gehen, die unter bestimmten Ernährungsbedingungen an Stelle von Fruchtkörpern entstehen, während Mikrozysten ein Dauerstadium vegetativer Amöben darstellen). Bei *Dictyostelium,* einem beliebten Laboratoriumsobjekt, kriechen zur Fruchtkörperbildung alle Myxoamöben zu einer im Zentrum befindlichen Initialamöbe hin, von der sie durch artspezifische Lockstoffe (Acrasine: Acrasin = c-AMP, Acrasinase = Phosphodiesterase) angelockt werden (Abb. 80 II). Die Initialzelle verhindert zugleich durch Enzyme, daß andere Amöben zu Initialzellen werden. Ein Pseudoplasmodium bildet daher durch Übereinanderkriechen der Myxamöben in der Regel nur einen aus Stiel und Köpfchen bestehenden Fruchtkörper (Sporokarp). Im Köpfchen werden die peripheren Zellen zur Peridie, die inneren zu haploiden, von einer Zellwand umgebenen Sporen.

3. Klasse: Plasmodiophoromycetes, Parasitische Schleimpilze

Die *Plasmodiophoromycetes* sollen hier wegen ihrer nackten Thalli und der ebenfalls heterokonten Begeißelung (Abb. 84) ihrer Zoosporen zu den Myxomyceten gestellt werden. Sie sind obligate Endoparasiten auf höheren und niederen Pflanzen. Mitunter werden sie mit anderen Organismen, die ebenfalls nackte Thalli bilden, als *Archimycetes* zusammengefaßt oder mit diesen den *Chytridiomycetes* zugerechnet. Unterschiede zu den anderen *Myxomycota* bestehen im Modus der Kernteilung. *Plasmodiophora brassicae* (Abb. 81) ist der Erreger der Kohlhernie. An den Wurzeln der Kohlpflanzen entstehen Wucherungen (Wurzelkropf). Durch Störung der Wasserversorgung können die Pflanzen vertrocknen. Die haploiden Sporen, hier mit einer Wand aus hauptsächlich Chitin versehen, keimen im Boden mit 2geißeligen Zoosporen. Treffen sie auf ein Wurzelhaar des Wirtes, dringen sie unter Verlust der beiden ungleich langen Geißeln ein. Jede einzelne dieser nackten, amöbenartigen Zellen entwickelt sich dort zu einem vielkernigen, haploiden Plasmodium, das sich teilt und dessen Tochterplasmodien weitere Zellen infizieren. Schließlich zerklüftet es sich in zahlreiche einkernige Portionen, die unter erneuter Kernteilung holokarp (s. Seite 280) zu Gametangien, evtl. auch Zoosporangien (Sommersporangien) werden. Die entstehenden Schwärmer verlassen durch Wandporen die Wirtszelle. Ob sie als Zoosporen den Wirt erneut infizieren oder sich wie **Planogameten** verhalten, die paarweise verschmelzen und als diploide **Planozygoten** unter Geißelverlust in den Wirt eindringen, bzw. sich, wenn sie keinen Partner finden, nun wie Zoosporen verhalten, muß noch endgültig geklärt werden. Die Zygoten wachsen in der Wirtswurzel zu vielkernigen, jetzt aber diploiden teilungs- und vermehrungsfähigen Plasmodien heran. Die befallenen Wurzeln bilden die für das Krankheitsbild charakteristischen Wucherungen. Am Ende der Vegetationsperiode zerklüftet sich das Plasmodium unter Meiosis in Portionen mit nur einem haploiden Kern, die **Dauersporen.** Diese runden sich ab, umgeben sich mit einer derben Wand und überwintern. Sie werden im Frühjahr durch Zerfall der abgstorbenen Wurzel frei. *Plasmodiophora* besitzt damit einen heterophasischen Generationswechsel zwischen einem haploiden und einem diploiden Plasmodium. Die Sporen bleiben im Boden drei Jahre lebensfähig. Ihre Keimung ist von saurer Bodenreaktion abhängig. Durch Kalkung oder mehrjährige Unterbrechung des Cruciferen-Anbaus läßt sich die Krankheit bekämpfen. *Spongospora subterranea* ruft den Pulverschorf an Kartoffeln (Kartoffelräude) hervor.

10. Abteilung: Oomycota (Oomycophyta), Algenpilze

Die Niederen Pilze, *Oomycetes, Chytridiomycetes* und *Zygomycetes,* wurden wegen ihrer Gemeinsamkeiten im Aufbau des Vegetationskörpers (mit festen Zellwänden ausgestattete Zellfäden, die sog. Hyphen)

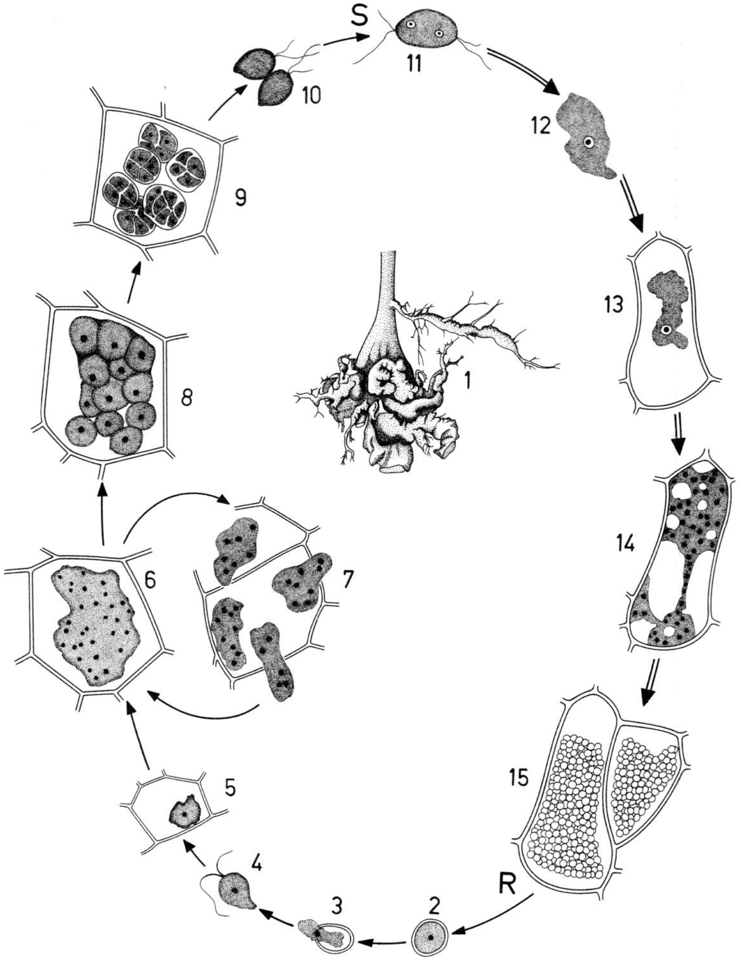

Abb. 81. Entwicklungskreislauf von *Plasmodiophora brassicae* (Kohlhernie), 1 kranke Wurzeln einer Kohlpflanze, 2 Dauerspore, 3 Ausschlüpfen der Zoospore (4), 5 Infektion der Wirtszelle, 6 vielkerniges haploides Plasmodium, 7 Infektion benachbarter Zellen durch Tochterplasmodien, 8 und 9 Bildung der „Sommersporangien", 10 Planogameten, 11 Planozygote, 12 Aplanozygote, 13 Infektion einer Wirtszelle durch die Aplanozygote, 14 diploides Plasmodium, 15 zahlreiche Dauersporen bildend (Meiosporen). (Verändert nach WALTER.)

früher in einer großen Gruppe als Phycomyceten zusammengefaßt und so gemeinsam den Höheren Pilzen, Asco- und Basidiomyceten, gegenübergestellt. Da verwandtschaftliche Beziehungen zwischen den Oomyceten und allen übrigen hier genannten Pilzen wahrscheinlich nicht gegeben sind, hat man die Oomyceten aus der Abteilung *Eumycota* herausgenommen und in eine eigene Abteilung überführt, so daß die vereinfachende Dreigliederung aufgegeben werden muß, obwohl sie dem Anfänger die Übersicht erleichterte.

1. Klasse: Oomycetes, biflagellate Niedere Pilze

Die Oomycetes haben ein kräftiges, schlauchförmiges (siphonales), verzweigtes Myzel, das, wenn auch farblos, sehr an *Vaucheria* erinnert, ebenso wie die heterokonte Begeißelung der Zoosporen (Abb. 84) IIa). Die Zellwände bestehen aus Cellulose und Glucanen. Das Myzel dürfte zumindest bei den wichtigsten Formen stets diploid sein. Infolge des hierdurch bedingten gametischen Kernphasenwechsels unterscheiden sich die Oomyceten in ihrer Entwicklung von den anderen Pilzgruppen. Bei der oogamen geschlechtlichen Fortpflanzung gelangt kein Gamet, sondern nur der männliche Kern zum Ei. Hierzu wachsen spezielle Befruchtungsschläuche aus dem Antheridium, dringen in das Oogon und bahnen so dem konträren Kern einen Weg (Oogoniogamie). Die Oomyceten umfassen ca. 500 Arten.
Die **Saprolegniales** leben im Wasser teils saprophytisch in toten Insekten oder abgestorbenen Pflanzenteilen, teils befallen sie (parasitisch) lebende Fische oder Laich. Für vegetative Vermehrung sorgen birnenförmige Zoosporen, die in langgestreckten mit einer Querwand abgegrenzten Zoosporangien (Abb. 82 5, 6, 13) entstehen. In ihrer Form unterscheiden sich die Sporangien kaum von den Hyphen. Bei *Saprolegnia* besitzen die diploiden, einkernigen Zoosporen (Abb. 82 1) apikal 2 ungleich lange Geißeln (eine als Flimmergeißel). Diese Zoosporen umgeben sich nach einer Schwärmphase (1. Schwärmstadium) mit einer Zellwand (Enzystierung) und entlassen bald darauf eine nunmehr nierenförmige Zoospore mit seitlich inserierten Geißeln (2. Schwärmstadium). Die Aufeinanderfolge zweier verschieden gestalteter Schwärmstadien wird als **Diplanie** bezeichnet. Es besteht die Möglichkeit, daß sich die Zoosporen des 2. Schwärmstadiums erneut mit einer Wand umgeben, wenn sie auf keinen passenden Organismus treffen, und dann in ihrer gleichen Form (des 2. Schwärmstadiums) wieder ausschlüpfen. Bei diesem Vorgang handelt es sich lediglich um eine „Verjüngung". Die sekundären Zoosporen schwärmen eine Zeitlang, umgeben sich auf geeignetem Substrat mit einer Zellwand und keimen zum diploiden Myzel aus. Das Durchwachsen entleerter Zoosporangien und erneute Zoosporangienbildung ist typisch für *Saprolegnia*. Bei anderen *Sapro-*

legniales variieren die Formen asexueller Vermehrung. Die Diplanie wird schrittweise unterdrückt (1. Schwärmstadium); z. B. Enzystierung der Zoosporen (1. Schwärmstadium) bereits im Zoosporangium, sie werden dann bei *Achlya* erst als Zysten freigesetzt, oder Netzsporangienbildung durch im Sporangium gegenseitig sich abplattende Zysten des 1. Schwärmstadiums, Zoosporen des 2. Schwärmstadiums verlassen durch lokale Perforation das Netzsporangium *(Dictyuchus)*, bei

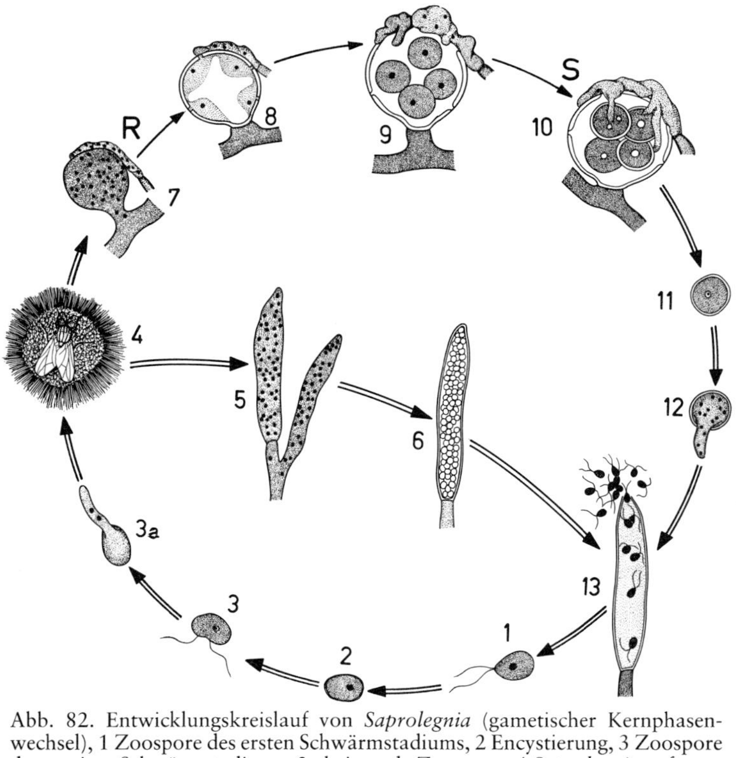

Abb. 82. Entwicklungskreislauf von *Saprolegnia* (gametischer Kernphasenwechsel), 1 Zoospore des ersten Schwärmstadiums, 2 Encystierung, 3 Zoospore des zweiten Schwärmstadiums, 3a keimende Zoospore, 4 *Saprolegnia* auf toter Fliege, 5 und 6 Zoosporangienbildung, 7 Oogonium und Antheridium, 8 und 9 Entwicklung der Oosphaeren (Meiogameten) im Oogonium mit anliegendem Antheridium (Meiokerne enthaltend), 10 Befruchtung mit Hilfe von Befruchtungsschläuchen des Antheridiums, 11 Zygote, 12 Zygotenkeimung, 13 sich entleerendes Zoosporangium. (Neu kombiniert in Anlehnung an WALTER.)

Aplanes schließlich keimen die Sporen (2. Schwärmstadium) als Aplanosporen bereits im Sporangium mit einer Hyphe (Abb. 83 I). Zur geschlechtlichen Fortpflanzung entstehen an kurzen Seitenästen terminale, kugelige Oogonien. Sie grenzen sich von der Traghyphe durch eine Querwand ab. Im Oogon gehen von den zahlreichen Kernen die meisten zugrunde, der oder die restlichen teilen sich meiotisch. Entsprechend der Anzahl haploider Kerne zerklüftet sich das Plasma in Oosphaeren, die sich zu Eizellen abrunden (Meiogameten). Unter dem Oogon ist inzwischen an der gleichen Traghyphe ein Antheridium entstanden, das sich chemotrop dem Ooogon angelegt hat. Auch seine Kerne teilen sich unter Meiose. Es werden jedoch keine Sexualzellen individualisiert, sondern ein sich verzweigender Befruchtungsschlauch dringt in das Oogon zu den Oosphaeren vor. Diese werden durch je einen männlichen Kern befruchtet. Die Zygoten umgeben sich mit derben Zellwänden und wachsen nach einer Ruhephase (Hypnozygoten) ohne Reduktionsteilung mit einem Keimschlauch oder unter Sporangienbildung aus. *Saprolegnia* ist somit ein reiner Diplont mit gametischem Kernphasenwechsel; nur die Eier und die männlichen Kerne des Antheridiums sind haploid (Abb. 82).

Saprolegnia enthält meist beide Geschlechter im gleichen Myzel, *Achlya* ist vielfach diözisch. Die Induktion der Sexualorgane und die Gametangienkopulation wird hier durch eine Anzahl von Gamonen gesteuert. Ein von den weiblichen Hyphen abgegebenes Gamon A regt die Produktion antheridialer Hyphen an dem männlichen Myzel an. Das Gamon B der männlichen Hyphen ruft die Bildung von Oogonanlagen am weiblichen Myzel hervor; das Gamon C des weiblichen Myzels steuert das chemotrope Wachstum der antheridialen Hyphen und veranlaßt die Abschnürung der Antheridien, das Gamon D des männlichen Geschlechts schließlich die Abgrenzung und Differenzierung der Oogonien.

Die **Peronosporales** sind zum Landleben übergegangene parasitische Pilze. Sie leben interzellulär im Gewebe höherer Pflanzen und dringen mit Haustorien in die lebende Zelle ein. Aus den Spaltöffnungen des Wirtes ragen zur vegetativen Vermehrung spezialisierte Hyphen nach außen und bilden hier weißliche Beläge, die als „Falscher Mehltau" bezeichnet werden. Da sich die Spaltöffnungen bei höheren Pflanzen vielfach ausschließlich oder vorwiegend auf der Blattunterseite befinden, ist der einseitige Belag ein Erkennungsmerkmal für den Falschen Mehltau gegenüber dem Echten Mehltau *(s. Erysiphales)* mit allseitig auftretendem weißen Myzel und Konidienrasen. Die *Peronosporales* dürften ebenfalls Diplonten mit gametischem Kernphasenwechsel sein, wobei die Haplophase auf die eine Oosphaere und den männlichen Geschlechtskern beschränkt bleibt. Im Zusammenhang mit dem Übergang zum Landleben wandeln sich die hier deutlich von den vegetativen Hyphen verschiedenen Zoosporangien zur Konidie. Dieser Vorgang ist mit einer Spezialisierung der Traghyphe zum Sporangien- bzw. Konidienträger verbunden (Abb. 83 II–IV).

Pythium debaryanum ist der Erreger des Wurzelbrandes bei Keimlingen einiger Gemüsearten oder der Zuckerrübe (Fußkrankheit, Umfallkrankheit). Es lebt eigentlich saprophytisch im Boden, tötet oder schädigt jedoch durch Ausscheiden von Toxinen benachbartes lebendes Pflanzengewebe, so daß dieses anschließend ebenfalls besiedelt werden kann, ja zuletzt die ganze Pflanze befallen wird. Die fest mit der Traghyphe verbundenen, morphologisch noch kaum deutlich abgesetzten Zoosporangien entlassen zahlreiche dem 2. Schwärmstadium von *Saprolegnia* entsprechende Zoosporen (keine Diplanie).

Phytophthora infestans verursacht bei der Kartoffel Kraut- und Knollenfäule. Der Pilz wächst ebenfalls auf vorher toxigen geschädigten Wirtspartien. Eine Vervollkommnung des Parasitismus tritt aber darin zutage, daß die Wirtspflanze am Leben bleibt. Aus den Kartoffelblättern dringen wenig differenzierte Hyphenbüschel, die an ihren Enden die Zoosporangien abschnüren, jedoch an diesen vorbei weiterwachsen, wobei die Sporangien abfallen. Die Sporangienbildung wiederholt sich an einem Träger somit mehrfach. Die Sporangien werden als Ganzes vom Wind passiv verbreitet und keimen auf einem anderen Blatt mit Zoosporen. Hierfür ist die Anwesenheit von Wasser erforderlich. Verbreitungsmäßig wird das Sporangium damit bereits zur **Konidie,** keimungsphysiologisch bleibt es ein Zoosporangium (Abb. 83 III). Unter besonderen äußeren Bedingungen erfolgt die Keimung jedoch schon mit einem Keimschlauch.

Die Krankheit wurde 1830 aus Amerika eingeschleppt und hat heftige Epidemien im Kartoffelanbau hervorgerufen und zu Hungersnöten in Mitteleuropa geführt (z. B. 1845, 1850, Steckrüben-Winter 1916/1917).
Durch Regen in den Boden gewaschene Konidien infizieren auch die Knollen der Kartoffel, an denen ebenfalls Konidien gebildet werden können, wodurch sich die Krankheit im Kartoffelkeller ausbreitet. Die Kartoffeln faulen dann nach Bräunung frühzeitig. Das in der Knolle überwinternde Myzel gelangt mit der Aussaat auf den Acker und ruft erneute Blattinfektion hervor. Neuinfektion kann im Frühjahr auch durch nicht verbranntes Kartoffelkraut, in dem die Zygoten überwintert haben, erfolgen. Durch Anbau *Phytophthora*-resistenter Sorten, durch Vermeiden feuchter Lagen mit Nebel und starker Taubildung, sowie mit Hilfe von Fungiziden, die auf die noch nicht befallenen Pflanzen gespritzt werden, kann die Krankheit bekämpft werden, so daß sich der Ertragsausfall in Grenzen hält (in feuchten Jahren bis zu 20%).

Plasmopara viticola, der Falsche Mehltau des Weines, und ebenso *Peronospora,* z. B. *P. tabacina*, der Blauschimmel des Tabaks, sind obligate Parasiten, deren Kultur auf synthetischen Nährböden nicht gelingt. Dies ist auch bereits bei *Phytophthora* im Vergleich zu *Pythium*

Abb. 83. *Oomycetes: Saprolegniales*, I Sporangium von *Aplanes* (die Aplanosporen keimen bereits im Sporangium). Sporangien der *Peronosporales*, II *Pythium*, 1 morphologisch wenig differenziertes Zoosporangium, 2 sich entleerend, 3 deutlicher von den vegetativen Hyphen abgesetztes Zoosporangium. III

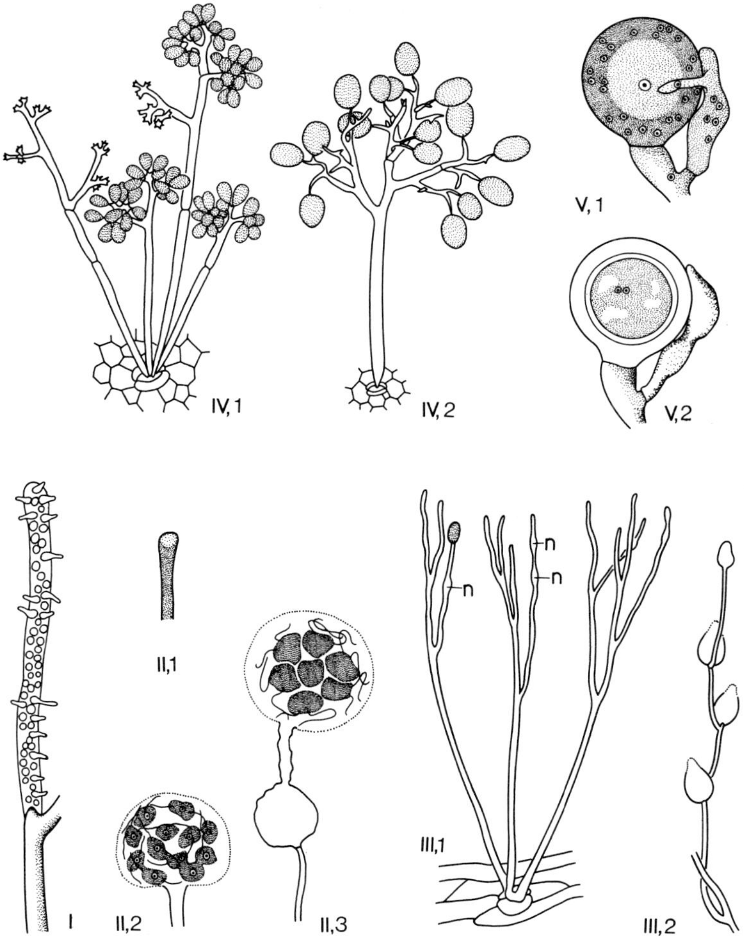

Phytophtora, 1 Sporangienträger, n Anschwellung unter den Abschnürungsstellen früherer Konidien, 2 die noch wenig differenzierten Hyphen (Sporangienträger) schnüren an ihren Enden Sporangien ab und wachsen dann seitlich daran vorbei. IV, 1 Konidienträger von *Plasmopara*, IV, 2 von *Peronospora*. V Befruchtung von *Plasmopara*, 1 Befruchtungsschlauch wächst ins Oogonium zu der einzigen Oosphaere, 2 Zygote vor der Kernverschmelzung. (Nach De Bary I, Sparrow II, 1, 2, Drechsler II, 3, Frank III, 1, Blackwell III, 2, Cornu IV, aus Gäumann V, aus Walter.)

erschwert. Der Parasitismus verfeinert sich so stufenweise parallel mit der übrigen Höherentwicklung. Das Wachstum der hier morphologisch wohl differenzierten, artspezifischen Sporangien- bzw. Konidienträger (Abb. 83 IV) schließt vor Ausbildung der zahlreichen Sporangien (Konidien) ab. Die Konidien werden bei *Peronospora* sogar aktiv abgeschleudert. Bei *Plasmopara viticola* und *Pseudoperonospora* (z. B. *P. humuli,* Falscher Mehltau des Hopfens) keimen die Konidien nach Abfallen und Windtransport, je nachdem ob Wasser (Tropfen) vorhanden ist, oder nicht, noch mit Zoosporen oder mit einem Keimschlauch. Bei *Peronospora* erfolgt die Keimung lediglich mit Hyphen. Damit ist auch keimungsphysiologisch von einer Konidie zu sprechen, die jedoch entwicklungsgeschichtlich aus einem Zoosporangium entstanden sein dürfte.

Plasmopara viticola wurde 1878 ebenfalls aus Nordamerika mit reblausresistenten Reben eingeschleppt. Die im Weinbau als „Peronospora" bezeichnete Krankheit hat bei uns an der Nordgrenze des Weinbaus besonders verheerende Folgen. Die Erträge werden durch den Befall der Gescheine (Blütenstände) und das Nichtausreifen der Früchte (Lederbeeren) wertlich gemindert. Die Bekämpfungsmaßnahmen verbrauchen einen hohen Prozentsatz der Erträge. Von der Infektion bis zur erneuten Konidienbildung vergehen im Frühsommer 15–18 Tage, im Spätsommer infolge höherer Temperaturen jedoch nur 5–6. Die Bezeichnung Weißrost für die unter der Stengelepidermis von *Capsella bursa-pastoris* palisadenförmig angeordneten Konidienlager von *Albugo candida* beruht auf dem lackartigen Aussehen, solange die Epidermis der befallenen Sproßteile nicht aufgebrochen ist.

Während die vegetative Propagation im Zusammenhang mit dem Übergang zum Landleben mannigfaltige Anpassungen und Veränderungen erfährt, verläuft die sexuelle Fortpflanzung – soweit bekannt – verhältnismäßig einheitlich (Abb. 83 V). Anders als bei den *Saprolegniales* differenziert sich im Oogon das Plasma in einen zentralen einkernigen Teil und ein vielkerniges wandständiges Periplasma. Wahrscheinlich im Anschluß an die Meiose des zentralen Kerns und Abortieren von 3 der 4 Tochterkerne bildet sich aus dem zentralen Plasma nur eine Oosphaere. Auch die im Periplasma gelegenen Kerne gehen nach und nach zugrunde. Vom Antheridium tritt ebenfalls nach der Meiose nur ein haploider Kern durch den Befruchtungsschlauch über. In jedem Gametangium ist also jeweils nur einer von vielen Kernen zum Sexualakt privilegiert. Die Zygote umgibt sich mit einer derben Wand (Endospor), der vom Periplasma her noch eine weitere Schicht (Epispor) aufgelagert wird.

Leptomitus lacteus, ein Abwasserpilz in mit organischen Abfällen stark verunreinigten Gewässern, kann mit seiner Biomasse Wasservögeln als Futter dienen. Er wird wegen seines eingeschnürten, aber nicht septierten Myzels meist als eigene Ordnung geführt (*Leptomitales;* Teleomorph wie bei den *Peronosporales,* Anamorph wie bei den *Saprolegniales*).

An die *Oomycetes* lassen sich infolge ähnlicher Merkmale die **Hyphochytridiomycetes** (15 Arten) anschließen, obwohl ihre Sporen nur eine akrokonte (nach vorne gerichtete) Flimmergeißel besitzen. Es handelt sich bei ihnen um parasitisch oder saprophytisch lebende Wasserorganismen, deren Zellwände Zellulose und Chitin enthalten.

11. Abteilung: Eumycota (Eumycophyta), Echte Pilze

Bei den *Eumycota* läßt sich eine Höherentwicklung in der Myzelausbildung beobachten. Bei den einfachsten Niederen Pilzen dieser Abteilung besteht der Vegetationskörper vielfach lediglich aus einem von einem 1kernigen Bläschen ausgehenden **Rhizoidmyzel** *(Chytridiomycetes)*. Höher stehende Niedere Pilze *(Zygomycetes)* zeichnen sich jedoch durch einen kräftigen, siphonalen (schlauchförmigen) vielkernigen Thallus aus, der mit Ausnahme der Sporangien- oder Gametangienbildung querwandlos bleibt und als konvergente Entwicklung zu den *Oomycota* angesehen werden kann. Beim Übergang zu den Höheren Pilzen (Asco- und Basidiomyceten) und bei diesen treten in regelmäßiger Anordnung Querwände (Septen) auf, die einen einfachen, bei den höchst entwickelten einen kompliziert gestalteten Porus besitzen, welcher den Durchtritt von Plasma und Kernen erlaubt. Sproßmyzelien aus coccalen, mitunter etwas gestreckten Zellen, deren Tochterzellen meist nicht durch Querteilung, sondern Sprossung entstehen und die einige Zeit in kurzem Kettenverband verbleiben, lassen sich in verschiedenen Verwandtschaftskreisen beobachten. Die Zellwand besteht fast stets aus Chitin und anderen Pilz-Glucanen, während die Zellulose fehlt. Bei einigen parasitischen Formen finden sich auch nackte Protoplasten, de-

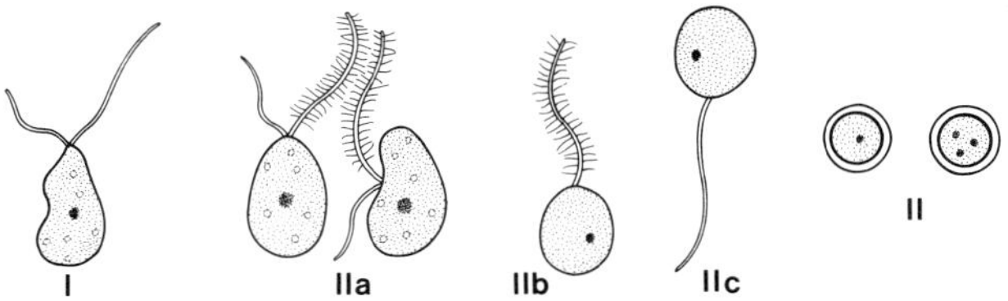

Abb. 84. Sporenform und -begeißelung bei *Myxo-*, *Oo-* und niederen *Eumycota* I Zoosporen der *Myxomycota*, biflagellat heterokont *(Myxomycetes, Plasmodiophoromycetes)*, 2 Peitschengeißeln, II Zoosporen der Nieder Pilze, a *Oomycetes*, biflagellat heterokont, 1 Peitschen-, 1 Flimmergeißel, dazu Diplanie, b *Hyphochytriomycetes*, akrokont 1 Flimmergeißel, c *Chytridiomycetes*, opisthokont 1 Peitschengeißel, III Aplanosporen der *Zygomycetes*, akont Endosporen oder Konidien = Exosporen).

ren Zellwand jedoch wahrscheinlich zurückgebildet ist. Bei den hoch organisierten, abgeleiteten Gruppen kommen in besonderen Entwicklungsstadien Flechtgewebe vor (Fruchtkörper, Rhizomorphe). Während die Schwärmer (Zoosporen und Gameten) der wasserbewohnenden Niederen Pilze sich durch eine opisthokonte Begeißelung (glatte Schubgeißel) kennzeichnen lassen *(Chytridiomycetes)*, weichen diese beweglichen Stadien mit dem Übergang zum Landleben Aplanosporen, Spermatien und verschiedenen Wandlungen sexueller Fortpflanzung (Zygo-, Asco-, Basidiomycetes). Damit lassen sich die beiden Klassen niederer Pilze durch ihre Begeißelung charakterisieren. *Chytridiomycetes* uniflagellat opisthokont, *Zygomycetes* aflagellat (akont) (s. Abb. 84).
So mannigfaltig die Organisation der *Eumycota* mit der Höherstellung Veränderungen erfahren hat, können sie doch nach unseren heutigen Kenntnissen als Ergebnis monophyletischer Entwicklung angesehen werden.

1. Klasse: Chytridiomycetes, uniflagellate Niedere Pilze

Die **Chytridiomycetes** (ca. 500 Arten) zeigen durch ihre opisthokonten Zoosporen (Abb. 84 IIc) einheitliche Züge, wohingegen die sexuelle Fortpflanzung vielgestaltig ist. Das Myzel, bei den einfachsten Formen ein nackter intrazellulärer Parasit, besitzt bei den abgeleiteten bereits einfache bis verzweigte Hyphen, die jedoch nicht den Umfang wie bei den Oomyceten erreichen. An die Stelle eines Nucleolus tritt zumeist eine RNS-haltige „Kernkappe".
Der Thallus der wohl von Flagellaten abstammenden **Chytridiales** ist nur wenig ausgeprägt. Häufig übernehmen feine kernlose Plasmastränge (Rhizoidhyphen) die Ernährung, eigentliche Pilzhyphen entstehen dagegen nur selten. Die Fruktifikation verläuft zum Teil **holokarp,** dabei wird der gesamte Thallus entweder zum Zoosporangium, das **loculizid** sich mittels eines Deckels oder **porizid** durch Poren öffnet und die Zoosporen entläßt, oder der Thallus wird zur Gänze in ein Gametangium umgewandelt. Bei höher entwickelten Formen mit Rhizoidmycel wird dieses jedoch in den Vorgang nicht mit einbezogen (**eukarp**). Die *Chytridiales* leben als Parasiten oder Saprophyten zumeist im Wasser, mitunter im Boden.
Olpidium brassicae befällt in zu feucht gehaltenen Anzuchtkästen junge Kohlpflanzen an der Stengelbasis, verursacht durch Abtöten der Zellen die „Schwarzbeinigkeit" und schließlich ein Umknicken (Umfallkrankheit). Die Zoosporen gelangen auf die mit Wasser benetzte Stengeloberfläche und dringen unter Geißelverlust amöboid in die Epidermis ein (Abb. 85). Der nackte Protoplast umgibt sich in der Wirtszelle nach einer Wachstumsphase und Kernvermehrung mit einer Chitinwand. Er wird damit zum Zoosporangium. In diesem entstehen zahlreiche, wiederum mit einer Schubgeißel versehene Schwärmer, die

durch einen aus der Zelle ragenden Entleerungskanal entweder als Zoosporen in neue Epidermiszellen eindringen oder als Gameten paarweise zu 2geißeligen nackten Planozygoten kopulieren. Die dikaryotischen Zygoten infizieren den gleichen Wirt und wandeln sich im Zellinnern zu einer derbwandigen Cysto- bzw. Hypnozygote um. Erst im nächsten Frühjahr verschmelzen die beiden Kerne in der Zygote. Es tritt sofort Reduktionsteilung ein und zahlreiche Zoosporen verlassen den Entleerungshals.

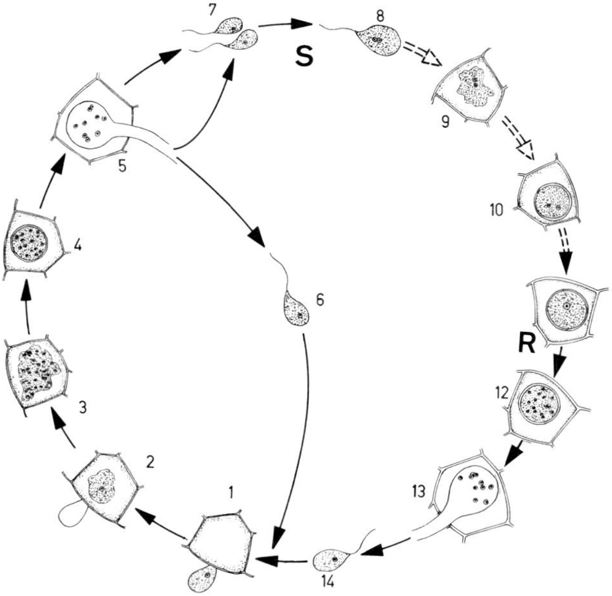

Abb. 85. Entwicklungskreislauf von *Olpidium brassicae*, 1 Zoospore hat sich auf einer Wirtszelle festgesetzt, 2 Infektion, 3 Protoplast des Erregers vergrößert sich unter Kernvermehrung, 4 Zoosporangium, 5 Entleerung des Zoosporangiums, 6 Mitozoospore, 7 Gameten, 8 Dikaryoplanozygote, 9 Dikaryoamöbozygote, 10, 11 Cysto- bzw. Hypnozygote nach Karyogamie, 12 und 13 Wandlung zum Keimsporangium, 14 Meiozoospore. (Aus WALTER, verändert.)

Synchytrium endobioticum (Abb. 86) verursacht den Kartoffelkrebs, eine Krankheit, die erst seit der Jahrhundertwende zu beobachten ist. Es wird angenommen, daß der Erreger, der eine Lagerung der Knollen durch rasches Faulen unmöglich macht, von anderen wild wachsenden Pflanzenarten auf die Kartoffel übergegriffen hat. Die Krankheit wird besonders spürbar, wenn auf dem glei-

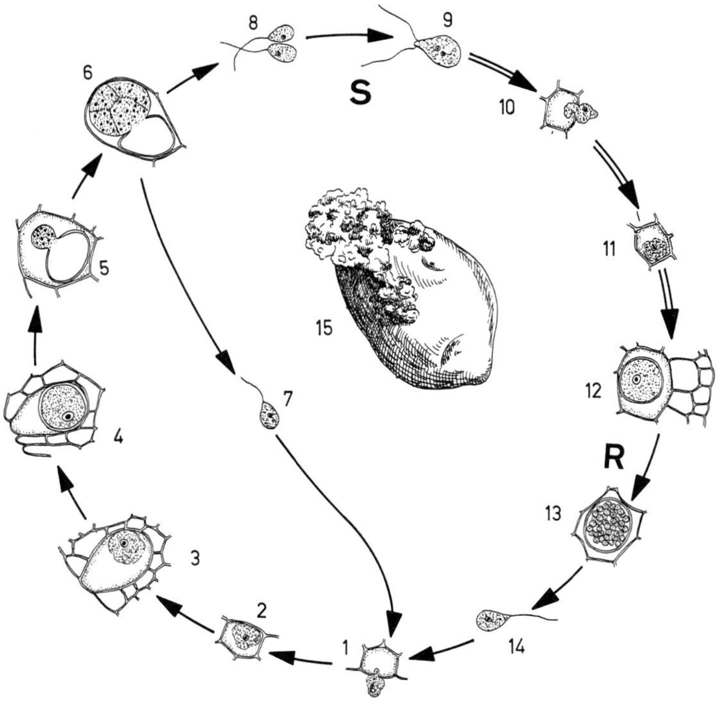

Abb. 86. Entwicklungskreislauf von *Synchytrium endobioticum*, 1 und 2 Zoospore infiziert Wirtszelle, 3 Epidermiszelle der Kartoffelknolle vergrößert sich, Nachbarzellen teilen sich, 4 Prosorus (Sommerspore), 5 und 6 Bildung des Sporangiensorus, 7 Mitozoospore, 8 Gameten, 9 Planozygote, 10 und 11 Amöbozygote infiziert eine Kartoffelknolle, 12 Cysto- bzw. Hypnozygote in tieferen Partien des Wirtsgewebes, 13 Keimsporangium, 14 Meiozoospore, 15 krebsinfizierte Kartoffelknolle. (Aus WALTER, verändert.)

chen Land immer wieder Kartoffeln angebaut werden. Der Entwicklungszyklus ähnelt dem von *Olpidium*. Nach Infektion durch eine Zoospore vergrößert sich die Epidermiszelle einer Kartoffelknolle und stirbt ab. Die benachbarten Zellen werden hierdurch zu Zellteilungen angeregt. Um die Infektionsstelle herum entstehen krebsartige Wucherungen. Der zunächst nackte amöboide Protoplast umgibt sich in der Wirtszelle mit einer zarten Zellwand, wird damit zur Sommerspore (Prosorus). 12–14 Tage nach der Infektion tritt aus dem Prosorus, dessen Kernzahl sich inzwischen bis auf 300 erhöht hat, ein ganzer Sporangiensorus mit mehreren Sporangien, deren jedes seine eigene Zellwand besitzt. Die entleerten Zoosporen infizieren benachbarte Zellen. Da sich dieser Vorgang wiederholt, werden im Laufe des Sommers die Krebswucherungen immer größer. Einzelne von den Zoosporen nicht unterscheidbare Schwärmer kopulieren paarweise als Gameten. Auch die Planozygote dringt in die Kartoffelknolle ein, wird jedoch durch Teilungen der befallenen Zelle selber nach vegetativer amöboider Phase als Cysto- bzw. Hypnozygote in tiefer liegende Gewebepartien verfrachtet. Durch Verfaulen des Krebsgewebes gelangen diese Zygoten in den Boden, wo sie bis zu 10 Jahre keimfähig bleiben. Die Reduktionsteilung erfolgt bei der Umwandlung zum Zoosporangium, dabei entstehen zahlreiche haploide Schwärmer.

Sowohl bei *Olpidium* wie bei *Synchytrium* besteht ein antithetischer Generationswechsel zwischen einem einzelligen Haplonten, der zum Sporangium bzw. Gametangium werden kann, und einem einzelligen Diplonten, der unter Reduktionsteilung zum Zoosporangium wird, wobei wohl noch restlos zu klären ist, ob Zoosporen und Gameten wirklich verschiedene Schwärmer oder lediglich physiologische Phasen der gleichen Schwärmer sind. Der Entwicklungszyklus läßt sich auch als zygotischer Kernphasenwechsel interpretieren, wie er für die *Chytridiales* typisch ist.

Charakteristisch ist für viele Arten der *Chytridiales,* daß aus einer Zoospore ein einzelliger, einkerniger vegetativer Organismus, und aus diesem unter Kernvermehrung ein Zoosporangium oder Gametangium wird. Dies trifft auch für *Rhizophydium pollinis* zu (Abb. 87 I). Hier findet jedoch nach Festsetzen der Zoospore auf einem Pollenkorn Arbeitsteilung zwischen dem von einer Chitinwand umgebenen bläschenartigen, extramatrikalen Thallus und dem die Nahrung aus dem Pollenkorn entnehmenden Rhizoid statt. Das Bläschen wird zum Zoosporangium. Bei *Polyphagus euglenae* (Abb. 87 II) kommt die Zoospore nicht auf einem Wirtsorganismus zur Ruhe, sondern sendet nach Geißelverlust zahlreiche längere, sich verzweigende Rhizoide zu vielen benachbarten Euglenen (bis zu 50) hin. Der Thallus vergrößert sich während dieser interzellulären vegetativen Phase, wird aber nicht selber zum Zoosporangium, sondern das Zoosporangium trennt sich durch Ausknospung als eigene Zelle ab, in die auch der einzige Kern übertritt und sich hier teilt. Sexuell kommen Iso-, Anisogamie, Oogamie, ja Gametangiogamie vor. Bei *Rhizophydium* parasitiert der weibliche Gamet sogar auf dem männlichen, der sich auf einem Pollenkorn unter Rhizoidbildung festgesetzt hat. Der männliche Thallus von *Polyphagus* entsendet zum weiblichen sonderbarerweise einen plasmatischen Fortsatz, in dessen blasiger Anschwellung sich beide Kerne vereinigen. Die Meiose erfolgt in den Zygoten. Die haploiden Zoosporen verlassen das Keimsporangium (zygotischer Kernphasenwechsel).

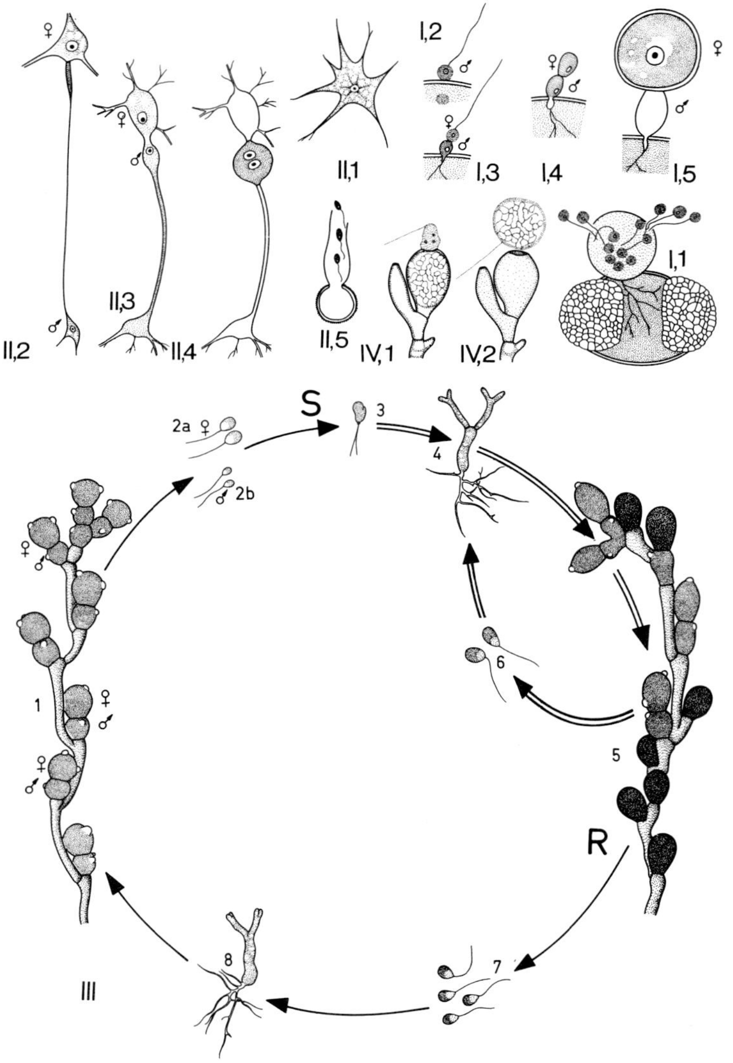

Abb. 87. *Chytridiomycetes.* I *Chytridiales: Rhizophydium*, 1 Zoosporangium auf Pinuspollen, die Zoosporen entlassend, 2 männlicher Gamet infiziert Pollenkorn, 3 weiblicher Gamet auf männlichem Gameten, 4 weiblicher Gamet

Die **Blastocladiales** bewohnen vielfach saprophytisch den Erdboden. Ihr Thallus besteht bereits aus verzweigten vielkernigen, aber unseptierten Hyphen. Diese sind jedoch noch zart und von geringem Ausmaß. Der meist **eukarpe** Vegetationskörper geht nicht mehr zur Gänze in Fortpflanzung oder Vermehrung auf, vielmehr sind vegetative und fertile Abschnitte zu unterscheiden. Unbekannt ist die Funktion der charakteristischen Kernkappe aus RNS und Proteinen, welche die Kerne der Fortpflanzungszellen hutartig überdeckt. *Allomyces* (Abb. 87 III) bildet nackte Anisogameten in übereinandersitzenden Gametangien. Die kleineren männlichen sind durch Carotinoide in den Gameten rotgefärbt, die größeren sind weiblich und farblos, sie locken durch „Sirenin" die männlichen an. Im antithetischen Generationswechsel ist der Gametophyt dem Sporophyten gleichgestaltet, er kann aber auch stark reduziert sein. Der Sporophyt bildet zweierlei Zoosporangien: die einen erneuern durch Diplomitosporen (farblose Sporangienwand) den Sporophyten, die anderen liefern haploide Meiosporen (braune Sporangienwand), die zu Gametophyten auswachsen.

Die **Monoblepharidales** (Abb. 87 IV) besiedeln im Wasser treibende abgestorbene Pflanzenteile. Ihre Hyphen können gelegentlich septiert sein wie bei den höheren Pilzen. Die geschlechtliche Fortpflanzung erreicht mit der Oogamie die höchste bei den Chytridiomyceten entwickelte Stufe. Ein Generationswechsel fehlt jedoch (zygotischer Kernphasenwechsel). Die Zygoten keinem mit einem Keimschlauch. Zoosporen dienen der vegetativen Vermehrung.

2. Klasse: Zygomycetes, aflagellate Niedere Pilze

Die **Zygomycetes** (Abb. 88) leben terrestrisch und überwiegend saprophytisch. Das gewöhnlich kräftig entwickelte Myzel ist bei den *Mucorales* coenocytisch, d. h. vielkernig ohne Querwände organisiert, bei den *Entomophthorales* jedoch bereits z. T. septiert. Die Zellwände bestehen aus Chitin, Chitosan und Glucanen. In Anpassung an das Land-

---

wird vom männlichen ernährt, 5 Zygote. II *Chytridiales: Polyphagus*, 1 vegetative Zelle, Rhizoide aussendend, 2–4 Kopulation zwischen dem kleineren männlichen und größeren weiblichen Thallus, 5 Zoosporen-Entleerung aus dem Keimsporangium der Cystozygote. III *Blastocladiales*, Entwicklungszyklus von *Allomyces* (isomorpher Generationswechsel), 1 Gametophyt mit männlichen und ihnen aufsitzenden weiblichen Gametangien, 2a weibliche, 2b männliche Anisogameten, 3 Planozygote, 4 junger und 5 Zoosporangien bildender Sporophyt (in hellerem Farbton Mitosporangien, dunkler Meiosporangien), 6 Diplomitozoosporen, 7 Meiozoosporen, 8 junger Gametophyt. IV *Monoblepharidales:* Oogamie bei *Monoblepharella*, 1 Spermatozoid dringt in Oogon ein, 2 frei (mit Geißel des Spermatozoids) ausschwärmende Zygote. (Nach ZOPF I, 1, COUCH I 2–5, WAGNER II, EMERSON III, SPARROW IV, aus GÄUMANN, teilw. verändert und neu kombiniert.)

leben erfolgt die ungeschlechtliche Vermehrung durch Aplanosporen (s. Abb. 84 III). Die oft charakteristische Gestalt der Sporen und Sporangienträger ist für die taxonomische Zuordnung verwertbar. Bei der sexuellen Fortpflanzung verschmelzen ganze Gametangien miteinander (**Gametangiogamie**). Die Zygomyceten werden vielfach als aflagellat gewordener Seitenast der *Chytridiales* angesehen, der sich parallel zu den *Blastocladiales-Monoblepharidales* entwickelt hat und zu den Ascomyceten überleitet. Sie bestehen aus ca. 500 Arten.

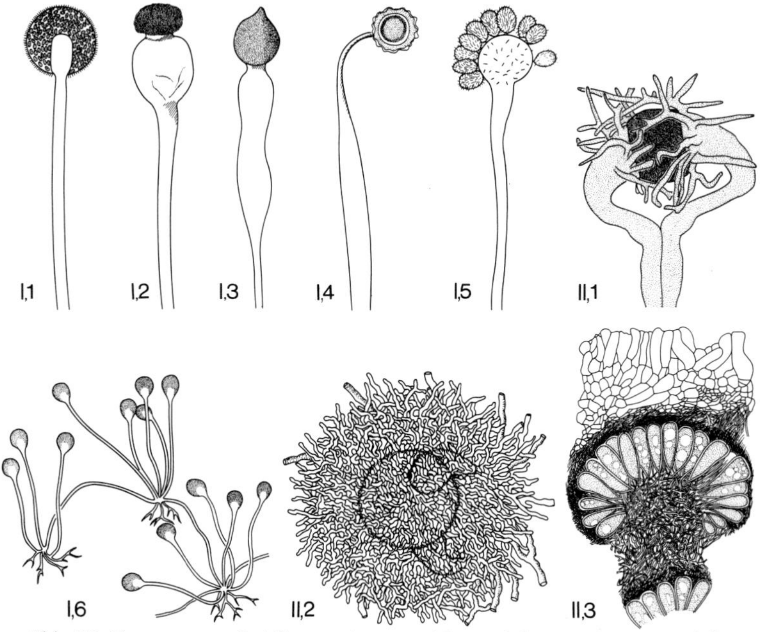

Abb. 88. *Zygomycetes*. I, 1 Sporangium von *Mucor*, 2 Sporangium von *Pilobolus*, Sporangienträger durch Turgorerhöhung blasig angeschwollen, Sporangium wird durch diesen Turgormechanismus wie bei *Empusa muscae* (3) als ganzes abgeschossen, 4 Konidienentstehung durch Reduktion der Sporenzahl im Sporangium bei *Haplosporangium*, 5 Sporenbildung in Sporangiolen *(Cunninghamella)*, 6 *Rhizopus*, Ausläufer bildend, Sporangienträger in Gruppen. II Tendenz zur Bildung von Fruchtkörpern (Sporokarpien), 1 *Phycomyces*, aus den Suspensoren wachsen Hüllfäden, 2 *Mortierella*, Zygoten mit vom Gametophyten gebildeten Hüllhyphen, 3 *Sclerocystis*, Schnitt durch einen vom Gametophyten gebildeten Fruchtkörper, Zygoten in Schichten vereinigt. (I, 1–3 aus WALTER, 4 nach VALLIER, 5 nach THAXTER, verändert, II, 1 nach KESSEL, 2 nach BREFELD und 3 nach THAXTER aus GÄUMANN.)

Neben wenigen parasitischen Formen umfassen die **Mucorales** Schimmelpilze, die saprophytisch auf Mist, Brot, Marmelade und ähnlichen Substraten vorkommen. Häufig ist *Mucor*. Von seinem dichten, das Substrat durchziehenden verzweigten Myzel (Substratmyzel), erheben sich negativ hydrotrop zahlreiche kräftig entwickelte Hyphen, die jeweils in einem kugeligen Köpfchen (Sporangium) enden (Abb. 86 I 1). Die Trennwand zwischen Sporangium und dem Sporangienträger wölbt sich als **Columella** in das Sporangium hinein. Das Sporangium selbst ist anfänglich mit viel Plasma und zahlreichen Kernen erfüllt. Der Inhalt zerklüftet in sehr zahlreiche (einige Hundert) wenigkernige Portionen, die eine Zellwand ausbilden und so zu den Sporangiosporen (Endosporen) werden. Bei den reifen Sporangien löst sich die Sporangienwand bis auf eine Manschette um die Columella auf, die sofort keimfähigen Sporen (sie bleiben 1/4 Jahr keimfähig) werden durch den Wind verbreitet und wachsen zu einem neuen Myzel aus. Sie dienen somit der vegetativen Propagation. Bei anderen Gattungen sind die Sporangien teilweise gleich oder ähnlich gestaltet, können aber auch weitgehend abgewandelt sein. Der verbreitete *Rhizopus* bildet durch Lufthyphen Ausläufer (Luftmyzel). Dort, wo diese im Substrat Fuß fassen, erheben sich jeweils Büschel von Sporangienträgern (Abb. 88 I, 6). Die Sporangienträger des auf Pferdemist wachsenden *Pilobolus* (I, 2) reagieren so wie die von *Phycomyces* positiv phototrop. Bei *Pilobolus* dehnt sich der unter dem Sporangium befindliche Teil des Sporangienträgers durch Turgorsteigerung (bis 5,5 atm) um 100%, das Sporangium reißt mitsamt der Columella ab und wird mit seinen ca. 50000 Sporen bis zu 2 m weit bei einer Anfangsgeschwindigkeit von 14 m/sec in Richtung der Lichtquelle geschossen. Die Sporangien können auf verschiedenen Wegen zu Konidien werden, z. B. durch Fortfall der Columella und Reduktion der Sporenzahl bis auf eine. Bei *Haplosporangium* ist so die einzige noch von der Sporangienwand umgebene Spore zur Konidie geworden. Oder aber die Sporenbildung findet nicht mehr im Sporangium selber statt, sondern in knospenartigen Auswüchsen, den Sporangiolen, die dann insgesamt als Konidien abfallen *(Cunninghamella)* (Abb. 88 I, 4, 5).

Mucor ist heterothallisch (physiologisch diözisch). Geschlechtliche Fortpflanzung tritt nur dann ein, wenn unter bestimmten Umweltbedingungen zwei kompatible (sexuell verträgliche und einander ergänzende) Myzelien (+ und −) zusammenkommen. Gamone (z. B. Trisporsäure) beeinflussen die Entwicklung der Gametangien. Die + und −Myzelien bilden zunächst sog. Progamone, die jeweils beim anderen Geschlecht die sexuelle Funktion und Produktion von Gamonen anregen. Die Gamone wiederum veranlassen den jeweiligen Partner, die **Zygophoren** auszubilden. Diese wachsen als Seitenäste angelegt unter dem Einfluß flüchtiger zygotroper Lockstoffe aufeinander zu, bis sich (im Bereich einer deutlich sichtbaren Trennungszone zwischen beiden Myzelien) ihre Spitzen berühren und abplatten. Durch eine Querwand wird dann jeweils ein vielkerniges Gametangium von der Stielzelle, dem Suspensor, abgeschnürt. Die Gametangien beider Geschlechter sind bei *Mucor* gleichgestaltet, bei *Zygorrhynchus* anisogam, unterschiedlich groß. Es kommt jedoch nicht zur Ausbildung von Gameten. Die ganzen Gametangien verschmelzen miteinander und die Fusionszelle wandelt sich durch eine mehrschichtige Wand zu einer einzigen Zygote um (Gametangiogamie und Coenozygote).

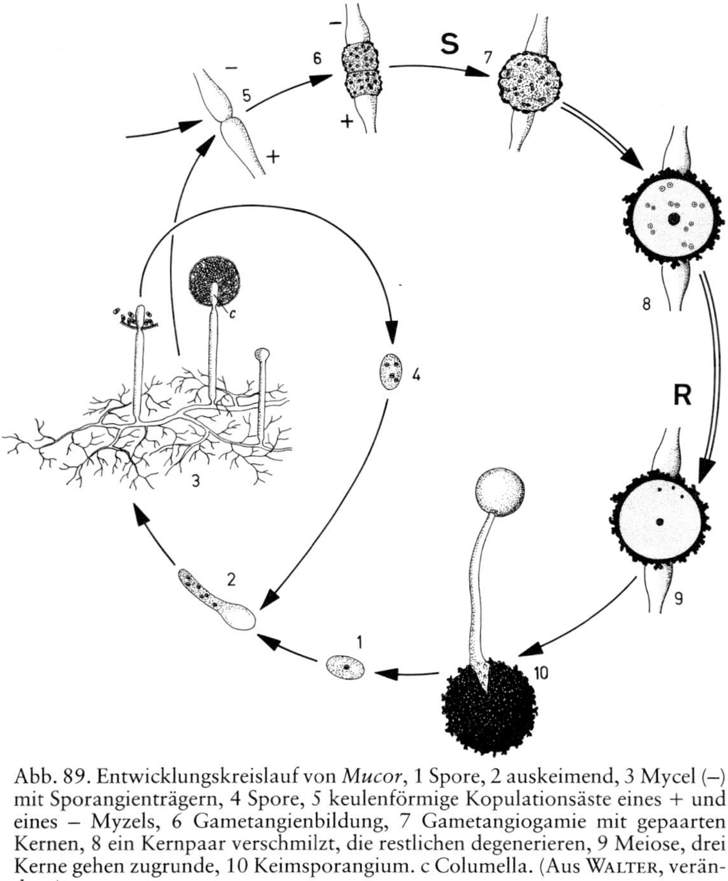

Abb. 89. Entwicklungskreislauf von *Mucor*, 1 Spore, 2 auskeimend, 3 Mycel (–) mit Sporangienträgern, 4 Spore, 5 keulenförmige Kopulationsäste eines + und eines – Myzels, 6 Gametangienbildung, 7 Gametangiogamie mit gepaarten Kernen, 8 ein Kernpaar verschmilzt, die restlichen degenerieren, 9 Meiose, drei Kerne gehen zugrunde, 10 Keimsporangium. c Columella. (Aus WALTER, verändert.)

Bei *Phycomyces* (Abb. 88 II, 1) umschlingen sich vor der Gametangienbildung die Suspensoren an ihrer Basis. Nach der Befruchtung wachsen aus den Suspensoren geweihartige Hüllhyphen, welche die Zygote umklammern. Bei *Mortierella* (II, 2) umspinnen vegetative Hyphen schon die Kopulationsäste mit einer dichten Zygotenhülle, diese wird bei *Endogone* und *Sclerocystis* (II, 3) schließlich zu einem kompakten Körper. Die hier zahlreichen Zygoten sind zu sporogenen Schichten vereinigt. Die Zygotenfrucht dieser Zygomyceten stellt einen Fruchtkörper dar, der dem höherer Pilze vergleichbar ist. Die Umhüllung der diploiden Zygote durch haploide Hyphen des Gametophyten erinnert an die Verhältnisse bei den Rotalgen, bei *Coleochaete* und *Chara*.

Außer heterothallischen Arten gibt es bei den *Mucorales* auch homothallische Formen wie z. B. den bereits erwähnten *Zygorrhynchus*. Bei diesen sind beide Geschlechter in einem Myzel vereinigt, und eingeschlechtige Seitenäste bringen die Gametangien zueinander. Die Zygote macht vor dem Auskeimen im allgemeinen eine mehrmonatige Ruhepause durch. Die Kerne, die sich nach der Gametangienfusion paarweise aneinander gelegt haben, verschmelzen entweder vor der Ruhepause oder aber erst gegen Ende derselben. Teilweise gehen alle bis auf ein Kernpaar zugrunde; finden mehrere Kernverschmelzungen statt, lösen sich nachträglich die Zygotenkerne bis auf einen auf. Dieser macht vor der Keimung der Zygote die Meiose durch. Bei *Mucor* degenerieren 3 der 4 haploiden Kerne. Der vierte teilt sich jedoch mitotisch mehrmals, so daß zahlreiche Kerne in die Keimhyphe und das sich bildende Keimsporangium wandern. Die Sporen besitzen jedoch alle das gleiche Geschlecht. Degeneration dreier meiotischer Kerne ist nicht bei allen Arten die Regel. Bei *Phycomyces* enthält das Keimsporangium drei Arten mehrkerniger Sporen (+, − und ± Sporen), bei *Rhizopus* können die einkernigen Sporen entweder dem + oder − Geschlecht angehören. Die Zygomyceten sind, wie der Entwicklungszyklus (Abb. 89) zeigt, reine Haplonten mit einem zygotischen Kernphasenwechsel.

Die **Entomophthorales** sind überwiegend zu parasitischer Lebensweise (auf Algen und Tieren) übergegangen. Bei *Empusa* werden von Sporangien sich ableitende Konidien durch einen ähnlichen Schleudermechanismus verbreitet wie bei *Pilobolus* (Abb. 88, I, 3). Die abgeschossenen Konidien bilden an Fensterscheiben um tote Fliegen einen mehligen Hof, Konidien, die keine Fliege getroffen haben, können zu einer Sekundärkonidie auswachsen, die erneut abgeschossen wird. Die Pilzhyphen zergliedern sich bei den *Entomophthorales* in mehrkernige Hyphenkörper. Bei *Basidiobolus* sind sie sogar vielfach einkernig, die Septen weisen eine für Pilze ungewöhnlich kleine Perforation auf. Bei der Anisogametangiogamie der meisten *Entomophthorales* entsteht die Zygote nicht unmittelbar aus den beiden Gametangien: an der Fusionsstelle wölbt sich eine Anschwellung empor, in die nur je ein Kern der vielkernigen Gametangien einwandert. Sie schnürt sich als Zygote ab, während die Gametangien kollabieren. Bei *Basidiobolus* sind die Gametangien einkernig, das Makrogametangium wird zur Zygote.

3. Klasse: Ascomycetes, Schlauchpilze

Die Ascomyceten sind mit über 30% aller bekannten Pilzarten die umfangreichste Pilzklasse (ca. 30000 Arten). Ihr müßten vermutlich noch die meisten Deuteromyceten *(Fungi imperfecti)* zugerechnet werden, deren genaue systematische Zuordnung infolge des nur unvollständig bekannten Entwicklungszyklus jedoch nicht möglich ist. Damit würde sich die Artenzahl auf ca. 60% erhöhen.
Das kräftige, ans terrestrische Leben angepaßte Myzel besteht außer bei rückgebildeten Gruppen aus verzweigten, septierten Hyphen. Das Plasma bildet durch Poren in den Querwänden ein Kontinuum (Querwände zu den Fortpflanzungs- bzw. Vermehrungszellen nicht perforiert). Die Wände bestehen aus Chitin. Der vegetativen Vermehrung dienen vielfach in ungeheurer Zahl gebildete **Konidien** (Nebenfruchtform = **Anamorph**). Diese sind jedoch in ihrer entwicklungsgeschichtlichen Herkunft denen der Oo- und Zygomyceten nicht homolog, sondern analoge Bildungen. Sie können somit nicht von einem Zoosporangium oder Sporangium mit Endosporen hergeleitet werden, sondern stellen Dauer- und Vermehrungszellen dar, die aus einer vegetativen Hyphenzelle oder einem Teil derselben nach vorheriger Kernteilung durch einen enzystierungsartigen Prozeß hervorgehen (konvergente Anpassung an das Landleben).
Das Sporangium der Ascomyceten ist der **Ascus**. Geschlechtliche Vereinigung findet im Normalfall durch **Gametangiogamie** statt. In den Gametangien erfolgt zumeist nur Plasmogamie. Die Karyogamie wird durch eine, wenn auch nur wenigzellige **Dikaryophase** (dikaryotisches Myzel aus ascogenen Hyphen mit beiden geschlechtsverschiedenen Kernen nebeneinander in den Zellen) hinausgeschoben und in den Ascus verlegt. Bewegliche Gameten werden dabei niemals individualisiert. Diese Norm variiert in den einzelnen Gruppen durch mannigfache Reduktionsformen. Im schlauchförmigen Ascus endet die sexuelle Fortpflanzung mit der Meiosporenbildung (Hauptfruchtform = **Teleomorph**). Durch freie Zellbildung entstehen meist 8 **Ascosporen** (ein Vielfaches von 8 oder die Verringerung auf 4 sind möglich). Die Asci besitzen bei vielen Arten besondere Einrichtungen zur aktiven Entleerung der Ascosporen und sind fast stets zu vielen in plectenchymatischen Furchtkörpern (**Ascomata**) vereinigt, die wie bei den Zygomyceten vom haploiden Myzel des Gametophyten gebildet werden. Aufbau der Ascuswand und Form und Entwicklung der Ascomata werden als Merkmale für die Einteilung in Unterklassen und Ordnungen verwendet. Die systematische Gliederung wird durch Überschneidung mehrerer Kriterien vielfach erschwert.

1. U.-Klasse: Protascomycetidae (Hefeartige Ascomyceten)

Die Protascomyceten haben keine Ascomata. Bei der sexuellen Zellfu-

sion folgt der Plasmogamie sofort die Karyogamie. Die Zygote wandelt sich unmittelbar zum protunicaten (s. Seite 297) Ascus, ascogene Hyphen fehlen.
In der einzigen hier besprochenen Ordnung der **Endomycetales** treffen wir neben mit fädigen, septierten Hyphen wachsenden Pilzen hauptsächlich Formen, bei denen der Thallus in kleine Zellen vereinzelt wird. Durch Aneinanderhaftung derselben entstehen Sproßkolonien. Hierher gehören die für die Gärungs- und Lebensmittelindustrie wichtigen Hefepilze. Da die morphologischen Merkmale bei den Sproßmyzelien gering sind, werden zur Unterscheidung besonders biochemische Eigenheiten herangezogen.
Bei *Dipodascus albidus,* der im Schleimfluß der Bäume vorkommt, ist noch ein vielkerniges Myzel vorhanden. Auch die sich vereinigenden heteromorphen Gametangien (Abb. 90 I) besitzen zahlreiche Kerne. Bei der Fusion verschmelzen jedoch lediglich zwei miteinander – wie bei den *Entomophthorales* unter den Zygomyceten. Auch hier ist jeweils nur 1 Kern zum Sexualakt privilegiert. Das weibliche Gametangium wird jedoch statt zu einer Hypnozygote durch Auswachsen zu einem langgestreckten kegelförmigen Sporangium, dem **Ascus,** in das der eine diploide Zygotenkern neben den zahlreichen haploiden, nicht am Geschlechtsvorgang teilhabenden Kernen gelangt. Bei der anschließenden Reduktionsteilung entstehen zahlreiche haploide Tochterkerne, die dann neben den funktionslosen „Onkel"- und „Tantenkernen" liegen. Freie Zellbildung führt zu einer nicht fixierten Anzahl von **Ascosporen** (Meiosporen). Diese entwickeln sich jedoch nur um die aus der Meiose hervorgegangenen Kerne, während die übrigen in diesen Vorgang nicht einbezogen werden. Hierin ist vielleicht der biologische Sinn einer freien Zellbildung im Ascus zu suchen.

Bei *Ascoidea* wiederholt sich die Ascusbildung infolge Durchwachsens des ursprünglichen Ascus, ebenfalls bei *Myriogonium* (Abb. 90 II), hier sogar durch Anlage von Haken, so daß in diesen Formen der Übergang zu den höheren Ascomyceten *(Euascomycetidae)* gegeben wäre. Bei *Eremascus,* einem bereits Sproßketten bildenden Pilz (Abb. 90 III), finden sich ähnliche Verhältnisse wie bei *Dipodascus,* nur sind alle Zellen einkernig (dies auch bereits bei *Dipodascopsis uninucleata*). Im Ascus werden 8 Ascosporen gebildet und wie in der ganzen Ordnung passiv durch Zerfall der Ascuswand frei. Die Anzahl der Meiosporen ist damit fixiert.

Bei den Hefen *(Saccharomycetaceae)* können zwar unter bestimmten Bedingungen noch Hyphen auftreten, doch zerbrechen sie leicht in Einzelzellen. Die Zell- und gleichzeitig vegetative Vermehrung folgt dem Sprossungs- (Abb. 90 IV) oder Teilungsschema. Durch **Zellsprossung** entstehen z. B. bei den meisten Gärungspilzen verzweigte Zellketten aus ovalen einkernigen Zellen: an einer Zelle wölbt sich eine kleine Knospe, in die ein nachträglich mitotisch entstandener Tochterkern einwandert. Die Knospe wächst dann zur Größe der Mutterzelle heran.

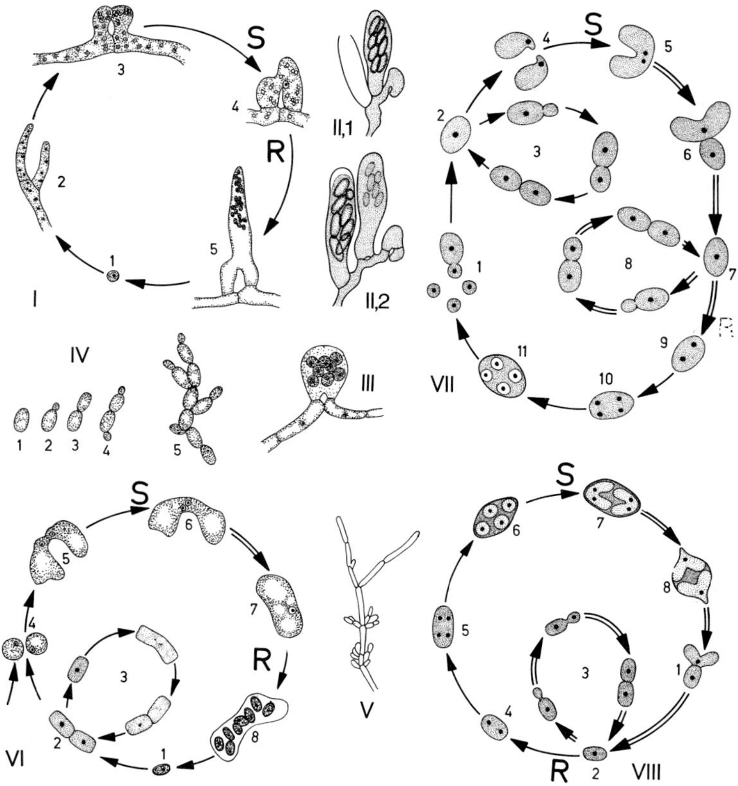

Abb. 90. *Protascomycetidae.* I Entwicklungskreislauf von *Dipodascus*, 1 Ascospore, 2 Mycel mit vielkernigen Zellen, 3 Bildung der vielkernigen Gametangien, 4 zwei Kerne (aus jedem Gametangium nur einer) verschmelzen zum Zygotenkern, 5 Ascus mit unbestimmter Zahl von Ascosporen. II *Myriogonium* (Wiederholung der Ascusbildung durch Anlage von „Haken"), 1 und 2 Anlage neuer Asci durch seitliches Auswachsen der Basalzelle. III *Eremascus*, alle Zellen einkernig, Ascus mit 8 Ascosporen. IV Sprossung echter Hefen *(Saccharomyces)*. V Hyphenbildung (Pseudomycel) bei *Saccharomyces marxianus*. VI Entwicklungskreislauf von *Schizosaccharomyces* (haplobiontische Stufe), 1 Ascospore, 2 Zellteilung durch Spaltung, 3 vegetative Entwicklung in der Haplophase, 4, 5 und 6 Kopulation, 7 Zygote, 8 unmittelbar folgende Ascusbildung. VII Entwicklungskreislauf von *Saccharomyces* (haplo-diplobiontische Stufe), 1 Ascosporen, 2 haploide Zelle, 3 vegetative Entwicklung in der Haplophase, 4 und 5 Kopulation, 6 knospende Zygote, 7 diploide Zelle, 8 vegetative Entwicklung in der Diplophase, 9, 10 und 11 Ascusbildung. VIII Entwicklungskreislauf von *Saccharo-*

Die Zellen fallen leicht auseinander. Bei den Spalthefen *(Schizosaccharomyces)*, die auf Korinthen, Rosinen, Feigen vorkommen, vermehren sich die Zellen durch Querteilung. Die Zellwände der Hefen enthalten nur sehr wenig Chitin, dafür andere Kohlenhydrate (Glucose-, Mannosepolysaccharide). Bei der geschlechtlichen Fortpflanzung verschmelzen im Normalfall zwei gleichgestaltete, aber sexuell unterschiedlich determinierte Zellen über Kopulationsfortsätze und eine kurze Kopulationsbrücke miteinander. Je nach dem Ort der vegetativen Vermehrungsphase im Entwicklungsablauf lassen sich drei Typen unterscheiden (Abb. 90 VI–VIII). Auf der **haplobiontischen Stufe** *(Schizosaccharomyces)* erfolgt die vegetative Vermehrung in der Haplophase. Die Zygote wird direkt zum Ascus und bildet 8 Ascosporen (Meiosporen, zygotischer Kernphasenwechsel). Der **haplodiplobiontischen Stufe** gehören unsere wichtige Weinhefe *(Saccharomyces ellipsoideus)* und die Bierhefe *(S. cerevisiae)* an, die auch in der Bäckerei zur Lockerung des Teiges Verwendung findet. Charakteristischerweise sprossen sowohl die haploiden Zellen wie auch nach dem Sexualvorgang die diploiden Zygoten und ihre Tochterzellen. Die diploiden Sproßzellen sind etwas größer und gärungsaktiver (heteromorpher Generationswechsel). In einer Hungernährlösung können sie plötzlich zur Ascus- und Asco-(Meio)-Sporenbildung übergehen. Auf der **diplobiontischen Stufe** bei z. B. *Saccharomycodes ludwigii* kopulieren bereits die Ascosporen im Ascus, vegetative Sprossung beschränkt sich auf die Diplophase (gametischer Kernphasenwechsel). Bei zahlreichen Hefen ist die Fähigkeit zur Ascosporenbildung vollständig verlorengegangen. Sie werden als **unechte Hefen** bezeichnet und zu den Deuteromyceten gestellt (asporogene Hefen). Hierher gehören z. B. die *Torula*-Arten mit ihren runden Zellen, die nicht selten in Milchprodukten auftreten. Bei *Schizosaccharomyces pombe* (wichtig für die Arrakfabrikation) ist die Sexualität erloschen. Einige Endomycetale leben als Pflanzenparasiten, z. B. *Spermophthora gossypii* in Baumwolkapseln, andere rufen Erkrankungen bei Warmblütern hervor (einige *Candida*-Arten).

2. U.-Klasse: Euascomycetidae (Echte Ascomyceten)

Zum Unterschied folgt beim Sexualvorgang der Euascomyceten auf die Plasmogamie nicht sofort die Karyogamie. Die paarweise in dem weiblichen Gametangium zusammenliegenden Kerne teilen sich vielmehr simultan. Aus dem weiblichen Gametangium wächst ein System ascogener, zweikerniger Zellen (das **Dikaryon**) aus. Die Kernverschmelzung erfolgt dann räumlich von den Gametangien entfernt in den Asci. Die

---

mycodes (diplobiontische Stufe), 1 knospende Zygote, 2 diploide Zelle, 3 vegetative Entwicklung in der Diplophase, 4, 5 und 6 Ascusbildung, 7 Kopulation der Ascosporen im Ascus, 8 Zygoten im Ascus. (I, III, IV, V aus Walter, verändert, II nach Cain aus Gäumann, VI, VII, VIII in Anlehnung an Gäumann.)

Asci vereinen sich fast stets zu mehreren in Büscheln oder Lagern, welche dann zusammen mit Hyphen des haploiden Myzels, den Paraphysen, eine Fruchtschicht, das **Hymenium** bilden können. Die Ascomata der Euascomyceten sind häufig noch recht unscheinbar (vielfach unter 1 mm), mitunter befinden sie sich auch im Wirtsgewebe. Nur in wenigen Ordnungen erreichen sie einen ansehnlichen Umfang (z. B. bei Morcheln und Trüffeln). Lösen die am haploiden Myzel entstehenden Gametangien und die Befruchtung eine Entwicklung der Fruchtkörper aus, so daß die ascogenen Hyphen vom mitwachsenden haploiden Myzel umhüllt werden, spricht man von einer **ascohymenialen** Bildung, während bei der **ascoloculären** die Fruchtkörperinitialen bereits vor dem Sexualvorgang entstehen. Im letzteren Fall wachsen die Dikaryohyphen in nachträglich entstehende Höhlungen (Loculi) der Ascomata ein. Dem Entstehungsmodus entspricht die Benennung der Ascomata. Bleibt bei ascohymenialer Entwicklung der kugelige Fruchtkörper geschlossen, so bezeichnet man diesen als **Kleistothecium** (Abb. 92 I, 5–8), ist er schlüsselformig offen, als **Apothecium** (Abb. 93 I, 1–7), bei flaschenförmiger Gestalt mit vorgegebener Öffnung (Ostiolum) als **Perithecium** (Abb. 94 II). Bei ascoloculärer Entstehungsweise erfolgt als parallele Entwicklung zum Kleistothecium – Perithecium die Bildung des **Pseudotheciums**, deren kugelige Fruchtkörper nachträglich entweder aufbrechen oder eine Öffnung erkennen lassen (Abb. 95, 7–9). Besonders leicht läßt sich der Sexualvorgang bei *Pyronema confluens* beobachten (Abb. 91 I). Von diesem für den Entwicklungsablauf oft als typisch angeführten Verhalten treten in den einzelnen Ordnungen, teilweise sogar innerhalb einer Familie oder Gattung zahlreiche Abwandlungen auf. *Pyronema* kommt an Brandstellen vor und bildet dort etwa 1 mm große, rosa gefärbte Fruchtkörper. Der homothallische Pilz entwickelt sich aus einer Ascospore, seine verzweigten Hyphen enthalten einkernige Zellen. Das haploide Myzel stellt den Gametophyten dar. An der Substratoberfläche entstehen winzige Fruchtkörperanlagen, in deren Innern aus einzelnen Hyphenendigungen große rundliche Zellen, die vielkernigen Gametangien, hervorgehen. Am Scheitel der kugeligen

---

Abb. 91. *Euascomycetidae*. I Entwicklungskreislauf von *Pyronema confluens*, 1 Ascospore, 2 haploides Myzel mit Konidienträger, 3 Konidie, 4 a Ascogon mit Trichogyne (Tr), 4 b Antheridium, 5 Befruchtung, 6 Paarkernmyzel wächst aus, 7–9 Hakenbildung, 9 Karyogamie in der Ascusanlage, 10 Ascus, 11 Fruchtkörper (Apothecium) mit 2 Ascogonen, Asci und Paraphysen zum Hymenium vereinigt. II Schnallenbildung dikaryotischer, ascogener Hyphen bei *Sclerotinia*. III Protunicater Ascus (1), 2 zerfallend. IV Unitunicater Ascus (1), 2 operculat sich entleerend. V Bitunicater Ascus (1), 2 äußere Wandschicht zerreißt, innere dehnt sich, 3 Entleerung der Ascosporen durch einen Scheitelporus. (I aus WALTER, verändert, II nach BJÖRLING aus MÜLLER/LOEFFLER, III–V schematisiert und vereinfacht in Anlehnung an MÜLLER/LOEFFLER.)

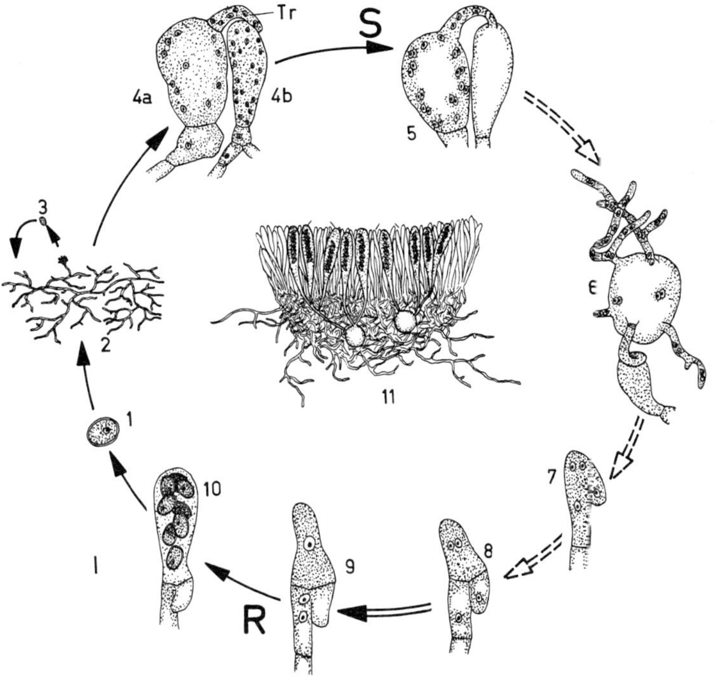
Tr
S
4a
4b
5
3
2
6
11
1
10
I
9
R
8
7

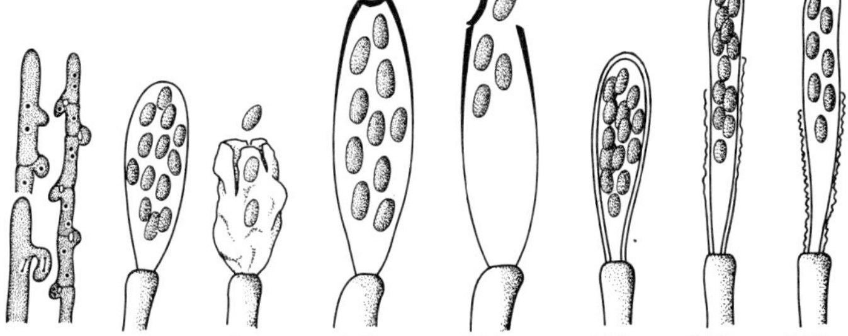
II
III,1
III,2
IV,1
IV,2
V,1
V,2
V,3

weiblichen **Ascogone** befindet sich eine Empfängnishyphe, die **Trichogyne.** Ihre Kerne degenerieren. Die männlichen Gametangien, die Antheridien, besitzen keulige Gestalt. Bei zahlreichen Euascomyceten können die männlichen und weiblichen Gametangien aber auch gleichgestaltet sein und sich als angeschwollene Hyphenzweige schraubig umschlingen (Abb. 92 III, 3). Durch die Trichogyne wandern die Kerne des benachbarten Antheridiums unter lokaler Auflösung der trennenden Zellwände in das Ascogon. Je ein männlicher und weiblicher Kern legen sich paarweise zusammen. Aus dem Scheitel des Ascogons wachsen sodann zahlreiche ascogene Hyphen, die zunächst vielkernig sind, dann aber in jeder Zelle nur einen männlichen und weiblichen Kern enthalten und so das **Dikaryon** bilden. Bei heterothallischen Formen, z. B. *Venturia,* dem Erreger des Apfelschorfs, entstammen die Gametangien sexuell verschieden determinierten Myzelien. Zahlreiche Ascomyceten besitzen zwar wie *Pyronema* Ascogone und Trichogynen, die Antheridien fehlen jedoch oft. Den männlichen Kern liefern dann entweder gewöhnliche Hyphenzellen (z. B. bei *Sordaria*, einem koprophilen Pilz) oder aber Konidien (z. B. bei *Neurospora,* dem orangegefärbten Brotschimmel). Die Konidien sind hier keine reinen Spermatien, sondern durchaus befähigt, zu einem Myzel auszuwachsen. In anderen Fällen entstehen an Hyphenendigungen oder in gesonderten Behältern (Spermogonien) wirklich Spermatien, die nur der Befruchtung dienen. Diese geschilderte Ersatzbefruchtung heißt **Deuterogamie.**

Ascobolus citrinus, ein mit *Pyronema* verwandter Pilz, erreicht die Paarkernigkeit durch **Parthenogamie** (Selbstbefruchtung). Benachbarte Zellen des mehrzelligen Ascogons kopulieren miteinander. *Taphrina deformans,* der Erreger der Kräuselkrankheit des Pfirsichs, bildet gleichfalls keine Ascogone mehr, die Kopulation und damit Dikaryotisierung erfolgt zwischen vegetativen Hyphen. Diese **Somatogamie** wird bei der letzten Klasse der Pilze, den Basidiomyceten, zur Regel. Bei der **Autogamie** z. B. bestimmter Rassen von *Pyronema confluens*, bei *Saccobolus* und *Ascophanus*, tritt durch Selbstpaarung der weiblichen Kerne im Inneren der Ascogonzelle noch Dikaryotisierung ein. Auf der letzten Rückbildungsstufe der **Apomixis** (*Ascobolus equinus*) findet überhaupt kein Sexualakt mehr statt. Zwar werden Ascogone angelegt, doch kommt es weder in ihnen zu Kernpaarungen noch in den Asci zu Kernverschmelzungen. Dennoch läuft der Entwicklungsgang bis zur Bildung der Ascosporen wie bei normal sexuellen Formen voll ab, jedoch in der Haplophase.

Aus den Endzellen der dikaryotischen Hyphen gehen bei *Pyronema*, wie bei den meisten Euascomyceten die Asci nach Bildung eines **Hakens** (Hakentypus) hervor. Die Spitze der Hyphe krümmt sich hakenförmig, das Kernpaar teilt sich synchron. Zwei verschiedengeschlechtige bleiben in der obersten Spitze, von den beiden andern wandert einer zur Basis der Hakenzelle, der andere in den nach unten gekrümmten Haken selber. Durch Einziehen einer Querwand werden Zellbasis und Haken von der Zellspitze der Ascusanlage getrennt. In der Zellspitze tritt Karyogamie ein. Infolge Zellwandauflösung verschmelzen fast stets Haken und Stiel unter dem Ascus. Durch diese Fusionierung wird in der unter dem Ascus befindlichen Zelle der dikaryotische Zustand wieder hergestellt (Abb. 91 I). Aus der nun erneut dikaryotischen basalen Zelle kann ein Seitenzweig auswachsen, und an diesem sich der Vorgang der Ascusentwicklung wiederholen. Zwischen die in einer Schicht angeordneten Asci schieben sich Hyphen des haploiden Myzels, die Paraphysen, sie tragen so zur Bildung des **Hymeniums** bei.

Von den verschiedenen Abweichungen des Hakentypus soll hier nur der Schnallentypus erwähnt werden, wie er z. B. bei *Sclerotinia trifoliorum* (Abb. 91 II), dem Erreger des Kleekrebses, oder bei *Helvella crispa*, der Krausen Lorchel, auftritt. Hier steht er nicht mehr mit der Ascusbildung in regelmäßigem Zusammenhang, sondern ist wie bei den Basidiomyceten in gleicher Weise bei jeder Zellteilung im älteren dikaryotischen Myzel zu finden.

Die Ascusanlage wächst zum anfangs noch einkernigen diploiden Ascus heran. Der diploide Kern teilt sich in der Regel in drei Teilungsschritten meiotisch in 8 Tochterkerne. Unter freier Zellbildung entstehen die acht (gelegentlich 4) Ascosporen (Meiosporen). Diese besitzen häufig artspezifische, charakteristische Merkmale wie Färbung, Septierung (Mehrzelligkeit), Keimporen, Wandskulpturen usw.

Je nach Ascusbau werden die Ascosporen in verschiedener Weise frei. Die Wand des **protunicaten Ascus** ist einfach gebaut; sie zerfällt meist bei der Sporenreife (Abb. 91 III) oder aber wird aufgelöst. Die Ascosporen gelangen passiv in die Fruchtkörperhöhlung oder ins Freie. Der **eutunicate Ascus** hat dagegen eine derbere Zellwand und schleudert die Ascosporen aktiv mit Hilfe verschiedenartiger Einrichtungen ins Freie. Das Restplasma ermöglicht entsprechende Turgormechanismen. Die Wand des **unitunicaten Ascus** (Abb. 91 IV) ist am Scheitel verdickt und schließt hier zur aktiven Entleerung einen Apikalapparat ein: entweder öffnet sich der Ascus am Scheitel mit einem Deckel (operculat unitunicat), der aufklappen oder zur Gänze weggeschleudert werden kann, oder aber er preßt die Ascosporen durch einen mit einem Quellkörper versehenen Porus nach außen (inoperculat unitunicater Ascus). Dem unitunicaten Ascus steht der **bitunicate Ascus** gegenüber. Seine Wand setzt sich aus zwei deutlich voneinander getrennten Schichten zusammen. Bei steigendem Innendruck reißt die äußere starre Schicht, während der innere elastische Teil sich kräftig dehnt. Jeweils verschließt eine der Sporen den Scheitelporus, bis sie infolge weiteren Druckanstiegs nach außen geschleudert wird. Ihre Stelle nimmt die nächste Spore ein (Abb. 91 V).

Die *Euascomycetidae* haben, wie der Entwicklungszyklus von *Pyronema* zeigt, einen regelmäßigen Generationswechsel. Das haploide Myzel mit dem Fruchtkörper und den Paraphysen in der Fruchtschicht bildet den Gametophyten, die ascogenen Hyphen, also das Paarkernmyzel, den Sporophyten, da es funktionell bereits diploid ist. Der Sporophyt parasitiert somit auf dem Gametophyten. Bei den Euascomyceten tritt damit bereits regelmäßig die bei den Basidiomyceten stärker ausgeprägte Eigentümlichkeit auf, daß zwischen Befruchtung (Plasmogamie) und Kernverschmelzung (Karyogamie) ein längerer Zeitraum (bei den Basidiomyceten mitunter Jahre) verstreichen kann. Die im Zusammenhang mit der Ascusbildung entstehenden Haken erinnern an die bei den Protascomycetiden beschriebenen Wiederholungen der Ascusbildung. Somit wäre eine lückenlose Ableitung von den Zygomyceten her gegeben, wenn man nicht neuerdings entwickelten Vorstellungen folgen will, die davon ausgehen, daß die *Euascomycetidae* nicht über die *Protascomycetidae*, sondern direkt aus einem Zentrum heute nicht mehr nachweisbarer Niederer Pilze entstanden sein sollen. Die *Protascomycetidae* stellen dann einen blind endenden Ast dar. Die Unterteilung der Euascomyceten wird heute zumeist nach der Beschaffenheit der Ascuswand vorgenommen, teilweise aber auch gemäß der unterschiedlichen Anlage (ascohymenialer oder ascoloculärer Typ) und Gestaltung der Ascomata. Hier soll eine Gliederung in Ordnungen erfolgen, die versucht, beiden Kriterien gerecht zu werden. Damit dem Anfänger die Übersicht nicht verloren geht, finden nur die wichtigsten Ordnungen Berücksichtigung.

a) Euascomyceten mit protunicatem Ascus

Eine protunicate, ascohymeniale Pilzgruppe mit **Kleistothecien** als Ascomata stellen die **Eurotiales** dar. An dem meist monözischen haploiden Myzel entstehen zunächst die Gametangien und erst während der Entwicklung des Paarkernmyzels bildet sich eine Hülle um den Sporophyten. Die Ascosporen werden durch Zerfall des Kleistotheciums frei. In diese Ordnung gehören die häufigsten Schimmelpilze. Sie kommen saprophytisch im Boden vor oder bilden auf Lebensmitteln grüne bis schwarze, rasenartige Überzüge (die Konidien von *Penicillium* und *Aspergillus*). Bei *Penicillium* (Pinselschimmel) werden auf verzweigten Konidienträgern, bei *Aspergillus* (Gießkannenschimmel) auf einem kopfig angeschwollenen Träger durch allseitig ausstrahlende konidiogene Zellen, fortlaufend die Konidien abgeschnürt, die zu Ketten aneinanderhaften (Abb. 92 III 1, 2). Jedes Myzel erzeugt Millionen derartiger Konidien. *Penicillium* und *Aspergillus* sind eigentlich nur Bezeichnungen für das Anamorph. Anhand des jedoch inzwischen nachgewiesenen Teleomorph, also der geschlechtlichen Fortpflanzungsweise, müßte *Penicillium* heute zumindest in die beiden Gattungen *Talaromyces* und *Carpenteles* aufgeteilt werden. *Aspergillus* in *Eurotium, Sartorya* und *Emericella*. Die Gametangien sind sehr einfach ausgestattet, teilweise reduziert bis zum Verlust (Abb. 92 III, 3, 4). Die protunicaten Asci mit 4–8 Ascosporen liegen verstreut im Fruchtkörper, der von einer plectenchymatischen Hülle (Peridie) rings umschlossen ist.

Technische Bedeutung haben zahlreiche Arten zur Gewinnung organischer Säuren. *Aspergillus wentii* dient zur Produktion von Amylasen und Proteasen, *Penicillium roquefortii* und *P. camembertii* der Käsebereitung. *Aspergillus flavus, A.*

parasiticus u. a. verursachen durch Ausscheidung kanzerogener Substanzen die gefährliche Aflatoxikose (verschimmelte Lebensmittel!). Wichtige Erreger von Tier- und Humanmykosen gehören hierher, und zwar sowohl Dermatophyten als auch Erreger tieferer Mykosen (z. B. die durch *Histoplasma capsulatum* hervorgerufene Lungenerkrankung des Menschen). *Elaphomyces cervinus*, die Hirschtrüffel, ein Mykorhizapilz der Kiefer und Fichte bildet (hypogäische) unterirdische große harte Fruchtkörper ähnlich den *Tuberales*, die für Menschen zwar ungenießbar sind, von Wildtieren aber ausgegraben und gefressen werden.

b) Euascomyceten mit eutunicatem Ascus

α) Unitunicate Euascomyceten

Die Asci der **Erysiphales** sind im Gegensatz zur vorigen Ordnung eutunicat und zwar unitunicat mit operculater Öffnung. Als Fruchtkörper entstehen Kleistothecien. Die Echten Mehltaupilze sind Ektoparasiten, welche die Blattepidermis ihrer Wirtspflanzen mit weißlichen Belägen überziehen und meist nur kurze Hyphen (Haustorien) in die Epidermiszellen senken (Abb. 92 I). Während des Sommers schnüren wenig differenzierte Träger Konidien in großer Zahl ab. Sie rufen das mehlige Aussehen des infizierten Blattes hervor. Im Spätsommer, wenn die Konidienentwicklung nachläßt, setzt die sexuelle Fortpflanzung ein. Die einfach gestalteten einkernigen Gametangien umschlingen einander. Wie bei den *Eurotiales* entsteht das Kleistothecium ascohymenial erst nach einer Befruchtung. Die Asci reifen spät im Herbst oder erst im nächsten Frühjahr. Die Überwinterung vollzieht sich daher im Ascoma. Vielfach dienen charakteristisch gestaltete Anhängsel der Kleistothecien der Verbreitung des ganzen Fruchtkörpers (Abb. 92 II).
Erysiphe graminis, der Getreidemehltau, richtet Schaden an Gramineen und besonders bei den Monokulturen des Getreides an (verwandte *Erysiphe*-Arten finden sich auf Erbsen, Klee, Luzerne, Wicken, Lupine, Gurken usw.). Zu Zeiten günstiger Witterung können bereits 5 Tage nach Infektion die ersten Konidien abgeschnürt werden. Resistenzzüchtungen sollen den Pilz eindämmen.

Uncinula necator (Abb. 92 II), Echter Mehltau oder Äscherich des Weinstocks, wurde 1845 aus Amerika eingeschleppt. Da der Pilz Wärme liebt, spielt er bei uns nicht die gleiche Rolle wie in Südfrankreich und im Mittelmeerraum. Er kann durch Bestäuben mit Schwefelpuder bekämpft werden. *Sphaerotheca mors-uvae*, ebenfalls aus Amerika stammend, überzieht Stachelbeeren zunächst mit einem weißen, nach Reife der Kleistothecien mit einem schwarzen Belag. Hierdurch sinkt der Handelswert. Während sich in den Kleistothecien der anderen Gattungen mehrere Asci befinden, das befruchtete Ascogon also ein Dikaryon bildet, wandelt sich hier das befruchtete, weibliche Gametangium direkt unter Meiose zum Ascus. Das Kleistothecium enthält somit nur 1 Ascus. Von den etwa 150 bekannten Mehltau-Arten sind noch *Sphaerotheca humuli*, der Hopfenmehltau, *Podosphaera leucotricha*, der Apfelmehltau und *Microsphaera quercina*, der Mehltau junger Eichen, hervorzuheben.

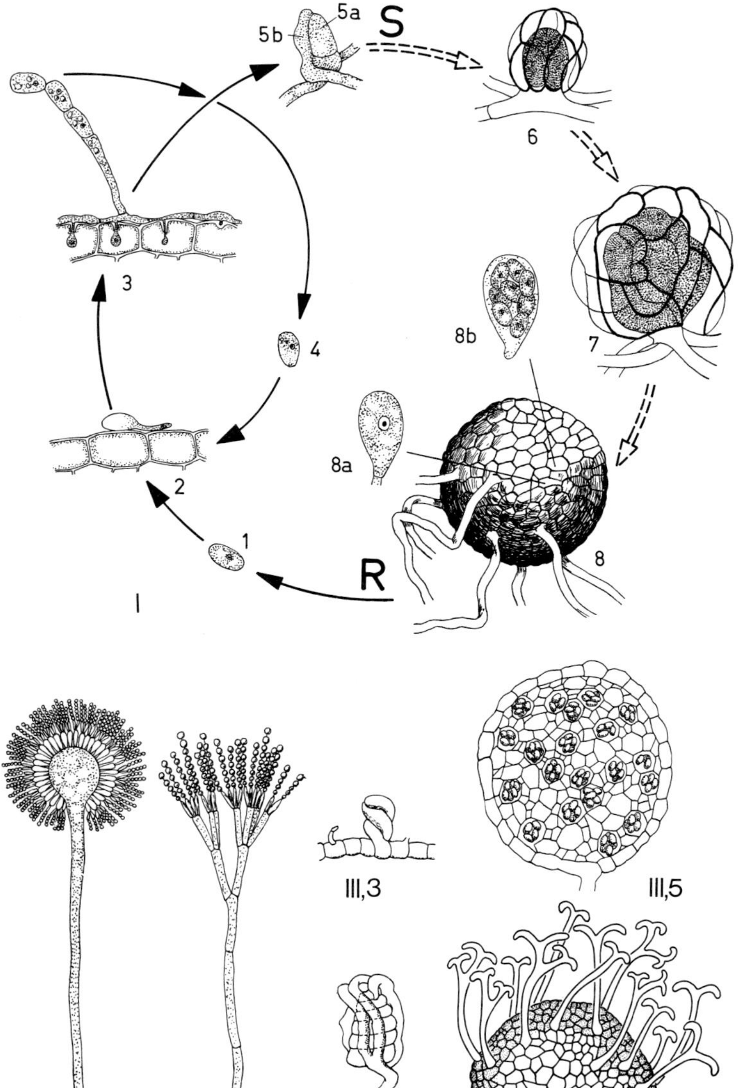
5a
5b
S
6
7
3
8b
4
8a
2
1
8
R
I
III,3
III,5
III,1
III,2
III,4
II

Ebenfalls unitunicate, operculate Asci besitzen die **Pezizales** und **Tuberales.** Sie haben jedoch schüsselförmige Ascomata. Das Apothecium trägt an seiner Oberfläche das Hymenium aus Asci und sterilen Paraphysen, die Fruchtschicht kann bei einigen Formen **gymnokarp**, d. h. von Anfang an frei angelegt werden. Meistens jedoch entsteht sie **hemiangiokarp**, im Innern des zunächst kugeligen jungen Fruchtkörpers (Abb. 93 I, 6). Sie gelangt erst bei der Reife nach außen, wenn infolge Dehnung der Fruchtkörper am Scheitel aufreißt. Das Apothecium besteht aus drei Schichten: 1. dem **Hymenium**, über das die Spitzen der Paraphysen hinauswachsen, sich dort verzweigen und zu einer lebhaft gefärbten Deckschicht, dem **Epithecium**, verwachsen können, 2. dem darunter angeordneten **Hypothecium**, in welchem sich die Ascogone befinden, und 3. dem **Excipulum**, der äußeren Berindung aus Hüllhyphen (Fruchtbecher).
Als Saprophyten des Waldbodens leben die **Pezizales.** Die Fruchtkörper von *Pyronema* (Seiten 294, 296, Abb. 91 I, 11) sind winzig, die scheiben- bis becherförmigen der *Peziza*-Arten größer und auffälliger. *Gyromitra (Helvella)*, die Lorchel, ist ebenso wie *Morchella*, die Morchel, in Stiel und Hut differenziert. Der Hut, eine Vergrößerung der Hymeniumoberfläche, ist bei der Lorchel gehirnartig gefaltet, bei der Morchel gekammert (Abb. 93 III).
Die **Tuberales**, Trüffeln, sind Mykorrhizapilze des Waldes. Ihre unterirdischen (hypogäischen) Fruchtkörper erfreuen sich seit alters her als Speisepilze hoher Wertschätzung. Durch Schnallenbildung bei jeder Zellteilung im dikaryotischen Myzel und Fehlen der Gametangien (Somatogamie) besitzen sie Ähnlichkeit mit den Basidiomyceten. Die meist knolligen, hühnereigroßen Fruchtkörper werden von Gängen durchzogen, die vom Hymenium ausgekleidet sind (angiokarpes Hymenium) (Abb. 93 IV). Man kann sie als extrem eingefaltete Fruchtschicht homolog den Kammern der Morcheln auffassen. Die Schichten, von denen das Hymenium seinen Ausgang nimmt – die Tramaplatten –, werden hier als Venae internae bezeichnet (Abb. 93 IV, 2). Die Oberfläche umhüllt eine derbe Rinde (Cortex). Die Fruchtkörper werden mit abgerichteten Hunden (früher auch Schweinen, Trüffeln scheiden das Pheromon

---

Abb. 92. *Euascomycetidae*. I Entwicklungskreislauf von *Erysiphe*, 1 Ascospore, 2 Keimhyphe, 3 Myzel mit einem Konidienträger, Haustorien in die Wirtsepidermis sendend, 4 Konidie, 5 a Ascogon, 5 b Antheridium, 6 und 7 Kleistothecienentwicklung, 8 fertiles Kleistothecium, 8 a Karyogamie im Ascus, 8 b reifer Ascus mit acht Ascosporen. II Kleistothecium von *Uncinula* mit Appendices (der Verbreitung dienend). III 1 Konidienträger von *Aspergillus* (optischer Schnitt), 2 Konidienträger von *Penicillium*, 3 sich schraubig umwindende Gametangien von *Talaromyces*, 4 schraubiges Ascogon vom Antheridium umgriffen und 5 Kleistothecium von *Eurotium*. (I und III aus WALTER, teilweise verändert, II nach BLUMER aus GÄUMANN.)

Testosteron ab) gesucht. Künstliche Infektion der Eichenwälder durch Myzel oder Eichenkeimlinge aus Trüffelwäldern ist z. B. in Südfrankreich und Italien üblich. Die Sporen werden nicht ejakuliert, sondern durch Zerfall des Fruchtkörpers frei.

Eine Reihe unitunicater Ordnungen entleert die Ascosporen nicht operculat, wie die vorigen, sondern **inoperculat** durch aktive Ausschleuderung mit Hilfe eines kompliziert und unterschiedlich gestalteten Apikalapparates an der Spitze des Ascus.

Hierher gehören die **Helotiales** mit ascohymenialer Entwicklung der Ascomata. Die Fruchtkörper, aus Apothecien und hiervon abgewandelten Formen bestehend, stellen eine konvergente Reihe zu den *Pezizales* dar, z. B. die gestielt-schüsselförmigen Ascomata von *Sclerotinia* oder die keulenförmigen von *Trichoglossum*, der Erdzunge, und die morchelähnlichen von *Cudonia. Sclerotinia* (Klee- und Luzernenkrebs, sowie Erkrankungen von Rüben, Rettich, Bohnen, Salat) bildet Sklerotien (kompakte Dauerorgane); aus diesen gehen an Stielen sitzende trichterförmige Apothecien hervor. Die Deuteromyceten *Monilia* und *Botrytis* haben sich durch die Teleomorphe als Arten von *Sclerotinia* erwiesen. Die häufige Moniliafäule des Obstes ist an den konzentrischen weißen Wülsten aus Konidienträgern kenntlich (Abb. 93 V). An den Früchten nagende Wespen übertragen die Konidien. *Botrytis*, als Grauschimmel oder Graufäule auf lagerndem Obst oder Gemüse schädlich, wird durch Erzeugen der Edelfäule vom Winzer geschätzt. *Trichoscyphella willkommii* (Lärchenkrebs) ist ein Parasit.

Wegen ihrer ascoloculären Fruchtkörperentwicklung werden von den *Helotiales* die **Phacidiales** abgetrennt. *Rhytisma acerinum* (Ahornrunzelschorf) bildet im Herbst auf abfallenden Ahornblättern schwarze Flecke, sog. Stromakrusten. Als Stroma bezeichnet man ein kompaktes, kaum differenziertes Pilzgeflecht, in dem oder auf dem häufig Fruktifikationsorgane teleomorpher oder anamorpher Art entstehen. In diesen **Stromakrusten** entwickeln sich bei *Rhytisma* im nächsten Frühjahr zahlreiche Apothecien. Sie öffnen sich durch Längsrisse in der Deckschicht und ergeben so das runzelige Aussehen der Krusten. Stabförmige Ascosporen tragen am apikalen Ende einen schleimigen Fortsatz (Haftorgan?). Vor der Apothecienbildung entstehen in den Stromata Fruchtlager (Acervuli) aus Mikrokonidien. In Kiefernadeln parasitiert *Lophodermium pinastri* (Kiefernschütte).

Als unitunicat, inoperculat bei ascohymenialer Entwicklung der Fruchtkörper kann gleichfalls eine Reihe von Ordnungen charakterisiert werden, welche früher (und z. T. noch heute) wegen ihrer Ascomata als **Pyrenomyceten** bezeichnet wurden. Ihr flaschenförmiger Fruchtkörper ist das **Perithecium** (Abb. 94 II). Es kann in ein umfangreiches **Stroma** eingebettet sein. Die Perithecien bilden sich erst nach Anlage der Sexualorgane und besitzen eine von Anfang an vorhandene, mit sterilen Hyphen (**Periphysen**) ausgekleidete Öffnung (**Ostiolum**).

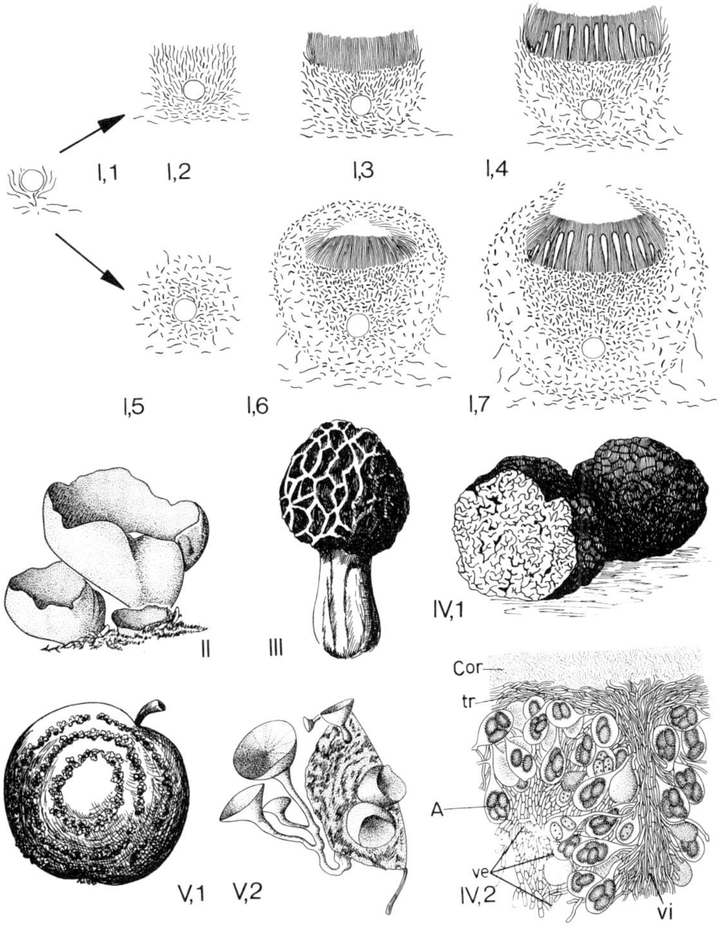

Abb. 93. I Apothecienentwicklung, 1 Ascogon im Apothecienprimordium, 2, 3 und 4 Entwicklung zum gymnokarpen, 5, 6 und 7 zum hemiangiokarpen Apothecium. II *Peziza*. III *Morchella* (Morchel). IV *Tuber* (Trüffel) (1), 2 Schnitt durch eine fertile Partie (cor Rinde, tr Tramaplatten, A Asci, ve Venae externae, vi Venae internae). V *Monilia*-Fäule auf Apfel (1), 2 Apothecien auf einer Fruchtmumie. (I nach Corner aus Gäumann, II nach Michael aus Strasburger, III, IV, 1 und V, 1 aus Walter, IV, 2 nach Tulasne aus Gäumann, V, 2 nach Honey aus Gäumann umgezeichnet.)

Die Asci treten am Grunde des Fruchtkörperhohlraumes mit zahlreichen **Paraphysen** zu einem palisadenförmigen Hymenium zusammen. Mit der Reife streckt sich ein Ascus nach dem andern in das Ostiolum und schießt alle 8 Ascoporen auf einmal bis 20 cm weit nach außen. Anschließend kollabiert er.

Die **Sphaeriales**, eine sehr formenreiche Gruppe, leben pflanzenparasitisch oder saprophytisch, teilweise koprophil auf Tierkot. Der für genetisch-biochemische Untersuchungen viel benutzte orangerote Brotschimmel *Neurospora crassa* kann in Bäckereien infolge raschen Wachstums in feuchtem Brot Schaden anrichten. Seine etwa 0,5 mm großen Perithecien stehen einzeln (Abb. 94 II). Bei *Neurospora* und einigen anderen *Sphaeriales* fehlen Antheridien. Konidien übernehmen die Funktion von Spermatien und liefern der langgestreckten Trichogyne den andersgeschlechtigen Kern. Vielfach vereinigen sich zahlreiche Perithecien in einem Stroma. Auf abgestorbenen Zweigen, besonders des Ahorns, finden sich die roten Pusteln von *Nectria cinnabarina.* Diese Stromata bilden zunächst an ihrer Oberfläche Konidien, dann eingesenkt Perithecien. *N. galligena* verursacht durch Abtöten der Rinde den Krebs an Obstbäumen. Wuchsstoffausscheidungen des Pilzes regen dabei die Kallusbildung an.

Der Wuchsstoff Gibberellin des Pilzes *Gibberella* ruft an Reishalmen extremes Streckungswachstum hervor. Aus alten Buchenstümpfen ragen häufig die hirschgeweihförmigen Stromata von *Xylaria* (Abb. 94 III) hervor. Sie führen in ihrem oberen mehlig bestäubten Abschnitt Konidien, im unteren schwarzen Teil die Perithecien. *Ceratocystis ulmi* lebt in den Tracheen der Ulmen, stört durch Auslösen des Thyllenwachstums den Wassertransport (Ulmensterben). *Cryphonectria parasitica* hat, aus Japan eingeschleppt, die in den Laubwäldern der Oststaaten von Nordamerika ursprünglich dominierende *Castanea dentata* fast völlig vernichtet. Im Mittelmeergebiet dagegen nimmt die Krankheit, obwohl resistente Sorten fehlen, noch keine epidemischen Ausmaße unter den Edelkastanien an. *Eutypa lata* hat binnen weniger Jahre im Gebiet um Bordeaux 30% der Rebfläche katastrophenartig geschädigt.

Abb. 94. I Entwicklungskreislauf von *Claviceps purpurea*, 1 Ascospore, 2 Keimung derselben, 3 vom Pilz befallener Fruchtknoten des Roggens, 4 Querschnitt durch dessen oberen Teil mit Plectenchym und Konidienlagern an den Wülsten, 5 Konidien, 6 gekeimtes Sklerotium, 7 Ascogon und Antheridium im Innern eines jungen Fruchtkörpers, 8 Längsschnitt durch reifen Fruchtkörper mit zahlreichen Perithecien, 9 einzelnes Perithecium mit Asci, 10 einzelner Ascus mit acht fadenförmigen Ascosporen, 11 Roggenähre mir Sklerotien des Mutterkorns, 12 Pseudoparenchym in der Randpartie des reifen Sklerotiums. II Perithecium von *Neurospora*, Ascus mit Paraphysen zum Hymenium angeordnet (O Ostiolum, Per Periphysen, Par Paraphysen). III Stromata von *Xylaria* auf altem Holz, junge Partien noch Konidien abschnürend, die älteren bereits Perithecien enthaltend. (I aus WALTER, verändert, I, 12 nach SCHENCK aus STRASBURGER, II nach MÜLLER/LOEFFLER, III nach TULASNE aus GÄUMANN.)

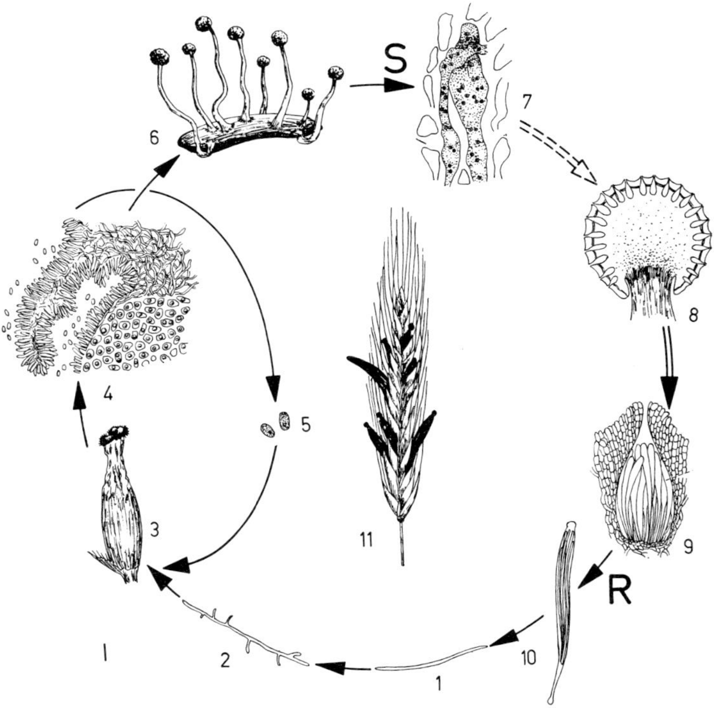
S
7
6
8
4
5
9
3
11
R
I
2
1
10

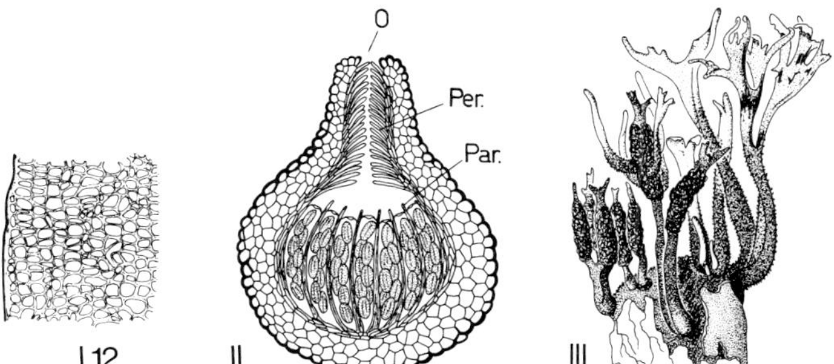
O
Per.
Par.
I,12
II
III

Die **Clavicipitales** unterscheiden sich von den *Sphaeriales* hauptsächlich durch die Form ihrer Ascosporen. Diese sind fädig und zerbrechen häufig außerhalb des Ascus in zwei Stücke. Jedes Teilstück ist keimfähig. *Claviceps purpurea*, ein Parasit, der besonders auf Roggen vorkommt, erzeugt in den Ähren die aus den Spelzen ragenden derben, außen violetten **Sklerotien**, das „Mutterkorn". Diese Sklerotien (in der Pharmazie als „Secale cornutum" bezeichnet) enthalten zahlreiche für Heilzwecke nutzbare Alkaloide (Mutterkornalkaloide). Sie stellen auch die Ausgangsbasis zur Gewinnung des Rauschgiftes LSD (Lysergsäurediäthylamid) dar, das zu schweren Chromosomenschäden führen kann.

Gelangen die Sklerotien infolge unzureichender Reinigung ins Mehl, wie dies in früheren Jahrhunderten häufig der Fall war, als ihre Giftigkeit und die Zusammenhänge mit dem Sklerotiengehalt noch nicht bekannt waren, kommt es durch den Brotgenuß mitunter zu epidemischen Vergiftungen. Diese als „Höllenfeuer" (Sacer ignis), „Kribbelkrankheit" oder „kalter Brand" (medizinisch Ergotismus gangraenosus) bezeichnete Vergiftung kann tödlich verlaufen oder zu starken körperlichen Schäden besonders an den Extremitäten, zu Nervenerkrankungen bis dauernder Verblödung führen. Eine derartige Massenvergiftung wurde z. B. noch 1951 aus Pont-St. Esprit, einem Dorf in Südfrankreich gemeldet. In Mitteleuropa ist heute der Mutterkornpilz durch Siebe in den Dreschmaschinen praktisch von den Äckern verschwunden. Für medizinische Zwecke wird er aus dem Ausland bezogen oder durch künstliche Infektion des Roggens, hauptsächlich aber industriell durch Myzelkultur in Großbehältern gewonnen. Es gelang nämlich, Stämme zu isolieren, welche die Alkaloide nicht nur im Sklerotium, sondern auch im vegetativen Myzel enthalten. Häufiger finden sich Sklerotien (*Claviceps microcephala*) auf Wildgräsern.

Den Entwicklungsgang zeigt Abb. 94 I. Die Ascosporen keimen auf der Gramineennarbe und infizieren den Fruchtknoten. Seine Oberfläche nimmt bald ein Konidienrasen ein, der in einen zuckerhaltigen Saft, den sog. Honigtau eingebettet ist. Insekten übertragen die Konidien auf andere Blüten. Bei der Getreidereife sitzt an Stelle des aufgezehrten Fruchtknotens ein dichtes, hartes Hyphengeflecht, eben das Sklerotium. Es fällt aus der Ähre heraus und überwintert auf dem Erdboden. Nach einer Kälteperiode (zur Keimung notwendig) erscheinen auf dem Sklerotium zur Zeit der Grasblüte mehrere gestielte Köpfchen (Stromata). In den Köpfchen sind zahlreiche Perithecien eingesenkt.

Cordyceps-Arten befallen Raupen und Käfer, die sich nach der Infektion im Boden verkriechen. Es entstehen große keulenförmige, aus dem Boden ragende Stromata mit zahlreichen Perithecien in ihrem oberen Teil. *Epichloe typhina* bildet um Grashalme ausgedehnte Stromata. Sie enthalten, zunächst weiß gefärbt, an ihrer Oberfläche Konidien, später bei gelbem Farbton eingesenkte Perithecien. Fliegen sorgen für Verbreitung und ihre Larven ernähren sich vom Myzel (Symbiose!)

β) bitunicate Euascomyceten

Einige weitere Ordnungen lassen sich wegen ihrer gemeinsamen Eigenschaften – bitunicate Asci, ascoloculäre Entwicklung der Ascomata – den übrigen Euascomyceten gegenüberstellen. Erst im Plectenchym des sich bereits entwickelnden Fruchtkörpers erfolgt die Anlage der Gametangien, und die ascogenen Hyphen wachsen in die nachträglich im Inneren des Ascoma durch Auflösung entstandenen Höhlungen (Loculi)

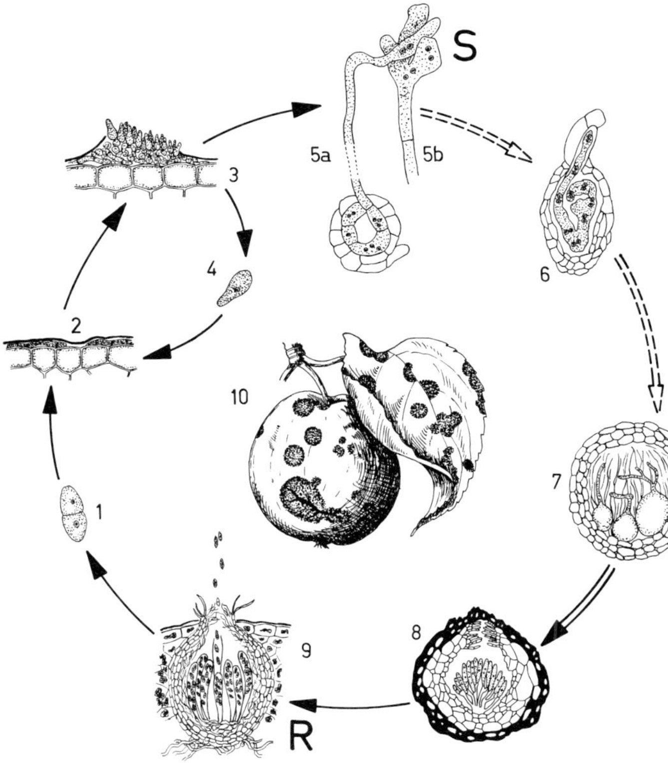

Abb. 95. Entwicklungskreislauf von *Venturia*, 1 Ascospore, 2 Hyphen zwischen Epidermis und Cuticula, 3 Konidienbildung (Cuticula gesprengt), 4 Konidie, 5 a Ascogon mit langer Trichogyne, 5 b Antheridium, 6 befruchtetes Ascogon mit Paarkernen, 7 junges Pseudothecium mit aus den Ascogonen auswachsenden ascogenen Hyphen, 8 Karyogamie in den Ascusanlagen, 9 reifes Pseudothecium mit Asci, die Ascosporen entlassend, 10 Frucht und Blatt vom Apfelschorf befallen. (Aus WALTER, verändert.)

ein. Diesen zunächst geschlossenen kugel- bis flaschenförmigen Fruchtkörper bezeichnet man als **Pseudothecium.**
Hier sollen nur die **Pseudosphaeriales** angeführt werden. Ihre zunächst geschlossenen, damit anfangs einem Kleistothecium ähnelnden Fruchtkörper öffnen sich durch Ausbröckeln oder Auflösen des Plectenchyms mit einem Porus oder Kanal. Der so geschaffene Ausgang ist oft mit Borsten ausgekleidet. In diesem ausgereiften Entwicklungsstadium gleicht der Fruchtkörper mit seinen regelmäßig zu einer Fruchtschicht (**Hymenium**) angeordneten Asci einem Perithecium. Zu den **Pseudosphaeriales** gehören mehrere Erreger von Pflanzenkrankheiten. *Venturia* (die Nebenfruchtform als Deuteromyceten-Gattung *Fusicladium* bekannt) ruft den Apfel- oder Birnenschorf hervor (Abb. 95). Das aus

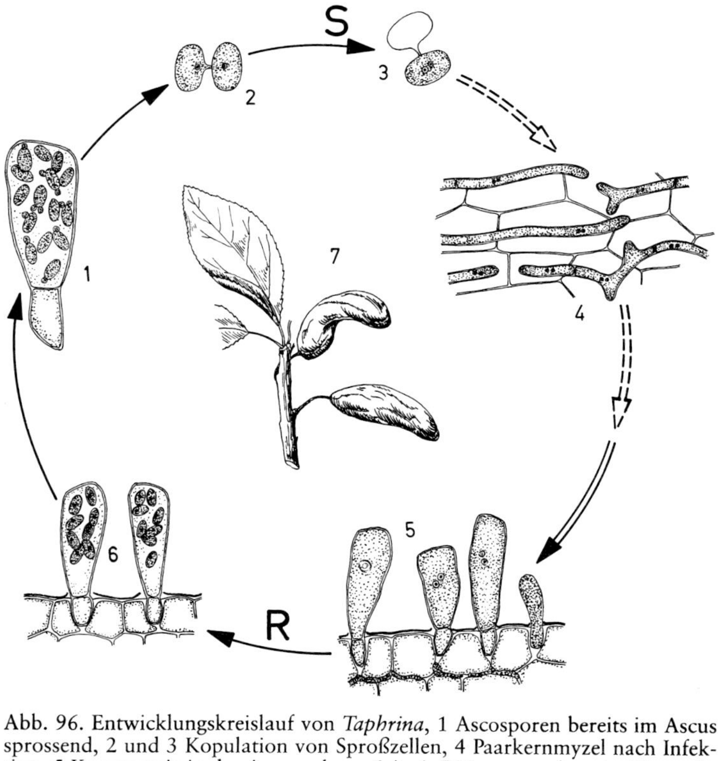

Abb. 96. Entwicklungskreislauf von *Taphrina*, 1 Ascosporen bereits im Ascus sprossend, 2 und 3 Kopulation von Sproßzellen, 4 Paarkernmyzel nach Infektion, 5 Karyogamie in der Ascusanlage, 6 Asci, 7 Narrentaschen der Zwetschgen. (Aus WALTER, verändert.)

Konidien hervorgehende Myzel dringt auf den Blättern zwischen Cuticula und Epidermiswand ein, bei Früchten und Sprossen auch tiefer vor. Es erzeugt binnen weniger Tage wiederum Konidien. Die Fruchtkörper entstehen im Herbst auf abgefallenen Blättern. Da *Venturia* zwar monözisch, jedoch selbststeril ist, muß der konträre Kern eines anderen Mycels durch Kontakt der nach außen ragenden Trichogyne mit einem Antheridium herangebracht werden. Die erst im Frühjahr sich bildenden Asci schleudern die zweizelligen Ascosporen bis zu 5 m weit. Diese infizieren junge Blätter.

Capnodium, der Rußtau, ernährt sich nicht parasitisch, sondern saprophytisch von Blattlaussekret oder Blattausscheidungen. Sein Entwicklungsgang gleicht dem von *Venturia*. Durch den Myzelbelag erscheinen die Blätter wie berußt.

Anhang: Die pflanzenparasitären **Taphrinales** werden, da sie keine Ascomata bilden, sondern einzeln stehende Asci aufweisen und zudem in der Haplophase ein Sproßmyzel entwickeln, mitunter zu den Protascomyceten gestellt, obwohl ihr Ascusbau (eutunicat, unitunicat) sie als zu den *Euascomycetidae* gehörig identifiziert.
Taphrina-Arten verursachen Hexenbesen an Kirsche, Hainbuche und Birke. *T. deformans* ist der Erreger der Kräuselkrankheit des Pfirsichs, und durch *T. pruni* entstehen aus den Fruchtknoten die Narrentaschen genannten Gallen der Zwetschgen. Haploide Ascosporen können sich durch Sprossung vermehren. Die Sproßzellen kopulieren. Erst das nach der Somatogamie oder auch durch autogame Kernpaarung entstandene Paarkernmyzel infiziert die Wirtspflanze und wächst interzellulär in Blatt und Sproß, später unmittelbar unter der Cuticula. Die Asci brechen zwischen den Epidermiszellen hervor und stehen palisadenförmig nebeneinander (Abb. 96). In ihnen erfolgt Karyogamie und Meiose. Ein Generationswechsel zwischen haploidem Sproßmyzel (Gametophyt) und Paarkernmyzel (Sporophyt) zeichnet sich damit ab. Nur der Sporophyt ist zur Infektion befähigt. Die vom haploiden Sproßmyzel ernährungsmäßig unabhängige Weiterentwicklung der Paarkernphase rückt die *Taphrinales* in die Nähe der Basidiomyceten mit ihrer stets verselbständigten Dikaryophase. Daher werden sie auch neuerdings als eigene, weitere Unterklasse (**Taphrinomycetidae**) angesehen, die auf die Basidiomyceten hinweist (hierfür sprechen Übereinstimmungen in den Nucleotidsequenzen der 5 S-ribosomalen RNS).

4. Klasse: Basidiomycetes, Ständerpilze

Wie die Ascomyceten lassen sich die Basidiomyceten durch ihr Meiosporangium charakterisieren. Dem Ascus der Ascomyceten entspricht der homologe Sporenständer, die **Basidie**. In ihr verschmelzen wie im Ascus die beiden haploiden Geschlechtskerne. Auch hier folgt die sofortige Reduktionsteilung. Aus der Basidie wölben sich in der Regel vier Fortsätze, die **Sterigmen**, mit Anschwellungen an ihren Enden (**Sporangiolen**). In diese wandern die aus der Meiose hervorgegangenen Kerne. In jeder Sporangiole bildet sich sodann eine Spore (Meiospore), deren Wand mit der Sporangiolenwand verwächst. Die Basidiosporen sind damit Exosporen. Die Basidie bleibt entweder einzellig (**Holobasidie**), oder aber sie teilt sich nach der Reduktionsteilung längs oder quer in vier Zellen mit je einem Kern (**Phragmobasidie**). Auf der Basidienstruktur beruht ganz wesentlich die Einteilung der Klasse in die beiden großen Gruppen der **Heterobasidiomycetidae** und der **Homobasidiomycetidae.** Gegenüber der früheren Bezeichnung Phragmobasidiomyceten und Holobasidiomyceten wird mit dieser Benennung dem Keimungsverhalten der „Basidiosporen" Rechnung getragen. Die Keimung erfolgt bei den Heterobasidiomyceten zumeist mit Sproßzellen repetitiv, bei den Homobasidiomyceten mit Keimhyphen. Soweit nicht hefeförmige Sproßzellen vorkommen, ist das für Basidiomyceten typische Myzel septiert, doch sind die Querwände meist nicht wie bei den Ascomyceten mit einem einfachen Zentralporus (Tüpfel) durchbrochen, sondern durch einen kompliziert geformten **Doliporus.** Er besitzt tonnenförmige Gestalt und wird auf beiden Seiten von einem kappenartigen Gebilde des Endoplasmatischen Reticulums überdeckt, dem **Parenthosom.** So besteht eine plasmatische Verbindung von Zelle zu Zelle, die zwar einen Transport kleinerer Organellen wie Mitochondrien, aber nicht der Kerne erlaubt. Vor einer Kernwanderung wird der Doliporus aufgelöst. Den Sexualakt führen, da morphologisch differenzierte Geschlechtsorgane (mit Ausnahme der Rostpilze) fehlen, vegetative haploide Zellen aus. Diese **Somatogamie** hatten wir als abgeleitete Form der Sexualität bereits für einige Ascomyceten erwähnt. Plasmogamie und Karyogamie sind wiederum durch das charakteristische Paarkernstadium (Dikaryophase) voneinander getrennt. Es nimmt jedoch bei den Basidiomyceten zumeist einen viel größeren Umfang an als bei den Ascomyceten.

Den Entwicklungsgang eines Homobasidiomyceten zeigt Abb. 97. Aus der haploiden Basidiospore geht der Gametophyt in Form des haploiden Myzels mit einkernigen Zellen hervor (primäres Myzel). Bis es auf einen andersgeschlechtlichen Partner trifft, ist es unbegrenzt wachstumsfähig. (Im Verhältnis zur Dikaryophase jedoch nur relativ kurzlebig). Zwei Formen sexueller Inkompatibilität lassen sich bei der Vereinigung der Gametophyten unterscheiden: bipolare Heterothallie (+ und −Stämme), oder aber tetrapolare Heterothallie. Im zweiten Falle wird das Paarungsverhalten durch zwei in je zwei Gruppen auftretende Inkompatibilitätsfaktoren bestimmt: A und a sowie B und b. Nur Stämme mit nicht identischen A- und B-Faktoren bilden ein Dikaryon: 1. AB und ab, 2. aB und Ab. Manche Arten sind auch homothallisch, ihr Paarkernmyzel benötigt keine Kopulation mit einem anderen Myzel. Nach dem Sexualakt folgt die Zellteilung der paarkernigen Zellen zumeist unter Schnallenbildung (Sekundäres Myzel). Dort, wo die beiden Kerne liegen, entsteht ein seitlicher, zurückgekrümmter Auswuchs, die Schnalle. Ein Kern wandert in diese Schnalle ein und teilt sich. Von den beiden Tochterkernen rückt der eine in die Spitze der schnallenbildenden Zelle, der andere verbleibt in der Schnalle selbst. Inzwischen hat

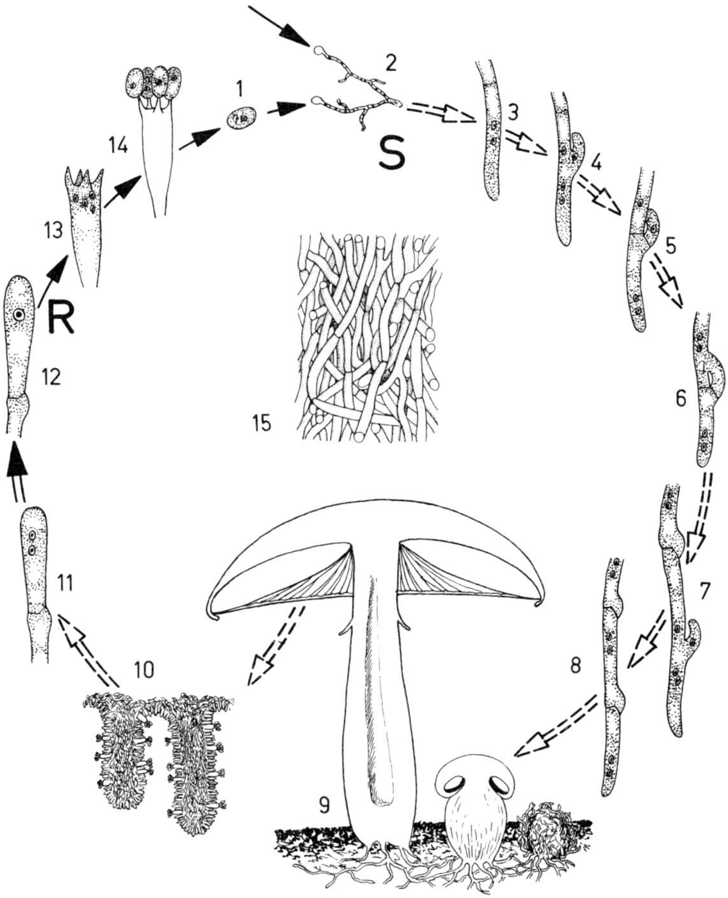

Abb. 97. *Homobasidiomycetidae*. Entwicklungskreislauf von *Agaricus*, 1 Basidiospore, 2 Somatogamie zweier haploider Myzelien, 3–8 Schnallenbildung des Paarkernmyzels, 9 Fruchtkörper des Champignons und seine Entwicklung, 10 Schnitt durch die Lamellen, 11–14 Basidienentwicklung, 15 Plectenchym aus dem Stiel eines Fruchtkörpers. (Aus WALTER, verändert, 15 nach SCHENCK aus STRASBURGER umgezeichnet.)

sich auch der zweite Kern geteilt, von seinen Tochterkernen wird ebenfalls der eine in die Spitze verlagert, der andere liegt weiterhin an der Basis. Die mit beiden verschiedengeschlechtlichen Tochterkernen versehene Zellspitze wird nun durch eine Querwand kurz über der Schnalle so abgetrennt, daß sich eine einkernige Basalzelle und eine einkernige Schnalle ergibt. Durch Fusion von Basalzelle und Schnalle wird auch die Basalzelle wieder paarkernig. Die Schnallenbildung ist der Hakenbildung der Ascomyceten homolog. Sie bleibt jedoch hier nicht auf die Anlage der Meiosporangien beschränkt, sondern tritt bei jeder Zellteilung auf. Auch unter den Ascomyceten ist dieses Verhalten bei *Morchella* und *Sclerotinia* schon zur Regel geworden. Die Schnallenbildung fehlt jedoch einem Teil der Basidiomyceten bzw. tritt nicht so regelmäßig auf, wie man aus dem hier geschilderten Normfall schließen könnte. Innerhalb näherer Verwandtschaftskreise gibt es Formen mit und ohne Schnallen. Das Vorkommen der Schnallen sagt somit nichts über Verwandtschaftsverhältnisse aus. In einzelnen Fällen entstehen sie in doppelter Anzahl oder sogar in Wirteln (Wirtelschnallen bei *Coniophora cerebella*, dem Kellerschwamm). Sie können manchmal zu Seitenhyphen auswachsen. Die Fusion der beiden Gametophyten muß nicht immer an den Spitzenhyphen haploider Myzelien erfolgen, oft wandert der übergetretene haploide Kern durch weite Teile des Partners, also von Zelle zu Zelle. Hierbei werden die Querwände aufgelöst und der Kern teilt sich wiederholt. Erst in den Spitzenhyphen erfolgt Paarung und von da ab Schnallenbildung. Ausnahmsweise kann ein haploides Myzel auch einseitig von einem dikaryotischen befruchtet werden (Bullersches Phänomen). Während bei den Ascomyceten die Fruchtkörperbildung an den Sexualvorgang geknüpft ist, es folglich in jedem Fruchtkörper zu einem Sexualakt kommen muß, kann das Myzel der Basidiomyceten, das einmal den Sexualakt vollzogen hat, lange vegetativ bleiben und z. B. im Boden große Flächen einnehmen. Unter dem Einfluß vielfach noch nicht völlig überschaubarer Bedingungen (häufig äußere Einflüsse, wie Licht, Kohlendioxidgehalt der Umgebung, Temperatur, pH-Wert, C-N-Verhältnis des Nährmediums usw.) entwickeln sich

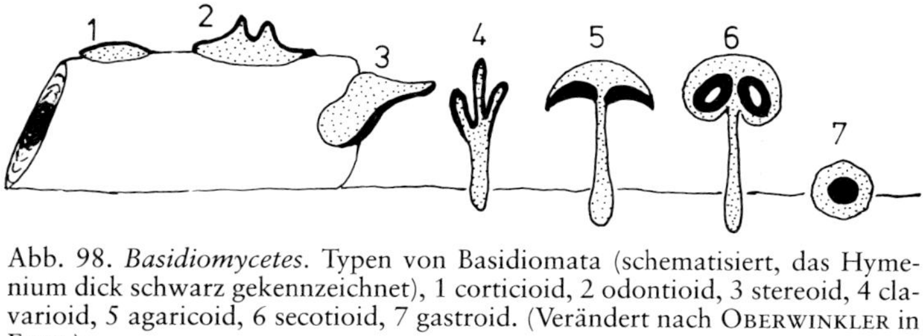

Abb. 98. *Basidiomycetes.* Typen von Basidiomata (schematisiert, das Hymenium dick schwarz gekennzeichnet), 1 corticioid, 2 odontioid, 3 stereoid, 4 clavarioid, 5 agaricoid, 6 secotioid, 7 gastroid. (Verändert nach OBERWINKLER in FREY.)

nach einer vegatativen Phase – soweit solche vorkommen – viele Fruchtkörper gleichzeitig und mitunter mehrere Jahre nacheinander, wobei alle diese Fruchtkörper auf den einzigen Sexualakt zurückgehen. Eine bekannte Erscheinung stellen die Hexenringe, das gleichzeitige Auftreten zahlreicher Fruchtkörper in einem Kreise dar. Sie zeigen an, daß das dikaryotische Myzel im Boden gleichmäßig von einem Zentrum fortgewachsen ist. Die Fruchtkörper der Ascomyceten müssen als eine Bildung des Gametophyten zum Schutz des von ihm ernährungsmäßig abhängigen Sporophyten angesehen werden. Der Fruchtkörper (**Basidioma**) der Basidiomyceten ist dagegen wie das dikaryotische Myzel ein Teil des Sporophyten und vom Gametophyten unabhängig. Im Entwicklungsgang der Ascomyceten dominiert der Gametophyt, in dem der Basidiomyceten überwiegt der Sporophyt sowohl in bezug auf Differenzierung, den Umfang der Dikaryophase als auch die Lebensdauer. Bei etwa 10% der Arten liefern die aus 1 Basidiospore entstehenden monokaryotischen Myzelien Fruchtkörper. Diese Monokarien können ohne Befruchtung nach einigen Kernteilungen plötzlich dikaryotische Schnallenmyzelien ausbilden. In anderen Fällen erfolgt ohne Auftreten von Schnallen Kernpaarung erst in der Basidie.
Die Basidien ordnen sich in dem plectenchymatischen Fruchtkörper (tertiäres Myzel, wie auch in den Rhizomorphen) zu palisadenförmigen Hymenien. Größe und Form der Basidien variieren mannigfach. Bei manchen Arten folgt den zwei meiotischen Teilungsschritten wie im Ascus noch eine postmeiotische Kernteilung (Mitose). Demzufolge besitzen gewisse primitive Holobasidiomyceten acht Basidiosporen. Andererseits gibt es durch Degeneration von zwei der vier meiotischen Kerne auch zweisporige Basidien. Neben den Basidien finden sich im Hymenium sterile Elemente, die Cystiden, Hyphen unterschiedlicher Entwicklung, morphologischer Herkunft und Funktion z. T. mit degenerierten Kernpaaren. Sie verhindern wohl ein Aneinanderkleben parallelliegender Fruchtschichten z. B. bei Lamellenpilzen, werden mitunter aber auch als Exkretionsorgane angesehen. Einfach gebaute Fruchtkörper liegen corticioid als dünne Schicht aus Hyphen, die Basidien tragend dem Substrat an (Abb. 98, I). Bei den übrigen Fruchtkörpern übernehmen weitere Hyphen zwischen Substrat und Basidien eine formgebende Differenzierung. Senkrechtes Abheben vom Substrat führt zu odontioiden, seitliches zu konsolenförmigen (stereoiden) Basidiomata (Abb. 98, 2 und 3). Die Entwicklung eines Stieles trennt das Hymenium noch weiter vom Substrat, der Fruchtkörper ist dann strauchförmig (clavarioid) oder hutförmig (agaricoid) gestaltet (Abb. 98, 4 und 5). Bleibt das Hymenium von Hüllen umschlossen, so entstehen bauchpilzartige (secotioide) und gastroide (Bauchpilze) Formen (Abb. 98, 6 und 7). Die Oberfläche des Hymeniums wird durch Ausbildung von Falten, Röhren oder Lamellen außerordentlich vergrößert. Ein Feldchampignon (*Agaricus campestris*) von ca. 10 cm Hutdurchmesser besitzt eine Hyme-

niumoberfläche von 1200 cm^2, auf welcher ca. 16 Milliarden Basidiosporen entstehen. Ein Zunderschwamm (*Fomes fomentarius*) liefert im Jahr mehr als 100 Milliarden Sporen. Ein Riesenbovist (*Calvatia gigantea*) von 50 cm Durchmesser enthält 7,5 Billionen Sporen. Es erscheint verständlich, daß infolge dieser ungeheuren Produktivität des Teleomorph bei den Basidiomyceten das Anamorph zurücktritt. Dennoch bilden zahlreiche Arten besonders am haploiden Myzel büschelige Oidien, die auch der Befruchtung dienen können. Konidien und Konidienträger liefern für die Bestimmung oft brauchbare Kriterien, treten aber seltener auf als bei Ascomyceten (z. B. *Heterobasidion annosum*, der Rotfäuleerreger der Fichte). Chlamydosporen sind meist dikaryotisch. Farbe, Form und Größe der Basidiosporen lassen sich zur Diagnose verwenden. Bei vielen Basidiomyceten werden die Basidiosporen aktiv durch einen Turgormechanismus an der Sterigmenspitze weggeschleudert (Ballistosporen). Die geringe (0,1–0,2 mm) Schußdistanz bringt die Sporen in den freien Raum zwischen den Lamellen und ermöglicht einen Weitertransport durch den Wind. Häufig läßt sich Zweikernigkeit in den Basidiosporen beobachten. Entweder wandern zwei Kerne der Basidie in diese ein (eine 8kernige Basidie liefert dann 4 Basidiosporen, eine 4kernige nur 2, z. B. Kulturchampignon, *Agaricus bisporus*), oder aber der Kern der Basidiospore teilt sich nachträglich. Gelangen jeweils konträre Kerne in die Basidiosporen, so unterbleibt der Sexualvorgang.

Die phylogenetischen Beziehungen der beiden Basidiomyceten-Unterklassen (zusammen ca. 30000 Arten) zueinander, desgleichen ihre Abstammung von den Ascomyceten lassen sich kaum sicher klären. Dem Ascus am ähnlichsten ist die einzellige Holobasidie. Sofern daher die *Homobasidiomycetidae* an die Ascomyceten anzuschließen sind, muß man die *Heterobasidiomycetidae*, besonders die Ordnungen der Rostpilze (*Uredinales*) und Brandpilze (*Ustilaginales*), als reduzierte parasitäre Formen betrachten. Demgegenüber erinnern gerade die Pyknidien (Spermogonien) der *Uredinales* an entsprechende Gebilde bei den Ascomyceten. Hier sollen die Heterobasidiomyceten vorangestellt werden.

Abb. 99. *Heterobasidiomycetidae*. I Entwicklungskreislauf von *Puccinia graminis*, 1 Basidiosporen, 2 Infektion, 3 infiziertes Berberitzenblatt, 3 a Blatt quer mit (P) Pyknidien und (Ae) Aecidien, 4 Pyknidium, 5 Empfängnishyphe, 6 Empfängnishyphe übernimmt den Kern eines Spermatiums, 7 Aecidium (B Basalzellen), 8 Aecidiospore, 9 Infektion eines Getreideblattes, 10 rostkrankes Getreideblatt, 11 Uredolager mit Uredosporen, 12 Uredospore infiziert Getreideblatt, 13 Teleutosporenlager mit Teleutosporen, 14 Teleutospore (Probasidie), 15 Basidien sind aus der Teleutospore ausgewachsen. II *Tremellales*, Basidie von *Tremellodon*. III *Auriculariales*, Fruchtkörper des Judasohres. IV *Uredinales*, Aecidium von *Gymnosporangium sabinae* auf einem Birnblatt. (I aus WALTER, verändert, II nach HAGERUP aus GÄUMANN, III nach BULLER aus GÄUMANN, VI nach MÜLLER/LOEFFLER.)

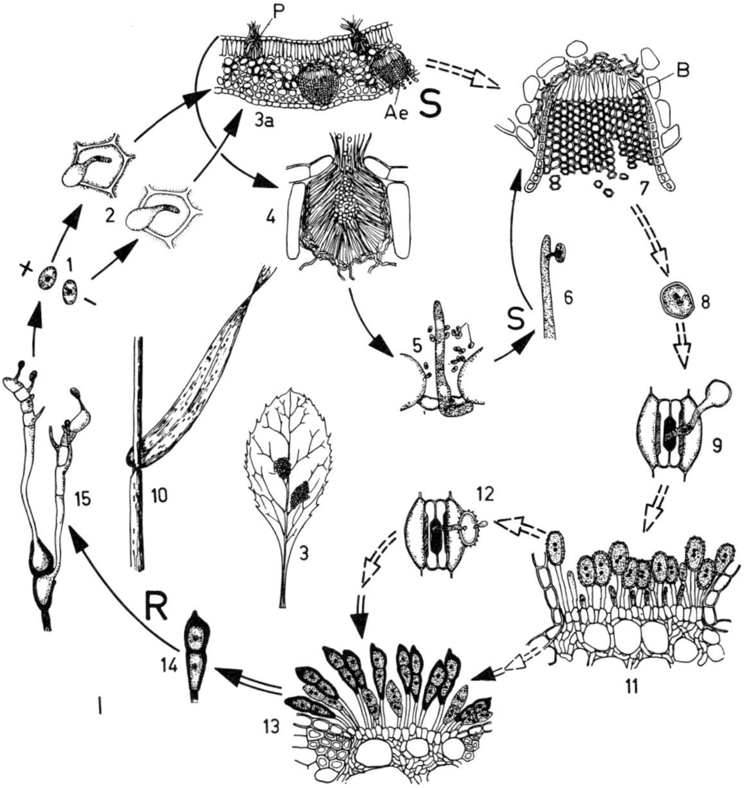
P
3a
Ae
S
B
7
8
1
2
4
5
6
S
8
9
10
15
3
12
11
R
14
13
I

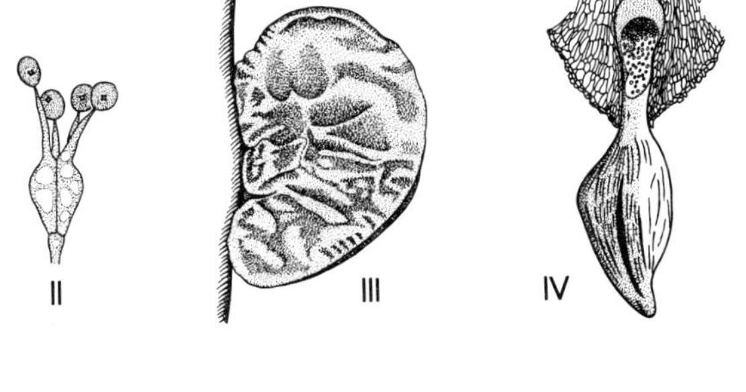
II
III
IV

1. U.-Klasse: Heterobasidiomycetidae

Die Basidien der Heterobasidiomyceten sind bis auf Ausnahmen 4zellig und zwar entweder quer oder seltener längs septiert (Abb. 99, 100). Sie entstehen teilweise aus Probasidien, ihre Basidiosporen keimen vielfach mit Sekundärsporen oder Konidien. Hefeähnliche Entwicklungsstadien kommen vor. Doliporen fehlen oder zeigen abgewandelte Form. Basidiomata werden nicht in allen Ordnungen entwickelt.

Die **Uredinales** (Rostpilze) leben ausschließlich pflanzenparasitisch und lassen sich nur in seltenen Fällen auf künstlichen Nährmedien kultivieren. Das Myzel wächst interzellulär in Stengeln und Blättern und entsendet Haustorien in die Zellen, welche diese zum Absterben bringen. Da jedoch zumeist nicht die ganze Pflanze durchwuchert wird, sondern das Myzel sich nur beschränkt um die Infektionsstelle ausbreitet, ist der Schaden für den Wirt nicht lebensgefährlich. Eigentliche Fruchtkörper entstehen nicht. Eine Vielzahl von Vermehrungs- und Fortpflanzungszellen sorgt jedoch für rasche und intensive Ausbreitung. Sie stehen meist in dichten Haufen und fallen durch rostartige Flecken auf dem grünen Wirtsgewebe auf. Der voll ausgebildete Entwicklungsgang läßt sich z. B. an dem häufigen Schwarzrost des Getreides (*Puccinia graminis*) beobachten (Abb. 99, I). Die Basidiosporen sind geschlechtlich bipolar differenziert. Sie keimen im Frühjahr auf den Blättern der Berberitze (*Berberis vulgaris*). Der Keimschlauch dringt durch die Spaltöffnungen, das haploide Myzel durchzieht das Blatt lokal bis zur Unterseite. Im Palisadenparenchym der Blattoberseite verknäulen sich die Hyphen zu rundlichen Gebilden, die als pustelförmige **Pyknidien** oder **Spermogonien** die Epidermis durchbrechen. In ihrem Innern enthalten sie neben sterilen Periphysen kurze Hyphen. Diese Hyphen schnüren in großer Anzahl kleine einkernige Konidien (**Spermatien**) ab. Bei dieser ersten Sporenform (auch Pyknosporen genannt) handelt es sich um Mitosporen. Sie können jedoch nicht zu einem neuen Myzel auswachsen, dienen also nicht der Vermehrung. Sie vermögen aber die Paarkernphase herbeizuführen, wenn die Infektion nicht gleichzeitig durch zwei geschlechtlich verschiedene Basidiosporen erfolgt ist. Die Spermogonien sondern durch ihr Ostiolum mit den Spermatien einen Tropfen Nektar ab, der Insekten anlockt. Diese übertragen die Spermatien über die Blattfläche. Die Pyknosporen werden dadurch an sog. Empfängnishyphen herangebracht, die aus den Pyknidien, aus Spaltöffnungen oder zwischen Epidermiszellen herausragen und den Pyknosporenkern aufnehmen. Fast gleichzeitig mit der Anlage der Pyknidien bilden sich im Schwammparenchym der Blattunterseite ebenfalls Myzelzusammenballungen. Diese plectenchymatischen Komplexe werden zu **Aecidienanlagen.** Sie entwickeln sich jedoch erst nach Einsetzen der Paarkernphase weiter. Als Sexualorgane (Somatogamie!) fungieren dabei die **Basalzellen** der Aecidienanlage. Erfolgte die Infektion durch zwei konträre

Basidiosporen, so kopulieren die beiden Gametophyten in der Aecidienanlage durch ihre Basalzellen seitlich miteinander. Wurde jedoch der anders geschlechtliche Kern durch die Empfängsnishyphen übernommen, wird er von Zelle zu Zelle durch Perforation der Querwände bis zu den Basalzellen in der Aecidienanlage „weitergereicht". Nach der Befruchtung geben die Basalzellen die dikaryotischen **Aecidiosporen** (Dikaryo-Mitosporen, 2. Sporenform) ab. Die Aecidienanlage differenziert sich zunächst in eine äußere sterile **Pseudoperidie** und den inneren, Sporen führenden Teil (Endsporen einer jeden Sporenkette liefern die Deckschicht der Pseudoperidie; sie verlieren ebenso wie die peripheren zur Pseudoperidie werdenden Ketten ihren Sporencharakter). Bei weiterer Sporenbildung reißt mit steigendem Druck die Pseudoperidie und Blattepidermis, und das **Aecidium** öffnet sich becherförmig. An der Öffnung runden sich die zunächst 6eckigen Aecidiosporen ab (über 10000 pro Aecidium). Zwischen zwei Aecidiosporen jeder Kette befindet sich jeweils eine schmale sterile Zwischenzelle. Für die Verbreitung sorgt der Wind.

Mit dem Kernphasenwechsel ist ein Wirtswechsel verbunden. Der Sporophyt parasitiert nur auf Gramineen. Seine Keimhyphen dringen wiederum durch die Spaltöffnungen ein. Je nach Witterung bildet dann das dikaryotische, aber schnallenlose Myzel die Blatt- oder Stengeloberfläche durchbrechend mehrere Generationen von Konidien (Exosporen). Sie werden **Uredosporen** genannt und sind Mitosporen (3. Sporengeneration). Die Uredosporen stehen in rostroten strichförmigen Lagern als ovale, mit warziger Wand versehene Endzellen auf kurzen Trägern. Sie vermögen sofort erneut Gramineen zu infizieren, und da sie oft zu Millionen entstehen, breitet sich die Krankheit binnen kürzester Frist über ein ganzes Feld aus. Gegen Ende der Vegetationsperiode zeigen sich auf dem reifenden Getreide dunkelbraune Flecke. In ihnen befinden sich auf kurzen Trägern zweizellige dickwandige **Teleutosporen** (4. Sporenform, auch Wintersporen genannt). Sie können eigene Lager bilden oder aber zwischen Uredosporen stehen. Sie stellen **Probasidien** dar, die nach anfänglicher Paarkernphase durch Kernverschmelzung zur eigentlichen Zygote werden, aus der im nächsten Frühjahr nach der Überwinterung dann endlich die schlauchförmige Basidie hervorgeht. Erst in der Basidie (auch Promyzel genannt) tritt die Meiose ein. Die 4 haploiden Kerne werden jeweils durch eine Querwand getrennt. Jede Zelle liefert eine auf einem kurzen Sterigma sitzende **Basidiospore** (Meiospore, 5. Sporenform), in die der haploide Zellkern einwandert. Die vom Wind verbreiteten Basidiosporen vermögen erneut Berberitzen zu infizieren. Der Entwicklungskreislauf von *Puccinia graminis* weist demnach sowohl einen Kernphasen- als auch einen Generationswechsel auf, mit dem ein Wirtswechsel verbunden ist (Heterözie). Der Haplont (Gametophyt) parasitiert auf der Berberitze, der Sporophyt (Dikaryophase) auf verschiedenen Getreidearten.

An Getreide kommen noch weitere Rostpilze der Gattung *Puccinia* vor, z. B. *P. glumarum*, der Gelbrost auf Weizen, Roggen, Gerste. Sein Zwischenwirt, der die Aecidiosporen bildet, ist unbekannt. Die Überwinterung erfolgt wohl in der Wintersaat. Sie wird durch Uredosporen infiziert. *P. triticina*, der Weizenbraunrost, hat *Thalictrum* (Wiesenraute), *P. coronata*, der Haferkronenrost, *Rhamnus cathartica* (Kreuzdorn), als Zwischenwirt. Ferner sind *P. dispersa*, der Roggenbraunrost (Zwischenwirt *Anchusa*, Ochsenzunge), und *P. sorghi*, der Maisrost (Zwischenwirt *Oxalis*, Sauerklee), zu nennen, die alle beträchtlichen Ertragsausfall verursachen (5–30%, vereinzelt bis 50%), da die befallenen Blätter zwar nicht absterben, aber doch in der photosynthetischen Leistung nachlassen. Roste, die auf mehreren Getreidearten vorkommen, splittern vielfach in zahlreiche physiologische Rassen auf, die sich z. T. sogar auf einzelne Rassen der Wirtspflanzen spezialisiert haben. Da eine chemische Bekämpfung der Schädlinge bisher wenig Erfolg verspricht, bildet die Züchtung resistenter Getreidesorten das einzig sichere Gegenmittel, dessen Wirksamkeit jedoch durch Mutationen und Neukombinationen des Erregers immer wieder abgeschwächt wird. Zeitweilig wurde versucht, durch Ausrottung des Zwischenwirtes bei *P. graminis* (Vernichtung der Berberitze) der Krankheit Herr zu werden. Doch hat sich sowohl in Amerika wie in Europa gezeigt, daß die Uredosporen im milden Klima von Texas oder des Mittelmeerraumes überwintern und dann im nächsten Frühsommer durch den Wind (in Europa den Föhn über die Alpen) nach Norden transportiert werden.

Ein anderer wichtiger, den Wirt wechselnder Rostpilz ist *Uromyces pisi* mit Uredo- und Teleutosporen auf Erbse (*Pisum*) und Platterbse (*Lathyrus*), Spermogonien und Aecidien auf *Euphorbia cyparissias* und *E. esula*. Die infizierten Euphorbien zeigen völlig veränderten Wuchs. Die Blattunterseite der abnorm kurzen, dicken Blätter ist dann mit Aecidien dicht besetzt, die Pflanzen selber sind unverzweigt mit etioliertem Habitus. Der Pilz überwintert im Wurzelstock. So ist eine Neuinfektion nicht erforderlich. *Cronartium ribicola* ist der Blasenrost 5nadeliger Kiefernarten, auf denen sich die Aecidien bilden. Die blasenartigen Lager brechen aus der Rinde hervor. Der Sporophyt infiziert Johannisbeeren. Der Pilz war ursprünglich auf das Gebiet der 5nadeligen Arve (*Pinus cembra*) in Sibirien und in den Alpen beschränkt. In Amerika und dem europäischen Flachland blieben die Johannisbeersträucher gesund, da keine 5nadeligen Kiefernarten als Zwischenwirt vorkamen. Vor etwa 150 Jahren wurde wegen ihrer Wüchsigkeit aus Amerika die Weymouthskiefer (*P. strobus*) eingeführt. Da allenthalben *Ribes*-Arten angebaut werden, griff der Rost vor etwa 100 Jahren auf diese über und breitete sich rasch über ganz Europa aus. Die Weymouthskiefern werden vom Pilz getötet. 1909 gelangte der Pilz dann von Europa nach Amerika, so daß jetzt die Weymouthskiefern auch in ihrer Heimat pandemisch infiziert sind. *Melampsorella caryophyllacearum* (Wirt des Sporophyten: *Stellaria*-Arten, z. B. Vogelmiere) ruft Hexenbesen auf der Tanne hervor. *Gymnosporangium sabinae* (Wirt des Sporophyten: *Juniperus sabinae*, Sadebaum) ist der Gitterrost der Birne. Die wie winzige Zöpfe aus dem Blatt herausragenden Aecidien sind zunächst geschlossen, später jedoch gitterartig zerschlitzt (Abb. 99 IV). Nicht alle der wohl im jüngeren Paläozoikum zuerst auf Farnen aufgetretenen Rostpilze zeigen den bei *Puccinia graminis* beschriebenen kompletten und verwickelten Entwicklungszyklus (**Eutypus**). Zuweilen können beide Generationen auf ein und demselben Wirt wachsen (Autözie), z. B. *Uromyces phaseoli*, der auf Bohnen vorkommt. Häufig fällt die eine oder andere Sporengeneration aus.

Beim **Brachytypus** sind die Aecidien unterdrückt. Nach der Dikaryotisierung entstehen sofort Uredosporen (*Uromyces fabae*). Da die Uredosporen den gleichen Wirt infizieren, unterbleibt auch ein Wirtswechsel. Beim **Opsistypus** fehlen die Uredosporen (*Gymnosporangium*). Beim **Mikrotypus**, z. B. beim Malvenrost (*Puccinia malvacearum*), verbleiben nur die Teleutosporen, und damit Basidiosporen. Aecidio- und Uredosporen sind fortgefallen, teilweise wohl auch die Pyknosporen. Beim **Endotypus** (z. B. *Endophyllum*) erfolgt die Karyogamie in den Aecidiosporen. Uredo- und Teleutosporen fehlen. Die Aecidiosporen keinem mit Basidiosporenbildung. In Klimaten mit verkürzten Vegetationsperioden dürften derartige Kurzentwicklungsformen, die auch als ursprünglicher angesehen werden, von Bedeutung sein. Demgegenüber kommt es nicht nur zur Wiederholung der Uredosporenausbildung im Entwicklungszyklus, wie bei *Puccinia graminis*, sondern durch eine Wiederholung der Aecidiengeneration z. B. bei *Phragmidium*, kann die Entwicklung verlängert werden. Bei imperfekten Rostpilzen sind nur die Uredosporen bekannt. Damit fehlen sogar die Basidiosporen.

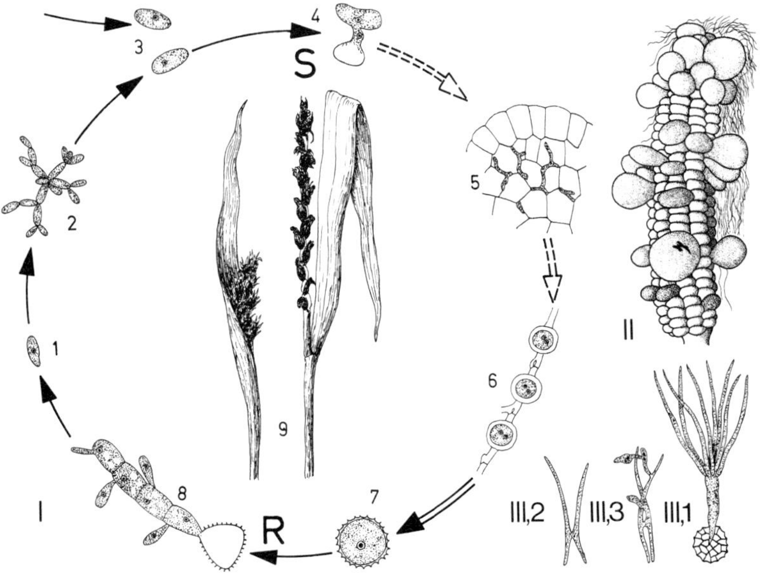

Abb. 100. *Ustilaginales*. I Entwicklungskreislauf von *Ustilago*, 1 Basidiospore (Sporidie), 2 Sproßmyzel, 3 und 4 kopulierende Sproßzellen, 5 Paarkernmyzel im Wirtsgewebe, 6 Brandsporenbildung, 7 Karyogamie in der Brandspore, 8 Basidie wächst aus der Brandspore aus, 9 brandige Getreideähren. II *Ustilago maydis* (Maisbeulenbrand) auf einem Maiskolben. III *Tilletia tritici* (Weizenstinkbrand), 1 Brandspore mit Basidie (am Scheitel vier Sporenpaare), 2 kopulierende Basidiosporen, 3 dieselben zum Paarkernmyzel auswachsend. (I und III nach WALTER, verändert, II nach DIETEL aus MÜLLER-LOEFFLER.)

Die **Ustilaginales**, die Brandpilze, sind ebenfalls interzellulär lebende Pflanzenparasiten ohne Fruchtkörper, sie lassen sich jedoch auf künstlichen Nährmedien kultivieren. Den Entwicklungsgang von *Ustilago* zeigt Abb. 100 I. Das dikaryotische Myzel kann Schnallen aufweisen. Der Teil jeder Zelle, der die beiden Kerne enthält, verdickt sich bei der Brandsporenbildung. Die Restzelle hält die Sporen in Ketten aneinander. Die anfänglich zweikernigen **Brandsporen** umgeben sich mit einer derben, oft mit Leisten oder Warzen versehenen Wand und sind dunkel gefärbt. In ihnen findet die Karyogamie statt; sie werden zur Zygote und sind somit der Teleutospore, d. h. der Probasidie der *Uredinales*, homolog. Bei der Keimung entstehen in der Promyzel genannten Basidie unter Reduktionsteilung 4 haploide Kerne, die durch Querwände voneinander abgetrennt werden. Diese Phragmobasidie liefert ohne Sterigmenbildung die spindelförmigen „Basidiosporen". In diese treten jedoch nicht wie bei den Rostpilzen die meiotischen Kerne selber, sondern nach Mitose je einer der beiden Tochterkerne ein (Sporidien). Es sind also im Gegensatz zu den Basidiosporen der anderen Basidiomyceten eigentlich keine Meio-, sondern Mitosporen, da sie auf den Vorgang einer Mitose zurückgehen. Bei guter Ernährung kann, da jeweils ein Tochterkern in der Phragmobasidienzelle zurückbleibt, der Vorgang der Sporidienbildung mehrfach wiederholt werden. Die Sporidien kopulieren fast stets sofort bei ihrer Keimung, haben jedoch auch die Fähigkeit, saprophytisch als hefeartige Sproßketten zu wachsen. Nur geschlechtlich verschiedene Zellen können miteinander kopulieren. Infektionsfähig ist nur die Dikaryophase. Während bei den Rostpilzen Haplo- und Dikaryophase gleich stark entwickelt sind, ist im Generationswechsel der Brandpilze der Gametophyt stark reduziert und mitunter auf die Basidiosporen beschränkt.

Bei *Tilletia* fehlen die Querwände in der Basidie, das Promyzel bleibt eine einzellige Hyphe, an deren Scheitel die vier oder acht langgestreckten Basidiosporen (Sporidien) entstehen. *Tilletia*, der Stink- oder Steinbrand, wird daher heute mit anderen Pflanzenparasiten, bei welchen Karyogamie und Meiose in der Brandspore stattfinden, als eigene Ordnung **Tilletiales** geführt, die trotz der Einzelligkeit der Basidie (Holobasidie) wegen ihrer Keimung mit Sekundärsporen zu den Heterobasidiomyceten zu stellen ist.
Die Infektion durch die wichtigsten, meist auf Getreide parasitierenden Brandpilze kann auf verschiedene Weise erfolgen.
1. Nach Befall der jungen Keimpflanze (Keimpflanzeninfektion) bleibt das Myzel auf die embryonalen Gewebe des Vegetationspunktes beschränkt. Die Pflanze entwickelt sich äußerlich normal. Bei Anlage der Blüten werden die Fruchtknoten, teilweise auch Ährenteile, in Mitleidenschaft gezogen. Sie sind dann von einem staubigen Brandsporenpulver erfüllt (*Ustilago avenae,* Haferflugbrand, *Ustilago hordei*, Gerstenhartbrand). Beim Stinkbrand (*Tilletia caries*, Geruch nach Heringslake durch Trimethylamin) des Weizens entsteht ein äußerlich fast normal wirkendes Korn, das aber mehrere Millionen Brandsporen enthält, die nach Heringslake riechen (Brandbutte). Bei *Tilletia* gelangen die Brand-

sporen auf die gesunden Weizenkörner, beim Haferflugbrand in die geöffnete Haferblüte. Die gekeimten Hyphen liegen zunächst zwischen Frucht und Spelze. Erst bei der Samenkeimung wird der Keimling befallen.
2. Die Triebinfektion beim Mais durch *Ustilago maydis* wird durch die gegenüber anderen Getreidearten zartete Epidermis ermöglicht. Sie erfaßt Halme, Rispen und Blütenstände, in denen geschwulstartige, mit Brandsporen erfüllte Blasen entstehen.
3. Bei der Blüteninfektion wird die Narbe befallen. Eine Brandpore wächst auf der Narbe oder dem Fruchtknoten zur Basidie aus, deren Basidiosporen sofort kopulieren. Die dikaryotischen Keimhyphen dringen in die Samenanlage ein. Das Myzel überwintert im Embryo. Die Entwicklung der Pflanze im nächsten Frühjahr wird wiederum nicht gestört. Jedoch hält das Myzel mit dem Wachstum der Wirtspflanze Schritt. Die ganze Ähre wird zu einer schwarzen Brandmasse. Die Brandsporen infizieren erneut die Narben der Blüten (Weizen- und Gerstenflugbrand. *Ustilago tritici, U. nuda*).
Eine Bekämpfung richtet sich nach der Infektionsart. Bei der Keimpflanzeninfektion befinden sich die Brandsporen außen an der Frucht bzw. zwischen Frucht und Spelze. Da sie erst bei der Samenkeimung zum Keimling vordringen, müssen sie vor der Aussaat vernichtet werden (Naßbeize oder Trockenbeize mit bestimmten Präparaten). Bei der Blüteninfektion dagegen wäre eine äußerliche Beize ohne Wirkung, da sich das Myzel bereits im Embryo befindet. Eine genaue in Temperatur und Dauer einzuhaltende Warmwasserbeize tötet das Myzel, ohne das Saatgut zu schädigen (wahrscheinlich entstehen durch anaerobe Atmung Acetaldehyd und Alkohol). Bei der Triebinfektion hilft Beize des Saatgutes, Ausschneiden und Verbrennen sich bildender Brandbeulen vor dem Aufplatzen. So wird es möglich, die früheren Ertragsverluste von 20–60% zu senken.
Wirtschaftlich von Bedeutung ist auch der Zwiebelbrand (*Tuburcinia cepulae*). *Ustilago violacea* läßt in den weiblichen Blüten von *Silene dioica*, der Roten Lichtnelke, Antheren entstehen, die mit Brandsporen erfüllt sind (Antherenbrand der *Caryophyllaceae*).
Die längsseptierten Basidien der **Tremellales** (Zitterpilze) entstehen durch zwei kreuzförmig angelegte Trennwände (Abb. 99 II).
Während die einfachsten Arten fruchtkörperlos sind, bilden *Exidia* und *Tremella* auf totem Holz intensiv gefärbte, gallertige Fruchtkörper, die bei Trockenheit zu unscheinbaren Klumpen schrumpfen, bei feuchter Witterung jedoch erneut zu blattartigen oder gehirnförmigen Polstern aufquellen. Ihre Oberfläche ist von einem lockeren Hymenium bedeckt, das bei *Tremellodon* auf die Stacheln (Hymeniumvergrößerung) der Fruchtkörperunterseite beschränkt bleibt. Die Fruchtkörper gleichen so denen der Stachelpilze (*Hydnum*) bei den Homobasidiomyceten. Die Fruchtkörper der **Auriculariales** ähneln denen der *Tremellales*, doch sind die Basidien querseptiert. Bekannt durch seinen für die Ordnung hochentwickelten Fruchtkörper ist das Judasohr (*Auricularia auricula-judae*). Die rötlich braunen, gallertigen an Ohrmuscheln erinnernden Fruchtkörper brechen gelegentlich aus alten Ästen von Holunderbüschen hervor (Abb. 99 III).
Anhang: Die Ordnung der **Exobasidiales** und **Dacrymycetales** leiten mit ihren Holobasidien zu den *Homobasidiomycetidae* über, werden aber wegen der Keimung ihrer querseptierten Basidiosporen mit häkchenförmig gebogenen Konidien zu den *Heterobasidiomycetidae* gerechnet.
Die **Exobasidiales** sind Pflanzenparasiten. Ihre Wuchsform weist manche Ähnlichkeit mit den *Taphrinales* auf. *Exobasidium* infiziert Ericaceen, an deren Blät-

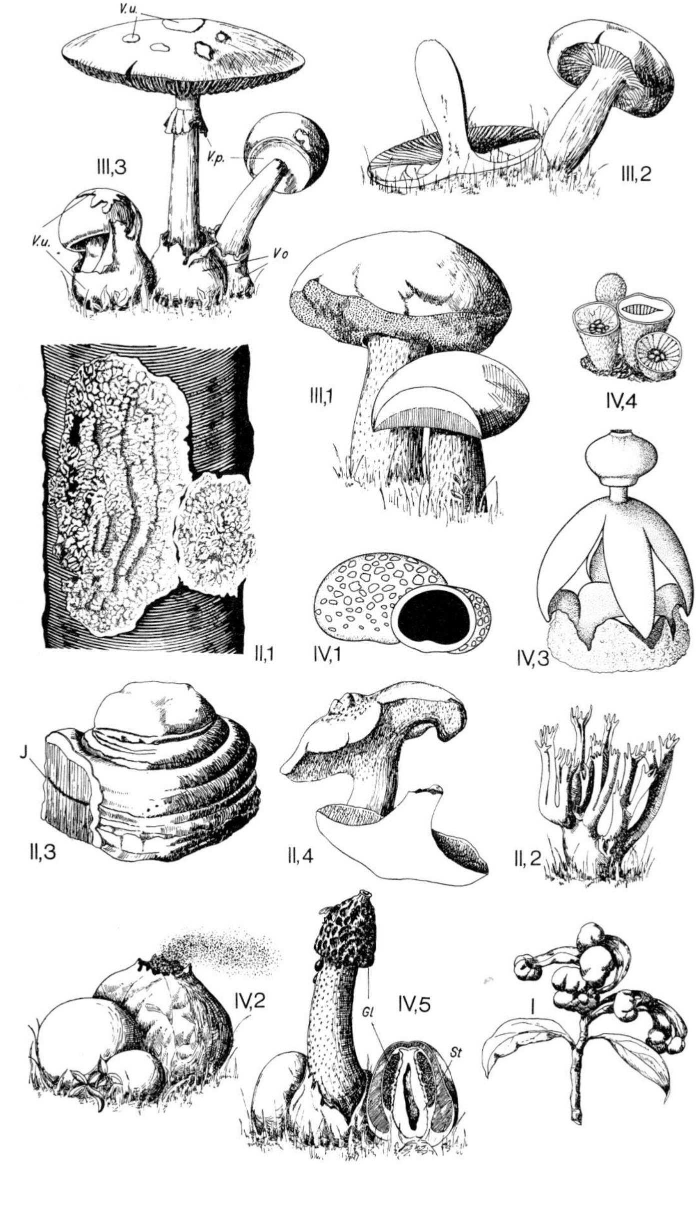
V.u.
V.p.
III,3
V.u.
Vo
III,2
III,1
IV,4
II,1
IV,1
IV,3
J
II,3
II,4
II,2
IV,2
Gl
IV,5
St
I

tern (z. B. Alpenrose, Preiselbeere, Azaleen) gelb bis rot gefärbte Gallen (Abb. 101 I) entstehen. Das Myzel wächst interzellulär und durchbricht bei der Basidienbildung die Epidermis. Die Basidiosporen keinem mit einem hefeartigen Sproßmyzel. *Exobasidium vexans*, der Blasenmehltau, richtet Schaden an Teepflanzen (*Camellia sinensis*) an.
Gallertige Basidiomata finden sich bei den **Dacrymycetales.** *Calocera viscosa* (klebriger Hörnling) wird häufig mit gelben Korallenpilzen verwechselt, da der Fruchtkörper gleichfalls clavarioide Form besitzt.

2. U.-Klasse: Homobasidiomycetidae

Zu den ausschließlich Holobasidien besitzenden Homobasidiomyceten gehören die auch dem Laien bekannten Schwämme des Waldes.
Sie werden teilweise als gute Speisepilze geschätzt, wie Steinpilz, Pfifferling und Champignon. Aber auch zahlreiche mehr oder weniger lebensgefährliche Giftpilze befinden sich unter ihnen. Die Gifte des Grünen Knollenblätterpilzes (u. a. Phalloidin- und Amantitin-Cyclopeptide), Fliegenpilze, Pantherpilze (nervenerregend, Ibotensäure, Muscinol), zahlreicher Rißpilze und Trichterlinge (Muscarin) wirken auf Magen, Nerven, Herz und Leber teilweise nach Stunden oder Tagen, teilweise auch erst nach Wochen (Orellanine einiger Schleierlinge) und können zum Tode führen. – Bewohner von lebendem oder totem Holz, wie Hausschwamm und Zunderschwamm, richten große Schäden an. Sie alle sind Saprophyten oder Parasiten, vielfach auch Mykorrhizapilze unserer Waldbäume. Das fast stets langlebige Myzel überwintert im Boden oder bei Baumparasiten im Holz. Die Fruchtkörper zahlreicher Baumschwämme sind ebenfalls mehrjährig. Das dikaryotische Myzel zeigt vielfach weitgehende anatomische Differenzierungen: z. B. finden sich in den Rhizomorphen, derben, oft viele Meter reichenden Myzelsträngen, weitlumige, dem Wassertransport dienende Hyphen umgeben von dickwandigen Skeletthyphen. Diese sind auch in den Fruchtkörpern anzutreffen (Abb. 101). Sogenannte Bindehyphen sorgen für den plectenchymatischen Zusammenhalt.
Aufbau und Entwicklung der Fruchtkörper, desgleichen des Hymeniums werden zur Abgrenzung der Ordnungen verwendet. Obwohl heute vielfach weitere Unterteilungen erfolgen, soll hier der Übersichtlichkeit halber die Dreigliedrigkeit – *Aphyllophorales, Agaricales, Gastromycetales* – beibehalten bleiben, da in ihr die prinzipiellen Unterschiede am deutlichsten hervortreten.

Abb. 101. Fruchtkörpertypen verschiedener *Homobasidiomycetidae*. I *Exobasidiales*, Alpenrosenzweig mit durch *Exobasidium* hervorgerufenen Gallen. II *Aphyllophorales*, 1 krustenförmiger Fruchtkörper von *Phlebia* (Kammpilz), 2 *Clavaria* (Ziegenbart), 3 *Fomes* (Porling), Jahreszuwachsgrenze des Hymeniums, 4 *Hydnum* (Stachelpilz). III *Agaricales*, 1 *Boletus* (Röhrling), 2 *Russula* (Täubling), 3 *Amanita* (Knollenblätterpilz), V. u. Velum universale, V. p. Velum partiale, Vo Volva. IV *Gastromycetales*, 1 *Scleroderma* (Hartbovist) mit derber einschichtiger Peridie, 2 *Bovista* (Weichbovist) mit Exo- und Endoperidie, 3 *Geaster* (Erdstern), Endoperidie freigelegt und von der Außenperidie emporgehoben, 4 *Cyathus* (Teuerling) mit Peridiolen (Glebakammern) im Innern des Fruchtkörpers, 5 *Phallus* (Rutenpilz), links junger Fruchtkörper (Hexenei), rechts Hexenei längs geschnitten, Mitte nach Streckung des Stiels (Gl Gleba, St Stiel). (I, II, III und IV, 2 und 5 aus WALTER, IV, 4 nach GRAMBERG aus STRASBURGER umgezeichnet.)

Saprophytisch, teilweise auch als Baumparasiten leben die **Aphyllophorales.** Ihr Hymenium liegt stets frei (gymnokarp). Durch Zuwachs an den Rändern vergrößern sich Hymenium und die mannigfaltig gestalteten Fruchtkörper (Abb. 101 II). Bei den einfachsten Formen trägt die Oberseite des Fruchtkörpers corticioid das Hymenium. Der Fruchtkörper von *Corticium* überzieht abgestorbene Zweige als glatte Kruste. Der Kellerschwamm *Coniophora cerebella* besitzt eine warzig (odontioid) vergrößerte Oberfläche, bei *Serpula lacrymans*, dem Hausschwamm, ist sie mit unregelmäßigen Falten versehen. An konsolenförmig (stereoid) abstehenden Fruchtkörpern, z. B. von *Fomes fomentarius*, dem Zunderschwamm, befindet sich das Hymenium geschützt auf der Unterseite. Das **Hymenophor** (hymeniumtragende Schicht des Fruchtkörpers) bildet hier dichtstehende Poren aus, deren Innenseite vom Hymenium ausgekleidet wird. Das Hymenium von *Cantharellus,* dem Pfifferling, sitzt ebenfalls unter dem Hut an den sich gabelnden Leisten des zentral gestielten (agaricoiden) Fruchtkörpers. Bei *Hydnum*, dem Stachelpilz, bildet das Hymenophor Warzen oder Stacheln aus, während die Korallen (Ziegenbärte, *Ramaria*) mit clavarioiden Basidiomata an ihrer Oberfläche vom Hymenium vollständig überzogen werden. Der Fruchtkörper der **Agaricales** ist (agaricoid oder mitunter secotioid) der zentral gestielte Hut. Das überwiegend hemiangiokarp angelegte Hymenium entwickelt sich im Innern schizogener Hohlräume und wird erst bei der Entfaltung des Hutes frei. Ein späterer Zuwachs seiner Oberfläche wie bei den *Aphyllophorales* erfolgt nicht. Das Hymenium wird durch Lamellen (*Russula,* Täubling Abb. 101 II, 2) oder auch Röhren (*Boletus,* Röhrling; Abb. 101 II, 1) des Hymenophors auf der Hutunterseite vergrößert. Die Fruchtkörper entstehen aus kleinen knolligen Myzelverfestigungen, die sich alsbald in Stiel und Hut differenzieren.

Der Hutrand junger Fruchtkörper ist mit dem Stiel durch das häufig entwickelte **Velum partiale** (Abb. III, 3) verbunden. Breitet dieser sich bei der Reife aus, reißt das Velum partiale am Hutrand ab und bleibt als Ring (Anulus) am Stiel zurück (*Agaricus*) oder bildet einen zarten Schleier (*Cortina*) zwischen Hut und Stiel (*Cortinarius,* Schleierling). Bei *Boletus edulis,* dem Steinpilz, vergeht es gänzlich. Den jungen Fruchtkörper der Knollenblätterpilze (*Amanita*) umgibt zunächst eine feste Hülle, das **Velum universale**. Es zerreißt bei der Streckung des Stiels und liefert an seiner Basis die **Volva** (Abb. 101 II, 3). Auf dem sich entfaltenden Hut ist es noch in einzelnen Fetzen sichtbar, die z. B. dem Fliegenpilz das getupfte Aussehen des Hutes verleihen. Die Reste des Velum universale erleichtert dem Laien eine Unterscheidung des tödlichen giftigen Grünen Knollenblätterpilzes. (*Amanita phalloides*) von dem eßbaren Champignon, *Agaricus campestris.* Auch die Sporen- und Lamellenfarbe, bei ersterem stets weiß, bei letzterem rosa bis schokoladenfarben, liefert ein eindeutiges Bestimmungsmerkmal. Die Aphyllophorales und Agaricales faßt man wegen ihrer hymenialen Fruchtkörper, bei welchen die Hymenien im Laufe der Entwicklung frei exponiert werden, vielfach zu den Hymenomyceten zusammen und stellt sie so den Gastromyceten gegenüber.

Die Fruchtkörper der **Gastromycetales**, Bauchpilze, sind angiokarp, d. h. (gastroid) geschlossen. Erst nach der Sporenreife platzt ihre Hülle, die vielfach in mehrere Schichten differenzierte **Peridie,** in charakteristischer Weise auf oder zerfällt (Abb. 101 IV, 1). Das Innere, die Gleba, enthält unterschiedlich gestaltete Kammern. Diese sind vom Hymenium ausgekleidet oder unregelmäßig mit Basidien erfüllt.

Die derbe, einschichtige Peridie der Hartboviste (Abb. 101 IV, 1) (z. B. *Scleroderma*, giftiger Kartoffelbovist) zerbröckelt bei der Reife. Bei den Stäublingen (*Lycoperdon*) und Bovisten (*Bovista*) zerfällt im reifen Zustand die pseudoparenchymatische Exoperidie: so wird die am Scheitel sich öffnende Endoperidie freigelegt und die Basidiosporen gelangen nach außen (Abb. 101 IV, 2). Die bizarren Formen der Erdsterne (Abb. 101 IV, 3) entstehen durch Trennung und unterschiedliches Aufreißen der einzelnen Peridienschichten. *Cyathus,* der Teuerling, hat winzige becherförmige, zunächst mit einem Deckel (Epiphragma) verschlossene Fruchtkörper (Abb. 101 IV, 4). Das Epiphragma reißt bei der Reife auf. Die einzelnen Glebakammern liegen dann als ellipsoide Peridiolen innerhalb der becherförmigen Peridie. *Phallus impudicus,* die Stinkmorchel, bildet zunächst runde, weiße Hexeneier. Ihre Peridie besteht aus zwei Häuten, zwischen denen sich eine gallertige Zwischenschicht befindet. Diese Hüllen umschließen einen axialen Stiel, der anfänglich ungestreckt von einem glockigen Hut umgeben ist. Der Hut enthält unter einer zarten Hüllschicht die Gleba, die einem netzartig strukturierten Receptaculum (einem, dem Velum partiale der *Agaricales* homologen Gebilde) aufliegt. Bei der Reife streckt sich der Stiel um ein Vielfaches und hebt den Hut aus der am Boden zurückbleibenden Peridie. Durch Verschleimung der Hüllschicht des Hutes wird die grünliche Gleba frei. Sie lockt durch Aasgeruch Insekten an, die für die Verbreitung der Basidiosporen sorgen (Abb. 101 IV, 5).

Anhang

Deuteromycetes (Fungi imperfecti)

Wie bereits bei der Besprechung der Ascomyceten angedeutet, wird eine große Anzahl (ca. 30% bzw. 30000 Arten) aller Pilze unter der Bezeichnung *Deuteromycetes* zusammengefaßt. Von diesen ist das Teleomorph unbekannt oder teilweise wohl auch verlorengegangen, somit eine Zuordnung in das bisher besprochene Pilzsystem unmöglich. Sie werden daher nach der Art ihres Anamorph, meist ihrer Konidienbildung gegliedert, ein Beispiel für eine vollkommen künstliche systematische Einteilung; wir sahen, daß die Arten der Deuteromyceten-Gattungen *Aspergillus* und *Penicillium* nach ihrer inzwischen bekannten Hauptfruchtform jeweils mehreren Ascomyceten-Gattungen zugeordnet werden müssen. Kulturversuche lassen mitunter den ganzen Entwicklungsgang erkennen. So reduziert sich die Anzahl der Deuteromyceten ständig. Fruchtkörperartige Strukturen tragen die Bezeichnung Conidioma.

Die folgenden Ordnungen werden unterschieden:

Die **Moniliales** stellen mit über 15000 Form-Arten die größte Gruppe dar. Ihre Konidien entstehen an reich verzweigten Trägern. Diese stehen einzeln oder verbinden sich zu ganzen Büscheln (Koremien). Hierher wird z. B. die Form-Gattung *Penicillium* gestellt. *Fusarium nivale*, der Schneeschimmel, ist für das sog. Auswintern unserer Getreidearten verantwortlich. *Fusarium*-Arten sind gewöhnlich Gefäßparasiten, die Welkekrankheiten hervorrufen, so z. B. *F. solani* auf Kartoffeln. *F. lini* auf Flachs. *F. oxysporum* var. *cubense* richtet in Mittelamerika in Bananenpflanzungen ungeheuren Schaden an (Panama-Krankheit). Die Fusariumfäule der Birnen und Äpfel färbt das Fruchtfleisch vom Kerngehäuse aus braun und verursacht den bitteren Geschmack. Von *Pitomyces chartarum* befallenes Gras ruft Vergiftungserscheinungen am Weidevieh hervor. Neben Dermatophyten (z. B. *Trichophyton*) gehören zu den *Moniliales* auch Erreger tiefer Mykosen (z. B. *Coccidiodes*) bei Mensch und Tier. Die **Melanconiales** bilden ihre Konidien und Konidienträger in **Acervuli** (Fruchtlagern) unter der Cuticula oder Epidermis des Wirtes und brechen erst bei der Reife hervor. Es handelt sich also zumeist um Pflanzenparasiten, vor allem auch Erreger von Blattfleckenkrankheiten.
Bei den gleichfalls meist phytopathogenen **Sphaeropsidales** entstehen die Konidien in pyknidienartigen Behältern. *Aschersonia*, ein Insektenparasit, wird in Florida zur biologischen Bekämpfung von Schildläusen verwendet.
Zu den Deuteromyceten stellt man mitunter gleichfalls eine Reihe Hefen ohne sexuelle Stadien, wie z. B. *Candida*- und *Torulopsis*-Arten (einige erzeugen Mykosen bei Tier und Mensch), desgleichen *Mycelia sterilia*, bei denen weder das Teleomorph noch Anamorph gebildet wird.

Lichenes, Flechten

Die etwa 20000 Arten der *Lichenes* sind Doppelorganismen, bei denen Pilze und niedere Algen eine ernährungsbiologische Einheit bilden, die

morphologisch und physiologisch etwas Neuartiges darstellt und Standorte erobern kann, an denen der einzelne Partner allein nicht zu leben vermag. Als Partner finden sich zusammen: Von den Algen (**Phycobionten**): *Cyanophyceae (Chroococcus, Gloeocapsa, Nostoc, Scytonema* usw.), *Chlorophyceae (Pleurococcus, Cystococcus, Chlorella, Trentepohlia* usw.). Von den Pilzen (**Mycobionten**): Die Ascomyceten dominieren besonders mit einer Gruppe apothecienbildender, inoperculater Formen, die man in einem speziellen Taxon, den **Lecanorales,** mit besonders dickwandigen, z. T. auch geschichteten Asci zusammenfaßt. Sie stellen eine Parallelordnung zu den nicht lichenisierten *Helotiales* dar, die ebenfalls durch inoperculate Asci gekennzeichnet sind. Seltener beteiligen sich Gruppen mit Perithecien als Fruchtkörper, wie *Sphaeriales,* selten Basidiomyceten (dann meist *Corticiaceae,* vereinzelt *Clavariaceae* und *Tricholomataceae*).
Vielfach werden die Flechten nicht als eigene Abteilung geführt, sondern in die ihnen entsprechenden bzw. nahestehenden Pilzgruppen eingefügt, zumal für die Ordnungseinteilung der Flechten der Bau der Pilzfruchtkörper entscheidend ist. (Ca. 20% aller Pilzarten können lichenisiert sein).
Sowohl Pilz wie Alge lassen sich gesondert kultivieren, doch wachsen die Pilze ohne die Algen schlecht. Soweit bei dem Zusammenleben Pilz und Alge in einer ausgeglichenen Stoffwechselgemeinschaft miteinander stehen (Eusymbiose), kommt es vielfach zur Bildung charakteristischer Formen, wie sie keiner der beiden Partner alleine zu erzeugen vermag. Histologisch lassen sich ein **homöomerer** und **heteromerer** Bau unterscheiden. Homöomer sind einmal die **Haar-** oder **Fadenflechten,** bei denen Pilzhyphen die meist verzweigten, fädigen Algen umspinnen, z. B. *Coenogonium confervoides* (Habitus entspricht dem Phycobionten, Flechte nur mikroskopisch als solche zu erkennen), zum anderen die **Gallertflechten,** wie *Collema*, die auf felsigem Kalkboden lebt. Die Algen befinden sich über den ganzen Thallus verbreitet, die Hyphen unregelmäßig in der Gallerte verteilt. Bei *Collema* erinnert das Ganze an ein *Nostoc*-Coenobium und wirklich trifft man am gleichen Standort *Nostoc* sowohl alleine als auch mit dem Pilz vergesellschaftet als *Collema.* Die Alge ist also beim homöomeren Typ der formgebende Partner (Abb. 102 I, 1). Beim geschichteten heteromeren Typ bildet der Pilz an der Ober- und Unterseite der Flechte durch Verflechtung, Anastomosenbildung und Verklebung der Zellwände eine plektenchymatische Rindenschicht und ein lockeres, inneres Hyphengeflecht, in dem die Algenzellen parallel zur Thallusoberfläche liegen (**Gonidienschicht**) (Abb. 102 I, 2, 3). In dieser Schicht umspinnt der Pilz die Alge. Mit Haustorien dringt er durch die Zellwand der Algen (höhere Flechten) oder auch bis ins Zellinnere hinein (Krustenflechten). Die Verbindung mit den Haustorien wird von der Alge gegen Ende der Vegetationsperiode durch Wandverdickungen unterbunden.

Gestalt und Wuchs wird demnach bei den heteromeren Flechten durch den Mycobionten bestimmt.
Rein äußerlich unterscheiden wir je nach der Thallusform (Abb. 102) zwischen: 1. **Krustenflechten,** (Abb. 102 II, 1, 2), die mit der Unterlage fest verbunden auf der Oberfläche z. B. von Gestein (wie *Rhizocarpon geographicum*, die Landkartenflechte), oder Rinde (*Graphis scripta*) leben, mitunter auch in diese eindringen. Ihre Gestalt ist meist nicht sehr ausgeprägt, ihr Wachstum außerordentlich langsam (höchstens wenige Millimeter im Jahr), eine Differenzierung in einzelne Loben (Thalluslappen) findet selten statt, die Algenzellen sind häufig noch regellos über den Thallus verstreut. 2. **Laubflechten** (Abb. 102 II, 3, 4) mit flächigem gelapptem Thallus. Sie sind mit besonderen Hyphensträngen, den Rhizinen, im Substrat verankert (*Parmelia* und *Peltigera*). Bei den Nabelflechten (z. B. *Dermatocarpon*) ist der scheibenförmige Thallus nur zentral am Untergrund befestigt. 3. die **Strauchflechten** (Abb. 102 II, 5, 6) zeigen strauchähnlichen verzweigten Wuchs und bestehen aus bandförmigen oder drehrunden meist radiären Loben. Sie haften mit schmaler Basis durch Rhizinen oder Haftscheiben (vom Zentrum des Thallus – Zentralstrang – gebildet) dem Untergrund an (z. B. *Cladonia* und *Cetraria*). Es sind schnellerwüchsige Formen (Zunahme bis 1–2 cm pro Jahr).

Die Alge dürfte bei der ernährungsbiologischen Gemeinschaft der Energielieferant sein (Synthese von Kohlenhydraten) und ist vom Pilz in der Wasser- und Nährstoffversorgung abhängig. Die mineralischen Bestandteile entstammen vielfach dem Staub der Luft und abfließendem Regenwasser. Der Pilz schützt die Alge vor Wassermangel (Quellhyphen). In Ölhyphen werden Reserven gespeichert. Der Durchlüftung und Wasserabgabe dienen z. T. nicht benetzbare Atemporen (Cyphellen), eine mitunter sekundär rindenlose Unterseite oder Poren in einer zusammenhängenden, cuticulaähnlichen Polysaccharidschicht der Oberseite (Epicortex). Ein spezifisches Produkt des gemeinsamen Stoffwechsels stellen die sogenannten Flechtenstoffe (z. B. Pigmente, Flechtenfarbstoffe) dar, die meist nur von den Flechten, aber keinem der beiden Partner ohne den anderen synthetisiert werden können (vereinzelt, jedoch lediglich unter bestimmten Ernährungsbedingungen vom Pilz allein), ein Zeichen dafür, daß die Gemeinschaft recht eng ist, und Flechten als eigene Organismen anzusehen sind. Die Farbstoffe

---

Abb. 102. *Ascolichenes*, I Querschnitte durch Flechtenhalli, 1 *Collema* mit *Nostoc*-Fäden, 2 *Xanthoria* mit Apothecium (R Rinde, Rh Rhizoidhyphen, G Gonidien, A Asci, P Paraphysen), 3 zwei Algengonidien von Pilzhyphen umklammert, 4 *Parmelia*-Soral, 5 Soredium. II Flechtentypen. Krustenflechten: 1 *Rhizocarpon geographicum* (auf Urgestein); 2 *Graphis scripta* (Schriftflechte auf Buchenrinde). Laubflechten: 3 *Hypogymnia physodes*, (= *Parmelia ph.*, epiphytisch), 4 *Peltigera canina* (auf saurem Waldboden). Strauchflechten: 5 *Cladonia rangiferina* und 6 *Cetraria islandica* (auf Sandboden), 7 *Cladonia pyxidata* (auf alten Stümpfen), 8 *Usnea barbata* (an Fichten im Gebirge). *Basidiolichenes:* III *Dictyonema pavonia* (pantropisch auf Erdboden). (I aus WALTER, z. T. nach TOBLER oder BITTER, II aus WALTER, III nach WETTSTEIN.)

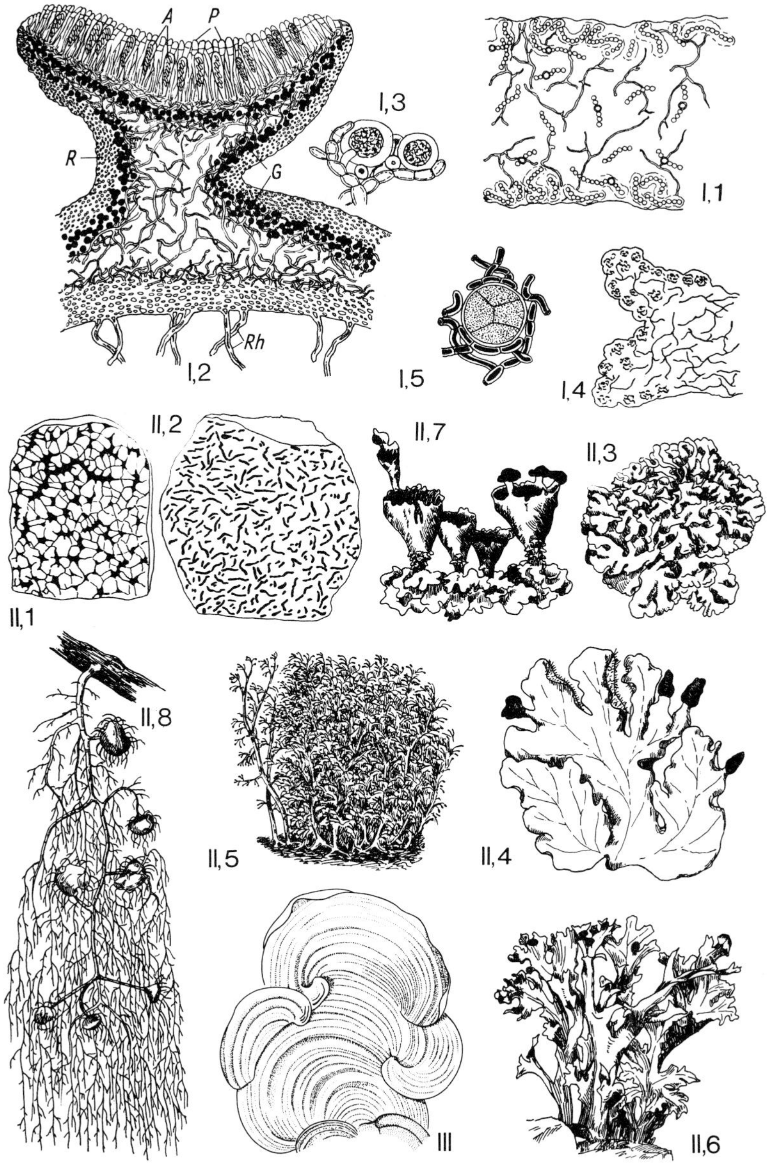
A
P
I,3
R
G
I,1
Rh
I,2
I,5
I,4
II,2
II,7
II,3
II,1
II,8
II,5
II,4
III
II,6

werden vielfach auf der Oberseite der Hyphen als kleine Kristalle ausgeschieden. *Xanthoria parietina*, die Gelbe Wandflechte, z. B. bildet goldfarbenes Parietin. Mitunter kann zu der Gemeinschaft eine zweite (systematisch vollkommen andere) Algenart hinzutreten (z. B. bei einer Chlorophyceen-Symbiose eine Cyanophycee) und in bestimmten Teilen des Thallus ein internes oder von außen der Flechtenoberfläche aufliegend ein externes **Cephalodium** bilden (Überflechte). Heterocysten-führende Blaualgen stellen dabei Orte der Luftstickstoffbindung dar. Aber nicht in jedem Fall ist die Lebensgemeinschaft der Flechten eine Symbiose zum gegenseitigen Nutzen der Partner. Mitunter gesellt sich ein weiterer Pilz hinzu, der dann als Parasymbiont oder auch „Flechtenparasit“ lebt.

In den Flechten vermehren sich die Algen fast stets nur vegetativ, in der Regel – soweit sie einzellig sind – durch Autosporen. Ihre Zellen werden größer als im isolierten Zustand. Der Pilz dagegen entwickelt sein normales Teleomorph (z. B. Pseudothecien, Perithecien und Apothecien). Aus den Ascosporen kann natürlich keine Flechte, sondern nur der Pilz entstehen. Er ist also darauf angewiesen, den entsprechenden Partner am Ort der Keimung vorzufinden. Dort ist jedesmal eine Neusynthese notwendig, dabei mögen sich gelegentlich auch Neukombinationen ereignen. Nur bei wenigen Arten befinden sich besonders kleine Algenzellen auch in den Fruchtkörpern und werden mit den Ascosporen gemeinsam verbreitet. Die Keimhyphen des Pilzes können sie dann sogleich umfassen (z. B. *Endocarpon*). Die **Perithecien** sind in den Thallus meist mehr oder weniger eingesenkt. Die **Apothecien** (Abb. 102 I, 2) liegen auf der Thallusoberseite oder am Ende oder Rande der Thalluslappen. Sie können auch auf stielartigen **Podetien** sitzen (Abb. 102 II/7). Mitunter entstehen auf der Thallusoberseite Pyknidien, die denen der Ascomyceten gleichen. Da auch Empfängsnishyphen nachgewiesen wurden, vermutet man, daß die in ihnen enthaltenen Mikrokonidien Spermatienfunktionen besitzen. Aber auch Organe finden sich, welche Meso- und Makrokonidien zur vegetativen Verbreitung ausbilden. Der eigentlichen Verbreitung der Flechten dienen verschiedene spezielle vegetative Vermehrungsformen. In der Algenschicht sondern sich Gruppen aus Algenzellen von Pilzhyphen umsponnen ab (**Soredien**), sammeln sich an der Thallusoberfläche und werden durch den Wind verbreitet. Stellen gehäufter Soredienbildung werden als **Sorale** bezeichnet, Auflösung ganzer Thalluspartien wird Leprabildung genannt. Die Soredien wachsen zu neuen Flechtenthalli heran. Auch kleine abgetrennte Thallusstücke können der Vermehrung dienen. So bilden manche Arten spezielle zungen- oder korallenförmige Auswüchse der Thallusoberfläche, die **Isidien** (Brutkörper). Sie brechen leicht ab und regenerieren nach Verbreitung zu neuen Thalli.

Die Flechten gehören zu den genügsamsten pflanzlichen Organismen. Sie benötigen zwar zum aktiven Leben Feuchtigkeit, doch vertragen sie auch völliges Austrocknen. Wasser kann teilweise der Luft entnommen werden. Desgleichen sind viele sehr temperaturunempfindlich. Bewohner besonnter Felsen vertragen eine

Erwärmung des Standortes bis 70 °C. Als Vorposten des Lebens dringt eine Reihe in die Kältewüsten der Pole und Hochgebirge vor, doch finden andere sich im Wüstengürtel der Erde. Im Experiment überstanden Flechten ein Gefrieren bei – 196 °C. Bei – 24 °C verläuft die Bilanz Photosynthese/Atmung vereinzelt noch positiv. Flechten wachsen jedoch dort am üppigsten, wo die Luft dauernd feucht ist (Nebelwälder und Wolkenstufe der Gebirge). Wenige nur leben submers im Wasser, schon eher im Spritzwassergürtel der Küsten. Als Erstbesiedler bereiten sie das Gestein für den Bewuchs durch andere Pflanzen vor. In den Tundren wird der Boden oft kilometerweit von Flechten bedeckt. Soweit Flechten auf Bäumen vorkommen, bedingt ihr langsames Wachstum, daß sie normalerweise mit der Borke der Bäume abgeworfen werden, in Hochgebirgslagen ist jedoch auch der Zuwachs der Bäume gehemmt und die Borkenbildung gering. Hier vermögen die Flechten Stämme und Zweige dicht zu überziehen. So ist starker Flechtenbewuchs ein Zeichen für gehemmtes Baumwachstum. Flechten fehlen in den Zentren der Großstädte, da Rauchgase (bes. SO_2) sie schädigen. Wegen ihrer von Art zu Art abgestuften Empfindlichkeit stellen sie wichtige Indikatoren für lang anhaltende Luftverunreinigungen dar. *Cetraria islandica* (Isländisches Moos) findet als Schleimdroge Verwendung, *Roccella* und *Ochrolechia* liefern den Lackmusfarbstoff. *Lecanora esculenta* (Manna-Flechte; das biblische Manna) dient in den Wüsten Nordafrikas und des Orients als menschliche Nahrung, *Cladonia rangiferina*, die Rentierflechte, als wichtigstes Rentierfutter. *Cladonia alpestris* wird aus Nordeuropa zur Kranzbinderei exportiert. Giftig ist die grüngelbe *Letharia vulpina.* In Fleischstücke verpackt wurde sie früher gegen die Wolfplage im Winter gebraucht. *Geosiphon pyriforme* – wahrscheinlich ein Phycomycet – bildet mit der als Cyanelle in sackartigen Hyphenausstülpungen lebenden Blaualge *Nostoc sphaericum* eine gleichfalls als Flechte bezeichnete Endosymbiose.

Entsprechend ihren pilzlichen Partnern lassen sich die Flechten in zwei Klassen unterteilen:

1. Ascolichenes. Der Pilz ist hier ein Ascomycet.

Eine Unterteilung soll hier nur vereinfacht vorgenommen werden, da die Fülle der Ascusformen der lichenisierten sich nicht in das von den nichtlichenisierten Ascomyceten gewonnene Schema einpassen läßt.

Ascohymeniales: Bei der ascohymenialen Gruppe wird zuerst das Ascogon angelegt und dann von Hyphen umhüllt, die aus der Traghyphe des Ascogons entspringen. Die Ascomata sind einmal Apothecien mit gymnokarper oder hemiangiokarper Entwicklung. Die bunte Färbung der Apothecien wird z. T. durch das lebhaft gefärbte Epithecium oberhalb des Hymeniums hervorgerufen. Hierher gehört die formenreiche Ordnung der *Lecanorales* mit den bekannten Flechten *Cetraria islandica* (Isländisches Moos) und *Usnea* (Bartflechte). Zum anderen werden Perithecien mit angiokarper Entwicklung gebildet. *Sphaeriales* herrschen dann vor, bekannte Vertreter sind *Verrucaria* (Litoralbereich der Meere) und *Dermatocarpon* (auf exponierten Felsen).

Ascoloculares: Hier entsteht zuerst ein Pseudothecium, in welchem sekundär die Ascogone angelegt werden. *Dermatina* besiedelt als Krustenflechte die Borke tropischer und subtropischer Bäume, *Mycoporellum* dringt in das Substrat (Gestein) ein.

2. Basidiolichenes. Der Pilz ist hier ein Basidiomycet.

Von dieser sehr viel weniger Arten umfassenden Klasse waren lange nur tropische Vertreter bekannt, z. B. die pantropische Erdflechte *Dictyonema (Cora) pavonia.* Heute kennt man auch einige Formen in den gemäßigten Breiten. Typisch sind die Fruchtkörper der *Aphyllophorales* und *Agaricales.*

IV. Bryobionta

12. Abteilung: Bryophyta, Moose

Gegenüber selbst den höchstentwickelten Grünalgen sind die (Chlorophyll a und b, Carotinoide und Stärke bildenden) Moose wie auch die Pteridophyten und Spermatophyten dadurch ausgezeichnet, daß sowohl ihre Sporangien als auch die männlichen und weiblichen Gametangien nicht nur vielzellig, sondern stets von einer Hülle steril bleibender Zellen umgeben sind (Anpassung an das Landleben!)
Bei den Gametangien der Moose ist die Hülle stets einschichtig, sie umschließt bei den kugeligen bis keulenförmigen, gestielten **Antheridien** (Abb. 103 I, 5a) einen Komplex von zahlreichen spermatogenen Zellen, aus denen jeweils 2 Spermatiden hervorgehen, die sich in je ein gewundenes, am einen Ende mit 2 langen Peitschengeißeln versehenes Spermatozoid (Abb. 103 I, 5c) umwandeln. Daher kann, obgleich die Moose Landbewohner sind (nur wenige sind sekundär zum Leben im Wasser übergegangen), die Befruchtung stets nur erfolgen, wenn Wasser zugegen ist (z. B. bei Regen). Bei den flaschenförmigen, meist ebenfalls gestielten weiblichen Gametangien, den **Archegonien** (Abb. 103 I, 5b), schließt die Hüllschicht nur eine einzige Zellreihe ein, von der alle Zel-

---

Abb. 103. Entwicklungszyklus eines Laubmooses (6 von *Pottia lanceolata*, übrige von *Funaria hygrometrica*). 1 Spore, 2 diese keimend, 3 Protonema mit Knospe und jungem Moospflänzchen (Gametophyt), S Scheitelzelle, Rh Rhizoide, 4 Moospflanze mit Antheridien- (♂) und Archegonienstand (♀), 5 a und 5 b Antheridien- und Archegonienstand im Längsschnitt, 5 c zum Archegonium (Ar) schwimmendes Spermatozoid, An Antheridium, Pa Paraphyse, Ez Eizelle, Bl längsgeschnittene Blättchen, 6 Archegonienstand mir mehreren unbefruchteten Archegonien und zwei Sporogonen in verschiedenen Entwicklungsstadien (Sp_1, Sp_2), S Seta, V (Vaginula) basaler Rest und C (Calyptra, Haube) Spitzenteil der Archegonienwand, umgebende Blättchen des Archegonienstandes entfernt, 7 Moospflanzen mit entwickelten Sporogonen, D Deckel, aP äußeres Peristom, 8 Medianschnitt durch ein voll entwickeltes Sporogon, Co Columella, Asp Archespor, An Anulus; 9–11 Ausbildung des Anulus und der Peristomzähne, 9 Längsschnitt, 10 Querschnitt durch den apikalen Teil der Kapsel, 11 einzelne Zähne des inneren (iP) und äußeren (aP) Peristoms. II–VI Antheridiumentwicklung von *Funaria hygrometrica*, VI Querschnitt von V. (Aus Walter 1–4, 5 c, 7, 9–11, teilw. nach Sachs und anderen Autoren, nach Wettstein 5 a, 5 b, teilw. verändert, Leunis 6, Haberlandt 8 und Campbell II–VI.)

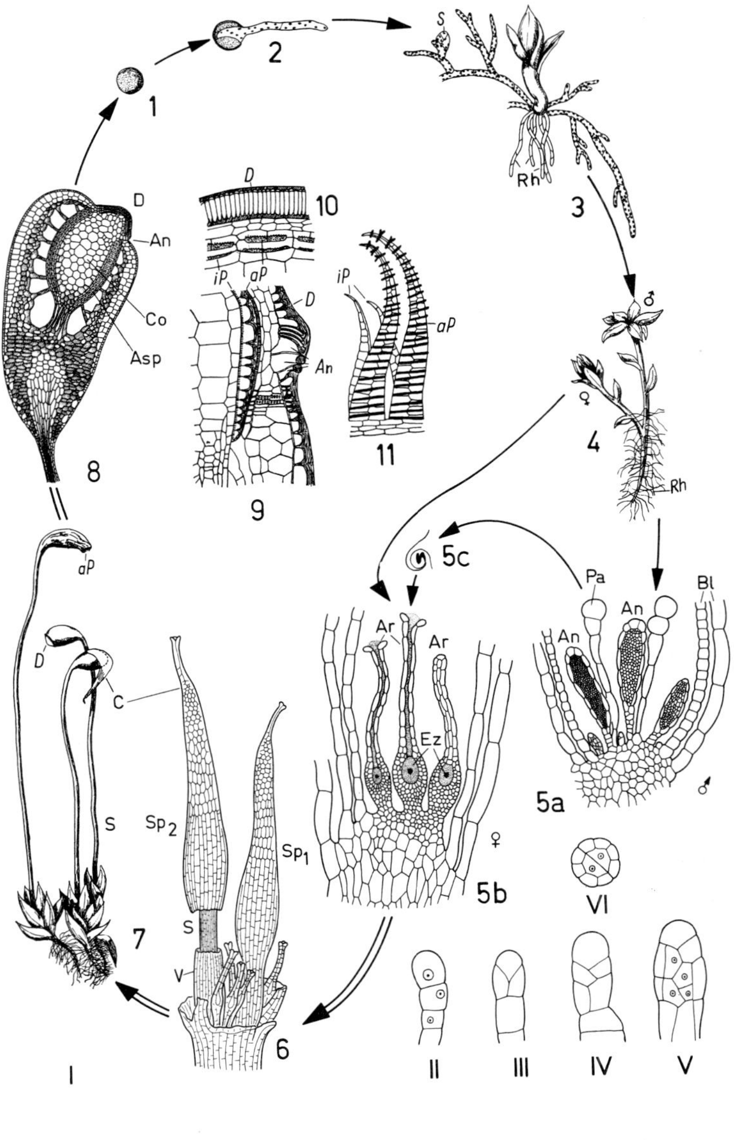
1
2
S
Rh
3
♂
♀
4
Rh
D
An
Co
Asp
8
D
10
iP
aP
D
An
9
iP
aP
11
aP
D
C
S
7
I
Sp2
Sp1
S
V
6
5c
Ar
Ar
Ez
♀
5b
Pa
An
An
Bl
♂
5a
VI
II
III
IV
V

len bis auf die untere, im Flaschenbauch gelegene, steril bleiben. Die unterste Zelle gibt kurz vor der Reife zur Eizelle noch eine kleine Zelle, die **Bauchkanalzelle**, ab. Diese wie auch die im „Flaschenhals" gelegenen **Halskanalzellen** (bei den Moosen stets mehrere!) verschleimen, sobald die Eizelle befruchtungsreif wird. Die Eizelle wird im Archegonium befruchtet, die Zygote geht ohne Ruhepause zur Teilung und damit zur Entwicklung des Sporophyten über.

Antheridien und Archegonien sind homologe Organe; gelegentlich (z. B. bei *Marchantia*) treten sogar Zwischenformen auf, z. B. beobachtete man Antheridien, die außer Spermatiden auch eine große Eizelle enthielten, oder Antheridien mit Hals und Halskanalzellen. Auch Archegonien mit mehreren Eizellen oder mehreren Reihen von Halskanalzellen wurden schon gefunden.

Da auch die Pteridophyten Archegonien ausbilden, die denen der Bryophyten in den Grundzügen gleichen, faßt man beide Gruppen häufig als **„Archegoniatae"** zusammen. Dies darf aber nicht darüber hinwegtäuschen, daß zwischen Moosen und Farngewächsen tiefgreifende Unterschiede bestehen, und zwar sowohl im Bau des Gametophyten und des Sporophyten als auch im Verhältnis beider Generationen zueinander. Wir wollen hier zunächst den Entwicklungszyklus bei einem Vertreter der Laubmoose (*Musci*; Abb. 103 I) betrachten, wenngleich diese gegenüber den beiden anderen Klassen der *Bryophyta* im allgemeinen als höher differenziert gelten.
Die Meiospore keimt zum **Protonema** aus, einem Zellfaden, der sich wie eine fädige Grünalge verzweigt und dabei auch dünnere chloroplastenlose **Rhizoide** ausbildet. Diese sind bei den Laubmoosen verzweigt und mit schräggestellten Zellwänden ausgestattet, die gelegentlich auch in den grünen Fäden auftreten. An kurzen Seitenfäden entsteht durch Einziehung schräger Teilungswände eine dreischneidige Scheitelzelle, die jeweils einen beblätterten Moosstengel liefert, der mit Rhizoiden am Boden angeheftet ist. An seiner Spitze entwickeln sich von (oft abweichend gestalteten) Blättchen umhüllt entweder Antheridien oder Archegonien, und zwar gewöhnlich zu mehreren mit sterilen Fäden (Paraphysen) vermischt. Antheridien- und Archegonienstände können in monözischer Verteilung, also an verschiedenen Ästen derselben Pflanze (*Funaria*), oder auch diözisch verteilt (*Polytrichum*) auftreten. Die Befruchtung der Archegonien erfolgt bei Zutritt von Wasser unter chemotaktischer Anlockung der Spermatozoide. Die Zygote teilt sich, zunächst quer und bildet am oberen Ende eine zweischneidige Scheitelzelle aus (Abb. 104 I), deren nach zwei Seiten abgegebene Segmente sich weiter teilen und zu einer gestielten Sporenkapsel entwickeln, während die basalen Zellen des Sporophytenembryos den sog. Fuß liefern.
Der Sporophyt weist zwar chloroplastenführende Gewebe auf (besonders im Bereich der sog. Apophyse am Grunde der Kapsel; dort auch Spaltöffnungen!), seine Assimilationstätigkeit reicht jedoch nicht aus.

Er bleibt daher auf die Ernährung seitens des Gametophyten angewiesen, in dessen Gewebe er sich mit Hilfe des haustorial entwickelten Fußes verankert. Lebhafte Zellteilungen führen im distalen Bereich des jungen Sporophyten zur Entwicklung der Sporenkapsel. Anhand der Teilungsfolge (Abb. 104 I–III) erkennt man dabei auf Querschnitten ein peripheres Amphithecium (a) und ein von diesem umschlossenes Endothecium (e), dessen äußerste Schicht zum Archespor wird, während die inneren Endotheciumzellen steril bleiben und eine sog. Columella bilden (Abb. 104 III, IV). Diese dient als Wasserspeicher und zur Nährstoffversorgung für die sich entwickelnden Sporen; das Amphithecium bildet sich größtenteils zu einem Assimilationsgewebe aus, nur die innersten Zellschichten werden zu einer das Archespor außen umgebenden Hülle (äußerer Sporensack).

An der Spitze der Kapsel entwickelt sich bei den *Bryidae* meist ein komplizierter Öffnungsmechanismus (Abb. 103 I, 9–11). Die äußeren Gewebeschichten werden zu einem Deckel. Dieser stützt sich auf einen Ring (Anulus) von Zellen, welche im abgestorbenen Zustand nach dem Reifen der Kapsel den Deckel durch Schwankungen des Quellungszustandes ihrer Wände absprengen. Darunter befindet sich häufig noch ein sog. **Peristom** (= Mundbesatz) von Zähnchen, welche die Kapsel durch hygroskopische Bewegungen öffnen oder verschließen können. In dem hier abgebildeten Falle erfährt die unter dem Deckel gelegene Zellschicht Verdickungen ihrer Außen-, teilweise auch der Querwände. Die radialen Zellreihen dieser Schicht lösen sich bei der Kapselreife voneinander, werden darüber hinaus aber auch noch oberflächenparallel gespalten, und zwar so, daß die stark verdickten Außenwände eine Reihe kräftiger Zähne, die Innenwände eine Reihe zarterer, teils breiter, teils schmaler Zähne bilden: doppeltes Peristom. In anderen Fällen ist das Peristom einfach; bei den *Polytrichales* (z. B. dem Haarmützenmoos, *Polytrichum*) werden die 16, 32 oder 64 kurzen Peristomzähne aus Reihen ganzer U-förmig gebogener Faserzellen gebildet; bei der auf Mauern wachsenden *Tortula muralis* sind die fadenförmigen Zähne im trockenen Zustand zu einem langen Schopf zusammengedreht („Drehzahnmoos"). Nicht selten ist das Peristom auch nur in verkümmerter Form vorhanden; in seiner mannigfachen Ausbildung stellt es ein wichtiges systematisches Merkmal dar.

Der junge Sporophyt ist anfänglich noch von der Archegonienwandung umgeben, die eine Zeitlang mitwächst. Bei den meisten Laubmoosen reißt sie schließlich im basalen Bereich quer ab. Der abgerissene größere Teil wird durch das starke Wachstum des Sporogonstieles, der **Seta**, weiter emporgehoben und entwickelt sich zu einer Haube, der **Calyptra**, welche die in Entwicklung begriffene Sporenkapsel ganz oder teilweise bedeckt; der stehengebliebene Rest bildet die **Vaginula** (Abb. 103 I, 6, 7). Bei der Weiterentwicklung der Kapsel gehen aus dem Archespor nach mehreren Zellteilungen die noch diploiden **Sporenmutterzellen** hervor. Jede von diesen liefert in zwei Teilungsschritten 4 Meiosporen. Dabei folgt die Wandbildung nicht sogleich auf die 1. Teilung, die eine Reduktionsteilung ist, sondern erst im Anschluß an den 2. Teilungsschritt. Währenddessen ordnen sich die 4 haploiden Tochterkerne so an, daß sie die Eckpunkte eines Tetraeders bilden. Erst dann werden zwischen den 4 Kernen alle Wände gleichzeitig angelegt: **simultane Tetradenbildung** (Abb. 104 V). Die Sporen besitzen eine doppelte Wandung: ein zartes **Endospor** wird von einem widerstandsfähigen **Exospor** umgeben, das bei der Keimung gesprengt wird. Sofern aus den Sporen eingeschlechtige Gametophyten hervorgehen, erfolgt die Geschlechtsbestimmung genotypisch bei der Reduktionsteilung. Die verschiedengeschlechtlichen Sporen haben ebenso wie die männlichen und weiblichen Gametophyten gewöhnlich die gleiche Gestalt (Isosporie, Isothallie), nur in wenigen Fällen sind die weibliche Gametophyten hervorbringenden Sporen größer als die männlichen (Heterosporie, z. B. *Macromitrium*). Im übrigen besteht bei den Moosen ein Generationswechsel zwischen einem haploiden Gametophyten, d. h. dem Protonema und dem beblätterten Trieb mit Antheridien und Archegonien, und einem diploiden Sporophyten, wobei die gametophytische „Moospflanze" dominiert und den eigentlichen Trophonten darstellt.

Dies Verhältnis kann zugunsten des Protonemas verschoben sein. Das Protonema ist dann nicht ein Jugendstadium von begrenzter Lebensdauer, sondern ein „Dauerprotonema", bei dem die Entwicklung beblätterter Stengel durch äußere Faktoren oder sogar typischerweise reduziert ist. Ein solches **Protonema-Moos** ist das Leuchtmoos (*Schistostega*). Bei anderen Arten ist dies Verhalten noch mit Geschlechtsdimorphismus verknüpft (*Ephemerum, Buxbaumia*). Die männlichen Pflanzen sind meist zwerghaft klein; bei *Buxbaumia aphylla* besitzen sie nur ein einziges chlorophylloses, hohlkugelig zusammengerolltes Blättchen. Die weiblichen Pflanzen sind etwas kräftiger, doch tritt auch bei ihnen der gedrungene beblätterte Gametophyt gegenüber der Entwicklung des Protonemas, aber auch des Sporophyten (!) stark zurück.

Abb. 104. I–V Sporophytenentwicklung und Sporenbildung bei Laubmoosen, I Basalteil eines Archegoniums (A) im Längsschnitt mit jungem Embryo (E), II, III Querschnitte durch junge Sporogone, II Teilung in Endothecium (e) und Amphithecium (a), III Anlegung des Archespors (schraffiert), der Columella (c) und der mehrschichtigen Wandung, IV Sektor aus dem Querschnitt durch eine junge Kapsel, W Kapselwand, aS äußerer und iS innerer Sporensack, Va Sporenmutterzelle, b Sporentetrade, c einzelne Spore; 1–13 *Marchantia*, 1–9 Schema der Entwicklung von Antheridien- und Archegonienständen (Erläuterung im Text), 10 Antheridiumentwicklung im Längsschnitt und 11 im Querschnitt (entsprechend der Schnittfläche A–B auf 10), S Scheitelzelle, I–V Segmente, St Stielzellen, W Wandzellen, spermatogenes Gewebe schraffiert, 12 Entwicklung eines Archegoniums im Längsschnitt und 13 im Querschnitt (entsprechend der Schnittfläche A–B auf 12), D Deckelzelle, schraffiert: Eizelle (+ Bauchkanalzelle), punktiert: sterile Zelle (bildet Halskanalzellen). (I–III nach CAMPBELL, teilw. verändert, IV nach GOEBEL, V aus TROLL, 1–13 aus WALTER.)

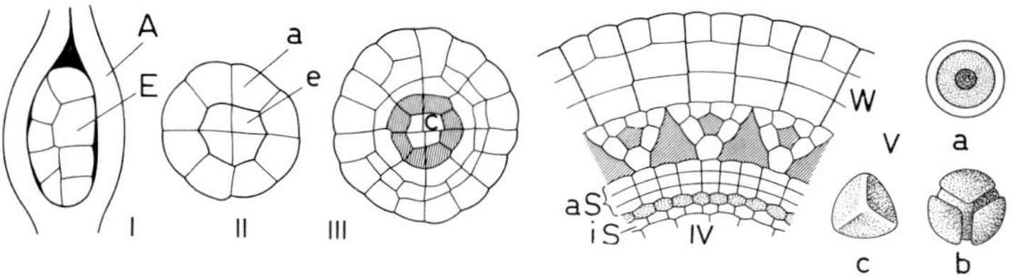
A
E
a
e
c
W
V
a
aS
iS
IV
c
b
I
II
III

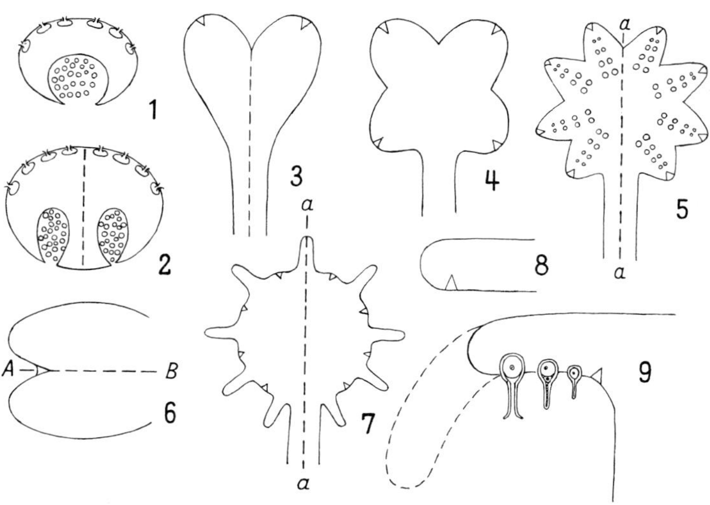
1
2
3
4
5
a
a
6
A
B
7
a
a
8
9

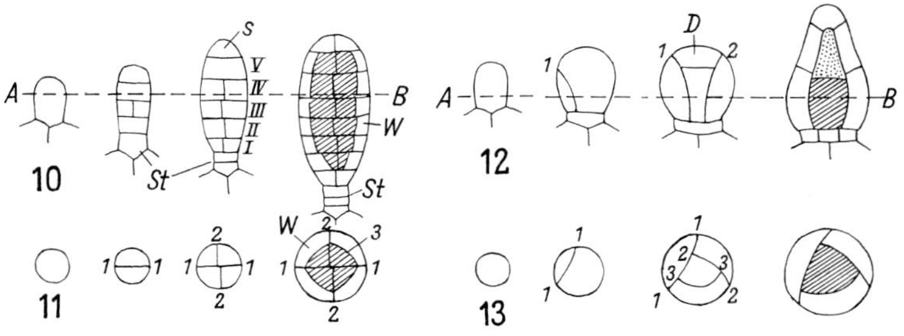
10
S
V
IV
III
II
I
A
B
W
St
St
11
12
D
1
2
A
B
13

Ihre einfachste Gestalt zeigen die Vegetationskörper der Bryophyten innerhalb der

1. Klasse: Hepaticae, Lebermoose

Sie bilden oft flach bandartige oder sternförmige, gabelig verzweigte Thalli von dorsiventralem Bau (Abb. 105, 1, 2; 106 II); so bei den *Marchantiidae*, nämlich den *Sphaerocarpales* und *Marchantiales*, sowie unter den *Jungermaniidae* bei den meisten *Metzgeriales*. Das Wachstum dieser Thalli geht von zweischneidigen Scheitelzellen oder Scheitelkanten aus, deren Segmente sich weiter teilen. Als Beispiel für die thallösen Lebermoose wollen wir einen Vertreter der *Marchantiales* herausgreifen, deren Thalli in ihrer inneren Struktur oft hochgradig differenziert sind und daher keineswegs als primitiv gelten dürfen. Das gilt besonders für das Brunnenlebermoos (*Marchantia polymorpha*), das häufig in feuchten Gräben und an feuchten Mauern oder Felsen vorkommt (Abb. 105, 4).

Der bis 2 cm breite dunkelgrüne Thallus trägt auf seiner Unterseite einschichtige **Ventralschuppen** sowie **einzellige Faden-Rhizoide**, die ihn dem Substrat anheften. Die Oberseite läßt eine rhombische Felderung erkennen. Die einzelnen Felder entsprechen **Luftkammern**, die jeweils durch eine **Atemöffnung** mit der Außenluft in Verbindung stehen. Auf dem Boden dieser Kammern erheben sich kurze, oft verzweigte Reihen chloroplastenreicher Zellen, die der Assimilation dienen. Unter den Assimilationskammern befindet sich ein **Speichergewebe**, in dem einzelne Zellen mit Ölkörpern oder netzförmigen Wandverdickungen auffallen. **Brutbecher** (Abb. 105, 5), die an der Thallusoberseite der Mittelrippe aufsitzen, dienen durch Erzeugung von Brutkörpern der vegetativen Vermehrung. Die Brutkörper entstehen auf dem Boden der Brutbecher durch Hervorwölbung und Teilung einzelner Oberflächenzellen und bilden zunächst eine haarartige Zellreihe (Abb. 105, 6), werden dann flächig und schließlich mehrschichtig. An

---

Abb. 105. *Marchantia polymorpha*, 1 männlicher Thallus mit Brutbecher (Br) und drei Antheridienständen (zwei jung), 2 weiblicher Thallus mit Archegonienständen (vier Stadien), 3 Thallusoberseite, schwach vergrößert, 4 Thallusquerschnitt, Lk Luftkammer, At Atemöffnung, Ölk Ölkörper, V Ventralschuppe, Rh glatte und Z Zäpfchen-Rhizoide, 5 Brutbecher im Schnitt, mit Schleimpapillen und Brutkörperchen am Grunde, 6 zwei junge, 7 ein auskeimendes Brutkörperchen, 8 Antheridienstand im Längsschnitt, 9 Antheridium, 10 Spermatozoid, 11 Archegonienstand, Pch Perichaetium (Hülle um Archegoniengruppe), 12 junges, 13 reifes Archegonium, Ei Eizelle, Bkz Bauchkanalzelle, Hkz Halskanalzellen, P „Perianthium“, 14 junges Sporogon (Sp), noch im Archegonium (Ar) und vom „Perianth“ (P) eingeschlossen, 15 reifes Sporogon, aus dem „Perianth“ herausgehoben und aufgeplatzt, 16 Elatere und drei Sporen. (10 nach IKENO aus WETTSTEIN, übrige aus WALTER.)

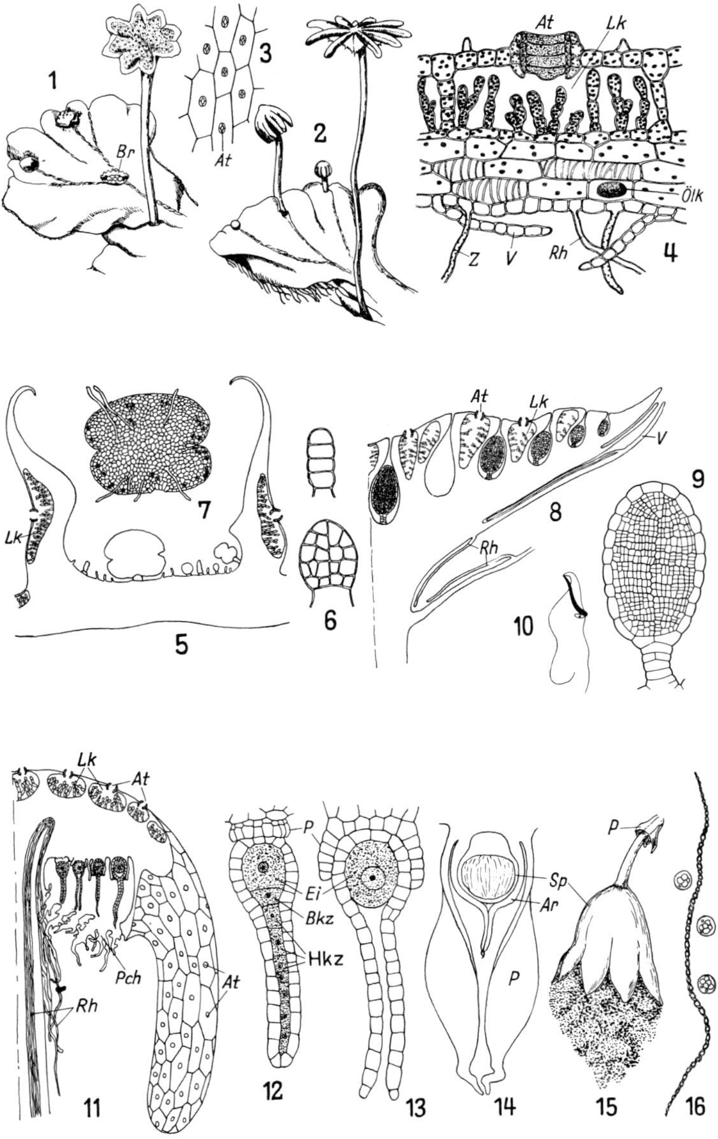
1
Br
3
At
2
At
Lk
Ölk
Z
V
Rh
4
7
Lk
6
5
At
Lk
V
8
9
Rh
10
Lk
At
P
Ei
Bkz
Hkz
Pch
Rh
At
Sp
Ar
P
P
Sp
11
12
13
14
15
16

den fertigen Brutkörpern erkennt man zwei Einbuchtungen, in denen Scheitelzellen liegen, ferner Zellen mit Ölkörpern und Rhizoidzellen (Abb. 105, 7). Die äquifazialen Brutkörper wachsen, sobald sie sich abgelöst haben und auf den Erdboden gelangt sind, zu dorsiventralen Thalli aus. Die Dorsiventralität wird durch Lichteinwirkung, Schwerkraftreize und Eigenschaften des Substrats induziert und läßt sich nur in den ersten Stunden noch umkehren.

Marchantia ist getrenntgeschlechtig. Die stern- oder schirmartigen **Antheridien-** und **Archegonienstände** (Abb. 105, 1, 2) werden dadurch über die vegetativen Thalluslappen emporgehoben, daß der Thallus am Rande aufgerichtet und zu einem rundlichen Stiel zusammengerollt ist. Dabei erfolgt schon zu Beginn der Stielentwicklung eine Teilung in zwei Gabeläste, die jedoch miteinander vereinigt bleiben (Abb. 104, 3); ein Querschnitt durch den Stiel liefert somit nicht das in Abb. 104, 1, sondern das in 2 wiedergegebene Bild. Die Gabeläste treten erst am oberen Rande des Stieles auseinander und gabeln sich dann noch zweimal kurz nacheinander (Abb. 104, 3, 4), so daß jedenfalls beim Antheridienstand eine achtstrahlige sternförmige Scheibe entsteht (5). Auch der Antheridienstand weist kleine Assimilationskammern und ein Speichergewebe sowie an seiner Unterseite Ventralschuppen und Rhizoide auf (Abb. 105, 8). Die von der Scheitelzelle an der Spitze eines jeden Strahles abgegebenen Segmente liefern auch 2 Reihen von Antheridien, die auf der Oberseite zwischen den Assimilationskammern eingesenkt entstehen, wobei entsprechend ihrer Entstehungsfolge die ältesten am weitesten nach innen, die jüngsten nach außen liegen (Abb. 104, 5). Die Entwicklung der Antheridien aus einer sich vorwölbenden Oberflächenzelle ist aus Abb. 104, 10, 11 zu ersehen.
Die **Archegonienstände** haben zwar im Unterschied zu den Antheridienständen 9 Strahlen, jedoch gleichfalls 8 radiale Serien von Archegonien. Allerdings liegen diese in den Buchten zwischen den Strahlen auf der Unterseite der Archegonienstände – dadurch bedingt, daß die Scheitelzellen selbst infolge intensiver Teilungen und starken Wachstums der von ihnen abgegebenen Segmente rechts und links von dem wachsenden Gewebe „überholt" und zudem durch die stärkere Ausdehnung der Oberseite auf die Unterseite verschoben werden (Abb. 104, 6–9). Die ältesten Archegonien sind demzufolge am weitesten nach außen gerückt, die jüngsten befinden sich innen, in der Nähe der Scheitelzelle; alle sind von einer gemeinsamen zerfransten Hülle, dem **Perichaetium** (Abb. 105, 11) umgeben. Die Anfangsstadien der Archegonienentwicklung zeigt Abb. 104, 12, 13. Die untere der beiden von der sterilen Hülle umschlossenen Zellen liefert schließlich nach Abgabe der Bauchkanalzelle die Eizelle, die andere, distale Zelle teilt sich in eine Reihe von 4–8 Halskanalzellen (Abb. 105, 12).

Aus der befruchteten Eizelle entwickelt sich ein sehr kurz gestieltes ovales, ergrünendes **Sporogon.** Dabei wachsen die Zellen unterhalb des Archegoniums zu einem Kragen heran, der das junge Sporogon als **Einzelhülle** („Perianthium") umgibt (Abb. 105, 12–14). Die Archegonienwand wächst anfangs mit, zerreißt jedoch, sobald der Kapselstiel die Sporenkapsel aus allen Hüllen herausschiebt. Durch oberflächenparallele Wände teilt sich das Kapselgewebe frühzeitig in ein vielzelliges Archespor und eine mehrschichtige Wandung, deren Zellen Ringfaserverdickungen aufweisen; nur am Scheitel ist die Wandung einschichtig. Dort beginnt auch das Einreißen der reifen Kapsel, wobei sich die Wandung in Form mehrerer Zähne zurückkrümmt. Die Zellen des Archespors liefern durch eine inäquale Teilung je eine Sporenmutterzelle, aus der unter Reduktionsteilung 4

Meiosporen hervorgehen, und eine schmale Zelle, die sich zu einer **Elatere** entwickelt. Die Elateren sind fadenförmige Zellen, deren Wand durch zwei schraubenförmige Leisten so verdickt ist (Abb. 105, 16), daß die Zellen im abgestorbenen Zustand hygroskopische Bewegungen ausführen und dabei die Sporen auflockern und ausstreuen (15). Das aus der Meiospore keimende Protonema ist bei *Marchantia* wie auch bei den meisten anderen thallösen Lebermoosen meist schwach und nur als kurzer Schlauch ausgebildet.

Zur Ordnung der **Marchantiales** gehört auch das ähnlich gebaute, noch stärker bandförmige, große Thalli mit sehr deutlicher Felderung ausbildende *Conocephalum*, ferner die artenreiche Gattung *Riccia*, deren Arten meist auf dem Erdboden (feuchte Äcker) wachsen, während *R. fluitans* submers im Wasser lebt; *Ricciocarpus natans* schwimmt sogar ähnlich den Wasserlinsen an der Wasseroberfläche.

Die **Sphaerocarpales** sind meist durch Geschlechtsdimorphismus ausgezeichnet, bei *Sphaerocarpus* wurden die ersten Geschlechtschromosomen bei Pflanzen entdeckt.

Unter den etwa 9000 Arten umfassenden **Jungermaniidae** sind die meisten *Metzgeriales* („Jungermaniales anakrogynae") thallös gebaut. Hierher gehören die bei uns häufig vorkommenden Gattungen *Pellia* und *Metzgeria*. Bei *Blasia pusilla* (Abb. 106 III) ist der Thallus seitlich gelappt. *Fossombronia* besitzt 2 Reihen schräg ansitzender mehrschichtiger Blättchen. Man kann diese Formen als Vorstufe der bei allen *Jungermaniales* („*J. akrogynae*") und Laubmoosen anzutreffenden Gliederung des Vegetationskörpers in stengel- und blattartige Elemente deuten. Auch die „Stengel" solcher *Jungermaniales* (z. B. *Plagiochila, Frullania,* Abb. 106 IV, V) sind ausgeprägt dorsiventral. Sie tragen an ihren Flanken zwei Zellen meist einschichtiger „Blättchen" ohne Mittelrippe.

Nicht selten tritt dazu noch auf der Unterseite eine dritte Reihe kleinerer und meist anders gestalteter Blättchen (Amphigastrien, „Unterblättchen" (Abb. 106, V). Dies geht darauf zurück, daß die umgekehrt-pyramidenförmige Scheitelzelle an der Stengelspitze zwar in regelmäßigem Wechsel nach drei Seiten hin basalwärts Segmente abgibt, jedoch nur die nach zwei Seiten abgegebenen Segmente kräftige Blättchen auszubilden vermögen. Die Flankenblättchen („Oberblättchen") sind oft in einen Ober- und Unterlappen gegliedert, die in Gestalt und Größe voneinander verschieden sein können (Abb. 106 V).

Die **Calobryales** tragen sogar drei Zeilen gleichartiger Blättchen; bei *Takakia* weist der Stengel leitstrangartige Strukturen auf.

2. Klasse: Musci, Laubmoose

Bei den Laubmoosen entstehen die Blättchen in 3 Zeilen (später meist allseitige Verteilung), da aus jedem von der Scheitelzelle abgegliederten und sich weiter aufteilenden Segment die Anlage eines Blättchens, dazu oft auch die Anlage eines Seitenzweiges hervorgeht (diese entsteht bei den Laubmoosen stets unter, bei den Lebermoosen oft neben den Blättchen). Die Blättchen wachsen mit zweischneidiger Scheitelzelle, werden aber im medianen Bereich oft mehrschichtig.

Dies gilt in erster Linie für die größte Unterklasse, die **Bryidae**, deren Baumerkmale wir größtenteils schon bei der Besprechung des Entwicklungsganges und

Generationswechsels der Moose kennengelernt haben. Nach der Wuchsform und der Stellung der Antheridien- und Archegonienstände, folglich auch der Sporogone, unterscheidet man hier zwischen aufrecht wachsenden, am Gipfel fruchtenden akrokarpen Moosen (z. B. *Polytrichaceae*, Abb. 106 VII) und pleurokarpen („seitenfrüchtigen") Moosen mit mehr oder minder plagiotropem Wuchs und stark (oft fiederig) verzweigten Stengeln, welche die Sporogone an kurzen Seitenästen tragen (Abb. 106 VI). Der Stengel läßt oft eine Zonierung durch Ausbildung verschiedener Gewebe erkennen und wird meist von einem zentralen Leitstrang durchzogen, der bei den höchstentwickelten Formen (z. B. *Polytrichum*) sowohl festigende als auch der Wasser- und Assimilatleitung dienende Elemente umfassen kann; bei manchen Gattungen zweigen vom Zentralstrang sogar Blattstränge ab. Die Blättchen können ebenfalls einen verhältnismäßig hohen Grad der Differenzierung erreichen; so etwa sind bei *Polytrichum* im stark verbreiterten Bereich der Mittelrippe Festigungselemente, ein primitiver Leitstrang und auf der Oberseite längs verlaufende, senkrecht gestellte chloroplastenreiche Zellbänder (Abb. 106 VIII, Oberflächenvergrößerung!) vorhanden. Beim Weißmoos (*Leucobryum*, „Verhagerungszeiger" in unseren Wäldern!) ist ein Netz kleiner chloroplastenreicher Zellen zwischen zwei Schichten toter wasserspeichernder Zellen eingebettet.

Bei den **Sphagnidae** und **Andreaeidae** sind die Protonemata bandförmig, verzweigt, die Sporogone werden auf einem vom Archegoniumstiel gebildeten Pseudopodium (Abb. 106 XII, XIV) emporgehoben, während der eigentliche Kapselstiel nicht zur Entwicklung gelangt. Die Columella wird vom Archespor kappenförmig überlagert. Das Sporogon der **Andreaeidae** (einzige Familie: **Andreaeaceae**, Klaffmoose) trägt eine Kalyptra und öffnet sich mit 4 Längsrissen (Abb. 106 XIV). Die Sporogone der **Sphagnidae** (einzige Familie: **Sphagnaceae,**

Abb. 106. I Hornmoose, *Phaeoceros (Anthoceros) laevis*, Thallus mit jungen und mit teilweise geöffneten Sporogonen. II–V Lebermoose, II *Riccia rhenana (Ricciaceae, Marchantiales)*, dichotom verzweigter Thallus der Landform, III *Blasia pusilla, Metzgeriales*, Thallusstück mit flaschenförmigen Brutkörperbehältern und zahlreichen von *Nostoc* besiedelten „Öhrchen" auf der Oberseite, IV *Plagiochila asplenioides (Jungermaniales, Plagiochilaceae)*, zweizeilig beblätterter Thallus, IVa einzelnes Blättchen, V *Frullania dilatata (Jungermaniales, Jubulaceae)*, Thallus von unten gesehen, Ul zu „Wassersäckchen" ausgebildete Unterlappen, Amphig. Amphigastrium. VI–XIV Laubmoose, Torfmoose und Klaffmoose, VI *Hylocomium splendens* (Stockwerkmoos, pleurokarpes Laubmoos), VII, VIII *Polytrichum commune* (Haarmützenmoos, „Goldenes Frauenhaar"), VII Gametophyten mit Sporogonen, links mit, rechts ohne Haube (C), VIII Teil eines Querschnittes durch ein Blättchen mit Lamellen L; IX–XII Torfmoose, IX–XI *Sphagnum cymbifolium*, IX Langtrieb mit Kurztrieben, Sp Sporogon, X Gewebe eines Blättchens in Aufsicht, XI im Querschnitt, R ringförmige Wandverdickungen, P Poren der toten, wasserspeichernden Zellen, Z lebende Zellen mit Chloroplasten, XII *Sphagnum squarrosum*, reifes Sporogon am Ende eines Kurztriebes, Ps Pseudopodium, Aw Rest der Archegonienwandung, D Deckel, XIII *Buxbaumia aphylla*, Gametophyt mit Sporogon, XIV *Andreaea rupestris*, desgl. (Nach Mägdefrau I, Klingmüller II, Schiffner III, Walter IV, VI–XI, XIII, K. Müller V, Schimper XII und Schenck XIV aus Strasburger und Walter.)

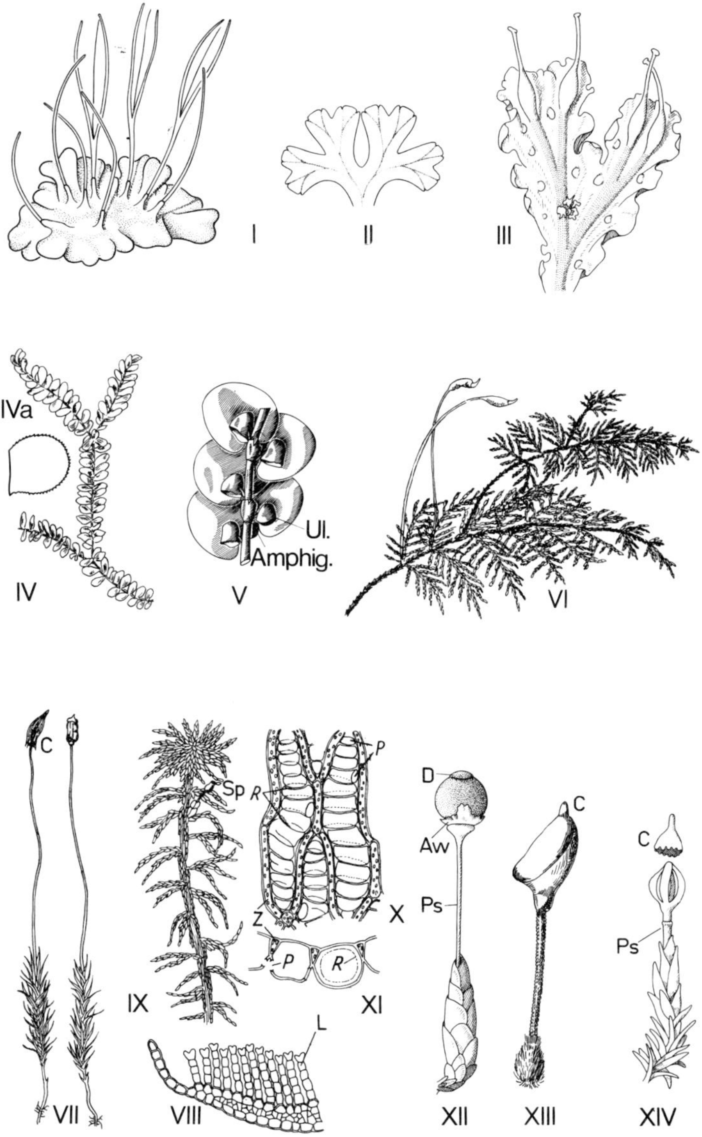
I
II
III
IVa
IV
Ul.
Amphig.
V
VI
C
VII
Sp
IX
VIII
L
P
R
Z
X
P
R
XI
D
Aw
Ps
XII
C
XIII
C
Ps
XIV

Torfmoose) lassen die gesprengte Archegonienwand völlig an der Basis zurück (XII), tragen also keine Haube. Sie nehmen bei der Reife eine dunkelbraune Farbe an und schrumpfen in der Sonnenwärme so stark, daß die eingeschlossene Luft beträchtlich komprimiert wird. Mit einem Druck von 4–6 bar wird der Deckel schließlich abgesprengt und die Sporen werden bis über 10 cm weit fortgeschleudert.

Die etwa 300 Torfmoos-Arten (*Sphagnum*) bilden an sumpfigen Orten große Polster und bedecken auf unseren Mooren weite Flächen, wobei sie an der Oberfläche mit jedem Jahr weiterwachsen, am Grunde jedoch absterben und schließlich in Torf übergehen. Hochmoortorf besteht fast gänzlich aus wenig zersetzten Torfmoosresten! (Auch andere Moose neigen zur Vertorfung.) Die Torfmoosstengel zeigen eine deutliche Gliederung in lang- und kurztriebartige Stengel (Abb. 106 IX). Erstaunlich ist die Fähigkeit der Torfmoosbulten, große Mengen von Wasser festzuhalten; sie wird großenteils bedingt durch tote wasserspeichernde Zellen, die in einer bis mehreren Schichten die Stengelrinde bilden und auch in den Blättchen ausgebildet sind (Abb. 106 X, XI). Diese Zellen sind durch ring- oder schraubenförmig verlaufende Wandleisten ausgesteift und mit Poren versehen, so daß sie leicht Wasser aufsaugen. In den einschichtigen Blättchen liegen sie einzeln in den Maschen eines Netzes aus langgestreckten chloroplastenreichen lebenden Zellen. Dieses Netz kommt dadurch zustande, daß jeweils aus eine Mutterzelle durch zwei inäquale Teilungen zwei kleine plasma- und chloroplastenreiche Zellen und eine große Zelle gebildet werden, von denen die große nach Abschluß der Differenzierung abstirbt.

3. Klasse: Anthocerotatae (Anthocerotopsida), Hornmoose

Es erscheint heute zweifelhaft, ob die Hornmoose den *Bryophyta* zugerechnet werden dürfen, oder ob sie nicht eine vielleicht recht junge und unabhängig entstandene Gruppe von Landpflanzen darstellen, die eine starke Konvergenz zu den *Hepaticae* zeigt (Grolle, Schuster). Es erscheint daher gerechtfertigt, diese bisher zu den *Hepaticae* gerechnete Gruppe zumindest als eigene Klasse der Moose zu behandeln, die viele Besonderheiten aufweist: Der thallöse Gametophyt ist durch den Besitz Stomata-ähnlicher Schleimspalten ausgezeichnet. Die grünen Thalluszellen besitzen jeweils nur einen einzigen großen platten- oder linsenförmigen, mit einem Pyrenoid ausgestatteten Chloroplasten. Die Gametangien entstehen im Inneren des Thallus (endogen). Das Sporogon besitzt meist eine sterile Columella, die vom Archespor kappenartig überlagert wird. Es öffnet sich an der Spitze schotenartig mit zwei Klappen (Abb. 106 I), wird aber durch eine interkalare meristematische Zone an der Basis ständig verlängert, was mit einer sukzessiven Reifung der Sporen verbunden ist. Die bei den Lebermoosen fast ausnahmslos vorkommenden „Schleimpapillen“ fehlen hier, die Schleimproduktion erfolgt durch nicht spezialisierte Zellen.

Bei aller oft sehr weit gehenden Differenzierung der Moosthalli und ihrer oft starken Ähnlichkeit mit einem Kormus darf man doch nicht die Unterschiede gegenüber dem Aufbau der Kormophyten übersehen, die

z. B. darin bestehen, daß den Moosen echte Wurzeln fehlen. Außerdem handelt es sich bei den so gegliederten Moospflanzen stets um die gametophytische Generation, nicht um den Sporophyten!

V. Cormobionta, Gefäßpflanzen

11. Abteilung: Pteridophyta, Farngewächse

1. Klasse: *Psilophytatae,* Nacktfarne
2. Klasse: *Lycopodiatae,* Bärlappgewächse
3. Klasse: *Articulatae,* Schachtelhalmgewächse
4. Klasse: *Filicatae,* Farne

Im Generationswechsel der Pteridophyten dominiert der Sporophyt. Die gametophytische Phase wird hier durch ein thallophytisch organisiertes Prothallium repräsentiert, das höchstens einige Zentimeter im Durchmesser erreicht und meist recht kurzlebig (wenige Wochen) ist. Die Archegonien sind gewöhnlich mit dem Bauchteil tief in das Prothalliumgewebe eingesenkt und besitzen bei den meisten Pteridophyten nur 1 Halskanalzelle. Mit Ausnahme der nur aus fossilen Resten bekannten Nacktfarne (*Psilophyta*) zeigt der Sporophyt der *Pteridophyta* die Gliederung des Kormus in drei Grundorgane Sproßachse, Blatt und Wurzel. Von dieser grundsätzlichen Übereinstimmung abgesehen unterscheiden sich die Baupläne der rezenten Pteridophytenklassen allerdings erheblich voneinander und vom Bauplan der Samenpflanzen, das gilt vor allem für die Sproßverzweigung. Darüber hinaus weisen die Pteridophyten im Gegensatz zu den Samenpflanzen keine Hauptwurzel, sondern ausschließlich sproßbürtige Wurzeln auf. Im Unterschied zu den Moosen wird Lignin gebildet. Bei der Betrachtung der Pteridophytenklassen wollen wir mit den im System an letzter Stelle stehenden, jedoch allgemein bekannteren *Filicatae,* den „echten" Farnen, beginnen und die fossilen Nacktfarne erst am Schluß kurz besprechen.

Filicatae, Farne [4. Klasse]

Für den Laien sind die Farne gewöhnlich durch ihre oft großen, mehr oder minder reich gefiederten Blätter, die „Wedel", charakterisiert, die rosettig an einer gedrungenen und daher wenig auffallenden Sproßachse sitzen. Schon unter den mitteleuropäischen Farnen gibt es jedoch auch solche mit ungeteilten Blättern (Hirschzunge, *Phyllitis*) oder Pflanzen, deren Wedel einzeln an langen, waagerecht im Boden wachsenden Rhizomen sitzen (Eichenfarn, *Gymnocarpium*). Noch größer ist die Formenmannigfaltigkeit der Farne in feuchten tropischen Gebieten. Hier reicht sie von zarten, nur wenige Millimeter großen Hautfarnen *(Hymenophyllaceae)* bis zu Baumfarnen mit viele Meter hohen schlanken Stämmen und bis zu 3 m langen Wedeln *(Cyatheaceae; Cyathea, Alsophila; Dicksoniaceae: Dicksonia* u. a.); noch dazu treten hier zahlreiche epiphytische Formen auf (z. B. *Platycerium,* Hirschgeweihfarn). Schließlich gibt es sogar unter den Farnen Mitteleuropas Wasserpflanzen.

Abgesehen von den eusporangiaten *Filicatae* (s. unten) wachsen die Farnpflanzen mit großer 3schneidiger Scheitelzelle. Die Blätter sind in der Knospenlage meist eingerollt und „entwickeln“ sich dann im buchstäblichen Sinne, ebenso die Fiedern; manche Farnblätter haben sogar ein unbegrenztes Wachstum. Die Nervatur bleibt meist offen.

An den Blättern werden auch die Sporangien ausgebildet. Die *Filicatae* sind somit – wie alle rezenten Pteridophyten – **phyllospor.** Anhand des Sporangienbaues kann man bei den lebenden *Filicatae* eine Gliederung in zwei Unterklassen erkennen:

1. *Eusporangiatae,* deren Sporangien im reifen Zustand von einer mehrschichtigen Wand umgeben sind (Abb. 107 X);
2. *Leptosporangiatae,* deren reife Sporangien einschichtige Wände (Abb. 107 V, VI) besitzen; zu ihnen gehört die überwiegende Mehrzahl der Farne, und auf diese Gruppe wollen wir uns vor allem beziehen.

Die **Sporangien** stehen meist gruppenweise zu **Sori** (Einzahl: **Sorus**) vereinigt entweder am Blattrand oder auf der Blattunterseite (Abb. 107 III, IV), und dann stets über einem Nerven an polsterförmigen Gewebewucherungen, den **Placenten.** Sie werden oft von einem dünnen Häutchen, dem **Schleier (Indusium)** bedeckt oder von der Basis her umhüllt. Die Sporangien tragenden Blätter können völlig laubblattartig sein (Sporotrophophylle) oder sich, wie beim Rippenfarn (Abb. 107 I, II), als **Sporophylle** mehr oder minder von den flächigen, der Assimilation dienenden **Trophophyllen** unterscheiden.

Der Entwicklungsgang eines leptosporangiaten Farnes ist in Abb. 108 im Überblick dargestellt, und zwar am Beispiel des Tüpfelfarns (*Polypodium vulgare, Polypodiaceae*), der einer durch das Fehlen des Indusiums ausgezeichneten Gattung angehört. Das aus der Spore hervorgehende **Prothallium** wächst zunächst mit 1schneidiger, dann mit

---

Abb. 107. *Filicatae.* I, II *Blechnum spicant* (Rippenfarn), Trophophyll (I) und Sporophyll (II). III–VI *Dryopteris filix-mas* (Wurmfarn); III Blattfiederchen von der Unterseite, S Sori, IV Sorus im Querschnitt, I Indusium, P Placenta, V, VI reife Sporangien in Seitenansicht, geschlossen (V) und geöffnet (VI), A Anulus, St Stomium. VII *Ophioglossum vulgatum* (Natternzunge), ganze Pflanze. VIII *O. pedunculosum,* Ende des fertilen Abschnittes (f). IX, X *O. vulgatum,* Querschnitt durch den fertilen Abschnitt (IX), in X Wandbereich stärker vergr., Sp Sporangium, St Stomium. (Nach KNY IV, DODEL-PORT V, VI, GOEBEL VIII, ROSTOWZEW IX, X; I–III und VII Orig.)

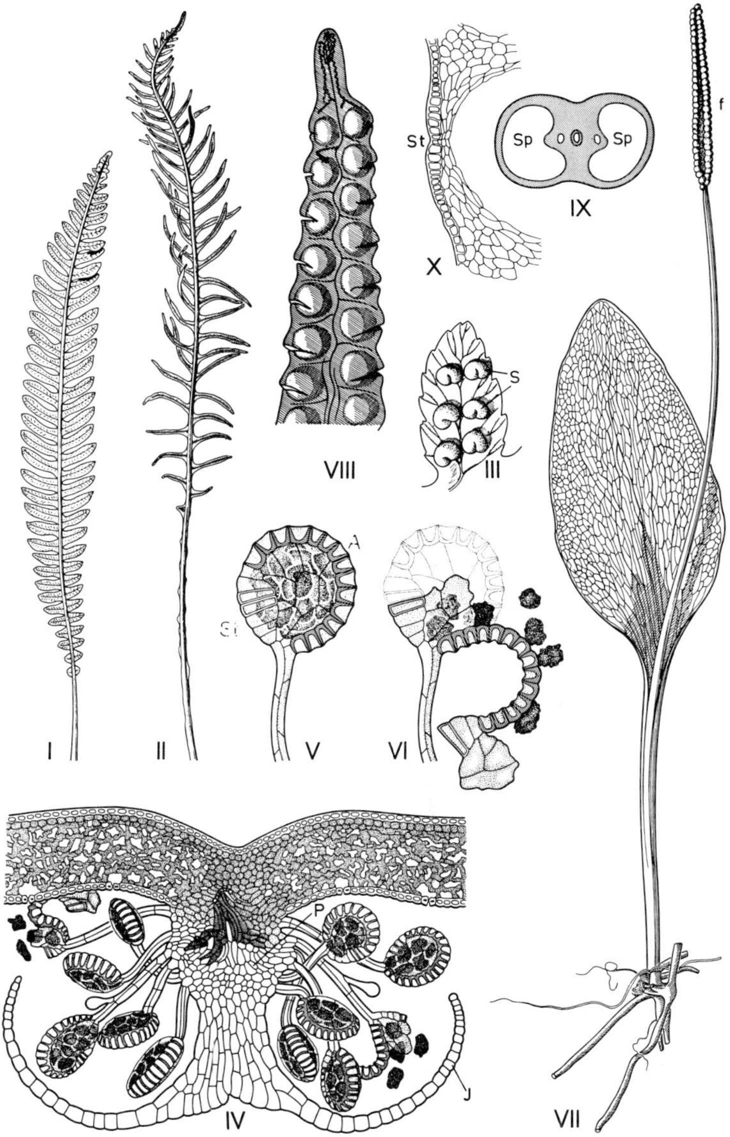
St
X
Sp
Sp
IX
f
S
VIII
III
A
St
I
II
V
VI
P
J
IV
VII

2schneidiger Scheitelzelle und schließlich mit einer Scheitelkante (1–3). Diese wird im Wachstum sehr bald von den Flanken des flächigen Prothalliums überholt, das infolgedessen herzförmige Gestalt annimmt. Es bildet auf der Unterseite zahlreiche Rhizoide und im älteren Teil die pustelartig vorgewölbten **Antheridien**, im jüngeren Teil, also erst später, die **Archegonien** (bei schlechter Ernährung unterbleibt daher die Bildung der auf den mehrschichtigen Prothalliumabschnitt begrenzten Archegonien). Beim Polypodiaceen-Antheridium (6) umschließen 2 ringförmige Zellen und 1 Deckelzelle eine Zentralzelle. Aus dieser entstehen durch mehrere Teilungen die spermatogenen Zellen. Nach dem Absprengen der Deckelzelle werden die Spermatiden frei. Sie entlassen die korkenzieherartig gewundenen, mit einem Geißelschopf versehenen Spermatozoide (7), die durch Spuren von Äpfelsäure zu den Archegonien gelockt werden.

Die befruchtete Eizelle teilt sich durch 2 senkrecht aufeinander stehende Wände in 4 Quadranten, von denen der eine die Scheitelzelle des ersten Blattes, der zweite den Sproßscheitel, der dritte den Wurzelscheitel liefert. Der vierte entwickelt sich zum Fuß, der im Archegoniumbauch verbleibend die anfänglich notwendige Ernährung des Embryos durch das Prothallium ermöglicht. Sobald der **Sporophyt** hinreichend erstarkt ist, vermag er Sporangien zu bilden. Die aus einer Epidermiszelle hervorgehenden Sporangienanlagen wachsen eine Zeitlang mit einer zuletzt 3schneidigen Scheitelzelle, gliedern sich aber bald in eine Stiel- und eine Kapselanlage (Abb. 108, 10). Aus der Scheitelzelle wird dabei durch Abgliederung einer apikalen Wandzelle eine tetraedrische Innenzelle (11), die eine oder mehrere die Wandung auskleidende Zellschichten, das **Tapetum**, abgibt und selbst zum Archespor wird. Inzwischen werden die Wandzellen durch antiklinale Teilungen vermehrt (12). Aus dem Archespor gehen durch weitere Teilungen die Sporenmutterzellen hervor. Diese liefern unter Reduktionsteilung je 4 Sporen (Meiosporen), und zwar nach dem Modus der sukzedanen Tetradenbildung, d. h. auf jede Kernteilung folgt sogleich die entsprechende Wandbildung. Dabei stehen alle Teilungsebenen senkrecht aufeinander, so daß die bohnenförmigen Sporen zu 2 und 2 zueinander gekreuzt liegen (13). Währenddessen vereinigen sich die Zellen des Tapetums nach Auflösen ihrer Zellwände zu einem Plasmodium, das unter Fragmentation seiner Kerne zwischen die jungen Sporen einwandert, diese ernährt und zu ihrer Wandbildung beiträgt (**Periplasmodialtapetum**).

Auch die Sporen der Farne, wie überhaupt aller Pteridophyten (und Spermatophyten), besitzen ein zartes, bei der Sporenkeimung sich ausdehnendes **Endospor** und ein derbes, bei der Keimung zu sprengendes **Exospor**, diesem wird hier vielfach noch vom Periplasmodium ein besonderes **Perispor** aufgelagert.

Die Ausstreuung der Sporen erfolgt durch einen besonderen Öffnungsmechanismus, nämlich einen über den Kapselscheitel verlaufenden

Ring etwas hervortretender Wandzellen, den **Anulus** (Abb. 108, 14). Diese Zellen erfahren eine starke Verdickung ihrer Innenwände und der Trennwände zu den benachbarten Anuluszellen (Abb. 107 V). Nach Absterben der Sporangienwand sind sie wie alle Wandzellen mit Wasser gefüllt, das jedoch bald verdunstet. Die dabei auftretenden Kohäsions- und Adhäsionskräfte zwischen den Wassermolekülen bzw. diesen und der Wandung bewirken, daß sich die Zellen zusammenziehen,

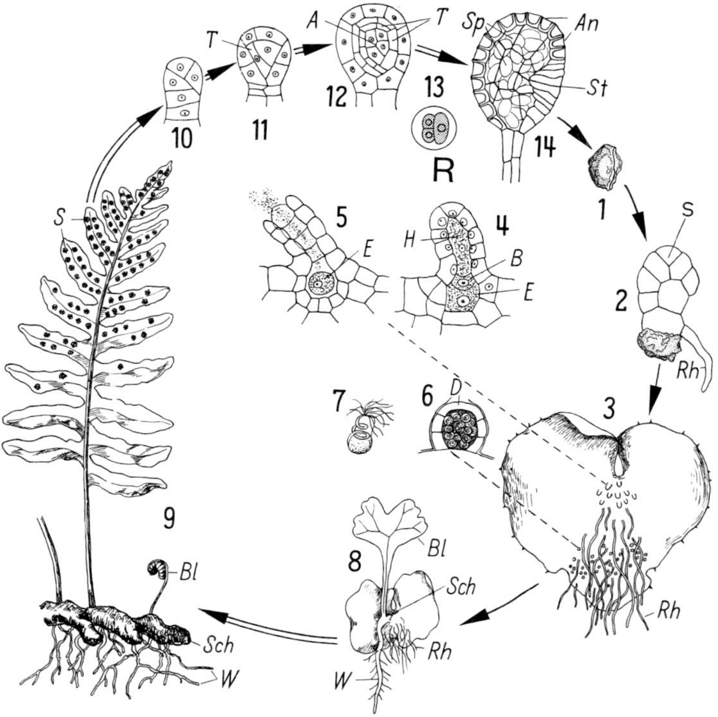

Abb. 108. Entwicklungszyklus eines leptosporangiaten Farns *(Polypodium vulgare)*, 1 Spore, 2 in Entwicklung begriffener Gametophyt, Rh Rhizoid, S 2schneidige Scheitelzelle, 3 Prothallium mit Antheridien (6) und Archegonien (4 jung, 5 reif, geöffnet), E Eizelle, B Bauchkanalzelle, H Halskanalzelle, D Deckelzelle, 7 Spermatozoid, 8 Gametophyt mit keimendem Sporophyten, Bl dessen 1. Blatt, Sch dessen Sproßscheitel, W die erste (sproßbürtige) Wurzel, 9 ausgewachsene Farnpflanze mit Sori auf der Blattunterseite, 10–12 Entwicklung eines Sporangiums, T Tapetum, A Archespor, 13 Sporentetrade, 14 reifes Sporangium, Sp Sporen, An Anulus, St Stomium. (Nach TROLL, KNY, STRASBURGER, SADEBECK u. a. aus WALTER.)

bevor vor allem die unverdickten Außenwände verkürzt und eingestülpt werden. Durch den dabei auftretenden tangentialen Zug reißt das Sporangium schließlich auf (Abb. 107 VI), und zwar entlang eines schon gebildeten Spaltes zwischen den sog. **Stomiumzellen** (St). Wird die Kohäsionskraft der Wassermoleküle beim weiteren Schwinden des Füllwassers schließlich überwunden, so schnellt der Anulus in seine Ausgangslage zurück und schleudert die der Wandung noch anhaftenden Sporen weit fort.

Der Anulus der Polypodiaceen-Sporangien ist in Wirklichkeit nicht völlig median, sondern etwas schief gestellt. Bei anderen Familien der *Leptosporangiatae* tritt dies stärker hervor (z. B. *Cyatheaceae*), bei wieder anderen verläuft der Ring quer um das Sporangium (*Gleicheniaceae*) oder ist ganz zum apikalen Pol hin verschoben (*Schizaeaceae*, z. B. *Anemia*). Die *Osmundaceae*, die in manchen Merkmalen zu den *Eusporangiatae* überleiten, besitzen überhaupt keinen Anulus, sondern nur eine Gruppe dickwandiger Zellen an einer Seite der Sporangienwand (*Osmunda regalis,* Königsfarn). Die Form der Sporangien liefert somit wichtige systematische Merkmale, ähnlich auch die Form der Sori und der Indusien.

Die Prothallien der bisher besprochenen *Leptosporangiatae* sind zwitterig – mit einer Ausnahme: das australische *Platyzoma (P. microphyllum)* bildet zweierlei Meiosporen, aus denen sich eingeschlechtige Prothallien entwickeln. Dieser Farn ist also nicht **isospor,** sondern **hetorospor.** Weit stärker ausgeprägt ist die Heterosporie bei den ebenfalls leptosporangiaten (aber nicht mit einem Anulus ausgestatteten) Wasserfarnen. Die beiden häufig als **Hydropterides** zusammengefaßten Ordnungen sind jedoch offenbar nur weitläufig miteinander verwandt. Die **Marsileales** (*Marsileaceae*) lassen nämlich Beziehungen zu den *Schizaeaceae*, die **Salviniales** (*Salviniaceae*) Beziehungen zu den *Hymenophyllaceae* erkennen. Männliche und weibliche Sporen unterscheiden sich hier recht erheblich in Größe und Gestalt, so daß man sie als

---

Abb. 109. I–III *Azolla filiculoides.* I Habitus, W Wurzeln. II Makrosorus; das einem Integument ähnliche Indusium (In) umschließt nur ein einziges Makrosporangium mit einer Makrospore (Ms), Sk Schwimmkörper. III Massula mit Mikrosporen und Glochidien. IV *Salvinia auriculata*, Sproßstück mit einem Blattwirtel aus zwei Schwimmblättern und einem in zahlreiche Zipfel zerteilten Wasserblatt mit Sori (So), A Sproßachse. V–VIII *Salvinia natans.* V Mikrosporangium. VI Mikro- und Makrosori (Mi, Ma). VII Mikroprothallium mit Prothalliumzelle (P), Rhizoidzelle R und zwei Antheridien (A) mit je zwei spermatogenen Zellen. VIII Makroprothallium, das aus der noch großenteils von der Sporangienwand Spw umhüllten Makrospore hervorgegangen ist und in einem befruchteten Archegonium Ar bereits einen Embryo trägt; Pe schaumiges Perispor, E Exospor, Pr Prothalliumgewebe, Ss, Bl und F Sproßscheitel, Blattanlagen und haustorialer Fuß des Embryos. (Nach TROLL I, IV, BELAJEFF VII und STRASBURGER.)

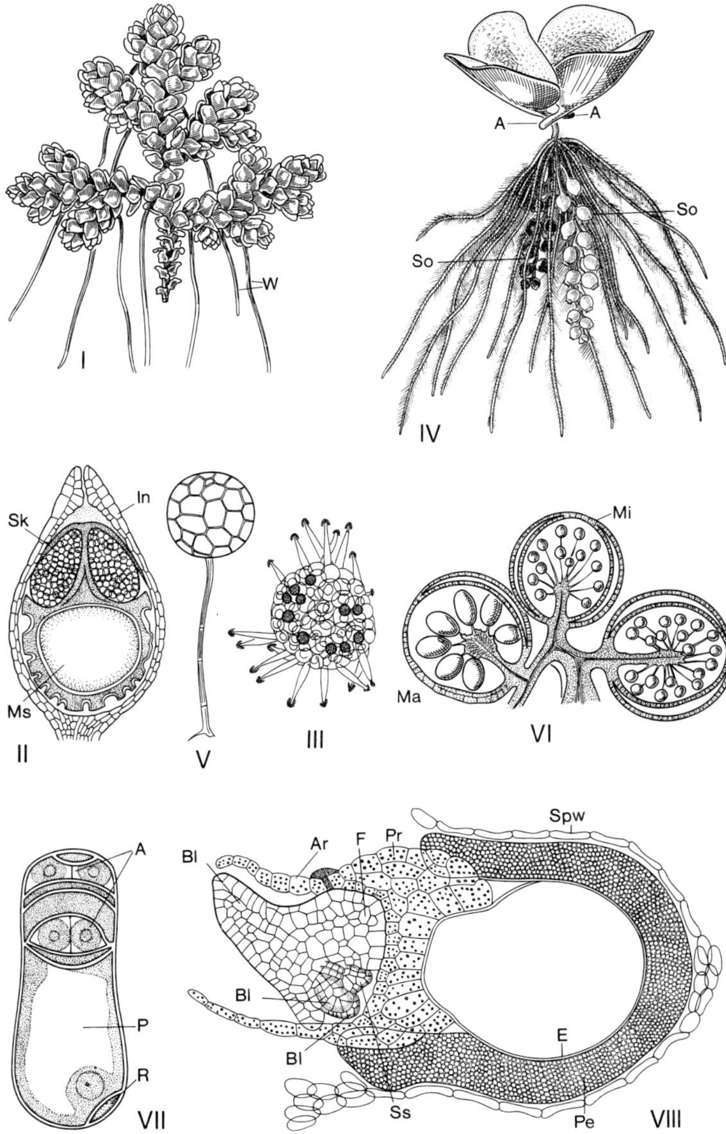
W
I
A
A
So
So
IV
In
Sk
Ms
II
V
III
Mi
Ma
VI
A
P
R
VII
Bl
Ar
F
Pr
Spw
Bl
Bl
E
Ss
Pe
VIII

Mikro- und **Makrosporen** (Megasporen) bezeichnet. Sie werden in eingeschlechtigen Sporangien (**Mikro-** und **Makrosporangien**) gebildet. Darüber hinaus sind die *Hydropterides* dadurch ausgezeichnet, daß die männlichen und weiblichen Gametophyten (**Mikro-** und **Makroprothallien**) so stark reduziert sind, daß sie sich zum Teil innerhalb der Sporenwand, ja sogar innerhalb des Sporangiums entwickeln.

Die **Salviniaceae** sind freischwimmende Wasserpflanzen. Die wenig verzweigten Stengel von *Salvinia* weisen 3zählige Blattwirtel auf (Abb. 109 IV). Zwei der Blätter sind jeweils grüne vollflächige Luft- oder Schwimmblätter, das dritte ist in zahlreiche fadenförmige, lang in das Wasser herabhängende, reich behaarte Zipfel zerteilt und übernimmt die Funktion der fehlenden Wurzeln; hier liegt also eine der Wurzel **analoge** Umbildungsform des Blattes vor. Am Grunde der Wasserblätter sitzen auch die Sporangienbehälter, die jeweils einen Sorus von **Mikro-** oder **Makrosporangien** einschließen (V, VI). Im Makrosporangium kommt von den 32 angelegten Sporen nur eine zu voller Entwicklung; sie löst sich mit dem Sporangium ab, schwimmt an die Wasseroberfläche und entwickelt hier das **Makroprothallium**, das großenteils von der Sporen- wie auch der Sporangienwand umschlossen bleibt (VIII). Das **Mikroprothallium** (VII) ist noch stärker reduziert, es umfaßt außer einer Prothalliumzelle (P) und einer funktionslosen Rhizoidzelle nur 2 Antheridien aus wenigen Wandzellen und 2 spermatogene Zellen, die 4 oder 2 Spermatozoide liefern. Ähnlich verhält es sich bei *Azolla.* Die zweizeilig angeordneten Blätter der zierlich verzweigten Pflanzen sind jeweils in zwei Lappen geteilt, von denen der untere ins Wasser taucht und an der Wasseraufnahme teilhat. An diesen unteren Lappen werden – unter gleichzeitiger Hemmung der flächigen Ausbildung – auch die Mikro- und Makrosori entwickelt. In den Makrosori (II) kommt nur ein einziges Makrosporangium zur Ausbildung: die unterhalb von diesem angelegten Mikrosori verkümmern. Von der einzigen Makrosporentetrade gelangt auch hier nur eine Spore zu voller Entwicklung. An ihr befindet sich ein vom Periplasmodialtapetum gebildeter Schwimmkörper (II Sk). Während sich bei *Salvinia* die Mikroprothallien im Mikrosporangium entwickeln und nur mit den antheridialen Enden durch die Sporangienwandung nach außen hervortreten, entstehen bei *Azolla* aus dem schaumigen Perisplasmodium 4–8 rundliche Ballen, die jeweils einen Teil der insgesamt 64 Mikrosporen umschließen und ins Freie gelangen. Diese sog. Massulae (III) sind mit gestielten Widerhäkchen, aus dem Periplasmodium gebildeten Glochidien, ausgestattet, mit denen sie sich an dem auf der Wasseroberfläche treibenden Makroprothallium verankern können, so daß die Anlockung der Spermatozoide durch die Archegonien erleichtert wird. Einheimisch ist nur *Salvinia natans* (Schwimmfarn), manche *Azolla*-Arten sind eingeschleppt.

Die **Marsileaceae** wachsen an sumpfigen Orten und in der Verlandungszone stehender Gewässer. Sie sind bei uns durch das Pillenkraut (*Pilularia globulifera*, Abb. 110 IV) und den Kleefarn (*Marsilea quadrifolia*, Abb. 110 I) vertreten. *Pilularia* hat einfache lineale, binsenartige Blätter, die Kleefarn 4zählige Fiederblätter, zwischen beiden „vermittelt“ das (nicht eng verwandte) brasilianische *Regnellidium* mit 2fiederigen Blättern (Abb. 110 III). Die Mikro- und Makrosporangien sind hier in zweigeschlechtigen Sori in sehr derbwandige **Sporokarpien** (V) eingeschlossen, die am Grunde des Blattes bzw. Blattstieles sitzen und fertile Fiedern darstellen, wie das Beispiel von *Marsilea polycarpa* (II) veranschaulicht. Beim Kleefarn, dessen 4zählige Blätter sich somit von pinnaten Fiederblättern ableiten lassen, stehen die Sporokarpien meist paarweise am Blattstiel. Die der Blattunterseite angehörenden Sori gelangen während der Sporokarpentwicklung infolge Umwachsung und Überwachsung durch randliche Gewebepartien und Indusiengewebe nach innen (VI). Ein Gallertring (V; G), der median rings unter der Sporokarpwandung verläuft und bei längerem Verbleiben des Sporokarps im Wasser stark aufquillt, zieht dann die Sori in Form lang-

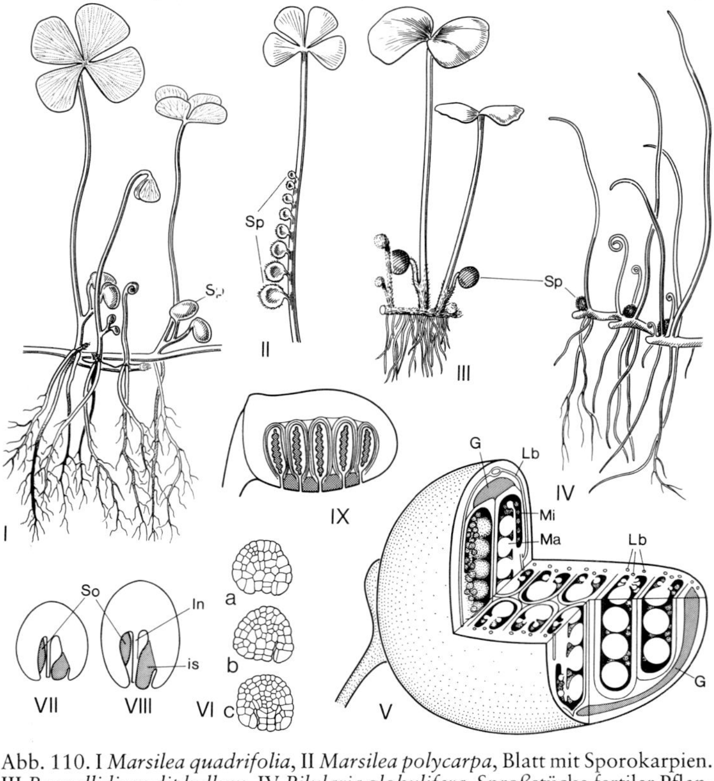

Abb. 110. I *Marsilea quadrifolia*, II *Marsilea polycarpa*, Blatt mit Sporokarpien. III *Regnellidium diphyllum*, IV *Pilularia globulifera*, Sproßstücke fertiler Pflanzen, Sp Sporokarpien. V *Marsilea quadrifolia*, Sporokarp, schemat., Ma, Mi Makro- und Mikrosporangien, G Gallertring, Lb Leitbündel. VI marginale Anlegung der Sori und der zwischen diesen sich ausbildenden intersoralen Gewebe. VII, VIII Querschnitte durch junge Sporokarpien in aufeinander folgenden Entwicklungsstadien, schematisiert, zur Erläuterung der Eintiefung der Sorushöhlen und der Überwachsung der Sorusanlagen (So) durch intersorales Gewebe (is), In Indusium, IX Medianschnitt durch ein etwas älteres Stadium, schematisiert. (Nach Bischoff I, verändert, IV, Troll II, Mägdefrau V, D. Schmidt VI–IX.)

gestreckter Säckchen aus dem Sporokarp heraus. Erst dann entwickeln sich die Makro- und Mikroprothallien. Letztere bleiben ganz in der Mikrospore eingeschlossen. Das Makroprothallium bildet nur 1 Archegonium aus.

Von den in früheren Erdepochen reicher vertretenen **Eusporangiatae** leben heute noch die mit großen Wedeln ausgestatteten tropischen **Marattiales** (*Marattiaceae*) und die **Ophioglossales** (*Ophioglossaceae*), von denen bei uns die Gattungen *Ophioglossum* (Natternzunge, Abb. 107 VII–X) und *Botrychium* (Mondraute) vorkommen, deren Blätter in einen flächigen und einen Sporangien tragenden Abschnitt geteilt sind. Die *Eusporangiatae* sind isospor. Ihre derbwandigen Sporangien (X) sind meist miteinander zu sog. Synangien (VIII, IX) vereinigt und in das Blattgewebe eingesenkt. Die knollig entwickelten, oft unterirdischen Prothallien wachsen mit Hilfe von Mykorrhizapilzen, die nicht selten auch in den Wurzeln des Sporophyten leben. Das Wachstum des Sporophyten geht von einer Gruppe von Initialzellen und nicht von einer Scheitelzelle aus. Die Mondraute zeigt schwaches sekundäres Dikkenwachstum, das sonst bei den rezenten *Filicatae* nicht vorkommt.

Als Ausgangsformen der *Filicatae* betrachtet man eine Anzahl fossiler, fast ausschließlich paläozoischer, eusporangiater und meist isosporer Farne, die man in der Unterklasse **Primofilices** zusammenfaßt, (z. B. *Protopteridium, Aneurophyton, Cladoxylon*, aus dem Mittelevon; *Archaeopteris,* Oberdevon, heterospor). Die Wedel waren offenbar häufig allen Raumrichtungen verzweigt (z. B. *Stauropteris* und der Kletterfarn *Ankyropteris, Coenopteridales*). Auch die früher als „Vorfahren" der Schachtelhalmgewächse angesehenen Gattungen *Hyenia* und *Calamophyton* gehören nach neueren Untersuchungen hierher. Die morphologische Deutung dieser Fossilien ist jedoch recht problematisch.

Articulatae (Equisetatae, Sphenopsida), Schachtelhalmgewächse [3. Klasse]

Die einzige noch lebende Familie dieser im Paläozoikum sehr formenreichen Klasse sind die *Equisetaceae* mit rund 30 Arten der Gattung *Equisetum*. Sie tragen den Namen Schachtelhalme, weil ihre einzelnen Sproßglieder wie ineinander geschachtelt erscheinen (Abb. 111 I). Jedes Stengelinternodium ist nämlich seiner Basis von einem Quirl röhrig verwachsener Schuppenblätter umhüllt und weist hier eine lange Zeit tätige interkalare Wachstumszone auf. Diese ist recht weich, so daß man die Stengelglieder hier leicht abreißen und aus der Schuppenblattröhre herausziehen kann. Im übrigen sind die Stengel ziemlich hart, weil in die Wände der Epidermiszellen reichlich Kieselsäure eingelagert wird („Zinnkraut", zum Reinigen von Zinngeschirr). Die Aufgabe der Assimilation kann von den Schuppenblättern nicht erfüllt werden, doch sind die anatomisch reich gegliederten Sproßachsen (Ring kollateraler Leitbündel, Endodermis, Sklerenchymstränge usw.) hinreichend mit Assimilationsgewebe ausgestattet. Zudem zeigen sie oft eine reiche quirlige Verzweigung (*Equisetaceae* – Roßschweifgewächse!). Die oft sehr dünnen und in ihrer Länge begrenzten (nicht-axillären!) Seitensprosse durchbrechen die Scheiden an der Basis; sie können sich wie bei unserem Waldschachtelhalm (*E. sylvaticum*) mehrfach weiterverzweigen. Die aufrechten oberirdischen Sprosse gehen aus lang kriechenden, oft tief im Erdboden liegenden Rhizomen hervor, welche bei den nicht (wie *E. hyemale*) mit oberirdischen Trieben überwinternden Arten stärkereiche Überwinterungsknollen (getauchte Seitentriebe) aufweisen. Bei vielen Arten werden zweierlei oberirdische Sprosse ausgebildet, so

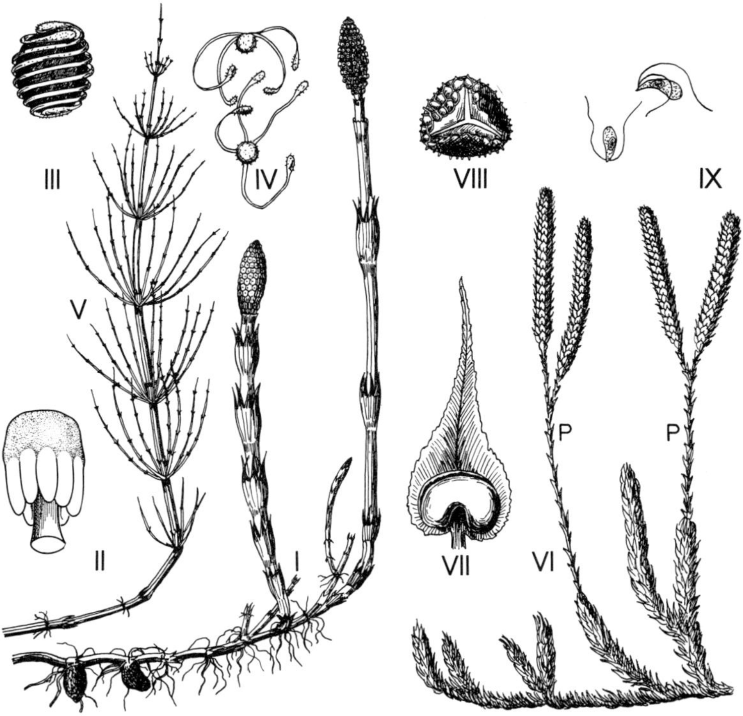

Abb. 111. I–V *Articulatae, Equisetum arvense*, I Fertile Frühlingssprosse mit terminalen Sporophyllständen, II tischchenförmiges Sporophyll, III Spore mit eingerollten, IV mit ausgebreiteten Hapteren, V steriler, verzweigter grüner Sommersproß. IV–IX *Lycopodiatae, Lycopodium clavatum*, VI Pflanze mit 4 Sporophyllständen, P Podium, VII Sporophyll mit oberseitigem Sporangium (aufgerissen), VIII einzelne Spore, IX zweigeißelige Spermatozoide. (Nach Schenck, I, III, IV, V–VIII, Troll II und Bruchmann IX.)

beim Ackerschachtelhalm (*E. arvense*) im Frühjahr bleiche unverzweigte Triebe, die an ihrer Spitze einen Sporophyllstand tragen und später absterben (Abb. 111 I), im Sommer dagegen grüne, sich verzweigende sterile Assimilationstriebe (V). Bei anderen Arten ergrünen die fertilen Sprosse später (*E. sylvaticum*) oder sind von vornherein den sterilen gleichgestaltet (*E. palustre*). Die sporangientragenden Blätter der Schachtelhalme weichen durch ihre Tischchenform erheblich von den Schuppenblättern ab (Abb. 111 II). Die somit peltaten Sporophylle sind in Sporophyllständen vereinigt, die man im Hinblick auf ihr begrenztes Wachstum als primitive **Blüten** ansprechen darf. Die Sporophylle tragen unterseits 5–10 sackförmige Sporangien, die eine mehrschichtige Wand und ein Periplasmodialtapetum besitzen und sich durch einen Längsriß öffnen. Das Aufreißen erfolgt auch hier durch einen Kohäsionsmechanismus. Die Voraussetzung dafür bieten schraubige und ringförmige Wandverdickungen der Epidermiszellen. Den Sporen wird vom Periplasmodium ein Perispor aufgelagert, das sich in zwei parallellaufende schmale, an den Enden spatelförmig verbreiterte hygroskopische Bänder, die **Hapteren**, aufspaltet. Sie sind nur an eine Stelle mit dem Exospor und untereinander verbunden (Abb. 111 IV) und rollen sich im feuchten Zustand (schon beim Anhauchen) schraubig um die Spore (Abb. 111 III). Durch ihre Bewegungen lockern sie die Sporenmasse auf und verketten zugleich einzelne Sporen miteinander. Dies ist wichtig, weil aus den äußerlich völlig gleichartigen Sporen eingeschlechtige Prothallien hervorgehen können (die Geschlechtsbestimmung erfolgt unter dem Einfluß von Außenfaktoren, besonders wohl der Ernährungsverhältnisse). Die Prothallien bilden unregelmäßig verzweigte krause Lappen, die männlichen sind etwas kleiner als die weiblichen, ihre Antheridien eingesenkt.

Die Schachtelhalme wachsen mit 3schneidiger Scheitelzelle.
Der Ackerschachtelhalm dient als Heilmittel; der sehr ähnliche, auf feuchten Wiesen wachsende Sumpfschachtelhalm oder Duwock (*E. palustre*) enthält ein giftiges Alkaloid. Schon eine geringe Beimischung dieser Pflanze im Heu bedeutet eine Gefahr für das Vieh. Man kann den Duwock jedoch selbst im Heu noch daran erkennen, daß (im Gegensatz zum Ackerschachtelhalm) das erste Internodium der Seitenäste bedeutend kürzer ist als die Schuppenblätter des Muttersprosses, aus deren Achseln sie entspringen.
Die paläozoischen *Articulatae* waren teils isospor, teils heterospor. Den heutigen Schachtelhalmen ähnlich waren wohl die in den Steinkohlenwäldern verbreiteten bis 30 m hohen und 1 m dicken **Riesenschachtelhalme** (**Archaeocalamitaceae,** Unterkarbon; **Calamitaceae,** Oberkarbon – Perm), die einen wichtigen Bestandteil der Steinkohle bilden. Schon im Oberdevon traten die **Keilblattgewächse** (**Sphenophyllales**) auf, offenbar krautige, bis 1 m lange, mit Quirlen keilförmiger oder gegabelter Blätter besetzte Spreizklimmer.

Lycopodiatae (Lycopsida), Bärlappgewächse [2. Klasse]

Von den Bärlappgewächsen betrachten wir zunächst die Bärlappe im engeren Sinne, die (1.) **Lycopodiales** (*Lycopodiaceae*, rund 400 Arten). Es sind immergrüne, terrestrisch oder – in den Tropen – auch epiphytisch wachsende Pflanzen mit nadel- oder schuppenförmigen kleinen Laubblättern. Sproßachsen und Wurzeln verzweigen sich gabelig (vermutlich jedoch nicht dichotom!) Dabei kann jeweils einer der beiden Gabeläste von vornherein oder später schwächer ausgebildet werden und auf die Seite rücken, so daß das Bild eines monopodialen Verzweigungssystems entsteht. Das ist besonders deutlich bei dem tropisch-subtropischen *Lycopodium cernuum* der Fall, dessen aufrechte Triebe an ein Tannenbäumchen erinnern, es gilt aber auch für den einheimischen Kolbenbärlapp, *L. clavatum* (Abb. 111 VI), dessen vegetative Äste am Boden kriechen. Seine Sporophyllstände setzen sich von den vegetativen Abschnitten durch ein aufgerichtetes langgestrecktes „Podium" ab. Auch hier wird der Sproßscheitel bei der Bildung des Sporophyllstandes aufgebraucht, wir haben es also wieder mit einer primitiven Blüte zu tun.

Beim gleichfalls einheimischen Tannenbärlapp (*Huperzia selago*) und Sumpfbärlapp (*Lycopodiella inundata*) sind die Sporophylle hingegen nicht vom vegatativen Bereich abgesetzt und unterscheiden sich kaum von den Trophophyllen, ja beim Tannenbärlapp wächst der Sproßscheitel nach Ausgliederung der Sporophylle weiter und bildet wieder Trophophylle. Im Unterschied zu diesen schraubig beblätterten Gattungen sind die Sprosse bei der auch bei uns vorkommenden Gattung *Diphasium* dorsiventral und abgeflacht und tragen dekussiert angeordnete Schuppenblätter.

Die Sporophylle (Abb. 111 VII) tragen am Grunde auf ihrer Oberseite je ein großes nierenförmiges Sporangium mit mehrschichtiger Wandung und – wie bei allen *Lycopodiatae* – einem **Sekretionstapetum**, d. h. die Tapetumzellen geben hier zwar die erforderlichen Baustoffe an die in der Entwicklung begriffenen Sporen ab, jedoch ohne dabei den festen Gewebeverband aufzugeben. Die Sporangien öffnen sich auch hier durch einen Kohäsionsmechanismus, wiederum bedingt durch Verdikkungsleisten in den Zellwänden der auch als **Exothecium** bezeichneten Sporangienepidermis.

Die *Lycopodiales* sind isospor; die Sporentetraden bilden sich simultan. In der Natur keinem die Sporen oft (namentlich bei den terrestrischen Lycopodien kühler Gebiete) erst nach 6–7 Jahren zu einem 5zelligen Vorkeim. Erst wenn symbiontische Pilze hinzutreten, entwickelt sich dieser zu einem wenige Millimeter großen, unterirdisch mit Hilfe von Mykorrhizapilzen saprophytisch lebenden, knolligen oder rübenförmigen Prothallium, das nach weiteren 6–8 Jahren geschlechtsreif wird (Gesamtlebensdauer ca. 20 Jahre). Die Archegonien besitzen oft zahlreiche Halskanalzellen, die Spermatozoide (Abb. 111 IX) nur 2 Geißeln (beide Merkmale können als primitiv gedeutet werden). Die Spermatozoide werden augenscheinlich durch ausgeschiedene Citronensäure angelockt. In der Embryoentwicklung tritt ein Suspensor auf, der den Embryo tiefer in das Prothalliumgewebe hineindrückt. Bei *Lycopodium cernuum* ragt der obere Teil des Prothalliums aus dem Erdboden und ergrünt; die Geschlechtsreife wird hier schon nach einigen Monaten erreicht.

Die (2.) **Selaginellales** (*Selaginellaceae*, Moosfarne) mit der einzigen Gattung *Selaginella* (700 Arten, davon 2 in den Alpen) sind den Bärlappen sehr ähnlich, jedoch vorherrschend anisotom verzweigt und meist dekussiert beblättert. Die 4 Zeilen schuppenförmiger Blätter sind dann flankenständig und bieten sich als 2 Zeilen größerer „Unterblätter" und 2 Zeilen kleinerer „Oberblätter" dar (Abb. 112, 2). Die Blätter der Moosfarne wie auch der *Isoëtales* und der fossilen *Lepidodendrales* tragen oberseits am Grunde einen kleinen zungenförmigen Auswuchs, die **Ligula.** Diese ist durch zahlreiche an ihre Basis herantretende Tracheiden mit dem Leitbündel des Blattes verbunden und vermag durch Regen oder Nebel zugeführtes Wasser rasch aufzusaugen und dem Leitbündelsystem zuzuführen.

Die Mesophyllzellen führen bei manchen Selaginellen nur einen großen schüsselförmigen Chloroplasten.

Besonders auffallend sind die bei vielen Arten an den Verzweigungsstellen der Sprosse entspringenden blattlosen bleichen Gabelsprosse, welche an ihren distalen Enden Büschel von Wurzeln hervorbringen, und daher als **Wurzelträger** (Abb. 112, 3) bezeichnet werden.

Die *Selaginellales* sind heterospor. Die männlichen (Mikro-)Sporen werden in große Zahl in Mikrosporangien (Abb. 112, 5) gebildet, während in den Makrosporangien (6) nur eine große Makrosporentetrade zur Ausbildung gelangt. Da die Sporangien wie bei allen *Lycopodiatae* einzeln oberseits am Grunde der Sporophylle sitzen, muß man hier also zwischen Makro- und Mikrosporophyllen unterscheiden, welche gewöhnlich übereinander im selben Sporophyllstand stehen. Die Sporangien öffnen sich durch Kohäsionszug im Exothecium, dessen radiale und innere Zellwände verstärkt sind. Die Gametophyten sind stark rückgebildet und bleiben von der Sporenwand umschlossen. Die Mikrosporen beginnen schon innerhalb des Sporangiums mit der Entwicklung des männlichen Prothalliums (9), das schließlich nur eine funktionslose Rhizoidzelle und ein einziges, aus 8 Wandzellen und einigen spermatogenen Zellen bestehendes Antheridium umfaßt. Die Sporenwand bricht erst auf, wenn die 2geißeligen Spermatozoide (10) entlassen werden. Das Makroprothallium entwickelt sich unter anfänglich freien Kernteilungen zu einem vielzelligen Komplex (8, 11). Dabei wird die Sporenwand an den 3 Kanten durch 3 später Rhizoidbüschel bildende Höcker gesprengt, so daß die im Prothalliumscheitel eingesenkten Archegonien für die Spermatozoide frei zugänglich sind.

Die *Selaginellales* traten bereits im Karbon auf, in dem auch die nur fossil bekannten (3.) **Lepidodendrales** mit den bis 40 m hohen und 5 m dicken Schuppen- und Siegelbäumen der Steinkohlenwälder ihre größte

Formenentfaltung erreichten. Sie besaßen lange (bei *Sigillaria* bis 1 m) linealische Blätter. In den Stämmen war das Leitgewebe in Gestalt eines geschlossenen Rohres aus innen liegendem Xylem und Phloem angeordnet. Zwischen Xylem und Phloem war ein allerdings nur schwach in Tätigkeit tretendes Kambium vorhanden. Die Verdickung der Stämme

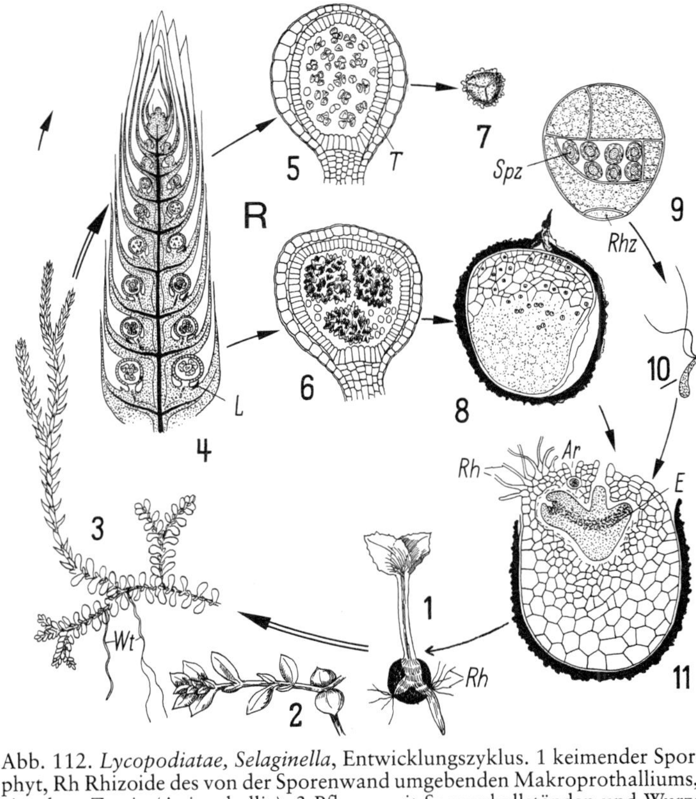

Abb. 112. *Lycopodiatae, Selaginella*, Entwicklungszyklus. 1 keimender Sporophyt, Rh Rhizoide des von der Sporenwand umgebenden Makroprothalliums, 2 einzelner Zweig (Anisophyllie), 3 Pflanze mit Sporophyllständen und Wurzelträgern (Wt), 4 Längsschnitt durch einen Sporophyllstand mit Mikro- und Makrosporophyllen im oberen bzw. unteren Abschnitt, L Ligula, 5 Mikrosporangium, 6 Makrosporangium längs, T Tapetum, 7 einzelne Mikrospore, 8 Makrospore im Schnitt, Ausbildung des Makroprothalliums, 9 Mikroprothallium, Spz Spermatozoidzellen, Rhz Rhizoidzelle, 10 Spermatozoid, 11 Makrospore mit Makroprothallium und Embryo (E) im Schnitt, Ar Archegonium. (Nach SCHENCK, SACHS, BELAJEFF, BRUCHMANN u. a. aus WALTER.)

kam im wesentlichen durch ein in der Rinde gelegenes Korkkambium-ähnliches Meristem zustande (Rindenbäume). Die Bäume waren im Boden durch mächtige, flach streichende, mehrfach gegabelte Wurzelträger, die sog. Stigmarien verankert (Name wegen der von den schwachen Wurzeln hinterlassenen Narben). Die dicht in schraubigen Zeilen angeordneten Blätter ließen beim Abfallen charakteristische Narben zurück, und zwar bei den *Sigillariaceae,* Schopfbäumen mit unverzweigter oder wenig verzweigter „Krone", 6eckige „Siegel", bei den stärker verzweigten *Lepidodendraceae (Lepidodendron* u. a.) rhombische Blattpolster. Die Sporophylle dieser meist heterosporen „Bärlappbäume" bildeten Coniferen-ähnliche Zapfen. Bei *Lepidostrobus* war die einzige Makrospore mit der Sporangienwand verwachsen, die Prothallienentwicklung fand daher im Makrosporangium statt. Bei *Lepidocarpon* (und der *Selaginella*-ähnlichen *Miadesmia*) legte sich das Makrosporophyll integumentartig um das Sporangium. Die Entwicklung des Makroprothalliums erfolgte daher an der Mutterpflanze, ebenso die Befruchtung, wobei die Mikrosporen durch eine vom Makrosporophyll frei gelassene Öffnung hereinstäuben konnten. Auch die Entwicklung des Embryos vollzog sich auf der Mutterpflanze, schließlich löste sich das Sporophyll samt Sporangium als „Samen" ab. Man spricht daher zu Recht von „Samenbärlappen" (**Lepidospermae**).
Die (4.) **Isoëtales** (*Isoëtaceae*) mit der einzigen Gattung *Isoëtes* (Brachsenkraut) leben oft am Grunde oligotropher Gewässer, aber auch terrestrisch. Es sind binsenähnliche Pflanzen mit kurzen knolligen Stämmen, die ein anomales sekundäres Dickenwachstum aufweisen. Sie sind gleichfalls heterospor. Einheimisch: *I. lacustris, I. echinospora.*
Die (5.) **Psilotales** mit den jeweils in eigene Familien gestellten Gattungen *Psilotum* und *Tmesipteris* werden oft als rezente Ausläufer der devonischen Nacktfarne angesehen, obgleich fossile Zwischenformen fehlen und allenfalls einige äußerliche Ähnlichkeiten mit Nacktfarnen bestehen. Andererseits werden sie auch als Verwandte der *Lycopodiatae* betrachtet. Es sind wurzellose, sparrige, gabelästige (in Wirklichkeit jedoch seitlich verzweigte!) Pflanzen mit blattlosen Rhizomen mit Mykorhizapilzen und Rhizoiden. Die tapetumlosen Sporangien sitzen zu mehreren in Synangien vereinigt oberseits am Grunde der Blätter. Die Isosporen entwickeln sich zu zylindrischen, oft verzweigten unterirdischen Prothallien, die saprophytisch in Pilzsymbiose leben.

Als Ausgangsformen der *Lycopodiatae* faßt man die **Protolepidodendrales** (*Protolepidodendron, Drepanophycus*) auf, die im Unter- und Mitteldevon lebten und im Habitus sehr an terrestrische Bärlappe erinnern; auch bei ihnen saßen die Sporangien einzeln auf der Oberseite nadelförmiger oder zweispitziger Sporophylle.

Psilophytatae (Psilopsida), Nacktfarne [1. Klasse]

In dieser auch unter der Bezeichnung „Urfarne" bekannten künstlichen Sammelgruppe faßt man eine Anzahl fossiler Pteridophyten zusammen, zu denen die ältesten mit Leitbündeln und Spaltöffnungen ausgestatteten Landpflanzen gehören, die wir kennen. Die Nacktfarne werden häufig als Ausgangsformen der Pteridophyten und damit auch der Spermatophyten betrachtet (eine Ansicht, die mit dem Hinweis auf das Alter der Funde freilich kaum ausreichend begründet ist). Sie traten am Ende des Silurs oder am Beginn des Devons auf und starben im Oberdevon größtenteils bereits wieder aus. Innerhalb dieser sehr heterogenen Gruppe glaubt man, die ersten Ansätze zur Entwicklung der Kormophyten-Grundorgane erkennen zu können (man nimmt dabei eine Übergipfelung zwischen ursprünglich gleichwertigen Gabelästen – Telomen – an, wobei sich die geförderten Äste als Hauptachsen, die geminderten Gabelsysteme als Seitensprosse, Wurzeln oder durch 1. Einrücken in eine Ebene, 2. Abflachung und 3. Verwachsung als Blattorgane herausgebildet haben sollen).
Als älteste und einfachste Vertreter gelten die *Rhyniaceae*. Die sehr gut erhaltenen, bei Rhynie in Schottland gefundenen fossilen Reste von *Rhynia (R. major*, Abb. 113 I, *R. gwynne-vaughani*) werden als blatt- und wurzellose Stämme gedeutet. Es sind etwa 0,5 m hohe, gablig verzweigte Vegetationskörper mit kriechenden und aufrechten stielrunden (binsenartig erscheinenden) Ästen mit einfach gebauten Spaltöffnungen und einem zentralen aus Xylem- und Phloem-artigen Elementen bestehenden Leitbündel. Die endständigen kegelförmigen Sporangien hatten eine aus mehreren Zellschichten bestehende Wandung und enthielten Isosporen. Die Sporangien von *Horneophyton* (gleichfalls von Rhynie) besaßen sogar ein der Columella von Moosen vergleichbares steriles zentrales Gewebe. Einen tangartigen Eindruck machen die Reste von *Taeniocrada dechemiana* aus den unterdevonischen Wahnbachschichten bei Siegburg. Ihre langen, offenbar im Wasser flutenden Gabeläste trugen seitenständig kleinere Astsysteme mit endständigen Sporangien. Im Habitus sehr ähnlich ist das in denselben Schichten gefundene *Zosterophyllum rhenanum (Zosterophyllaceae)*, dessen etwa nierenförmige Sporangien zu ährenartigen 1–5 cm langen Ständen (Synangien) zusammengefaßt waren. *Zosterophyllum myretonianum* (ebenfalls aus den Wahnbachtal-Schiefern) soll mindestens ebenso alt wie *Rhynia*, wenn nicht älter sein.
Reste von *Pseudosporochnus (P. krejcii*, Abb. 113 II, aus dem böhmischen Mittel-Devon) lassen einen knapp 1 m hohen Stamm erkennen, der sich in ein Büschel von vielfach gabelig (?) verzweigten Ästen zerteilt, deren äußerste Verästelungen teilweise Sporangien tragen (IIa). Man betrachtet diese „Zweige" oft als Vorläufer der Farnwedel. Auf Grund neuerer Untersuchungen wird *Pseudosporochnus* zusammen mit dem mitteldevonischen *Calamophyton (C. primaevum*, Elberfeld) und dem mitteldevonischen bis unterkarbonischen *Cladoxylon* (vgl. Seite 354) den *Cladoxylales*, und damit den eusporangiaten *Primofilices* zugerechnet.
Als kleine, den Blättern der Bärlappe entsprechende „Mikrophylle" deutet man oft die wenige Millimeter langen nadelförmigen Auswüchse oder Schuppen an den oberirdischen Verzweigungssystemen der *Asteroxylaceae (Psilophyton, Asteroxylon mackiei, Thursophyton)*. Zu diesen blattartigen Gebilden führten bei *Thursophyton (Asteroxylon) elberfeldense* (Abb. 113 III) sogar Leitbündel, die aus dem zentralen, im Querschnitt sternartigen Leitgewebestrang (Name!) abzweigten. Die unterirdischen (?) Äste waren „blattlos". Bei den Astenden von

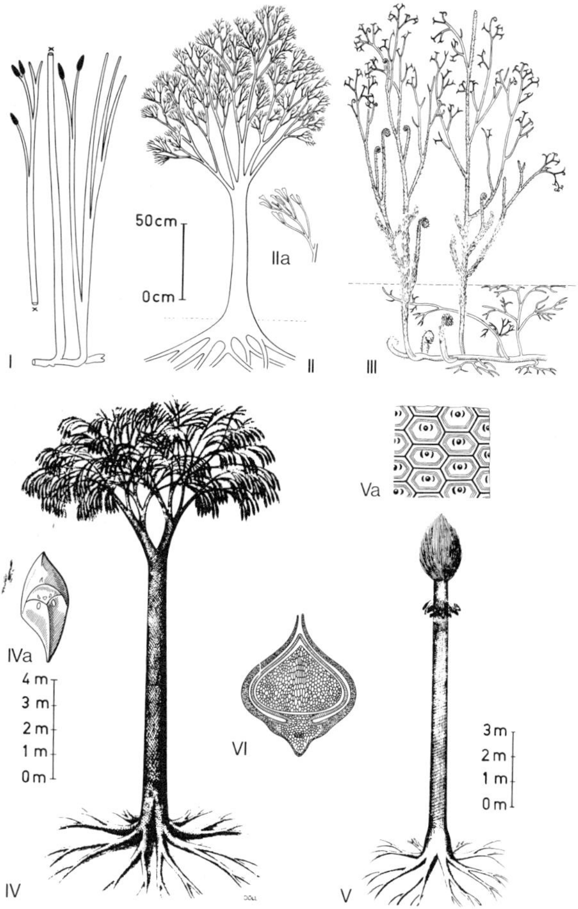

Abb. 113. Fossile Pteridophyten. I *Rhynia major*, II *Pseudosporochnus krejcii*, IIa Zweigenden, III *Thursophyton (Asteroxylon) elberfeldense*, IV *Lepidodendron* vom Typ des *L. obovatum*, IVa einzelnes Blattpolster von *L. obovatum*, V *Sigillaria* der Gruppe *Eurhytidolepis*, Va Blattpolster von *S. tessellata*, VI schematische Rekonstruktion eines Makrosporophylls von *Lepidocarpon lomaxi*, das vom Makrosporophyll umhüllte Makrosporangium mit Makroprothallium im Schnitt zeigend. (I nach KIDSTON und LANG aus TROLL, II, IIa nach ZIMMERMANN, III nach KRÄUSEL und WEYLAND, IV, V nach HIRMER, IVa nach POTONIÉ, Va nach SCHIMPER verändert, VI nach SCOTT.)

Thursophyton elberfeldense, einer etwa 1 m hohen, offenbar in der Verlandungszone von Gewässern wachsenden Pflanze kann man eine schneckenförmige Einrollung wie bei jungen Farnwedeln erkennen. Auch diese Pflanzen werden heute oft zu den *Filicatae* gerechnet.

Schon aus dem Unterdevon Australiens kennt man übrigens Sproßstücke mit 4 cm langen nadelförmigen Blättern *(Baragwanathia)*, die sich durch die Lage ihrer Sporangien (am Grunde auf der Blattoberseite) als *Lycopodiatae* erweisen. Diese Landpflanze ist somit etwa ebenso alt wie *Rhynia*. Andererseits könnte es sich bei *Rhynia* und anderen *Rhyniaceae* auch um sekundär blattlose Sprosse gehandelt haben, wie man sie auch bei rezenten Pteridophyten antreffen kann (Wurzelträger der Selaginellen, Ausläufer von *Nephrolepis, Filicatae*). Diese Hinweise und die Schwierigkeiten der morphologischen Deutung der zur Verfügung stehenden Fossilfunde zeigen, wie problematisch der Versuch sein muß, von den hier sich darbietenden Strukturen den Bauplan der Kormophyten abzuleiten. Zudem erscheint es durchaus denkbar, daß die Kormophyten auch auf einem anderen Wege aus hochentwickelten (aerophytischen?) Grünalgen hervorgegangen sein könnten. So etwa könnte sich ein schrittweiser Übergang von der thallophytischen zur kormophytischen Organisation in ähnlicher Weise vollzogen haben, wie er sich bei den Lebermoosen innerhalb der *Jungermaniidae* von den einfach thallösen Formen mit plagiotropem Wuchs über eine zunehmend stärkere Randgliederung des Thallus (z. B. bei *Blasia pusilla*, Seite 341) bis hin zu den orthotrop wachsenden in Stengel und Blättchen gegliederten kormophyten-ähnlichen Formen zeigt. Die genannten Moose können hier selbstverständlich nur als Analogiebeispiele für die Ableitung des Kormus aus einem Thallus gelten. Nach neueren Untersuchungen (HAGEMANN) findet dieses Analogiebeispiel jedoch in einigen Punkten eine Entsprechung in der Organisation bestimmter rezenter *Filicatae (Hypolepidaceae)*.

Bei den hier angedeuteten phylogenetischen Überlegungen darf man freilich die Rolle der verschiedenen Organisationsstufen im Generationswechsel nicht außer acht lassen. Die oft kormophytenähnlich gegliederten Vegetationskörper der rezenten Moose stellen stets die gametophytische Phase dar, und bei den Farngewächsen wird allein diese durch Vegetationskörper thallophytischer Organisation repräsentiert, während es sich bei dem im Generationswechsel dominierenden Kormus um den Sporophyten handelt.

Mit dem ebenfalls in Rhynie gefundenen *Lyonophyton rhyniensis* konnte von REMY und REMY 1980 erstmalig eine Pflanze beschrieben werden, die vermutlich die gametophytische Generation einer psilophytalen Pflanze darstellt. Für die gleichfalls unterdevonische, aus dem Rheinischen Schiefergebirge beschriebene Psilophytengattung *Sciadophyton* (Abb. 114 I) wurde von REMY und anderen festgestellt, daß ein Teil der gefundenen Pflanzen ebenfalls Gametophyten sind. Es handelt sich um Pflanzen, mit vielen büschelig von einem Zentrum ausstrahlenden, etwa 9 cm langen, aufsteigenden rundlichen Achsen, die sich am Ende zu scheiben- oder becherförmigen Gametangienträgern erweitern, auf deren Oberseite vermutlich Antheridien stehen (bei *Lyonophyton* sind in den Antheridien Spermatozoiden bzw. Spermatozoidmutterzellen zu erkennen, die langhalsigen Archegonien standen in zentralen Gruppen). An vielen Fundstellen von *Sciadophyton* folgen auf dichte Bestände von Gametophyten Schichten, die den Gametophyten im vegetativen Bereich gleichgestaltete Sporophyten enthalten. *Sciadophyton* zeigt damit einen isomorphen Generationswechsel, wie er für frühe Stadien der Landpflanzen-Evolution immer wieder postuliert wurde. Aus

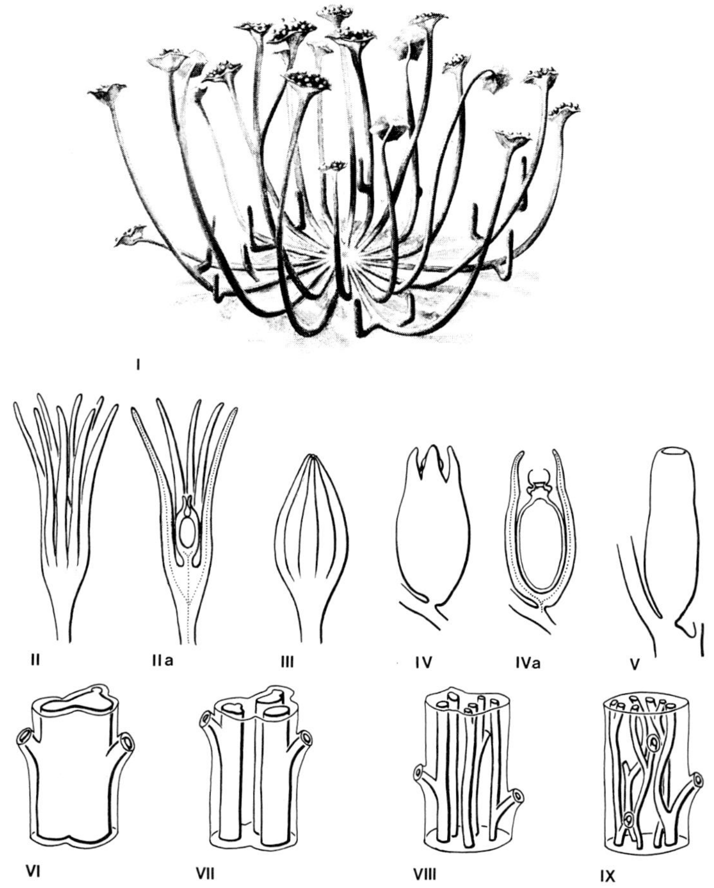

Abb. 114. I Rekonstruktion eines *Sciadophyton*-Gametophyten (nach Remy und Remy). II–V Entstehung des Integumentes der Samenanlage (IV, IVa, V) durch laterale Vereinigung peripherer steriler Sporangien eines Makrosorus zu einer becherartigen Hülle und Vereinigung dieser mit einem fertilen zentralen Sporangium (II, IIa), das zum Nucellus wird. II *Genomosperma kidstonii*, IIa Axialschnitt, III. *G. latens*, IV *Eurystoma angulare,* IVa im Axialschnitt, V *Stamnostoma huttonense*, (nach H. N. Andrews, teilweise aus Raven, Evert u. Curtis, graphisch verändert). VI–IX Primitive und abgeleitete Stelenformen: VI *Aneurophyton*, dreirippige Protostele, VII *Archaeopteris* (auch *Stenomyelon*, Oberdevon), dreisträngige, VIII *Archaeopteris*, IX *Coniferae*, mehrsträngige Eustele. (Nach Namboodiri und Beck graphisch verändert.)

einem solchen Modell lassen sich bei Annahme einer Förderung der sporophytischen Generation die Entwicklungslinien der Kormophyten, bei Förderung des Gametophyten die Entwicklungslinien der Bryophyten ableiten.
Bei den Versuchen, die frühe Stammesgeschichte der Kormophyten zu erklären, spielt die Ausbildung und stufenweise Vervollkommnung des Leitsystems in der Sproßachse eine Rolle. Als einfachste und ursprünglichste Form des Leitsystems, das in seiner Gesamtheit als **Stele** (= Säule) bezeichnet wird, gilt die **Protostele**: ein zentraler Xylemstrang mit einem Phloemmantel, wie er bereits für *Rhynia* (sogn. Haplostele mit rundem Querschnitt) beschrieben wird. *Aneurophyton* besaß eine im Querschnitt dreirippige Protostele, eine sogen. **Actinostele** (Abb. 114 VI). Eine solche im Querschnitt sternförmige Stele hatten wir schon bei *Asteroxylon* erwähnt, sie ist auch bei *Psilotum* anzutreffen. Aus dieser im Querschnitt gelappt oder sternförmig erscheinenden Actinostele ist die schon für viele Progymnospermen charakteristische **Eustele** abzuleiten, und zwar durch Aufteilung des zentralen Stranges in wenige (Abb. 114 VII) oder in mehrere Einzelbündel, die im Stengelquerschnitt ringförmig angeordnet erscheinen und sich bei der Abgabe der zu den Blättern führenden „Blattspuren" regelmäßig verzweigen (Abb. 114 VIII). Bei schraubigem Verlauf lassen sie ein sympodiales Muster erkennen, wie es auch bei rezenten Coniferen ausgebildet ist (Abb. 114 IX). (Bei vielen *Filicatae* hingegen hat sich die Protostele zu einer mit zentralem Mark ausgestatteten **Siphonostele** weiterentwickelt, die an den Abzweigungsstellen der Blattspuren Lücken aufweisen und dadurch netzartig durchbrochen erscheinen kann: **Dictyostele.**)

12. Abteilung: Spermatophyta, Samenpflanzen

Bei den Spermatophyten findet die Befruchtung der Eizelle stets im Makrosporangium statt, das – abgesehen von stärker abgeleiteten Angiospermengruppen – eine mehrschichtige Sporangienwand besitzt. Darüber hinaus wird das Makrosporangium noch von weiteren Hüllen, den **Integumenten**, umgeben. Das **Makrosporangium** – hier als **Nucellus** bezeichnet – und die **Integumente** bilden zusammen die **Samenanlage,** welche als Ganzes einem Makrosorus entspricht. Von der einzigen Sporentetrade des Makrosporangiums entwickelt sich nur eine einzige Makrospore zum Makroprothallium, und zwar innerhalb des Makrosporangiums. Die ganze Samenanlage löst sich nicht von der Mutterpflanze ab, bevor nicht die Entwicklung des aus der Zygote hervorgehenden Embryos zumindest eingeleitet, und die Ausbildung einer meist mit Nährgewebe und fester Hülle (aus den Integumenten hervorgehende Samenschale) ausgestatteten Verbreitungseinheit, des **Samens,** abgeschlossen ist.
Die schon bei den Moosen und Farnen deutlich fortschreitende Reduktion der gametophytischen Phase geht also bei den Spermatophyten so weit, daß der bei den vorigen Gruppen so auffällige Generationswechsel äußerlich nicht mehr erkennbar ist.
Auch die Samenpflanzen sind Kormophyten. Anders als die Farngewächse weisen ihre Embryonen einen dem Sproßpol gegenüberliegenden Wurzelpol auf, aus dem sich im Regelfall eine Hauptwurzel entwik-

kelt (Allorhizie). Die den Farngewächsen primär fehlende Hauptwurzel (primäre Homorhizie) kann aber auch bei den Spermatophyten rückgebildet sein bzw. nur eine kurze Lebensdauer haben (sekundäre Homorhizie, *Monocotyledoneae*) Die Verzweigung der Sproßachse ist auf den Modus der axillären Verzweigung fixiert. Abgesehen von den Monokotyledonen sind fast stets die Voraussetzungen für ein sekundäres kambiales Dickenwachstum der Sproßachse gegeben. In weiterer Anpassung an das Landleben auch unter wechselfeuchten oder trockenen Bedingungen sind Leit- und Abschlußgewebe zu stärkerer Differenzierung gelangt. Die Grundorgane treten weit mehr als bei den Farngewächsen in vielfältiger Gestalt auf und sind in verschiedenster Weise an die Lebensbedingungen angepaßt, erfahren auch nicht selten einen Funktionswechsel. Die Sporophylle sind fast überall zu Sporophyllständen begrenzten Wachstums, d. h. zu Blüten vereinigt, die bei den Angiospermen gewöhnlich noch durch den Besitz eines Perianths ausgezeichnet sind.

1. Unterabteilung: Gymnospermae, Nacktsamer

Die Gymnospermen umfassen ausschließlich Holzgewächse mit meist dauerhaften Laubblättern, in der Sproßachse ringförmig angeordneten offenen kollateralen Leitbündeln und sekundärem Dickenwachstum mittels Kambium. Im Unterschied zu den meisten Angiospermen weist jedoch auch das vom Kambium gebildete sekundäre Xylem nur Tracheiden (Fasertracheiden) auf, die mit großen Hoftüpfeln versehen sind. (Nur bei den *Gnetatae* finden sich echte Tracheen). Dem Gymnospermenphloem fehlen Siebröhren; die leitenden Elemente, die Siebzellen, besitzen keine Geleitzellen, bei *Ginkgo* und den Coniferen jedoch sog. Eiweißzellen. Die Blüten sind stets eingeschlechtig, ein deutlich differenziertes Perianth fehlt. Die Samenanlagen sitzen frei am Rande der Makrosporophylle (Abb. 115, 6, 116 I–IV) und sind – im Gegensatz zu den Verhältnissen bei den Angiospermen (= Decksamern!) – von diesen nicht umschlossen.
Wir veranschaulichen uns den Entwicklungsgang der Gymnospermen an der bei uns am stärksten vertretenen Klasse der Nadelhölzer (*Coniferae*) und zwar am Beispiel der Kiefer (*Pinus*). Bei unserer Waldkiefer oder Föhre (*P. sylvestris*) sitzen die nadelförmigen Blätter an den Enden der kräftigeren Zweige jeweils paarweise auf einem kurzen Stielchen und sind am Grunde anfangs von einer silberweißen Nadelscheide aus 5–7 häutigen Niederblättern umgeben, die später bis auf Reste verschwinden. Das ganze Gebilde ist ein Kurztrieb, wie sie zahlreich an kräftigeren Langtrieben (Abb. 115 2, 3) in der Achsel schmaler schuppenförmiger Niederblätter von rostbrauner Farbe entstehen. Das Verzweigungssystem der Kiefer, und zwar aller Arten, ist somit in Kurz-

und Langtriebe gegliedert. Auch bei den zapfenförmigen Mikrosporophyllständen (Abb. 115, 2) handelt es sich um Kurztriebe. Sie stehen in großer Zahl am Grunde der jüngsten Langtriebe, werden von zahlreichen schraubig gestellten Mikrosporophyllen gebildet und sind anfänglich von einigen (meist 3) an der Basis sitzenden schuppenförmigen Blättern umhüllt. Die Mikrosporophylle – bei den Samenpflanzen **Staubblätter** genannt – tragen unterseits 2 längs verlaufende miteinander verwachsene Mikrosporangien, die **Pollensäcke** (Abb. 117 VIII, IX). Diese weisen ein Perisplasmodialtapetum auf. Sie öffnen sich bei der Reife mit einem Längenriß, und zwar durch Kohäsionszug in dem ähnlich wie bei *Selaginella* strukturierten Exothecium. Bei den Pollenkörnern (Abb. 115, 5) ist die äußere der 3 Exineschichten an zwei Stellen blasenförmig zu „Luftsäcken" emporgehoben, welche die Sinkgeschwindigkeit der Pollenkörner vermindern.
Die morphologische Deutung der weiblichen Zapfen (Abb. 115, 3) hat Anlaß zu vielen Diskussionen gegeben, kann heute aber als gesichert gelten. Die weiblichen Zapfen nehmen die Stelle von Langtrieben ein. An ihnen sitzen in den Achseln steriler „Deckschuppen" – oder vielmehr etwas auf deren Oberseite verschoben und mit diesen verwachsen – die jeweils auf nur ein schuppenförmiges Blatt, die **Samenschuppe** (**„Fruchtschuppe"**), reduzierten Kurztriebe (6, 7). Diese tragen an ihrer Basis je 2 abwärts gekehrte Samenanlagen mit zangenförmig vorgezogenen Integumenten (6). Jede Samenschuppe entspricht somit dem Rest eines Makrosporophyllstandes bzw. einer weiblichen Blüte, d. h. der weibliche Zapfen ist ein Blütenstand, den man mit der Gesamtheit der an der Basis eines Langtriebes sitzenden männlichen Blüten vergleichen kann. Für diese Deutung spricht, daß die ausgestorbenen primitiven **Voltziales** (Oberkarbon bis Jura) an Stelle der einen (komplexen) Fruchtschuppe noch Kurztriebe mit mehreren sterilen und einem oder mehreren Samenblättern aufwiesen, so z. B. *Lebachia* (= *Walchia, L. piniformis,* aus dem Rotliegenden).
In Inneren der Samenanlage (Abb. 115, 7–8) vollzieht sich im Makrosporangium, dem **Nucellus**, die Entwicklung der einzigen Makrospore [Embryosackzelle (7)] zum weiblichen Gametophyten (8) – bei den Samenpflanzen als **Embryosack** bezeichnet. Dieser stellt bei den Gymnospermen – abgesehen von den *Gnetatae* – stets ein vielzelliges Makroprothallium mit mehreren Archegonien dar, das sich unter anfänglich freien Kernteilungen entwickelt (vgl. *Selaginella!*). Die Archegonien (11) besitzen bei den *Coniferae* meist 4–8 (bei den *Cycadatae* und *Ginkgo* nur 2) Halswandzellen und bei den Pinaceen sogar noch eine Bauchkanalzelle. Die Eizellen weisen eine beträchtliche Größe auf.
Die Übertragung der in große Zahl gebildeten Pollenkörner geschieht durch den Wind („Schwefelregen" zur Blütezeit der Nadelhölzer). Schon vor dem Stäuben beginnt im Pollenkorn die Entwicklung des **männlichen Gametophyten** (des Mikroprothalliums, Abb. 115, 5, 9,

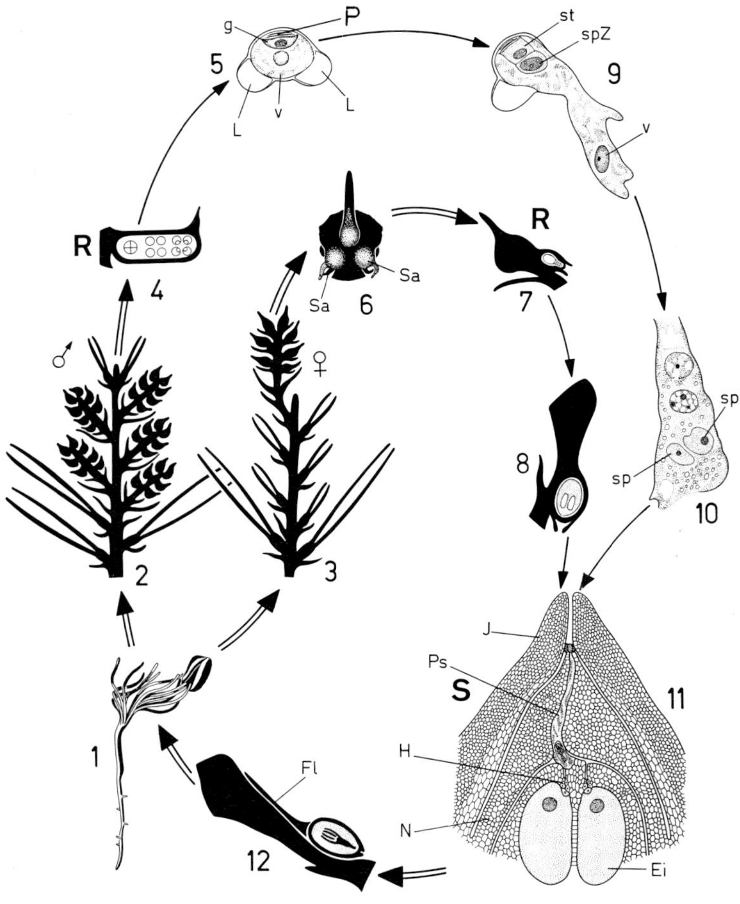

Abb. 115. Entwicklungszyklus der Nadelhölzer am Beispiel der Kiefer *(Pinus sylvestris)*, teilweise schematisch. 1 Keimling mit noch aufsitzender Samenschale, 2, 3 Langtriebe mit vegetativen Kurztrieben und männlichem (5 Blüten) bzw. weiblichem Blütenstand, 4 Mikrosporophyll (Staubblatt) längs, Reduktionsteilung der Mikrosporenmutterzellen, 5 Mikrospore (Pollenkorn) im optischen Schnitt, L Luftsäcke, g generative, v vegetative Zelle, P Prothalliumzellen, 6 Makrosporophyll (Samenschuppe) mit 2 Samenanlagen (Sa) von der Ventralseite, darunter die zugehörige Deckschuppe Ds (größtenteils verdeckt), 7, 8 Deck- und Samenschuppe (F) zur Zeit der Makrosporenbildung (7) und mit entwickeltem Makroprothallium (8), 9, 10 Entwicklung des Mikroprothalliums,

10), und zwar werden zunächst 2 linsenförmige Prothalliumzellen abgegliedert, die jedoch frühzeitig zugrunde gehen (Abb. 115, 5). Die verbleibende Zelle teilt sich in eine große vegetative Zelle (Pollenschlauchzelle) und eine kleinere, von der ersten umschlossene generative (antheridiale) Zelle, aus der ein reduziertes Antheridium entsteht (Antheridienzelle). Die vegetative Zelle wächst nach der Bestäubung zum Pollenschlauch aus (Abb. 115, 9). Zu diesem Zeitpunkt teilt sich die Antheridienzelle in eine Stielzelle (Dislokatorzelle) und eine spermatogene Zelle, welche schließlich 2 Spermazellen (10) liefert, die vom Pollenschlauch (ähnlich wie bei den Angiospermen, vgl. Seite 78) zu einem der Archegonien übertragen werden. Dabei führt freilich nur eine der beiden Spermazellen die Befruchtung aus, die andere geht zugrunde.

Die Entwicklung des Embryos aus der befruchteten Eizelle nimmt bei den Gymnospermen noch mehr als bei den Angiospermen einen Umweg über die Ausbildung eines **Proembryos**. Bei *Pinus* (und allgemein bei den Coniferen) teilt sich der Zygotenkern zunächst in 4 Tochterkerne, die in das untere Ende der Zygote wandern und sich dort in einer Ebene senkrecht zur Zygotenachse anordnen. Durch weitere von Wandbildungen gefolgte Kernteilungen entstehen 4 Stockwerke von je 4 Zellen. Die 4 obersten Zellen bleiben zum Zygotenplasma hin offen; gegen sie grenzen sich die Zellen des nächsten Stockwerks durch eine dicke Zellwand ab. Die Zellen des dritten Stockwerks strecken sich zum **Embryoträger (Suspensor)**, sie schieben nämlich die Zellen des untersten Stockwerks tief in das Prothalliumgewebe hinein und tragen noch durch Abgabe von Zellen zur weiteren Verlängerung des Suspensors bei. Schließlich lösen sich die Reihen der Suspensorzellen samt den Zellen des untersten Stockwerks voneinander. Erst aus diesen, an den Enden der 4 Reihen befindlichen Zellen geht jeweils ein Embryo hervor; das heißt aber, daß aus jeder Zygote 4 genotypisch gleiche Embryonen entstehen können, von denen letztlich allerdings nur einer zu voller Entwicklung gelangt; er wächst zunächst mit dreischneidiger Scheitelzelle. Bei der Ausbildung der Grundorgane gliedert der Embryo eine wechselnde Zahl (2–18) von Keimblättern aus. Er ist in das Prothalliumgewebe eingebettet, das als Nährgewebe dient (**primäres Endosperm**). Das Integument wird zur Samenschale. Der Samen wird samt einem von der Oberseite der Samenschuppe sich ablösenden Flügel abgeworfen (Abb. 115, 12).

---

9 auskeimende Mikrospore, Teilung der generativen Zelle in Stielzelle (st) und spermatogene Zelle (spZ), 10 Teilung der spermatogenen Zelle in die beiden Spermazellen (sp), 11 Samenanlage zum Zeitpunkt der Befruchtung mit Pollenschlauch (Ps), J Integument, N Nucellus, H Archegoniumhals, Ei Eizelle, 12 Samen- und Deckschuppe längs mit entwickeltem, samt Flügel (Fl) sich ablösendem Samen. (Schematische Figuren nach FIRBAS, teilw. verändert, übrige nach COULTER u. CHAMBERLAIN 5, 9, 10 bzw. STRASBURGER 11, teilw. nach TROLL verändert.)

Zwischen den als Vorfahren der Gymnospermen anzunehmenden eusporangiaten heterosporen Farnen und den Gymnospermen vermittelt die fossile Klasse der *Pteridospermae (Lyginopteridatae).*
Man neigt heute weithin zu der Auffassung, daß die Gruppen der Gymnospermen in zwei (oder drei) getrennten Entwicklungslinien aus mitteldevonischen bis unterkarbonischen „Progymnospermen" hervorgegangen sind. Dementsprechend gliedert man dann die Spermatophyta in drei Unterabteilungen und stellt den *Angiospermophytina* zwei gymnosperme Unterabteilungen gegenüber, nämlich die **Cycadophytina** mit den *Pteridospermae, Cycadatae, Bennettitatae* und *Gnetatae* und die **Coniferophytina** mit den *Ginkgoatae, Cordaitatae* und *Coniferae (Pinatae).* Teilweise wird sogar die Ansicht vertreten, man könne die beiden gymnospermen Entwicklungslinien bis zu den *Archaeopteridales* (vgl. Seite 354 *Archaeopteris*; vgl. ferner Seite 463 ff. und Abb. 114 VI–IX) zurückverfolgen, die man dann bereits als „Progymnospermen" betrachtet. Bei dieser Deutung spielt auch die Form der Tüpfelung im Sekundärholz eine Rolle, nämlich die Ausbildung von Treppentüpfeln bei den *Cycadophytina* und die coniferenartige Tüpfelung bei den *Coniferophytina* (Hoftüpfel, fast ausschließlich in den Radialwänden der Tracheiden und sog. araucarioide Tüpfelung). Letztere findet sich bereits im Sekundärholz der ursprünglich als *Callixylon* beschriebenen Stämme von *Archaeopteris.*

1. Klasse: Pteridospermae (Lyginopteridatae, Cycadofilices), Samenfarne

Diese traten bereits im Oberdevon auf und waren besonders im Karbon und Perm reich vertreten, starben aber im Jura wieder aus. Es waren Pflanzen mit farnartigen Wedeln. Sie besaßen zum Teil den Habitus von Baumfarnen und wiesen ein sekundäres Dickenwachstum auf. Man darf annehmen, daß sie allorhiz bewurzelt waren, auch die Wurzeln hatten die Fähigkeit zu sekundärem Dickenwachstum. Die zu Synangien vereinigten Mikrosporangien und die Samenanlagen (bzw. Makrosori) saßen an Fiedern reichgegliederter, den Trophophyllen durchaus ähnlicher Sporotrophophylle, die noch nicht in Blüten standen. Die Formenreihen (= Progressionsreihen?) der Makrosori bzw. Samenanlagen lassen eine allmähliche Umbildung peripherer, steril gewordener Makrosporangien und ihre Vereinigung zum Integument vermuten (Abb. 114 II–V). Vielfach waren die Samenanlagen außerdem noch von einer Cupula (2. Integument?) umgeben, so z. B. bei der mittel- bis oberkarbonischen Gattung *Lyginopteris*, einer vermutlich kletternden Pflanze mit bis 4 cm dickem Stämmchen, bei der sich der Same aber wohl meist aus der Cupula löste. Die Befruchtung erfolgte offenbar durch Spermatozoide. Zu den Pteridospermen rechnet man auch die durch ungeteilte, zungenförmige Blätter ausgezeichneten *Glossopteri-*

daceae, die wichtigsten Leitformen der vom Permokarbon bis zum Jura auf der Südhalbkugel herrschenden Gondwana-Flora (*Glossopteris*-Flora). Bei den *Caytoniales* waren die Pollenkörner mit Luftsäcken versehen. Den *Pteridospermae* stehen vermutlich die *Cycadatae* und die fossilen *Bennettitatae* sehr nahe.

2. Klasse: Cycadatae, Palmfarne

Die Palmfarne sind schon aus der Trias bekannt und kommen noch heute als „lebende Fossilien" in einem sehr zerstückelten Areal in den Tropen und Subtropen vor. Die Gattung *Cycas (Cycadaceae)* ist von Madagaskar bis nach Japan und Polynesien verbreitet, *Stangeria (Stangeriaceae)* und *Encephalartos (Zamiaceae)* in Afrika und die Mehrzahl der *Zamiaceae* mit *Dioon, Microcycas, Ceratozamia* und *Zamia* im tropischen bis subtropischen Amerika und mit *Lepidozamia, Macrozamia* und *Bowenia* in Australien. Es sind Pflanzen von palmenartigem Wuchs, d. h. mit zumeist unverzweigten, oft kurzen und etwas im Boden eingesenkten Stämmen und schopfig gestellten, großen, einfach gefiederten Wedeln, deren Spitzen zum Teil in der Knospenlage ähnlich eingerollt sind wie bei den Farnen. Die Laubblätter wechseln periodisch mit Niederblättern ab.

Im Stamm sind Mark und Rinde stark entwickelt. Der vom Kambium der kollateralen Leitbündel gebildete Zuwachs bleibt gering; bei vielen Gattungen werden jedoch weitere konzentrische Bündelringe in der Rinde angelegt, die untereinander und mit dem ersten Bündelring in Verbindung stehen – ein Verhalten, das man mit der Stammstruktur bei der Pteridospermenfamilie der *Medullosaceae* verglichen hat. In Rinde und Mark, aber auch in den übrigen Teilen der Pflanzen verlaufen Schleimgänge. Aus dem stärkereichen Mark mancher Palmfarne wird Sago-Stärke gewonnen.

Die Palmfarne sind diözisch. Staub- und „Fruchtblätter" (Makrosporophylle) sind jeweils in zapfenförmigen Ständen (Abb. 116 V) angeordnet. Nur die Fruchtblattstände von *Cycas* bilden eine Ausnahme, die als sehr primitiver Ansatz zur Blütenbildung bezeichnet werden kann. Der Vegetationspunkt des Stammes bildet hier zeitweise statt der Laubblätter Makrosporophylle, kehrt dann aber zur Ausbildung von Laubblättern zurück. Die dicht gelbbraun behaarten Makrosporophylle (Abb. 116, I–IV) geben durch ihre Form, vor allem durch ihren oft gefiederten Endabschnitt, ihre Homologie mit Laubblättern deutlich zu erkennen. Bei den in Zapfen stehenden Makrosporophyllen der übrigen Gattungen wird der Endabschnitt rückgebildet und die Zahl der randständigen Samenanlagen auf 2 vermindert. Auch diese Zapfen entstehen terminal am Sproßscheitel, werden aber durch einen axillären Vegetationspunkt auf die Seite gedrängt, der sympodial das Stammwachstum fortsetzt. Aus der Tatsache, daß das eine dicke Integument der Samenanlagen durch 2 Leitbündelsysteme versorgt wird, schließt man, daß es durch

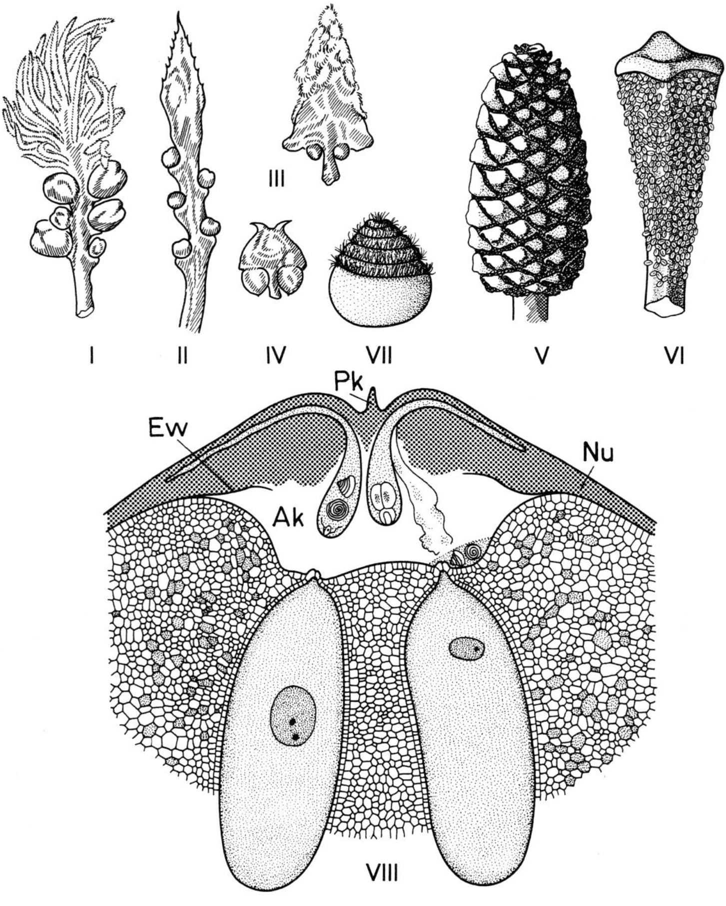

Abb. 116. *Cycadatae.* I–IV Fruchtblätter (Makrosporophylle von *Cycas revoluta* (I), *C. circinalis* (II), *Dioon edule* (III) und *Ceratozamia mexicana* (IV). V *Encephalartos altensteinii*, männliche Blüte (Mikrosporophyllstand). VI einzelnes Mikrosporophyll. VII Spermatozoid von *Zamia floridana*. VIII *Dioon edule*, mikropylarer Pol des Nucellus zum Zeitpunkt der Befruchtung, Pk Pollenkammer (geschrumpft), Nu Nucellus, Ak Archegonienkammer, Ew Embryosackwand. Die im Nucellusgewebe verankerten Pollenschläuche (Mikroprothallien) ragen mit ihrem Scheitel frei in die Archegonienkammer hinein, ein Pollen-

Verwachsungen aus 2 Integumenten entstanden ist. Im Nucellus entsteht unter der Mikropyle durch Gewebezerfall die **Pollenkammer.** Das mächtig entwickelte Makroprothallium, der Embryosack, bildet mehrere Archegonien mit 2 Halswandzellen und bis zu 6 mm großen Eizellen aus. Sie münden in der durch Einsenkung des Prothalliums gebildeten **Archegonienkammer** (Abb. 116 VIII). Die Staubblätter (Mikrosporophylle, Abb. 116 VI) tragen unterseits eine große Zahl derbwandiger Pollensäcke (Mikrosporangien), die in Gruppen zu 2 oder 3 beieinander stehen und sich mit Hilfe eines Exotheciums öffnen. Die Pollenkörner entwickeln sich innerhalb der Pollensäcke bis zum Dreizellenstadium, d. h. sie bilden außer einer Prothalliumzelle noch die Antheridienzelle und die vegetative Zelle (Pollenschlauchzelle) des Mikroprothalliums aus.

Zur Zeit der Bestäubung tritt aus der Mikropyle ein Flüssigkeitstropfen (Bestäubungstropfen) aus, in welchem die durch den Wind, gelegentlich aber auch schon durch Insekten (Käfer) herangetragenen Pollenkörner aufgefangen werden. Diese werden beim Eintrocknen des Tropfens in die Pollenkammer eingesogen, keimen dort und wachsen schlauchartig in das Nucellargewebe hinein. Währenddessen werden Pollen- und Archegonienkammer durch Auflösung des dazwischenliegenden Nucellargewebes vereinigt. Die Antheridienzelle des Mikroprothalliums teilt sich in die Stielzelle und die spermatogene Zelle und diese nochmals in 2 Spermazellen. Aus diesen gehen hier jedoch frei beweglich Spermatozoide (bei *Microcycas* sogar noch in größerer Anzahl) hervor, die mit einem schraubig gewundenen Geißelband ausgestattet (VII) und sehr groß sind (mit bis zu 0,3 mm Durchmesser die größten des Pflanzen- und Tierreichs). Sie werden nach dem Platzen der Intine ausgestoßen, schwimmen aktiv zum Archegonium und dringen nach Abwerfen der Plasmahülle und des Geißelbandes in dieses ein. Der Pollenschlauch dient hier also noch nicht der Übertragung unbeweglicher (oder nur amöboid beweglicher) Spermazellen, sondern nur der Verankerung des Mikroprothalliums im Nucellusgewebe. Auch hier entwickelt sich aus der Zygote zunächst ein Proembryo; das Makroprothalliumgewebe dient als Nährgewebe, das Integument wandelt sich zu einer außen fleischigen Samenschale (Sarcotesta) um.

---

schlauch hat die beiden Spermatozoide bereits freigegeben. Die an ihren großen Eizellen kenntlichen Archegonien ragen mit den beiden Halswandzellen über das Makroprothalliumgewebe empor. (Nach Firbas I, III, IV, Schuster II, Troll V, Karsten VI, Weber VII und Chamberlain VIII aus Strasburger und Troll.)

3. Klasse: Bennettitatae

Diese von der Trias bis zur Kreide auftretenden, Palmfarn-ähnlichen Gymnospermen besaßen teilweise Zwitterblüten mit Perianth, gefiederten Staubblättern und einem kompliziert aufgebauten Gynoeceum. Der Bau des Gynoeceums läßt sich so deuten, daß hier sterile Interseminalschuppen mit Fruchtblättern abwechselten, die auf 1 gestielte Samenanlage reduziert waren. Man vermutet Käferbestäubung und Spermatozoidbefruchtung (Ausbildung einer Pollenkammer). Die Keimlinge besaßen 2 Keimblätter.

4. Klasse: Ginkgoatae, Ginkgo-Gewächse

Die Ginkgo-Gewächse traten bereits im Perm, wenn nicht schon früher auf, sind aber heute bis auf 1 Art, *Ginkgo biloba,* ausgestorben. Diese hat ihr natürliches Areal augenscheinlich in den Bergwäldern von Anhwei und Chekiang. Sie wird seit langem in China und Japan als Kulturbaum (Tempelbaum) gehalten und heute vielfach in Gärten und Parks kultiviert (seit 1727/37 in Europa). Es ist ein laubabwerfender, gut 30 m hoch werdender Baum mit anfangs pyramidaler, später breit ausladender Krone, der vor allem durch seine eigenartigen fächerförmigen, oft mehr oder minder tief 2lappigen Blätter (Abb. 117 VII) bekannt geworden ist („Fächerblattbaum"). Die Spreiten zeigen eine gabelig-fächerförmige offene Nervatur. Das Verzweigungssystem ist in Lang- und Kurztriebe gegliedert. An den mehrere Jahre alt werdenden Kurztrieben stehen auch – zweihäusig verteilt – die Blüten. Sie gehen aus den Achseln schuppenförmiger Niederblätter oder der Laubblätter hervor. Die männlichen Blüten tragen an verlängerter Achse zahlreiche Staubblätter mit je 2 (bei fossilen Vertretern zahlreichen) am Ende eines filamentartigen Abschnittes hängenden Pollensäcken. Die weiblichen Blüten weisen am Ende eines langen stielartigen Abschnittes gewöhnlich 2 (seltener mehr) kräftige Samenanlagen auf, die am Grunde von einer Cupula umgeben sind. Die Cupula wird als verkümmertes Karpell gedeutet. Die Befruchtung erfolgt einige Monate nach der Bestäubung durch Spermatozoide, die ähnlich gestaltet sind wie bei den *Cycadatae.* Das Integument entwickelt sich zu einer äußeren dickfleischigen Sarcotesta und einer inneren Sklerotesta. Die reifen Samen sind eßbar, doch schmeckt die Sarcotesta stark nach ranziger Butter, die gerösteten „Kerne" hingegen gelten in China als Leckerbissen. Die Embryonen sind zweikeimblättrig.

5. Klasse: Cordaitatae

Die Cordaiten waren schlankwüchsige, bis 30 m hohe Bäume mit reich verzweigter Krone und kleinen oder bis 1 m langen lanzettlichen oder länglichen, gabelig-parallelnervigen Blättern und kräftigem sekundären Dickenwachstum. Sie traten vom Oberdevon bis zum Perm, im Karbon sogar waldbildend auf. Die zapfenartigen männlichen und weiblichen Blüten waren zu getrenntgeschlechtigen kätzchenförmigen Blütenständen vereinigt und wiesen außer Staub- und Fruchtblättern am Grunde zahlreiche sterile Schuppen auf. Die Staubblätter trugen am Ende Büschel von 6–8 Pollensäcken, die Fruchtblätter 1 oder 2 endständige Samenanlagen, die eine Pollenkammer besaßen (Spermatozoidbefruchtung?). Die Pollenkörner waren fast ringsum von einem Luftsack umgeben. Die *Cordaitatae* standen vermutlich der folgenden Klasse sehr nahe.

6. Klasse: Coniferae (Pinatae), Nadelhölzer

Die Nadelhölzer sind Bäume, selten Sträucher mit reichgegliedertem, gewöhnlich durch starkes Dominieren der Hauptachse ausgeprägt monopodialem Verzweigungssystem und meist (schraubig angeordneten) schmalen Blättern (Nadeln) oder (wirteligen) Schuppenblättern. Sie weisen häufig in allen Organen Harzgänge auf. Ihre eingeschlechtigen Blüten sind zapfenförmig oder stellen Reduktionsformen von Zapfen dar. Die Befruchtung erfolgt durch Übertragung von Spermazellen durch den Pollenschlauch. Die Embryonen sind zwei- oder mehrkeimblättrig.

Die Nadelhölzer sind bereits aus dem Oberkarbon nachgewiesen, und zwar mit der eingangs schon erwähnten, ausschließlich fossilen (1.) Ordnung **Voltziales,** die mit *Lebachia (= Walchia* und *Ullmannia), Glyptolepis* und *Voltzia* besonders im Kupferschiefer und in der unteren Trias auch in Mitteleuropa waldbildend auftrat (Ältere Nadelbaumzeit).

Die Blütenverhältnisse bei den (2.) **Pinales** wurden – soweit es die wichtigste Familie, die *Pinaceae,* betrifft – schon bei der Besprechung des Entwicklungsganges der Gymnospermen am Beispiel der Kiefer erörtert. Die **Pinaceae** umfassen unsere wichtigsten Waldbäume.

Innerhalb der *Pinaceae* bildet die Gattung *Pinus* eine eigene Unterfamilie, *Pinoideae.* Diese ist dadurch gekennzeichnet, daß die Nadeln – abgesehen von den ein- und zweijährigen Jungpflanzen – ausschließlich an Kurztrieben stehen. Bei der Waldkiefer *(P. sylvestris),* deren Areal von Sibirien bis nach Skandinavien und Mitteleuropa reicht, tragen die Kurztriebe je 2 Nadeln, ebenso bei der Schwarzkiefer *(P. nigra),* der mediterranen Pinie *(P. pinea)* und bei der Bergkiefer *(P. mugo),* welche als strauchig niederliegende „Latsche" *(P. mugo* s. str. = *P. mugo* subsp. *mugo)* das Legföhrengebüsch oberhalb der Waldgrenze bildet, während andere Unterarten aufrecht wachsen. Bei der nordamerikanischen Weymouthskiefer *(P. strobus)* und der in den Alpen und Karpaten an der Waldgrenze wachsenden Zirbelkiefer *(P. cembra)* sind es je 5 Nadeln an einem Kurztrieb; *P. monophylla,* westl. Nordamerika, hat 1nadelige Kurztriebe. Die Samen mancher Arten *(P. cembra,* „Zirbelnüsse", *P. pinea,* „Piniolen") werden gegessen.

Bei den *Abietoideae* stehen die Nadeln schraubig, jedoch oft „gescheitelt" an Langtrieben. Hierher gehören die Douglasfichten *(Pseudotsuga),* Hemlocktannen *(Tsuga),* Fichten *(Picea)* und Tannen *(Abies).* Die im asiatisch-nordeuropäischen Waldgebiet verbreitete Fichte *(P. abies)* ist an den spitzen 4kantigen Nadeln und ihrer rötlichen Borke (Rottanne!) leicht von der mit heller Borke ausge-

statteten Weißtanne *(Abies alba)* zu unterscheiden, die in den montanen Wäldern der mittel- und südeuropäischen Gebirge beheimatet ist. Ihre flachen am Ende etwas eingekerbten Nadeln tragen unterseits 2 helle Wachsstreifen. Während die reifen Fichtenzapfen wie bei den meisten *Pinaceae* herabhängen und nach dem Ausstreuen der Samen als Ganzes abfallen, bleiben sie bei den Tannen (und bei *Cedrus)* auch nach der Blütezeit aufrecht stehen, ihre Schuppen blättern einzeln ab, zuletzt bleibt nur noch die kahle Spindel übrig.
Bei den *Laricoideae* tragen die Langtriebe im 1. Jahr Nadeln. Aus ihren Achseln gehen im 2. Jahr Kurztriebe mit Nadelbüscheln hervor. Die Nadeln sind bei den Zedern *(Cedrus)* mehrjährig, bei den Lärchen *(Larix)* einjährig (sommergrün). Unsere Lärche *(L. decidua)* wächst wild als lichtbedürftiger Baum in den Zentralalpen.
Zwischen Bestäubung und Befruchtung der Samenanlagen vergeht bei vielen Nadelhölzern eine lange Zeitspanne. Bei der Kiefer erfolgt die Bestäubung im Mai. Erst im nächsten Frühjahr, wenn die weiblichen Zapfen etwas herangewachsen sind, bilden sich in diesen die Archegonien und in den Pollenschläuchen die Spermazellen. Schließlich wird nach insgesamt etwa 1 Jahr die Befruchtung vollzogen. Die Weiterentwicklung der Zapfen nimmt noch fast ein weiteres Jahr in Anspruch; denn erst im nächsten Vorfrühling, also fast 2 Jahre nach der Bestäubung, können die reifen Samen ausgestreut werden. Bei der postfloralen Entwicklung der Zapfen kann das Verhältnis von Samen- und Deckschuppen sehr verschieden sein. Bei Tanne und Douglasfichte wachsen beide Schuppen heran, die lang zugespitzte oder 3spitzige Deckschuppe ragt am reifen Zapfen mit ihrer Spitze etwas über die Samenschuppe hinaus. Bei der Fichte und vielen anderen überwiegt das Wachstum der Samenschuppe, die Deckschuppe bleibt klein, bei *Pinus* verkümmert sie gänzlich.

Die **Araucariaceae** sind durch Samenschuppen mit nur 1 Samenanlage, kräftigen Nadeln und primitivem Bau des sekundären Xylems gekennzeichnet. Sie kommen heute ausschließlich auf der Südhalbkugel vor. Die Gattung *Agathis* ist wegen ihrer breitlanzettlichen Blätter bemerkenswert. Die durch sehr regelmäßige Verzweigung ausgezeichneten *Araucaria*-Arten treten vor allem in den andinen Waldgebieten des südlichen Südamerikas bestandsbildend auf *(A. excelsa,* Zimmertanne, Insel Norfolk).

Abb. 117. I–III *Juniperus communis*, I weibliche Blüte, S Samenanlagen, II reifer Beerenzapfen, III männliche Blüte, Po Pollensäcke (Mikrosporangien). IV–VI *Taxus baccata*, IV Zweig mit Früchten, V Blütensproß im Axialschnitt, v zur Seite gedrängter Vegetationsscheitel, A Arillus, I Integument, E Embryosack, M Mikropyle der in die terminale Stellung gerückten Samenanlage, VI männliche Blüte. VII *Ginkgo biloba*, Laubblatt. VIII, IX Staubblatt (Mikrosporophyll) von *Pinus sylvestris*, VIII Totalansicht, IX Querschnitt, St Stomien. X, XI *Ephedra campylopoda*, X männliche Blüte von der abaxialen Seite, mehrere Staubblätter zu einem Synandrium verwachsen, X mit einem Staubblatt, in Schrägansicht, D Deckblatt, P Perianth, XII *E. altissima*, Ästchen mit terminaler weiblicher Blüte, I röhrenförmiges Ende des Integuments. (Nach Berg u. Schmidt I–III, Firbas IV, Strasburger V, IX, Karsten VI, Troll III, VII und Wettstein X, XI.)

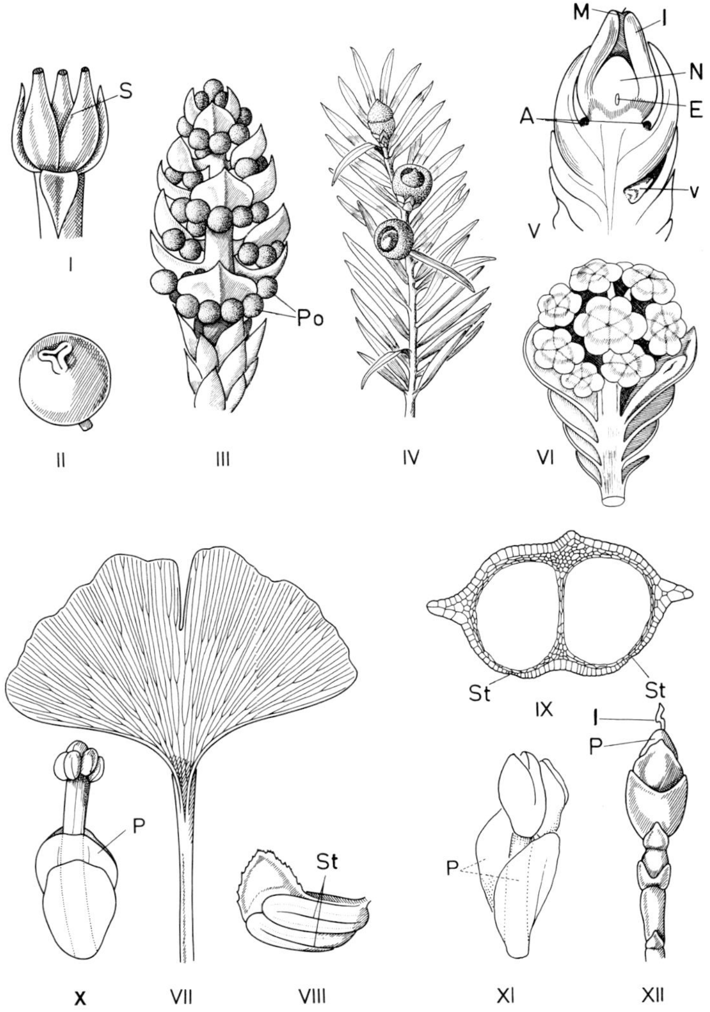
S
I
Po
II
III
IV
M
I
N
E
A
v
V
VI
St
St
IX
I
P
P
P
St
X
VII
VIII
XI
XII

Die **Taxodiaceae** besitzen oft schuppenförmige oder pfriemliche Blätter, so *Sequoiadendron giganteum,* der Mammutbaum der Sierra Nevada, der über 100 m hoch und bis 8 m dick wird und ein Alter von mehr als 3000 Jahren erreicht (die ältesten Bäume sind wohl ca. 4600 Jahre alte Borstenkiefern, *Pinus aristata,* südwestl. N-Amerika). Die bis 110 m hoch werdende kalifornische *Sequoia sempervirens* (Redwood) hat flache Nadeln. *Taxodium distichum* (Sumpfzypresse) bildet im südöstlichen Nordamerika ausgedehnte Sumpfwälder, *T. mucronatum* wächst in Mexico. Sie tragen nadelförmige Blätter, gescheitelt an fiederblattähnlichen Kurztrieben, die im Herbst abfallen, ebenso *Metasequoia glyptostroboides,* die erst 1941 in Zentral-China lebend gefunden wurde. Bis dahin war die Gattung nur fossil aus dem Mesozoikum und dem Tertiär bekannt. Überhaupt bildeten Taxodiaceen wichtige Elemente der Arktotertiärflora.

Bei den **Cupressaceae** sind die nadel- oder meist schuppenförmigen Blätter in 2- oder 3-(selten 4-)zähligen Wirteln angeordnet, die Samenanlagen stehen (wie bei den *Taxodiaceae)* aufrecht. Häufig angepflanzt findet man bei uns Arten von *Thuja* (Lebensbaum, mit dekussierten Schuppenblättern), *Chamaecyparis* (Scheinzypresse), *Cupressus* (Zypresse), die alle holzige Samenzapfen bilden. Einheimisch ist der Wacholder *(Juniperus communis),* der auf Zwergstrauchheiden und Triften und mit der niederliegenden subsp. *nana* auch oberhalb der Waldgrenze verbreitet ist. Seine nadelförmigen Blätter sind in dreizähligen Wirteln angeordnet. Die männlichen und weiblichen Zapfenblüten sind zweihäusig verteilt, sie stehen in den Achseln von Laubblättern. Bei den männlichen (Abb. 117 III) folgen auf einige Schuppenblattwirtel mehrere Wirtel von Staubblättern, die unterseits meist 4 (3–7) Pollensäcke tragen. Die weiblichen Blüten (Abb. 117 I) weisen eine große Anzahl steriler Schuppen und nur am distalen Ende 3 Samenanlagen auf, die mit den obersten Schuppenblättern alternieren. Man nimmt jedoch an, daß sie der Basis dieser Blätter angehören und erst sekundär in die Lükken zwischen diesen eingerückt sind, nachdem von je 2 an einer Fruchtschuppe sitzenden Samenanlagen (wie bei *J. sabina,* dem Sadebaum) nur jeweils eine erhalten blieb. Nach der Bestäubung entwickeln sich diese 3 Samenschuppen fleischig und umschließen die reifenden Samenanlagen, so daß ein „Beerenzapfen“ (Abb. 117 II) entsteht, an dem noch die Spitzen der drei Samenschuppen zu erkennen sind. Die „Wacholderbeeren“ sind erst im dritten Jahr nach ihrer Anlegung ausgereift, zwischen Bestäubung und Befruchtung vergeht wie bei der Kiefer ein Jahr.

Von der vorwiegend südhemisphärischen **Podocarpaceae** sind die Gattungen *Podocarpus,* mit oft lanzettlichen Blättern, und *Phyllocladus* mit blattartig verbreiterten Kurztrieben erwähnenswert, ferner *Dacrydium.*

Von den **Taxales** mit der kleinen, fast nur auf der nördlichen Erdhälfte vertretenen Familie der **Taxaceae** ist als wichtigster Vertreter die Eibe

(Taxus baccata) zu nennen. Dieser in unseren Gebirgswäldern wachsende Nadelbaum ist heute selten geworden (ein großer alter Bestand noch im Bodetal/Harz). Der bis 10 m hohe Nadelbaum enthält ein giftiges Alkaloid, Taxin; Harzkanäle fehlen. Die Blüten sind zweihäusig verteilt, die männlichen gehen als Kurztriebe aus Laubblattachseln hervor. Sie bilden jeweils einen kugeligen gelblichen Stand schildförmiger Staubblätter (Abb. 117 VI), an deren Unterseite je 6–8 miteinander verwachsene Pollensäcke hängen. Bei den weiblichen Pflanzen stehen gleichfalls schuppig beblätterte Kurztriebe in den Laubblattachseln (Abb. 117 IV, V). Sie tragen scheinbar an ihrem Ende, in Wirklichkeit am Ende eines kleinen Seitensprosses, der den verkümmerten Sproßscheitel der Mutterachse beiseite gedrängt hat, eine terminale (?) Samenanlage, die am Grunde von einem meristematischen Ringwulst umgeben ist. Dieser wächst bei der Reife des Samens zu einem roten fleischigen **Arillus** heran (Abb. 117 IV), der als einziger Teil der Pflanze alkaloidfrei ist, süßlich schmeckt und von Vögeln gefressen wird. Ob die kräftige Samenanlage entgegen dem Augenschein doch der Basis des obersten Schuppenblattes angehört und sich sekundär in die Terminalstellung gedrängt hat, muß dahingestellt bleiben. Man könnte dies jedoch aus dem Vergleich mit den vielleicht verwandten *Cephalotaxaceae (Cephalotaxus)* und *Podocarpaceae* schließen.

7. Klasse: Gnetatae

Die in dieser Gruppe vereinigten Gattungen *Ephedra, Gnetum* und *Welwitschia* können jeweils als Vertreter einer eigenen Familie oder gar Unterklasse gelten. Sie nähern sich den Angiospermen durch den Besitz von Tracheen im Sekundärxylem und Siebröhren im Bast, teilweise netznervige gestielte Blätter *(Gnetum),* Ansätze zu Zwitterblüten und Perianthbildungen, teilweise Insektenbestäubung sowie stark rückgebildete Gametophyten. So findet z. B. in den Mikroprothallien oft keine Wandbildung mehr statt, bei *Welwitschia* fehlt die Stielzelle und die einzige Prothalliumzelle geht bald zugrunde. Der Embryosack bildet nur bei *Ephedra* noch Archegonien aus, bei *Welwitschia* und *Gnetum* entwickelt er sich aus allen 4 Makro-Meiosporen (tetraspor). Bei *Gnetum* liegen viele freie Kerne im vorderen Teil des Embryosacks, von denen mehrere befruchtet werden können. Der Blütenbau ist zumindest teilweise nur durch Annahme von Reduktionen verständlich.
Die *Ephedra*-Arten sind meist zweihäusige schachtelhalmähnliche Rutensträucher (Mittelmeergebiet, Trockengebiete Asiens und Amerikas). Die Blüten besitzen ein 2blättriges, unscheinbares Perianth und eine nackte Samenanlage (Abb. 117 XI) oder einige Staubblätter, die zu einem sog. Synandrium verwachsen sein können (X). Bei *E. campylopoda* stehen innerhalb der männlichen Blütenstände auch unfruchtbare weibliche Blüten, deren Samenanlage aber wie bei den fruchtbaren Blü-

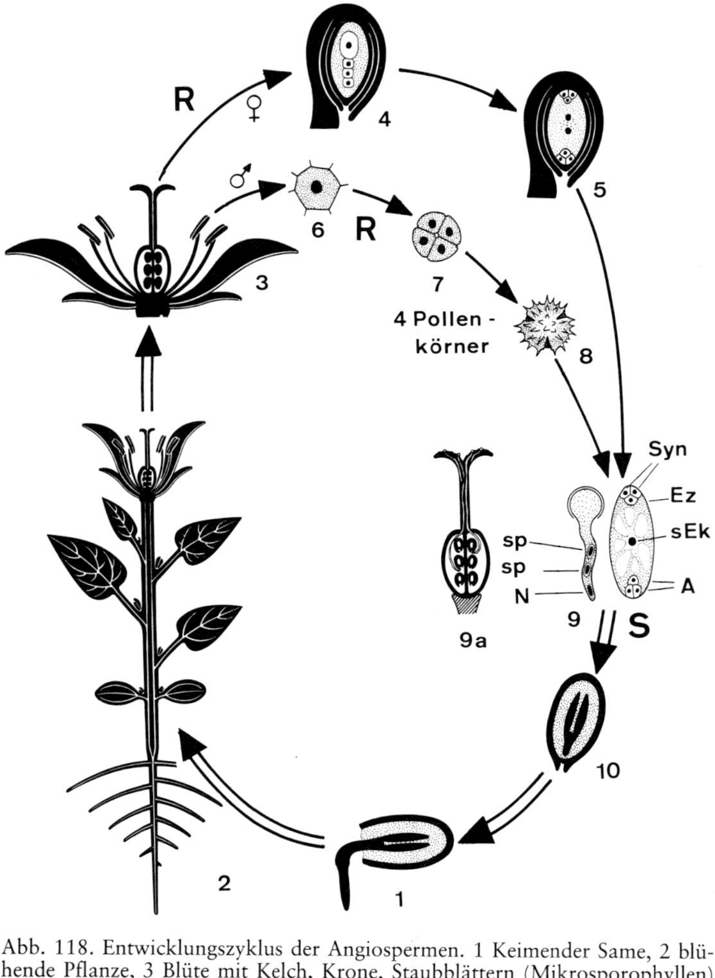

Abb. 118. Entwicklungszyklus der Angiospermen. 1 Keimender Same, 2 blühende Pflanze, 3 Blüte mit Kelch, Krone, Staubblättern (Mikrosporophyllen) und zu einem coenokarpen Ovar vereinigten Fruchtblättern (Karpellen, Makrosporophyllen), welche die Samenanlagen umschließen, 4 Samenanlage mit durch Reduktionsteilung aus der Makrosporenmutterzelle gebildeter Makrosporentetrade, die oberste, große Makrospore ist die Embryosackzelle, die nach 3 weiteren Teilungsschritten den anfangs 8kernigen (5) Embryosack (= ♀ Gametophyt, Makrogametophyt) liefert, der nach Vereinigung der beiden freien Polkerne zum diploiden sekundären Embryosackkern (sEk) 7zellig wird (9 rechts);

ten einen zuckerhaltigen Bestäubungstropfen ausscheidet. Dieser lockt Schwebfliegen und andere Insekten an, welche den Pollen übertragen. Ähnlich wie bei *Ephedra* ist der Blütenbau der lianenartig oder baumförmig in tropischen Regenwäldern wachsenden *Gnetum*-Arten. Hier sind die Blüten zu ährenartigen Infloreszenzen mit schüsselförmig verwachsenen Schuppenblattwirteln vereinigt.
Auch bei *Welwitschia* sind die in Zapfen angeordneten Blüten eingeschlechtig, die männlichen Blüten weisen aber zudem noch eine rudimentäre Samenanlage auf. Bei den weiblichen Blüten umgibt eine 2blättrige Hülle eine mit 2 Integumenten ausgestattete Samenanlage, die männlichen haben eine aus 2 Vorblättern und 2 weiteren Blattorganen gebildete Blütenhülle, 6 im unteren Teil verwachsene Staubblätter mit je 3 Pollensäcken und im Zentrum eine funktionsunfähige Samenanlage. Diese erweckt mit ihrer lang vorgezogenen, am Ende tellerartig verbreiterten Mikropyle den Eindruck eines Angiospermen-Fruchtknotens mit Griffel und Narbe. Es handelt sich hier aber um nackte Samenanlagen, deren Sporophyll vermutlich extrem reduziert ist. Die Samenanlagen sondern auch hier Bestäubungstropfen ab, auch hier herrscht Insektenbestäubung. *Welwitschia mirabilis (= W. bainesii)* ist auch in anderer Hinsicht interessant: die in Südwestafrika beheimatete Pflanze bildet eine mächtige Pfahlwurzel und einen kurzen dicken Stamm und bringt außer den Kotyledonen nur 2 breit-bandförmige Laubblätter hervor, die mehrere Meter lang werden und ständig am Grunde nachwachsen, während sie am äußersten Ende absterben.

2. Unterabteilung: Angiospermae, Decksamer

Beziehen wir nun die bereits ausführlich besprochenen Angiospermen in unsere vergleichende Übersicht ein (Abb. 118), so müssen wir feststellen, daß bei ihnen 1. der Sporophyt eine noch **stärkere morphologische und anatomische Differenzierung** erfahren hat, 2. die Blüten gewöhnlich von einem **Perianth** umgeben sind, das häufig in Kelch und

---

6, 7, Reduktionsteilung der in den Pollensäcken der Staubblätter befindlichen Archesporzellen (Pollenmutterzellen, Mikrosporenmutterzellen), 8 aus der Pollentetrade (Mikrosporentetrade) gelöstes einzelnes Pollenkorn (Mikrospore), 9 a Bestäubung und Auskeimen der Pollenkörner auf der Narbe, Bildung des Pollenschlauches (♂ Gametophyt, Mikrogametophyt, 9 links) mit 2 Spermazellen, deren Kerne sich mit dem Kern der Eizelle (Ez in 9 rechts) und dem sekundären Embryosackkern vereinigen: doppelte Befruchtung (N vegetativer Pollenschlauchkern, Syn Synergiden, A Antipoden), 10 Same mit dem aus der Zygote hervorgegangenen Embryo, dem (hier durch Teilung des sekundären Embryosackkerns gebildeten) Nährgewebe und der aus den Integumenten entstandenen Samenschale. (1 nach FIRBAS, 6, 7 aus SYLLABUS, 8 nach ERDTMAN, 9a nach WEBER, 9 nach GUIGNARD, teilweise verändert.)

Krone gegliedert ist, 3. die Samenanlagen in ein von den Makrosporophyllen gebildetes Gehäuse (**Ovar**) eingeschlossen sind, und die Mikrosporen (Pollenkörner) nicht unmittelbar von den Samenanlagen, sondern von einer **Narbe** aufgenommen werden, 4. die **gametophytische Generation noch stärker zurücktritt** und auf 3zellige Mikroprothallien bzw. auf einen im Regelfall 8kernigen (oder 8zelligen) Embryosack reduziert ist, der aber noch weiter rückgebildet sein kann, 5. erfolgt eine **doppelte Befruchtung,** nämlich die Verschmelzung des einen der beiden Spermakerne des Mikroprothalliums mit dem Eikern und des anderen mit dem diploiden sekundären Embryosackkern, womit die Bildung eines **sekundären Endosperms** eingeleitet wird.

Literaturverzeichnis

1. Allgemeine Lehrbücher

BOGENRIEDER, A., K.-G. COLLATZ, H. KÖSSEL und G. OSCHE: Lexikon der Biologie, 9 Bde. Freiburg-Basel-Wien 1983–1987.

JAKOB, F., E. J. JÄGER und E. OHMANN: Botanik. 3. Aufl. Stuttgart 1987.

NULTSCH, W.: Allgemeine Botanik. 9. Aufl. Stuttgart 1991.

RAVEN, P., R. R. EVERT und H. CURTIS: Biologie der Pflanzen. (Deutsche Übersetzung von R. LANGENFELD-HEYSER). Berlin-New York 1985.

STRASBURGER, E.: Lehrbuch der Botanik für Hochschulen (P. SITTE, H. ZIEGLER, A. BRESINSKY, F. EHRENDORFER). 33. Aufl. Stuttgart 1991.

TROLL, W.: Allgemeine Botanik, 4. Aufl. Stuttgart 1973.

WEBER, H.: Botanik. Eine Einführung für Pharmazeuten und Mediziner, 3. Aufl. Stuttgart 1972.

2. Allgemeine Grundlagen der Systematik

Grundlagen und Methoden

BUXBAUM, F.: Grundlagen und Methoden einer Erneuerung der Systematik der höheren Pflanzen. Wien 1951.

DIELS, L.: Methoden der Phytographie und Systematik. In: A. ABDERHALDEN, Handbuch der biologischen Arbeitsmethoden, Abt. XI/1. Berlin 1921.

HEGNAUER, R.: Chemotaxonomie der Pflanzen. Bisher 7 Bde. Basel-Stuttgart ab 1962.

HENNIG, W.: Phylogenetische Systematik. Pareys Studientexte 34. Berlin-Hamburg 1982.

JENSEN, U., und D. E. FAIRBROTHERS (Hg.): Proteins and nucleic acids in plant systematics. Berlin-Heidelberg-New York-Tokio 1983.

LEENHOUTS, P. W.: A Guide to the Practice of Herbarium Taxonomy. Regn. Veg. 58. Utrecht 1968.

MERXMÜLLER, H.: Moderne Probleme der Pflanzensystematik. Arb.-gem. Forsch. Nordrhein-Westf. 183, 1968.

REMANE, A.: Die Grundlagen des Natürlichen Systems, der Vergleichenden Anatomie und der Phylogenetik. 2. Aufl. Leipzig 1956.

ROTHMALER, W.: Allgemeine Taxonomie und Chorologie der Pflanzen. 2. Aufl. Jena 1955.

ROVANKO, O.: Morphological, Developmental and Taxonomic Studies in Ectocarpus Complex (Phaeophyceae). Nova Hedwigia 20, 179, 1970.

SCHWARZ, O.: Über die geographisch-morphologischen Methoden in der systematischen Botanik. Mitt. Dtschl. Dendrolog. Gesell. 48, 1–7, 1936.

STACE, C. A.: Plant Taxonomy and Biosystematics. 2. Aufl. (E.ARNOLD) London-New York-Melbourne-Auckland 1989.

WAGENITZ, G.: Betrachtungen über die Artenzahlen der Pflanzen und Tiere. Sitz. ber. Ges. Naturf. Freunde Berlin N. F. 7, 79–93, 1967.

Evolution und Artbildung

BRIGGS, D., und M. WALTERS: Die Abstammung der Pflanzen, Evolution und Variation bei Blütenpflanzen. (Übersetzung der englischen Originalausgabe: Plant variation and evolution, 1969.) München 1969.
Plant variation and evolution. 2nd ed. Cambridge-New York-Port Chester-Melbourne-Sydney 1990.
CLAUSEN, J. D.: Stages in the evolution of plant species. London-Ithaka-New York 1951.
CLAUSEN, J. D., D. KECK, and W. M. HIESEY: The concept of species based on experiment. Amer. J. Bot. 26, 103–106, 1939.
– Experimental studies on the nature of species I–V. Garnegie Inst. Wash. Publ. 520, 1940; 564, 1945; 581, 1948; 615, 1958.
DARLINGTON, C. D.: Chromosomenbotanik. (Dt. Übersetzung von BRABEC) Stuttgart 1957.
DOBZHANSKY, TH.: Genetische Grundlagen der Artbildung. Jena 1939.
– Genetics and the Origin of Species. 3rd ed. New York 1951.
EHRENDORFER, F.: Cytologie, Taxonomie und Evolution bei Samenpflanzen. Vistas in Bot. 4, 1964.
FEDOROV, A. A. (ed.): Chromosome Numbers of Flowering Plants. Leningrad 1969.
GRANT, V.: Artbildung bei Pflanzen. Berlin-Hamburg 1976.
LAMPRECHT, H.: Der Artbegriff. Agri Hortique Genetica 13, 1959.
– Die Entstehung der Arten. Agri Hortique Genetica 20, 1962.
MAYR, E.: Artbegriff und Evolution. (Dt. Übersetzung von HEBERER und STEIN) Hamburg-Berlin 1967.
SCHWANITZ, F.: Die Entstehung der Kulturpflanzen als Modell für die Evolution der gesamten Pflanzenwelt. In G. HEBERER (Hg.): Die Evolution der Organismen, Bd. II/2 Stuttgart 1971.
STEBBINS, G. L.: The Role of Hybridization in Evolution. Proc. Amer. Phil. Soc. 103, 1959.
STEBBINS, G. L. jr.: Evolutionsprozesse. 2. Aufl. Stuttgart 1980.
STEENIS, C. G. G. J. VAN: Specific and intraspecific delimitation. Flora Malesiana, ser. I/5, CLXVII–CCXXXIV. Leiden 1957.

Pflanzengeographie

BLAKE, S. F., and A. C. ATWOOD: Geographical Guide to Floras of the World. Part I, New York 1963; part II, Washington 1961 (US Dept. Agricult. Misc. Publ. No. 797). (Reprint: Königstein/Ts. 1974).
ELLENBERG, H.: Vegetation Mitteleuropas mit den Alpen. 3. Aufl. Stuttgart 1982.
FRODIN, D. G.: Guide to standard floras of the world. Cambridge 1984.
GOOD, R.: The Geography of Flowering Plants. 3rd. ed. London 1964.
HAEUPLER, H. und P. SCHÖNFELDER (Hg.): Atlas der Farn- und Blütenpflanzen der Bundesrepublik Deutschland. Stuttgart 1988.
MEUSEL, H., u. a.: Vergleichende Chorologie der zentraleuropäischen Flora. 3 Bde. Jena, 1965–1992.
SCHMITHÜSEN, J.: Allgemeine Vegetationsgeographie. In E. OBST (Hg.): Lehrbuch der Allgemeinen Geographie, Bd. IV. 3. Aufl. Berlin 1968.

WALTER, H.: Einführung in die allgemeine Pflanzengeographie Deutschlands. Jena 1927.
– Standortslehre. Einführung in die Phytologie Bd. III/1. 2. Aufl. Stuttgart 1960.
– Vegetationszonen und Klima. UTB 14, 2. Aufl. Stuttgart 1970/73.
– Allgemeine Geobotanik. UTB 284 Stuttgart 1973.
WALTER, H., und S. W. BRECKLE: Ökologie der Erde. Bd. 1: Ökologische Grundlagen in globaler Sicht, 2. Aufl. (1991); Bd. 2: Spezielle Ökologie der Tropischen und Subtropischen Zonen (1991); Bd. 3: Spezielle Ökologie der Gemäßigten und Arktischen Zonen Euro-Nordasiens (1986); Bd. 4: Spezielle Ökologie der Gemäßigten und Arktischen Zonen außerhalb Euro-Nordasiens (1991). Stuttgart, 1986–1991.
WALTER, H.: und H. STRAKA: Arealkunde. Einführung in die Phytologie Bd. III/2. 2. Aufl. Stuttgart 1970.

Paläobotanik

ANDREWS, H. M.: Studies in Paleobotany. New York-London 1961.
ERBEN, H. K.: Evolution. Stuttgart 1990.
GOTHAN, W., und H. WEYLAND: Lehrbuch der Paläobotanik, 2. Aufl. (H. WEYLAND). Berlin 1964.
HIRMER, M.: Handbuch der Palaeobotanik. München-Berlin 1927.
MÄGDEFRAU, K.: Paläobiologie der Pflanzen, 4. Aufl. Jena 1968.
REMY, W., und R. REMY: Lynophyton rhyniensis nov. gen. et nov. sp., ein Gametophyt aus dem Chert von Rhynie (Unterdevon, Schottland). Argumenta Paleobotanica 6, 37–72, 1980.
REMY, W., et al.: Sciadophyton Steinmann – Ein Gametophyt aus dem Siegen. ibid. 6, 73–94, 1980.
VOGEL, G., und H. ANGERMANN: Taschenatlas der Biologie. 2. Aufl. Stuttgart 1990.
ZIMMERMANN, W.: Phylogenie der Pflanzen. 2. Aufl. Stuttgart 1959.

3. Gesamtes Pflanzenreich

BRAUNE, W., A. LEMAN und H. TAUBERT: Pflanzenanatomisches Praktikum I. Einführung in die Anatomie der Vegetationsorgane der Samenpflanzen. 4. bearb. Aufl. Stuttgart 1983.
– Pflanzenanatomisches Praktikum II. Einführung in den Bau, das Fortpflanzungsgeschehen und die Ontogenie der niederen Pflanzen und die Embryologie der Spermatophyta. 3. bearb. Aufl. Stuttgart 1990.
CHADEFAUD, M., et L. EMBERGER: Traité de Botanique Systématique. 2 vols. Paris 1960.
ENGLER, A., (Hg.) u. a.: Das Pflanzenreich. 108 Hefte erschienen. Leipzig-Berlin 1900–1968 (Nachdrucke, Weinheim, ab 1956).
– und K. PRANTL (Hg.): Die natürlichen Pflanzenfamilien. 23 Bde. 1. Aufl. Leipzig 1887–1915. 2. Aufl. Leipzig-Berlin, ab 1924.
ENGLER's Syllabus der Pflanzenfamilien. 12. Aufl. 2 Bde. (Hg. H. MELCHIOR und A. WERDERMANN) Berlin 1954/1964 (Nachdruck 1976).

GRASSÉ, P. P.: Précis de Sciences Biologiques, Botanique, Anatomie – Cycles évolutifs systématiques, Paris 1963.
MARGULIS, L. und K. SCHWARTZ: Die fünf Reiche der Organismen. Heidelberg 1989.
WALTER, H.: Grundlagen des Pflanzensystems. Einführung in die Phytologie, Bd. II, 3. Aufl. Stuttgart 1961.
WARBURG, O.: Die Pflanzenwelt, 3 Bde. Leipzig-Wien 1913–22.
WARMING, E., und M. MÖBIUS: Handbuch der Systematischen Botanik. 3. Aufl. Berlin 1911.
WETTSTEIN, R. VON: Handbuch der Systematischen Botanik, 4. Aufl. Leipzig-Wien 1935 (Reprint Amsterdam 1962).

4. Systematik der Angiospermae

Bauplan und Fortpflanzungsweise der Angiospermae

BAUM, H.: Beiträge zur Kenntnis der Schildform bei den Staubblättern. Österr. Bot. Z. 96, 453–466, 1949.
EICHLER, A. W.: Blüthendiagramme. 2 Bde. Leipzig 1875/1878 (Reprint, Eppenhain 1954).
ENGLER, A.: Angiospermae. Kurze Erläuterung der Blüten- und Fortpflanzungsverhältnisse. In A. ENGLER und K. PRANTL (Hg.): Die natürlichen Pflanzenfamilien. Bd. 14a. 2. Aufl. Leipzig 1926.
ERDTMAN, G.: Pollen Morphology and Plant Taxonomy I. Angiosperms. Stockholm 1952 (Nachdruck 1971).
ESAU, K.: Pflanzenanatomie. 2. Aufl. (Dt. Übersetzung von B. und W. ESCHRICH). Stuttgart 1969.
FAHN, A.: Plant Anatomy. 4th ed. Oxford-New York-Beijing-Frankfurt etc.
GOEBEL, K.: Organographie der Pflanzen. 3 Bde. 3. Aufl. Jena 1928–33.
– Blütenbildung und Sproßgestaltung (2. Ergänzungsbd. zur Organographie der Pflanzen). Jena 1931.
HEYWOOD, V. H. (Hg.): Blütenpflanzen der Welt. Basel-Boston-Stuttgart 1982.
HUBER, H.: Angiospermen. Leitfaden durch die Ordnungen und Familien der Bedecktsamer. Stuttgart-New York 1991.
JOHRI, B. M. (Hg.): Embryologie of Angiosperms. Heidelberg 1984.
KAUSSMANN, B. und U. SCHIEWER: Funktionelle Morphologie und Anatomie der Pflanzen. Stuttgart-New York 1989. Jena 1963.
KNOLL, F.: Die Biologie der Blüte. Verständliche Wissenschaft Bd. 57. Berlin-Göttingen-Heidelberg 1956.
KUGLER, H.: Blütenökologie. 2. Aufl. Stuttgart 1970.
LEINFELLNER, W.: Der Bauplan des synkarpen Gynözeums. Österr. Bot. Z. 97, 403–436, 1950.
LINSBAUER, K. (Hg.) u. a.: Handbuch der Pflanzenanatomie. (2 mehrbändige Teile!), vielbändige 2. Aufl. erschienen. Berlin-Stuttgart, ab 1922.
MAHESHWARI, P.: An Introduction to the Embryology of Angiosperms. New York 1950.
METCALFE, C. R., and L. CHALK: Anatomy of the Dicotyledons. 2 vols. 2. Aufl. Oxford 1979 und 1983.
METCALFE, C. R. (ed.): Anatomy of the Monocotyledons. Bisher 7 Bde.: I. Gramineae (METCALFE 1960); II. Palmae (TOMLINSON 1961); III. Commelinales

– Zingiberales (TOMLINSON 1969); IV. Juncales (CUTLER 1969); V. Cyperaceae (METCALFE 1971); VI. Dioscoreales (AYENSU 1972); VII. Helobiae (P. B. THOMLINSON 1982).
MEUSEL, H.: Die Bedeutung der Wuchsform für die Entwicklung des Natürlichen Systems der Pflanzen. FEDDES Repert. 54. Leipzig 1951.
SCHNARF, K.: Vergleichende Embryologie der Angiospermen. Berlin 1971.
STRAKA, H.: Pollen- und Sporenkunde. Grundbegriffe der modernen Biologie Bd. 13. Stuttgart 1975.
TROLL, W.: Organisation und Gestalt im Bereich der Blüte. Berlin 1928.
– Vergleichende Morphologie der höheren Pflanzen (1 Band in 3 Teilen erschienen). Berlin 1937–43. (Nachdruck mit Register: Königstein/Ts. 1967/1971).
– Praktische Einführung in die Pflanzenmorphologie. 2 Bde. Jena 1954/1957. (Reprint Königstein/Ts. 1973).
– Die Infloreszenzen, Typologie und Stellung im Aufbau des Vegetationskörpers. Bisher Bde. I u. II/1. Jena ab 1964.
ULBRICH, E.: Biologie der Früchte und Samen (Karpobiologie). Berlin 1928.
VOGEL, ST.: Blütenbiologische Typen als Elemente der Sippengliederung. In: Botanische Studien, Heft 1, Jena 1954.
WEBERLING, F.: Nebenblattbildungen als systematisches Merkmal. Naturwiss. Rundschau 20 (12), 518–525, 1967.
– Morphologie der Blüten und der Blütenstände. Stuttgart 1981. Übersetzung ins Englische (R. J. PANKHURST): Morphology of flowers and inflorescences. Cambridge etc. 1989.
WERTH, E.: Bau und Leben der Blumen. Stuttgart 1956.

Systematik der Angiospermengruppen

CRONQUIST, A.: The Evolution and Classification auf Flowering Plants. London 1968.
DAHLGREN, R. M. T., H. T. CLIFFORD, and P. F. YEO: The Families of the Monocotyledons. Heidelberg 1985.
DAVIS, P. H., and J. CULLEN: The identification of flowering plant families. Edinburgh-London 1965.
FROHNE, D., und U. JENSEN: Systematik des Pflanzenreichs unter besonderer Berücksichtigung chemischer Merkmale und pflanzlicher Drogen. 3. Aufl. Stuttgart 1985.
GEESINK, R., A. J. M. LEEUWENBERG, C. E. RIDSDALE and J. F. VELDKAMP: Thonner's analytical key to the families of flowering plants. The Hague-Boston-London 1981.
GRAF, J.: Tafelwerk zur Pflanzensystematik. München 1975.
GUNDERSEN, A.: Families of Dicotyledons. Waltham, Mass. (USA) 1950.
HEGL, G. u. a.: Illustrierte Flora von Mitteleuropa. 7 Bde. 1. Aufl. 106–31, 2. Aufl. ab 1936. Bde 1 u. 2 in 3. Aufl. ab 1966. München bzw. Berlin-Hamburg (Einzelne Bde. der 1. u. 2. Aufl. als Nachdrucke ab 1964).
HUTCHINSON, J.: The Families of Flowering Plants. 3rd ed. Oxford 1973.
– The Genera of Flowering Plants (Angiospermae). Bisher 2 Bde. Oxford 1964 ff.
LAWRENCE, G. H. M.: An Introduction to Plant Taxonomy. New York 1955.
– Taxonomy of Vascular Plants. 6th Printing. New York 1962.

MÜLLER, J.: Palynological Evidence on early Differentiation of Angiosperms. Biol. Rev. 45, 417–450, 1970.
PORTER, C. L.: Taxonomy of flowering plants. 2nd ed. San Francisco-London 1967.
SCHMELL-FITSCHEN: Flora von Deutschland und seinen angrenzenden Gebieten. 87. Aufl. von W. RAUH und K. SENGHAS, Heidelberg 1982.
TAKHTAJAN, A.: Die Evolution der Angiospermen. (Dt. Übersetzung von HÖPPNER). Jena 1959.
– Evolution und Ausbreitung der Blütenpflanzen. Jena 1973.
TUTIN, T. G., V. H. HEYWOOD (Hg.) u. a.: Flora Europaea. 5 Bde. Cambridge, ab 1964.

5. Die Hauptgruppen des Pflanzenreichs

Kryptogamen, allgemein

BUCHNER, P.: Endosymbiose der Tiere mit pflanzlichen Mikroorganismen. Basel 1953.
DENFFER, D. VON: Ein Vorschlag zur Vereinheitlichung der Sporennomenklatur. Ber. Dt. Bot. Ges. 80, 371, 1966.
ESSER, K.: Kryptogamen. 2. Aufl. Berlin-Heidelberg-New York 1986.
FREY, W., H. HURKA und F. OBERWINKLER: Beiträge zur Biologie der niederen Pflanzen. Stuttgart 1977.
GAMS, H. (Hg.): Kleine Kryptogamenflora. 4 Bde. Ia. Makroskopische Süßwasser- und Luftalgen (GAMS 1969); Ib. Makroskopische Meeresalgen (GAMS 1974); IIa. Ascomyceten (MOSER 1963); IIb/1. Die Nichtblätterpilze, Gallertpilze und Bauchpilze (JÜLICH 1984); IIb/2. Die Röhrlinge und Blätterpilze, 4. Aufl. (MOSER 1978); III. Flechten (GAMS 1967); IV. Die Moos- und Farnpflanzen, 5. Aufl. (GAMS 1973). Stuttgart.
KÖHLER, K.: Die chemischen Grundlagen der Befruchtung (Gamone). In W. RUHLAND: Handbuch der Pflanzenphysiologie, Bd. XVIII, S. 282–317. Berlin-Göttingen-Heidelberg 1967.
RABENHORST's Kryptogamenflora von Deutschland, Österreich und der Schweiz. 2. Aufl. 14 Bde. Einzelne Bde. auch in 3. Aufl. erschienen, andere nicht abgeschlossen. Leipzig 1884–1966. (Reprint New York-London 1971).
SCHAEDE, R.: Die pflanzlichen Symbiosen. Jena 1962.
SCHUSSNIG, B.: Handbuch der Protophytenkunde. 2 Bde. Jena 1953/1959.
SMITH, G. M.: Cryptogamiec Botany. 2 vols. 2nd ed. New York-Toronto-London 1955.
WARTENBERG, A.: Systematik der niederen Pflanzen. 2. Aufl. Stuttgart 1979.

Schizophyta, Bakterien

BERGEY's Manual of Determinative Bacteriology. 9. Aufl. 1984.
BRAUN, W.: Bacterial Genetics, Philadelphia 1965.
KANDLER, O. (Hg.): Archaebacteria. Proceedings of the 1st International Workshop on Archaebacteria. Stuttgart-New York 1982.
KRASSILNIKOW, N. A.: Diagnostik der Bakterien und Actinomyceten. Jena 1959.

NIENHAUS, F.: Viren, Mycoplasmen und Rickettsien (UTB 1361). Stuttgart 1985.

SCHLEGEL, H. G.: Allgemeine Mikrobiologie. 6. Aufl. Stuttgart 1985.

STAINIER, R. Y. u. a.: The microbial World. London 1963.

THIMANN, K. V.: Das Leben der Bakterien. Jena 1964.

WIESMANN, E.: Medizinische Mikrobiologie. 5. Aufl. Stuttgart 1982.

WOESE, C. R.: Archaebakterien – Zeugen aus der Urzeit des Lebens. Spektrum d. Wiss. 1981.

Algen

BOLD, H. C., and M. J. WYNNE: Introduction to the Algae. 2. Aufl. Englewood Cliffs N. J. 1985.

CHAPMAN, V.: The Algae. London 1962.

DESIKACHARY, T. V.: Cyanophyta. New Delhi 1959.

DREBES, G.: Marines Phytoplankton. Stuttgart 1974.

ETTL, H., J. GERLOFF, und H. HEINIG (Hg.): Süßwasserflora von Mitteleuropa. 23 Bde. geplant. Bisher 9 Bde. erschienen. Stuttgart-New York, ab 1978.

ETTL, H.: Grundriß der allgemeinen Algologie. Stuttgart 1980.

FOTT, B.: Algenkunde. 2. Aufl. Stuttgart 1971.

FRITSCH, F. E.: The Structure and Reproduction of the Algae, 2 vols. Cambridge 1935/1945.

GESSNER, F.: Hydrobotanik, 2 Bde. Berlin 1955/1959.

– Meer und Strand. 2. Aufl. Berlin 1957.

HOEK, C. VAN DEN: Algen. 2. Aufl. Stuttgart 1984.

– W. T. STAM and J. L. OLSEN: The emergence of a new chlorophytan system, and Dr. Kornmann's contribution theoreto, Helgoländer wiss. Meeresunters. 42, 339–383, 1988.

HUBER-PESTALOZZI, G., und B. FOTT: Das Phytoplankton des Süßwassers. 6 Teile (teils in 2. Aufl. erschienen) in A. THIENEMANN u. a. (Hg.): Die Binnengewässer, Bd. XVI. Stuttgart 1938–72 (teils nachgedruckt 1969–75).

KORNMANN, P. und P.-H. SAHLING: Meeresalgen von Helgoland. Helgoländer wiss. Meeresunters. 29, 1–289, 1977.

LEE, R. E.: Phycology. 2. Aufl. Cambridge 1990.

NEUMANN, K.: Zur Entwicklungsgeschichte und Systematik der siphonalen Grünalgen Derbesia und Bryopsis. Bot. Mar. 17, 176, 1974.

NEWTON, L.: A Handbook of the British Seaweeds. London 1931.

OLTMANNS, F.: Morphologie und Biologie der Algen, 3 Bde. Jena 1922.

PASCHER, A. (Hg.): Die Süßwasserflora Deutschlands, Österreichs und der Schweiz. 15 Bde. Einzelne Bde. unter dem Titel „Die Süßwasserflora Mitteleuropas" in 2. Aufl. erschienen. Jena 1913-36.

REITZ, M.: Die Alge im System der Pflanzen – Nanochlorum eucaryotum. Stuttgart-New York 1986.

ROUND, F. E.: Biologie der Algen. 2. Aufl. Stuttgart 1975.

SCHNETTER, R., B. BRÜCK, K. GERKE and G. SEIBOLD: Notes on heterocaryotic life cicle phases in some Dasycladales and Bryopsidales (Chlorophyta): in WIESSNER, W., D. G. ROBINSON and R. C. STARR: Experimental Phycology – Cell Walls and Surface, Reproduction, Photosynthesis. Berlin-Heidelberg-New York 1990.

TILDEN, J. E.: The Algae and their Life Relations. Minneapolis 1937.

Pilze

AINSWORTH, G. C., F. K. SPARROW, and A. S. SUSSMANN (ed.): The Fungi, 4 vols. London 1965–73.
ALEXOPOULOS, C. J.: Einführung in die Mykologie. Stuttgart 1966.
ARX, J. A. VON: Pilzkunde. 3. Aufl. Vaduz 1976.
– Fungal phyla. Sydowia 37, 4, 1984.
BESSEY, E. A.: Morphology and Taxonomy of Fungi. New York 1950.
BRESINSKY, A. und H. BESL.: Giftpilze. Stuttgart 1985.
BUTIN, H., und H. ZYCHA: Forstpathologie. Stuttgart 1973.
DÖRFELT, H.: Lexikon der Mykologie. Stuttgart-New York 1989.
ESSER, K., und R. KUENEN: Genetik der Pilze. 2. Aufl. Berlin-Heidelberg-New York 1967.
GÄUMANN,E.: Pflanzliche Infektionslehre. 2. Aufl. Basel 1951.
– Die Pilze. 2. Aufl. Reihe der experimentellen Biologie Bd. IV. Basel-Stuttgart 1964.
GEDEK, B.: Kompendium der medizinischen Mykologie. Berlin-Hamburg 1980.
GOTTSCHALK, M., und P. A. BLANZ: Untersuchungen an 5 S ribosomalen Ribonukleinsäuren als Beitrag zur Klärung von Systematik und Phylogenie der Basidiomyceten. Z. Mykol. 51, 205, 1985.
HAWKSWORTH, D. L., B. C. SUTTON, and G. C. AINSWORTH: Ainsworth and Bisby's Dictionary of the Fungi, 7. Aufl. Kew, Surrey 1983.
INGOLD, C. T.: The Biology of Fungi. London 1961.
KARLING, J. S.: The Plasmodiophorales. London 1968.
KREISEL, H.: Grundzüge eines natürlichen Systems der Pilze. Jena 1969.
LISTER, A. L.: Monograph of Myzetozoa. London 1925.
LODDER, J.: The Yeasts. Amsterdam 1970.
MARTIN, G. W., and C. J. ALEXOPOULOS: The Myxomycetes. Iowa City 1969.
MOREAU, F.: Les Champignons, 2 vols. Paris 1952/53.
MÜLLER, E., und W. LOEFFLER: Mykologie. 4. Aufl. Stuttgart 1982.
REIß, J.: Schimmelpilze – Lebensweise, Nutzen, Schaden, Bekämpfung. Berlin-Heidelberg-New York-Tokio 1986.
ROTH, L., H. FRANK und K. KORMANN: Giftpilze, Pilzgifte – Schimmelpilze, Mykotoxine. Landsberg/Lech 1990.
RYPÁČEK, V.: Biologie holzzerstörender Pilze. Jena 1966.
WEBSTER, J.: Pilze. Berlin-Heidelberg-New York 1983.

Flechten

AMADJIAN, V.:The Lichens. New York 1974.
ANDERS, J.: Die Strauch- und Laubflechten Mitteleuropas. Jena 1928 (Reprint Amsterdam 1974).
BERTSCH, K.: Flechtenflora von Südwestdeutschland. 2. Aufl. Stuttgart 1964.
DES ABBAYES, H.: Traité de Lichénologie. Encyclopédie Biologique, vol. XLI. Paris 1951.
Deutsche Botanische Gesellschaft (Hg.): Flechtensymposium 1969. Stuttgart 1970.
GALLOE, O.: Natural History of Danish Lichens. 10 vols. Copenhagen 1927–72.
HALE, M. E.: The Biology of Lichens. 3. Aufl. Baltimore 1983.
HENSSEN, A., und H. M. JAHNS: Lichenes. Stuttgart 1974.

MATTICK, F.: Alte und neue Probleme der Lichenologie. Ber. Dt. Bot. Ges. 64, 93–107, 1951.
– Wuchs- und Lebensformen, Bestands- und Gesellschaftsbildung bei Flechten. Bot. Jb. 75, 378–424, 1951.
POELT, J.: Bestimmungsschlüssel europäischer Flechten. Lehre 1969.
– Morphologie der Flechten. Fortschritte und Probleme. Ber. Dt. Bot. Ges. 99, 3–29, 1986.
– und A. VĚZDA: Bestimmungsschlüssel europäischer Flechten, Ergänzungsheft I. Vaduz 1977.
TOBLER, FR.: Biologie der Flechten. Jena 1925.
– Die Flechten. Eine Einführung in ihre allgemeine Kenntnis. Jena 1934.
WIRTH, V.: Flechtenflora (UTB 1062). Stuttgart 1980.
– Die Flechten Baden-Württembergs. Stuttgart 1987.
ZAHLBRUCKNER, A.: Catalogus lichenum universalis. 10 Bde. Berlin 1922–40 (Nachdruck New York 1951).

Bryophyta

BERTSCH, K.: Moosflora von Südwestdeutschland. 3. Aufl. Stuttgart 1966.
BONNER, C. E. B.: Index Hepaticarum. Bisher 8 Bde. Weinheim-Lehre-Vaduz, ab 1962.
FRAHM, J.-P., und W. FREY: Moosflora (UTB 1250). Stuttgart 1983.
GROLLE, R.: Verzeichnis der Lebermoose Europas und benachbarter Gebiete. FEDDES Repert. 87, 171–279, 1976.
HERZOG, TH.: Geographie der Moose. Jena 1926 (Reprint Amsterdam 1974).
LORCH, W.: Die Laubmoose. In G. LINDAU und R. PILGER (Hg.) Kryptogamenflora für Anfänger, Bd. 5, 2. Aufl. Berlin 1923 (Nachdruck Königstein/Ts. 1971).
– Die Torf- und Lebermoose. In G. LINDAU und R. PILGER (Hg.): Kryptogamenflora für Anfänger, Bd. 6 [1. Teil], 2. Aufl. Berlin 1926 (Nachdruck Königstein/Ts. 1971).
– Anatomie der Laubmoose. In K. LINSBAUER (Hg.) u. a.: Handbuch der Pflanzenanatomie, Abt. 2, Bd. VII/I [2. Teil]. Berlin 1931.
MÜLLER, K.: Die Lebermoose Europas. In RABENHORST's Kryptogamenflora von Deutschland, Österreich und der Schweiz, Bd. VI (2 Teile), 3. Aufl. Leipzig 1951–58 (Reprint New York-London 1971).
SCHUSTER, R. M.: The Evolution and Early Diversification of the Hepaticae and Anthocerotae. In W. FREY, H. HURKA und F. OBERWINKLER: Beiträge zur Biologie der niederen Pflanzen. Stuttgart 1977.
VERDOORN, F.: Manual of Bryology. The Hague 1932.
WALTER, K.: Bryophytina, Laubmoose. In: ENGLER's Syllabus der Pflanzenfamilien. 13. Aufl. (Hg. J. GERLOFF und J. POELT) Kap. V, 2. Berlin-Stuttgart 1983.
WIJK, R. VAN DER, u. a. (ed.): Index Muscorum. 5 Bde. Utrecht 1959–69.

Pteridophyta

BOWER, F. O.: The Ferns. 3 vols. Cambridge 1923/28 (Reprint: Weinheim 1963).
CHRIST, H.: Die Farnkräuter der Erde. Jena 1897.
– Die Geographie der Farne. Jena 1910.

Christensen, C.: Index Filicum, mit Suppl. I–III. Hafniae 1906–1934. (I: 1913, II: 1917, III: 1934); Suppl. IV über d. Jahre 1934–1960, Regn. Veget. 37, Utrecht (R. E. G. Pichi-Sermolli, 1965), Suppl. V, über d. Jahre 1961–75 (F. M. Jarrett u. a., Oxford 1985).
Copeland, E. B.: Genera Filicum, Waltham, Mass. 1947.
Eames, A.: Morphology of Vascular Plants: Lower Groups (Psilophytales to Filicales). New York 1936.
Kramer, K. U., and P. S. Green: Pteridophytes and Gymnosperms. In: Kubitzki, K. (ed.) The Families and Genera of Vascular Plants. Vol. I. Heidelberg 1990.
Manton, J.: Problems of Cytology and Evolution in the Pteridophyta. Cambridge 1950.
Nessel, H.: Die Bärlappgewächse (Lycopodiaceae). Jena 1939.
Verdoorn, F.: Manual of Pteridology. The Hague 1938.

Gymnospermae

Chamberlain, Ch. J.: Gymnosperms. Structure and Evolution. 2nd ed. New York 1966.
Martens, P.: Les Gnétophytes. In K. Linsbauer u. a. (Hg.): Handbuch der Pflanzenanatomie. 2. Aufl. Spezieller Teil, Bd. XII/2. Berlin-Stuttgart 1971.
Morgenthal, J.: Die Nadelgehölze. 3. Aufl. Stuttgart 1955.

6. Heil-, Nutz- und Zierpflanzen

Bailey, L. H.: Manual of the cultivated plants. 2nd ed. New York 1954.
Becker-Dillingen, J.: Handbuch des gesamten Gemüsebaues, einschließlich der Küchenkräuter. 6. Aufl. Berlin-Hamburg 1956.
Blankenburg, P., und Cremer, H. D. (Hg.): Handbuch der Landwirtschaft und Ernährung in den Entwicklungsländern, Bd. 2. Stuttgart 1971.
Brücher, H.: Tropische Nutzpflanzen. Ursprung, Evolution und Domestikation. Berlin-Heidelberg-New York 1977.
Franke, W.: Nutzpflanzenkunde. 4. Aufl. Stuttgart 1989.
Gassner, G.: Mikroskopische Untersuchungen pflanzlicher Nahrungs- und Genußmittel. 5. Aufl. fortgeführt von F. Bothe, neubearbeitet von Hohmann, B. und F. Deutschmann. Stuttgart 1989.
Gessner, O.: Die Gift- und Arzneipflanzen von Mitteleuropa. 3. Aufl. bearb. u. hg. von G. Orzechowski. Heidelberg 1974.
Krüssmann, G.: Die Nadelgehölze. Berlin-Hamburg 1978.
– Die Laubgehölze. 3. Aufl. Berlin-Hamburg 1965.
– Handbuch der Nadelgehölze. Berlin-Hamburg 1972.
– Handbuch der Laubgehölze. 2. Aufl. 3 Bde. u. Registerband. Berlin-Hamburg 1976–78.
Melchior, H., und H. Kästner: Gewürze, botanische und chemische Untersuchung. In J. Schormuller, H. Melchior und F. Kiermeier (Hg.): Grundlagen und Fortschritte der Lebensmitteluntersuchung, Bd. 2. Berlin-Hamburg 1974.

Pareys Blumengärtnerei: Beschreibung, Kultur und Verwendung der gesamten gärtnerischen Schmuckpflanzen. 2. Aufl. hg. v. F. ENCKE, 2 Bde. u. Indexbd. Berlin-Hamburg 1958–1961.

REHDER, A.: Manual of cultivated Trees and Shrubs hardy in North America. 2nd ed. New York 1940 (7th print 1956).

REHM, S., und G. ESPIG: Die Kulturpflanzen der Tropen und Subtropen. Stuttgart 1976.

SCHÜTT, P.: Weltwirtschaftspflanzen. Herkunft, Anbauverhältnisse, Biologie und Verwendung der wichtigsten landwirtschaftlichen Nutzpflanzen. Berlin und Hamburg 1972.

UPHOF, J. C. TH.: Dictionary of economic plants. 2nd ed. Lehre 1968.

7. Nachschlagewerke, Nomenklatur, Terminologie, Bibliographie

BROUWER, W., und A. STÄHLIN: Handbuch der Samenkunde für Landwirtschaft, Gartenbau und Forstwirtschaft. Frankfurt/M. 1975.

HAMANN, U., und G. WAGENITZ: Bibliographie zur Flora von Mitteleuropa. 2. Aufl. Berlin-Hamburg 1977.

Index Kewensis plantarum phanerogamarum. 2 Bde. Oxonii 1893–95. Dazu bisher 16 Supplementbde. ab 1901 (teils nachgedruckt seit 1941). (Umfaßt die bibliographischen Daten für die Originalveröffentlichungen aller Gattungs- und Artnamen von Blütenpflanzen.)

Index Londinensis to Illustrations of Flowering Plants, Ferns and Fern Allies. 6 vols., 2 suppl. Oxford 1929–41. (Ein Abbildungsindex über alle Kormophyten.)

GREUTER, W., et al. (Hg.): International Code of Nomenclature of Cultivated Plants. Regn. Veget. vol. 64. Utrecht 1969.

GREUTER, W., et al. (Hg.): Internationaler Code der Botanischen Nomenklatur, angenommen durch den XIV. Internationalen Botanischen Kongreß, Berlin, Juli/August 1987, ins Deutsche übertragen von W. GREUTER und H. HIEPKO. Englera 11. Berlin 1989.

JACKSON, B. D.: Glossary of Botanic Terms. 4th ed. London-New York 1928 (Reprint 1953).

PULLE, A. A.: Compendium van de Terminologie Nomenclatuur en Systematiek der Zaadplanten. 3. Aufl. Utrecht 1952.

ROULEAU, E.: Guide to Index Kewensis and its supplements I–XV (Generalregister zum Index Kewensis und den Supplementen I–XV). Québec 1981.

STAFLEU, F.: Taxonomic literature. Regn. Veget. vol. 52. Utrecht 1967.

STEARN, W. T.: Botanical Latin. 2nd ed. Edinburgh 1973.

ULBRICH, E.: Präparations-, Konservierungs- und Frischhaltungsmethoden für pflanzliche Organismen und Anleitung für die Aufbewahrung von Sammlungen konservierter Pflanzen. In A. ABDERHALDEN (Hg.): Handbuch der biologischen Arbeitsmethoden, Abt. XI/1. Berlin-Wien 1924.

WILLIS, J. C.: A Dictionary of the Flowering Plants and Ferns. 8th ed. (rev. H. K. AIRY-SHAW). Cambridge 1973.

ZANDER, Handwörterbuch der Pflanzennamen. 13. Aufl. von F. ENCKE, G. BUCHHELM und S. SEYBOLD. Stuttgart 1984.

Sach- und Namenregister

Sternchen* verweisen auf Abbildungen